JN271664

An Introdution to
Basic Institutional Analysis
of Japanese Economy

日本経済の常識

制度からみる経済の仕組み

中原隆幸 編 Takayuki Nakahara

ナカニシヤ出版

目　次

第Ⅰ部　日本経済の基本構造

第1章　日本経済分析の基礎（1） ── 5
- 1-1　ガイドマップとしての経済学　5
- 1-2　国の経済規模を測る指標　11
- 1-3　経済の成長と物価　21
- 1-4　経済の循環　29

第2章　日本経済分析の基礎（2） ── 40
- 2-1　財・サービス市場　40
- 2-2　金融市場　60
- 2-3　IS-LMモデル　68
- 2-4　海外市場　75

第3章　戦後日本経済の歴史 ── 83
- 3-1　戦後復興期　83
- 3-2　高度成長期　97
- 3-3　高度経済成長の終焉　111
- 3-4　安定成長期からバブル経済期へ　121
- 3-5　バブルの崩壊と失われた10年　134

第4章　データでみる日本経済の現状と未来 ── 157
- 4-1　日本経済の現状　157
- 4-2　日本の産業をめぐる現状　169
- 4-3　日本の未来　176

第Ⅱ部　日本経済の変化

第5章　日本経済の変化を理解するために ── *185*
──制度変化から経済をみる

5-1　市場メカニズムはいついかなるときも万能であるべきなのか？　*185*

5-2　第Ⅱ部の構成と制度をめぐる基本的概念　*191*

5-3　制度と経済学　*194*

5-4　過去の経済体制を振り返る　*211*
──第2次大戦以降の経済成長の制度的構図

5-5　90年代以降、世界経済はなぜ金融化したのか？　*223*

5-6　金融主導型成長体制変革のために　*230*
──税制を通じた金融市場の改革に向けて

第6章　経済成長の仕組み（1）── *238*
──高度経済成長はどのようになし遂げられたか

6-1　成長レジーム　*239*

6-2　高度成長期　*253*

第7章　経済成長の仕組み（2）── *274*
──日本経済はなぜ停滞に陥ったのか

7-1　安定成長期　*274*

7-2　低成長期　*284*

第8章　企業組織の仕組み ── *294*
──制度的構造：その進化と現状

8-1　株式会社と企業統治（コーポレート・ガバナンス）　*295*

8-2　これまでの日本の企業システム　*299*

8-3　日本の企業システムはどう変わってきたのか　*305*

8-4　日本企業のこれから　*314*

第9章　雇用の仕組み ― *316*
――「働くということ」とその問題点
9-1　「働くということ」に関わる仕組み　*316*
9-2　これまでの日本の労働市場と雇用システム　*319*
9-3　近年の変化　*336*
9-4　おわりに　*342*

第10章　日本企業の盛衰と電機産業 ― *344*
10-1　日本企業の盛衰　*344*
10-2　半導体産業と世界的競争　*357*

第11章　金融の仕組み ― *365*
――銀行システムとその変化
11-1　金融の仕組み　*365*
11-2　日本的金融システムの確立　*378*
11-3　日本における金融自由化　*385*
11-4　金融化と日本経済　*393*

第12章　財政の仕組み ― *402*
――政治と経済の交点としての財政
12-1　政府とはそもそも何なのか　*402*
12-2　日本の租税制度・国家予算制度の概要を学ぶ　*410*
12-3　課税・財政レジーム分析のための制度経済学理論　*426*

第13章　社会保障の仕組み ― *452*
13-1　まずは社会の現状を認識しよう　*452*
13-2　日本の社会保障制度　*459*

13-3　社会的妥協としての社会保障制度　　*482*

第14章　国際経済の中の日本 ——————— *486*
　　14-1　日本のおける国際取引の役割　　*486*
　　14-2　日本の経済成長を引き継いだNIEs／ASEAN／中国　　*492*
　　14-3　世界的な広がりをみせる地域統合と国際貿易　　*493*
　　14-4　TPPの意義と動向　　*497*
　　14-5　戦後世界経済の潮流　　*500*

第15章　環境経済 ——————————————— *508*
　　15-1　エコ・エコノミー　　*508*
　　　　　——環境制約下での経済学の役割
　　15-2　化石燃料の枯渇　　*509*
　　15-3　CO_2と地球温暖化　　*513*
　　15-4　CO_2排出・気温の今後の見通し　　*516*
　　15-5　これまでの世界の経済成長の実像　　*516*
　　15-6　地球の収容能力の限界はどこまでか　　*516*
　　15-7　ローマ・クラブの「成長の限界」と温暖化　　*518*
　　15-8　エコロジカル・フットプリント　　*519*
　　15-9　福島原発事故と原子力発電・エネルギー問題　　*520*
　　15-10　脱原発・温暖化阻止に向けたドイツ国民の意思　　*522*
　　15-11　未来を志向して　　*523*

はじめに

　21世紀初頭の現在、経済学は大きな岐路に立っています。

　20世紀に大きな飛躍をとげた経済学は、「社会科学の女王」という称号を手にして、いまや社会科学系の分野においてその学問的地位を確固たるものにしている感があります。

　「経済の仕組み」の中心は市場にあり、そのメカニズムを援用しながら経済発展をもたらすことはおおいに可能なのだ、と考えて経済学者たちが日々理論を彫琢していたその矢先に、2008年のリーマンショックを契機とした、世界同時金融危機が発生しました。この危機が国際金融市場および各国の金融市場に大きな動揺をもたらし、世界経済を混乱に陥れたことは記憶に新しいと思います。

　残念ながら、一部の経済学者たちを除いて、多くの経済学者は、この危機を予測することはできませんでした。しかしながら、その予測の是非よりもさらに深刻な問題は、この危機に際して、多くの経済学者たちが、嵐が過ぎ去るのを待つかのように、おおいなる沈黙を保ったこと、つまり危機に対する明確な処方箋を描き出そうとしなかったことにあります。

　実際、各国政府のさまざまな公的介入や新たな金融制度の構築によって、金融危機の大波は収まったかのようにみえます。ところが、そうした危機の発生を受けて、経済学者たちが、自分たちの理論そのものにも欠陥があったのだというように考えた形跡はほとんど見受けられません。金融危機以降も、世界中で経済理論として、相変わらず、標準的経済学が教授され、市場メカニズムの有用性が喧伝されつづけている現実はまったく変わりませんでした。

　経済学は、もっぱら**「市場という仕組み」**にのみ焦点を当てた、これまでどおりの経済学であってよいのだろうか。本書の執筆者たちは、このような疑問を抱くことから、自身の思考を出発させました。そして、そのような思考から生み出された成果が本書なのです。その意味で、本書は、既存の経済

学の教科書とは一線を画しています。

　本書の特徴は、一言でいえば、**「制度」を重視する経済理論**に立脚して構成されている点にあります。しかし、なぜ制度が経済学にとって重要なのでしょうか。

　少しでも経済学を学んだ人であれば、経済学が法則や方程式を重視することはご存じでしょう。もちろん、私たちもそれらの分析道具がきわめて重要であることを十分認識していますし、本書でも多くの法則や方程式を用いて説明を行なっています。しかしながら、こうした分析道具をそのまま使用することについて、私たちは、一歩立ち止まって考えます。というのも、あたかも物理現象を分析するかのように、ダイレクトに（財やサービスなどの）経済的数量変化を市場メカニズムという装置のみを通じて分析するだけでは、経済構造における真の変化の原因を分析することはできない、と私たちは考えるからです。むしろ、**既存の制度の存在やその変容がどのようにして生じるのか、またその変化が経済システムとどのように結びつき、どのような影響を与えているのか、を歴史的事実に寄り添いながら考察すること**こそが重要なのではないか。こうした考え方が「制度を重視する経済学」、つまり**「制度経済学」**の特徴なのです。

　私たちの社会には、個々の人間をさまざまなかたちで制約するルールや制度があります。また、ほとんどの人々は、政府や企業などのさまざまな組織のもとで、経済的行為を含むあらゆる社会的行為を行なわねばなりません。市場のルールはもちろんのこと、こうした制度やルールが、日々の経済行為に影響を与えていないはずはありません。しかし、残念ながら、標準的経済学は、こうした制度やルールを、たいていの場合分析を行なう際の固定的な所与の条件としており、そのかぎりで制度やルールはその分析における経済的前提条件でしかありません。

　こうした、標準的経済学の分析手法は、つぎのような手法に代表的に示されています。

① 経済社会のモデルを構築する際に、経済的要因以外のものを、いったん

ん括弧に入れる。
② 抽出された経済要因の因果連関のあり方（モデル）を、市場メカニズムを中心にして構築する。
③ モデルから引き出された一定の論理的帰結を、現実の社会経済に適応する。
④ その適用の際に、モデルで説明できない事柄については、経済的要因以外の要素を導入して、補足する。

　私たちは、こうした手法を、本書ではできるだけ避けるようにしました。むしろ私たちは、**制度と経済構造の相互連関**に着目します。それはつぎのような手法です。

① 経済構造（モデル）の存立に必要な社会的諸「制度」を特定し、それらの制度と経済構造との結びつきやその機能作用を明確にする。
② そのような図式のもとで、どのような経済的循環が発生したのか、具体的な事例やデータに基づき検証する。
③ そのモデルが一定の期間を経て機能しなくなるのはなぜか、を経済構造のあり方と制度変化に着目して説明する。
④ 制度変化を生み出す諸要因を、人々の利害対立や意思の変化のありように求めて、その方向性を探る。

　つまり、私たちのいう制度経済学では、

制度の存在→経済構造の存立と循環→既存の制度と経済構造との不適合→利害対立と意思の変化→制度の変化→経済構造の存立と循環……

という、**社会経済そのものの動態的な変容**が重視されます。ここでは、つねに最適な**市場均衡**に収斂するという標準的経済学の仮説は、それだけでは採用されません。

とはいえ、こうした制度経済学は、残念ながら、標準的経済学にとって代わる代替的理論としての確固たる地位を、経済理論においていまだ築いていません。具体的にいうならば、制度経済学といっても多くの学派があり、そのなかでさまざまな論争が行なわれており、理論的にも大きな差異を抱えています。また、標準的経済学のように教科書として確立されたものは、少ないのが実情です。

　本書は、こうした現状に応えるべく編纂されました。けっして謙遜ではなく、私たちは本書が、制度経済学を学ぶうえで最良の教科書であるなどとは思っていません。しかしながら、少なくとも、経済学を学びはじめた学生にとって、**日本経済の現実的変化を題材としながら、標準的経済学と制度経済学とは、その理解の仕方において何がどう違うのか**、について学ぶことができるような構成をめざしました。とはいえ、制度経済学は、既存の経済学から完全に独立した経済学ではありません。そこで、以下で述べるように、本書では、第Ⅰ部においてあえて標準的経済学の道具立てに忠実なやり方で説明を行ないました。そうすることによって、第Ⅱ部で述べられる制度経済学と標準的経済学との理論的なちがいをよりいっそう明確にすることをめざしました。もちろん、こうした試みが成功しているかどうかはすべて、読者である皆さんがたが、制度経済学という1つの理論的方向性に興味を示してもらえるようになったかどうかにかかっているといえます。本書を読了したあと、読者の皆さんがこのような論点について考えることができるようになっているとすれば、私たちのもくろみは成功したといえるでしょう。

本書の構成

　本書は、上に述べたような問題意識から、つぎのような2部構成をとりました。

　第Ⅰ部は「日本経済の現実を学ぶ」ために必要な基礎知識の説明にあてられ、制度経済学に関する項目は、第Ⅱ部にあてられています。したがって、第Ⅰ部と第Ⅱ部を、それぞれ独立したものとして読むこともできます。

　第Ⅰ部では、経済の現実を理解するために必要な基礎知識を学ぶことに焦

点が当てられています。複雑化した経済現象を読み解くためには、いまや経済データや統計資料を読み解く力が不可欠です。そのために必要な最低限のマクロ経済学的知識を説明したあと、日本経済の歴史に焦点を絞って、その制度変化の歴史的源泉をたどります。その意味で、第Ⅰ部は、教養科目としての経済学の講義にもおおいに活用できると考えています。

ついで、第Ⅱ部では、経済構造を支えている諸制度を特定したうえで、それぞれの「制度の仕組み」をくわしく説明します。なお、それに先立って、「制度の経済学」とは何かを簡単に説明して、私たちが考えている制度経済理論の特徴を整理します。その後、日本経済の歴史的変化を念頭に置きながら、「制度とマクロ経済との関係」「企業の仕組み」「雇用の仕組み」「金融の仕組み」「グローバル化のもとでの企業と国際関係」「社会保障の仕組み」「財政の仕組み」「国際経済の仕組み」といった順序で、個別の制度装置の説明を行ないます。

そして、本書には、もう1つの特徴があります。それは、第Ⅱ部の各章が統一的で普遍的な理論に依拠して記述されていない、という点です。教科書であるのに、統一的で普遍的な理論がないなんて、それは特徴ではなくて欠点ではないか、と皆さんは思われるかもしれません。そのあたりの事情を以下で説明いたしましょう。

私たちは、本書の執筆にあたって、数多くの研究会をもちました。率直にいって、執筆者それぞれの理論的立場における隔たりは、制度経済学という1つの理論的立場に集約することができないほど大きなものでした。しかしながら、ただ1つ集約できるとすれば、それは「標準的経済学が理論として決定的に見落としているものは何か」を明らかにする教科書をつくりたいという思いでした。この一点にのみこだわって、私たち執筆者は本書を作成しました。

じつのところ、このことは、各所でさまざまな問題を生んでいます。たとえば、第Ⅰ部で展開されている理論が、第Ⅱ部で否定されていたりする、ということが、本書では往々にしてみられます。あるいは、第Ⅱ部のある章で強調されていることが、他の章では無視されていたりする、ということがみ

られます。読者の皆さんからすれば、これはたいへん困ったことです。どちらを正しいと考えればよいのかわからない、といった具合です。

　しかしながら、こうした記述における食いちがいは、すでに述べたように、最初から意図的になされた私たちの方法から生み出されたものなのです。そしてこうした方法は、標準的経済学を制度経済学との対比という、私たちの当初の意図を超えた、思わぬ副次的効果をもたらしました。実際、標準的経済学はただ1つの見方にこだわり、すべての問題をその見方から説明すべく、本当は無視してはいけないことを、あえて理論の対象から除外する傾向にあります。つまり自身の理論で説明できることだけで説明を行なっているのです。それに対して、本書は、制度経済学の理論が確固たるものとなっていない以上、むりやり特定の制度経済学理論に拘泥する必要はないと考えました。むしろさまざまな制度経済学理論をできるだけ多く利用し、その理論を多様な仕方で提供することで、標準的経済学ではみえないものを、浮き彫りにすることができるのではないか、と考えたのです。つまり目の前に山はあるが、その山を完全に捉える見方はない、しかし一方向からだけみていてはわからない山の現実がある、だとすれば、一方向からだけでなく、さまざまな方向から山をみようではないか。これが私たちの方法です。したがって、私たちの方法によって、**標準的経済学のみならず、既存の制度経済学をも相対化する**、という方法をとることができるようになったのです。

　もちろん、ある程度の枠組みは必要ですので、その点については、第5章で説明を加えています。しかしながら、私たちは、経済理論の制度的転回がはじまっていると考えていますが、残念ながらそれはいまだ過渡的状況にすぎないことも承知しています。つまり制度経済学はいまだ発展途上の経済理論なのです。以上のような観点から、第Ⅰ部をお読みいただければ、本書の第Ⅱ部の意義をご理解いただけると思います。

　最後に、本書の作成過程では、さまざまなかたがたからご意見・ご批判をいただきました。いちいちお名前を挙げることは差し控えますが、この場を借りて厚く御礼申し上げます。

また、本書の完成を辛抱強くお待ちいただいただけでなく、研究会にも参加くださり、適切なご意見を提示していただいた、ナカニシヤ出版の酒井敏行氏に心より御礼申し上げます。氏の存在なくば、本書は出版にこぎ着けることはできなかったでしょう。

　よくいわれるように、学問は信仰ではありません。既存の理論はつねに新しい理論の挑戦を受け続けねばなりません。いま、制度経済学は、こうした挑戦を始めています。ここから何がみえてくるのか、皆さんと一緒に考えてゆきたいと思います。本書を読まれた経済学者の卵たちが、1人でも多く制度経済学に興味をもたれることを祈念しつつ。

　2014年3月1日

編者　中 原 隆 幸

日本経済の常識
制度からみる経済の仕組み

第Ⅰ部
日本経済の基本構造

第1章
日本経済分析の基礎（1）

【本章で学ぶポイント】
① なぜ経済学を学ぶ必要があるのかを理解する。
② 経済用語の基礎を理解する。
③ 経済学の初歩を学ぶ準備をする。

1-1　ガイドマップとしての経済学

　私たちは、経済成長、失業問題、景気動向、為替相場、TPP（環太平洋戦略的経済連携協定）など多くの経済ニュースを日々耳にし、昨今では2008年のリーマンブラザーズ破綻を端緒とした世界金融危機やギリシャの財政破綻からはじまったユーロ危機、東日本大震災後の経済復興問題、アベノミクス（第2次安倍内閣）などがテレビをにぎわせています。そのような情勢下、政府が発表した2012年3月卒業見込みの大卒就職内定率は71.9%（2011年12月1日現在の値。前年同月は68.8%と過去最低）でした。このような状況であるため、学生たちはSPI対策や面接対策、資格取得に熱心なようです。しかしながら、2010年に日興アセットマネジメント株式会社が実施した「就職に有利だと思うスキル」に関するアンケート[1]によると、学生は就職活動に際しPCスキルを重要視し[2]、企業の担当者は採用に際し経済・国際情勢に関する知識を重要視する[3]ようです。このように、いわゆる「時事問題対策」の重要性は、昨今、非常に高まっています。

　しかしながら、学生はその重要性を理解しつつも、経済ニュースをみるた

びにうんざりしているようです。そこには、(1) 難しそうな経済用語が多数使われている、(2) ある出来事、たとえば過度な円高などがなぜ問題であるのかが理解できない、(3) 世の中の経済問題が自身の社会生活には無関係であると思っている、などの理由が挙げられるでしょう。したがって、これらの障害がクリアされれば、経済ニュースをみてうんざりする学生も減るのではないでしょうか。そして、私たちが**経済学を学ぶ理由**もそのようなところにあります。つまり、経済学は新聞やテレビで報道される情報を理解するための、経済社会生活における「ガイドマップ」なのです。経済学を学べば、上記3つの障害は取り除かれるでしょう。たとえば、過度な円高でトヨタ自動車株式会社の利益が減少する一方、日本マクドナルド株式会社が大きな利益を上げることができるのはなぜか、そのことが私たちの生活にどのように関わってくるのか、このような経済問題が理解できるようになるのです。

　そもそも、経済学は現実に起きるさまざまな問題を説明し、処方箋を導き出すために発展してきました。経済学の父といわれる**アダム・スミス**（1723～1790年）の有名な著作**『諸国民の富の性質と原因の研究』**（**『国富論』**）（1776年）は、現在の教科書のように経済理論が理路整然と書かれているのではなく、イギリスが当時抱えていた「植民地であるアメリカを独立させるべきかどうか」という問題に答えるかたちで書かれています。また、スミスを受け継いで古典派経済学を理論的に完成させたといわれる**デイヴィッド・リカード**（1772～1823年）の主著**『経済学および課税の原理』**（1817年）も、大陸産の安価な穀物を障壁なくイギリスに輸入させるべきかどうかが問われた「穀物法論争」に対する回答（自由貿易擁護）なのです。このため、リカードの名は現在のTPPへ参加するか否かの議論においてもよく聞かれます。ソビエト連邦が崩壊するまで世界は長く資本主義国と社会主義国に二分されていましたが、その社会主義国の思想的・理論的拠りどころとなったのは**カール・マルクス**（1818～1883年）の**『資本論』**（第1巻1867年、第2巻1885年、第3巻1894年）です。マルクスが生きていた時代は約10～15年周期でひどい恐慌に襲われ、人々は非常に貧しい生活を強いられていました。

『資本論』でマルクスは資本主義社会（**私的所有制：財産を自由に取得・処分できる**）においてお金や工場をもつ資本家階級と自分の労働力以外は何ももてない労働者階級という２つの階級にどうして分裂するのか、そして、どうして労働者階級は貧しいのか、どうして経済社会で好況と不況が繰り返されるのか、それらを理論的に説明し、最終的には資本主義の行きづまりを予想しています。

　ところで、現在私たちが近代経済学を学ぶ場合、「**ミクロ経済学**」と「**マクロ経済学**」の講義に分けられる場合が多いです。ミクロ経済学は「微視的経済学」ともいわれ、企業（生産者）と個人（消費者）を個別に取り上げ、それらが経済的取引を行なう「市場」を分析します。世の中に存在する希少資源の配分を効率的にするにはどうすればよいかがその考察対象です。したがってこの経済学は希少資源の効率的な配分とその対価（価格）の決まり方を分析します。このように個人や一企業の取引に注目し、市場での売買（取引）の仕組みがきめ細かく分析されるのがミクロ経済学なのです。一方、マクロ経済学は「巨視的経済学」ともいわれ、そこで分析されるのは個別の企業や消費者ではなく、一国全体で集計された１人の消費者や生産者とされます。こうすることで、一国全体、あるいは国と国のあいだにおいてどのような仕組みで経済が成り立っているかを分析する学問がマクロ経済学なのです。その分析対象は、国民所得（一国の経済活動水準）やその成長度合（経済成長率）、一国内でどれほどの失業者がいるか（失業率）、ある国の物価はどうなっているか（インフレーション／デフレーション）、企業は工場建設や機械購入などの設備投資をどれほどしているか、銀行がお金を貸し出す際に受け取る利子はどのような水準にあるのが望ましいか（利子率）、ある国の貿易はどういった構造になっているか（貿易収支）などです。

　実際の経済活動は個々の企業（生産者）や家計（消費者）から成り立っており、マクロ経済学のような簡素化は現実を描写していないといわれるかもしれません。しかしながら、ミクロ経済学のように個別のさまざまな企業や消費者から分析をはじめて、それをあとから一国全体として集計するのはたいへん難しいか、もしくは不可能です。したがって、一国全体あるいは国と

国のあいだの関係性を分析する際には、ある程度大枠で対象を把握する必要があるのです。また、個人が自己の利益に照らしあわせて合理的な行動をとっても、社会全体としてみた場合には望ましくないことが生じる場合があります。たとえば、不景気のためある夫婦の収入が減り、2人が食べていくだけで精一杯の状態であるとします。当然、子どもを育てる余裕などありませんので、合理的に考えるならば子どもをもうけるという選択肢はとられません。収入が下がった家庭であれば、どの家庭でもこのような選択がとられると仮定しましょう。しかしながら、その結果として一国全体の労働人口が減少し、生産量も減り、また、消費量も減ります。労働人口は国の成長には欠かせない要因であるので、長期的にみれば経済水準は低下し、経済的な生活環境も悪化します。すなわち、個別の家計という小さな視点（ミクロレベル）では効率的であった行動が、国家という大きな視点（マクロレベル）からみると大きな問題へと発展してしまいます。これを経済学では「**合成の誤謬**」と呼びます。ゆえに、ミクロ経済学のような個別企業や個別消費者の視点だけではなく、一国全体からの視点が必要なのです[4]。

　マクロ経済学は**ジョン・メイナード・ケインズ**（1883〜1946年）が『**雇用・利子および貨幣の一般理論**』（1936年）を発表したことに端を発して生まれました。限界革命以降の経済学では、市場での活動が自由に行なわれれば、物の値段や労働者の賃金が変動するので需要と供給が一致すると考えられていました。たとえば、ある生鮮食品の人気が下がると売れ残りが出ます。企業は売れ残るともったいないので食品の価格を下げます。するとお客さんが戻ってきてその食品の需要が増えます。こうして売れ残りがなくなるのです。これを**需要と供給の一致**（図1-1）といいます[5]。逆に、生鮮食品の人気が上がって、人々が買いたい量に比べて店頭にならぶ量が足りなくなれば価格は上がります。すると、値段が高くなったので買う人は減るのです。こうしてまた需要と供給は一致します。ここでのポイントは、価格は変化しても供給量の変化はない（お店は裏から新たな生鮮食品を店頭にはならべていません）ということです。つまり、人々の需要量（購入量）は、供給量に制限されているということです。それゆえ、経済全体で考えた場合でも、供給

第 1 章　日本経済分析の基礎（1）

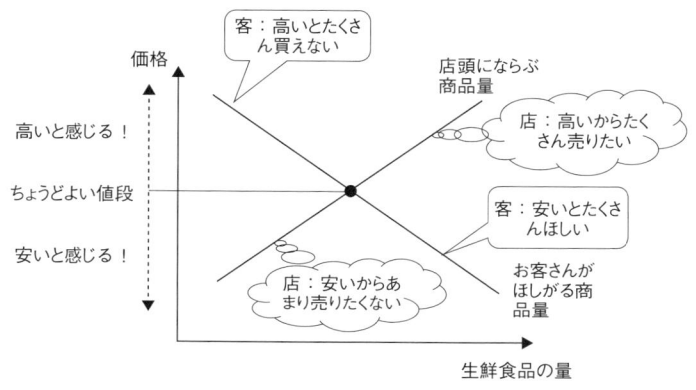

図 1-1　お客さんとお店の心理状態

量が経済の水準を決めていることになります。これを経済学では「**セイの法則（セイ法則）**」と呼んでいます（**図 1-1**）。

この考え方を労働者と雇用者の関係にまで広げるとどうでしょうか。好況期に企業は人手不足になったとします。セイの法則にしたがえば、労働者への需要が高まるので労働者の賃金は上昇します。しかしながら、労働者の人数には限り（供給量の制約）があり、また賃金が上昇したことで企業も雇用しにくくなるので、需要と供給は一致します。この状態では、働きたい人が全員働いていますね（**完全雇用**）。しかしながら、不況期ではどうでしょうか。実際、ケインズが生きた時代には、アメリカから世界に波及した世界恐慌（1929 年）で大量の失業者（「**非自発的失業**：勤め先や事業の都合、例えば、人員整理・事業不振・定年等で前の仕事をやめたために仕事を探し始めた者」総務省統計局 HP より）が発生していました。セイの法則にしたがえば、労働者の賃金が低下して、需要と供給が一致し、失業者は出ないはずですよね。そこで、ケインズはそれまでの経済学で採用されていた考え方を否定します。

まず、生鮮食品の値段と同じように、賃金を自由に下げることができるかという問題です。生活がかかっているので、労働者は賃金が下がるということに対して敏感に反応します。当然、労働組合などの反発もあるでしょう。

ゆえに、雇用者は賃金を無下に引き下げることはできないのです。これを「賃金の下方硬直性」と経済学では呼びます。つぎに、供給量が経済水準を決定するかどうかという問題です。ここで、ケインズは「有効需要」という考え方を導入します。有効需要とは、お財布の中身と相談して購入することができる、**実現可能な需要**のことです。つまり、年収500万円の人が宇宙ロケットをほしいと思っても買えません。実際に購入できるのは一般的な自動車であるはずです。そして、この有効需要を満たすために企業は生産します。有効需要が増えれば生産量も増え、有効需要が減少すれば生産量も減少せざるをえません。つまり、**有効需要が経済活動の水準を決める**のです。不況期に消費者がお金を使わなくなれば、企業は生産量を減少させ、一国全体の経済規模（**国内総生産：GDP**）も減少する（マイナス成長）のです。これはセイの法則とまったく反対の考え方ですね。ゆえに、政府が消費者の商品購買能力（有効需要）をアップさせることができれば、景気がよくなると考えます。

　ケインズは、このような考え方に従えば非自発的失業の存在が理解できるといいます。つまり、有効需要が決まれば、企業は生産量を決定できます。生産量が決まれば、企業は何人雇用すればよいかの計画（生産計画）が立てられるのです。ここでもし、賃金が下方硬直的でないならば、安い賃金で多くの労働者を雇うことができます。しかし、実際には賃金は下方硬直的であり、企業としては有効需要に見合った生産量を生産する労働者数しか雇用できません。そして、このときに雇用される労働者数は、完全雇用の水準と一致するとはかぎらないのです。したがって、そもそもの有効需要を増やして、企業の生産量を増やすことができれば、雇用される労働者数も増えるだろうと考えたわけです。そうすれば失業者は減少します。世界恐慌の際には、このような考え方に沿ってアメリカのルーズベルト大統領は「ニューディール政策」を行ないました。このように、政府が予算を組んで経済に影響を与えようとする政策を**財政政策**といいます。現在でもテレビや新聞で「財政政策により景気を浮上させる」ということを政治家がいう場合、政府がお金を使って有効需要を増やし、企業の生産量が増えることで、失業者も減り、雇

用された労働者が商品を購入することでさらに景気が上向くであろうと想定しています。

現在では、財政政策だけでは景気を回復することができないなどの見解もあり、ケインズの考え方、ならびに、マクロ経済学の有用性そのものに関してもさまざまな議論があります。しかしながら、経済学は現実に起きるさまざまな問題を説明し、処方箋を導き出すために日々進化しています。経済社会を理解するために、経済学の考え方を学ぶことは依然として重要なことなのです。

1-2　国の経済規模を測る指標

1-2-1　国内総生産（GDP）

さて、ケインズの有効需要のところでも出てきましたが、一国全体の経済規模とは何でしょうか。そして、経済が成長するといった場合、どのような指標をもとに考えられているのでしょうか。近年では、一国の経済規模を測定するのに**国内総生産**（GDP：Gross Domestic Product）という指標がおもに使われます。「中国の経済規模が日本を超えた」、「△年の経済成長率は○％でした」といったニュースでよく聞かれるフレーズは、おおむねこのGDPを指標として考えられています。GDPの定義は「**一定期間内に一国の国内で生み出されたすべての財・サービスの粗付加価値額の合計**」です。定義を聞くだけでは理解できるかたも少ないと思いますので、含まれる3つのキーワードを使って順に説明したいと思います。

まず「**一定期間内**」という言葉ですが、これは、たとえば2014年度の1年間といった実際の時間です。現実には4半期（3カ月間）のデータが報道されることが多いです。つまり、GDPとはある期間内の経済活動を表わす指標なのです。ここで、経済学における2つの重要な概念を説明します。それは「**ストック**」と「**フロー**」の概念です。私たちが「トイレットペーパーのストックがなくなった」という場合、家に常備しておいたトイレットペーパーをすべて使い切ってしまったということですよね。経済学で用いる場合

第Ⅰ部　日本経済の基本構造

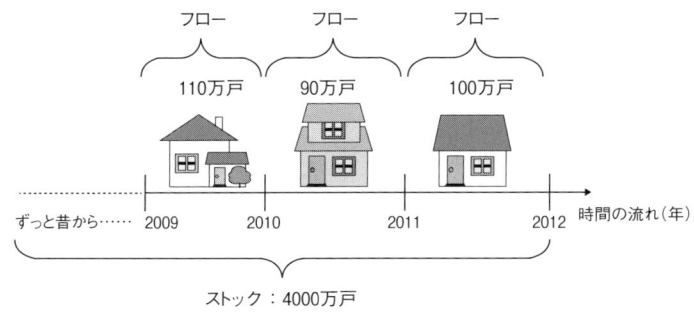

図 1-2　ストックとフローの図

も同じ意味です。つまり、過去から現在までに経済活動の成果として蓄えられてきたモノの量がストックです。一方、フローとはある期間内に行なわれた経済活動の成果を表わす概念です。たとえば、ある国には一戸建て住宅が4000万戸あるとします。これは過去から現在までにつくられた一戸建て住宅の総数なのでストックです。そのうち、今年1年間で新たにつくられたものが100万戸であるとすれば、この新たにつくられた部分の経済活動がフローです（図1-2）。したがって、GDPはフロー概念に入ります。

つぎに「**国内**」という言葉ですが、これは文字どおりある国の中（領土）で行なわれた経済活動であるということを意味します。なぜこれがキーワードかというと、少し前まで**国民総生産**（GNP：Gross National Product）という指標が使われていたからです。国民総生産の場合には、ある国民、たとえば日本人が一定期間に行なった経済活動を測定します。つまり、「日本国内にいる日本人」と「外国で活動する日本人」、すべての日本国籍を有する人の経済活動を表わします。ある国の豊かさを測るには、その国民の経済活動量を把握することが重要であったからです。しかしながら、経済がグローバル化し、多国籍企業が増えてきました。海外での生産活動からの報酬を含む指標では、本来の国の能力を正確に測ることができません。そこで、GDPが代わりに用いられるようになったのです。つまり、日本国のGDPには、公益財団法人日本相撲協会が大相撲のハワイ巡業で得た収入は含まれませんが、海外のミュージシャンが日本国内で一時的（1年以内）に行なった

第 1 章　日本経済分析の基礎（1）

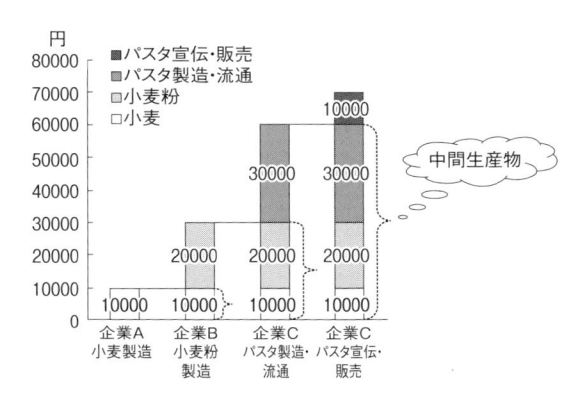

販売価格	1 万円	3 万円	6 万円	7 万円
粗付加価値	1 万円	2 万円	3 万円	1 万円
GDP ＝粗付加価値の合計＝ 7 万円				

図 1-3　粗付加価値額の合計

コンサートの収入は含まれます。

　最後に「**粗付加価値額**」という言葉ですが、これは各生産者が経済活動によって新たに自分で付け加えた価値額の合計という意味です。パスタをスーパーで販売するという経済活動を例に考えてみましょう。（企業 A）小麦を畑でつくる人、（企業 B）小麦から小麦粉をつくる人、（企業 C）小麦粉からパスタをつくりスーパーに運ぶ人、（企業 D）パスタを宣伝しスーパーで売る人、の 4 人がこの経済活動には関わっているとします。それぞれの商品の価格は、（A）小麦 1 万円、（B）小麦粉 3 万円、（C）パスタ卸値価格 6 万円、（D）パスタ販売価格 7 万円と仮定します。この経済活動がある 1 年間に行なわれたとすると、経済活動全体では 1 ＋ 3 ＋ 6 ＋ 7 ＝ 17 となり 17 万円分の財・サービスが生み出されたことになります。しかしながら、何かおかしいことにお気づきでしょうか。企業 B は企業 A から 1 万円分の小麦を購入して小麦粉をつくっています。つまり、企業 B による貢献分は 3 万円ではなく、企業 B 自身が付け加えた 2 万円分であるはずです。すなわち、各企業の純粋な貢献分を考える場合、原材料や運搬費などが含まれた**中間生産**

第Ⅰ部 日本経済の基本構造

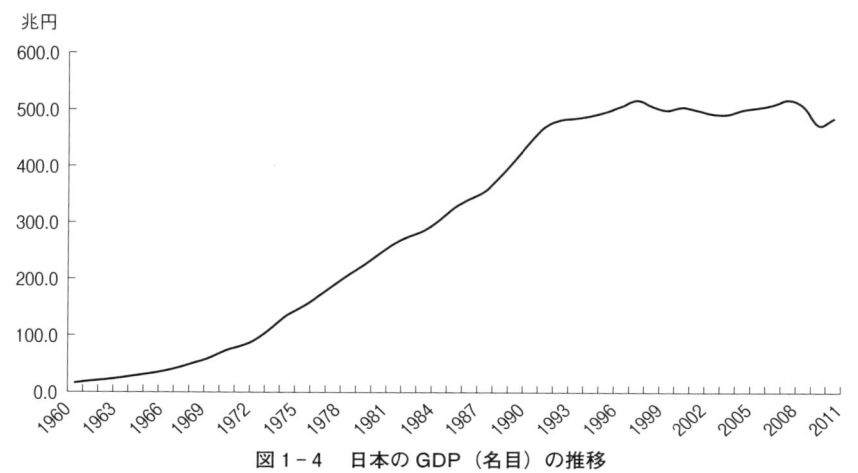

図 1-4 日本の GDP（名目）の推移

出所：The World Bank, *World Development Indicators* より筆者作成。

表 1-1 名目 GDP トップ 10

順位	国	アメリカドル	順位	国	アメリカドル
1	アメリカ	14,526.55	6	イギリス	2,250.21
2	中国	5,878.26	7	ブラジル	2,090.31
3	日本	5,458.80	8	イタリア	2,055.11
4	ドイツ	3,286.45	9	カナダ	1,631.97
5	フランス	2,562.74	10	インド	1,577.04

出所：IMF, *World Economic Outlook Database, September 2011* より筆者作成。

表 1-2 名目 GDP の世界シェア（単位：%）

	2004	2005	2006	2007	2008
日本	11.0	10.0	8.9	7.9	8.1
韓国	1.7	1.9	1.9	1.9	1.5
中国	4.6	5.1	5.7	6.3	7.1
アメリカ	27.7	27.2	26.7	24.9	23.2
イギリス	5.2	5.0	4.9	5.1	4.4
イタリア	4.1	3.9	3.8	3.8	3.8
ドイツ	6.5	6.1	5.9	6.0	6.0
フランス	4.9	4.7	4.6	4.7	4.7

出所：総務省統計局『世界の統計』より筆者作成。原資料 UN, *National Accounts Main Aggregates Database*。

第 1 章　日本経済分析の基礎（1）

物の値段は引かなければなりません。そうでなければ、他の生産物の価格が二重、三重に重複して含まれてしまいます。ゆえに、各企業の純粋な貢献分は、1 + 2 + 3 + 1 = 7 となり 7 万円となります。これが粗付加価値の合計額であり、GDP として計上されるのです。このことを図にすると**図 1 - 3** のようになります。

このように、GDP とは一定期間内にある国内で行なわれた経済活動の新たな貢献分をすべて合計したものなのです。

1 - 2 - 2　GDP の範囲

GDP の定義はこれでわかったと思いますが、私たちが財・サービスを生み出す経済活動と思っているものでも、実際の計算では GDP に含めないものがあります。そこで、つぎは GDP に含まれるものと含まれないもの（**GDP の範囲**）を確認したいと思います。簡単にいえば、市場で取引された財・サービスは、値段（市場価格）が付いているので GDP に含まれます。注意することは、市場で取引されていなくても（市場価格が付いていなくても）、GDP に含まれるものがあることです。

まずは、GDP に含まれる代表的な例をいくつか挙げます。（1）持ち家に住んでいる人は毎月の家賃を払いません。しかしながら、同程度水準の借家に住んでいる人は、市場価格の付いた家賃を毎月支払います。両者は同じ「住む」というサービスを享受（消費）しているのに、GDP に含む場合と含まない場合があるのでは、経済規模を正確に測れません。ゆえに、持ち家に住んでいる人も、あたかも市場価格で家賃を払っているかのように計算上は扱います。この場合の計上額を「**帰属家賃**」と呼びます。（2）スイカ農家が、夏の暑い日に自分の畑でとれたスイカをおいしそうに食べている光景はしばしばみられます。この場合も、スイカはお店で購入したものではありませんが、あたかも市場価格を払って消費していると考えます。「**農家の自家消費**」。（3）政府や地方自治体は、役所・警察・消防・裁判・病院（保険負担）などで住民にサービスを提供します。これらはおもに税金で賄われており、市場を通していませんが、人件費など実際のコストを計算して GDP に

15

第Ⅰ部　日本経済の基本構造

表1-3　GDPの範囲

GDPに含まれるもの	GDPに含まれないもの
（1）持ち家に住んでいる人の「帰属家賃」 （2）「農家の自家消費」 （3）政府や地方自治体の「公共サービス」 （4）雇用者による「現物支給」	（1）「主婦の家事労働」 （2）「中古品（マンションや中古自動車など）の取引」 （3）「資産（土地・金融資産・美術品など）の取引」

含めます。「**公共サービス**」。（4）あなたが冬休みに親戚が経営するペンションでアルバイトをしたとします。親戚のおじさんはアルバイト代金としてサッカー観戦のチケットをくれました。あなたにとっては「ひどい！」と感じるこの行為も、労働に対する報酬として立派にGDPに計上されるのです。つまり、雇用者による食事券や自社製品支給などの「**現物支給**」も、金額相当分がGDPに含まれます。

　つぎにGDPには含まれないものをいくつか挙げたいと思います。（1）お母さんは毎日、炊事・洗濯・掃除・子育てと大忙しです。しかしながら、市場での取引が発生していないのでGDPには含みません。家事労働を民間企業のサービス（ベビーシッターや家政婦など）に依頼すれば、市場を通すのでGDPに含みます。ゆえに、この家事労働をGDPに含めるかどうかはしばしば議論になりますが、現在のところ除外されています。「**主婦の家事労働**」。（2）学生であれば、自分の車やバイクを所有したいと思っても、新車はなかなか買えませんよね。アルバイトをしたお金を貯めて、中古自動車を販売する企業からこれらを購入することは立派な経済活動のように思えますが、この中古自動車の価格はGDPには含まれません。なぜならば、新車として販売された際に、一度GDPに計上されているからです。ただし、中古自動車販売企業の販売手数料はGDPに計上されます。中古マンションの購入なども同様に考えます。「**中古品の取引**」。（3）景気が上向きになったことで、あなたが保有する土地の値段が急上昇したとしましょう。そして、あなたはそれを売ることで大儲けができました。しかしながら、この儲けはGDPに含まれません。資産（土地・金融資産・美術品など）の取引は、新

たな付加価値を生み出していない（財・サービスを生産していない）ためです。「**資産の取引**」。

1-2-3 三面等価の原則

　さて、GDPとは一定期間内に国内で生産された財・サービスの粗付加価値額の合計でした。1-1のケインズのところでも出てきましたが、有効需要に見合うように生産されているとすれば、生産されている財・サービスは、誰かがすべて購入しているはずです。そして、その購入代金もすべて他の誰かの収入になるはずですよね。つまり、生産された金額（生産額）と、購入金額（支出額）と、誰かのところにわたる金額（分配額）は等しくなるはずです。これを経済学では「**三面等価の原則**」と呼びます。3つの側面（生産面、支出面、分配面）が、それぞれ事後的に統計上は等しくなるという原則です。それでは誰が購入して、誰のところにお金がわたるか、くわしくみてみましょう。

　マクロ経済学ではこの「**誰**」（**主体**と呼びます）に当たる人が、3人しか出てきません。まずは、（1）**家計**です。家計とは私たちの家（世帯）のことです。家計は財・サービスの生産に必要なもの（**生産要素**：労働力、お金）を提供して報酬（賃金、利子）を受け取ります。そして、受け取った報酬を使って財・サービスを消費し、自身の欲望を満たします。つぎは、（2）**企業**です。企業は生産要素を用いて財・サービスを生産、販売し、利益を出そうと努めます。また、工場などを建設して生産量の増加にも努めます。最後は、（3）**政府**です。政府は家計と企業から税金を徴収して、公共サービスを行なったり、**社会資本**（インフラ：インフラストラクチャーの略であり、生活のために必要な鉄道、空港、電力、公園などの施設・設備）を整備したりします。この3主体のくわしい説明は次章で行ないます。

　登場人物の説明が終わったところで、三面等価の原則に戻りましょう。まずは、生産面と支出面が等しくなるということからです。生産額はGDP（国内総生産）です。登場人物は3人なので、家計（民間消費）、企業（民間投資＝固定資本形成：工場や機械などの設備を購入すること＋在庫形成：販

売のための準備)、政府(政府支出：公務員の給料や物品購入など)が、財・サービスを消費していることになります。経済学では企業の「**投資**」という言葉がしばしば出てきますが、これは将来の生産のために機械や設備を購入するという意味なので、企業がする消費のことなのです。加えて、外国の人が日本製品を購入するということも考えられます。ゆえに、日本で生産された財・サービスに対して誰が支出しているかの指標である**国内総支出**(**GDE**：**Gross Domestic Expenditure**)は、以下となります。

$$\text{国内総生産（GDP）} \equiv \text{国内総支出（GDE）}$$
$$\equiv \text{民間消費 } C + \text{民間投資 } I（\text{固定資本形成} + \text{在庫増分}）+ \text{政府支出 } G + \text{輸出 } EX - \text{輸入 } IM$$

ここでの重要なポイントは、**日本で生産された財・サービスが誰かに消費されている**という考え方です。国内総支出には「国内」と付いていますが、国産の財・サービスに関する支出(消費)という意味です。つまり、輸出とは日本で生産された財・サービスが海外で消費されているのでプラスされ、輸入とは外国で生産された財・サービスに日本人が支出しているので、国内総支出からはマイナスされます。ところで、式の各項目についている記号は、しばしば簡略化のためにマクロ経済学で使われる英字です。「C」や「I」と今後出てきたら、家計の消費や企業の投資のことであると思ってください。

つぎに、分配面を考えてみましょう。支出(消費)があるということは、その前に収入(分配)がなければいけませんね。つまり、国内総生産(GDP)と同額の収入が国内の誰かに分配されているので、以下のようになります。

$$\text{国内総生産（GDP）} \equiv \text{分配面からみた GDP}$$
$$\equiv \text{雇用者所得} + \text{営業余剰} +（\text{間接税} - \text{補助金}）$$
$$+ \text{固定資本減耗}$$

雇用者所得とは、労働者の貢献分であり家計へ支払われる賃金です。**営業余剰**とは企業が貢献した分であり、企業の利益です。「(間接税－補助金)」は、

政府の貢献分であり、政府に分配される分（税金）です。政府はインフラ整備などを通じて企業の生産に貢献しています。しかしながら、企業に生産のための補助金が支払われていれば、税金から補助金分が引かれますので、政府の収入は（間接税－補助金）となるのです。最後の**固定資本減耗**ですが、これには少々説明がいります。まず固定資本とは機械や設備のことであり、生産活動には不可欠です。しかしながら、ある機械を永久に使い続けることはできませんよね。だんだん壊れていき、何年後かには使用できなくなります。これを減耗するといいます。たとえば、10年で壊れる1000万円の機械があるとします。経済学では10年後に一気に1000万円の費用が計上されると考えるのではなく、10年であれば10分の1（100万円）ずつ価値が減っていくと考えるのです。国内総所得とは、生産に貢献した分だけ誰かが受け取っているという考え方でしたので、固定資本減耗とは、いわば、機械や設備が生産に貢献した分ということになります。つまり、減耗分を貯めておくのです。

　ここで、単純化して企業は余剰のすべてを賃金や配当として分配し、分配されたお金は消費（C）するか貯蓄（S）するかに使用されると仮定します。また、固定資本減耗も無視し、政府の収入を（T）とすると、

$$（分配面でみたGDP） = C + S + T$$
$$（支出面でみたGDP） = C + I + G + EX - IM$$

となりますね。三面等価の原則でこの2つは等しいので、

$$C + S + T = C + I + G + EX - IM$$

これを整理すると、

$$(S - I) = (G - T) + (EX - IM)$$

となります。$(S - I)$は貯蓄から投資（企業の消費）を引いたものです。企業はふつう、銀行に貯蓄されているお金を借りて投資をしますから、$(S - I)$がプラスということは、企業に貯蓄から貸出を行なわれても銀行にまだ

第Ⅰ部　日本経済の基本構造

表 1-4　2009 年度日本経済の三面等価（単位：10 億円）

a) 生産面からみた GDP	
1．産業	423,164.9
（1）農林水産業	6,659.2
（2）鉱業	300.3
（3）製造業	84,731.9
（4）建設業	29,230.1
（5）電気・ガス・水道業	10,890.4
（6）卸売・小売業	59,014.7
（7）金融・保険業	27,356.9
（8）不動産業	62,304.6
（9）運輸・通信業	31,999.2
（10）サービス業	110,677.5
2．政府サービス生産者	47,032.9
（1）電気・ガス・水道業	5,081.8
（2）サービス業	12,576.6
（3）公務	29,374.6
3．対家計民間非営利サービス生産者	10,727.4
（1）教育	4,632.3
（2）その他	6,095.1
小計	480,925.2
調整項目	-6,885.0
国内総生産	474,040.2

b) 分配面からみた GDP	
1．雇用者報酬	251,249.6
2．営業余剰・混合所得	75,172.4
3．固定資本減耗	102,801.6
4．生産・輸入品に課される税	38,584.2
5．補助金	-3,678.3
調整項目	9,910.6
国内総生産	474,040.2

c) 支出面からみた GDP	
1．民間最終消費支出	280,687.2
2．政府最終消費支出	94,948.7
3．総資本形成	94,376.2
4．財貨・サービスの純輸出	4,028.1
国内総生産	474,040.2

出所：内閣府『国民経済計算確報』のデータより、中谷 (2000) p.37 を参考に筆者作成。

まだお金がある状態です（**貯蓄超過**）。$(G-T)$ は、政府支出から政府の収入を引いたものですから、政府の赤字（**財政赤字**）を表わします。$(EX-IM)$ は、輸出から輸入を引いたものですから、これがプラスということは**貿易黒字**です。ここからわかることは、貯蓄超過が財政赤字と貿易黒字を足したものに等しくなっているということです。つまり、皆さんがあまり貯金をしなくなれば、貿易黒字は減り、また政府の赤字を賄えなくなるということがわかります。また、貯蓄超過が増えれば貿易黒字が増えるということは、皆さんが消費を我慢して貯蓄した分が、外国人によって消費されているともいうことができますね。

第 1 章　日本経済分析の基礎（1）

1-3　経済の成長と物価

前節では、一国の経済規模を測る GDP について学びました。これにより、ある年度における一国全体の経済力がわかります。本節では、その規模が拡大するという現象、つまり経済成長について学びます。

1-3-1　経済成長率

経済成長率は、GDP をもとに以下のように計算されます。

$$今年度の経済成長率 = \left(\frac{今年度のGDP - 前年度のGDP}{前年度のGDP} \right) \times 100$$

100 倍しているのは、パーセント（％）で表示するためです。日本の高度経済成長期には、毎年約 10％ずつ経済が成長しました。つまり、GDP が毎年 1 割ずつ増えていくのですが、このように規模が拡大していくと 8 年間で GDP が 2 倍以上になるのです。高度経済成長といわれるゆえんですね。一方で、バブル経済が崩壊して以降、「日本の失われた 20 年」（2013 年現在）とニュースなどでいわれます。これは、20 年間 GDP がほぼ変化しなかった（軽微な成長、マイナス成長があった）ため、このようにいわれるのです。経済が成長するということは、それだけ皆さんの所得も増え、物質的には豊かになります。

それでは先の計算方法をもとに、実際に経済成長率を計算してみましょう。日本における、2007 年度の GDP は約 515 兆 8040 億円で、2006 年度は 510 兆 9380 億円です[6]。ゆえに、

$$(5158040 - 5109380) \div 5109380 \times 100 \fallingdotseq 0.95236604$$

となり、2007 年度の経済成長率（名目）は約 0.95％ となります（名目成長率と実質成長率については、1-3-3 で説明します）。

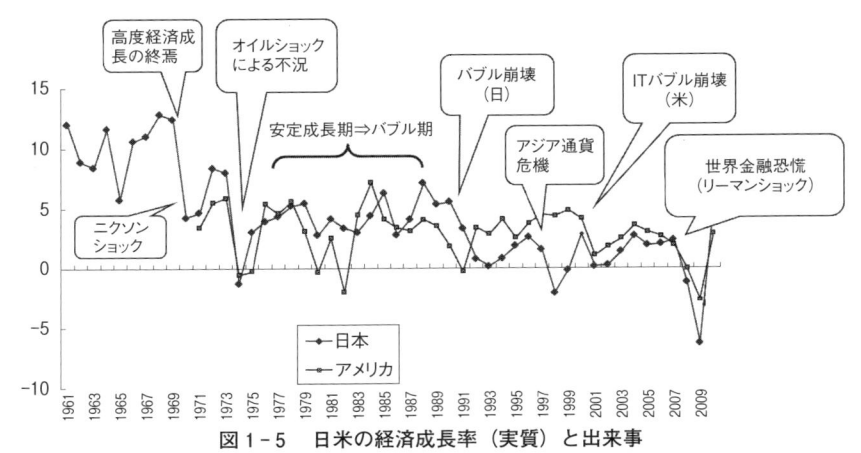

第Ⅰ部　日本経済の基本構造

図1-5　日米の経済成長率（実質）と出来事

出所：The World Bank, *World Development Indicators* のデータより筆者作成。

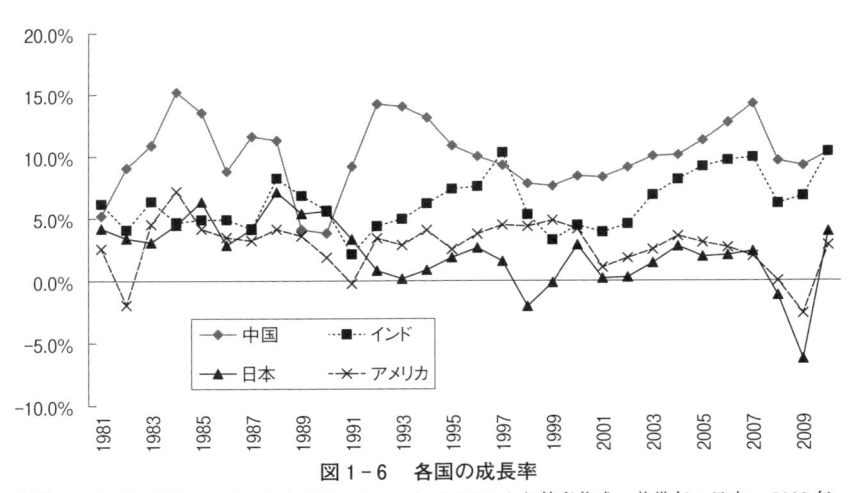

図1-6　各国の成長率

出所：IMF, *World Economic Outlook Database, April 2011* より筆者作成。基準年：日本＝2000年、アメリカ＝2005年、中国＝1990年、インド＝2004年。

1-3-2　インフレーションとデフレーション

　さて、経済が成長すると所得が増えるので物質的な豊かさも増加するといいましたが、はたして所得が増えるだけで本当に物質的に豊かになるのでしょうか。たとえば、皆さんのアルバイトの時給が1000円から2000円に2倍になったとしましょう。簡単にいえば、所得が2倍になったことになります。つまり、買えるモノの量が2倍になります。皆さんにとってはたいへんうれしいことですよね。しかしながら、これはモノの値段が変わらないことが前提です。所得が2倍になっても、たとえば、ジュースの値段も100円から200円と2倍になれば、買えるモノの量は変わりません。このように、モノの値段（**物価：各主体が購入する個々の財・サービスの価格を総合したもの**）というのは、人々の生活に密接に関わってくるのです。

　皆さんは、テレビや新聞で「**インフレ**」や「**デフレ**」という言葉をよく聞くのではないでしょうか。これらはともに、物価の変動に関わる言葉なのです。まず、インフレとはインフレーション（inflation）の略であり、「**モノの値段が上がり続ける現象**」のことです。昨年1000円で買えた商品が、今年は2000円に値上がりしたとします。すると、いままでは1000円札1枚で買えたのに、同じモノを買うために1000円札が2枚いることになります。つまり、1000円札1枚で買えるモノの量が減っていますから、お金の価値が半分になっているのです。このように、インフレ時には、物価は上昇していますが、同時に**お金の価値は減少**しているといえます。

　それでは、このようなインフレはなぜ起きるのでしょうか。大きく分けて3つの理由があります。1つ目は、「**需要インフレ（デマンド・プル・インフレ）**」です。これは、その名のとおり需要側に原因があるインフレです。何らかの理由で、消費者の需要が大きくなると、供給者側は商品の価格を吊り上げます。これは先ほど説明した需要と供給の関係からもイメージしやすいと思います。たとえば、好景気となり、皆さんのお給料が増えれば消費量も増えますね。消費量が増えると世間では品薄のものなどが出てきて値段が上がり、また、高額商品でも消費者に購入してもらえると企業が認識すると、高級品なども生産されます。企業は儲かるので皆さんの給料もさらに増え、

また消費量が増えます。景気がいい時期にはこのような好循環が生まれ、物価は上昇するのです。経済が成長していくうえで望ましいインフレーションの水準は、おおむね1〜2％前後といわれています。

　2つ目に、インフレは世の中にあるお金の量が増えることでも発生します。世の中のお金を調節するのは日本銀行で、世の中に実際に出回っているお金の量を**マネーサプライ（通貨供給量）**といいます。これは、一般の企業や家計、地方公共団体がもっているお金の量のことです。マネーサプライについては次章にてくわしく説明します。とにかく、世の中のお金の量が増えたとしましょう。ポイントは手元のお金の量が増えるのはあなただけではないということです。あなただけのお金が増えれば、それはうれしいことですが、世の中の全員のお金が増えます。お金の量が増えれば増えるほど1000円札を多くの人がたくさんもっていますから、1000円札1枚当たりの価値は減るのです。これは、より少ないモノのほうが希少価値はあり、大量にあるモノは価値がなくなっていくことをイメージすればよいです。しかしながら、1000円札1枚当たりの価値は下がっても、モノそれ自体の価値が下がるわけではありませんよね。なので、モノの値段が上昇するのです。このように日本銀行が世の中に出回るお金の量を増やすことで、企業や家計が使うお金を増やし、景気を上向きにしようとする政策を**金融政策**といいます。

　インフレが起きる3つ目の理由は、「**供給インフレ（コスト・プッシュ・インフレ）**」です。これは、その名のとおり供給側に原因があり、おもに賃金や原材料などの高騰によって発生するインフレです。たとえば、日本は国内で消費する石油エネルギーの99.6％を輸入[7]に頼っています。産油国に何らかの事情（政治情勢、戦争などによる減産）があって原油価格が引き上がったとすれば、それを輸入して生産活動を行なう日本では、生産費（コスト）が上昇するので物価上昇につながります。たとえば、1973年のオイルショック[8]の影響で、「燃料・動力の相対価格（燃料・動力価格／卸売物価総平均）は、1970年から81年にかけて140％上昇し、原材料の相対価格は約10％上昇」しました（橋本・長谷川・宮島・齊藤 2011, p. 164）。このようなインフレを「**輸入インフレ**」といいます。また、自国内の理由でインフレが

第1章　日本経済分析の基礎（1）

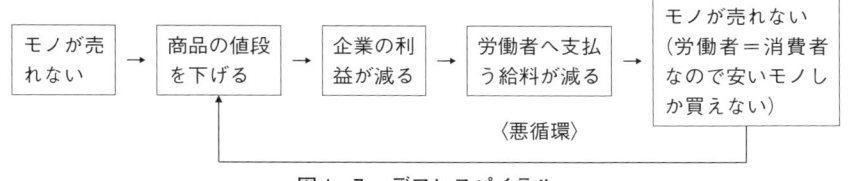

```
モノが売 → 商品の値段 → 企業の利 → 労働者へ支 → モノが売れない
れない    を下げる    益が減る   払う給料が減る  （労働者＝消費者
                                              なので安いモノし
                                              か買えない）
         ↑─────────〈悪循環〉─────────────┘
```

図1-7　デフレスパイラル

発生することもあります。これを「**ホームメイド・インフレ**」といい、おもに人件費（賃金）が上昇することで発生します。

　つぎに「デフレ」です。デフレとはデフレーション（deflation）の略で、「**モノの値段が下がり続ける現象**」です。つまり、インフレとまったく逆の現象なのです。昨年2000円で買えた商品が、今年は1000円に値下がりしたとします。すると、いままでは1000円札2枚で買えた商品が、1000円札1枚で買えることになります。インフレのときとは反対に、お金の価値が2倍になっていますね。このように、デフレ時には、物価が下落していますが、同じお金でより多くのものを買えるようになるので、**お金の価値は増加**しているといえます。デフレが起こる原因は、先のケインズのところで学んだ有効需要が関係しており、その有効需要が生産者の供給に対して不足することで生じます。生産者は商品が売れなくなるから、商品の値段を下げざるをえません。商品の値段が下がると企業の利益が低下します。そして、企業の利益が低下すると、労働者に支払われる賃金も下がります。結果として、労働者の賃金が下がるので彼らの消費量も減り、また、所得水準が下がりますから安い商品しか買えない状況となります。すると、企業はますますモノが売れなくなるので値段を下げざるをえません。このような悪循環を「**デフレスパイラル**」（**図1-7**）と呼びます。この状況では、企業は生産規模を縮小しなければならないので、結果として失業者が増えるのです。ようするに、デフレとは景気後退や不況と密接に関わっているのです。

　これでインフレ、デフレとは何か、どうして発生するのかがおわかりになったと思いますが、ではどうしてそれらは問題なのでしょう。日本銀行法では金融政策の理念として「物価の安定を図ることを通じて国民経済の健全

な発展に資すること」と述べています。まず、インフレとはお金の価値が減少することでした。アフリカ南部のジンバブエという国では2008年7月にインフレ率が年率2億3100万％でした。1年間にそれだけの割合のインフレが起こるということですから、とてつもない数字です。たとえば、あなたが家を買うためや老後に備えるために頑張って働いて2億3100万円貯金したとします。これが翌年には1円の価値しかもたなくなったらどうでしょう。せっかくお金を貯めても家が買えなくなりますし、老後[9]も安心して暮らせません。

　また、あなたが友人にお金を貸した場合はどうでしょうか。1万円をもっていたとして、いま使えばおいしい1万円のステーキが食べられるのだけれども、仲のよい友達がお金に困っていたので貸してあげました。1年後、お金の価値が半分になったときに、同じ1万円を返してもらっても、もうステーキは2万円出さなくては食べられなくなりました。つまり、インフレ時には、お金を貸す人（債権者）は損をし、お金を借りた人（債務者）は得をします。なぜ借りた人が得をしているかというと、インフレ時には世の中にお金がたくさんあるはずです。ゆえに、買える商品の量は変わらなくても、見かけの給料は高くなっているはずですから、返済が容易になります。このように、インフレ状況下では貯めたお金がパーになったり、お金を貸す人の負担が増えたりするのです。加えて、ジンバブエのようなものすごいインフレ状況下では、誰もお金を受け取らなくなり、経済活動に支障をきたします。お金の価値がものすごい勢いでなくなっていくので、誰もそのお金を使いたがらない（受け取りたがらない）からです。

　つぎにデフレです。デフレ期には従業員の給料は下がります。また、生産活動が停滞するので失業者も増えるのです。加えて、消費者は商品がそのうち安くなることがわかっていますから、買い控えが起きます。とくに家や家電製品、車などは金額が大きいですから、値段が下がるまで待ったほうが消費者にとってはお得です。しかし、買い控えが多発すると、生産者にとっては商品が売れないのでたいへんです。お金の貸し借りに関してはどうでしょうか。インフレのときとは反対に、お金を借りる人に負担が重くのしかかり

表1-5 インフレ、デフレの影響

	インフレ	デフレ
良い	・お金を借りた人（債務者）は得	・資産（お金、不動産）の価値が上昇 ・お金を貸した人（債権者）は得
悪い	・資産（お金、不動産）の価値が低下 ・お金を貸した人（債権者）は損	・企業の利益や労働者の給料が低下 ・消費者が買い控えするのでモノが売れない ・お金を借りた人（債務者）は損

ます。なぜならば、借りたときよりも返すときのほうがお金の価値が高くなっており、加えて、給料も下がっているので返済がより困難になるからです。

このように、インフレ、デフレはともに社会にとって害がありそうです。だから、日本銀行は「物価の安定」を重要視するのです。しかしながら、経済成長をする際にインフレがともなうというのは一般的です。ゆえに、過度なインフレではまずいけれど、経済成長下で1～2％前後のインフレ率に収まるのは望ましいとされています。

1-3-3 名目と実質

経済の規模が成長していても物価が同時に上昇していては、消費者は成長を実感できません。また、国の経済発展を考えるときも、物価の影響を考慮しなくては正確に測定できません。そこで、経済学では「**名目**」と「**実質**」という考え方を用います。名目とは「見かけはこうです」という、ふだん私たちが目にする数字です。GDP、賃金、金利、為替レートなど、さまざまな数字が生活のなかで目に飛び込んできますが、たいてい名目の値です。それに対して、実質とは物価水準の変動を考慮に入れた「実際はこうです」という値です。

たとえば、ある国では○年度に50万円のテレビを10台、100万円の自動車を20台生産したとしましょう。中間生産物や流通費用は簡略化のため無視すると、この国のその年度のGDPは、(50万×10)＋(100万×20)で

表1-6　名目GDPと実質GDPの計算と経済成長率

		📺	🚗	国内総生産（GDP）	経済成長率
○年度	生産額	50万円×10台＝500万円	100万円×20台＝2000万円	2500万円	—
△年度	名目生産額	50万円×10台＝500万円	110万円×25台＝2000万円	3250万円	名目成長率30％
	実質生産額	50万円×10台＝500万円	100万円×25台＝2500万円	3000万円	実質成長率20％

2500万円となります。同じ国で、翌年の△年度には50万円のテレビを10台、110万円の自動車を25台生産したとしましょう。GDPを考えると（50万×10）＋（110万×25）で3250万円となりました。1-3-1でみたように、経済成長率は（3250万－2500万）÷2500万×100で30％です。ものすごい成長率ですね。しかしながら、物価が上昇していますから、○年の物価を「**基準**」にGDPと経済成長率を考えてみましょう。○年度の物価はテレビが50万円、自動車が100万円ですので、△年度の実質的なGDPは（50万×10）＋（100万×25）で3000万円となります。先ほどは3250万円でしたので、250万円分が物価上昇の影響だったことがわかりますね。それでは実質的な経済成長率はどうでしょうか。（3000万－2500万）÷2500万×100で20％となります。こちらがこの国の本当の成長率です。整理しますと、△年度の各々の数字のうち、3250万円が**名目GDP**、3000万円が**実質GDP**、30％が**名目成長率**、20％が**実質成長率**となります。実際、国の統計でもこのように基準年を設けて計算しているのです。

ここで、△年度の名目GDPを△年度の実質GDPで割ってみましょう。3250万÷3000万で、1.083という数字になりました。1より大きい数字に

第1章 日本経済分析の基礎（1）

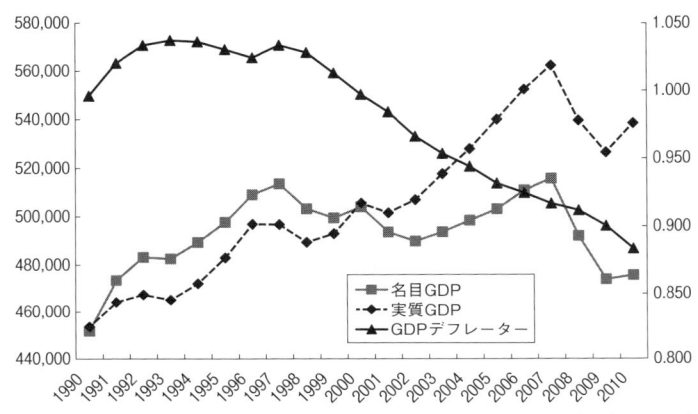

図1-8 日本の名目GDPと実質GDPの推移（単位：10億円）および
GDPデフレーター
出所：内閣府『国民経済計算確報』より筆者作成。

なっているということは、割られる数字（名目GDP）のほうが大きいということです。つまり、名目の見せかけの値のほうが大きいということは、それだけ物価が上昇しているということになります。経済学では、名目GDPを実質GDPで割った数値を「**GDPデフレーター**」と呼び、重要な物価指数と見なされているのです。GDPデフレーターが1よりも大きければインフレ、小さければデフレということですね。図1-4でみたように、日本は1960年代から名目GDPが30倍以上増加していますが、実感できる豊かさが30倍以上になったかといわれればそんなことはありませんね。これは物価上昇による影響が大きいのです。また、図1-8で名目GDPが実質GDPを下回っている年がありますが、名目GDPのほうが小さいということは、この期間は物価が減少傾向（デフレ）にあるといえるでしょう。当然、GDPデフレーターも「1」より小さくなっていますね。

1-4 経済の循環

　経済社会は突然パタッと中断することなく、毎日毎日、何年も何年も続い

ていきます。家計において私たちは労働者として毎日働き、給料をもらい、そのお金で消費者として財・サービスを買い、それらを消費することで、日々の労働を遂行できる身体を維持しています。企業も同様です。お金を集め、原材料を購入し、労働者を雇用し、生産した製品を販売することでお金を得ることができます。このように、経済社会においてはお金や財・サービスが人から人へつねに移動して維持されているのです。本節ではこのような循環の様子を学びます。

1-4-1　お金の循環

　三面等価のところでも述べましたが、生産された財・サービスは、誰かがすべて購入しているはずです。そして、その購入代金もすべて他の誰かの収入になっているはずです。生産された金額（生産額）と購入金額（支出額）と誰かのところにわたる金額（分配額）が等しくなるということは、その際用いられているお金がグルグルと世の中を駆けずり回っているはずです。ところで、マクロ経済学の登場主体は3人（家計、企業、政府）でした。これらの主体が経済活動を行なうのは「市場」です。そして、その市場も**財・サービス市場**、**金融市場**、**生産要素市場**の3つです。簡単にいえば、財・サービス市場では、商品の売買が行なわれます。コンビニやスーパーなど、皆さんが実際に買い物をする場面をイメージしてください。金融市場ではお金の貸し借りが行なわれ、銀行などが役割をはたします。生産要素市場では、労働力や土地、資本など、生産に必要な要素が家計と企業のあいだで取引されます。これらの市場でどのような活動が行なわれているかに関するくわしい説明は、次章で行ないます。

　とにかく、3つの主体、3つの市場、海外部門（外国にもお金を貸したり、製品を売ります）が世の中には存在しているとイメージしてください。そして、この国ではGDPは100（単位は円でも、ドルでも、億円でも兆円でも何でもいいです）で、すべて企業が生み出します。支出面からみたGDPと分配面（収入）からみたGDPは、

第1章 日本経済分析の基礎（1）

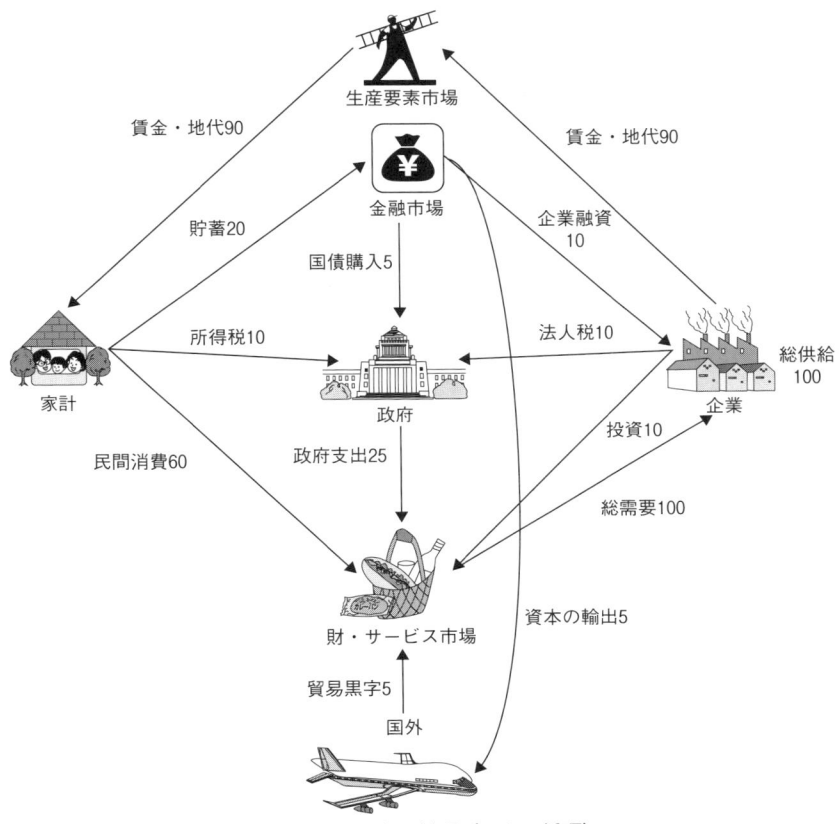

図1-9 お金の循環（マクロ循環）

出所：中谷（2007）p.38を参考に筆者作成。

　　　　支出面からみたGDP ≡ 国内総支出（GDE）
　　　　　　　　　　　　　≡ 民間消費＋民間投資＋政府支出＋（輸出－輸入）
　　　　分配面からみたGDP ≡ 雇用者所得＋営業余剰＋（間接税－補助金）＋固定資本減耗

となりましたが、固定資本減耗や補助金は無視し、（輸出－輸入）を貿易収

支黒字とすると以下のようになります。

$$\text{支出面からみた GDP} \equiv 民間消費 + 民間投資 + 政府支出 + 貿易収支黒字$$
$$\text{分配面からみた GDP} \equiv 雇用者所得 + 間接税(法人税)$$

企業がGDP100を生産するので、その分の収入が100あるところからスタートしましょう。生産要素への見返り（賃金、地代など）に90、政府へ法人税を10支払います。これで企業はお金がなくなりましたね。つぎに家計です。家計は賃金や地代として90受け取りました。そこから所得税を政府に10支払います。残りは80ですが、そのうち60を民間消費、20を貯蓄に回します。ここで、いったんストップです。ここまでで生産されたGDPはすべて分配されました。つまり、

$$\text{分配面からみた GDP} = 雇用者所得 90 + 法人税 10 = 100$$

となっています。所得税は雇用者所得の中から支払っていますから、このようになるのです。つぎに、私たちが貯蓄した20が社会にとってどのような役割があるかみてみましょう。金融機関、たとえば銀行に預けられたお金は、銀行の判断によって国債購入5や企業への融資10、海外へ資本の輸出5（外国での支社設立や外国企業買収などの**直接投資**、外国企業への貸付などの**間接投資**）に用いられます。つまり、私たちがお金を預けることで、**日本企業や政府の活動をバックアップ**しているのです。また、外国の人々が日本製品を購入する資金にもなります。このように、私たちが何気なく銀行に預けているお金が、経済社会にとっては重要な役割を演じているのです。

　最後に、支出面からみてみましょう。家計は財・サービス市場で生活に必要な消費活動60を行ないます。企業は、銀行から受けた融資を用いて、民間投資10を行ないます。先にも述べましたが、企業が行なう投資とは、将来の生産のために機械や設備を購入するという意味なので、企業がする消費のことです。政府も税金20や国債での収入5を用いて、政府支出25を行ないます。財政政策には、政府がこのようなお金を用いて、財・サービス市場

で消費する活動（たとえば、道路工事を民間企業に発注するなど）も含まれます。また、外国の人が財・サービス市場で日本製品を購入する場合もあります。輸出が輸入を上回っていれば、貿易収支は黒字5です。ゆえに、以下のようになります。

$$\text{支出面からみた GDP} \equiv \text{民間消費 } 60 + \text{民間投資 } 10 + \text{政府支出 } 25 + \text{貿易収支黒字 } 5 = 100$$

つまり、財・サービス市場には、合計100の需要があることになります。これを企業がすべて供給し、収益を100得ます。お気づきのかたもいるとは思いますが、最初の状態（企業の収入が100）に戻っていますよね（三面等価の原則）。このケースでは最初の状態に戻っているので成長はありませんが、経済社会では、このようにお金がぐるぐると循環しているのです。

1－4－2　産業連関表

さて、1－2ではGDPの概念や算出方法、範囲、三面等価の原則などを学びました。三面等価の原則とは、生産された金額と消費された金額と分配された金額（所得）が、それぞれ統計的、事後的には等しくなるという原則でした。つまり、お金がぐるぐる回って最終的にはすべての側面で金額が一致する原則です。しかしながら、生産や消費に関して出てくる言葉は、すべて最終生産物や最終消費支出といった「最終」のものばかりです。現実の経済活動では先のパスタの例（小麦→小麦粉→パスタ）のように、生産される商品は、最終生産物として売られるだけではなく、いろいろな場所で多種多様な用途（小麦であれば、パンや麺類、お菓子、酒類など）に利用されます。このようなGDPではみることができなかった中間生産物も含めた経済活動の流れを、全体的に分析するためのツールを「**産業連関表**」といいます。これは、1936年にアメリカの経済学者W・W・レオンチェフ博士によって考案されました。

それでは、産業連関表の基本的な考え方をみていきましょう。日常生活に必要な各種の最終消費財や、企業が生産のために購入する機械などの資本財、

企業が生産するために必要な部品などの中間生産物は、農林水産業、製造業、サービス業など多くの産業によって生産されています。そして、これらの産業はそれぞれ単独に存在するものではなく、原材料、燃料等の取引を通じてお互いに密接な関係をもっているのです。たとえば、世の中には小麦をつくる産業（ただし小麦そのものや小麦粉など、小麦に関わるすべての産業を一まとめとする）と鉄をつくる産業（ただし鉄そのものや鉄を用いた道具など、鉄に関わるすべての産業を一まとめとする）の２つがあるとすれば、この２つの産業の関係は以下のようになります。

〈小麦を作る産業〉
労働力＋**小麦**（種）＋**鉄**（※道具）⇒**小麦**

労働力＋**鉄**（原料）＋**小麦**（※食べる）⇒**鉄**
〈鉄を作る産業〉

小麦や小麦粉、小麦粉製品を生産するためには、労働力と小麦の種、鉄製農具、製粉機が必要です。鉄（鉄製品）を生産するためには、労働力と鉄（鉄鉱石）、労働者が食べる小麦粉製品が必要です。小麦の産業は鉄の産業から鉄製品を資本財として購入し、小麦（小麦製品）を生産します。鉄の産業は小麦の産業から労働者が食べるための小麦粉製品を購入しなければなりません。

　それでは、この２つの産業を用いた産業連関表（**表1-7**）をみてみましょう。

　産業連関表を理解するには特殊な見方（コツ）が必要です。しかしながら、それはちょっとしたコツで、縦方向と横方向とに分けてみればよいだけなのです。

①**投入の部（表の縦）：モノをつくる（生産）ために、何をどれだけ用いたか**
　それでは、小麦をつくる産業だけに注目しましょう。小麦産業の列を縦にみてください。

第 1 章　日本経済分析の基礎（1）

表 1-7　2 部門の産業連関表

投入＼産出		中間需要		最終需要	国内生産額
		小麦産業	鉄産業		
中間投入	小麦産業	12	15	13	40
	鉄産業	8	60	32	100
粗付加価値額		20	25		
国内生産額		40	100		

出所：木暮（2006）p. 65 を参考に筆者作成。以下の説明も同書を参考にしました。

投入		小麦産業
中間投入	小麦産業	① 12
	鉄産業	② 8
粗付加価値額		③ 20
国内生産額		④ 40

　縦には小麦を生産するのに使われた金額が書いてあります。①は、小麦をつくるのに使用された小麦産業の製品（たとえば、小麦の種、小麦粉製品を労働者が食べる）の金額です。②は、小麦をつくるのに使用された鉄産業の製品（たとえば、鉄製農具、製粉機）の金額です。③は、粗付加価値と書いてあります。これは小麦を生産するのに用いた労働者への賃金ならびに企業の利潤の総額が書いてあります。④は、小麦を生産するのに用いられたお金の総額が書いてあります。つまり、縦の列にはある産業での生産に用いられる、すべての産業（自身の産業を含む）の生産物の総額と賃金額と利潤額が書いてあるのです。

②産出の部（表の横）：つくられたモノ（生産物）が、どこにどれだけ用いられたか

　今度も、小麦をつくる産業だけに注目しましょう。小麦産業の列を横にみてください。

第Ⅰ部　日本経済の基本構造

産出	中間需要		最終需要	国内生産額
	小麦産業	鉄産業		
小麦産業	① 12	② 15	③ 13	④ 40

　この横の列では小麦産業でつくられる生産物（小麦、小麦粉製品など）が、他の産業（小麦産業、鉄産業）でどのように使われているかが書いてあります。①は、小麦産業でつくられた小麦や小麦製品が、小麦産業自身で使用される（小麦の種の使用や小麦粉製品を労働者が食べる）金額です。②は、小麦産業でつくられた小麦や小麦製品が、鉄産業で使用される（小麦粉製品を労働者が食べる）金額です。③は、小麦産業でつくられた小麦や小麦製品が、国内の消費者に消費された額や在庫になった分の金額です。④は、小麦産業で生産された生産物の総額が書いてあります。

　整理してみると、縦方向には中間生産物の総額や賃金・利潤の総額、つまりある産業の生産にかかる総額が書かれています。横方向には、生産されたモノがどの産業でどれだけ使われているか、最終的な消費はどれだけか（支出）が書いてあるのです。そして、当然のことですが、**ある産業で生産された額（生産額）とそれが売られる額（支出額）は等しい**ですから、縦の合計と横の合計は等しくなります。たった、2つの部門だけでもこれだけの取引があるのですから、複雑に発展した現代社会では無数の取引（投入－産出）が存在するのです。最後に、産業連関表を用いた分析の目的ですが、自動車産業やサービス産業など、ある産業の構造分析・将来予測を行なったり、最終需要変化による経済波及効果を測定したりすることなどに利用されています。

1－4－3　景気循環

　経済活動においては、モノがよく売れて企業が儲かり家計の所得が増加する時期もあれば、逆に、モノがまったく売れずに企業が儲からず、家計の所得が減少する時期があります。このように、ある国の経済活動水準がよく

第1章　日本経済分析の基礎（1）

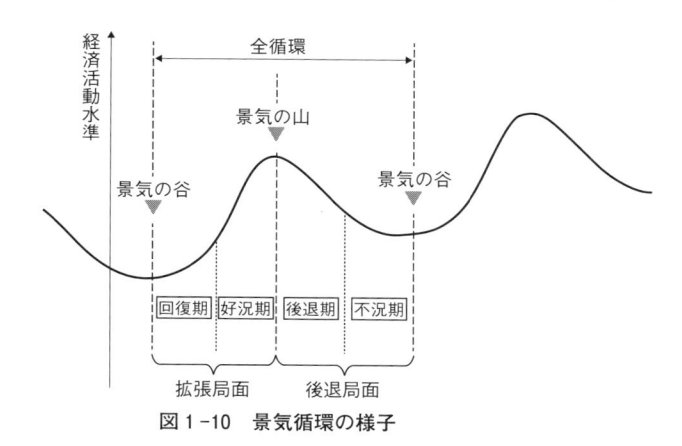

図1-10　景気循環の様子

表1-8　戦後日本の景気循環

循環	景気循環			拡張期	後退期	全循環
	谷	山	谷	期間(月)	期間(月)	期間(月)
1	―	1951年 6月	1951年10月	―	4	―
2	1951年10月	1954年 1月	1954年11月	27	10	37
3	1954年11月	1957年 6月	1958年 6月	31	12	43
4	1958年 6月	1961年12月	1962年10月	42	10	52
5	1962年10月	1964年10月	1965年10月	24	12	36
6	1965年10月	1970年 7月	1971年12月	57	17	74
7	1971年12月	1973年11月	1975年 3月	23	16	39
8	1975年 3月	1977年 1月	1977年10月	22	9	31
9	1977年10月	1980年 2月	1983年 2月	28	36	64
10	1983年 2月	1985年 6月	1986年11月	28	17	45
11	1986年11月	1991年 2月	1993年10月	51	32	83
12	1993年10月	1997年 5月	1999年 1月	43	20	63
13	1999年 1月	2000年11月	2002年 1月	22	14	36
14	2002年 1月	2008年 2月	2009年 3月	73	13	86
15	2009年 3月	―	―	―	―	―

出所：内閣府ホームページより筆者作成。

なったり、悪くなったりすることを「**景気循環**」と呼びます。景気がいちばん落ち込んでいる時期を「**景気の谷**」、景気がピークにある時期を「**景気の山**」と呼びます。景気循環を2つに分割した場合には、**拡張局面**と**後退局面**と呼び、拡張局面の最高点が景気の山で、後退局面の最低点が谷となります。この場合、谷から谷までが1つの循環となります。また、景気循環を4つに分割した場合には、景気の谷から上昇する時期を**回復期**、正常な水準を上回る時期を**好況期**、景気の山から下降する時期を**後退期**、正常な水準を下回る時期を**不況期**と呼びます（**表1-10**参照）。

　そして、政府は景気の良し悪しを判断するために**景気動向指数**（生産、在庫、投資、雇用、消費、企業経営、金融、物価、サービスなど、経済活動において重要でかつ景気に敏感に反応する指標）を調べて、現在どの局面であるかを判断しているのです。**表1-8**は、戦後日本の景気循環をまとめた表です。

注
(1) 産経ニュース電子版（2010年6月16日）。
(2) 学生が就職活動に際し有利だと思うスキルの1位はパソコンのスキル（38.4％）、2位が英検・TOEICなどの語学能力（35.0％）、3位が経済・国際情勢に関する知識（19.0％）です。しかしながら、企業の採用担当者によるとパソコンのスキルは、「身につける努力をして当然」（34.5％）、「他の学生と大差ない」（23.8％）と、評価は低いのです。
(3) 企業の採用担当者は、経済・国際情勢に関する知識を有する学生に対して、「頼もしい」「向上心がある」（ともに25.2％でトップ）と感じるようです。加えて、この傾向は企業形態が大規模になればなるほど顕著であり、売上高が1000億円以上の大企業のうち48.3％が「頼もしい」と答えています。もちろん企業が学生に求める能力という点では「コミュニケーション能力」がつねに第1位にくるようです。
(4) 近年、上級レベルのマクロ経済学では「マクロ経済学のミクロ的基礎づけ」が重要視されており、マクロ経済学とミクロ経済学の融合がなされています。しかしながら、初学者は分けて考えたほうが理解しやすいでしょう。
(5) 厳密にいうとこの説明は誤りです。なぜならば、経済理論では需要と供給が一致した均衡価格が定まるまでは取引がされません。「せり人」がすべての取引情報を集めて価格を裁定してから取引が成立するとミクロ経済学では仮定しています。また、生鮮食品であれば売れ残りは廃棄と同義ですので、価格を下げて売り切ることができます。しかしながら、現代主流の商品である製造業ではどうでしょうか。生産には莫大

第 1 章　日本経済分析の基礎（1）

なコストがかかりますので、一度決めた価格はなかなか下がりません。つまり、供給者の価格はある程度固定的であるのです。このような事実は、古くはウィルソンとアンドリュースによる「オックスフォード経済調査」（1951 年）、近年では日本銀行による「企業の価格設定行動に関するアンケート調査」（2000 年）で認められています。つまり、供給者の価格が費用に利益を上乗せした**マークアップ価格**である場合が多いのです。

(6)　総務省統計局『日本の統計』第 3 章「国民経済計算」のデータより。
(7)　経済産業省・資源エネルギー庁『日本の原子力発電 2009』。
(8)　オイルショックに関しては、第 I 部第 3 章参照。
(9)　年金の場合には、物価の変動分を考慮して税金でカバーします。

【本章の理解をさらに深めるための参考図書】

家森信善（2007）『基礎からわかるマクロ経済学』第 2 版、中央経済社。
井上義朗（2004）『コア・テキスト経済学史』新世社。
木暮太一（2006）『落ちこぼれでもわかるマクロ経済学の本』マトマ商事（改訂新版 2010 年）。
中谷巖（2000）『入門マクロ経済学』第 4 版、日本評論社。
―――（2007）『入門マクロ経済学』第 5 版、日本評論社。
橋本寿朗・長谷川信・宮島英昭・齊藤直（2011）『現代日本経済』第 3 版、有斐閣アルマ。
福田慎一・照山博司（2005）『マクロ経済学・入門』第 3 版、有斐閣アルマ。

第Ⅰ部　日本経済の基本構造

第2章
日本経済分析の基礎（2）

　前章でみたように、経済学には3つの**経済主体**（家計、企業、政府）と3つの**市場**（財・サービス市場、金融市場、生産要素市場）、**海外部門**（外国にもお金を貸したり、製品を売ります）が存在していました。本章では、各市場の中で各主体がどのように行動しているのか、そして、各市場の特徴を具体的に学びます。

【本章で学ぶポイント】
① 3主体（家計、企業、政府）の行動を理解する。
② 財・サービス市場と金融市場を理解する。
③ 需要と供給が一致した状態とは？
④ 海外市場（円高・円安、為替レートなど）に関する基礎知識を学ぶ。

2-1　財・サービス市場

　財・サービス市場では、商品の売買が行なわれます。コンビニやスーパーなど、皆さんが実際に買い物をする場面をイメージしてください。まず、第1章の**表1-4**「2009年度日本経済の三面等価」の支出面をみてください。民間最終消費支出が281兆円、政府最終消費支出が95兆円、国内総生産が474兆円でした。ゆえに、国内総生産のうち約6割（281 ÷ 474 = 0.592827004）が民間（家計、企業）での消費、約2割（95 ÷ 474 = 0.200421941）が政府支出であることがわかります。これほど消費活動とは大きな割合を占めるのです。それでは、各主体はどのように消費水準を決定し

第2章 日本経済分析の基礎（2）

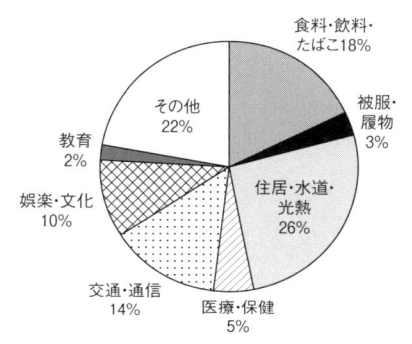

図2-1 2009年度わが国の家計の目的別最終消費支出（単位：％）

出所：総務省統計研修所編『世界の統計 2011』より筆者作成。原資料 UN, *Statistical Yearbook*, Fifty-third issue.

ているのでしょうか？　本節ではこの点を学びます。

2-1-1　家計の消費・貯蓄

　私たちは、働いた対価として給与を受け取り、それを食料品や娯楽品、家賃、交際費、保険、貯蓄などさまざまな用途に用います。図2-1は、2009年度の家計の目的別最終消費支出の構成比です。

　このような消費活動を経済学ではどのように考えればよいのでしょうか。大きく分けて、2つの考え方があります。1つは、「**現在の収入に基づいて消費を決める**」という考えです。たしかに、アルバイトの給料をたくさんもらえた月などは、豪華な食事をしたり、高額商品を購入するなどといった行動をしてしまいますよね。このような考え方を国全体にまで応用し、簡素化してみましょう。国民全体の所得を Y とすると、人々の消費はこの Y に左右されます。ところで、給料の変動にかかわらず必要な消費（たとえば、最低限の食費、家賃など）というものはありますよね。これを基礎消費 C_0 と表わすならば、家計全体の消費 C はつぎのように表わせます。

$$C = C_0 + c \cdot Y \tag{2.1}$$

第Ⅰ部　日本経済の基本構造

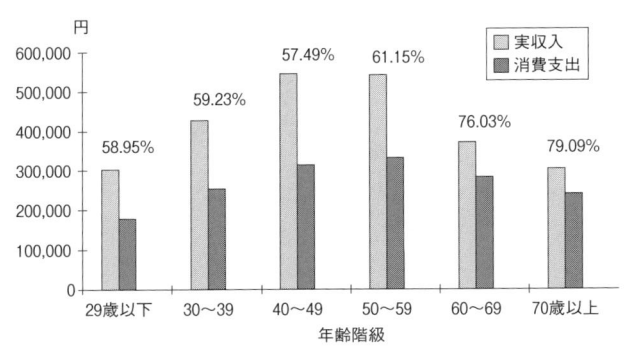

図2-2　2009年度世帯区分・世帯人員別1世帯当たり1カ月間の収入と支出

出所：総務省統計研修所編『日本の統計2011』より筆者作成。「％」は実収入に占める消費支出の割合。

　ここで、所得 Y にかけてある c は、**限界消費性向**（げんかいしょうひせいこう）と呼ばれるものです。これは、所得の増加分（ΔY）に対する消費の増加分（ΔC）の割合です。たとえば、100万円所得が増加した人が、そのうち50万円を消費活動に用いたならば、50万÷100万で $c = 0.5$、つまり、この人は所得のうち半分を消費するという意味です。80万円消費するならば、$c = 0.8$ ということになります。当然ですが、限界消費性向 c は、$0 < c < 1$（0と1のあいだの数）になります。c が1を超えるということは、所得増加額以上に消費を増やすことになるからです。一般に、(2.1)は**ケインズ型消費関数**と呼ばれています。

　消費を表わすことができれば、貯蓄 S も簡素化できます。つまり、貯蓄とは所得のうち消費されない部分ですから、

$$S = Y - C = Y - (C_0 + c \cdot Y) = (1 - c) \cdot Y - C_0 \qquad (2.2)$$

となるのです。Y に $(1 - c)$ がかけてありますね。つまり、貯蓄も所得 Y に左右されるという意味です。この $(1 - c)$ を**限界貯蓄性向**（げんかいちょちくせいこう）と呼びます。所得のうち、貯蓄をする割合を表わしたものです。80万円消費する人の場合、$c = 0.8$ でしたから、$(1 - c)$ は0.2となり、2割が貯蓄に回されることになります。

第2章 日本経済分析の基礎（2）

図2-3 ライフサイクル仮説

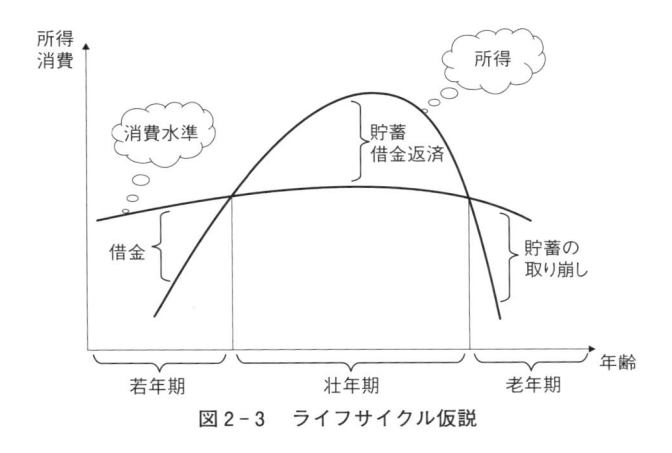

しかしながら、消費量というものははたして本当に、現在の所得だけで決まるのでしょうか？ これに答えるためにもう1つの考え方が出てきました。それは、「**生涯の（見込み）所得に基づいても消費水準が決定されているのでは？**」という考え方です。たとえば、月々の給料が同じ30万円でも、莫大な資産をもっている人と、そうではない人とでは、月々の消費額も異なります。また、労働環境によっても変わってきます。現在は不況の影響で定期昇給が廃止されている企業もあります。つまり、将来の所得増加が望めない状況です。このような場合、将来を見越して消費を控えるなどの行動がみられるはずです。年齢によっても消費活動が変わってきます。若者と働き盛りの人、退職後の人では、毎月の収入の使い方も異なりますよね。

このような現実によくある消費活動を考えるため、「**ライフサイクル仮説**」や「**恒常所得仮説**」などが生まれました。ライフサイクル仮説では、若年期、壮年期、老年期といったライフサイクル全体で消費活動を考えます。すなわち、一生涯の消費額と一生涯で使えるお金が等しくなるように消費量を考えるのです。一生涯で使えるお金とは、保有している資産（金銭や土地・家屋・証券などの財産）と生涯に獲得可能な給与所得を合わせたものです。それを一生涯で使い切ると考えます。つまり、そのときどきの所得で消費水準は決まりません。若年期とは給与水準が低いか、もしくはかぎりなくゼロ

43

第Ⅰ部　日本経済の基本構造

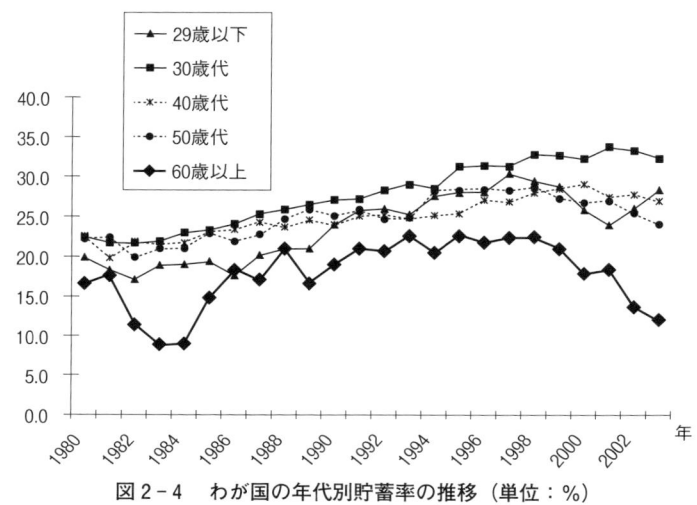

図2-4　わが国の年代別貯蓄率の推移（単位：％）
出所：総務省統計局『家計調査年報』より筆者作成。2000年以降の「60歳以
　　　上」は、60～69歳とする。

に近く、獲得所得よりも消費額が上回る時期です。学生であれば学費や交際費、若年労働者であれば結婚資金や出産費用、住宅ローン、教育資金などにお金がかかります。ゆえに、足りない分は借りなければなりません。壮年期とは、所得が消費額を上回る時期です。この時期に、若年期の借り入れを返済し、また、老後に備えて蓄えることになります。そして、老年期には、所得が減りますから、壮年期の貯蓄を取り崩して消費活動を行ないます。このように消費活動を考えますから、バブル崩壊などで保有している資産価値が低下すれば、一生涯に使えるお金も減るので消費が落ち込むのです。

　恒常所得仮説とは、所得を**恒常所得**（人々が現在から将来にかけて稼ぐことのできる可処分所得の平均値）と**変動所得**（一時的要因によって得られる所得、たとえば、宝くじが当たった、土地を売ったなど）に区分し（福田・照山 2005, pp. 40-41)、人々の消費は恒常所得にのみ左右され、変動所得は貯蓄に回されると考えます。消費水準が現在の所得にのみ左右されないのは、ライフサイクル仮説と同じです。

　しかしながら、図2-4をみてください。日本のお年寄りの貯蓄率が比較

的高いことがわかります。ライフサイクル仮説では、老年期になれば所得が減るので貯蓄を取り崩すことが想定されていましたが、日本の高齢者たちは高い貯蓄性向を有していました。それはなぜでしょうか？

　ライフサイクル仮説では、一生涯の消費額と一生涯で使えるお金が等しくなるように消費量を考えます。すなわち、一生涯で使えるお金がわかっている、同じことですが、将来のことが確実にわかっていることが前提です。しかしながら、現実の生活では将来の所得や寿命などは不確実ですよね。病気や予想以上の長生きに備え、保険や年金でカバーできない分を貯蓄で補おうと考える人が多いため、日本では老年期でも高い貯蓄性向を有しています。このような貯蓄は**予備的貯蓄**と考えられます。また、日本では、親が子どものためを思うという**利他主義**（りたしゅぎ）に基づいて財産を残す現象もよくみられます。

2-1-2　企業の投資

　企業も財・サービス市場で消費活動をしています。第1章で述べたように、企業がする消費活動を経済学では「**投資**」と呼びます。皆さんが一般的に「投資」という言葉を使用する場合、「株式投資」などお金の運用の場合が多いですが、経済学では企業による消費活動のことです。企業が工場を建てたり、機械を購入することで将来の生産能力増進を図るので「投資」と呼びます。企業の投資（消費）は家計の消費に比べて大きく変動し、GDPの変動に大きく影響を与えます。**図2-5**をみると、民間企業の設備投資は景気に非常に敏感に反応し、大きく変動していることがわかりますね。

　それでは企業はどのように投資を決定するのでしょうか。まず、基本的なことから確認しますが、企業が投資をするのは、生産設備を増強して利益を出すためです。したがって、なるべく期待収益率（使用したお金がどれだけの利益が期待できるかの割合）が高い投資を行ないたいと企業は考えています。そして、投資をするためにはお金がかかります。また、借り入れて投資を行なう場合もあれば、自己資金で投資を行なう場合もあります。1-4-1「お金の循環」でみたように、資金を金融市場から融資してもらう場合には、利子をつけて返済しなくてはなりません。

第Ⅰ部　日本経済の基本構造

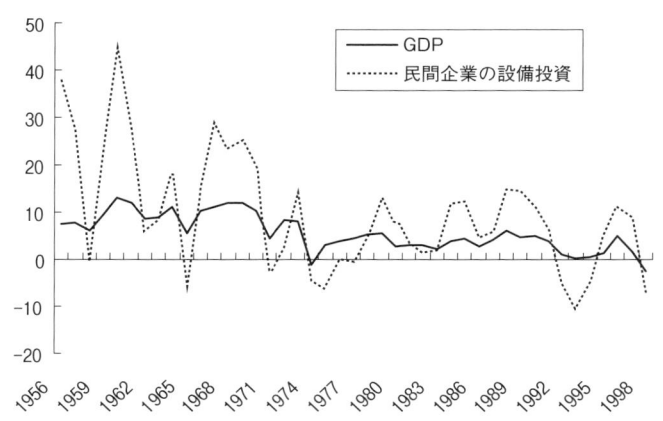

図2-5　GDPと民間設備投資（ともに実質値）の対前年度比変化率（％）
出所：総務省統計局『日本の長期統計系列』第3章「国民経済計算」より筆者作成。

　それでは、どのように投資が決定されるのか考えてみましょう。たとえば、つぎのように4つのプロジェクトがあったとしましょう。（ア）お金が50億かかり期待収益率は3％のプロジェクト、（イ）お金が10億かかり期待収益率は7％のプロジェクト、（ウ）お金が90億かかり期待収益率は1％のプロジェクト、（エ）お金が20億かかり期待収益率は5％のプロジェクト。グラフにすると図2-6のようになります。これらのプロジェクトに、優先順位をつけるとしたらどうしますか？　投資金額の高いプロジェクトは、収益率は低いですが金額自体が大きいので収益額自体は大きくなります。投資金額の低いプロジェクトは、収益率は高いですが、収益額自体は小さくなります。慎重な経営者であれば期待収益率の高い投資をするでしょうし、思い切った行動をする経営者であれば収益額が大きい投資をするかもしれませんね。しかしながら、何か合理的に判断する基準はないでしょうか。
　そこで重要なのが、資金を借り入れる際の利子率です。なぜならば、90億円の資金を借りて1％の収益9000万円を上げたとしても、銀行に返済する際の利子率が2％であれば、利子として1億8000万円（90億の2％）を返済しなければなりませんね。収益を上げてもその金額を利息額が上回って

第2章　日本経済分析の基礎（2）

図2-6　4つの投資プロジェクト

図2-7　ある企業の投資判断

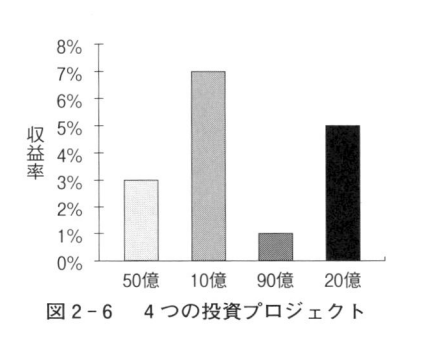

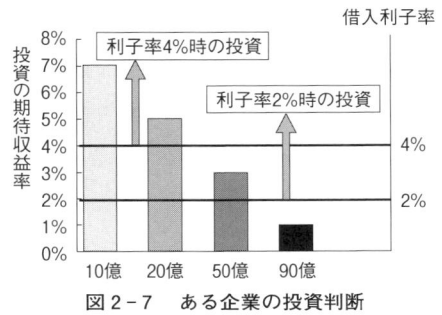

しまいます。これでは赤字ですので、新たな投資をする意味はありません。つまり、収益率が資金の借り入れ利子率を上回っていなければ、企業は投資をしないということです。**図2-6**を収益率の順番に並べたものが**図2-7**です。利子率が4％のときは、最初に10億円の投資（収益率7％）、つぎに20億円の投資（収益率5％）が実行されます。利子率が2％のときには、最初に10億円（収益率7％）とつぎに20億円（収益率5％）、最後に50億円の投資（収益率3％）が実行されるのです。

　これまでの例では、各プロジェクトで投資資金が異なりましたが、たとえば同じ値段の機械を買う投資を考えてみましょう。機械1台100万円で、工場にはこれを使用できる3人の労働者がいるとします。しかしながら、3人の熟練度は異なる（ベテラン、中堅、新人）としましょう。ベテランの人がたとえば10万円の利益を上げられるので、収益率は10％です。中堅ならば5万円で5％、新人であれば3万円で3％とします。あなたは社長で、機械をすでに2台購入し、もう1台購入しようかどうか迷っているとします。このときの利子率が4％とすると、あなたは新人に使用させるこの機械を購入するでしょうか。きっと購入を踏みとどまると思います。なぜならば、追加で100万円の機械を購入しても、収益は3万円しかなく、利子として支払う分4万円を下回るからです。1万円の損となります（**図2-8**）。

　このように、新たに追加される投資から生み出される期待収益率を「**投資の限界効率**」と呼びます。投資を追加的にもう1回行なうことによって得られる収益という意味です。工場の例からもわかるように、投資の限界効率は、

第Ⅰ部　日本経済の基本構造

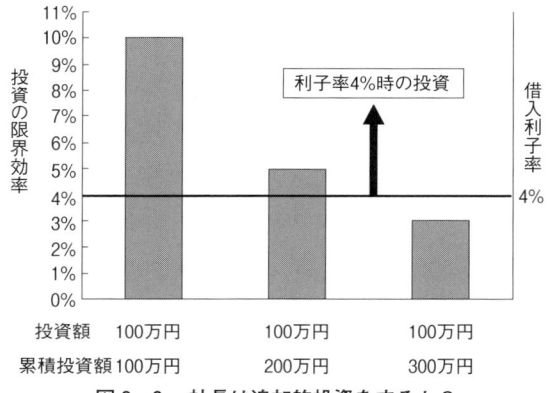

図2-8　社長は追加的投資をするか？

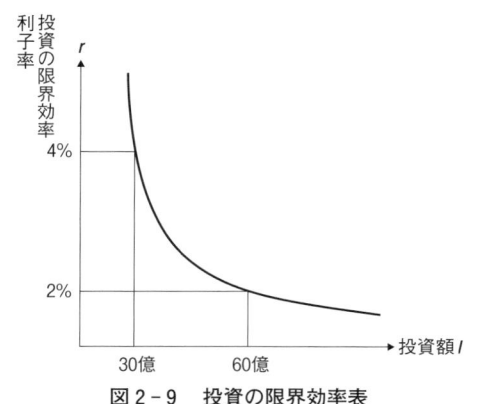

図2-9　投資の限界効率表

投資金額が大きくなる（追加の投資が増える）につれて低下していきます。賢い経営者であれば、投資の限界効率と利子率が等しくなるまで追加の投資を行ないますよね。

図2-9は、投資の限界効率をグラフ化したものですが、以上からわかることは、投資とは利子率に左右されるものであるということです。これを投資I、利子率rで表現すれば以下のようになります。

$$I = I(r) \tag{2.3}$$

経済学では、このように影響しあう物事の関係を、関数を用いて表現します。関数とは、「**一方の値が決まると、他方の値も１つ決まるという関係**」です。そして、関数はカッコを使って表現されることがしばしばあります。これは、**カッコ内に書かれている事柄によって影響を受ける**のですよという意味です。だからこの場合は、投資は利子率に左右されるという意味です。つまり（2.3）は、利子率の値がわかれば、投資額がわかるという意味なのです。上記の例では、利子率が４％とわかれば、投資総額が30億円とわかりますよね。また、利子率が何らかの理由で２％に低下したとします。すると、投資額が60億円になりました。つまり、利子率（r）が下がると投資（I）が増加するのです。

　これまでみた考え方は、投資に与える利子率の影響が強いと想定しています。しかしながら、投資は利子率にのみ強い影響を受けて決定されるとはかぎりません。グラハムとハーヴェイが2001年に行なったアンケート調査[1]によれば、現実の企業は利子率に依存して投資決定をしてはいないことがわかっています。そこで、利子率ではなく、企業の利潤ないしは利潤率から投資決定を説明しようとするのが「**利潤原理**」です。期待利潤率が同じ場合でも、すでに多くの設備をもつ企業と、あまり設備をもたない企業とでは投資の仕方が異なるはずだからです。また、景気の低迷期や好況期でも、投資の仕方が異なってきます。加えて、時代やある国がおかれた状況によっても投資の仕方は異なるはずです。この利潤原理に関しては、第Ⅱ部第６章でくわしく説明したいと思います。

２−１−３　政府の役割

　政府最終消費支出が95兆円、国内総生産が474兆円なので、国内総生産の約２割（95 ÷ 474 ＝ 0.200421941）が政府による消費活動（政府支出）ということになります。また、１−４−１「お金の循環」でみたように、政府は家計と企業から税金を徴収し、金融市場で国債（借金）を購入してもらうことで活動資金を得ています。それでは、いったい政府はどのような活動にこれらのお金を使っているのでしょうか。すなわち、政府がはたす役割とは何

でしょうか。経済政策の教科書によれば、(1) **純公共財(じゅんこうきょうざい)の提供**、(2) **社会資本(インフラ)の提供**、(3) **経済安全保障**、(4) **不完全競争への対処**、(5) **外部不経済(がいぶふけいざい)への対処**、(6) **情報の非対称性(ひたいしょうせい)への対処**、(7) **経済(景気)の安定**、(8) **社会的弱者への所得再分配**などが、政府がはたす役割として挙げられています（河合・武蔵・八代 1995）。

　(1) は防衛、警察、消防、裁判など、市場経済が円滑に、安全に機能するために必要なサービスの提供です。もし、これらの機能が政府ではなく、民間企業によって提供されていたならば、たとえば、消防活動をする企業が「この家の家主はお金を払っていないから消火活動をしない」と、判断するケースが発生する可能性があります。そうなっては困りますよね。ゆえに、このような分野のサービスは、税金を徴収して政府が行なうのが望ましいとされています。(2) は、道路、鉄道、空港、港湾、上下水道、公営住宅、病院、学校など、国民の社会生活および生産活動に不可欠な公共施設を提供することです。民間企業にまかせると、あまり利益の出ない地域には提供されないなど、国民の福祉に公平なサービスを提供できない可能性があります。(3) は、政府による国の経済活動に必要な資源（石油、鉱物）・エネルギーの安定的な確保です。原油などの天然資源に関わる問題は、産油国にとってはそれらが貴重な収入源になるため、現在では国策として取り扱われています。ゆえに、民間企業では対処が難しいのです。(4) は、ある市場において供給を1企業のみが行なった場合、供給側が自由に価格を付けられるので、不当に利益を上げる可能性が存在します。つまり、市場で決定されるはずの価格よりも高いと、消費者に不利益が生じてしまうのです。たとえば、電気、ガス、鉄道など、皆が気軽に参入できない産業、鉱山・温泉のような天然資源の産業において、独占（1社が市場を支配すること）や寡占（少数の企業で市場を支配すること）が生じやすいといえます。これらの産業においては、免許制にすることで政府が監視し、対処しています。

　つぎに (5) ですが、まず外部とは「**市場の外部**」という意味です。一般的に、市場では商品・サービスとその対価としての貨幣が交換されます。しかしながら、みずからお金を払うことなく（つまり、市場を通さず）、他の

人々の活動によって受ける利益というものが生じる場合があります。誰かが道路脇につくった美しい花壇をみることで、われわれはよい気分になります。市場での取引で、たとえば、コンサートで音楽を聴くことでもよい気分になりますが、この場合はちゃんとお金を払っていますよね。しかしながら、花壇をみるためにお金を払ってはいません。私たちは市場を通さずに、便益を享受しているのです。この場合、よい影響を受けているので、**外部経済**といいます。これに対して、**外部不経済**とは悪い影響のことです。たとえば、家のすぐそばに工場があり、その煙によって健康を害するなどです。市場を介した契約上の問題ではないので、政府が介入するしかありません。また、地球環境問題なども民間企業では対処が難しいですね。（6）の「**情報の非対称性**」とは、生産者はある商品についてよく知っているが、消費者はその商品について情報をあまりもっていないということです。食品偽装、産地偽装などのケースからもわかるように、消費者は商品の情報に関して無知であり、ゆえに、生産者にだまされることがたびたびあります。日本ではこのような問題に対処するため、2009年に消費者庁が創設されました。（7）は、第1章で述べたように、財政政策（公共事業による雇用創出、減税）を用いて景気対策を行ないます。（8）は、所得の高い人から税を多く徴収する（累進課税制度）ことで所得格差を少なくすることや、失業保険、公的年金、生活保護、医療保険、介護保険、教育機会の平等な提供などが含まれます。

2-1-4　GDPはどのように決まる？──財・サービス市場のみでの考察

　1-2で、国の経済規模を測る指標として国内総生産（GDP）を学び、本章ではこれまで、家計、企業、政府の活動を学んできました。GDPとは一国全体の経済活動水準でしたから、これら経済主体の活動の全結果がGDPといえます。「消費水準は現在または生涯の所得に左右される」「企業の投資水準は利子率などに左右される」と学びましたが、それではGDPの規模に影響を与えるものは何でしょうか？　もちろん、さまざまなものが経済規模に影響を与えますが、本節では財・サービス市場での活動、すなわちモノの生産と消費活動に絞って、GDPの規模がどのように決定されるのかを考え

ます。

　財・サービス市場では、各企業が生産し財・サービスを供給します。また、各経済主体（家計、企業、政府）は、財・サービスを需要します。一国全体の経済で考えるならば、市場に供給されるすべての財・サービスである「総供給」、市場で需要されるすべての財・サービスである「総需要」となります。総需要が総供給を上回っているとき、各企業は供給を増やそうとします。どんどんモノが売れるわけですから、景気がよい時期です。逆に、総供給が総需要を上回っているとき、各企業は生産量を減らします。モノが売れませんから景気が悪い時期です。つまり、モノが売れるか売れないかで状況がだいぶ違いますよね。ここで、第１章で学んだ「**有効需要の原理**」と「**価格の下方硬直性**」を思い出したかたは、たいへんすばらしいです。すなわち、ケインズが主張したように、一国全体のマクロ経済では需要量によって供給量が左右されています。そして、賃金や原材料費というものは、一定期間変化せずに取引されますから、それらの価格は下方硬直的なのです。ゆえに、余りモノの値段は安くなる、足りないモノの値段は高くなるといった、**価格が変化**することでは調整されません。各企業が生産する**数量を変化**させることで調整されます。そして、財・サービス市場にとっていちばんよい状態とは、調整が済んだ「総需要と総供給が一致した無駄がない状態」です。つまり、そのような状態になる国内総生産（GDP）が、一国の**適正な経済規模**となるわけです。

　さて、ここで１-２-３「三面等価の原則」を思い出してください。有効需要に見合うように生産されているとすれば、生産されている財・サービスは、誰かがすべて購入しているはずです。そして、その購入代金もすべて他の誰かの収入になるはずですよね。つまり、生産された金額（生産額）と、購入金額（支出額）と、誰かのところにわたる金額（分配額）は等しくなるはずです。これを経済学では「**三面等価の原則**」と呼びました。３つの側面（生産面、支出面、分配面）が、それぞれ統計的、事後的には等しくなるという原則です。ここで、生産面とは「**総供給（GDP）**」のことであり、また支出面とは「**総需要 A**」、分配面とは「**国民所得 Y**」であることを確認しておき

ます。国民所得とは国民全体が得る所得の総額のことですので、先ほど消費関数の際に用いた所得 Y をそのまま使用します。これらが等しくなるというのが三面等価の原則ですから、以下のように表わすことができるのです。

$$\text{総供給（GDP）} = \text{国民所得 } Y = \text{総需要 } A \tag{2.4}$$

ここで、総需要とは市場で需要されるすべての財・サービスであることを思い出してください。消費活動を行なうのは家計と企業と政府でしたね。それらをすべて足し合わせれば総需要となります。1-2-3ではこれらに外国での消費も加え、「**総需要 A**」である支出面を以下のように表現しました。

$$\text{総需要 } A = \text{民間消費 } C + \text{民間投資 } I + \text{政府支出 } G + \text{輸出 } EX - \text{輸入 } IM$$

これが総供給（GDP）、国民所得 Y と等しいのですから、

$$Y = C + I + G + EX - IM \tag{2.5}$$

となります。ところで、家計の消費 C は $C = C_0 + c \cdot Y$ でした[2]。これを上記の（2.5）に入れると、

$$Y = C_0 + c \cdot Y + I + G + EX - IM$$

これを「$Y =$」のかたちにすると、

$$Y = \frac{C_0 + I + G + EX - IM}{1 - c} \tag{2.6}$$

となります。これが何を意味するか考えてみましょう。「総供給（GDP）＝国民所得 Y ＝総需要 A」という関係を用いて（2.6）が求められましたね。つまり、「総需要と総供給が一致した」、財・サービス市場にとっていちばんよい状態のときの「国民所得 Y」が（2.6）ということです。そして、国民所得 Y と国民総生産（GDP）は等しいのですから、GDPが決定されたともいえますよね。これを「**均衡GDP**」または「**均衡国民所得**」と呼びます。

第I部　日本経済の基本構造

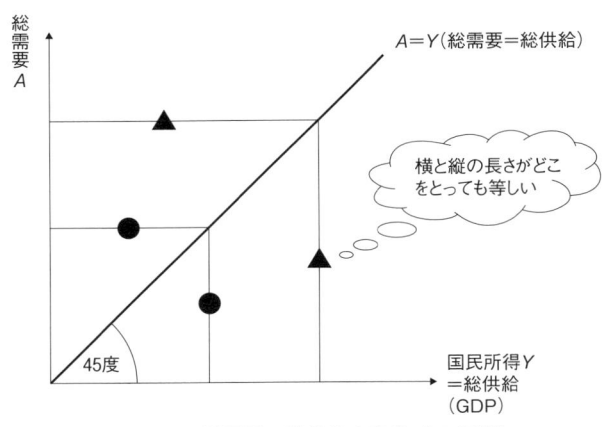

図2-10　総需要＝総供給の直線（45度線）

　つぎはこの均衡 GDP を、グラフを用いて考えてみましょう。横軸に総供給（GDP）と国民所得 Y をとります。もちろん三面等価の原則により、これらは同じです。そして、縦軸に総需要 A をとります。そこに総需要と総供給が等しくなるように、$A=Y$ の直線を引きます（図2-10）。

　横の長さと縦の長さは、どこをとっても同じになりますね。このとき、この直線の傾きが45度になることから、この直線を「**45度線**」と呼びます。つねに、総需要と総供給が等しくなる点をならべた直線なのです。いい換えると、この直線上のすべての点では、「総需要＝総供給」となっているのです。

　つぎに、実際の総需要から考えてみましょう。総需要は、消費、投資、政府支出、海外での消費でしたね。つまり、家計消費に企業の投資、政府支出、貿易・サービス収支黒字を加えたものとなります。家計の消費関数は、$C=C_0+c \cdot Y$ で表わされ、横軸に国民所得、縦軸に消費をとると、つぎのように直線が描けます。国民所得 Y がゼロでも基礎消費 C_0 があるので、縦軸の途中からはじまります。そして、傾きは Y にかけてある限界消費性向の c です。限界消費性向とは、所得のうち消費に回す割合でしたから、「1」よりも小さくなります。グラフにおいては、傾きの値が大きくなるほど直線の

第 2 章 日本経済分析の基礎（2）

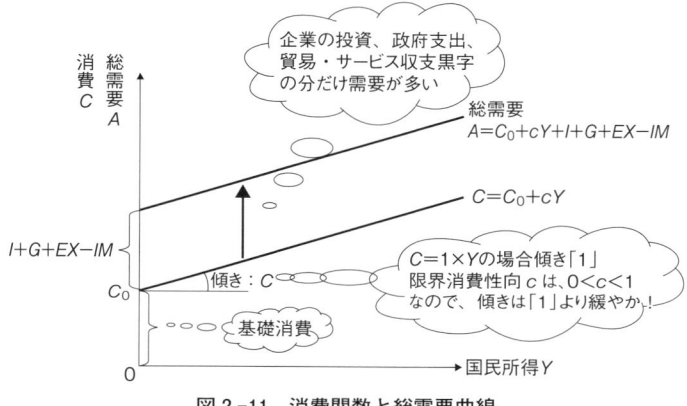

図 2-11 消費関数と総需要曲線

傾斜は急になり、値が小さくなるほど緩やかになります。先ほど、$A = 1 \times Y$ の 45 度線を描きましたが、これは傾きが「1」です。ゆえに、消費関数は 45 度線よりも緩やかな直線となります。

それでは総需要 A はどのように描けるかといいますと、家計消費 C に「企業の投資、政府支出、貿易・サービス収支黒字」を加えたものでしたから、その分（投資 I ＋政府支出 G ＋輸出 EX －輸入 IM）だけ、グラフが上方にシフトします（図 2-11）。

ここで、いま描いた 2 つのグラフを重ねてみましょう（図 2-12）。$A = Y$ は総需要と総供給がつねに等しくなる点がならんでいました。この「総需要と総供給」のさまざまなケースから選ぶのですから、実際の総需要が総需要曲線からわかれば、必然的にそのときの総供給もわかりますよね。ゆえに、2 つの直線の交点 E のときの国民所得 Y が均衡 GDP（均衡国民所得）となるのです。

それでは、点 E_0 の場合はどうでしょうか。この場合、総需要が総供給を上回っています。モノが不足している状態です。よって、企業は生産量を Y_0 から Y まで拡大し、均衡 GDP が達成されるのです。点 E_1 の場合はどうでしょうか。この場合、総供給が総需要を上回っています。モノが余っている状態です。よって、企業は生産量を Y_1 から Y まで縮小し、均衡 GDP が

第Ⅰ部　日本経済の基本構造

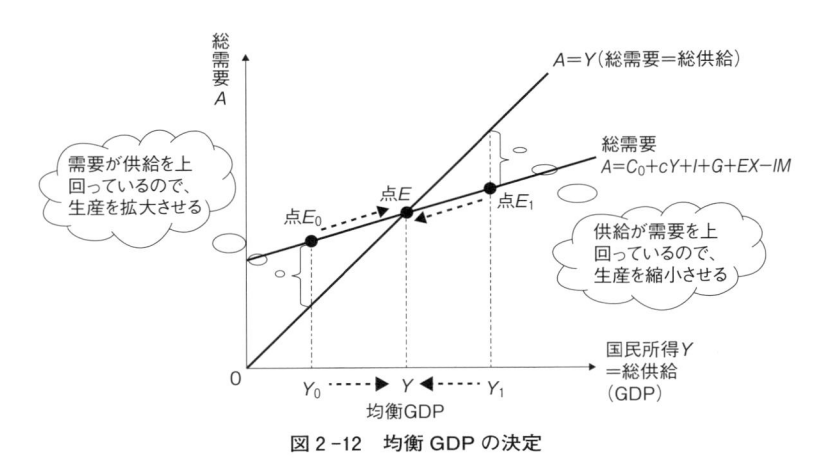

図中の要素:
- 縦軸: 総需要 A
- $A=Y$（総需要＝総供給）
- 総需要 $A=C_0+cY+I+G+EX-IM$
- 点 E_0、点 E、点 E_1
- 需要が供給を上回っているので、生産を拡大させる
- 供給が需要を上回っているので、生産を縮小させる
- 横軸: 国民所得 Y ＝総供給（GDP）
- Y_0、Y、Y_1
- 均衡GDP

図2-12　均衡 GDP の決定

達成されます。このように、**数量調整**が行なわれることで、均衡 GDP（均衡国民所得）は達成されます。

2-1-5　財政政策と乗数——労働市場を加えた考察

前節において、数式による理解とグラフによる理解、両方によって均衡 GDP が達成される仕組みがわかりましたね。しかしながら、ここで注意が必要です。ケインズによれば、有効需要が決まれば、企業の生産量も決まります。生産量が決まれば、企業は何人雇用すればよいかの計画が立てられます。ここでもし、賃金が下方硬直的でないならば、安い賃金で多くの労働者を雇うことができます。ゆえに、失業は生まれません。しかし、実際には賃金は下方硬直的であり、企業としては有効需要に見合った生産量を生産する労働者数しか雇用できません。そして、このときに雇用される労働者数は、完全雇用の水準と一致するとはかぎらないのです。前節までの分析は、財・サービス市場のみを考察対象にしていました。つまり、労働市場に関しては無視していたので、非自発的失業が発生している可能性があります。

このような状況の場合、そもそもの有効需要を増やして、企業の生産量を増やすことができれば、雇用される労働者数も増えるとケインズは考えました。そうすれば失業者は減少します。総需要は、家計消費、企業投資、政府

第 2 章　日本経済分析の基礎（2）

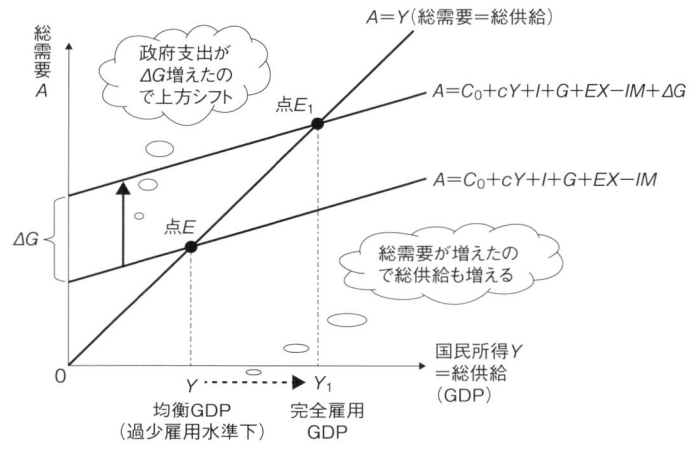

図 2-13　財政政策の効果

出所：家森（2007）p. 82 を参考に筆者作成。なお、「過少雇用水準での均衡 GDP」「完全雇用 GDP」の呼び方も家森を参照。

支出、財・サービス貿易収支黒字でしたから、政府が働きかけることができるのは政府支出 G のみです。政府が予算を組んで政府支出 G を増やせば、総需要は増えますよね。ここで、財・サービス市場のみが調整された非自発的失業がまだある状態の均衡 GDP を、「**過少雇用水準での均衡 GDP**」、労働市場も考察した非自発的失業のない状態の GDP を「**完全雇用 GDP**」と呼ぶことにします。また、政府支出 G から政府が増やした分を ΔG とします。

政府支出が増えると、総需要 A が増えますから、総需要曲線はその分だけ上方にシフトします（図 2-13）。限界消費性向 c に変化はありませんので、傾きは変わりません。そして、総需要が増えるということは、企業は生産を拡大するので総供給も増えます。この拡大は、完全雇用 GDP の水準（均衡点 E_1, Y_1）に達するまでつづくのです。このように、財政政策（政府支出増）を行なうことで非自発的失業がなくなりました。

ここで、過少雇用水準下での均衡 GDP は以下でした。

$$Y = \frac{C_0 + I + G + EX - IM}{1 - c}$$

ゆえに、完全雇用 GDP である Y_1 は ΔG を加えただけなので、以下のようになります。

$$Y_1 = \frac{C_0 + I + G + \Delta G + EX - IM}{1 - c} \tag{2.7}$$

それでは、均衡 GDP →完全雇用 GDP の生産拡大で、どれほど国民所得（総供給）が増えたでしょうか。国民所得が増えた分を ΔY とすれば、($Y_1 - Y$) の簡単な引き算で求めることができますよね。

$$\Delta Y = Y_1 - Y$$
$$= \frac{C_0 + I + G + EX - IM + \Delta G}{1 - c} - \frac{C_0 + I + G + EX - IM}{1 - c}$$

より、

$$\Delta Y = \frac{1}{1 - c} \cdot \Delta G \tag{2.8}$$

となります。ここで、c は限界消費性向で、($1 - c$) は限界貯蓄性向でしたね。つまり、政府支出の増分に限界貯蓄性向の逆数をかけると、国民所得（総供給）がどれだけ増えたかがわかるのです。

数式ばかりではわかりづらいので、実際の数値例で考えてみましょう。ある国の国民は、所得のうち 8 割を消費に回します。つまり、限界消費性向は $c = 0.8$ です。このような国で、政府が失業者を減らそうと 100 兆円の財政政策を行なったとします。このような場合、国民所得（総供給）はどれほど増えるでしょうか？

$$\Delta Y = \frac{1}{1 - 0.8} \times 100\text{兆円} = \frac{1}{0.2} \times 100\text{兆円}$$
$$= \frac{1}{2 / 10} \times 100\text{兆円} = \frac{10}{2} \times 100\text{兆円}$$
$$= 500\text{兆円}$$

図2-14 乗数効果のイメージ

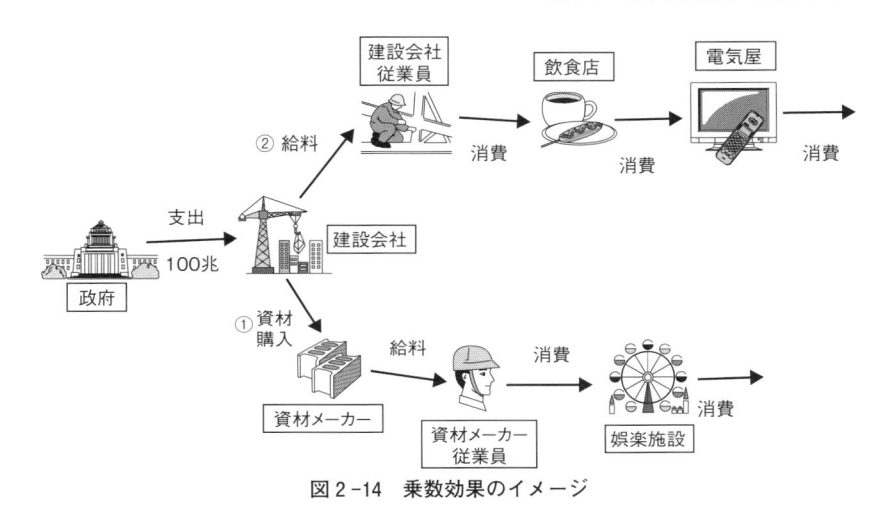

　100兆円の財政政策を行なうと、国民所得（総供給）が500兆円も増えることがわかりました。なんと、最初の支出の5倍もGDPが増えましたね。このとき、この「5」という数を、**乗数**（じょうすう）と呼びます。政府支出が1単位（たとえば、1兆円）増えると、最初の支出が何倍の国民所得に増えるかを表わした数字です。文字で表わすと以下の式の右辺です。

$$\frac{\Delta Y}{\Delta G} = \frac{1}{1-c} \tag{2.9}$$

　では、なぜ最初の支出の5倍もGDPが増えたのでしょうか？　政府は100兆円を財・サービス市場で使用したのですから、100兆円分の財・サービスが生まれるのではないでしょうか？

　これを理解するポイントは、マクロ循環のところでみたように、お金はぐるぐると社会を回るということです。政府が100兆円の公共事業（たとえば、ダム建設）を行なうとしましょう。まず、ダムをつくる建設会社に100兆円入ります。建設会社は100兆円を使って、①機械や資材を購入したり、②労働者を雇います。この時点で、総需要が増えるので国民所得も増えますね。でも経済社会は日々動いているので、これだけで活動は終わりません。当然、

資材メーカーも労働者に賃金を払います。資材メーカー従業員は給料を使って休日に娯楽施設に行きます。そうすると、娯楽施設が儲かり、そこの従業員もまた給料を別の経済活動に使用します。一方、建設会社の従業員ももらった給料で飲食店へ行きます。すると、飲食店も儲かり、そこの従業員は電気屋に行って買い物をします。すると今度は電気屋も儲かり、そこの従業員は給料を別の経済活動に使用します（図2-14）。

　このように、①、②と2つの流れでさえ延々と消費活動がつづきます。実際の社会ではこれがさらに複雑化し、膨大な消費活動が行なわれているのです。政府がひとたび財政政策（政府支出）を行なえば、いろいろな場所で財・サービスが生まれ、それらが消費されていきます。財・サービスが生まれるたびに総供給も増えていますから、最初になされた支出額以上に、GDPが増えるのです。こうした波及効果をすべて合わせると、先の例では500兆円ありますよということになります。

2-2　金融市場

　前節では財・サービス市場を扱いましたが、ここではお金の貸し借りが出てきません。リーマンショックに端を発した世界金融恐慌では、金融取引が実物的な私たちの生活に影響を与えました。図2-15をみてください。これは、世界の金融資産残高の推移とその対GDP比です。これをみると、1990年代半ば以降急激に金融取引残高が増加していることがわかりますね。その規模は、世界の実物的富の合計であるGDPに比べて、じつに3.5倍もの総額です。ゆえに、金融市場でのトラブルが、実際の私たちの生活に大きな影響を与えるようになっています。本節ではこのようなお金の貸し借りが行なわれる金融市場について学びます。最初に、金融市場を考えるうえでもっとも基本的なこと、つまりお金について考えます。私たちは、ふだん買い物をするときなどに「お金」を使いますが、お金とは何でしょうか？　どうしてお金が存在しているのでしょうか？　なぜ私たちはお金がたくさんあるとうれしいのでしょうか？

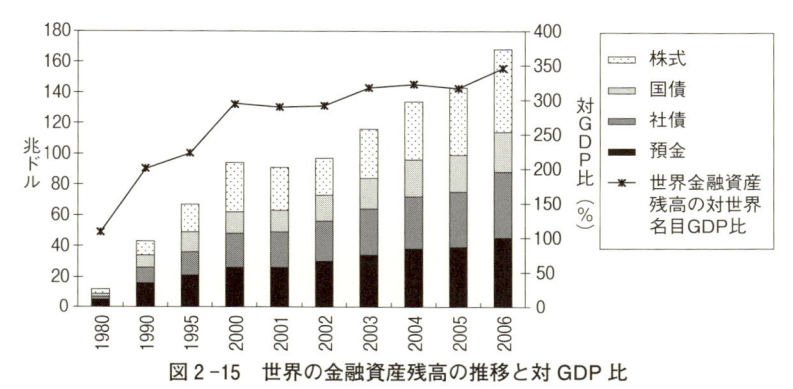

図2-15　世界の金融資産残高の推移と対GDP比

出所：McKinsey and Company, "Mapping Global Capital Markets, Fourth Annual Report, Jan. 2008", p. 10 より筆者作成。

2-2-1　貨幣の機能

　一般的に、貨幣の機能として（1）**価値の尺度**、（2）**交換の媒介**、（3）**価値の貯蔵**の3機能が考えられています。まず（1）の価値の尺度ですが、これは魚1匹100円とか、車1台200万円といったモノの価値を測る機能です。物々交換を考えてください。あなたは板チョコレートを50枚もっていて、友人はキャンディーを100個もっています。お互いチョコレートだけ、キャンディーだけでは飽きてしまうので、いくつか交換すれば互いに両方のお菓子を食べられ、ともに満足度が上がります。この場合、いったい何個ずつ交換すればよいでしょうか。この場合、チョコレート1枚に対して、キャンディーを何個交換すればよいのかがわかれば交換がスムーズです。たとえば、「チョコレート1枚＝キャンディー2個」が等しい価値であるとしましょう。この場合、友人があなたのチョコレートを5枚ほしければ、キャンディーを10個わたせばいいということになります。しかしながら、別の友人がミカンをもっていて3人で交換する場合、別の友人が卵をもっていて4人で交換する場合と、人数や交換するモノの数が増えたらどうでしょうか。いちいち、チョコレートとキャンディーとミカンと卵が、それぞれ何個ずつ交換すればよいか（相互の比較）を考えなくてはなりませんよね。世の中に

図2-16　欲望の二重の一致

は、膨大な数のモノがあり、ヒトがいますので、商品の価値（値段）を決める尺度が必要なのです。チョコレート1枚100円、キャンディー1個50円と、値段が付いていれば交換がスムーズに行なわれるのです。

　つぎに（2）交換の媒介ですが、これもまた物々交換を考えます。あなたは「チョコレートをもっていてキャンディーと交換したい」とします。しかしながら、友人が「キャンディーをもっていて卵と交換したい」とすれば、あなたは交換することができません。あなたが交換をするには、「キャンディーをもっていて、チョコレートと交換したい」人を探す必要があります。先ほどもいいましたが、世の中は膨大な数のモノとヒトで溢れかえっているので、お互いの欲望が一致（**欲望の二重の一致**）するヒトを探すのは容易ではありません。そこで、誰もが受け取る貨幣を一度交換の媒介とすれば、このような交換の困難は生まれないのです（図2-16）。

　最後に（3）価値の貯蔵です。モノのなかには、時間とともに価値がなくなってしまうモノもあります。たとえば、生鮮食品はすぐに腐ってしまいます。しかしながら、貨幣を手元に置いておけば、いつでも生鮮食品を買うことができるのです。また、この機能のおかげで、購入と支払いを同時に行なわなくてもよくなります。購入代金を後で支払うことができるのです。たとえば、電気屋さんでパソコンを買う例を考えます。リンゴを貨幣とし、パソコンの値段がリンゴ100個だとします。リンゴの価値はすぐになくなってしまうので、購入と支払いを同時にしなければお店は売ってくれません。毎月リンゴ10個ずつお店に支払うなんてできませんよね。貨幣は腐りませんの

でこれが可能です。

2-2-2　貨幣の範囲

　前節でみたように、貨幣とは私たちの経済活動になくてはならないものですが、実際の経済活動において3つの機能をもっているモノは、紙幣や硬貨だけではありません。**3つの機能を有するモノも貨幣として扱います**。まず、私たちが銀行などに預けたお金（普通預金や当座預金）も貨幣としての役割を果たします。たとえば、電話料金や公共料金、クレジットカードによる支払いは、銀行口座から引き落とされて支払いが完了する場合があります。また、企業どうしの決済では、銀行間でのお金の引き渡しが行なわれます。企業が銀行からお金を下ろして、他の企業に支払うということは、大口の取引ではまれです。このように預けられているお金も貨幣としての機能をもっているのです。**現金通貨と預金通貨を合わせて「M1」と統計上呼ばれています**。

　つぎに、定期性の預金はどうでしょうか。定期性預金とは一定期間払い戻せない預金のことです。原則として払戻期日前に口座から下ろすことはできませんが、途中で解約すれば下ろせますので、貨幣としての機能を有します。定期性預金のことを「**準通貨**」と呼び、これとM1を合わせて「**M2**」と呼びます。また、**譲渡性預金**（他人に譲ることができる預金証書）を**CD**（Negotiable Certificate of Deposit）と呼びます。世の中にお金がどれだけ出回っているかを**マネーサプライ**（**貨幣供給量**）と呼びますが、その量を考える場合に「M2＋CD」がよく使われます。

　図2-17をみると、2011年12月現在、日本のマネーサプライ（M2＋CD）は1111兆円です。現金通貨は77.5兆円ですから、その約14倍ものマネーサプライがあることになります。なぜこんなにもたくさんの貨幣が世の中に流通できるのでしょうか？

　一般的に銀行は、預金者からお金を預かり（**本源的預金**）、そして預けられたお金の一部だけを残し、あとは企業に貸し出します。預金者全員がすぐにお金を全額下ろすわけではないので、貸し出しても問題ありません。預金

第Ⅰ部　日本経済の基本構造

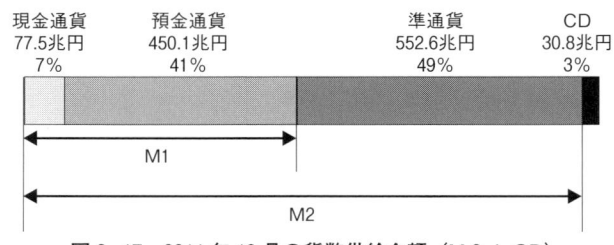

図2-17　2011年12月の貨幣供給金額（M2＋CD）
出所：日本銀行マネーストック速報より筆者作成。

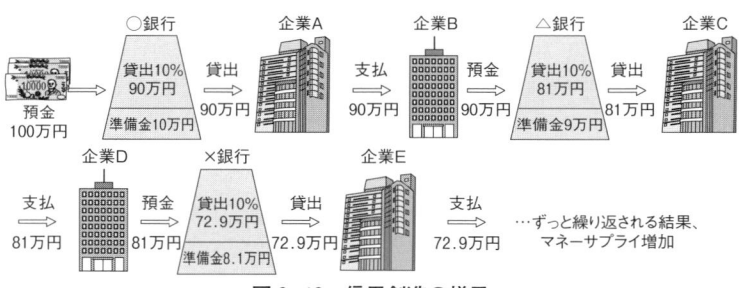

図2-18　信用創造の様子

　総額のうち、残しておくお金の割合を**法定準備率**（ほうていじゅんびりつ）と呼びます。ここで、法定準備率を10％とし、銀行は残りを貸し出すとしましょう。まず、○銀行が預金者から100万円を預かります（本源的預金）。法定準備率は10％ですから、10万円だけを残し、90万円は企業Aに貸し出します。企業Aは企業Bに原材料費として90万円支払います。企業Bは会社の金庫に90万円を入れておくことはせずに、△銀行に90万円預けます。△銀行は90万円の10％（9万円）だけ残し、81万円を企業Cに貸し出します。企業Cは企業Dに原材料費として81万円支払います。81万円を受け取った企業Dは、×銀行に81万円を預けます。

　さて、現金は最初100万円でしたが、この時点で銀行の口座にあるお金はいくらでしょうか。銀行がお金を貸し出したからといって、消えてなくなったわけではありません。それぞれ預けられた金額が銀行の口座には残っています。つまり、○銀行100万円、△銀行90万円、×銀行81万円で271万円

です。もともとの現金が100万円であったのに、世の中にあるお金の量が増えています。このように最初の何倍もの貨幣が生み出されることを**信用創造**と呼びます（図2-18）。以下、延々とこのような経済活動がつづくわけですから、本源的預金の何倍ものマネーサプライが生じるわけです。

2-2-3　貨幣の需要と供給

　これで貨幣というものの定義と役割がわかったと思いますので、その取引に移りたいと思います。まずは、貨幣をほしい人、つまり**貨幣需要**です。貨幣がほしいと書きましたが、貨幣はどのような場合に必要でしょうか。第1に、貨幣は交換の際に用いられます。つまり、取引の数が増えれば増えるほど使う機会が増えるのです。取引の数は、経済の規模が大きくなれば増えます。つまり、GDP（所得 Y）が増えれば、それだけ使用される貨幣量も増えなくてはなりません。ゆえに、貨幣需要は所得（Y）の増加関数となります。増加関数とは、所得が増えれば貨幣需要も増えるという意味です。

　第2に、資産選択の結果として保有することも考えられます。価値の貯蔵機能ですね。あなたが給料をもらい、それをお金としてそのままもっておくか、国債などの債券を購入し**資産運用**をして利益を出すかの選択は、この二者択一であるとします。すべてのお金を資産運用に用いたほうが、より多くのお金に増えると思いますが、実際はそうとはかぎりません。なぜならば、債券をいったん購入してしまうとその分のお金はすぐには使えないからです。ケインズはこれを、「**流動性選好**」と呼びました。流動性とは、お金としていつでも使えるかどうかの度合いという意味です。債券ではなく、お金を保有する理由として3つ考えられます。

　まず、①**取引動機**です。何かを買うため、もしくは支払いのためにお金をとっておくということです。月末に給料をもらい、翌月初頭に何らかの商品代金が引き落とされるということはよくあります。つぎに②**予備的動機**です。これは、将来病気や怪我をしたときのために、備えておくという意味です。最後に③**投機的動機**です。不況期に資産運用をしても儲からないので、よい投資機会がくるまでお金を保持して待っておくということです。

しかしながら、すべてを貨幣としてもっておくのは合理的な資産運用とはいえません。それではどの程度を貨幣としてもてばよいのか、どの程度を債券購入に用いればよいのか、何か判断する基準が必要です。そこで、債券の金利に注目します。金利とは、債券が満期になってお金が返ってくる場合に、上乗せされる利子のことです。資産運用をするということは、この利子の分だけ儲けが出るということなのです。ゆえに、金利が高ければ債券を買う人が増えます。これは、貨幣をほしがる人が減るという**裏の意味**でもあります。逆に、金利が低くあまり儲けがないと人々が判断すれば、債券を買う人が減ります。これも、貨幣をほしがる人が増えるという**裏の意味**があります。

表2-1　債券と貨幣需要の関係

利子	債券需要	貨幣需要
高い	増	減
低い	減	増

本項では貨幣需要を考えていますから、貨幣需要は利子率（r）の減少関数であるといえます。これは、利子率が下がれば債券を購入したい人が減るので、貨幣需要が増えるという意味です。これまでみてきたように貨幣需要は所得（Y）と利子率（r）に左右されますので、貨幣需要量 L は以下のように書けます。

$$L = L(Y, r) \tag{2.10}$$

前にも書きましたが、これは、貨幣需要量 L が括弧内の所得 Y と利子率 r に左右されて決まっていますよという意味です。

それではつぎに、貨幣の供給、つまりマネーサプライはどのように決まるのでしょうか。お金自体は日本銀行が発行していますが、実際に日本銀行がコントロールできるのはマネーサプライのごく一部にすぎません。この日本銀行が供給量を変化させることができる貨幣量のことを**ハイパワードマネー**、もしくは**マネタリーベース**と呼びます。これは、日本銀行が発行する通貨と、民間の銀行が日本銀行に預けている預金（先の法定準備金）の合計です。コ

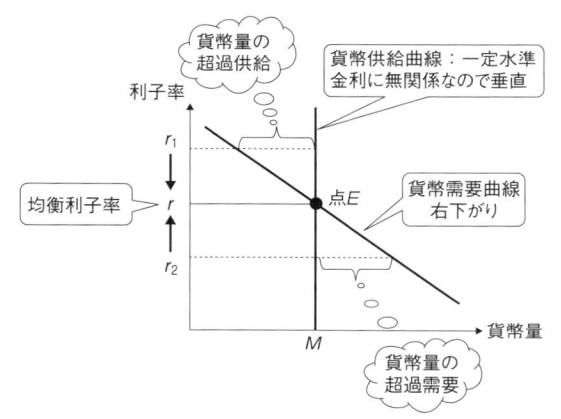

図中のラベル：
- 貨幣量の超過供給
- 貨幣供給曲線：一定水準 金利に無関係なので垂直
- 利子率
- r_1
- 均衡利子率 → r
- r_2
- 点E
- 貨幣需要曲線 右下がり
- 貨幣量
- M
- 貨幣量の超過需要

図2-19　貨幣市場の均衡利子率

ントロールできるのがごく一部とはいっても、日本銀行はハイパワードマネーの量を変化させることで、マネーサプライを変化させることができます。ゆえに、マネーサプライは日本銀行によって操作されるといってさしつかえないのです。金融政策とは、日本銀行がこのマネーサプライを変化させることで景気をコントロールすることをいいます。

　これで、貨幣の需要と供給の意味がわかりました。それでは、需要と供給が均衡するときとはどのようなときでしょうか。貨幣需要は所得（Y）と金利（r）に左右されますが、ここでは所得に変化はないと仮定します。すると、貨幣需要関数は債券の金利にのみ左右されますから、金利の減少関数となります。一方で、貨幣供給量Mは日本銀行が変化させますから、債券の金利には影響を受けません。図にすると**図2-19**のようになります。

　貨幣需要曲線は利子に関して減少関数ですので右下がりのグラフになります。貨幣供給曲線は利子に無関係に日本銀行が決めますので垂直です。この交点Eのところで、債券市場が均衡する利子率が決まります。貨幣の供給量はMです。

　たとえば、利子率r_1の場合はどうでしょうか。貨幣の供給のほうが需要を上回っています。つまり、貨幣の超過供給です。このとき、何が起きてい

るのでしょうか。貨幣の需要が少ないということは、貨幣で保有する人よりも債券を購入する人のほうが多いということですね。つまり、債券が大人気です。ということは、債券の金利を高くしなくても売れますから、金利が下がる（$r_1 \to r$）のです。債券とは借金ですので、借金をする側にとっては、余分に払わなくてはならない部分（利子）は少なくしたいと考えます。こうしてふたたび均衡利子率に戻ります。逆に、r_2 の場合は、貨幣の需要のほうが供給を上回っています。つまり、貨幣の超過需要です。債券の金利が低すぎて誰も買ってくれず（有望な投資先と見なされない）、皆が貨幣を保有したがっています。何度もいいますが、債券とは借金ですので、借金をする側にとっては、買ってもらえなければ資金を集められないことになります。ゆえに、金利を高く（$r_2 \to r$）して買ってもらおうとします。こうしてふたたび均衡利子率に戻るのです。

　このことは、貨幣市場で考えてもわかります。貨幣需要＜貨幣供給のときには、供給量のほうが多いですから、お金が余っています。すると、貨幣を需要する側からいえば、なるべく利子率の低いところから借りるわけです。つまり、利子率は下がります（$r_1 \to r$）。逆に、貨幣供給＜貨幣需要のときには、供給量は少ないですから、高い利子をとっても借りてもらえます（$r_2 \to r$）。このように、貨幣利子率が均衡ではない状態を考えると、債券市場と貨幣市場がともに同じ利子率の動きをすることがわかります。つまり、金融市場を考える場合には、債券市場と貨幣市場の2つが出てきましたが、2つは互いに**表裏一体**ですので、貨幣市場のみを考えればよいというわけです。

2-3　IS-LM モデル

　2-1「財・サービス市場」では、各企業が財・サービスを供給し、各経済主体（家計、企業、政府）は、財・サービスを需要すると学びました。一国全体の経済で考えるならば、市場に供給されるすべての財・サービスである「**総供給**」、市場で需要されるすべての財・サービスである「**総需要**」となります。そして、財・サービス市場にとっていちばんよい状態とは、数量

調整が済んだ「総需要と総供給が一致した無駄がない状態」です。つまり、そのような状態になる GDP が、一国の適正な経済規模となるわけです。そのようなときの「国民所得 Y ＝ GDP」を均衡 GDP と呼びました。

$$Y = \frac{C_0 + I + G + EX - IM}{1 - c} \qquad (2.6)$$

しかしながら、均衡国民所得のなかに、企業の投資 I が含まれていることを思い出してください。2-1-2「企業の投資」でみたように、企業の投資は利子率 r に左右されています。均衡 GDP を考える際に、この利子率は無視しましたが、実際は企業の投資量が利子率によって変わってくるのです。つまり、**均衡 GDP は財・サービス市場のみを考えたため、金融市場の影響を排除**していました。

また、2-2-3「貨幣の需要と供給」で学んだように、貨幣需要は所得（Y）に影響を受けます。貨幣は交換の際に用いられますので、取引の数が増えれば増えるほど使う機会が増えるのです。取引の数は、経済の規模が大きくなれば増えます。つまり、GDP（所得 Y）が増えれば、それだけ貨幣需要も増えるのです。

$$L = L(Y, r) \qquad (2.10)$$

貨幣市場の均衡利子率を考える際、所得に変化はないと仮定をすることで無視しましたが、実際には所得 Y は貨幣市場に影響を及ぼします。つまり、**均衡利子率は貨幣市場のみを考えたため、財・サービス市場の影響を排除**していました。

このような互いの市場が及ぼす影響を、総合的に考えようというのが「**IS-LM 分析**」です。

財・サービス市場が均衡するような国民所得と、利子率の組み合わせ（IS 曲線）をまず考えます。つぎに、貨幣市場を均衡させるような国民所得と、利子率の組み合わせ（LM 曲線）を考えるのです。そして、最後に財・サービス市場と貨幣市場がともに均衡した状態を考えます。つまり、両市場がと

もに均衡した状態のGDPと利子率が決まります。

2-3-1　IS曲線を考える

　財・サービス市場が均衡するような国民所得と、利子率の組み合わせを表わした「**IS曲線**」を考えます。「IS」とは、投資（Investment）と貯蓄（Saving）の頭文字です。2-1-2「企業の投資」でみたように、企業の投資は利子率rに左右されています。

$$I = I(r)$$

　企業はお金を金融市場から借りて事業を行ないますが、利子負担が少なければそれだけ投資を増やすことができます。つまり、投資は利子率の減少関数なのです。減少関数とは、利子率が高くなると投資額は減少するということです。

　つぎに、投資と均衡GDPの関係はどうだったでしょうか。均衡GDPとは、総需要と総供給が等しくなるときのGDPのことでしたね。総需要は、家計消費、企業投資、政府支出、貿易収支（輸出－輸入）の合計でした。したがって、投資額Iが増えると、総需要が増えるわけですから、均衡GDPも増える（$Y_1 \rightarrow Y_2$）のです。

　つまり、①利子率が下がれば（$r_1 \rightarrow r_2$）、②投資が増え（$I_1 \rightarrow I_2$）、③均衡GDPが増える（$Y_1 \rightarrow Y_2$）ことがわかりました。当然、逆のこともいえます。利子率が上がれば、投資が減少し、均衡GDPは減るということです。**図2-20**はこのことをグラフにしたものです。

　IS曲線とは、財・サービス市場が均衡するような国民所得と、利子率の組み合わせを表わしていますから、利子率と投資と均衡GDP（国民所得）といういま学んだ3つの関係を、利子率と均衡GDPの2つの関係にまとめたものです。つまり、「利子率の水準と均衡GDP（国民所得）の水準」という2つの関係性に描き直しただけなのです。**図2-21**がIS曲線のグラフです。

　IS曲線上の点は、すべてが均衡GDPとなっています。つまり、ある利子

第 2 章 日本経済分析の基礎（2）

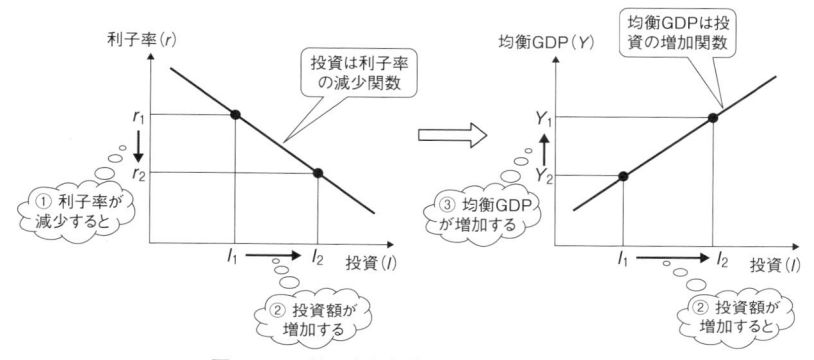

図 2-20　利子率と投資、均衡 GDP の関係

出所：井堀（2004）p. 97 を参考に筆者作成。

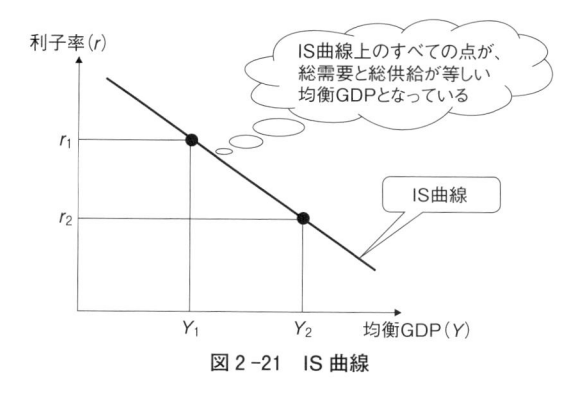

図 2-21　IS 曲線

率のときに、財・サービス市場で「総需要＝総供給」となる均衡 GDP はこれだけの値になりますよ、ということがわかるのです。ここで勘違いしてはいけないのは、利子率 r_1 のときに、実際の GDP が Y_1 になりますということではなく、そのときの財・サービス市場にとって望ましい均衡 GDP が Y_1 になるということです。

2-3-2　LM 曲線を考える

　貨幣市場を均衡させるような国民所得と、利子率の組み合わせを表わした「**LM 曲線**」を考えます。「LM」とは、流動性（Liquidity）とお金（Money）

71

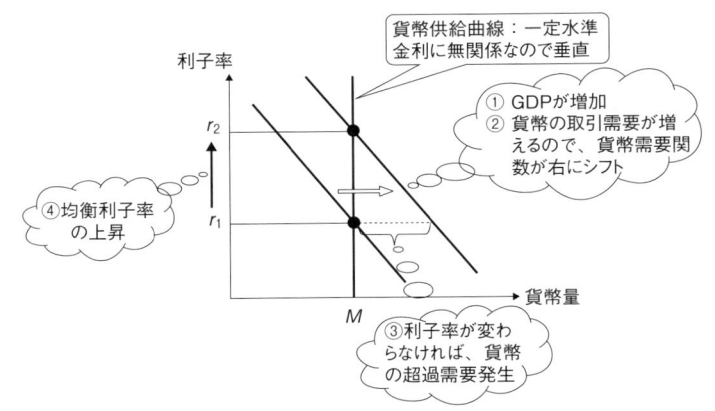

第Ⅰ部　日本経済の基本構造

利子率

貨幣供給曲線：一定水準
金利に無関係なので垂直

① GDPが増加
② 貨幣の取引需要が増えるので、貨幣需要関数が右にシフト

④均衡利子率の上昇

③利子率が変わらなければ、貨幣の超過需要発生

貨幣量

図2-22　国民所得の変化と均衡利子率の関係
出所：井堀（2004）p.95を参考に筆者作成。

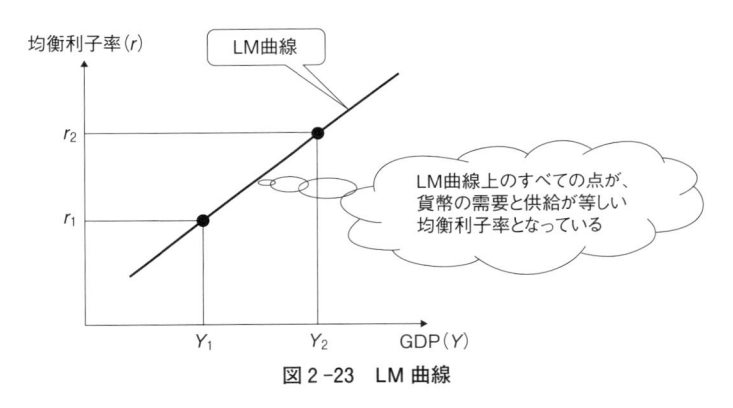

均衡利子率(r)

LM曲線

LM曲線上のすべての点が、貨幣の需要と供給が等しい均衡利子率となっている

GDP(Y)

図2-23　LM曲線

の頭文字です。2-2-3「貨幣の需要と供給」で学んだように、貨幣需要は所得（Y）に影響を受けます。取引の数が増えれば増えるほど貨幣を使う機会が増えるのですから、GDP（所得Y）が増えれば、それだけ貨幣需要も増える（増加関数）のです。

①GDP（国民所得Y）が増えると、②取引に使う貨幣の需要（**取引需要**）は増えますが、供給量は日本銀行が金利に無関係に決めています。③貨幣の供給量も利子率も変わらないとすれば、貨幣の超過需要が発生します。供給量は少ないですから、④均衡利子率が上昇することで貨幣需要が減少するの

72

第2章 日本経済分析の基礎（2）

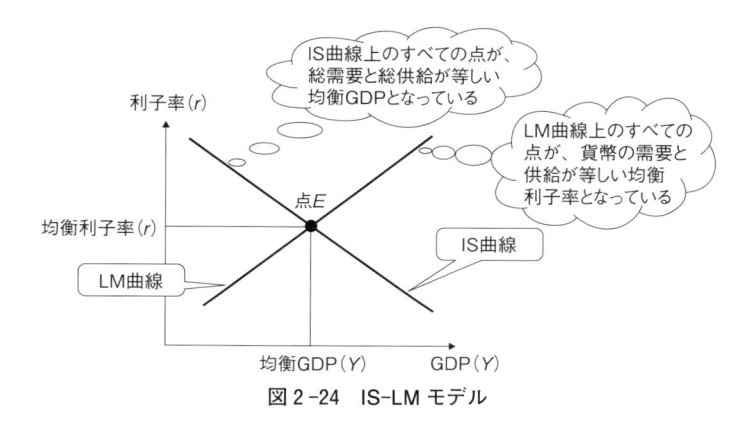

図2-24 IS-LMモデル

（吹き出し）IS曲線上のすべての点が、総需要と総供給が等しい均衡GDPとなっている

（吹き出し）LM曲線上のすべての点が、貨幣の需要と供給が等しい均衡利子率となっている

利子率(r)
均衡利子率(r)
点E
LM曲線
IS曲線
均衡GDP(Y)　GDP(Y)

です。こうして貨幣市場の需給バランスはとれます。図2-22はこのことをグラフにしたものです。

LM曲線とは、貨幣市場を均衡させるような国民所得と、利子率の組み合わせを表わしていますから、GDPと貨幣需要と均衡利子率といういま学んだ3つの関係を、均衡利子率とGDP（国民所得）の2つの関係にまとめたものです。つまり、「均衡利子率の水準とGDPの水準」という2つの関係性に書き直しただけなのです。

図2-23がLM曲線のグラフです。

LM曲線上の点は、すべてが均衡利子率となっています。つまり、あるGDPのときに、貨幣市場で「需要＝供給」となる均衡利子率はこれだけの値になりますよ、ということがわかるのです。

2-3-3　IS-LMモデル

これで、IS曲線、LM曲線それぞれが、どのようなものか理解できたと思います。それでは、いよいよ財・サービス市場と貨幣市場がともに均衡した状態を考えます。IS曲線とLM曲線、2つのグラフを重ねてみましょう（図2-24）。

IS曲線は財・サービス市場が均衡するときの国民所得と利子率の組み合わせ、LM曲線は貨幣市場が均衡するときの国民所得と利子率の組み合わせ

第Ⅰ部　日本経済の基本構造

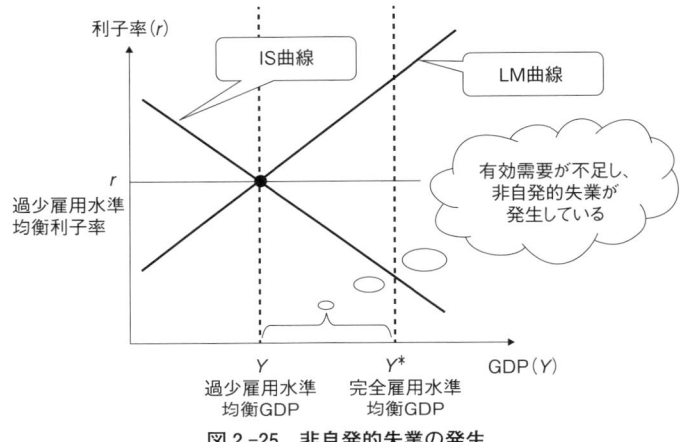

図2-25　非自発的失業の発生
出所：家森（2007）p.134を参考に筆者作成。

でしたから、IS曲線とLM曲線の交点Eは、「財・サービス市場での需要と供給」と「貨幣市場での需要と供給」がすべて一致するときのGDP（所得Y）と利子率（r）となるので両市場の影響を考えることができたのです。

　これで両市場の理想的な状態がわかって、「めでたし、めでたし」といきたいところですが、現実はそううまくいきません。2－1－5「財政政策と乗数——労働市場を加えた考察」でみたように、労働市場に関しては無視していたので、非自発的失業が発生している可能性があります（図2-25）。何度もいいますが、有効需要が決まれば、企業の生産量も決まります。生産量が決まれば、企業は何人雇用すればよいかの計画が立てられます。ここでもし、賃金が下方硬直的でない（つまり、いくらでも給料を下げられる）ならば、安い賃金で多くの労働者を雇うことができます。ゆえに、失業は生まれません。しかし、現実には賃金は下方硬直的であり、企業としては有効需要に見合った生産量を生産する労働者数しか雇用できません。そして、このときに雇用される労働者数は、完全雇用の水準と一致するとはかぎらないのです。「過少雇用水準での均衡GDP（均衡利子率）」というわけです。労働市場も考察した非自発的失業のない状態のGDPは「完全雇用GDP」と呼びましたね。

第 2 章 日本経済分析の基礎（2）

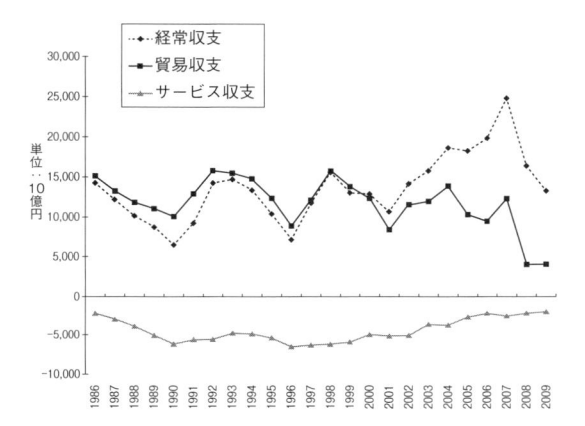

図 2-26　日本の経常収支
出所：総務省統計局『日本の長期統計系列』第 18 章「貿易・国際収支・国際協力」（2005 年まで）、『日本の統計』第 15 章「貿易・国際収支・国際協力」（2006 年以降）より筆者作成。

つまり、働きたい人が全員働ける完全雇用に達成するには、$(Y^* - Y)$ の分だけ足りないということです。ケインズは、そもそもの有効需要を増やし、企業の生産量を増やすことができれば、雇用される労働者数も増え、失業者は減少すると考えました。総需要は、家計消費、企業投資、政府支出、財・サービスの貿易収支における黒字でした。ゆえに、政府による**財政政策**（政府支出）や日本銀行による**金融政策**（利子率を変化させ企業が投資を変化させたり、マネーサプライを増やすなど）などが必要なのです。本章では、IS-LM モデルの基本的フレームワークの導出でとどめておきますが、財政政策や金融政策によって、IS 曲線や LM 曲線がシフトし、完全雇用に達するようになるというのが基本的な考え方です。

2-4　海外市場

1-2-3「三面等価の原則」、1-4-1「お金の循環」のマクロ循環で学んだように、経済は国内のみで循環しているわけではなく、海外とも相互依

75

第Ⅰ部　日本経済の基本構造

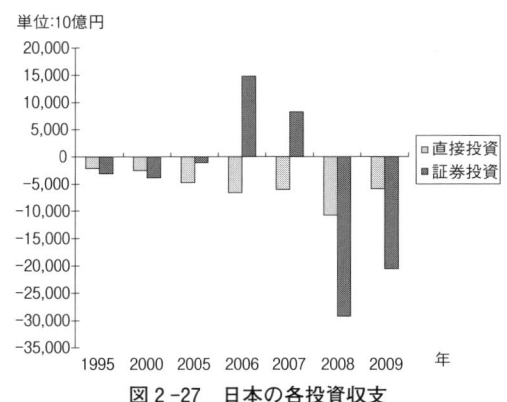

図2-27　日本の各投資収支
出所：総務省統計局『日本の統計』第15章「貿易・国際収支・国際協力」より筆者作成。

存関係をもっています。たとえば、ある国が自国内の産業間を比べて、得意な産業（生産性の高い）での生産に特化して商品を輸出し、自国ではうまくつくれない（生産性の低い）産業の商品を輸入すれば、自給自足の経済活動の場合と比べてコスト（労働者数、生産費）がかからずに済みます。このような**国際分業**をすれば世界全体の生産量も増加し、各国の利益となります。これを**比較生産費説**（**比較優位**）と呼びますが、**貿易をすることでメリットが生まれる**ことを証明した理論です。また、企業は自国内だけでは賄えない**資金**を海外の市場から調達したり、賃金率の安い国に工場を建設（**直接投資**）して商品の低価格化を図ったりしています。海外の金融市場で株や債券を購入し、配当金や利息、値上がり益をねらって**証券投資**（**間接投資**）を行なう場合もあります。

　経常収支とは、**貿易収支**（商品の輸出入でのお金のやりとり）、**サービス収支**（旅行などのサービス部門でのお金のやりとり）、**所得収支**（海外から得た賃金、直接投資や証券投資から得る収益）、**経常移転収支**（資金援助や資金協力でのお金のやりとり）を合わせた、対外的なお金のやりとりを表わしたものです。

　金額がマイナスになっているところは、日本から海外に資本（お金）が流

出している（海外で使っている）ことを表わしています。

2-4-1　円高と円安

このような、対外的な取引を考える際に重要になるのが、「**為替レート**」です。為替レートとは、１ドル＝100円のように、異なる通貨間の交換比率のことです。海外旅行をした経験のある人はわかると思いますが、現地の通貨と日本円を交換してもらうとき、たとえば、100円を両替所にもっていくと１ドルと替えてもらえます。為替レートに関して、ニュースでは「**円高**」や「**円安**」という言葉を聞くと思いますが、円が高い、安いとはどういうことでしょうか？

それでは、家電製品の貿易を例に考えてみましょう。日本の家電メーカーが日本国内でつくったテレビをアメリカに輸出し、200ドルで販売するとしましょう。現在、為替レートが「１ドル＝100円」だとすると、販売代金は日本円で２万円（200ドル×100円＝２万円）になります。アメリカで販売するのですから、代金はアメリカドルで支払われます。ということは、日本の家電メーカーは２万円の収入があるはずです。しかしながら、購入者が「今日は買わずに来週銀行でお金を下ろしてから買います」といったらどうなるでしょうか。ここで、翌週に為替レートが「１ドル＝90円」に変化したとします。日本の家電メーカーの収入が１万8000円（200ドル×90円＝１万8000円）になってしまいました。たった１台のテレビでさえ、2000円の収入減です。逆に、為替レートが「１ドル＝110円」になったならば、収入は２万2000円の2000円増です。たった１台のテレビでさえこのように大きな収入の差が生まれます。ちなみに、2009年度の日本の輸出総額は5807億ドルです。「１ドル＝100円」であれば約58兆円ですが、「１ドル＝90円」では約53兆円と５兆円も収入が違うのです。円高となり収入が減るのがいやならば、アメリカでの販売代金を値上げすることが考えられますが、販売代金を高く設定すると、今度は購入してもらえなくなるので元も子もありません。

つまり、円高、円安とは、相手国の通貨と比べて、その交換比率が変わる

	1ドル＝90円	1ドル＝100円	1ドル＝110円
 (テレビ)	2万ドル×90円 ＝1万8000円	2万ドル×100円 ＝2万円	2万ドル×110円 ＝2万2000円

図2-28　テレビの輸出

ときに起こります。あなたは日本に旅行にきたアメリカ人で、100ドルをもっているとします。為替レートが1ドル＝100円であれば、100ドルで1万円の高級な洋服が買えていたのに、極端な話、為替レートが1ドル＝50円になれば、100ドルで5000円の一般的な洋服しか買えなくなります。このように購入に使える予算が減るのです。1ドル＝100円とは、1ドルと100円の価値が等しいということですから、1ドル＝50円は1ドルと50円の価値が等しいということになり、より少ない円でドルと交換できるのですから、円の価値が高くなった（**円高**）というわけです。逆に、円の価値が安くなることを**円安**と呼びます。

それでは、日本にとっては「円高」と「円安」、どちらがよいのでしょうか。先の輸出の例では、円高（1ドル＝90円）になると日本の家電メーカーは収入が減りました。このように、輸出企業は円高になると収入減となり、逆に円安になると収入増となります。ゆえに、円高がいきすぎると、日本企業は国内であまり生産しなくなります。国内で生産し、その商品を輸出すると収入減となるからです。この場合、日本企業は輸出国で現地生産をします。なぜならば、輸出相手国で生産すれば、そもそも輸出をする必要がなくなりますので、円高の影響を回避できるからです。このように、円高により国内の生産工場を海外に移し、国内の工場が減っていくことを「**空洞化現象**」と呼びます。空洞化現象により、日本の工場で働いていた労働者は職を失うことになり、単純に考えると日本の失業率が上昇するのです。

それでは、日本マクドナルドのような、原材料を輸入する企業にとってはどうでしょうか。為替レートが1ドル＝100円であれば、100円出せば1ドル相当の商品が買えます。為替レートが1ドル＝50円と円高になると、50

円出すだけで1ドル相当の商品が買えます。つまり、アメリカの同じ商品が安く買えるようになります。このように、円高は輸入企業にとっては収入増です。逆に、輸入企業は円安になれば収入減です。

表2-2 円高と円安

	輸出企業	輸入企業
円高	収入減	収入増
円安	収入増	収入減

2-4-2 為替レートの決定

これで為替レートに関して、円高と円安は理解できたと思いますが、そもそもの為替レートはどのように決まっているのでしょうか。

為替レートも**外国為替市場での需要と供給**で決まります。ドルを売って円がほしい人が増えれば、円の需要が増加するわけですから、その「価値」が高まり、円高になります。同様に、円を売ってドルがほしい人が増えれば、円の「価値」が下がるので、円安になります。それではどんなときに通貨は交換されるのでしょうか。

まず、貿易が行なわれるときにドルと円は交換されます。日本企業がアメリカで商品を売ってドルを手にした場合、そのままでは従業員に給料として支払えません。日本国内ではドルで買い物がほとんどできませんので、ドルを円に替える必要があります。ドルを売って円を手に入れれば、円の需要が増加していますから、円の価値が高まり、円高（ドル安）となります。逆に、輸入する場合はどうでしょうか。アメリカ企業に支払うにはドルが必要です。つまり、円を売ってドルを買う必要があります。この場合、ドルの需要が増加していますから、ドルの価値が高まり、ドル高（円安）となります。日本の経常収支でみたように（図2-26）、日本はずっと経常収支（貿易収支）が黒字です。すなわち、輸出額のほうが輸入額よりも多いですよね。ゆえに、ドルを売って円を手に入れる人が多いため、同じことですが、円の需要がずっと高いまま推移しているため、日本は円高傾向にあるわけです。

図2-29 円相場の推移と出来事

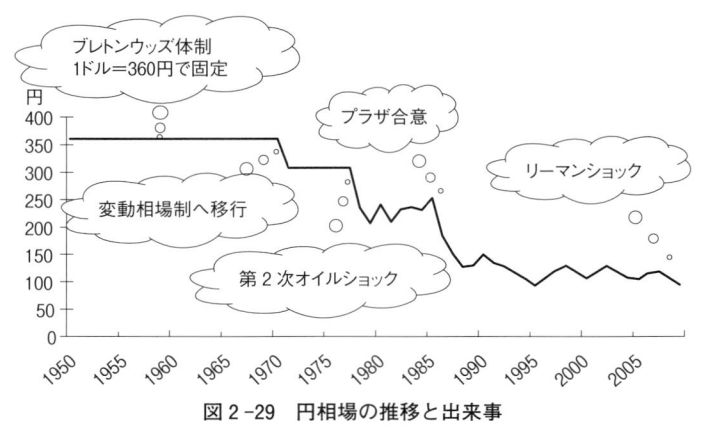

出所：基準相場（1ドルにつき円）、総務省統計局『日本の長期統計系列』第18章「貿易・国際収支・国際協力」（2005年まで）、『日本の統計』第15章「貿易・国際収支・国際協力」（2006年以降）より筆者作成。

しかしながら、近年では、貿易が為替に与える影響が小さくなってきています。世界の金融資産残高の推移と対GDP比をみるとわかるように（図2-15）、金融取引の比重が非常に大きくなっています。また、経常収支をみても、所得収支（海外から得た賃金、直接投資や証券投資から得る収益）の金額が近年大きくなっており、とくに証券投資が増加しています。こうした理由から、このような金融取引が為替レートに与える影響が大きくなっているのです。それでは、なぜ金融取引が為替レートに影響を及ぼすのでしょうか。たとえば、アメリカの銀行の金利が日本の銀行の金利よりも高い場合、アメリカで資産運用をしたほうが、日本で資産運用をしたときよりも収益が高くなります。このような場合、ドルで資産運用をすることになりますので、ドルの需要が高まり、円は逆に売られるのでドル高となります。すなわち、**金利**の差によって、為替レートに変化が起きるのです。このような考え方を、**アセット・アプローチ**と呼びます。

また、近年非常に人気のあるFXとは、「margin Foreign eXchange trading（外国為替証拠金取引）」の略で、為替レートの変化を利用して収益を上げようとする取引です。たとえば、1ドル＝100円（ドル安）のときに1000ド

第 2 章　日本経済分析の基礎（2）

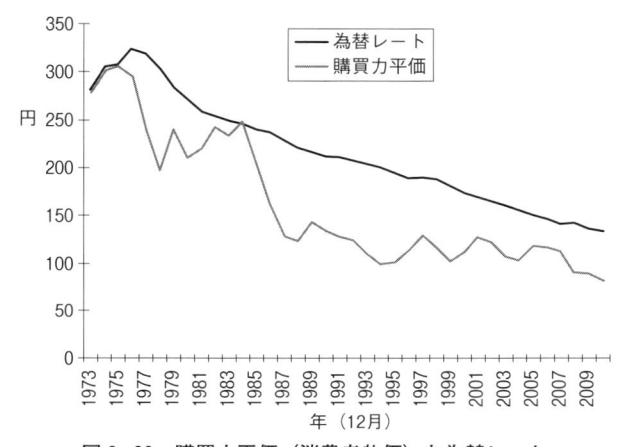

図 2-30　購買力平価（消費者物価）と為替レート
出所：公益財団法人国際通貨研究所のデータより筆者作成。購買力平価は消費者物価、為替レートは各年 12 月。

ル（10 万円）買い、1 ドル＝ 110 円（ドル高）のときに 1000 ドルを円に替えれば、11 万円になりますので、1 万円の収益となるわけです。つまり、ある通貨が安いときに大量に購入し、その通貨が高くなったときに売ります。このような取引が行なわれますと、貨幣需要が短期的に、すばやく、大量に発生しますから、為替レート（通貨の価値）も非常に激しく変動します。

　為替レートに影響を及ぼす他の要因としては、各国の**物価水準のちがい**が挙げられます。たとえば、同じ品質の商品やサービスの値段を日本とアメリカの両方で考えましょう。世界各国に出店しているマクドナルドのハンバーガーである「ビッグマック」、Apple 社の携帯型デジタル音楽プレイヤー「iPod」は、世界中どこで購入しても品質は同じですよね。ある商品 A を日本で購入した場合は 300 円、アメリカで購入した場合は 2 ドルであるとします。この商品 A の購入に関して 300 円と 2 ドルは、同じ商品を買うことができる金額なのですから、通貨として同じ購買力があるということですよね。つまり、2 ドル＝ 300 円なので、1 ドル＝ 150 円というわけです。このように、実際の商品を買う力で各国の通貨交換比率を表現したものを「**購買力**

平価」呼びます。長期的には、実際の為替レートは購買力平価の値に近づくといわれています。図2-30をみてください。購買力平価と実際の為替レートが同じような動きをしていることがわかります。

2010年12月の為替レートは1ドル=83.38円、購買力平価で計ると1ドル=134.21円です。実際の為替レートに比べて、購買力平価で計ると円安であることがわかります。つまり、円の価値が低いのです。これはどういうことかというと、国内の物価水準が海外と比べて高く、円を日本でそのまま使った場合、海外で使った場合（実際の為替レートでドルに交換して使う）に比べ、約6割分（83.38÷134.21＝0.621265181）の価値しかないということです。つまり、実際にモノを買う場合には、134円出さないと1ドル相当の同じ商品が日本では買えないのです。同じ品質の商品を買うことができる力で考えると、実際の為替相場に比べて、かなり円の価値が低いことになります。日本の物価がいかに高いかがわかりますよね。これを「内外価格差」といい、日本が経済大国にもかかわらず経済的な豊かさをあまり実感できない理由の1つです。

注
(1) これはアメリカで各企業のCFO（Chief Financial Officer）に投資決定要因をアンケート調査したものです。J. R. Graham and C. R. Harvey, "The Theory and Practice of Corporate Finance : Evidence from the Field," *Journal of Financial Economics*, No. 60, pp. 187-243.
(2) 投資関数も $I = I(r)$ と書けますが、いまは財・サービス市場のみで考察しているため、金融市場に関わってくる利子率 r は無視します。

【本章の理解をさらに深めるための参考図書】
家森信善（2007）『基礎からわかるマクロ経済学』第2版、中央経済社。
井堀利宏（2004）『図解雑学 マクロ経済学』ナツメ社。
河合正弘・武蔵武彦・八代尚宏（1995）『経済政策の考え方』有斐閣アルマ。
木暮太一（2006）『落ちこぼれでもわかるマクロ経済学の本』マトマ商事（改訂新版2010年）。
中谷巌（2000）『入門マクロ経済学』第4版、日本評論社。
―――（2007）『入門マクロ経済学』第5版、日本評論社。
福田慎一・照山博司（2005）『マクロ経済学・入門』第3版、有斐閣アルマ。

第3章
戦後日本経済の歴史

【本章で学ぶポイント】
① 戦後日本経済の発展の歴史（背景、仕組み）を学ぶ。
② 発展の歴史のなかで、制度が果たした役割を学ぶ。

　日本は世界第3位のGDPを誇る国です（2012年現在）。一方で、日本経済は財政や社会保障、国際貿易などさまざまな面で問題を抱えています。こうした経済規模や課題は、突然天から降ってきたものではなく、日本経済の歩みのなかでしだいに形成されてきたものです。そのことを確認してもらうために、この章では戦後日本経済の歴史を概観します。つづく第II部では、この章で取り上げる種々のテーマについて、掘り下げて議論を展開していきますが、その内容を理解するためにも、本章は日本経済の展開において「制度」が果たす役割に着目しつつ、歴史の流れを記述しています。

　ある国の経済状態は、その国の経済が経験した歴史を反映しています。その意味では、日本の有史以来の人々の活動が現在の私たちの生活に影響を与えているといえますが、膨大な歴史をすべてさかのぼって確認することはたいへんな作業となります。ここでは、歴史の範囲をおもに第2次世界大戦（太平洋戦争）後にかぎって振り返ることにしましょう。

3-1　戦後復興期

　ご存知のように、日本にとっての第2次世界大戦は1945（昭和20）年8月15日に終わりを迎えたといわれます[1]。この戦争の被害は甚大でした。

戦死・戦病死者は 210 万人余、内地の空襲や沖縄戦による一般市民の死者 52 万人、負傷者（行方不明者含む）250 万人以上、といった人的被害がありました。他方で、戦前までに蓄積してきた国富を大きく失ってしまったとされます。具体的には、国富の被害総額は 643 億円だったとされます。残存国富は 1889 億円でしたから、国富全体の約 4 分 1 がこの戦争によって失われたことになります。また残存国富の額は 1935 年国富とほぼ同額で、10 年前の状態に逆戻りしたともいえます（中村 1993）。以後の 10 年間（1945～55 年）は、失われた国富を回復させ、戦前の状態以上にまで回復させるべく、さまざまな施策がとられました。この期間を**経済復興期**と呼びます。

以下では、この期間にどのようなことが起こっていたのかを、もう少しくわしくみていきます。しかし戦後の日本経済の歴史を解説するには、戦前および戦中の日本経済についても少し説明しておかなければなりません。

3-1-1　戦前・戦中の日本経済

第 2 次世界大戦前の日本経済は、一般的にイメージされる「日本経済」とは異なる姿形をしていました。たとえば経済全体はそれなりに工業化が進み、企業はそれなりに技術的能力を蓄積し、各種産業の技術はヨーロッパ諸国やアメリカといった先進諸国に追いつくほどの水準に達していました。そうした企業がどのように運営・統治されていたかをみると、多くの企業で大株主が企業をコントロールし、「所有と経営の分離」という意味での近代的な経営を行なう（株主は株式を所有しているだけで、企業の経営は専門の経営者が行なう）企業は小さな割合を占めるにすぎなかったようです。また、当時大きな影響力をもっていた**財閥**では、團琢磨といった専門経営者が意思決定にあたりましたが、最終的なコントロール権は**持株会社**（財閥本社）が握っていました。

こうした日本経済の姿は、1930 年代後半から大きく変わっていきます。よく知られているとおり、**戦時体制**への移行です。1937（昭和 12）年に「戦時統制三法」（臨時資金調整法、輸出入品等臨時措置法、軍需工業動員法）が成立し、政府の命令により経済活動を統制する根拠が与えられることにな

りました。さらに翌38年には国家総動員法が成立しました。これにより、日本は急激に本格的な統制経済に変貌していくことになりました。その範囲は、生産、金融、労働と経済のあらゆる活動に広がっていきました。そのようななかで日本は戦争の深みへはまっていくことになります。

3-1-2　GHQと経済民主化

敗戦後、連合国軍最高司令官総司令部（GHQ）による占領がはじまります。アメリカを中心とするGHQは、日本社会を徹底的に非軍事化・民主化しました。その方針は1945年9月に出された「降伏後ニ於ケル米国初期対日方針」に示されています。経済的な部分に関わるところでは、おもに、（1）経済活動の非軍事化、（2）民主的勢力の普及促進、（3）平和的経済活動の再開、がうたわれています[2]。こうした改革は、戦後日本経済の基盤を整備したという意味できわめて重要でしたが、戦前・戦中の体制を大きく変えるものであり、大きな摩擦と混乱をともなっていました。GHQが実施した政策のおもなものは、（1）**財閥解体**、（2）**農地改革**、（3）**労働民主化**、（4）**金融制度改革**でした。

（1）財閥解体

すでにふれたように、戦前は財閥を中心にした産業組織でしたし、戦時中は統制経済体制がしかれました。戦後まもなくGHQによって実行された改革は、これらの体制を完全に否定するものでした。すなわち、市場における自由競争を実現すべく、「財閥解体」が行なわれ、「集中排除措置」が実施され、1947年に**独占禁止法**が制定されました。財閥解体は、持株会社であった財閥本社を解体することで、傘下企業の株式を大衆に売却して株主が広く分散することを意図したものでした。1946年当時、国内総株数は4億4300万株に対して、財閥本社が所有する株式は1億6700万株でした。財閥本社は日本の株式総数の4割近くを所有していたわけです。そのうち1億6500万株が1951年までに売却されたといわれます。実際、解体された財閥傘下企業の株式は広く売却され、1949年時点で個人株主が70％に達し、「民主的

図3-1 株式所有構造の推移

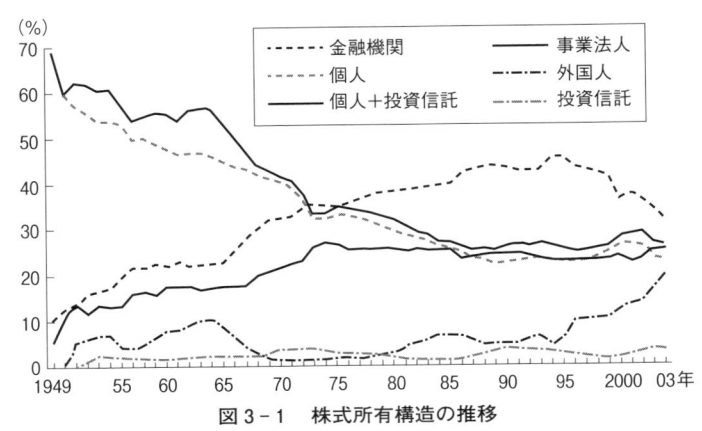

出所:橋本・長谷川・宮島・齊藤(2011) p. 101、図6.1。

な」株式所有構造が実現したとされます(図3-1)。加えて、財閥の指導者は家族も含めて退陣させられたうえに、財界での活動も禁じられました。彼らの影響力は徹底的に排除されたわけです。なぜGHQはここまで徹底した財閥解体を行なったのでしょうか。

GHQは、日本がアジア地域で帝国主義的にふるまい、戦争にまで突っ走った経済的元凶が財閥であると考えていたようです。それは、政府の支持を受けつつ日本の産業界を支配し、その力を使って競争を阻害し、労賃を圧迫することで利潤を増やし、みずからの拡大の原動力にしたといった具合です。しかし、新産業への進出がおもに財閥系企業によって担われたといった、財閥の積極的な意味も見落とすことはできません。

集中排除措置については、**過度経済力集中排除法**が1947年に制定され、企業の巨大化を防ぐ目的で、当初は300社以上の解体が検討されました。実際には、アメリカなど西側諸国とソ連を中心とする東側諸国との対立(いわゆる東西冷戦)が明確になるなかで、日本を西側陣営に組み込むべく早急な経済復興が要求されるようになりました。そのため銀行は対象外になり、製造業の18社のみが分割されました。なかでも三井物産は200社以上、三菱商事は174社に分割されました。また、それを待たずに自主的に分離・分割

した会社もありました。

　以上2つの施策に加えて、1947年には独占禁止法も制定されました。この法律では、自由競争が継続するように企業間の共謀（カルテル）が禁止されたり、持株会社が禁止されたりしました。

　これら一連の政策は、企業間の格差を縮小させて競争を引き起こし、経済の効率を引き上げるきっかけをつくったといえるかもしれません。ただし、企業の競争関係が持続したわけではありません。解体された財閥傘下の企業は再結集して企業グループを形成しました。現在ではあまり聞かなくなっていますが、三井、三菱、住友、芙蓉、三和、第一勧銀のいわゆる**6大企業集団**が形成され、1980年代までの日本経済を牽引しました。また独占禁止法は、のちに改正され、厳格な企業競争という条件は緩められ、しだいに企業どうしが連合することが認められるようになっていきました。

（2）農地改革

　戦前、日本の農業は**小作制度**に基づいていました。耕作者（小作農）はみずからが所有する土地を使って農業を行なうのでなく、土地所有者（地主）の土地を借りて耕作し、収穫のうちの一定割合を小作料として地主に納めます。こうした半封建的な関係が明治以降も継続していました。1940年頃のデータでは、全国の約45％の土地が小作制度に基づいて耕作されていたとされます（中村 1993, p. 63）。

　この制度も当然、GHQによる民主化政策の対象となりました。小作関係は、土地をもっている者ともっていない者という非対称な所有関係から生じています。民主化は、地主の土地を小作農に分配することで実現します。しかし、これは土地をとられる地主にとっては非常に困る施策です。当然抵抗も大きいものでした。しかし、GHQが指示したのは、きわめて徹底した内容でした。不在地主（対象となる土地の近くに住んでいない地主、当時は地主のかなりの割合が遠隔地に土地をもっていました）はすべての土地を、在村地主については1町歩（約1ヘクタール）以外のすべての土地を、国が格安に買い上げて耕作者に払い下げることになりました。

この政策により、小作地の割合は10％前後に下がりました。このことはどのような効果を生み出すでしょうか。みずからの土地を手にした耕作者たちは、いっそう多くの収穫をめざして頑張ることは明白でしょう。実際、改革後に大規模な土地改良が行なわれ、新しい米作技術が導入されました。これによって農業の生産効率が高まり、農業従事者の所得も増加しました。当時は農業従事者の割合が高かったので、彼らの所得上昇は、経済全体でみても所得の上昇、ひいては購買力の向上を生み出しました。

（3）労働民主化

　民主化政策は企業のなかにも及びました。企業内において、経営者（雇う者）と労働者（雇われる者）との力の差は明確です。そうした格差を多少なりとも埋めあわせるのが、労働者間の連帯である労働組合を通じた**労使交渉**であり、政府による**労働政策**です。つまり、力の弱い労働者が集団をつくって経営者と交渉することで、経営者から賃金の引き上げや労働環境の改善といった条件を引き出します。あるいは、政府が法律を制定したりして、企業が一定額以上の賃金を労働者に支払うよう規制したり（最低賃金制度）、1日の労働時間に制限を加えたり、労使交渉がうまくいかない場合に政府が仲裁に入ったりします。しかし戦前の日本では、労働組合は公式に認められておらず、労働者を保護する法律も制定されていませんでした。これに対してGHQは、1945年から47年にかけて**労働組合法**、**労働関係調整法**、**労働基準法**のいわゆる**労働三法**を制定しました。これにより、労働組合、およびその利益を守るための団体交渉が公式に認められ、労使交渉の調整を行なう仕組みが整えられました。改革は画期的でしたが、公務員についてはストライキなどを行なう争議権が留保されました。

　このような改革に対応して、つぎつぎと労働組合が結成されました。労働組合員が雇用者数に占める割合（組織率）は、1949年に55.8％に達しました。2010年の組織率が18.5％ですから、当時いかに多くの労働者が組合に参加したかがわかります。組織された労働組合は工場別・企業別で、ブルーカラー（現場労働者）、ホワイトカラー（事務労働者）の区別なく1つの組

織にまとまりました。これはドイツなどヨーロッパの国々では、産業別の労働組合が中心的な役割を果たしていること、ブルーカラーとホワイトカラーの組合が異なることを考えると、日本的な特徴ということができます。とはいえ、日本に産業別労働組合がないわけではありません。労働三法の制定後には、企業別労働組合をベースにした産業別組合が結成され、1940年代末ごろまでは大きな勢力となりました。

　公認された労働組合と企業との交渉により、労働者の待遇が改善しました。1つは賃金が労働者の能率に基づいて決定されていたのが、労働者の生活を保障するような固定給に変わったことです。このような賃金は産業別組合である電気産業労働組合が勝ち取ったものであるため、「**電産型賃金**」といわれます。もう1つは、労働組合の経営参加です。労働運動の高揚により労働者側の要求は、経営協議会という労使協議の場の設置として実現しました。

（4）金融制度改革

　金融制度も民主化の対象となりました。戦前は大企業が株式を発行するなどして直接資金提供者から資金を調達していましたが、資金提供者は資産家や地主など非常にかぎられた人々でした。また戦中にかけては多くの公的金融機関が設立され、企業の資金調達は、おもにこれらの金融機関（銀行）を通じた、いわゆる間接金融によるものでした。

　GHQによる改革は、このような仕組みを変えること、つまり公的金融機関の関与をなくして幅広い人々が金融活動に参加することを促す仕組みをつくることをめざしました。それは端的にいえば、株式などの証券を中心にして、企業が資金調達を行なう直接金融のシステムをつくることでした。

　具体的には、戦時中に設立された戦時金融金庫や朝鮮・台湾銀行が閉鎖されたり、横浜正金銀行や日本興業銀行が民営化されたりしました。またすでにみた財閥解体により、財閥が金融機関に対してもっていた影響力は弱められました。一方で、金融機関の株式所有は分散し、それらの売買機会がつくり出されました。さらにGHQは、金融機関の業務を細かく規制しました。銀行による証券業務を禁止したり、長期金融・短期金融を明確に区別したり

するルールを導入しました。金融機関がさまざまな分野に進出して、取引先の企業に対して、あるいは経済全体に対して大きな力をもつことがないように、さまざまな規制が取り入れられたわけです。

他方で、直接金融が積極的に行なわれるように、株式をはじめとする証券市場の整備も行なわれました。1948年に制定された**証券取引法**は、すでに直接金融の充実が進んでいたアメリカのグラス＝スティーガル法を模範とするものでした。この法律は、先にみたように、銀行による証券業務を禁止する条項を含んでいましたが、大衆投資家の保護を目的とする規定も多く盛り込まれていました。

以上のようにGHQによる改革は、日本の金融システムを直接金融中心に転換することをねらったものでした。しかし、現実にはそれはうまくいきませんでした。原因はいくつか考えられます。財閥解体などで株式所有が分散し、証券取引が活発化することが期待された時期に**ドッジ・ライン**（後述）がしかれて、日本経済は不況に陥りました。これにより株価が低迷して企業は増資が困難になる一方で、低い株価での買い占めが起こり、会社が乗っ取られる危険も出てきました。結果として、企業は信頼できる株主（他の企業や機関）が安定的・持続的に株式を所有することを望み、GHQも当初の方針を転換してこれを認めました。また資金を供給する側に目を向けると、農地改革の影響で資産の所有分布状況が変わってしまったことが挙げられます。戦前は、大資産家や地主など多くの資産を所有する層と、農民や労働者など資産をもたない層に明確に別れており、前者が投資資金を供給する役割を担っていました。しかし戦後の農地改革は、資産家や地主の金融資産を減少させました。また、資産の運用先もリスクや取引コストの小さい預金が選ばれるようになりました。

こうして、直接金融（証券による資金調達）は伸び悩むことになります。また、ドッジ・ラインの実施により**復興金融金庫**による貸し出しが停止されましたが、それにより発生したリスクは、銀行による資金供給によって解決されました。ここで付け加えなければならないのは、当時銀行も潤沢な資金を抱えていたわけではなく、日本銀行による貸し出しに支えられていたとい

うことです。つまり、ドッジ・ラインは政府介入を断ち切るべく復興金融金庫を廃止させたわけですが、当局による資金提供という大きなお金の流れは変わらなかったことになります。1950年以降は、GHQも実情にあわせて、**日本開発銀行**、**日本輸出入銀行**といった政府系の金融機関設立を容認することになりました。結局直接金融への転換はならず、日本は間接金融中心の金融システム、加えて政府の関与が大きな金融システムになっていきました。

3-1-3　インフレーションへの対応

　戦後直後における最大の経済問題は、インフレーションでした（図3-2）。国土が焦土化し、生産活動が大幅に縮小する一方で、戦中に厳しくかけられていた統制を解かれて人々が物品を買い求めるうえに、復員者に対する手当てや戦後補償などで支出が増大し、日本経済における需給バランスは大きく崩れてしまっていました。これに対して、政府は1946年に金融緊急措置をとったり、公定価格体系を設定して需要をコントロールしようとしたりしましたが、十分な効果を見出すことはできませんでした。他方、1946年に復興金融金庫を設置したうえで、1947年より**傾斜生産方式**を採用して、供給の底上げに着手しました。

　傾斜生産方式とは、当時の基幹産業であった石炭と鉄鋼の生産復興を優先すべく、資材や資金をそれらの産業に集中的に（傾斜的に）配分するというものです。具体的には、まず輸入された重油を鉄鋼産業に配分して、鉄をつくります。できあがった鉄は石炭産業に優先的に回して石炭の生産を引き上げます。そこで生産された石炭は鉄鋼業に優先的に回されます。このように、鉄鋼と石炭の両産業が十分に生産復興するまで、互いの生産物を優先的に投入しあいます。1948年には生産復興が達成されて、ようやく電力、海運、肥料などの重要産業にも鉄鋼や石炭が回されていきました。またこうした政策を実行するにも資金が必要です。関連企業は十分な資金をもっているわけではありませんから、政府が援助しました。資金の出所が復興金融金庫です。ここから出される債券（**復金債**）は日本銀行が引き受けるかたちで、資金が調達されました。

第Ⅰ部　日本経済の基本構造

(四半期別データ 1960年＝100)

図 3-2　消費者物価指数の推移

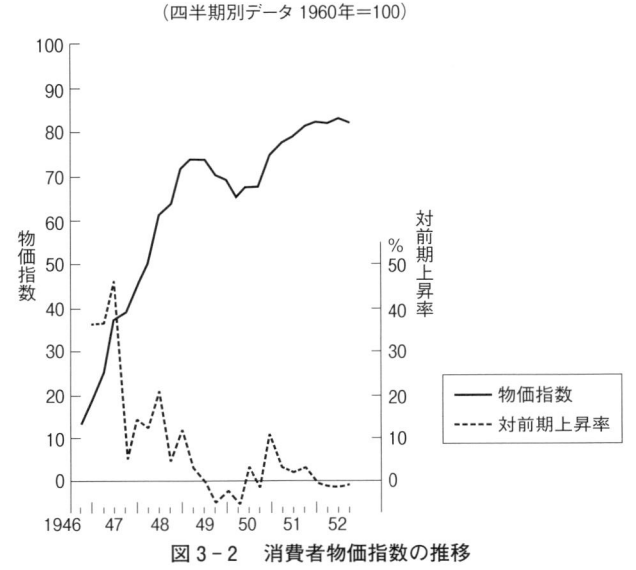

（注1）総理府統計局「消費者物価指数」。
（注2）この指数はヤミ価格をも含む。
出所：中村（1993）p.150, 図10。

　しかしこれらの政策は、傾斜生産方式によって供給が増加するのに時間を要するのに対して、資金は事前に国家の保証付きで投入されて使われて需要は増加するため、短期的にはインフレーションを促進するものだったと指摘されます。また、国家が経済活動に深く介入しコントロールしようとする姿勢は、GHQ が求めた民主的な経済像とはずれてしまうものでした。

　そのような理由もあって、1949 年には占領軍経済顧問として来日したデトロイト銀行頭取のジョゼフ・ドッジの指導により、まったく逆の政策が導入されました。いわゆる**ドッジ・ライン**です。具体的には、政府の超均衡予算策定や価格差補給金の抑制、単一為替レート（1ドル＝360円）の制定などが実施されました。これは、政府が極力経済活動への直接的な関与を避けて支出を抑えるという意味で、徹底的なデフレ政策であり、自由主義的政策でした。この政策を契機にインフレーションは収束しましたが[3]、日本経済は不況に陥ることになりました。

3−1−4　経済復興から高度成長へ

　日本経済は、大規模な政府の介入によってではありますが、生産が回復しかけた矢先に不況に陥り、懸案だったインフレは収束させることができたものの、反対にデフレ状態となってしまいました。こうした状況を転換させたのが、1950年に勃発した朝鮮戦争でした。この戦争の影響で、日本はアメリカ軍から大量の注文を受け（朝鮮特需）、輸出そして生産を急拡大させます。戦争前の1949年と開始後の51年の数値を比べると、輸出は2.7倍、生産は1.7倍となりました（表3−1参照）。日本経済はこの成果を享受して不況から脱することになります。一方で、国際市場における日本製品の評価を思い知らされることになります。日本企業と政府は、「特需は早晩尽きること」「国際競争力を高めなければ日本経済の地位が危うくなること」を認識したわけです。企業や政府は、1950年代前半にこうした状況に対応すべくさまざまな政策をうち、つづく高度成長期に向けてその基盤を形成していきました。

①企業行動

　具体的には、企業は、積極的に投資を行なって生産技術を高めようとしました。あとで詳述するように、欧米諸国から積極的に技術導入を行なうこともおこたりませんでした。他方、政府もこうした企業の活動をサポートすべくさまざまな政策を実施しました。ただし、戦後復興期当初とは異なり、政府当局が前面に出て産業や企業を先導するというよりは、影ながらの支援が行なわれました。たとえば資金面においては、復興金融金庫の債権・債務を引き継ぐ日本開発銀行がつくられ、主要産業に低利の設備資金を提供しました。そうした融資は、民間銀行による貸付の誘い水となりました。また同時期に設立された日本輸出入銀行は、輸出企業への融資によって輸出振興を図りました。

　また、税制の面からも政府は企業活動を支援しました。1950年に出された**シャウプ勧告**によって戦後日本の税制の原型が固まりました。企業（法人）に対しては所得の大小にかかわらず一定率で税を徴収する**比例税制度**が

第Ⅰ部　日本経済の基本構造

表3-1　朝鮮戦争開戦による輸出と生産の拡大

	1949	1950	1951	1952	1953	1954	1955	1956
輸　　出(百万ドル)	510	820	1,355	1,273	1,275	1,629	2,011	2,501
特需収入(　〃　)	—	592		824	809	597	557	595
輸　　入(　〃　)	905	975	1,955	2,028	2,410	2,399	2,471	3,230
鉱工業生産指数(1960年100)	18.2	22.3	30.8	33.0	40.3	43.7	47.0	57.5
使用総資本収益率(上記期下期, %)		2.8-5.1	10.6-6.7	4.8-4.2	4.2-4.6	3.2-2.4	3.0-3.6	4.1-4.5
製造業常用雇用指数(1960年100)	50.7	48.3	51.9	53.1	55.6	58.7	60.4	66.2
卸売物価指数(　〃　)	59.3	70.1	97.3	99.2	99.9	99.2	97.4	101.7
消費者物価指数(　〃　)	72.6	67.6	78.7	82.6	88.0	93.7	92.7	93.0
製造業名目賃金指数(　〃　)	33.1	40.2	51.6	60.7	68.1	71.7	74.5	86.4
製造業実質賃金指数(　〃　)	45.6	59.5	65.6	73.5	77.4	76.5	80.5	87.5

(注)　輸出入は大蔵省通関統計、特需は日本銀行、生産指数は通産省、収益率は三菱経済研究所、消費者物価指数は総理府統計局、雇用指数・賃金指数は労働省の公表数字。
出所：同前、p.157、第42表。

とられることになりましたが、さまざまな改革が行なわれることで、実質的に企業に対する減免税が行なわれました。たとえば、1952年には**企業合理化促進法**が制定され、これに基づいて機械の**特別償却制度**が制定されました。これは指定された機械を購入した場合は高い減価償却率が適用されるというものです。

　つぎのような例を考えてみましょう。100万円の機械を新しく購入したとします。その機械は10年間使えるものだとしましょう。その場合、企業は毎年10万円を積み立てておけば、10年後に機械が動かなくなってもすぐに新しい機械を購入できます。これが減価償却です。この減価償却分10万円／年は、将来の機械購入に当てるので費用と見なすことができます。仮にこの企業が20万円の粗利を出していたとすると、そのうち減価償却の10万円は、粗利から差し引くことができるわけです。企業の支払う税金、法人税は

利益の一定割合を納めることになっていますから、法人税率を 20% とすれば、10 万円 × 20% ＝ 2 万円がこの企業の納めるべき税額となります。もし減価償却制度が認められなければ、20 万円 × 20% ＝ 4 万円をこの企業は納めなければなりません。特別償却制度は、この減価償却を早めることができるわけです。通常であれば 10 年償却の機械を 5 年間で償却することを認めるといった具合です。その場合、減価償却額は 20 万円／年となります。この企業の粗利が変わらなければ、課税対象となる純利益は 20 万 − 20 万 ＝ 0 円となり、企業は法人税を納税する必要がなくなるわけです。

　このような制度があれば、企業は積極的に設備投資を行なうようになります。これ以外にも、**輸出所得控除制度、輸出損失準備金制度、重要物産免罪制度**など、多様な制度によって税負担に関する企業優遇が図られ、企業投資を後押ししました。

　さらには 1953 年に、独占禁止法（独禁法）の改正も行なわれました。同年に朝鮮戦争が休戦となり、朝鮮特需が途絶えて、日本経済は不況に陥っていました。そうしたなかで企業を救済するという意味から、不況時や合理化を目的とする場合には、当初禁止されていた企業間の協定（カルテル）が、認められるようになりました。戦後復興期当初には、財閥解体などの影響により、総じて企業規模は小さくなり、企業間競争は激しいものでした。不況期にもこの競争をつづけるのは、各企業にとって困難だったようです。そのため独禁法の改正は、企業にとっては、安心して資本蓄積に励むことができる環境を与えられたといえるかもしれません。しかし、改革当初に GHQ がめざした民主的な自由競争の状態からは離れてしまったともいえそうです。

　これらの「資本蓄積促進政策」は日本の産業政策の原型となりました。それは企業の視点に立って、企業の利益を尊重した経済システムを形成することに主眼があったように思われます。

②国際関係

　国際的にみても、この期間は日本の経済成長を後押しする環境がしだいに整っていきました。まず 1951 年にサンフランシスコ講和条約を締結しまし

た。これは GHQ による占領の終結と同時に、多くの国との国交回復を意味しました。ただし、国交回復を果たしたのは、資本主義体制をとるいわゆる西側諸国とだけでした。それはある意味では、不十分な日本の再出発ともいえますが、西側諸国に組み入れられることで、これらの国との交易が保証されるともいえます。同年に日米安全保障条約も締結されました。この関係構築によって、防衛を米軍に委ねて、日本は経済発展に専心することができました。いわゆる「強兵なき富国」の方針がとられていきました。

つづいて 53 年に国際通貨基金（IMF）、国際復興開発銀行（IBRD、現・世界銀行）に、55 年には GATT（関税と貿易に関する一般協定）に加盟することで、日本の国際的環境が整えられていくことになりました。

③労働

最後に労働についても少しふれておきましょう。当初は GHQ による**労働民主化改革**を反映して、労働者の権利が明確に保護されていましたが、ドッジ・ライン後の不況以降、しだいに状況が変化していきました。まず 1949 年に労働組合法が改正されたのにともない、各企業で労働協約が見直され、労働者の経営参加が制限されるようになりました。また、朝鮮戦争勃発直後から、共産党系の労働組合が弾圧を受ける（レッドパージ）などの影響から、産業別労働組合の影響力が低下しました。代わって企業別労働組合が労働組合活動の中心を担うようになりました。この過程で、1952 年の電産・炭労争議や 53 年の日産争議など、大規模な労働争議が起こりましたが、そこで経営側は会社の操業が停止せざるをえず、労働者側も解雇や操業停止により所得を得られず、両者とも大きなコストを負担することになりました。

この経験をもとに、経営側は可能なかぎり解雇を行なわずに労働者を長期雇用し、労働側は無理な労働条件闘争を行なわないという、協調的な労使関係が形成されるようになりました。こうして**企業別労働組合**、**長期雇用**といった日本的な労使関係の原型がかたちづくられていきました。

以上のように、戦後復興期は制度面からみると、GHQ による民主化改革

という大きなショックが与えられた期間でした。しかし、日本経済の仕組みは当初アメリカが想定したような、理想的な自由競争を基盤とする経済になったわけではありません。戦前・戦時期までに日本がたどってきた歴史や、戦後の東西対立の先鋭化といった国際政治の展開などが影響して、日本的な適応がなされたといっていいでしょう。具体的には、企業の資本蓄積を後押しするような、**企業間関係**――競争と企業集団・系列――、**協調的な労使関係、政府による介入・支援**――税制上の支援、公的な金融――、**金融システム**――間接金融、株主の安定化を実現する株式持合――が実現する一方で、西側諸国の一員に迎え入れられることで、軍事的な負担を負うことなく経済活動に邁進できるという「幸運」にも恵まれました。この期間に、量的には、経済復興を果たしてその後つづく高度成長への助走をはじめたのに加えて、質的にも**「日本的な」経済制度**の基盤が整えられました。

こうした条件のもとで、日本経済はいよいよ高度成長期へと突入していきます。

3-2　高度成長期

3-2-1　概要

当時の流行語ともなった「もはや戦後ではない」のフレーズは、1956（昭和26）年発行の年次経済報告（経済白書）で用いられました。じつは、このフレーズはけっして楽観的な見通しを示すものではありませんでした。復興は、失われたものを取り戻す過程ですから、伸びしろが大きかったわけですが、復興したあとにどれだけ成長できるかは不透明だったわけです。

しかし、そうした心配は結局必要ありませんでした。その後の15年以上にわたって日本経済は平均10％以上の経済成長率を達成したのです。いまから考えると想像がつきにくいかもしれませんが、ちょうど少し前の中国経済が示していた勢いが日本経済にあったわけです。だからといって、10％以上の高成長が何の障害もなく実現されたわけではありませんでした。かなり大きな景気循環を繰り返しながら、経済成長が遂げられました。なかでも

1970年までのあいだに大きな景気拡大期が3回ありました。それらは1954〜57年の「神武景気」(31カ月)、58〜61年の「岩戸景気」(42カ月)、65〜70年の「いざなぎ景気」(57カ月)といった具合に、古代の天皇や神話に関連する名前が付けられています。これらの名前は、それほど時代をさかのぼらなければ、同じように活気に満ちた状況には出会えないということを表わしています。

　国内経済の復興で手一杯だった日本経済は、輸出を行なって外貨を稼ぐまでには至っていませんでした。経済の調子がよく景気が拡大していくと、さまざまな商品への需要が増えて物価が上昇します。需要拡大は外国商品へも同様ですから、輸入も拡大します。それに対して輸出は外国の購買力に応じて増減するのが基本ですから、日本の景気がよくなっても大きな変化は望めないでしょう。つまり景気拡張期には、輸出は変わらず輸入が増えるので、貿易収支は赤字となります。貿易収支が赤字になると、収入よりも支払が多くなるわけですから、円を外国通貨、たとえばドルに替えて外国に支払うことになります。両替対象のドルは日本の政府・当局が用意して、この円ドル交換に対応しなければなりません。そうした需要にこたえるために、当局は外国通貨（外貨）を保有しておく必要があります。これを外貨準備といいます。このケースでは外貨準備が利用され、当局の外貨保有量である**外貨準備高**は減少することになります。外貨準備がどんどん減少して底をつくようなことがあれば、対外取引ができなくなってしまいますので、いきすぎた景気の上昇を抑えるために、金利を引き上げるなどの**金融引締政策**や、財政支出の繰り延べなどの**財政引締政策**がとられます。政策の影響は輸入にとどまらず、経済活動全般を抑えることになりますから、企業の設備投資も減速し、景気が後退していくわけです。実際このような政策が、1957、61、63年に発動され、ほぼ1年後に景気後退が起こりました（図3-3参照）。

　このような景気拡張にともなう貿易収支の悪化に対応して、経済成長の抑制が行なわれたので、経常収支が経済成長の「天井」とされたわけです（**国際収支の天井**）。こうした対応の後、貿易収支が改善して外貨準備が増加すると、逆に景気浮揚政策が財政・金融の両面でとられました。

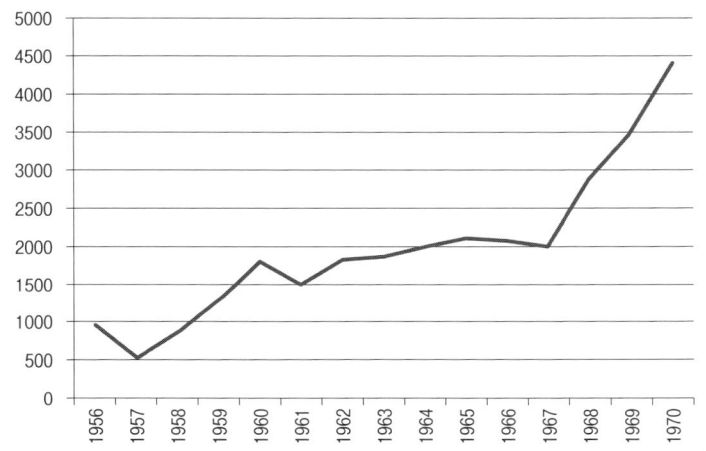

図3-3　高度成長期における外貨準備高の推移（単位：100万アメリカドル）
出所：総務省「日本の長期統計系列」より筆者作成。

　しかしながら、この国際収支の制約は、経済成長にともなって企業が国際競争力をつけて輸出を行なう（外貨を稼ぐ）ようになることで、しだいに緩和されていきます。それに対応するかたちで、長い期間にわたって持続する好況期が高度成長期の特徴としてみられました。上述の名前がついた景気拡大期の期間がしだいに長くなっていく理由の1つは、そうしたことにあります。

　このように制約がありつつも、日本経済は成長をつづけていきます。そのなかで1960年には「**国民所得倍増計画**」が、時の総理大臣であった池田勇人から発表されました。これは61年から70年の10年間で国民所得を2倍にするという計画でした。10年間で2倍ということは、複利計算で年率約7％の成長率が必要です。実際には、政府の計画を上回るスピードで経済は成長しました。こうした計画を目にして人々の期待が高まり、消費支出が増えたり、企業の設備投資がいっそう積極的に行なわれたりしたという側面はあったかもしれませんが、政府による何らかの政策のおかげというよりも、民間経済にそれだけの成長を達成する力が備わっていたとみるほうが自然かもしれません。

このような計画のもとに成長が勢いづいた期間でも景気の変動は起こっていました。1965（昭和40）年の不況は戦後最大と形容されました。前年に東京オリンピックが開催され、それにあわせて急ピッチで建造された東海道新幹線や東名高速道路といった大型の公共事業への支出が一段落した反動もあったようです。改正された独禁法にしたがって、不況カルテルに踏み切る企業も少なくありませんでした。この不況に対応すべく、政府は財政支出を大幅に増やしました。それは税収を上回る額だったので、戦後はじめて**赤字国債**が発行されました。国の財政赤字を補填するために発行される赤字国債は財政法において禁止されていますので、特例的に認める手続きが必要です。じつは1990年代以降に毎年のように発行されている赤字国債についても、そのつど特例法が制定されているのです。財政法の禁止事項は、有効に機能しているとはいい難い状況ですね。このような「特例」がはじめて適用されたのがこの年でした。とはいえ、この財政支出は有効に機能したようです。同年の終わり頃には景気が回復し、そこから先述した「いざなぎ景気」というきわめて長い景気拡大期がはじまったのですから。

日本の経済発展が進み、いくつかの企業や産業がしだいに国際競争力をつけて、輸出が増えてくると、貿易自由化を求める声が、主要な取引国であるアメリカからあがってきました。また53年、55年に加盟したIMFやGATTにおいても自由化促進の機運が高まってきました。国際競争力がついてきたとはいえ、**開放経済体制**に移行するには不安を覚える企業が少なからずあったようですが、貿易自由化は避けて通ることはできない道でした。1960年には貿易自由化計画大綱がつくられ、63年には国際収支上の理由で輸入制限ができないGATT 11条国に、さらに64年には同じく国際収支上の理由で為替管理をできないIMF 8条国になりました。そして同じく64年には経済協力開発機構（OECD）に加盟し、資本の自由化が義務づけられることになりました。こうして貿易立国への道が開かれました。

このようにさまざまな制約や紆余曲折がありながらも高い成長を実現しつづけたのが、日本の高度成長期でした。以下ではその要因についてみていきたいと思います。

3-2-2 高度成長の要因
(1) 企業行動

　日本の高度成長を支えた第一の要因は、企業の積極的な設備投資です。高度成長期は、俗に「投資が投資を呼ぶ」といわれる状態がつくり出されました。ある企業の将来に対する期待が高まり、その企業が積極的な行動（投資）をとれば、それに関連する企業も将来に対する期待を高め投資を拡大するという連鎖反応が起きます。これにより、投資需要は高い成長を示すことになりました。

　この設備投資は、旺盛な需要に合わせて生産能力を増強するために新しい工場を建設したり、新たな機械を導入したりといった種類のものでしたが、新しい設備の導入は同時に生産効率の上昇という供給側の効果もともなっていました。それに加えて、企業は積極的に技術導入を行ない、技術的なキャッチアップを図り、生産力を高めました。「1号機輸入、2号機国産」といわれるように、輸入した機械設備を分解・複製することで、技術を獲得するリバース・エンジニアリングが行なわれたり、海外の研究者から実験段階の技術を買い取って実用化したりといったことが行なわれました（後藤2000）。その際注意すべきは、こうした試みを成功させるには、企業および技術者が新しい技術を理解し利用する技術力をもっていなければならないということです。逆にいえば、日本の技術者たちはこの期間までにたしかな基礎的技術力をもっていたわけです。

　こうして技術力を蓄積しながら、企業はしだいに国際競争力を向上させ、輸出を増やしていきました。その際、ドッジ・ラインで取り決められた1ドル360円という固定為替レートが日本企業にとって有利に働きました。当初は同レートでは収益の上がらない産業も多くあったと考えられますが、生産効率が上昇した後でも為替レートが変わらず輸出を継続できるならば、利益がいっそう増加することになり[4]、先にふれた「国際収支の天井」を解消する一助となります。

　企業が積極的な投資を行なった理由の1つは、企業どうしのきわめて熾烈な競争にあったといわれます。「過当競争」などという言葉さえ使われるほ

どです。しかし一方で、きわめて協調的な企業間関係もみられました。企業集団や系列といったものです。**企業集団**は、複数の企業が**株式持ち合い**[5]によって構成する水平的で安定的な企業間関係を指します。具体的には、財閥解体によって所有関係上の結束を解かれてしまった旧財閥系の企業が形成しました。三菱、三井、住友、芙蓉、三和、第一勧銀といった6大企業集団が有名です。このような関係は、財閥解体の反動として形成されました。財閥と異なるのは、所有家族のように中心となる存在が全体を支配するというかたちではなく、関係企業が互いに株式を保有し、経営上の協力と相互チェックを行なう水平的な関係だったという点です。これに対して**系列**は、企業間の縦の関係を表わします。中核企業（大企業）と子会社や下請け企業（たいていは中小企業）が取引関係や資本関係（所有や出資）を結んでいるケースを指します。たとえば、トヨタには多くの協力企業（下請け企業）があります。デンソーやアイシンといった企業がトヨタに対して部品を納入し、これらの企業にも取引や資本関係でつながりのある企業があります。それらの企業はトヨタを最上にして縦につながっているわけです。

　このような関係で結ばれた企業は、たんなる市場取引の関係とは異なる長期的な関係を築きました。それは当該企業どうしが交渉を繰り返しながらつくられます。いわゆる**長期相対取引**です。この関係では、互いにもつ力が異なり関係が非対称になる傾向にあることが指摘されます。しかし、日本経済はたんなる市場競争ばかりでなく、企業が他の企業とこのような関係を結びつつ発展してきたことは注目に値します。

（2）労働者・消費者の行動

　日本の高度成長にとっては、消費者あるいは労働者の行動も重要な意味をもちました。

　まず需要の側面から、消費行動をみてみましょう。

　経済が発展するにともない、人々の所得も上昇していきました。人々は得た所得を消費に振り向けます。高度成長は彼らの消費需要によっても支えられたわけです。具体的には、彼らが買いたいと思う商品が登場して消費需要

第3章　戦後日本経済の歴史

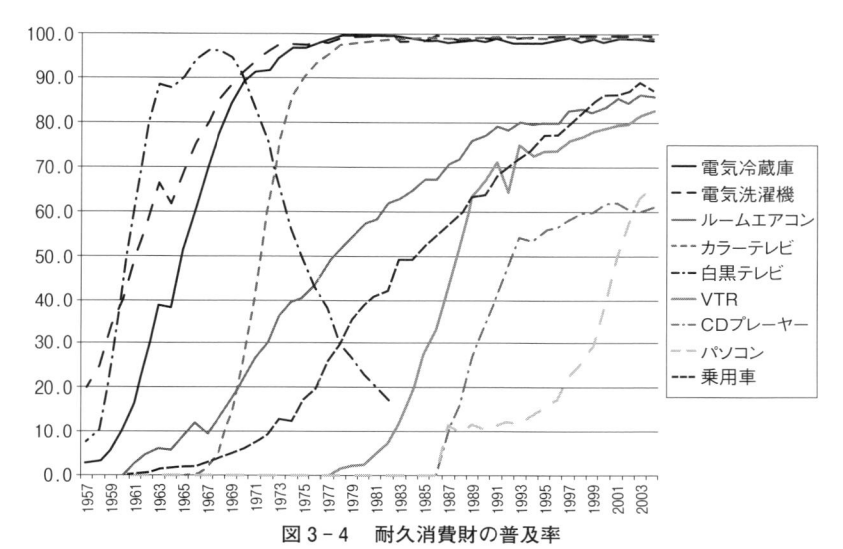

図3-4　耐久消費財の普及率
出所：内閣府「消費動向調査」より筆者作成。

を喚起しました。1950年代後半にテレビ放送で流れたアメリカのホームドラマで、一般家庭の様子が映し出されました。そこには、電化製品に囲まれて幸せそうに暮らす人々の姿がありました。日本の人々はそのような生活スタイルに憧れて、家電製品を買い求めたといわれています。ただし、日本に電気洗濯機が登場したのは1949年のことで、発売当初の価格は5万4000円で大卒公務員の基本給と同じ水準でした。当時の都市部の勤労者世帯の平均年収が14万円といわれていますから、とても手が出せるものではありませんでした。しかし1955年には価格が2万円に、人々の平均年収は36万円になりましたから、この頃になると、買いやすい価格帯に落ち着いてきたのがわかります。各種家電製品は、このような価格低下につれて、日本の家庭に普及していきました。具体的には、高度成長期の前半には、電気洗濯機、電気冷蔵庫、テレビ（白黒）が急速に普及しました（図3-4参照）。これらは「**三種の神器**」と呼ばれました。また高度成長期の後半には、「3C」と呼ばれるカラーテレビ、自動車、エアコンが普及の対象となりました。こうした商品は耐久消費財に分類され、一度購入すれば、5〜10年利用できます。

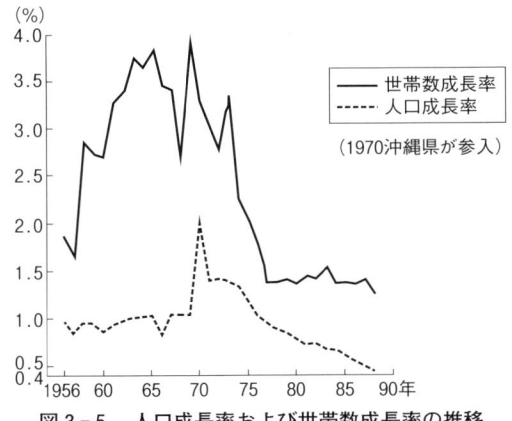

図3-5 人口成長率および世帯数成長率の推移
出所：吉川（2012）p. 123、図8。

もちろんその分価格も高く、需要額としてはかなり大きくなったわけです。

　もう1つ重要なことは、そうした耐久消費財を購入する労働者の賃金・給料はそれなりに伸びたのですが、これらの財への需要は給料の伸び以上に拡大したということです。それは家族＝世帯の数が増えたことにその理由を求めることができます（図3-5）。具体的には、農村にいた若者が都会に出てきて新たな家族をつくったことが挙げられます。当時都市部は、経済の活況でおもに中小企業で人手不足が深刻でした。一方農村部では、農地改革で自営農が増えたのはよかったのですが、土地は細かく分割され、大人数の家族が豊かに暮らしていけるほどの余裕はありませんでした。当時は長男が家督を継ぐのが慣例でしたから、次三男は相続できる土地もなく、各自で職を見つける必要がありました。このような労働力の需給をうまくマッチングしたのが「**集団就職**」でした。東北や九州の遠方から集団就職する中学・高校の新卒者を東京など都市部へ運ぶ集団就職列車は、1954（昭和29）年から運行され1975（昭和50）年までつづきました。都市部へ出てきた若者は、やがて結婚し家庭を構えます。このように世帯数が大きく伸びたことで、高度成長期の消費総額は大きく増加しました。

　所得の増加に関連していえば、働き手が受け取る経済的利益は賃金にかぎ

られません。病気や怪我をした場合には病院での治療費が健康保険から支払われたり、退職後には年金を受け取ったりします。間接賃金と呼ばれるこのような利得は雇われて働く人々が多くない時代にはとくに整備されていませんでした。なぜなら大半の人は農業に従事し、大家族とともに暮らしており、病気や怪我のとき、あるいは老後は家族内で相互に面倒を見あっていたからです。しかし高度成長期のように、多くの人が都市部に移動し、独立した家庭をもつようになると（**核家族化**）、老いや病といった人生上のリスクは家族ではなく、社会で共有するようになりました。それが、**社会保障制度**のはじまりです。実際日本でも、順次**年金制度**や**健康保険制度**が整備され、1959年に国民皆年金、61年に国民皆保険が実現しました。しかし当時の給付水準は低く、十分なものではありませんでした。高度成長期の成長にあわせて各種給付水準の引き上げが行なわれましたが、一方で社会保障制度の整備が社会全体というよりも企業単位で行なわれていたのが実態です。健康保険も年金も企業単位で労使双方が保険料を出しあって、一部の基金は企業が管理運営を行ないました。そうすると、体力のある大企業では手厚い保障となり、中小企業では最低限の保障というように企業規模による格差が生じてしまいます。それは法定外の福利厚生、社宅や保養所の整備などにも影響しました。もちろん通常の賃金・給与である直接賃金の企業規模間格差も大きな問題でした。間接賃金の格差を加味すると、さらに格差は拡大することになりました。

　このような企業規模間の格差は**二重構造**の問題として取り上げられます。しかし、高度成長期においてはこのような格差を縮小させる2つの力が働きました。1つは「**春闘**」制度です。これは毎年春の同じ時期に、各企業や産業で賃金や労働時間といった労働条件に関する労使交渉を行なうことを指します。時代時代に勢いのある産業が**パターン・セッター**として交渉に先鞭をつけることで、他の労働組合はそこでの交渉結果を基準にして行動を決め、「**連結交渉**」が可能になります。その結果、各企業の賃金上昇はある程度横ならびとなりました。もう1つは、とりわけ若年層の労働力不足による賃金上昇です。先に説明したとおり、この層を雇用するのは中小企業が主でした。

結果として中小企業の賃金水準が相対的に引き上げられて、大企業との賃金格差は縮小することになりました。

つづいて供給の側面からみてみましょう。人々は労働者として経済活動に貢献することになります。上でみたように、高度成長期には「集団就職」によって多くの人々が農村部から都市部へ移動しました。急速な生産の拡大にあわせて、企業が労働需要を拡大した結果です。彼らは「金の卵」と呼ばれました。多くは中学校卒業後すぐに企業に採用され(6)、企業で仕事をしながらトレーニングを受け、企業に貢献する人材となっていったからです。

このように、労働者は企業のなかで訓練を受けて仕事の技能を高めて、企業の競争力増進に貢献しました。それはひいては日本経済全体の生産力を引き上げることになりました。このようなかたちで労働者が技能形成を行なうには、一定期間以上企業に勤めつづける必要があります。つまり**長期雇用**が必要です。

経済状況が悪くなったときでも労働者を雇いつづけるのは企業にとって容易でないことを考えると、長期雇用は企業にとって望ましいことではないかもしれません。それにもかかわらずこのような制度がとられていたのはなぜでしょうか。

すでにみたように、戦後復興期の後半で多くの労働争議が発生して、労使双方が多大なコストを負担することになりました。それを教訓として、企業レベルの労働組合が主流となると同時に、労使交渉の中心的争点が雇用となり、解雇を行なわない企業経営が行なわれるようになりました。それでも労使紛争は1960年代まで多く発生し、ストライキなどで多くの労働が損失しました。そのような過程を経つつ、しだいに日本企業では生活保障給の要素をもつ年功賃金に加え、長期雇用が普及していきました。それはしばしば「**終身雇用**」とも呼ばれました。

長期雇用が前提となれば、企業は社内の人材を有効活用する手だてを考えます。それがジョブ・ローテーションや配置転換でした。職場の繁閑に応じて人員を異動させて、人員配置に無駄がないようにするわけです。ただこれには副次的な効果がありました。それは労働者の**多能工化**です。労働者がさ

第3章　戦後日本経済の歴史

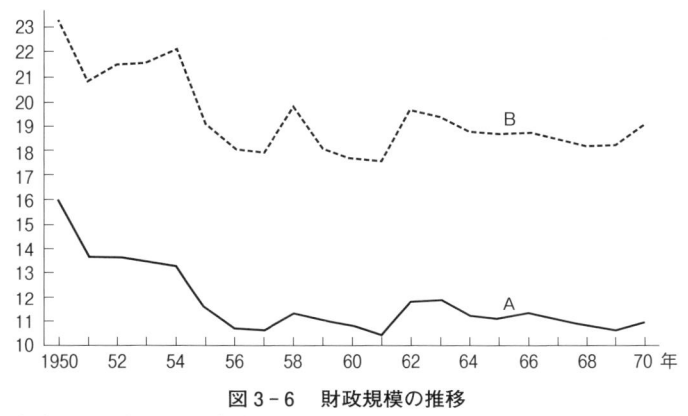

図3-6　財政規模の推移

（注）A＝中央財政一般会計歳出／GEN×100％
　　　B＝中央・地方歳出純計／GEN×100％
出所：橋本・長谷川・宮島・齊藤（2011）p. 59、図3.1。

まざまな職場を経験することで多様な作業や職場を経験して、幅広い技能を身に付ける機会を得ました。さらにそのような労働を評価できる報酬体系とするために、担当する仕事に対する賃金支払のかたちをとる職務給ではなく、過去の経験も含めて当人の仕事の能力・経験値を評価する職能給の制度が採用されました。

（3）政府の役割

　戦後復興期においてもそうでしたが、高度成長期においても日本政府はさまざまなかたちで経済活動に関与しました。そうした関与が高度成長にどれほど効果があったのかを論証するのは簡単ではありません。高度成長をなし遂げたのは、あくまでも民間経済の活力であって、政府の貢献はなかったという議論も聞かれます。政府関与の効果のほどを論証することは難しいですが、政府関与のあり方についてはいくらか説明することができます。

　まず第1に、財政支出の規模を政府関与の度合ととらえるならば、当時の政府関与は「小さな」ものだったといえそうです（図3-6）。日本の財政はドッジ・ライン以降、先述した1965年を除いては、**均衡財政**が保たれてお

表3-2　政府資金依存度

政府資金比率	15%未満	15〜30%	30〜40%	40〜60%	60%以上
1952年度	なし	金属鉱業 (21) 陸運 (19)	全産業 (34) 化学 (35) 機械 (33) 鉄鋼 (32) 石炭 (33) 水運 (33)	ガス (59) 電力 (50) 繊維 (46) 水産 (40)	農業 (70)
1959年度	化学 (12) 機械 (14) 鉄鋼 (6) ガス (13)	全産業 (22) 製造業 (15) 食料品 (29) 繊維 (18) 窯業 (16) 陸運 (16)	石炭 (37) 金属鉱業 (34) 電力 (31) 水産 (25)	水運 (41)	農業 (79)
1965年度	製造業 (12) 化学 (8) 機械 (11) 鉄鋼 (3) ガス (14)	全産業 (19) 食料品 (20) 繊維 (17) 窯業 (16) 水運 (21)	金属鉱業 (31) 電力 (32) 陸運 (29)	なし	石炭 (67) 水産 (64) 農業 (69)

（注）設備資金に占める政府資金の比率。カッコ内は％。
出所：同前、p.75、表4-2。

り、現在のように**財政赤字**を国債発行で賄うといったことは行なわれていませんでした。経済成長にあわせて順調に税収が伸びて、その必要がなかったともいえます。

　第2に、とはいえ、政府が何もしなかったというわけではありません。**財政投資**や**財政投融資**というかたちで各種産業に資金を投入しました。典型的には戦後復興期にみられた傾斜生産方式ですが、高度成長期においても、日本開発銀行などを通して融資が行なわれました。どのような産業に融資が行なわれたかをみると、農業や石炭といった衰退産業や石油化学、電子といった新興産業が目に付きます（**表3-2**）。これらの産業に市中金利よりも低い金利で融資が行なわれました。

　第3に、特定の産業——新興の幼稚産業——に対しては、こうした資金投入ばかりでなく、各種法律や政策を通じて、保護・育成が図られました。

第4に、企業に対する課税をコントロールすることも行なわれました。具体的には、免除所得、各種準備金・引当金、特別償却制度といった**租税特別措置**がとられました。このような優遇策が企業の成長を裏で支えていたと考えられます。

　最後に、のちに説明する貿易や資本の自由化が進行するなかで、政府の経済への関わり方がしだいに変化していきました。自由化が進むということは、国際競争の波にさらされることを意味します。これに対して企業も政府もそれぞれの考えで対応しました。個々別々の対応が調和のとれたものになるとはかぎりません。また政府内でも考えに温度差がありました。たとえば、八幡製鐵と富士製鐵が合併して、新日本製鐵が誕生しました。両社は厳しい国際競争を勝ち抜くために、合併という選択をしました。当時の通商産業省（通産省。現・経済産業省）は日本経済の発展という観点からこの決定を支持する立場をとります。加えて、通産省はこうした大型合併を他の産業でも実施したうえで、政府と企業が協調して産業の国際競争力強化を図る「特定産業振興法案」を立案するほどでした[7]。これに対して、両社の合併に反対したのは**公正取引委員会**です。主張はシンプルで、独禁法にうたわれているように、巨大企業の誕生は自由競争の精神に反し、経済厚生上望ましくないというものです。議論は経済学者も巻き込んで大規模なものとなりましたが、両社が発表したスケジュールに1年あまり遅れて、1970年3月末に合併は成立しました。

（4）金融システム

　経済活動が行なわれるために、とりわけ企業の投資活動が行なわれるためには、必要な資金をしっかりと調達できるような金融の仕組みが必要です。3-1でみたように、証券市場を整備するという戦後直後のGHQによる改革はうまくいきませんでした。企業は株の買い占めによる乗っ取りを嫌い、長期安定的な株主を探す行動に出ました。このことは株式持ち合いや企業のグループ化につながっていきました。

　結局、企業は資金調達を銀行に頼ることになります。しかも一方では、グ

ループ化や株式持ち合いが進んでいますから、取引を行なう銀行も絞られていきます。そのようななかで、**メインバンク・システム**と呼ばれる関係ができあがっていきました。メインバンクについては、第11章でくわしくみます。

　企業の資金調達における政府当局の役割も見過ごすことはできません。日本開発銀行のように、公的金融機関が企業に直接資金を提供するばかりでなく、日本銀行が市中銀行に積極的に資金を提供することで、低い利子率で企業に資金を提供することを可能にするといった、間接的な関与も含まれます。当時の市中銀行は潤沢な資金をもっていたわけではありませんでしたから、企業への資金提供には制約がありました。こうした制約は、日本銀行からの借り入れによって解消されたわけです。実際日本銀行は、低利で積極的に資金提供を行ないました（**低金利政策**）。見方を変えると、市中銀行は預金など資金の入りよりも、貸出など資金が出ていくほうが恒常的に大きくなっていました。これを**オーバーローン**と呼びます。くわしくは第11章をみてください。

3-2-3　高度成長の意義と限界

　この期間の急激な経済規模拡大で、日本経済は大きく変化しました。それぞれの企業が大きく成長したのはもちろんですし、所得の上昇や耐久消費財の普及によって人々の生活も大きく変化しました。また、1964年には東海道新幹線が東京‐大阪間で開通し、65年には名神高速道路が小牧‐西宮間で開通するなど、社会的インフラの整備も進められました。ほんの10〜15年のあいだに所得が2倍以上になったわけですから、急激な変化は当然のことであったかもしれません。

　ただし、変化はよい方向のものばかりではありませんでした。昨今、中国の経済発展にともなう大気汚染の問題が話題になっていますが、高度成長期の日本においても同様の問題が発生していました。たとえば、水俣病、新潟水俣病、イタイイタイ病、四日市ぜんそくをはじめとする公害病が全国各地で問題となりました。これを受けて1971年には環境庁が設置されました。

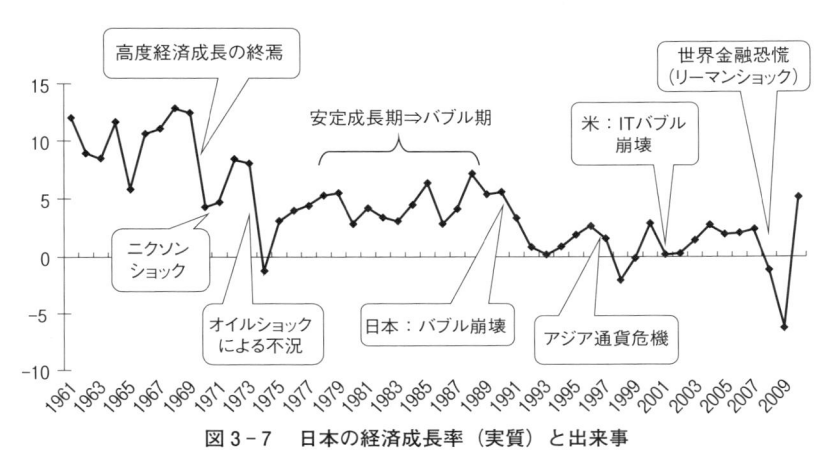

図 3-7　日本の経済成長率（実質）と出来事
出所：The World Bank, *World Development Indicators* のデータより筆者作成。

また、大規模な人口移動により、地域間の格差が拡大しました。都市部では人口が過密になり、地方では過疎化が進みました。後者の問題は、人口が減少する現代において、いっそう深刻な問題となりつつあります。

3-3　高度経済成長の終焉

　10％前後の成長率を維持してきた**高度経済成長**は、70年代以降大きな転換を迎えることになります。実際図3-7にみられるように、1970年以降経済成長率は急落し、その後の約5年間はきわめて混乱した状態でした。とりわけ74年の日本の経済成長率は－1.4％と、戦後はじめてのマイナス成長となったのです。このように成長が停滞する一方で物価は上昇しました（図3-10参照）。通常、経済が不況の際は商品が売れず価格が低下するはずです。しかしこの期間には、経済停滞（スタグネーション）と物価上昇（インフレーション）という矛盾するはずの現象が同時にみられたという意味で前例のない状態でした。こうした現象は日本以外の先進国でも観察され、「**スタグフレーション**」と名づけられました。当時、この現象をどのように説明するかをめぐって、多くの経済学者が議論を戦わせました。のちにみるように、

1971年のニクソンショックや1973年の第1次オイルショックといった日本国外で起こったショックがこうした混乱に影響を及ぼしたのは事実です。しかし一方で、国内的な要因もまた、こうした現象を引き起こす原因となりました。本節では、国内・国外の両面から当時の状況を学びます。

　以下では、経済主体あるいは制度領域ごとに、当時どのような行動や行動の変化がみられたかを確認していきます。

3-3-1　成功ゆえの危機──高度成長終焉の国内的要因
（1）労働者・消費者の行動
　前節でみたように、高度経済成長期は、地方（農村）の過剰人口（次男、三男など。都市部では労働者が不足していて「金の卵」とまでいわれた）が都市部に労働力として供給されることで、成長にともなって増加する労働力需要にこたえてきました。しかしながら、その後有効求人倍率は1倍を超えるようになり、日本全体が**労働力の供給不足**に陥るようになったのです。人手不足のなかで、企業は労働者を確保するために給料の引き上げで競います。その結果、70年代前半には人々の給料が対前年比2割から3割増しと伸びました。また、農村において一家全員で暮らしていた家族がバラバラに世帯をもつわけですから、それだけ需要が増えます。つまり、いままでは1つの家族でしたからテレビも1台でよかったのですが、各家庭に1台ずつ必要になるので、国全体としての需要も増えますよね。こうしたことは、日本の高度成長を支える重要な要因の1つでした。しかしながら、テレビなどの耐久消費財は一度購入してしまうと何年も使用しますから、**需要の増加はストップ**するのです。需要が速いペースで拡大し、耐久消費財が急速に普及していったがゆえに、消費需要が限界に達してしまったわけです。

（2）企業行動
　高度経済成長期は「投資が投資を呼ぶ」といわれた成長でした。つまり、設備投資をすることで、欧米の新技術が導入できます。すると、利益が増加し、それを用いてふたたび設備投資をする、そして利益がまた増加するとい

第 3 章　戦後日本経済の歴史

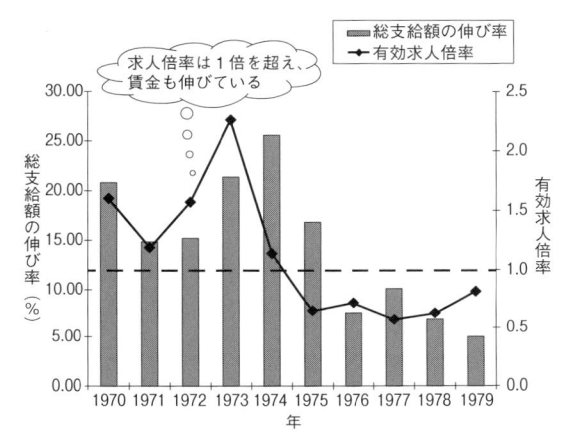

図 3-8　賃金（総支給額）の対前年比伸び率と有効求人倍率の推移

出所：賃金に関しては、厚生労働省大臣官房統計情報部賃金福祉統計課「賃金構造基本統計調査報告」、有効求人倍率は、総務省統計局『日本の長期統計系列』第 12 章「労働・賃金」より筆者作成。

う好循環でした。しかしながら、新技術とは際限なく存在しているわけではありません。日本が欧米諸国の先進技術水準に近づくにつれて、**新技術導入のうまみはなくなりました**。ここでも日本が高度成長期に急激なキャッチアップを成功させたがゆえに、先進国技術を模倣する余地がなくなったわけです。また、すでにみたように、高度成長期末期には労働力不足が深刻になり、70 年代前半には給料も急激に上昇しました。新技術導入によりどんどん生産性（商品をつくる能力）が増加し、利益も増加しているあいだは給料が上昇していてもカバーできますが、新技術導入のうまみがなくなった途端に、上昇していた高い人件費が企業の経営を圧迫したのです。

　このような、**消費拡大の限界、労働力の供給不足、キャッチアップ型技術導入の限界**が、日本の高度経済成長を終わらせた主要な国内的要因だったといえます。これに加えて、以下でみる 2 つの対外的なショックもまた、日本経済の変化に影響を与えました。

（3）国際体制の変化──2つの対外的なショック

1つ目は、**ニクソンショック**です。1929年に世界大恐慌が起きたため、1930年代に各国は経済危機を乗り越える目的で、自国と多国とのあいだの関税障壁（保護貿易）を張りめぐらし、自国とその友好国（植民地を含むブロック内）だけで経済を運営しようとします。他のブロックには、需要が流れないようにしたのです（**ブロック経済**）。その結果、世界各国が経済的に分断され、そして自ブロックの保護とブロック拡大という状況が、ついには第2次世界大戦にまで至ってしまいました。つまり、自由貿易が妨げられたため、戦争が起こったといえるほどだったのです。世界大戦後、世界経済は疲弊・混乱していました。それゆえ、世界経済を安定化させるための会議がアメリカのブレトンウッズで開かれ、**ブレトンウッズ協定**が結ばれました。協定では、自由貿易振興、通貨価値・為替相場の安定（円高・円安など、為替が急変すると貿易に支障をきたします）などが決定されました。その際にとられた方法が**金本位制**です。「金」の価値とはもっとも安定していますから、金1オンス（重さの単位）＝35アメリカドルと定めることで、金とアメリカドルの価値を固定します。そのように価値が安定したアメリカドルと各国通貨の交換比率を固定したのです（**固定相場制**）。アメリカはいつでもドルと金を交換してくれる存在ですから、「金」の価値が安定していれば各国通貨の価値（為替）が安定することになりますよね。このとき、日本円は1ドル＝360円に固定されました。

戦後アメリカ経済は、「アメリカ政府の軍事的・経済的対外援助（＝「ドル散布」）と多国籍企業を中心とする対外投資によって対外的に流出した「ドル」が、アメリカの産業競争力の優位を基盤とする貿易黒字によって還流する」（河村 2003, p.216）という構造でした。つまり、アメリカからドルが流出しても、貿易黒字によって戻ってくるのです。しかし、日本やドイツの台頭などでアメリカの貿易黒字は縮小し、ついには**貿易赤字**になりました。そして、アメリカのドルの対外流出債務が増えるにしたがって、アメリカが準備していた「金」の量が減少します。70年代にはこの「金」が少なくなり、1オンス＝35アメリカドルでの交換が難しくなると、このドルと金の

第 3 章　戦後日本経済の歴史

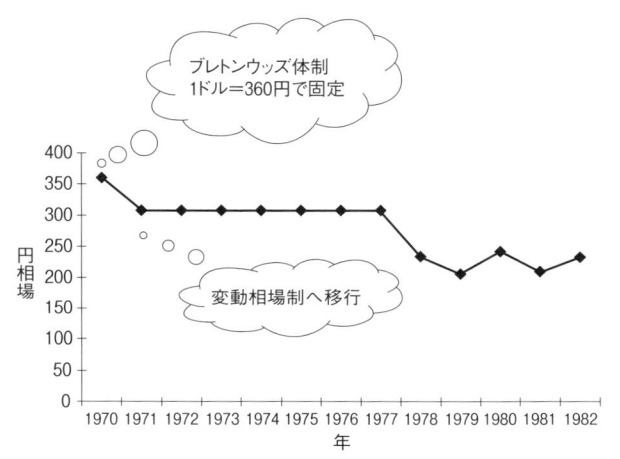

図 3-9　1970 年代の為替相場の推移
出所：総務省統計局『日本の長期統計系列』第 18 章「貿易・国際収支・国際協力」より筆者作成。基準相場（1 ドルにつき円）。

リンクが途切れ、ドルの信用がなくなります（**ドル危機**）。それゆえ、世界的に通貨価値の安定を図ることができなくなるのです。

　貿易赤字が拡大するということは、輸入＞輸出ということですので、国内企業が衰退（空洞化）していき、税収が落ち込みます。そして、産業の空洞化は失業を生みますので、税金を使ってその対策をします。加えて、当時のアメリカはベトナム戦争をしていますから、軍事費も膨大にかかりました。つまり、当時のアメリカは**財政赤字**の状態でした。また、ドルは**基軸通貨**であるので、世界中で取引に用いられ、さらに、金 1 オンス＝ 35 アメリカドルで交換を保証していましたから、お金を大量に刷っても価値が暴落しませんでした。しかしながら、貿易赤字とベトナム戦争で市場価値が下がったアメリカドルを売って、金と交換しようとする人が増えました。それゆえ、ドルの価値はどんどん下がり、物価はインフレ状態でした。

　このような状況であったため、1971 年 8 月ニクソン大統領は「新経済政策」を発表します。具体的には、金とドルの交換停止、10％の輸入課徴金の導入、90 日間の物価凍結などです。1971 年 12 月には、スミソニアン協定に

第Ⅰ部　日本経済の基本構造

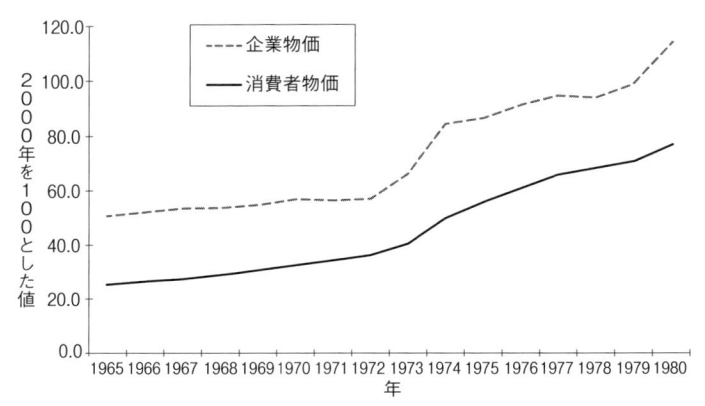

図3-10　70年代の消費者物価指数と企業物価指数の推移
出所：総務省統計局『日本の長期統計系列』第22章「物価」より筆者作成。消費者物価は、持家の帰属家賃および生鮮食品を除く総合。2000年を100とした値の推移。

よって**変動相場制**へと移行することになりました。ブレトンウッズ体制の崩壊です。当時の日本は、高度経済成長期であり国際競争力が強化されていました。貿易黒字も大きく、景気が過熱していたといえます。これは、1ドル＝360円と為替が安定していたことが大きいといえます。変動相場制に移行すれば、円高になることはまちがいありませんでした。なぜならば、当時の日本は貿易黒字が大きく、円の需要が高まっていたからです。スミソニアン協定によって、円の価値は16.88％も切り上げられ、1ドル＝308円となりました。その結果、1ドル＝308円の円高では日本の輸出拡大はもうできないという悲観論が横行し、日本経済はパニック状態になりました。これが、**ニクソンショック**です。

このショックの影響は、以下の項でみるように、おもに政府や日本銀行といった当局が敏感に反応することで、世の中に出回るお金の量が過剰に多くなったり、財政赤字が大幅に拡大したりといったかたちで現われました。

もう1つの対外的ショックは、1973年秋に起こった**オイルショック**です。第4次中東戦争の影響で、OPEC（石油輸出国機構）は石油公示価格の引き上げ、大幅な減産を決めました。輸入価格が74年には72年の約4倍となり、

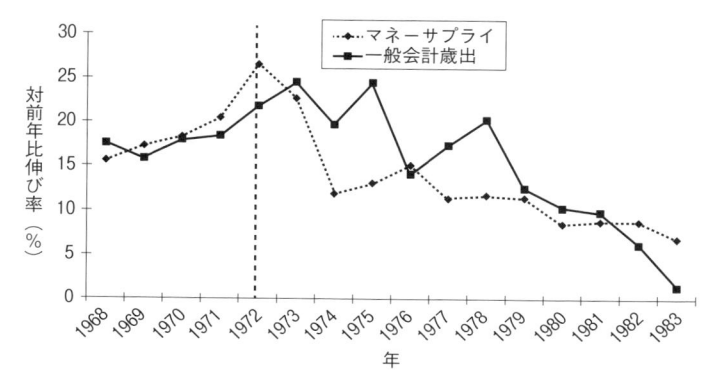

図3-11　一般会計歳出とマネーサプライ（M2）の対前年比伸び率（%）
出所：一般会計歳出は総務省統計局『日本の長期統計』第5章「財政」、マネーサプライは同第4章「通貨・資金循環」より筆者作成。マネーサプライはCD導入前も含めるためM2を使用。

そのため、石油エネルギーに大きく依存していた日本は、さらにインフレーションが進み、**狂乱物価**といわれる状況になったのです。たとえば、「燃料・動力の相対価格（燃料・動力価格／卸売物価総平均）は、1970年から81年にかけて140％上昇し、原材料の相対価格は約10％上昇」（橋本・長谷川・宮島・齊藤 2011, p. 164）しました（図3-10）。また、原油価格高騰の影響で、トイレットペーパーが店頭からなくなるという噂が広まり、消費者の買い占めが横行しました。

（4）金融システム──**積極的な金融緩和によるインフレーションの助長**

　ニクソンショックの影響で通貨価値が高まり、デフレと輸出不振が起こると予想した当局は積極的な対応に出ました。日本銀行も**公定歩合**（日本銀行が民間銀行にお金を貸す際に設ける金利。これを下げれば企業はお金を借りやすくなる）を段階的に下げ、マネーサプライも増加しました。

　1-4-3「景気循環」の**表1-8**「戦後日本の景気循環」でみたように、1965年10月から57カ月も続いた「**いざなぎ景気**」が1970年7月に景気の山を迎え、景気後退期に入りました。そのため、政府の財政規模拡大と日本銀行の金融緩和傾向は景気後退期より進んでいましたが、このニクソン

第Ⅰ部　日本経済の基本構造

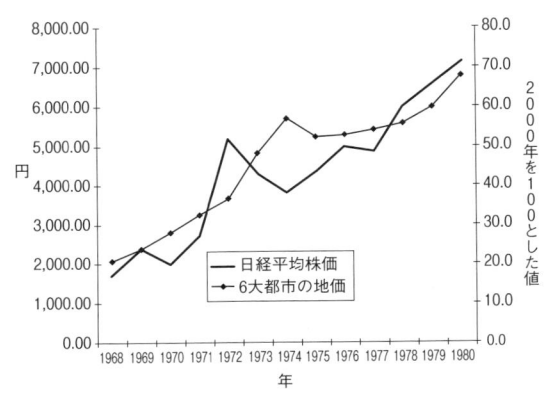

図3-12　6大都市の地価と日経平均株価（年末終値）の推移

出所：地価は総務省統計局『日本の長期統計系列』第22章「物価」より、株価は同第14章「金融・保険」より筆者作成。六大都市の市街地価格指数（全用途平均）は2000年を100とした値の推移（右軸）。

ショックでさらに加速し、「**日本列島改造論**」（後述）で財政規模拡大・金融緩和の傾向は決定的になりました。

　こうした日本銀行の対応が、過剰なマネーサプライを生んだといわれています。マネーサプライが過剰であれば、世の中に過剰にお金が出回っているということですから、物価が高騰（インフレーション）してしまうのです。6大都市の地価は、1973年3月末に1970年の1.7倍にも上昇しました。とくに、日本列島改造論の影響を受けた新幹線計画地や東京圏での地価上昇は顕著でした。また、日経平均株価（年末終値）も、1973年末に、1970年末の2.2倍（1987円から4306円へ）にも上昇しています。いわば、小さなバブルが発生していたのです。

　つまりニクソンショックから生じた悲観論によって、過剰に貨幣が供給され、インフレ状態がつくられたといえるでしょう。

（5）政府の役割の変化──赤字国債の増加

　ニクソンショックは、政府による財政行動にも大きな影響を与えました。

第 3 章　戦後日本経済の歴史

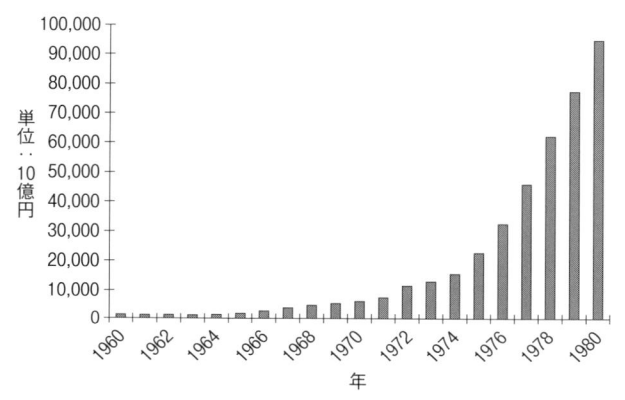

図 3-13　日本の累積債務残高
出所：総務省統計局『日本の長期統計系列』第 5 章「財政」より筆者作成。

財政政策はいっそう強化されました。歳出の対前年比伸び率は 1972 年以降高くなっています（図 3-11）。

こうした政府の財政規模拡大は、1970 年 7 月以降の景気後退期にすでにみられましたが、ニクソンショックでさらに加速し、72 年 6 月に田中角栄内閣が打ち出した「日本列島改造論」でその傾向は決定的になりました。これは「日本列島にはりめぐらされる新幹線・高速自動車道のネットワークの建設、工業の地方への再配置」（浅子・篠原編 2006, pp. 252-253）などを柱にした国土開発計画です。これにより、当初は都市部に限定されていた新幹線や高速道路の網が全国に張りめぐらされていくことになります。

以上のような動きに加えて、日本の政府の役割や動きについても確認しておきましょう。現在、日本は莫大な借金を抱えており、対名目 GDP 比で 200％近くになっています。図 3-13 をみると、債務残高は 70 年代から急激に増加していることがわかります。なぜ、70 年代に増加したのでしょうか。

まず、当時の状況を思い出してください。ニクソンショック後の過剰なマネーサプライ、そしてオイルショックにより激しいインフレが起きていました。そこで、政府はインフレを抑えるために**総需要抑制政策**を行ないます。公共事業を制限し、公定歩合を 9％に引き上げました。これによってインフ

第Ⅰ部　日本経済の基本構造

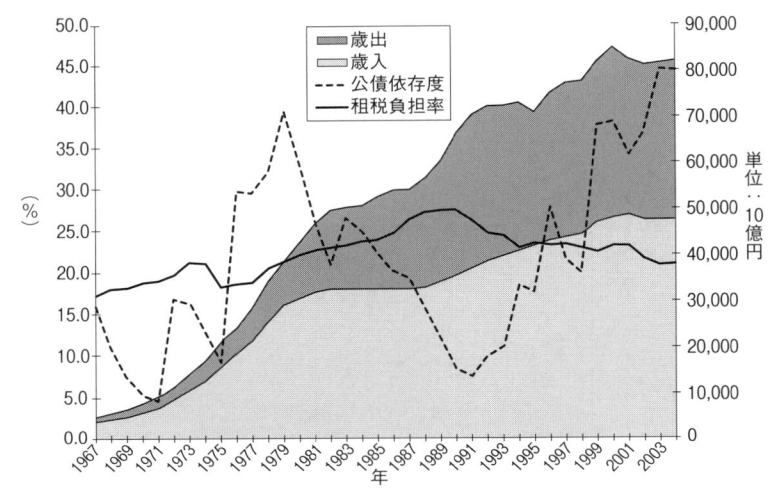

図3-14　歳出・公債依存度・租税負担率

出所：財務省財務総合政策研究所情報システム部『財政金融統計月報（予算特集）』および『財政金融統計月報（租税特集）』、総務省統計局『日本の長期統計系列』第5章「財政」より筆者作成。公債依存度と租税負担率は左軸、歳出・歳入は右軸の値。

レは収まりましたが、需要が抑えられ、そして、金利が引き上げられたことで企業の収益は落ち込みます。企業収益が下がると、それだけ法人税収も落ち込みます。つまり、当時の日本は税収不足の状態だったのです。

オイルショック後、**サミット（先進国首脳会議）**が組織されましたが、その第4回会合に先立って、日本や旧西ドイツが積極的な財政政策（財政拡張）によって世界経済の牽引役となるべきだという「**経済機関車論**」が議論されました。両国は国際競争力が高く輸出規模が大きかったので、それを抑え、国内需要を増やしてほしいという要請がその内容です。そして、日本政府は国際協調が重要との認識から、財政規模を拡大し、日本が経済成長をすることで世界経済を牽引することを了承したのです。そのため当時の福田内閣は、77年度に2度の補正予算を組み、また、78年度には対前年比約20％増という予算案を組みました。結果として、78年と79年の実質的な経済成長率は、それぞれ5.27％と5.48％でした。しかしながら、経済機関車論の

第3章　戦後日本経済の歴史

表3-3　各国の経済成長率と失業率

経済成長率（％）

年	日本	アメリカ	イギリス
70〜73	7.9	3.2	3.7
74	-1.4	-0.5	-1.7
75	2.7	-1.3	-0.8
76	4.8	4.9	2.8
77	5.3	4.7	2.3

失業率（％）

年	日本	アメリカ	イギリス
70〜73	1.2	5	2.6
74	1.3	4.9	2.1
75	1.4	5.6	2.2
76	1.9	8.3	3.6
77	2	7.7	4.8

出所：橋本・長谷川・宮島・齊藤（2011）p.152より抜粋。

議論がなくても、景気を回復させるために日本政府は積極的な財政拡張を行なったであろうともいわれています。ただ、当時は税収が落ちていますから、予算を増加させるには債券を発行するしかありません。歳入に占める公債依存度が30％を超えても仕方がないとされ、公債依存度が高くてもかまわないと認識され出したのは、このような当時の事情があったのです（図3-14）。

以上のように、1970年代前半の日本経済は、民間部門においても公的部門においても、また国内経済においても国際経済においても、さまざまな変化に直面することで、1960年代まで達成した高成長を持続させることができなくなりました。

3-4　安定成長期からバブル経済期へ

オイルショック後の日本経済は、経済成長率が4〜5％程度と安定して成長をする時期を迎えます。そしてその後、いよいよ**バブル経済**に突入します。本節では、なぜオイルショックから立ち直ったのか、なぜその後バブル経済へと向かったのかを学びます。

3-4-1　不況からの脱出——日本

表3-3「各国の経済成長率と失業率」をみるとわかりますが、日本は74年に-1.4％の成長を記録した後、75年に2.7％、76年に4.8と経済が回復しています。アメリカは74年、75年、76年に、-0.5％、-1.3％、4.9％、

イギリスは−1.7%、−0.8%、2.8%です。日本だけが回復が早いことがわかります。また、この時期の失業率をみても、日本は0.5%程度しか上昇していませんが、アメリカやイギリスは大きく上昇していることがわかります。1960年代まではいずれの国も順調な経済成長を遂げており、70年代に入って同じように経済的な危機に直面したにもかかわらず、なぜ日本だけが不況からの脱出がうまくいったのでしょうか。それは、国内および国外においてさまざまな調整が行なわれた結果ということができそうです。以下で順番にみていきましょう。

（1）労使関係

　70年代前半の日本経済は、物価が高騰し、そのため賃金が上昇せざるをえず、そして、それゆえまた物価が上昇するという悪循環でした。つまり、この悪循環を断ち切らなければなりませんでした。そこで、労働者と使用者（経営者）が一体となって、経営努力をすることになります。不況を乗り切るためには、生産性上昇率（モノをつくる能力アップ）よりも賃金の上昇率が大きくては、企業は収益を上げられません。そこで労働者側は、企業の業績（払える能力）に応じた賃金を要求するようになりました。**日本的雇用慣行**では、解雇されたり、企業が倒産した場合、再就職先を探すのが困難であるため、労働者は企業の存続を第一に考えました。企業側は、正社員をリストラするのではなく、残業の減少、休日の増加、新規・中途採用の停止、早期退職、系列企業への出向などで**雇用調整**を行ないました。3−3−1の図3−8「賃金（総支給額）の対前年比伸び率と有効求人倍率の推移」をみると、75年以降の賃金の伸び率が低下していることがわかります。

（2）企業行動

　上記のように、企業は収益を確保するために労働者の協力を得て人件費の抑制を図りましたが、一方で技術や組織の変革を行なうことで、生産効率の改善やコストの削減を実現しました。具体的には、原油価格が高いことから、石油依存率を低下させるような**省エネ技術の開発**に努めたり、**海外市場での**

第3章　戦後日本経済の歴史

表3-4　経済成長の要因分解（需要サイド）

	71～75年	76～80年	81～85年	86～90年
国内総支出	4.6	4.4	3.5	4.7
国内需要	4.5	4	2.6	5.3
民間最終消費支出	3.3	2.4	1.8	2.6
民間住宅＋民間企業設備投資＋民間在庫	0.1	0.8	0.7	2.2
公的需要	1.2	0.8	0.1	0.5
公的固定資本形成＋公的在庫品増加	0.6	0.4	-0.1	0.2
政府最終消費支出	0.6	0.4	0.3	0.2
財貨・サービスの純輸出	0.1	0.4	0.7	-0.6
財貨・サービスの輸出	0.6	0.8	0.8	0.3
（控除）財貨・サービスの輸入	0.5	0.4	0.1	1.0

出所：橋本・長谷川・宮島・齊藤（2011）pp. 154-155, 210-211 より抜粋。

マーケティングを強化することで輸出拡大を図ったり、トヨタの「ジャスト・イン・タイム生産システム[8]」など生産効率を高める工夫がなされました。このような企業の努力や技術の流れによって、高度成長期に隆盛を誇った鉄鋼や造船といったエネルギー多消費産業や、繊維といった労働集約産業（労働者が大量に必要な産業）は衰退し、電機や自動車といった機械産業が主要産業としての役割を果たすようになっていきました。そしてそれらの産業は国際競争力をもち、輸出面でも日本経済を牽引していくことになりました。また設備投資や雇用にかんして、製造業の比重が減り非製造業の比重が高まるという変化もみられました。

このように、賃金を低く抑えるという労使の合意や生産効率を高める工夫によって輸出競争力を確保した企業や産業が、この時期の経済成長をリードしました。それゆえ、安定成長期は「輸出主導型の経済成長」ということができます。高度経済成長期は、投資が投資を呼ぶ「設備投資主導型の経済成長」でしたから、日本経済の成長パターンが変化したのです（表3-4）。

（3）日米関係――レーガノミクスの影響

安定成長期の成長パターンが輸出主導型であるならば、日本の貿易相手国との関係がきわめて重要となります。ここでは当時の主要貿易相手国である

第Ⅰ部　日本経済の基本構造

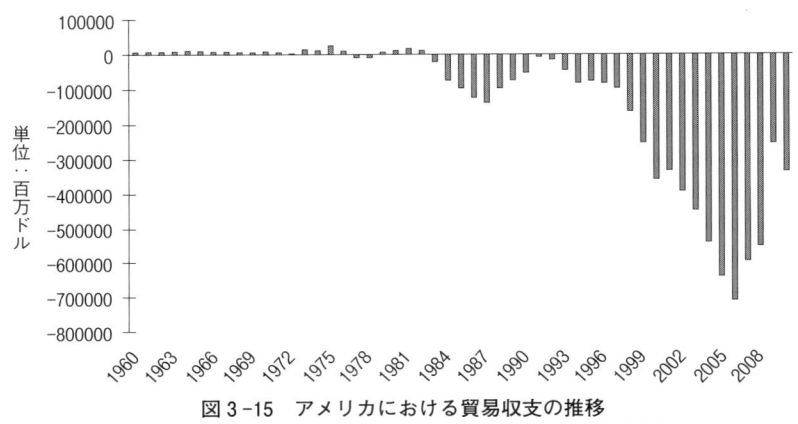

図3-15　アメリカにおける貿易収支の推移
出所：U.S. Department of Commerce, *Bureau of Economic Analysis* より筆者作成。

　アメリカとの国際関係をみてみましょう。1960年代からはじまったドル危機、70年代の変動相場制への移行とオイルショック、あいつぐ激変のなかでアメリカ経済は70年代後半からスタグフレーションでした。これは、財政・金融政策を通じた、**ケインズ主義的な総需要管理政策**が有効性を失っていたことを意味します。加えて、政府が積極的に管理政策をするわけですから、租税負担や公債負担も増加していました。また、日本やドイツなどの輸出力に押され、アメリカの産業は衰退していました。それゆえ、80年代初頭は政治的、軍事的、経済的に「**強いアメリカ**」の再興が課題となっていたのです。

　そのような状況下、大統領に就任したのがレーガンでした。レーガン政権は、それまでのケインズ主義的な政策から180度転換します。すなわち、政府が経済に干渉するのではなく、役割を必要最低限に抑える「**小さな政府**」をめざすということです。彼は演説で「政府は問題を解決しない。政府そのものこそが問題なのだ」とまでいっています。具体的には、まず**インフレの抑制**が挙げられます。これを抑えるためにマネーサプライの伸びを減少させようとしました。結果として、あまりマネーサプライの伸びを減少させること自体はできませんでしたが、インフレは収まりました。それは、70年代

からの金融政策において、高金利政策をとっていたことによりますが、その反面、日本などから資本が流入しドル高が進むことにもなりました。

　第2に、**減税**が挙げられます。投資減税をすることで、設備投資や開発投資を促進し、産業を活性化しようとしました。また、個人所得税の最高税率も大幅に減税（70％から50％へ）しました。第3に、**規制緩和・撤廃**です。政府は各産業をコントロールするために行なっていた各種規制の撤廃ないし緩和をしました。それは、市場での自由競争を通じて企業活動が活性化することをねらったものです。最後に、**財政支出削減**です。ケインズ主義的な管理政策では、財政赤字が膨らんでいたため、歳出の優先順位を見直し、優先順位の低い項目は切り捨てました。具体的には、国防費を増やし、社会保障費削減、公務員削減などを行ないました。しかしながら、福祉関係の支出を減らすことは多くの抵抗がともない、困難を極めました。

　レーガノミクスは、投資減税による産業振興と所得税減税（貯蓄増）による経済成長をねらいました。しかしながら、結果としては、所得税減税による消費の拡大、つまり輸入の拡大による経常収支赤字拡大を招きます。当時はドル高ですから、アメリカ人の所得が増えると輸入が増え、**貿易赤字**が増えたのです。また、社会保障費を減らせずに軍事費が増加したので、**財政赤字拡大**をもたらしました。このように、当時のアメリカは高金利によるドル高ゆえに「**双子の赤字**」でした。

　日本にしてみれば、円安とアメリカの所得税減税の恩恵（アメリカの市場規模拡大）により輸出が好調で、70年代から80年代にかけては自動車、電気機器、精密機械、鉄鋼などが主力の輸出製品でした。それは、円安由来の**価格競争力**があったことに加え、日本製品は**非価格競争力**ももっていたためです。たとえば、自動車ならば、性能、耐久性、欠陥発生頻度の低さ、デリバリーの迅速さ、燃費効率（橋本・長谷川・宮島・齊藤 2011, pp. 168-169）などが、他国の製品よりも優れていたのです。しかしながら、日本のみが輸出を伸ばしていたことから「**集中豪雨的輸出**」とも呼ばれました。相手国にしてみれば、輸入が増えるため国内産業で失業者が増える（**失業の輸出**）ためです。このため、他国との**貿易摩擦**が問題化していました。とくに、アメリ

表 3-5　日米通商交渉の歴史

【日米繊維交渉】 ・1970 年、日米繊維交渉開始。 ・1972 年、日米繊維協定調印（繊維製品の輸出自主規制を受け入れ）。
【カラーテレビ】 ・1971 年、ソニーを除く 10 社のカラーテレビにダンピング認定。 ・1977 年、日本製カラーテレビに関する市場秩序維持協定（OMA）が締結され、対米輸出台数が年間 175 万台に制限。
【日米牛肉・オレンジ交渉】 ・1977 年、第 1 次交渉。 → 78 年、数量合意（83 年度には右を達成すべく拡大。牛肉：83 年度 3 万トン、オレンジ：8 万トン、オレンジジュース：6500 トン）。 ・1983 年、第 2 次牛肉・オレンジ交渉（数量拡大要求）。 → 84 年、牛肉につき 88 年度までに年間 6900 トンずつ増加させることで合意。 ・1988 年、第 3 次牛肉・オレンジ交渉（輸入割当撤廃、関税化を行ない、税率を段階的に引き下げ）、最終合意。 → 牛肉：91 年度 70％、92 年度 60％、93 年度 50％（急増の場合：＋25％）、オレンジについては 3 年、オレンジジュースについては 4 年で自由化（輸入枠の撤廃と関税率の引き下げ）。
【日米自動車問題】 ・1970 年代、石油危機を背景に日本製小型自動車の対米輸出急増。アメリカ自動車産業は低迷。業界、労働組合、議会からの圧力が高まる。 ・1981 年、日本は自動車の対米輸出の自主輸出規制を表明。以後、81〜83 年度は 168 万台、84 年度は 185 万台、85〜91 年度は 230 万台、92〜93 年度は 165 万台の自主規制を継続。 ・1992 年、日本はアメリカ製自動車部品の対日輸出増大および販売増大を目的としたアクションプランを作成（日系アメリカ工場におけるアメリカ製部品購入額は 94 年度に約 150 億ドル、アメリカ製部品輸入額は 94 年度に 40 億ドルとする自主計画を自動車各社の自主的な取り組みとして発表）。
【MOSS（市場志向型分野別：Market-Oriented、Sector-Selective）協議】 ・1985 年、特定分野（エレクトロニクス、電気通信、医薬品・医療機器、林産物など）の日本市場アクセスに対する障害に関する MOSS 協議開始。 ・1986 年、電気通信サービス市場の一部自由化、木材製品およびコンピュータ部品の関税撤廃などに合意。
【日米半導体協議】 ・1985 年、日米半導体協議開始。 ・1986 年、第 1 次日米半導体協定締結（日本における外国系半導体の市場参入機会拡大、ダンピング防止など）。 ・1991 年、第 2 次日米半導体協定締結（同上）。
【日米スーパーコンピュータ問題】 ・1987 年、アメリカは日本のスーパーコンピュータ市場において不公平な競争を強いられていると主張、スーパー 301 条（アメリカの通商に対する不当な貿易障壁などをもつ外国の特定、調査および措置の発動などについて規定）の対象とする。 ・1989〜90 年、4 回の専門家会合が行なわれ、おおむね決着。 → 政府調達手続面の措置の導入、苦情処理機関設置など。

出所：外務省『日米通商交渉の歴史（概要）』（2012 年 3 月）、カラーテレビに関しては内閣府経済社会総合研究所「バブル／デフレ期の日本経済と経済政策」（歴史編）第 1 巻『日本経済の記録——第 2 次石油危機への対応からバブル崩壊まで』第 4 章「日米貿易摩擦」より筆者作成。

表3-6　80年代各国の実質成長率（%）

	1981年	82年	83年	84年	85年	86年	87年	88年	89年	1990年
日本	4.2%	3.4%	3.1%	4.5%	6.3%	2.8%	4.1%	7.1%	5.4%	5.6%
アメリカ	2.5%	-1.9%	4.5%	7.2%	4.1%	3.5%	3.2%	4.1%	3.6%	1.9%
ドイツ	0.1%	-0.8%	1.6%	2.8%	2.2%	2.4%	1.5%	3.7%	3.9%	5.7%
韓国	7.4%	8.3%	12.2%	9.9%	7.5%	12.2%	12.3%	11.7%	6.8%	9.3%
台湾	6.5%	4.0%	8.3%	9.3%	4.1%	11.0%	10.7%	5.6%	10.3%	6.9%
マレーシア	6.9%	5.9%	6.2%	7.8%	-0.9%	1.2%	5.4%	9.9%	9.1%	9.0%
シンガポール	10.7%	7.2%	8.6%	8.8%	-0.6%	1.3%	10.8%	11.1%	10.2%	10.1%

出所：International Monetary Fund, *World Economic Outlook Database, April 2011* より筆者作成。

カでは高金利とドル高由来の輸出不振により、保護主義的な貿易政策が台頭していました。日本との貿易摩擦は深刻で、結果として、日本はカラーテレビや自動車で**輸出自主規制**（VER）措置をとったのです（**表3-5**）。

3-4-2　円高不況からの脱却——バブル経済へ

　表3-6は、80年代の各国の実質経済成長率です。輸出主導で安定的に成長してきた日本ですが、86年に経済成長率が低下しています。また、韓国、台湾、マレーシア、シンガポールは、86年以降急激に経済成長をしていることがわかります。85年にいったい何があったのでしょうか？

　アメリカはドル高ゆえの「双子の赤字」で苦しんでおり、また、保護主義が台頭していました。日本にとってもアメリカは重要な輸出相手国であったため、買い手が経済不況になっては困ります。そして、アメリカは世界最大の経済大国ですから、アメリカ経済が危機に陥ると世界経済に重大な損害を及ぼす可能性が考えられます。それゆえ、世界各国が政策協調をしてアメリカ経済を立て直す必要があったのです。

　そのような状況であったため1985年9月、ニューヨークのプラザホテルに先進5カ国蔵相が集まり、為替介入に関する声明文を発表しました。アメリカは高金利のため、世界中から資金が流入しドル高となっていました。それゆえ貿易赤字が膨らんでいたのですが、このドル高を是正して円安へ導こうとする協調政策です。これを「**プラザ合意**」といいます。プラザ合意前に

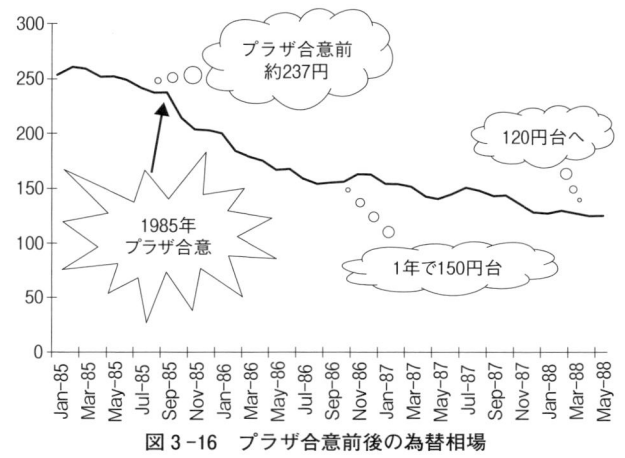

第Ⅰ部 日本経済の基本構造

図3-16 プラザ合意前後の為替相場

出所：日本銀行時系列統計データより筆者作成。東京市場ドル・円スポット（17時時点／月中平均）。

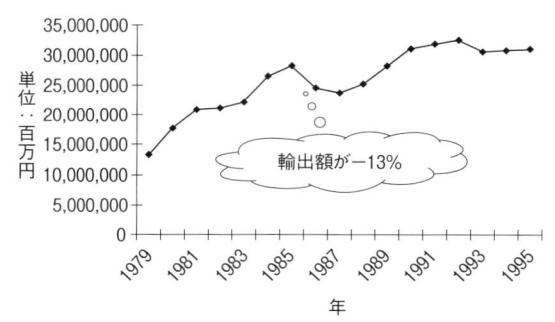

グラフ内注記：
- プラザ合意前 約237円
- 1985年 プラザ合意
- 1年で150円台
- 120円台へ

図3-17 一般機械・電気機器・輸送用機器・精密機器類の輸出総額の推移

グラフ内注記：輸出額が－13％

出所：総務省統計局『日本の長期統計系列』第18章「貿易・国際収支・国際協力」より筆者作成。

は約237円であった為替レートが、発表翌日（24時間後）には約20円も円高になり、1年後には150円台、2年半後には120円台と約2倍も円高（約237円から120円台へ）となりました。2-4-1「円高と円安」でみたように、2009年度の日本の輸出総額は5807億ドルです。「1ドル＝100円」であれば約58兆円ですが、「1ドル＝90円」では約53兆円と、5兆円も収入

第 3 章 戦後日本経済の歴史

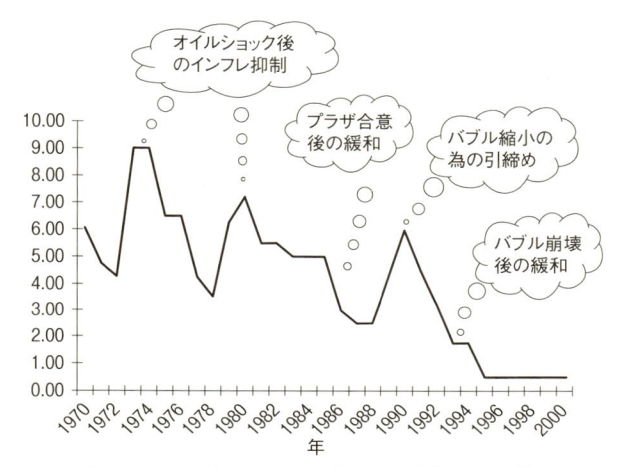

図 3-18　日本における公定歩合の長期的な推移

出所：総務省統計局『日本の長期統計系列』第 14 章「金融・保険」より筆者作成。商業手形割引率ならびに国債、とくに指定する債券または商業手形に準ずる手形を担保とする貸付利率。

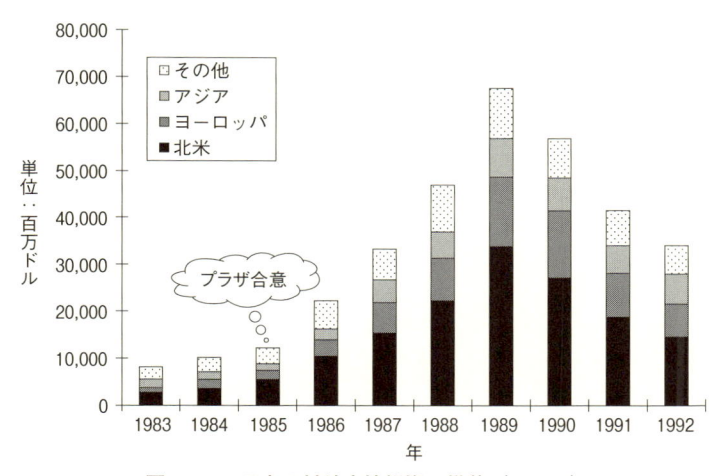

図 3-19　日本の対外直接投資の推移（フロー）

出所：財務総合政策研究所『財政金融統計月報』より筆者作成。

第Ⅰ部　日本経済の基本構造

表3-7　経済成長の要因分解（需要サイド）

	76～80年	81～85年	86～90年
国内総支出	4.4	3.5	4.7
国内需要	4	2.6	5.3
民間最終消費支出	2.4	1.8	2.6
民間住宅＋民間企業設備投資＋民間在庫	0.8	0.7	2.2
公的需要	0.8	0.1	0.5
公的固定資本形成＋公的在庫品増加	0.4	-0.1	0.2
政府最終消費支出	0.4	0.3	0.2
財貨・サービスの純輸出	0.4	0.7	-0.6
財貨・サービスの輸出	0.8	0.8	0.3
（控除）財貨・サービスの輸入	0.4	0.1	1.0

出所：橋本・長谷川・宮島・齊藤（2011）pp. 154-155, 210-211 より抜粋。

がちがうのです。たった10円の円高で5兆円のちがいなのですから、プラザ合意後に経験した120円もの円高が相当な衝撃であることがわかりますね。事実、当時の主力輸出品であった一般機械・電気機器・輸送用機器・精密機器類の輸出総額は、対前年比で－13.04％でした（図3-17）。

　このように、激しい円高となったため、1986年には「**円高不況**」となり、実質経済成長率も2.8％へと低下しました。こうしたことから、日本銀行は公定歩合を6回にわたり低下させ、大規模な金融緩和を行ないました。このようななかで以下にみるような、いくつかの構造的な変化が起こりました（図3-18）。

（1）企業行動の変化

　このような状況に対してとりわけ日本の輸出企業は、各種の対応を図りました。これまで需要の主要な要素であった外需が望めないので販売を**国内向け**に移したり、国内で生産していた商品を海外での**現地生産**に切り替えることで円高の影響を抑えたり、**低賃金国で生産**をしてそこから輸出したり、**部品を海外から調達（輸入）**するといった対策をとりました。その結果、**対外直接投資額**（現地法人の設立、支店設置、工場設立など）はプラザ合意以降増加し、90年には海外で生産する割合が、製造業で6.7％、電気機械で11.0％、輸送機械で13.7％にものぼり、産業空洞化が進展しました（図3

-19)。しかしながら、企業が国内向けの販売に切り替えたことと、円高による輸入価格低下による最終消費財価格低下が重なり、民間消費が牽引するかたちで景気は回復しました。すなわち、プラザ合意後の日本経済は輸出主導型の経済成長から「**内需主導型**」**の成長**に変貌を遂げたということがいえます。表3-7をみると、民間の消費支出とそれを補う輸入の部分が大きいことがわかります。

（2）金融システムと企業の資金調達の変化

　円高不況を乗り越えるために日本企業の対外直接投資は増えましたが、そのための資金はどのように調達したのでしょうか。当時金融システムが大きく変容し、そのことが企業の資金調達に影響を与えました。具体的には、**公定歩合の低下により資金調達が容易になった**ことと、**規制緩和・撤廃**によるところが大きいといえます。当時は、アメリカのレーガン政権やイギリスのサッチャー政権に代表されるように、世界的に規制緩和・撤廃の風潮がありました。戦後の日本では、**エクイティ・ファイナンス**（新株発行、転換社債、ワラント債など）による資金調達が、一部の優良企業を除き厳しく制限されていました。このような規制が緩和され、81年の新株引受権付社債（ワラント債）発行、86年の外貨建てワラント債募集の認可、適債基準（純資産や利益率などの財務指標）の段階的緩和、89年には財務指標による基準の廃止（橋本・長谷川・宮島・齊藤　2011, p. 223）がされました。戦後日本企業は、**メインバンク・システム**による**間接金融**が主流でしたが、80年代以降、企業が独自に資金調達をする**直接金融**に資金調達方法が変化したのです。**表3-8**の非金融法人企業の調達をみると、80年代後半にエクイティ・ファイナンスでの資金調達が増えていることがわかります。

　それでは、今度はそのように調達した資金を、企業がどのように使ったかをみてみましょう。日本企業の対外直接投資は増えましたが、**表3-8**をみると、実物投資よりも金融部門への投資のほうが大きくなっています。図3-20をみるとわかりますが、プラザ合意以降は依然として円高ですから、貿易収支は横ばいかマイナスの伸び率です。ゆえに、本業での利益を補完する

表3-8　非金融法人企業と民間金融部門の資金調達ならびに資金運用（フロー）（単位：兆円）

年	非金融法人企業の金融取引					民間金融部門			
	調達			運用		運用			
	市中借入	債権・株式	その他債務	金融資産	実物投資	現金	有価証券	貸出金	預金等
1980	13.6	4.3	7.0	12.3	12.6	0.1	8.1	20.6	16.4
1981	16.5	6.2	10.1	21.0	11.8	0.0	10.6	24.1	24.8
1982	17.4	6.1	8.2	15.7	16.0	0.1	13.2	27.8	18.9
1983	18.1	4.8	6.1	16.0	12.9	0.1	15.0	27.8	20.1
1984	20.7	7.1	13.7	27.1	14.3	0.1	14.6	31.9	24.9
1985	25.2	7.8	3.6	23.6	12.9	0.4	16.7	30.2	23.7
1986	26.6	9.1	-6.3	17.1	12.3	0.0	36.4	38.8	27.7
1987	25.9	12.6	43.0	59.0	22.4	0.1	30.7	47.9	41.8
1988	30.0	19.4	27.1	53.4	23.1	0.4	29.6	52.4	44.3
1989	38.0	26.3	30.6	64.9	30.0	0.0	23.2	75.9	46.3
1990	39.5	15.6	31.9	39.7	47.3	0.3	-0.3	47.4	36.1

出所：野口（1992）pp. 119, 124 より筆者作成。

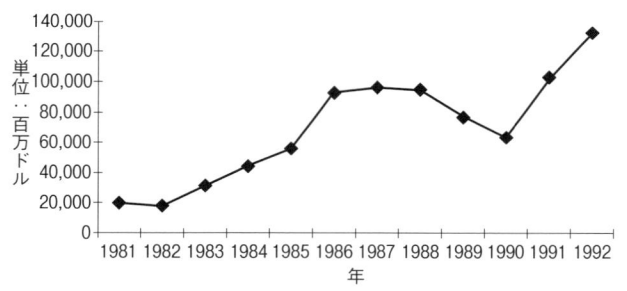

図3-20　80年代日本の貿易収支

出所：総務省統計局『日本の長期統計系列』第18章「貿易・国際収支・国際協力」より筆者作成。

意味で金融投資を行ないました。加えて、**金融の自由化**（とくに、**金利自由化**。くわしくは第6章「金融の仕組み」をみてください）と**金融の国際化**により、譲渡性預金（CD）の導入、預金金利自由化、市場金利連動型預金（MMC）の導入、10億円以上の定期性預金の金利自由化、新外国為替法（原則禁止、

第3章 戦後日本経済の歴史

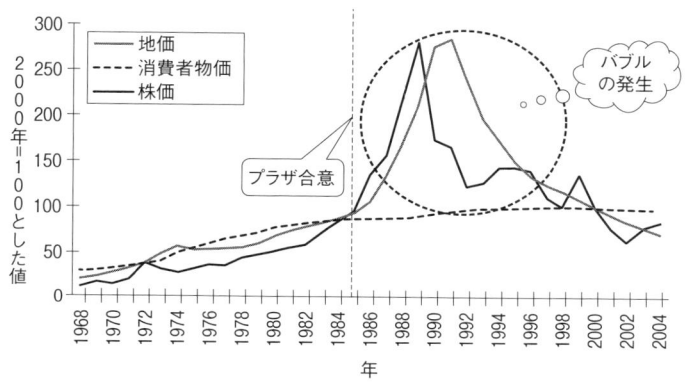

図3-21 地価、株価、消費者物価の推移
出所：総務省統計局『日本の長期統計系列』第14章「金融・保険」、第22章「物価」より筆者作成。地価は、六大都市の市街地価格指数（全用途平均）、消費者物価は持家の帰属家賃および生鮮食品を除く総合、株価は日経平均株価年末終値。

例外許可であった為替取引が自由化）の導入、先物取引を制限していた為替取引の実需原則を撤廃、円転換規制の撤廃（外貨と円の交換において量的制限をなくす）などがされたため（同上書, pp. 221, 241-242）、企業の資産運用の選択肢が広がったことと、金融投資の収益性自体も高まっていたことが大きく影響しています。当時、企業は**財テク**（**財務テクノロジー**）に熱心でした。また、金融機関も有価証券への運用が増えています。企業側が銀行からあまりお金を借りなくなりましたから、より収益性の高い有価証券への運用が増えたのです。すなわち、金融機関が株式や債券を大量に購入するようになりました。これは、1987年にアメリカで**ブラックマンデー**（暗黒の月曜日[9]）が起きたことにも関係します。

（3）バブルの発生

　このようにプラザ合意以降は、**公定歩合の低下、規制緩和・撤廃、金融自由化**により、過剰なお金が日本には出回っていたのです。このような余剰資金を用いて企業が財テクをする過程で、土地やビルなどの不動産、株式に対する投機が過剰になされ、バブルが膨らんだのです。バブルとは、あるモノ

133

の値段が、実際の経済力（実力）以上に過大評価され、値段が異常なまでに上がる現象です。また、円の価値が約2倍に上昇（円高）していますから、アメリカでモノを買う場合、値段が半分で済みます。ゆえに、アメリカの資産（土地、ビルなど）は「半額セール」とまでいわれ、日本企業がこれを買い漁りました。同時に、一般の消費者においては、円高による海外旅行ブーム、海外高級品の消費ブーム（高級車、絵画など）が起きました。

　過剰な資金は、東・東南アジアにも直接投資されました。円高の影響を抑えるため、低賃金国で生産をしてそこから輸出するためです。この結果、**表3-6**でみたように、**アジアNIEs**は奇跡的ともいわれる経済発展を遂げたのです。プラザ合意後、日本で生まれた余剰資金は国内ではバブルを引き起こし、国外では東・東南アジアの発展を促しました。それでは、バブル期の地価、株価、物価をみてみましょう（図3-21）。株価は85年末の約1万3000円から、89年には約3万9000円と3倍になりました。地価も、85年と比べ91年には3倍にもなりました。消費者物価が比較的安定的であったことと比べると、地価・株価が異常に値上がりしていることがわかりますね。

3-5　バブルの崩壊と失われた10年

　1990年の日本の実質成長率は5.6%でした。また当時は、非常に豊かな消費活動が行なわれていたといえます。このようなバブル景気はなぜ終焉を迎えたのでしょうか。またバブル崩壊後の日本経済では各経済主体の行動にどのような変化が生まれたのでしょうか。本節ではこのことについて学びます。

3-5-1　バブル崩壊の原因

　バブル期には資産価格が適正な水準を超えて高騰しているので、これを抑える必要がありました。資産価格をコントロールするには、①直接的な取引規制、②金融面からの措置、③税制があります（野口 1992, p. 143）。①に関してこの時期に行なわれてことは、**地価監視制度（土地取引監視区域制度）**の導入です。監視区域に指定されると、土地取引に関して当事者は利用目

第3章　戦後日本経済の歴史

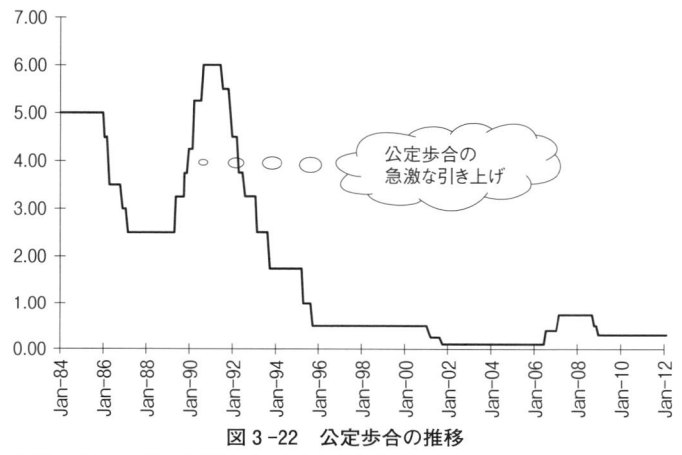

```
(グラフ内テキスト)
公定歩合の
急激な引き上げ
```

図3-22　公定歩合の推移
出所：日本銀行時系列統計データより筆者作成。

的・売買予定価格などを都道府県知事に届ける義務があり、また、それが不当な目的・価格の場合には取引の中止・変更を勧告できるので土地の値段をコントロールできます。この時期には多くの地域でこの制度が導入されました。

②に関しては、第1に**公定歩合の引き上げ**が挙げられます。プラザ合意以降、円高対策として公定歩合は低く抑えられていましたが、89年に入ると円安傾向となったため、5月より公定歩合が引き上げられました。1990年8月の第5次引き上げで、ついに公定歩合は6％になります。公定歩合は段階的に引き上げられましたが、わずか1年強で2.5％から6％へと急激に引き上げられたといえるでしょう。この急激な引き上げには、ブラックマンデーも関係しています。1987年当時、すでに景気は過熱していましたが、ブラックマンデーが起こったため日本銀行は公定歩合を引き上げることができませんでした。日本が金利を引き上げると、アメリカへの資金移動が制約され、さらにアメリカの株価が下落することが懸念されたからです。これは日本が大幅な経常収支黒字で、アメリカに対して影響力が大きかったためです。この当時から公定歩合を段階的に緩やかに引き上げていれば、89年から急激に引き上げることもなかったといわれています。

135

第Ⅰ部　日本経済の基本構造

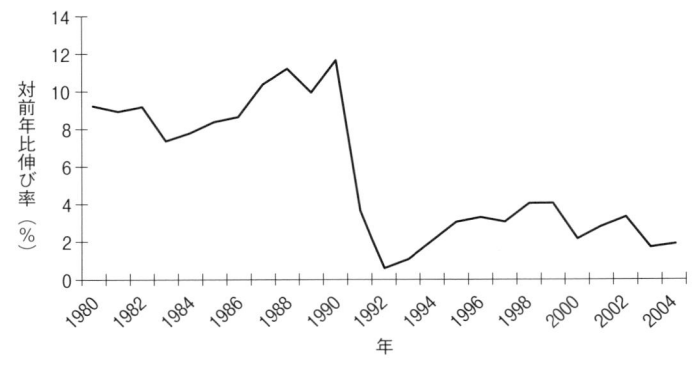

図3-23　マネーサプライの対前年比伸び率（％）
出所：総務省統計局『日本の長期統計系列』第4章「通貨・資金循環」より筆者作成。1999年以降は外国銀行在日支店などを含むベース。それ以前は含まないベース。

　第2に**総量規制**が挙げられます。総量規制とは、「金融機関の不動産向け融資の残高を一定水準以下に抑える規制のことで、具体的には、四半期ごとの不動産向け融資残高を、総貸出残高の伸び率以下に抑える」（同上書，p. 149）ことです。この結果、土地投機に関する融資残高の伸び率は鈍化しました。また、この時期のマネーサプライの対前年比伸び率は、**図3-23**をみるとわかるように急激に減少しています。以上のような金融引き締めが株価下落に影響し、総量規制が地価下落に大きく影響したといわれています。

　③に関しては、**土地税制改革**が挙げられます。87年に超短期重課税制度の導入、88年に居住用財産買い換え特例の原則廃止、法人土地取得に関わる借入金控除の損金算入制約措置が導入されました（同上書，p. 150）。買い換え特例とは、10年以上住んだ住宅や土地を売り、その代金で新しい住宅などを購入した場合、もとの物件の譲渡益に対する課税を延期するものです（同上書，p. 150）。また、92年からは地価税が導入されました。これは、大規模な土地所有者に課税し、土地の保有コストを引き上げることで土地投機と地価を抑制しようとするものです。

　これらのような措置がとられたため、地価と株価は急速に下落していきました。バブルが資産価格高騰を予想した人々の行動により発生したとすれば、

第 3 章　戦後日本経済の歴史

表 3-9　バブル崩壊後の 3 つの局面

	期間	平均実質経済成長率	失業率
第 1 局面	91 年 3 月～97 年 5 月	約 1.5%	2.1%→3.4%
第 2 局面	97 年 6 月～02 年 1 月	約 0.2%	3.4%→5.0%
第 3 局面	02 年 2 月～07 年 10 月	約 1.9%	5.4%→3.9%

表 3-10　バブル崩壊前後の各種指標

年	実質成長率 (%)	株価 (円)	地価	失業率 (%)	年	実質成長率 (%)	株価 (円)	地価	失業率 (%)
1987	6.1	21,564.00	133.7	2.8	1996	2.9	19,361.35	134.5	3.4
1988	6.4	30,159.00	171	2.5	1997	0	15,258.74	124.4	3.4
1989	4.6	38,915.87	212.8	2.3	1998	−1.5	13,842.17	117.9	4.1
1990	6.2	23,848.71	276.4	2.1	1999	0.7	18,934.34	109.2	4.7
1991	2.3	22,983.77	285.3	2.1	2000	2.6	13,785.69	100	4.7
1992	0.7	16,924.95	241	2.2	2001	−0.8	10,542.62	91.7	5.0
1993	−0.5	17,417.24	197.7	2.5	2002	1.1	8,578.95	84.1	5.4
1994	1.5	19,723.06	174.9	2.9	2003	2.1	10,676.64	77.0	5.3
1995	2.3	19,868.15	151.4	3.2	2004	2	11,488.76	71.3	4.7

出所：失業率は IMF, *World Economic Outlook Database, October 2010*、他は総務省統計局『日本の長期統計系列』より筆者作成。株価は日経平均株価年末終値、地価は 6 大都市の全用途平均で 2000 年を 100 とした値。

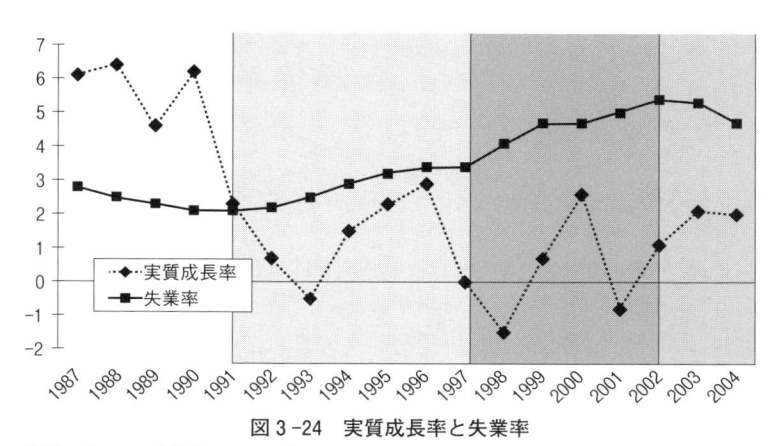

図 3-24　実質成長率と失業率

出所：表 3-10 を抜粋、グラフ化。

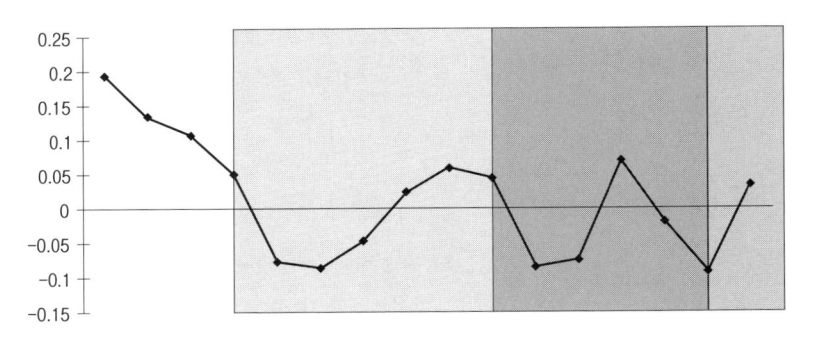

第I部　日本経済の基本構造

図3-25　民間住宅＋民間企業設備＋民間在庫の対前年度比伸び率（％）
出所：総務省統計局『日本の長期統計系列』第3章「国民経済計算」より筆者作成。

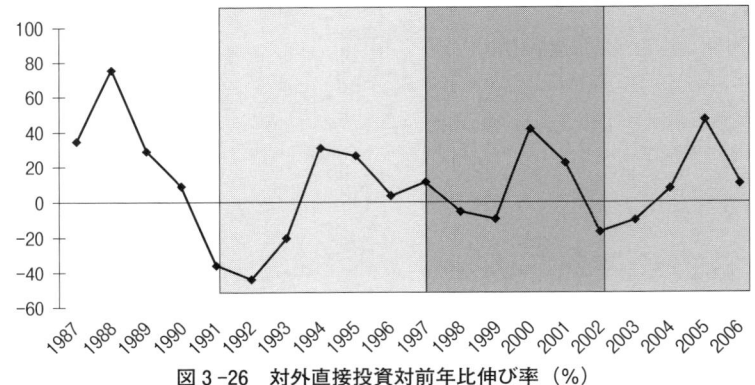

図3-26　対外直接投資対前年比伸び率（％）
出所：財務省財務総合政策研究所『財政金融統計月報』より筆者作成。

まさにその逆の現象により急激に価格が低下していったのです。

3-5-2　バブル崩壊後の経済状況と経済主体の行動

　バブル崩壊後は3つの局面に分けることができますが、これら3局面の経済状況をデータからみてみましょう。

【第1局面　91年3月～97年5月】平均実質経済成長率：約1.5％、失業率

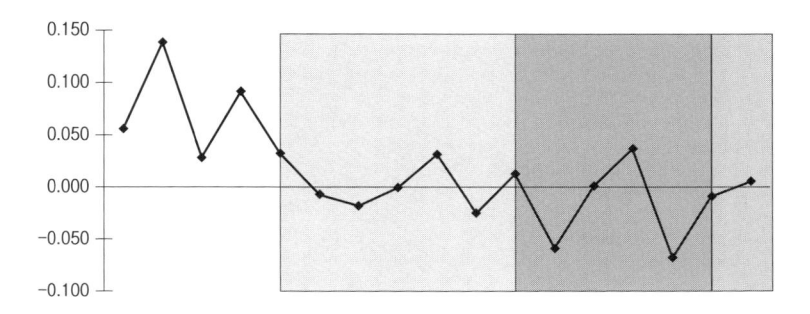

図3-27 企業の売上高対前年度比伸び率（％）
出所：総務省統計局『日本の長期統計系列』第6章「企業活動」より筆者作成。

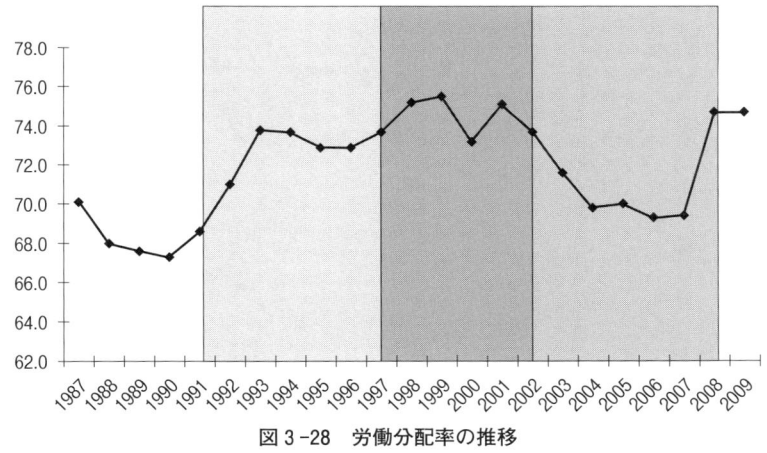

図3-28 労働分配率の推移
出所：財務省『法人企業統計調査』より筆者作成。労働分配率＝人件費÷付加価値×100（％）、付加価値＝人件費＋営業純益＋支払利息等＋租税公課＋動産・不動産賃借料。

2.1%→3.4%

　前節でみたような資産価格のコントロールが行なわれた結果、バブルは崩壊しましたが、この時期はバブル崩壊の影響で地価・株価ともに急落した局面です。その後の96年の回復までがこの局面に含まれます。表3-10、図3-24をみてください。実質経済成長率は1990年の6.2％に対し、91年には

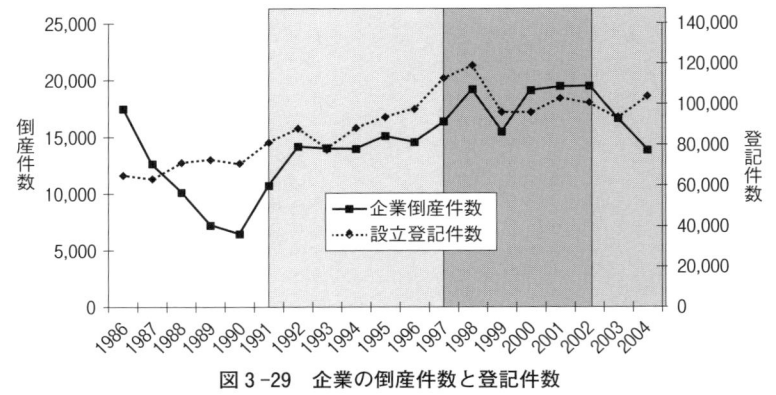

第Ⅰ部　日本経済の基本構造

図3-29　企業の倒産件数と登記件数
出所：倒産件数は総務省統計局『日本の長期統計系列』第6章「企業活動」、登記件数は法務省『民事・訟務・人権統計年報』、国税庁『国税庁統計年報書』より筆者作成。

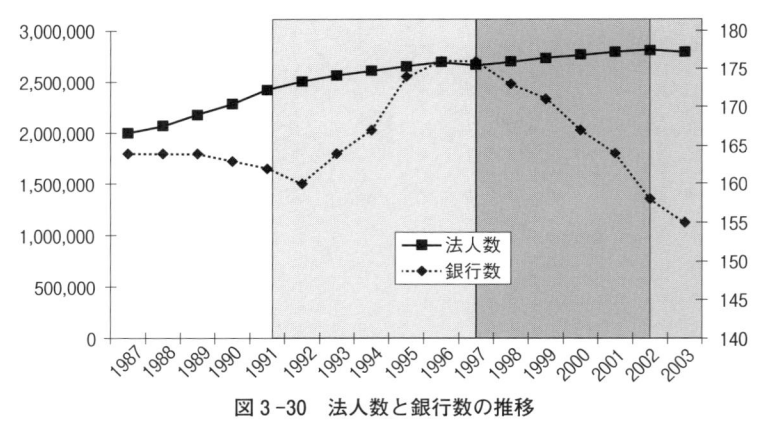

図3-30　法人数と銀行数の推移
出所：銀行数は預金保険機構ホームページより、法人数は総務省統計局『日本の長期統計系列』第6章「企業活動」より筆者作成。左軸が法人数、右軸が銀行数。

2.3％、92年には0.7％、93年には－0.5％となっています。株価も、89年をピークに1年後には1万5000円も下落しています。地価のピークは91年ですが、これも2年間で約30％も下落しているのです。また、**民間企業の活動が急低下**しました。図3-25、図3-26、図3-27をみてください。設備投資、対外直接投資、売上高もマイナスを記録する年が出ています。民間企業の業績が大幅に悪化し、活動が縮小したことがわかります。この結果、失

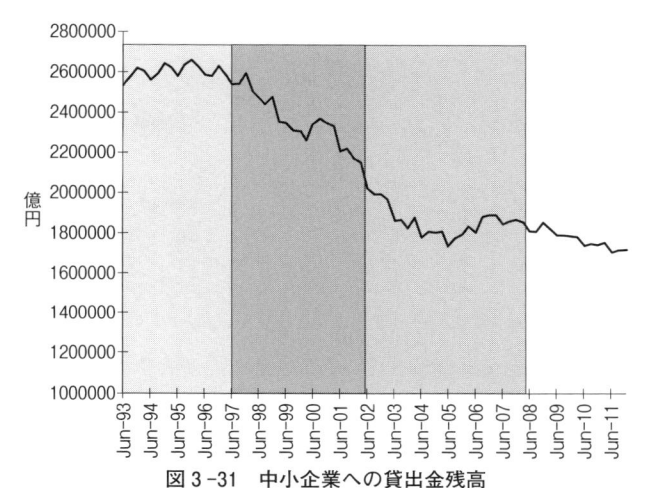

第3章　戦後日本経済の歴史

図3-31　中小企業への貸出金残高
出所：日本銀行預金・貸出関連統計（DL）より筆者作成。

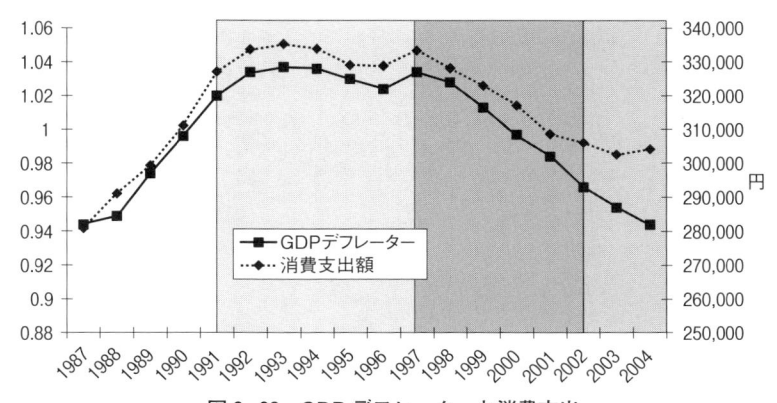

図3-32　GDPデフレーターと消費支出
出所：GDPデフレーターは内閣府『国民経済計算確報』、消費支出は総務省統計局『日本の長期統計系列』第20章「家計」より筆者作成。1世帯当たり年平均1カ月間の消費支出（全世帯：全国、人口5万以上の市）。

業率も2.1％から3.4％へと、1ポイント以上上昇しました。

　また、バブル崩壊後の労使関係の特徴として、**労働分配率の上昇**が挙げられます。**図3-28**をみてください。労働分配率とは、生み出された付加価値のうち、人件費としてどれだけ支払われているかの割合です。これが、バブ

第Ⅰ部　日本経済の基本構造

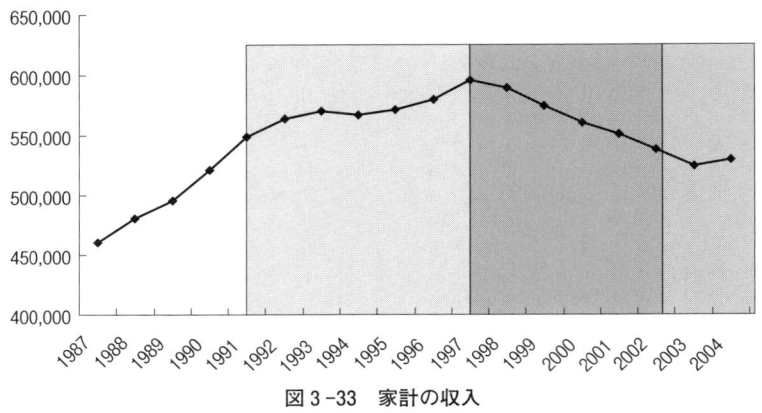

図3-33　家計の収入

出所：総務省統計局『日本の長期統計系列』第20章「家計」より筆者作成。1世帯当たり年平均1カ月間の収入（勤労者世帯、全国、人口5万以上の市）。

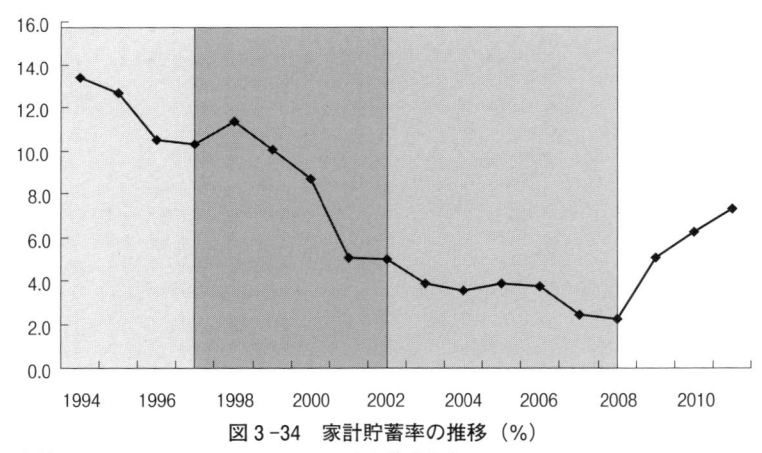

図3-34　家計貯蓄率の推移（％）

出所：OECD, *Economic Outlook*, No. 90 より筆者作成。

ル崩壊後には非常に高い値となっています。70％を超えているのがわかりますね。人件費にとられる額が多いにもかかわらず、総付加価値が低下するので、企業の利益が減ります。すると、新しい工場や機械を導入するといった新投資に資金を回す余裕がなくなり、経済活動がさらに停滞します。この時期に人件費総額が増加した理由は、バブル経済期の**過剰な人員採用**もその一

第3章　戦後日本経済の歴史

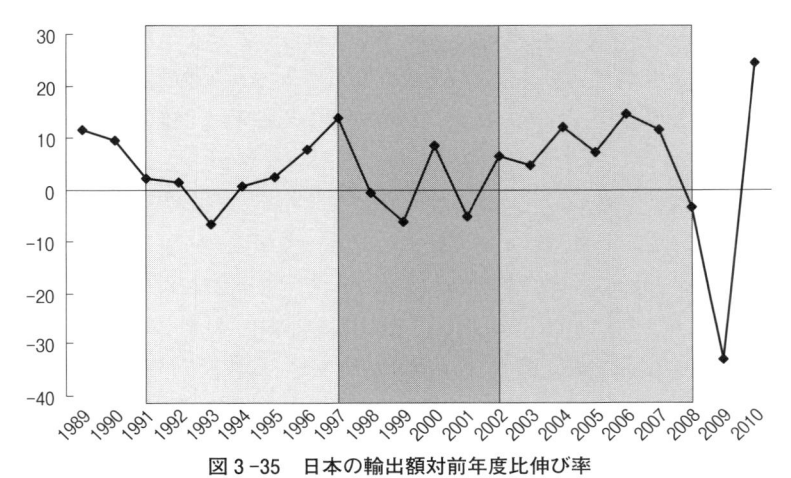

図3-35　日本の輸出額対前年度比伸び率
出所：財務省『貿易統計』より筆者作成。

図3-36　為替レートの推移
出所：日本銀行時系列統計データより筆者作成。

因です。また日本企業は終身雇用制度をとっていますので、なかなかリストラをすることが難しく、結果的に過剰な人員を抱えることとなったのです。図3-29は企業の倒産件数ですが、91年以降急速に増加しています。

　図3-32をみてください。バブル経済期の影響でGDPデフレーターは

143

「1」を超えています。この局面では物価が高騰していますので、**家計の消費支出額も高水準**です。これは、消費性向（所得のうち消費に回す割合）を高くしたことに加え、バブル崩壊後にもかかわらず収入が伸びていた（**図3-33**）ことが挙げられます。**図3-34**の貯蓄率の推移からも、貯蓄率を下げた（消費の割合を増やした）ことがわかりますね。これらのことからわかるように、この局面ではバブル崩壊による経済停滞の深刻さをそれほど世間が認識していたとはいえず、悲観論もありませんでした。一般的な景気循環の停滞期であり、バブル期の異常な資産価格（**図3-21**参照）が正常化に向かい、景気の悪化もその正常化の代償であるという認識でした。加えて、96年には実質成長率が2.9％と比較的高成長率であることから、経済はもう回復したとの認識も広まりました。

【第2局面　97年6月～02年1月】平均実質経済成長率：約0.2％、失業率3.4％→5.0％

　96年に景気は回復したかに思えましたが、これは97年4月からの**消費税率アップ**（橋本内閣の財政再建路線、次項にて説明します）に向けての駆け込み需要が影響していました。ゆえに、消費税がアップした後は、消費者が支出を控えたことで経済が冷え込んでしまいました。加えて、このような橋本内閣の緊縮財政下で97年7月に**アジア通貨危機**が起きました。アジア通貨危機とは、タイのバーツ暴落に端を発するアジア各国の急激な通貨下落のことです。当時のアジア各国は、為替を安定させるために自国通貨とドルを固定していました。また、アメリカ経済は好景気で、強いドル政策でドル高傾向でした。タイのバーツもドルとリンクしているため、他国にとってはバーツ高となります。そうなると、タイはバーツ高なので日本やヨーロッパへの輸出が不利になります。この結果、タイの急成長を見込んで巨額の投資をしていた外国の投資家がタイの経済成長に疑問を抱くようになり、巨額の投資資金を一気に引き揚げました。こうして、急激な通貨下落が起きたのです。この影響で、景気は一気に悪くなり**銀行危機**が起きました。アメリカのITバブルのおかげで1999年1月から2000年11月まで短い間好景気となりま

したが、2002年に第2局面が終わるまで、日本は危機的な経済状況を脱出できていたとはいえませんでした。

表3-10、**図3-24**をみてください。実質経済成長率は1996年の2.9％に対し、97年には0％、98年には－1.5％、2001年にも－0.8％となっています。株価も、96年には1万9000円台でしたが、この局面で1万円台に大幅に下落しています。労使関係の動向を示す労働分配率（**図3-28**）は依然として高水準で、バブル期の過剰な人員を整理できていないといえます。企業による設備投資（**図3-25**）や対外直接投資（**図3-26**）も、アメリカのITバブル期以外は低水準といえ、日本経済が根本的に立ち直ったとはいえません。

この時期の重要な出来事は、金融システムにおいてみられました。すなわち銀行危機です。次項でくわしく述べますが、不良債権処理の遅れとアジア通貨危機の影響により、大型の金融機関があいついで破綻しました。97年11月には三洋証券、北海道拓殖銀行、山一證券があいついで破綻しています。ゆえに、収益が悪化していた日本の金融機関では、国際的な金融環境で生き残るために、99年以降あいついで合併が行なわれました。**図3-30**をみてください。第2局面以降、銀行数が減少していますね。

第2局面は、アジア通貨危機、銀行危機などがあり、民間企業の倒産件数も増加しています（**図3-29**）。これは企業業績が悪化したこともちろん原因ですが、**図3-31**にあるように、銀行からの融資が得られにくくなったことも原因に挙げられます。プラザ合意以降、大企業は間接金融から直接金融での資金調達にシフトしましたが、依然として中小企業はメインバンク・システムをとり、銀行からの融資に依存していたので、これがとどこおると企業の存続に直接影響します。不良債権処理に対応していた日本の金融機関は、**貸し渋り**（健全な資金の借り手にもかかわらず、銀行が融資条件を厳しくするなどして融資を渋る）や**貸し剝がし**（融資している資金を返済期日前にもかかわらず回収する）を行ない、これらは社会問題になりました。

つぎは**図3-32**をみてください。97年以降GDPデフレーターが右下がりのグラフになっていることがわかりますね。ついには「1」を下回るようになりました。このように第2局面からはデフレが深刻化します。それにとも

ない、消費支出額も一貫して減少していますね。これは、デフレの影響とともに 97 年より家計の収入が減少したこと（**図 3-33**）も理由に挙げられます。第 1 局面では、家計は消費性向を上げ、そして貯蓄率を下げることで消費金額を増やしましたが、第 2 局面ではそもそもの収入が減り、消費額の低下（**図 3-32**）と貯蓄率の低下（**図 3-34**）が並存しています。すなわち、家計の可処分所得がどんどん少なくなっているということです。アメリカの IT バブルのおかげで 1999 年 1 月から 2000 年 11 月まで短いあいだ好景気となりましたが、それでも家計の消費支出額は変わっていません。これは景気の先行きが不透明なため、財布の紐が堅くなったということがいえます。また、好景気のときでも、日本企業が賃金を上昇させることができなかった（**図 3-33**）ということもいえます。こうした動きを引き起こした 1 つの要因としては、1990 年代に加速した**雇用の非正規化**を挙げることができます。企業にとって厳しい経営環境のなかで正社員を雇うことはきわめて難しいことです。なぜなら正社員を一度雇うと、そう簡単にはクビを切ることができないからです。その点、パート・アルバイトといった非正社員は比較的簡単にその数を調整できますから、企業は非正規労働者を雇う傾向にあります。そこで雇われる人たちの給料は安く、結果として家計全体の可処分所得は伸び悩むことになりました。この局面になると、経済停滞の深刻さは認識され、さまざまな対策が講じられました。

【第 3 局面　02 年 2 月〜07 年 10 月】平均実質経済成長率：約 1.9%、失業率 5.4% → 3.9%

　この局面の特徴は、さまざまな「企業の試行錯誤（IT 技術の導入、賃金制度、雇用調整、企業統治改革、コア事業の強化、企業買収や経営統合など）」と「金融システム不安の低下」により、景気が回復してきたことにあります。第 1 局面での回復（95〜96 年）、第 2 局面での回復（99〜00 年）とは異なり、政府支出は抑えられたなか（次項参照）での回復でした。（橋本・長谷川・宮島・齊藤 2011, p. 302）

　表 3-10、**図 3-24** をみてください。実質経済成長率は 2002 年に 1.1%、

2003年には2.1%、2004年には2％となっています。株価も、2002年末には8000円台でしたが、1万円台に回復しています。図3-25、図3-26、図3-27をみてください。企業の行動をみると、設備投資は2003年よりプラスに転じ、対外直接投資もプラスに転じています。企業の売り上げも、2003年より回復傾向です。これは、図3-35のように輸出が好調で、加えて労働分配率（図3-28）が低下したことによります。この時期輸出が好調であったのは、図3-36のように円安傾向であったことも関係しています。

金融面に目を転じると、銀行の合併（図3-30）はさらに加速し経営が強化され、中小企業への貸出残高（図3-31）も下げ止まり、ないしは回復傾向にあります。結果として、企業の倒産件数（図3-29）も減少しています。依然としてデフレは進行（図3-32）していますが、消費支出額の減少幅は少なくなっています。これは、図3-33をみるとわかりますが、家計の収入もプラスに転じているからです。

3-5-3　バブル崩壊後の政策と不良債権問題

バブル崩壊の原因や崩壊後の経済状況を前項までに学びました。本項では、具体的な政府の対応や、制度変化に関して学びます。**金融システム安定化（不良債権処理）**、**財政金融政策**、**規制緩和**の3つに焦点を当てますが、バブル崩壊後の日本経済にとっていちばん重要な問題は**不良債権の処理**でした。

（1）金融システムと不良債権処理

全国銀行協会ホームページによれば、不良債権の定義は以下です。「不良債権とは、経営が破綻している先や業績不振などによって経営が実質的に破綻している先、あるいは破綻する危険がある先に対する債権のことです。元本または利息の支払いが3か月以上とどこおっている貸し出し金や当初の条件どおりに返済できず、金利の減免（引下げ）や元本の返済が猶予されている貸し出し金も含まれます」。

不良債権の存在は、まず、銀行の収益に影響を与えます。貸出先が返済できないと、銀行の損失となりますし、利息が入らなければ収益も悪化するの

です。また、不良債権の額が銀行の経営に影響を与えます。**自己資本比率**とは、文字どおり、資本＝自己資本＋他人資本（預金）のうち、自前の資本の割合です。たとえば、自己資本10兆円、他人資本90兆円ならば、自己資本比率は10％となります。ここで、不良債権が5兆円と20兆円の場合を考えましょう。不良債権が5兆円であれば自己資本でまかなえますが、20兆円では自己資本だけではまかなえず、他人資本から10兆円使わなければなりません。つまり、このままでは預金を全額払い戻すことができなくなり、倒産の可能性も高まるのです。すなわち、不良債権の額が銀行の経営状況に大きく影響を与えます。

　また、バブル崩壊後に問題となったのは**追い貸し**です。不良債権があると銀行の評判が悪くなります。銀行は不良債権の存在が明るみにならないように、「すでに不良債権があり、新たに融資を受けても返済できそうもない企業」に追加で融資をしました。このようなことが銀行によって行なわれると、不況期に倒産されるべき収益性の低い企業がいつまでも人為的に温存されてしまい、逆に、経営効率の高い優良企業にお金が回らなくなります。つまり、不況が長期化されてしまうのです。新商品や優良サービスを提供するベンチャー企業のような新興企業にはお金が回りませんので、日本経済の成長活力がなくなるのです。

　また、不良債権を保持する企業がたとえすばらしい事業を考案しても資金を集めにくくなります。新しい事業で儲けることができても、その儲けは不良債権処理に使用されるからです。つまり、新しい事業に投資した人には新事業での利益が配分されないので、新たに投資しようとする人は現われにくいのです。また、不良債権を保持している経営者にとっても、有望なビジネスチャンスにトライするモチベーションは上がりません。なぜなら、雇われ経営者の場合、倒産しては給料を貰う相手がいなくなりますので、なるべく倒産しないように不良債権処理を優先します。有望なビジネスチャンスがあっても不良債権処理を優先し、倒産を防ぐのです。バブル崩壊後の日本経済には、不良債権が大量に存在していたため、このように**新たに成長をする活力**を失っていました。加えて、資産価格が低下していたため、企業がお金

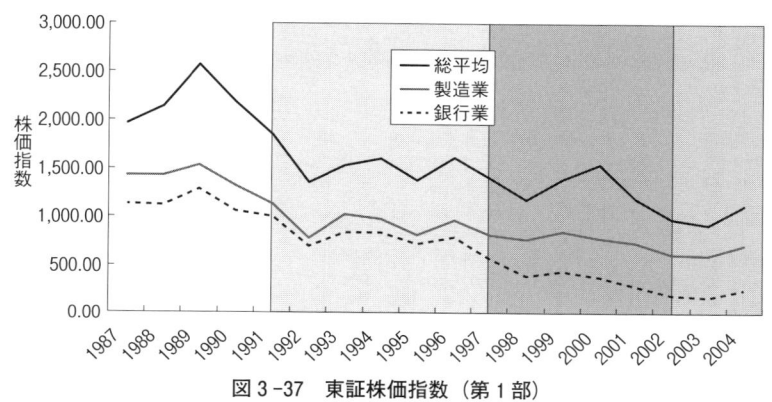

第 3 章 戦後日本経済の歴史

図 3-37 東証株価指数 (第 1 部)
出所:総務省統計局『日本の長期統計系列』第 14 章「金融・保険」より筆者作成。

を借りづらい状況であったことも原因です。たとえば、いままで 1 億円の価値があった土地を担保に 6000 万円借りていた企業が、同じ土地の価値が半額 (5000 万円) になれば、借入可能な金額も単純にいえば半分 (3000 万円) になるからです。

そもそも、日本経済の不良債権問題は、バブル期に高騰した土地を担保に融資を受けた企業が、バブル崩壊後の資産価格低下により、借入資金を返済できなくなったことに端を発しています。とくに、**住宅金融専門会社(住専)** が不良債権により多数経営破綻しました。住専とは、当時の大蔵省が先導し、銀行などの金融機関が共同出資して設立した個人向け住宅ローンの専門会社です。この住専破綻による損失穴埋めに、母体である銀行の資金が大量に用いられました。その結果、日本の銀行の信用格付けが著しく低下したのです。日本の銀行の株価は他産業の株価に比べ低下し (**図 3-37**)、日本の銀行が海外の金融市場から資金調達をするときにのみ上乗せされる利子、「**ジャパン・プレミアム**」が設定されました。

このような状況下で、先に述べた銀行危機が 97 年に起き、日本の銀行の格付けはさらに低下し、ジャパン・プレミアムの上昇、銀行株価のさらなる低下を招いたのです。それゆえ、政府は 98 年と 99 年に公的資金を注入し、不良債権処理に取り組むことを宣言しました。また、収益が悪化していた日

表3-11 金融再生プログラムの概要

《1. 新しい金融システムの枠組み》	《2. 新しい企業再生の枠組み》	《3. 新しい金融行政の枠組み》
(1) 安心できる金融システムの構築 ・国民のための金融行政 ・決済機能の安定確保 ・モニタリング体制の整備 (2) 中小企業貸出に対する十分な配慮 ・中小企業貸出に関する担い手の拡充 ・中小企業再生をサポートする仕組みの整備 ・中小企業の実態を反映した検査の確保 ・中小企業金融に関するモニタリング体制の整備 ――貸し渋り・貸し剥がしホットラインの設置 ――貸し渋り・貸し剥がし検査 (3) 2004度に向けた不良債権問題の終結 ・政府と日銀が一体となった支援体制の整備 ・新しい公的資金制度の創設	(1)「特別支援」を介した企業再生 ・貸出債権のオフバランス化推進 ・時価の参考情報としての自己査定の活用 (2) 整理回収機構のいっそうの活用と企業再生 ・企業再生機能の強化 ・企業再生ファンドなどとの連携強化 ・貸出債権取引市場の創設 ・証券化機能の拡充 (3) 企業再生のための環境整備 ・企業再生に資する支援環境の整備 ・過剰供給問題などへの対応 ・早期事業再生ガイドラインの策定 ・いっそうの金融緩和の期待 (4) 企業と産業の再生のための新たな仕組み	(1) 資産査定の厳格化 ・資産査定に関する基準の見直し ――再建計画や担保評価の厳正な検証など ・自己査定と金融庁検査の格差公表 ・自己査定の是正不備に対する行政処分の強化 ・財務諸表の正確性に関する経営者による宣言 (2) 自己資本の充実 ・自己資本を強化するための税制改正 ・繰延税金資産の合理性の確認 ・自己資本比率に関する外部監査の導入など (3) ガバナンスの強化 ・優先株の普通株への転換 ・健全化計画未達先に対する業務改善命令の発出

出所：金融庁ホームページより筆者作成。

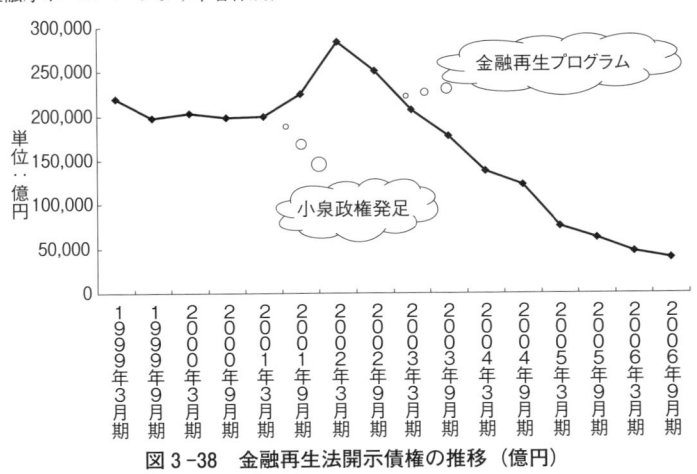

図3-38 金融再生法開示債権の推移（億円）

出所：金融庁ホームページより筆者作成。都銀・旧長信銀・信託。

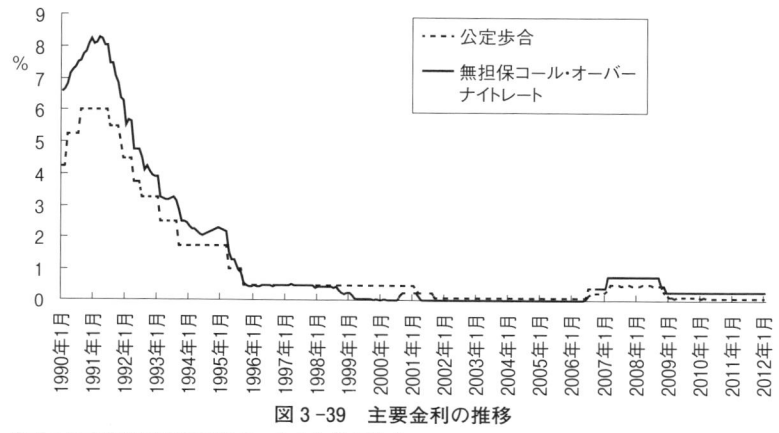

図3-39 主要金利の推移
出所：日本銀行時系列統計データより筆者作成。

本の金融機関では、国際的な金融環境で生き残るために、99年以降あいついで合併が行なわれました（図3-30）。これは、金融業界における規制緩和（**金融ビッグバン**。後述）がいっそう進展したことにもよります。しかしながら、アメリカITバブルによる景気回復と、銀行の合併によりジャパン・プレミアムは低下しましたが、不良債権処理は思うように進展しませんでした。

　不良債権処理に決定的な役割を果たしたのは、2001年4月に成立した小泉内閣です。小泉内閣は「経済緊急対策」を発表し、不良債権処理に強く取り組むことを明言しました。2002年10月には「金融再生プログラム――主要行の不良債権問題解決を通じた経済再生」を公表します。小泉政権の取り組みにより、2003年頃より主要銀行レベルでは不良債権問題はおおむね解消されていきました。

（2）政府当局の関与――金融政策と財政政策

　それでは、バブル崩壊後の金融政策をみてみましょう。まず、91年7月より公定歩合が段階的に引き下げられました（図3-39）。99年2月には、日本銀行が無担保コール・オーバーナイトレートを事実上0％にする**ゼロ金利政策**を行ないました。しかしながら、当時の日本経済は「**流動性の罠**」には

第Ⅰ部　日本経済の基本構造

表3-12　バブル崩壊後の政策

年	内閣	名称	事業規模
1992年 8月	宮沢内閣	総合経済対策	10.7
1993年 4月	宮沢内閣	総合経済対策	13.2
9月	細川内閣	緊急経済対策	6.15
1994年 2月	細川内閣	総合経済対策	15.25
1995年 4月	村山内閣	緊急円高・経済対策	2.72
9月	村山内閣	経済対策	14.22
1998年 4月	橋本内閣	総合経済対策	16.65
11月	小渕内閣	緊急経済対策	23.9
1999年 6月	小渕内閣	緊急雇用対策・産業競争力強化対策	0.5
11月	小渕内閣	経済新生対策	18
2000年10月	森内閣	日本新生のための新発展政策	11
2001年10月	小泉内閣	改革先行プログラム	5.8
12月	小泉内閣	緊急対応プログラム	4.1
2002年12月	小泉内閣	改革加速プログラム	14.8
2008年 8月	福田内閣	安心実現のための緊急総合対策	11.7
10月	麻生内閣	生活対策	26.9
12月	麻生内閣	生活防衛のための緊急対策	43
2009年 4月	麻生内閣	経済危機対策	56.8
12月	鳩山内閣	明日の安心と成長のための緊急経済対策	24.4
2010年 9月	菅内閣	円高、デフレへの緊急対応	9.8
10月	菅内閣	円高・デフレ対応のための緊急総合経済対策	21.1
2013年 1月	安倍内閣	日本経済再生に向けた緊急経済対策	20.2

出所：内閣府、首相官邸、各種政府ホームページより筆者作成。事業規模の単位は兆円。

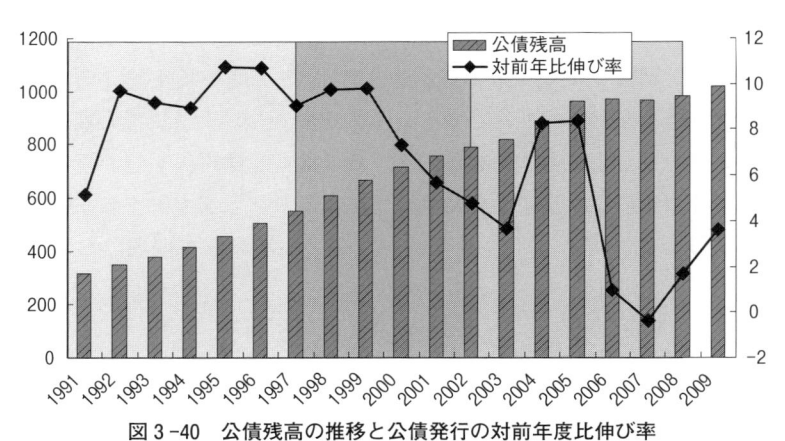

図3-40　公債残高の推移と公債発行の対前年度比伸び率

出所：International Monetary Fund, *World Economic Outlook Database, April 2011* より筆者作成。

まっていました。歴史的にみて、金利が下がると企業が資金を借りるコスト
が低下するため、借り入れが増え、投資が増加します。しかしながら、景気
の先行きがあまりに不透明である場合には、たとえ金利がゼロでも企業は借
り入れをしません。これを流動性の罠と呼びます。いくら金利を引き下げて
も企業の投資が増えず、景気を刺激することができないのです。すなわち、
金融政策の効き目がありませんでした。

　では、財政政策はどうだったのでしょうか。第1局面では、宮沢内閣以降
公共事業の拡大による景気刺激策がとられています。その事業規模も大きく、
公債残高の対前年度比伸び率（図3-40）も10％前後と非常に大きな値です。
それゆえ、96年に発足した橋本内閣では、財政再建が大きな課題となって
いました。当時は、①財政政策によりバブル崩壊の傷跡から回復傾向、②不
良債権処理も終了、と思われていたためです。しかしながら、アジア通貨危
機もありましたが、この緊縮財政路線が日本経済をふたたび不況へと向かわ
せたといえます。

　第2局面の初期、すなわち橋本内閣（98年4月）、小渕内閣（98年11月、
99年6月、99年11月）では、橋本内閣（96年）の緊縮路線の反動で大規模
な財政政策が行なわれます。公債残高の対前年度比伸び率（図3-40）も高
い値です。しかしながら、前項でみたように景気は回復しませんでした。
「小渕内閣期の財政支出は、ある試算〔内閣府経済社会総合研究所 2001〕によ
れば、公共投資の乗数が最大で1.3、所得税減税では0.6と1を下回った」
（橋本・長谷川・宮島・齊藤 2011, p. 328）のです。つまり、2-1-5「財政政
策と乗数」で学んだような、**乗数効果**が働かなかったのです。むしろ、いた
ずらに政府の借金を増加させただけといえます。図3-40でも、第2局面の
中頃まで政府債務の増加スピードが著しいことがわかります。

　日本経済は、金融政策・財政政策がともに景気刺激策とならない状況が続
いており、加えて、政府債務も増加の一途をたどっていました。そのような
状況下で現われたのが小泉内閣です。小泉内閣は財政政策によって景気を上
向きにするという政策が、当時の状況下では効き目がないことを認識し、
「**聖域なき構造改革**」をスローガンに経済・財政改革に取り組みます。不良

債権処理、財政再建、構造改革の3つが目標でした。構造改革とは、**民営化（民間企業でできることは民間で）、三位一体の改革（地方でできることは地方で）、規制緩和・撤廃（自由競争による国際競争力向上）**です。政府の規模をなるべく小さくし、市場経済の力を用いるという点で、新自由主義的政策としばしば批判されることもあります。しかしながら、小泉政権の成果により、図3-38のように不良債権処理は進み、図3-40のように公債発行残高の伸び率も抑えられているといえます。

(3) 規制緩和

最後は、バブル崩壊後の規制緩和についてです。この時期に規制が緩和されたものとして、金融自由化、コメの自由化（コメの輸入規制緩和）、大規模小売店舗法の廃止（大型店舗の出店自由化）、通信自由化（携帯電話産業への新規参入）、電力小売自由化、航空料金の自由化、保険料率の自由化、医薬品のカテゴリーの見直し（コンビニでの栄養ドリンク販売）、郵政民営化、派遣労働の自由化などが挙げられます。どれも70年代後半から80年代にかけての規制緩和・撤廃の流れを受けており、各種産業において自由化を行なうことで、競争を促進し、サービスの向上・価格の低下、国際競争力の強化をねらったものといえます。

金融自由化は、プラザ合意後にも金利の自由化、金融の国際化で進展していましたが、橋本内閣の金融ビッグバンにより、**業務範囲の自由化**が進みます。橋本内閣は、**Free**（市場原理が働く自由な市場に：参入・商品・価格などの自由化）、**Fair**（透明で信頼できる市場に：ルールの明確化・透明化、投資家保護）、**Global**（国際的で時代を先取りする市場に：グローバル化に対応した法制度、会計制度、監督体制の整備）の3原則で、抜本的な金融市場改革を行ないました。具体的には、外国為替法改正（外貨預金の解禁）、銀行などにおける投資信託の窓口販売解禁、インターネットでの証券取引解禁、金融持ち株会社の解禁、株式の委託手数料自由化などが挙げられます。「銀行」「信託銀行」「証券会社」「生命保険会社」「損害保険会社」など、いままでは役割が企業ごとに定められていました。これら業務上の垣根を取り

払うことが業務範囲の自由化です。また、外資系金融機関や非金融民間企業が国内の金融業界に参入することも可能となりました。

注
(1) 武田（2009）で指摘されていますが、じつは「終戦」がいつであったのかを厳密に規定するのはかなり難しいことです。ポツダム宣言を受諾し、国際的に敗戦を受け入れたのは8月14日ですし、降伏文書にサインしたのは9月2日です。また講和条約締結が戦争状態の終結ならば、1951年のサンフランシスコ講和条約がそうかもしれません。しかし、中国や韓国、北朝鮮はこの条約に参加していませんから、これらの国との講和という意味では1970年代まで「戦争状態」がつづいていたことになります。
(2) http://www.ndl.go.jp/constitution/shiryo/01/022_2/022_2tx.html（2013年4月18日アクセス）。
(3) 先述したとおり、ドッジ・ラインまでにもインフレ対策としてさまざまな政策が打たれていたので、どの政策がインフレ撃退に効果をもったのかは定かではありません。ドッジ・ラインの効果を主張する説もあれば、傾斜生産方式の効果が表われた頃にドッジ・ラインが実施されたと主張する学者もいます。
(4) 現状のように変動相場制であれば、生産効率が上昇すると、為替レートも円高になるため（購買力平価説）、為替レートは変化しない固定相場制の場合に比べて、利益はそれほど増加しないと予想されます（第7章参照）。
(5) 企業が互いの安定株主として、発行株式を長期的に保有しあう企業慣行のことです。安定は、現経営陣を支持しない第三者に対して株式を売却しないという意味においてであり、対象企業の業績が著しく悪化した場合には、他の企業間で共同して現経営陣の退陣を要求したり、自企業の都合により株式処分の必要が生じた場合には、事前通達のうえで所有株式を処分したりすることはありえます（持ち合い解消）。
(6) 新しく企業に就職する人たち、いわゆる新卒者の学歴は、高度成長期後半には高卒となっていきました。こうした高学歴化の進展も、労働者の基礎的な力を引き上げるという意味で、企業や経済の競争力向上に貢献したと考えられます。
(7) ただし、この法案は官庁独自の案で、政治的にサポートをする団体が存在せずに廃案となりました。
(8) 生産計画に応じて「必要なものを、必要なときに、必要なだけ」供給できれば、「ムダ、ムラ、ムリ」がなくなり、生産効率が向上します（トヨタ自動車株式会社ホームページ）。
(9) ブラックマンデーとは、1987年10月19日に起こった世界的株価大暴落のことです。ニューヨーク株式市場の暴落（下落率22.6％で、1929年の世界恐慌よりもひどい）を発端に世界同時株安となりました。当時のアメリカは、ドル高・高金利がつづいていましたが、ドル安になりそうだという気配を察知した日本の金融機関が、もっていたアメリカ財務省証券を大量に売ったのが引き金といわれています。ドル安にな

れば金利も下がるので、儲けが減ると考えたからです。

【本章の理解をさらに深めるための参考図書】
浅子和美・篠原総一編（2011）『入門・日本経済』第 4 版、有斐閣（本文では 2006 年版も参照）。
内田茂男・三橋規宏・池田吉紀（2010）『ゼミナール日本経済入門』日本経済新聞出版社。
河村哲二（2003）『現代アメリカ経済』有斐閣アルマ。
後藤晃（2000）『イノベーションと日本経済』岩波新書。
武田晴人（2009）『日本経済の事件簿』日本経済新聞社。
中村隆英（1993）『日本経済』第 3 版、東京大学出版会。
野口悠紀雄（1992）『バブルの経済学——日本経済に何が起こったのか』日本経済新聞出版社。
橋本寿朗・長谷川信・宮島英昭・齊藤直（2011）『現代日本経済』第 3 版、有斐閣アルマ。
吉川洋（1992）『日本経済とマクロ経済学』東洋経済新報社。
―――（2012）『高度成長』中公文庫。

第4章
データでみる日本経済の現状と未来

前章までに戦後日本経済の発展の歴史をみてきましたが、本章では日本経済の現状と未来を考えてみたいと思います。日本という国が実際どのような経済状態であるか、データから学びましょう。

―【本章で学ぶポイント】―
① 日本経済の現状をデータから理解する。
② 産業の現状をデータから理解し、問題点を理解する。
③ 日本経済の未来に関する各種推定値から、問題点を理解する。

4-1　日本経済の現状

第1章でみたように、一国の経済規模はGDPを用いて測られています。先にみたように、日本のGDPランキングは長く世界第2位の地位にいましたが、中国に抜かれ現在は3位です。購買力平価でみた国民1人当たりのGDP（図4-1）でみても、1990年年代前半をピーク（6位）に現在は80年代前半の水準（17位）にまで落ち込んでいます。とくに、1人当たりGDPランキングがバブル崩壊後、とくに1997年以降激しく低下していることがわかります。日本の労働者は、職場での有償労働や無償の家事労働に1日平均9時間を費やし、世界で2番目に労働時間が長く、また、有償労働にかぎってみれば、世界でいちばん労働時間が長い国です（図4-2）。それにもかかわらず、他の労働時間が短い国に比べ1人当たりGDPが低いということは、仕事の効率が悪いことを意味し、長時間労働は余暇の時間を短くしま

第Ⅰ部　日本経済の基本構造

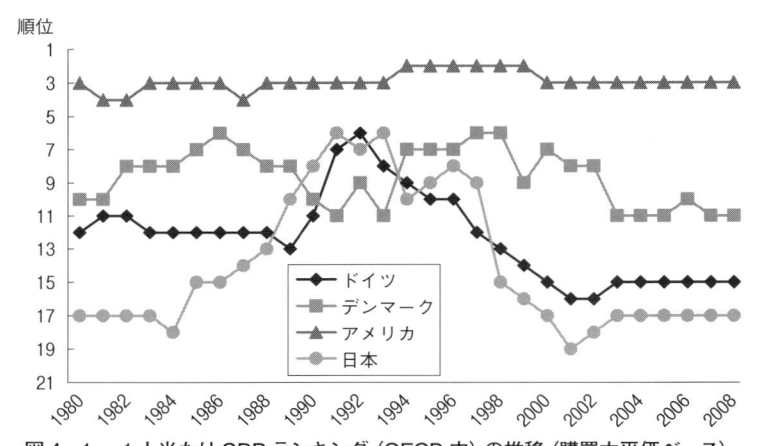

図 4-1　1人当たり GDP ランキング（OECD 内）の推移（購買力平価ベース）
出所：OECD, *Factbook 2010: Economic, Environmental and Social Statistics* より筆者作成。

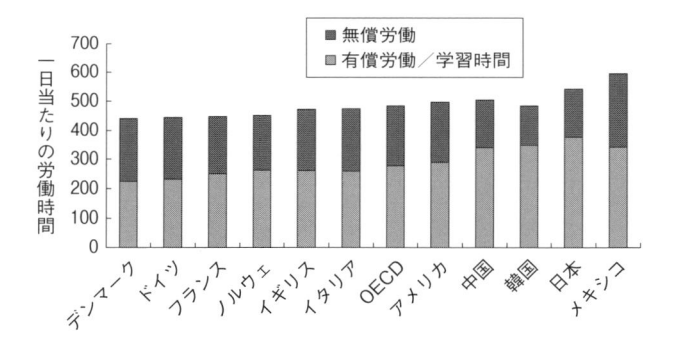

図 4-2　労働時間の国別比較
出所：OECD, *Society at a Glance 2011: OECD Social Indicators* より筆者作成。

すから、結果として日々の生活の幸福度は低くなります。イギリスのレガタム研究所（The Legatum Institute）が行なった2011年度の幸福度調査（The Prosperity Index）によると、世界110カ国のなかで日本は21位であり、トップ3はノルウェー、デンマーク、オーストラリアでした。

つぎに、日本の失業率ですが、近年ではおおむね5％前後を推移していま

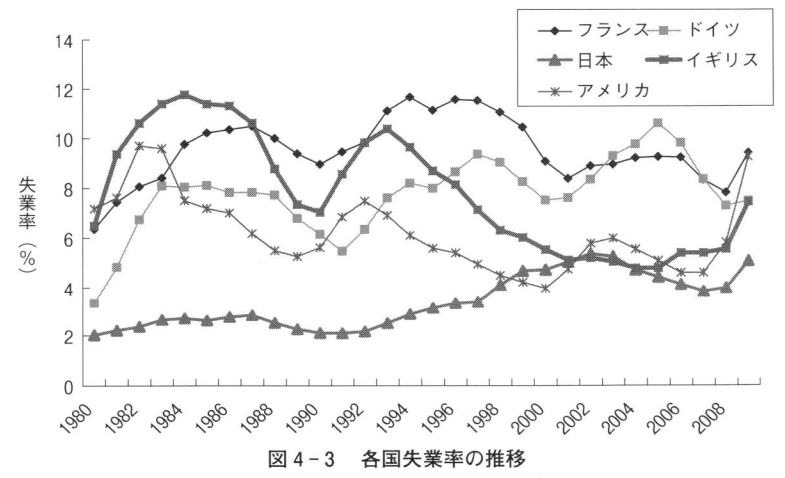

第4章　データでみる日本経済の現状と未来

図4-3　各国失業率の推移
出所：IMF, *World Economic Outlook Database, October 2010* より筆者作成。

す（図4-3）。欧米に比べると低い失業率ですが、つぎの理由が考えられます。第1に、失業者の定義の相違によるものです。日本の場合、失業者とは簡単にいえば「**調査期間中に職に就いていない者のなかで、就業が可能で、職に就くことを希望し、かつ就職活動中の者、および仕事があればすぐ働ける者、過去の求職活動の結果を待っている者**」です。これを「就業者＋失業者」の人数で割ると失業率になります。一方、アメリカでは、レイオフ中の者を含みます。**レイオフ**とは、企業が不況の際、一時的に人件費を抑制するため、労働者の再雇用を前提とした一時的な解雇のことです。このように、アメリカではレイオフ中の者を含むので失業者が増えます。逆に、日本ではレイオフ中の者は含みません。また、アメリカでは「就業者」のなかに軍人は含みませんが、日本では自衛隊を含みます。このような結果、日本では失業率が低いのです。

　第2に、日本固有の情勢に由来するものです。まず、日本は安定的な経済成長がつづいていたため、十分な就業機会が得られていました。それゆえ、労働人口増加を経済成長が十分に吸収できました。第3に、不況になっても解雇しない、**日本的雇用慣行**（終身雇用制度。第9章参照）のため失業者が増

159

第Ⅰ部　日本経済の基本構造

表4-1　2008年度日本の国民総資産負債残高（単位：兆円）

1．非金融資産	2,557	3．負債	5,233
（1）生産資産	1,321	うち株式	438
うち在庫等	90	うち対外負債	344
有形固定資産	1,208		
無形固定資産	23		
（2）有形非生産資産	1,236	4．正味資産（国富）	2,783
2．金融資産	5,459		
うち株式	336		
うち対外資産	569		
総資産	8,016	合計	8,016

出所：浅子・篠原編（2011）p.10。原資料：内閣府『国民経済計算年報』。

加しませんでした。最後に、女性の就業率が景気に敏感に反応していました。つまり、不景気になり女性が解雇されても、終身雇用制度により男性（夫）が解雇されないので、女性（妻）は求職活動をする必要がありません。そのまま専業主婦になる人が多かったのです。専業主婦は定義により失業者にカウントされませんから、失業率は上がりません。欧米では男性（夫）も頻繁に失業するので、女性（妻）もつねに職を探さなければなりません。これらの理由から、日本では失業率が低いといわれています。

　GDPや1人当たりGDPはフローでしたから、今度は日本のストックをみてみましょう。第1章でみたように、過去から現在までに経済活動の成果として蓄えられてきた物の量がストックです。日本にはどれほどのストックがあるのでしょうか。ストック（資産）は、非金融資産（実物資産）と金融資産を合計したものです。非金融資産とは、「生産資産（在庫、有形固定資産及び無形固定資産）と非生産資産（有形非生産資産（土地等）、無形非生産資産）」（統計局ホームページより）に分類されます。

　表4-1によれば、2008年度の日本の総資産は8016兆円であり、国民1人当たりにすると約6280万円のストックがあることになります。そのうち非金融資産が2557兆円で32％を、金融資産は5459兆円で68％を占めてい

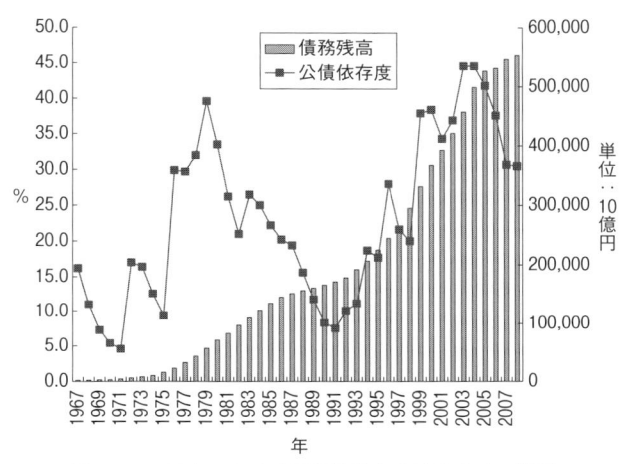

第4章　データでみる日本経済の現状と未来

図4-4　日本における累積債務と公債依存度の推移
出所：財務省財務総合政策研究所情報システム部『財政金融統計月報（予算特集）』より筆者作成。

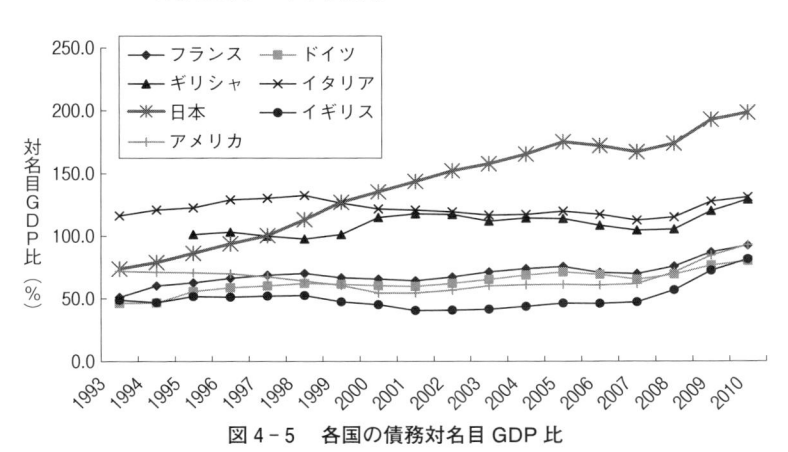

図4-5　各国の債務対名目GDP比
出所：OECD Tokyo 主要統計より筆者作成。

161

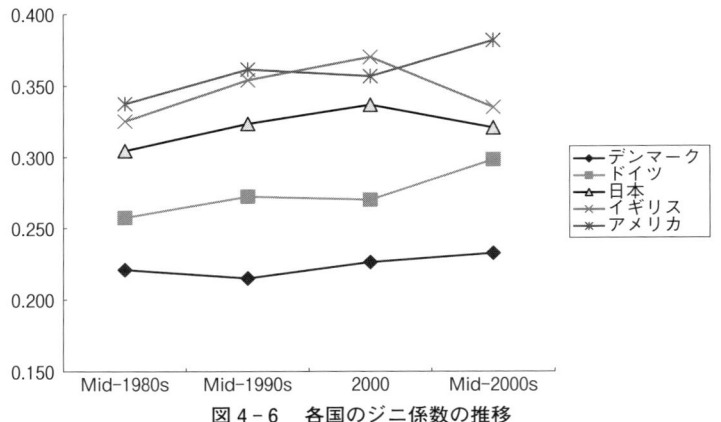

第Ⅰ部　日本経済の基本構造

図4-6　各国のジニ係数の推移

出所：OECD Tokyo 主要統計より筆者作成。

表4-2　国別の輸出入総額（単位：100万アメリカドル）

国（地域）	輸　　出				輸　　入			
	2007	2008	2009	2010	2007	2008	2009	2010
日本	714,211	782,052	580,719	769,839	619,662	762,629	550,550	692,434
韓国	371,554	422,007	361,614	466,384	356,648	435,275	322,843	425,212
中国	1,217,815	1,428,660	1,201,790	1,578,270	956,284	1,131,620	1,004,170	1,396,200
アメリカ	1,162,980	1,301,110	1,056,750	1,277,580	2,020,400	2,169,490	1,605,300	1,968,120
イギリス	434,790	468,244	356,453	410,176	622,125	641,303	484,270	561,511
イタリア	499,933	544,962	405,350	447,463	509,937	563,436	412,216	486,598
ドイツ	1,323,818	1,451,390	1,127,636	1,271,352	1,055,997	1,186,681	939,132	1,068,054
フランス	557,432	615,636	482,114	512,901	632,973	716,984	555,390	601,131

出所：総務省統計局『世界の統計』第9章「貿易」より筆者作成。原資料：UN, *Monthly Bulletin of Statistics*.

ます。ここで、金融取引とはお金の貸し借りですから、国内の金融資産は国内の誰かの負債となります。ゆえに、日本の純粋な資産を考えるために対外純資産と実物資産だけを考えると、日本の**正味資産**（**国富**）は約2800兆円です。また、対外金融資産569兆円から対外負債344兆円を引くと、純粋な対外資産は225兆円となります。そして、国民1人当たりにすると約180万円です。

しかしながら、第3章でも見ましたが、日本は莫大な借金を抱えており、

第4章　データでみる日本経済の現状と未来

表4-3　各国の貿易依存度（対GDP比：単位は％）

国	輸出依存度					輸入依存度				
	2005	2006	2007	2008	2009	2005	2006	2007	2008	2009
日本	13.1	14.9	16.0	16.1	11.4	11.3	13.3	14.1	15.6	10.8
韓国	33.7	34.2	35.4	45.3	43.4	30.9	32.5	34.0	46.7	38.8
中国	34.1	36.5	36.0	33.0	24.5	29.5	29.8	28.3	26.2	20.5
アメリカ	7.2	7.7	8.3	9.0	7.4	13.7	14.3	14.4	15.0	11.3
イギリス	16.3	17.6	15.5	17.1	16.3	21.2	22.4	22.2	23.5	22.2
イタリア	21.0	22.3	23.6	23.5	19.2	21.6	23.6	24.1	24.4	19.5
ドイツ	35.1	38.4	39.7	39.5	33.6	28.1	31.6	31.7	32.3	28.0
フランス	20.5	21.3	20.9	20.8	17.9	22.6	23.7	23.9	24.5	20.7

出所：総務省統計局『世界の統計』第9章「貿易」より筆者作成。原資料：IMF, *International Financial Statistics, Yearbook 2010.*

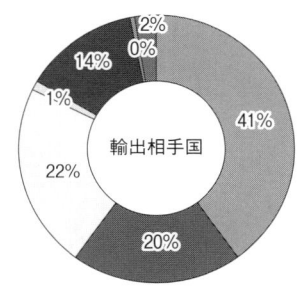

図4-7　2009年度日本の主要輸出相手国
出所：財務省『貿易統計』より筆者作成。

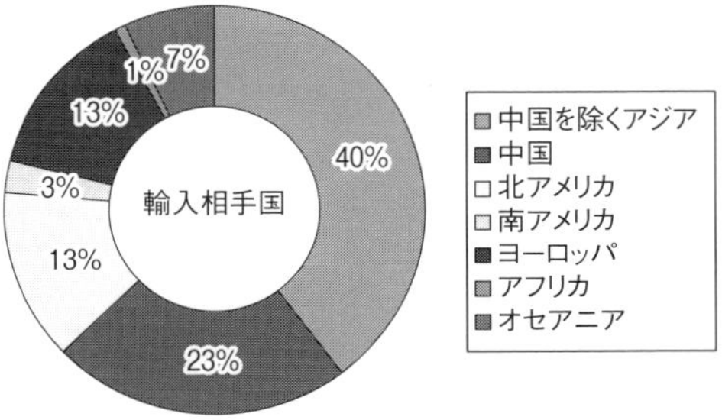

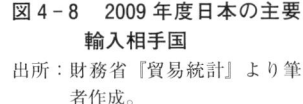

図4-8　2009年度日本の主要輸入相手国
出所：財務省『貿易統計』より筆者作成。

対名目GDP比で200％近くになっています（図4-5）。対外債務の多いギリシャやアメリカは2011年現在、財政危機に陥っています。日本の場合、対外債務が少なく、国債はほとんど国内の金融資産でまかなわれていますが、日本も財政の早急な健全化が望まれることはまちがいありません。

つぎに、格差に関するデータをみてみましょう（図4-6）。ジニ係数とは、所得格差を測定するために用いられる指標で、「1」に近づくほど格差があることを表わします。日本は、高度経済成長を経験するなかで所得格差は縮小し、その後バブル経済期からまた格差が広がり、そして2000年頃よりま

第Ⅰ部　日本経済の基本構造

表4-4　2009年度外貨準備高上位14カ国（単位：100万アメリカドル）

国（地域）	2009	国（地域）	2009
中国	2,417,903	香港	255,772
日本	1,023,586	ブラジル	237,424
ロシア	417,794	シンガポール	187,803
サウジアラビア	410,263	タイ	135,630
台湾	348,946	アメリカ	134,067
韓国	269,958	スイス	100,034
インド	266,166	メキシコ	99,605

出所：IMF, *International Financial Statistics, Yearbook 2010* より筆者作成。

た縮小しつつあります。世界的にみると、北欧のデンマークが低く、主要先進国でみればアメリカの所得格差が大きいことがわかります。

つぎに、日本の貿易額をみてみましょう（**表4-2**）。輸出入総額をみると、貿易総額が多いのは中国、アメリカ、ドイツです。日本の輸出入額は2000年代前半までともに第3位でしたが、現在は順位が下がっています。また、日本は貿易黒字大国と思われがちですが、輸出金額から輸入金額を引いた**貿易収支**をみてみると、2009年度には約300億ドル、2010年度には約100億ドルです。約2000億ドルもの貿易黒字を上げる中国やドイツと比べると、貿易黒字大国とはもはやいえません。そして、2011年分の貿易統計では、ついに2兆円近くの貿易赤字国となりました。

ただし、日本の貿易依存度をみると（**表4-3**）、対GDP比10％前後とあまり大きくありません。日本とアメリカを除く**表4-3**の国々は、輸出入ともに高い貿易依存度であることがわかります。また、日本の主要貿易相手国をみると（**図4-7**、**図4-8**）、アジアの比率がきわめて高く、アジアとの関係が今後ますます重要になっていくこともわかりますね。

つぎに、**外貨準備高**をみてみましょう（**表4-4**）。現在、日本は世界第2位の外貨準備高をもっています。外貨準備とは、対外債務の返済や輸入代金の支払い、為替レートの急変動（たとえば、急な円高による輸出企業の不振など）に対処するために保有している外貨（外国のお金）のことです。第

3章でみたように「国際収支の天井問題」もありましたね。表4-4は外貨準備高保有上位14カ国です。日本は第2位の外貨準備高を保持していますが、その多くはアメリカの国債というかたちです。これは中国に関しても同様で、つまり、アメリカの借金を日本と中国が買うことでアメリカの経済を支えているともいえます。

つぎに、日本のエネルギー状況に関してみてみましょう（図4-9）。わが国は、1次エネルギーの99.7％を輸入に頼っています。しかしながら、わずかながらではありますが、エネルギーを生産し、輸出もしています。

石油依存度はどうでしょうか（図4-10）。オイルショックにより、原油価格が高騰してからはエネルギー政策の転換が図られたことがわかります。現在の石油依存度は約40％です。東日本大震災の影響から原子力発電が問題になっていますが、日本はエネルギー資源がほとんどありませんので、今後もエネルギー政策には注目していく必要があります。

エネルギー状況と関連して、二酸化炭素排出量はどうでしょうか。図4-11は、日本の二酸化炭素排出量の推移です。温室効果ガスの排出量を削減し、地球温暖化を食い止めようとする「京都議定書」が採択され、2005年に発効されました。その取り組みの効果もあってか、2007年以降減少しています。しかしながら、世界第2位の二酸化炭素排出国であるアメリカ（図4-12参照）が京都議定書の締結を見送っていますから、地球規模でさらなる温室効果ガス削減を進めるためには、アメリカを含めた新たな枠組みが必要です。

最後に、日本の食糧自給に関してみてみましょう（図4-13）。日本は、1961年には80％程度ありましたが、近年は40％程度に落ち込んでいます。逆に、イギリスは1961年に40％程度でしたが、近年は70％前後です。日本の食料自給率が低下した要因として、食生活が大きく変化したことが考えられます。現在では、「国内で自給可能だった米の消費量が大幅に減少する一方、国内で生産が困難な飼料作物や油糧原料（大豆、なたね）を使用する畜産物や油脂類の消費が大幅に増加」（東北農政局ホームページ）しました。また、農業従事者ならびに耕作地の減少が理由に挙げられます（図4-14）。

第Ⅰ部　日本経済の基本構造

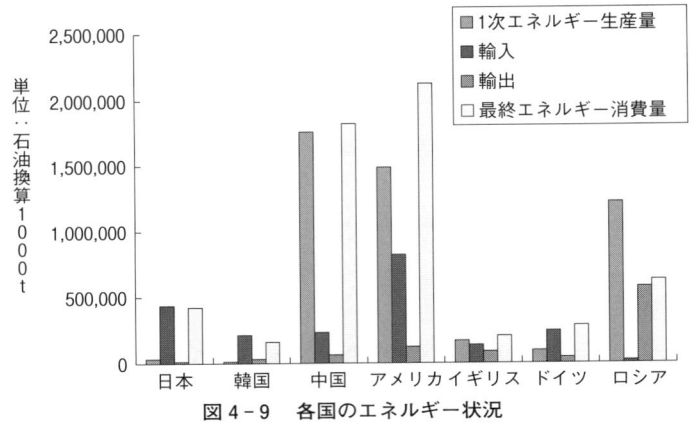

図4-9　各国のエネルギー状況

出所：総務省統計局『世界の統計』第6章「エネルギー」より筆者作成。原資料：UN, *Energy Statistics, Yearbook 2007.*

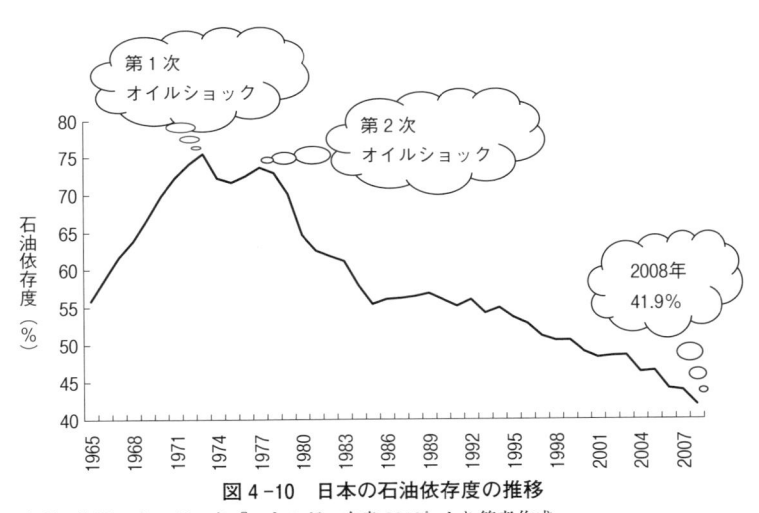

図4-10　日本の石油依存度の推移

出所：資源エネルギー庁『エネルギー白書2010』より筆者作成。

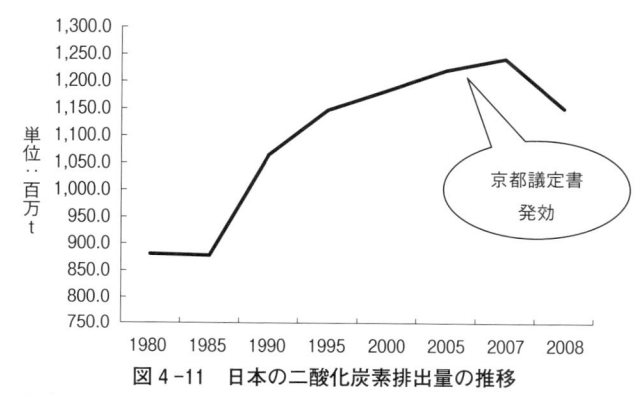

第4章 データでみる日本経済の現状と未来

図4-11 日本の二酸化炭素排出量の推移（京都議定書発効）

出所：総務省統計局『世界の統計』第16章「環境」より筆者作成。原資料：OECD/IEA, CO_2 Emissions from Fuel Combustion, 2010 Edition.

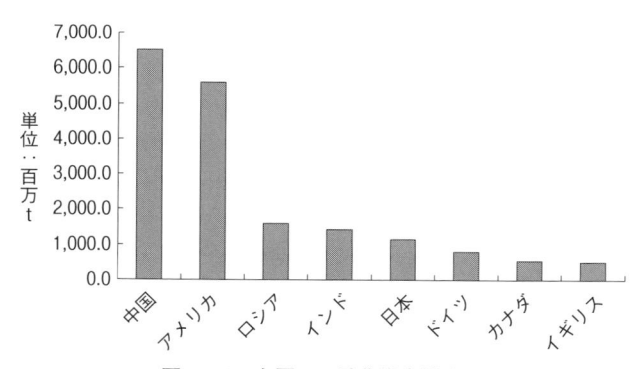

図4-12 各国の二酸化炭素排出量

出所：総務省統計局『世界の統計』第16章「環境」より筆者作成。原資料：OECD/IEA, CO_2 Emissions from Fuel Combustion, 2010 Edition.

これまで、日本経済の現状を主な指標からみてきましたが、つぎは「日本の産業」に特化して現状をみたいと思います。

第Ⅰ部 日本経済の基本構造

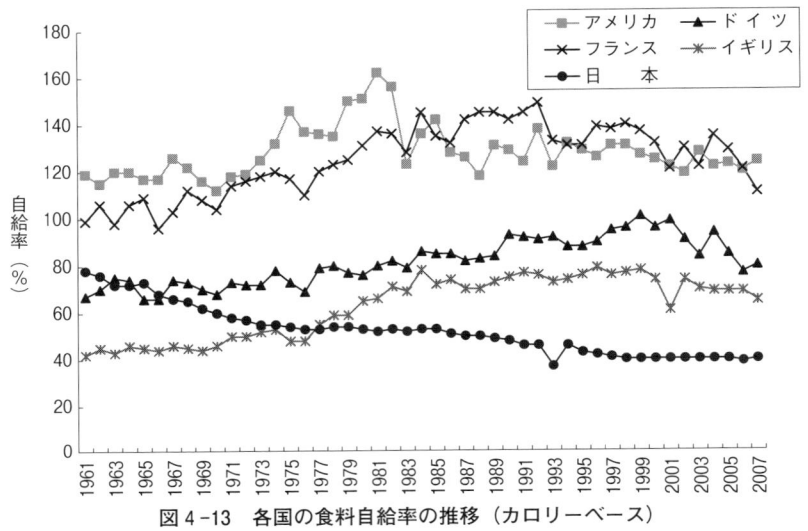

図4-13 各国の食料自給率の推移（カロリーベース）
出所：農林水産省『世界の食料自給率』より筆者作成。

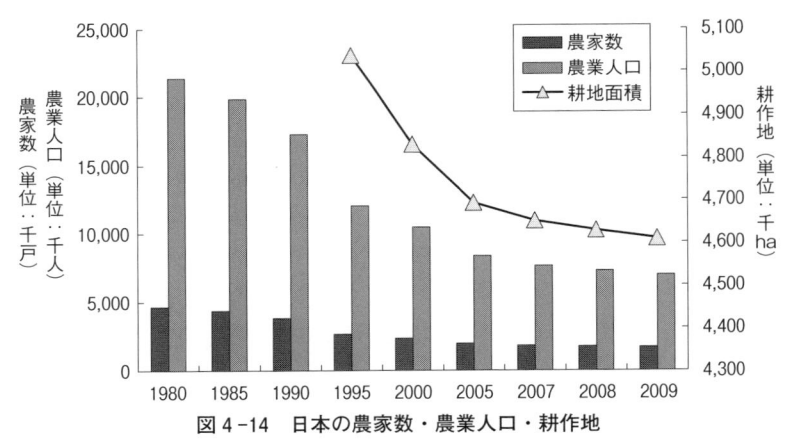

図4-14 日本の農家数・農業人口・耕作地
出所：総務省統計局『日本の統計』第7章「農林水産業」より筆者作成。

4-2　日本の産業をめぐる現状

　経済産業省は 2010 年 2 月、「日本の産業を巡る現状と課題」というレポート（経済産業省 2010）をまとめました。これをもとに、日本経済が抱える問題点をみてみましょう。2007 年の世界金融危機（リーマンショック）の影響により日本経済が不況になった際、日本は輸出産業が不振に陥ったため「**内需拡大**」をすべきだという論調が広まりました。内需とは国内での消費（需要）のことをいい、内需拡大とは国内の消費を活性化させることで企業の業績回復を、ひいては景気の回復を図ることです。内需を拡大するためには、私たち家計が消費を増加させる必要があります。しかしながら、図 4-15 をみてください。日本の貯蓄率は過去アメリカの 2 倍以上という高い割合でしたが、現在は低水準です。つまり、貯蓄を切り崩して消費に回す分が減っています。それでは、企業が給料（所得）を上昇させれば家計の消費も増えると考えられますが、図 4-16 をみてください。**労働分配率**とは、売上高・粗利益に対して人件費が占める割合です。日本企業はこの率がすでに高く、これ以上人件費（給料）を上げることはできません。バブル期の過剰な人員補填による人件費が企業利益を圧迫しているため、このままでは賃金の上昇が望めないのです。現に、2002 年 2 月から景気が回復しましたが、賃金は伸び悩みました（図 4-17）。内需を拡大にするには、何よりもまず経済を成長させなければならないのです。

　日本における 2001～2007 年度の経常利益増は 25.2 兆円ありましたが、そのうち、36％（9.1 兆円）がグローバル製造 4 業種（輸送機械：2.1 兆円、電機：3.2 兆円、鉄鋼：1.8 兆円、一般機械：1.9 兆円）でした（法人企業統計 年次調査より）。日本の経済成長はこれら製造業にかかっているといっても過言ではありません。しかしながら、その製造業も安泰ではありません。図 4-18 は、労働生産性の国際比較です。労働生産性とは、労働者 1 人当たりにつき、どれだけの付加価値を生み出したかを表わす指標です。技術進歩などにより上昇します。日本は他の先進国同様に上昇していますが、今度は

第Ⅰ部　日本経済の基本構造

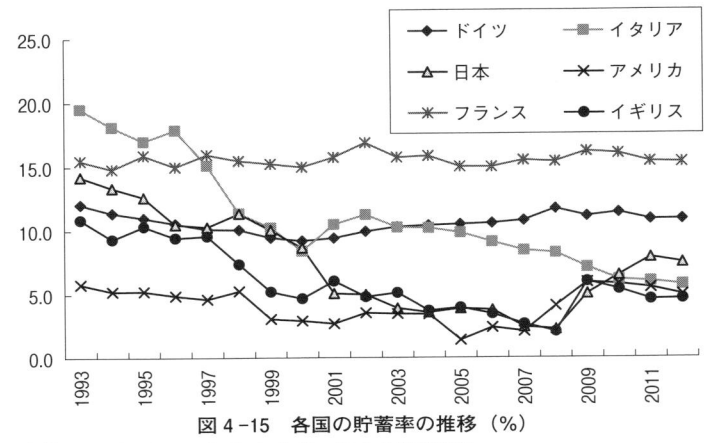

図4-15　各国の貯蓄率の推移（％）
出所：OECD, *Economic Outlook*, No. 89 より筆者作成。

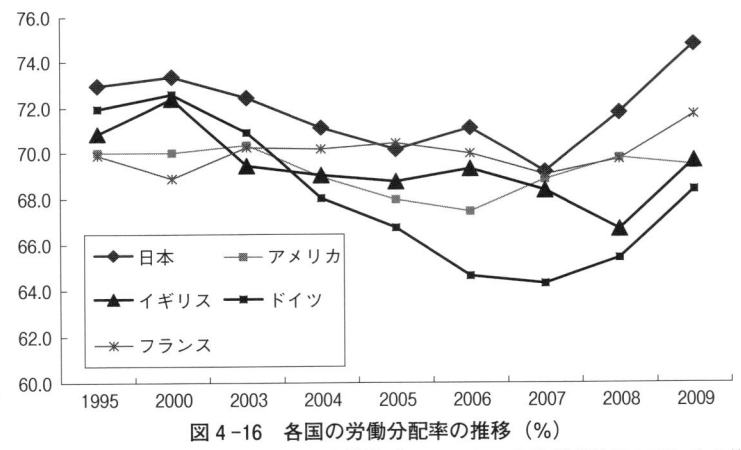

図4-16　各国の労働分配率の推移（％）
出所：独立行政法人労働政策研究・研修機構『データブック国際労働比較 2011』より筆者作成。原資料：日本は内閣府『平成 21 年度国民経済計算確報』、日本を除く OECD 諸国は OECD Database。労働分配率＝雇用者報酬／要素費用表示の国民所得× 100。

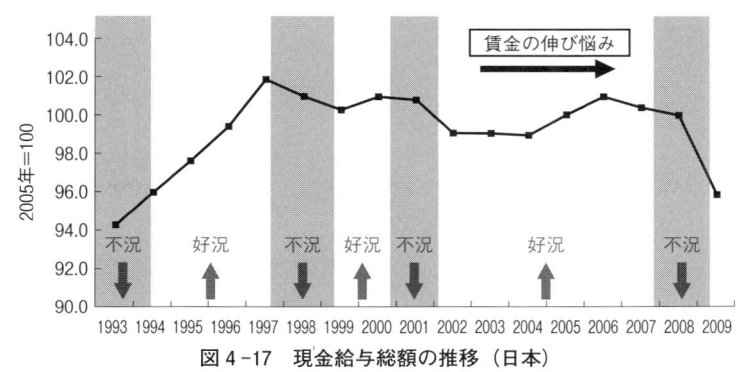

第4章 データでみる日本経済の現状と未来

図4-17 現金給与総額の推移（日本）

出所：厚生労働省『毎月勤労統計調査2009年12月』より筆者作成。事業形態30人以上の企業の一般労働者への現金給与総額。

図4-19をみてください。これは、1人当たりの雇用者報酬（雇用者に対して現金や現物で支払われた報酬の総額）を国際比較したものです。これをみると、日本とドイツだけがここ10年以上上昇していません。なぜ日本とドイツだけなのでしょうか。この2国に共通することは、**輸出型製造業**が成長の中心であるということです。そして、この2国は新興国とのコスト競争に直面しています。つまり、新興国では労働者の賃金が低いですから、それだけ製品の価格も安く輸出できます。新興国とグローバル市場で争うためには、日本やドイツも賃金を上昇させることはできません。なぜならば、製品価格が高くなってしまうからです。

また、日系企業は低収益体質であるといわれています。海外の企業よりも利益が少なく、ゆえに、賃金に回す分が生まれません。たとえば、半導体産業では、海外企業は利益率が約16％程度ですが、日系企業では約6％程度です（経済産業省2010, p.19）。では、なぜこのように日本企業が低収益体質なのでしょうか。同レポートによれば、日系企業は同一産業内にプレイヤーが多数存在するため、自国市場に占める企業数が多く、国内で消耗戦をしているためです（**表4-5**）。日本と韓国の自動車産業を比較してみると（**表4-6**）、市場規模は日本のほうが大きいですが、1社当たりの市場規模をみると、韓国のほうが1.5倍も大きいことがわかります。ゆえに、それだけ1社

171

第Ⅰ部　日本経済の基本構造

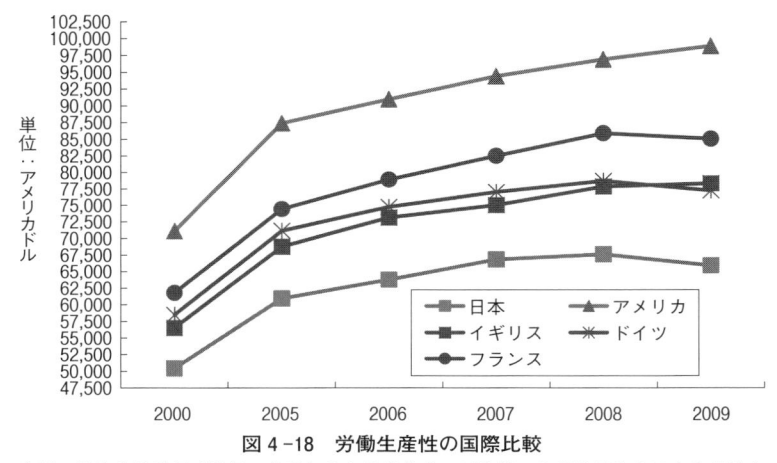

図4-18　労働生産性の国際比較

出所：総務省統計局『世界の統計』より筆者作成。原資料：公益財団法人日本生産性本部『労働生産性の国際比較2010年版』、日本生産性本部が購買力平価換算の国内総生産（GDP）を就業者数で除して算出。

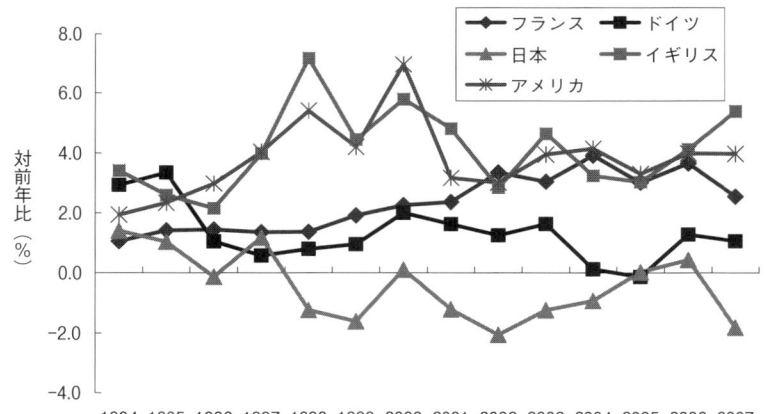

図4-19　1人当たり雇用者報酬の国際比較（対前年比増減）

出所：OECD, *Economic Outlook*, No. 89 より筆者作成。

第4章 データでみる日本経済の現状と未来

表4-5 各産業の主要プレイヤーの概要

	日本	北米	欧州	アジアほか
液晶TV	ソニー、シャープ、東芝、パナソニック、船井電機	Vizio（米）	Philips（蘭）	Samsung（韓） GE（韓） TCL（中）
鉄道	日本車両製造、日立製作所、川崎重工、東急車輛、近畿車輛	Bombardier（加）	ALSTOM（仏） Siemens（独）	現代ロテム（韓）
原子力	東芝（WH）、日立製作所、三菱重工	GE（米）、〔WH〕	AREVA（仏）	斗山重工業（韓）
水ビジネス（上下水）	東レ、メタウォーター、荏原、クボタなど ※主要企業は、装置16社、プラント建設9社、運営・保守管理3社	GE（米） Nalco（米）	Veolia（仏） Siemens（独） Suez（仏）	ThamesWater（豪）
画像診断危機	東芝メディカル、日立メディコ、島津製作所、アロカ	GE（米）	Philips（仏）	―

出所：経済産業省（2010）p.20より筆者作成。

表4-6 市場規模の日韓比較

	日本			韓国		
	主要企業数	市場規模	1社当たりの市場規模	主要企業数	市場規模	1社当たりの市場規模
自動車	6社（トヨタ外）	423万台	70万台	1社（現代・起亜）	102万台	102万台

出所：経済産業省（2010）p.21より筆者作成。原資料：みずほコーポレート銀行産業調査部。

当たりの利益が大きいのです。

　なぜ日本では同一産業に企業数が多いのでしょうか。それは、「85年の円高危機に対し、公共投資を中心とした内需拡大で対応したため、過剰供給構造が温存」（同上, p.22）されてしまったといえます。今後は、グローバル市場で勝つためには大胆な産業の集約が必要とされるかもしれません。

　また、日本企業が高収益体質へと変容するためにも、ビジネスインフラの

173

第 I 部　日本経済の基本構造

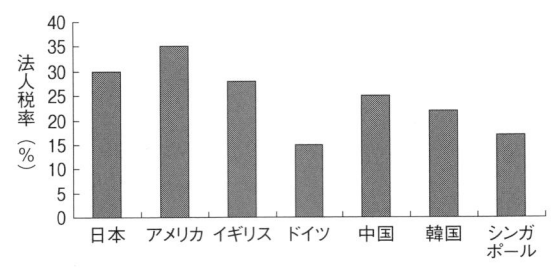

図 4 -20　法人税率の国際比較
出所：財務省ホームページ「G 7・アジア諸国における法人税率・付加価値税率及び負担率」より筆者作成。

再整備が必要です。なぜならば、日本は事業コストが他国に比べて高いからです。それだけ、他国に比べてビジネスをするのが不利といえます。**図 4 -20** をみてください。日本の法人税率がアジアの他の国と比べて 10％ 程度も高いことがわかります。

つぎに、**表 4 -7** をみましょう。これは、主要港湾の取扱コンテナ数ランキングです。1994 年に比べ、日本の港の相対的地位が低下しています。取り扱いコンテナ数自体は上昇していますが、新興国の発展にともなう世界経済規模の拡大の恩恵をあまり受けていない印象です。これは、日本の港の利用料（コンテナ取扱総料金）が高いことも影響しています。

つぎに、**表 4 -8** の航空貨物取扱量ランキングをみてください。ここでも日本の空港の地位が相対的に低下しています。

平成 22 年度年次経済財政報告（内閣府）では、「電話料金とオフィス賃料を見ると、前者は我が国が最も高いが、後者ではもはや高いとはいえない」、「外資系企業がアジアでの立地選択に際して何を重視するかを確認すると、我が国に進出した企業については、社会の安定性や有力提携先の存在のほか、輸送・物流インフラ、情報通信インフラなどの環境が良いことを挙げている」と述べられています。ただし、先の法人税など、ビジネスインフラが企業にとって不利に働いている側面は無視できません。「アジア地域で最も魅力を感じる国・地域（日本、中国、韓国、インド、香港、シンガポール）」に関するアンケート（経済産業省 2010, p. 33）では、「アジア地域統括拠点」

第4章　データでみる日本経済の現状と未来

表4-7　主要港湾の取扱コンテナ数ランキング（単位：100万TEU）

1994年			2008年		
順位	港名	100万TEU	順位	港名	100万TEU
1	香港	11.05	1	シンガポール	29.92
2	シンガポール	10.39	2	上海	27.98
3	高雄	4.9	3	香港	24.25
4	ロッテルダム	4.54	4	深セン	21.41
5	釜山	3.82	5	釜山	13.43
6	神戸	3.91	6	ドバイ	11.83
7	ハンブルグ	2.72	7	寧波-舟山	11.23
8	ロングビーチ	2.57	8	広州	11
9	ロサンゼルス	2.51	9	ロッテルダム	10.8
10	横浜	2.31	10	青島	10.32
15	東京	1.8	24	東京	4.27
24	名古屋	1.22	29	横浜	3.49

出所：国土交通省関東地方整備局『我が国港湾の国際競争力の低下』（2009年）より筆者作成。

表4-8　航空貨物取扱量ランキング（単位：千トン）

2000年			2010年		
順位	空港	総取引量	順位	空港	総取引量
1	メンフィス（アメリカ）	2 489	1	香港（中国）	4 165
2	香港（中国）	2 267	2	メンフィス（アメリカ）	3 916
3	ロサンゼルス（アメリカ）	2 038	3	上海（中国）	3 228
4	成田（日本）	1 932	4	仁川（韓国）	2 684
5	ソウル（韓国）	1 874	5	アンカレッジ（アメリカ）	2 646
6	ニューヨーク（アメリカ）	1 817	6	パリ（フランス）	2 399
7	アンカレッジ（アメリカ）	1 804	7	フランクフルト（ドイツ）	2 275
8	フランクフルト（ドイツ）	1 709	8	ドバイ（UAE）	2 270
9	シンガポール	1 705	9	成田（日本）	2 167
10	マイアミ（アメリカ）	1 642	10	ルイビル（アメリカ）	2 166

出所：Airports Council International ホームページより筆者作成。

第Ⅰ部　日本経済の基本構造

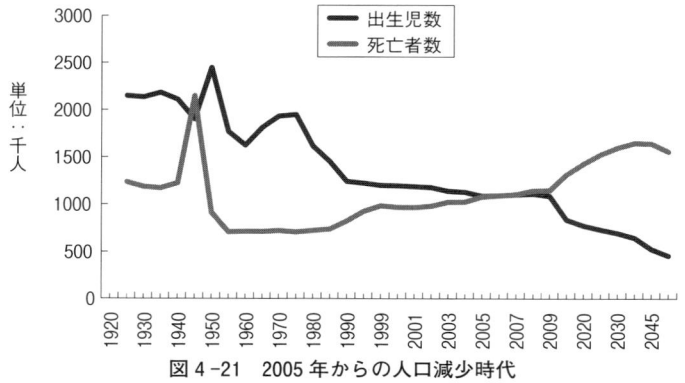

図4-21　2005年からの人口減少時代

出所：総務省統計局『日本の統計』第2章「人口・世帯」より筆者作成。2010年より推定値。

で日本は2007年に1位（23％）でしたが、たった2年後の2009年には8％（同率4位）と大幅に地位を低下させています。日本にヒト・モノ・カネが集まらなくなってきているのが現状です。ヒト・モノ・カネが集まらなければ、それだけ経済規模が縮小していきます。

4-3　日本の未来

さて、日本経済の現状を前節までにみてきましたが、未来の日本経済はどのような状況になるのでしょうか。内閣府が2005年に出版した『日本21世紀ビジョン』をもとにみてみましょう。政府のビジョンによれば、現在の日本経済は岐路に立たされており、つぎの4点が危惧されています。

① **経済が停滞し縮小する**（人口の減少に加え、人材や資金をいかせず環境変化への対応が遅れ、経済が停滞し縮小する）。
② **官が民間経済活動の重し・足かせとなる**（財政赤字を放置すると国債価格の暴落や長期金利の上昇を招きかねず、財政再建を増税のみで行なうと個人や企業に大きな負担をかけ、高負担高依存社会になる）。
③ **グローバル化に取り残される**（他国が進めている経済連携の波に取り残

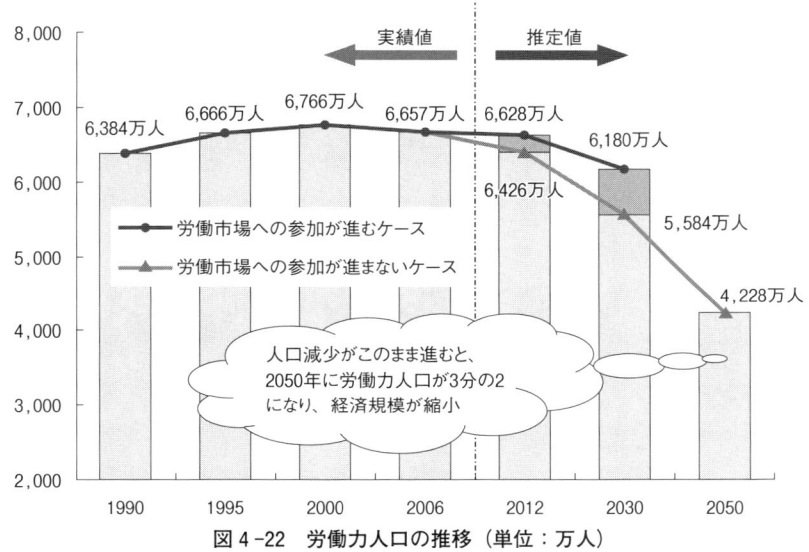

第4章 データでみる日本経済の現状と未来

図4-22 労働力人口の推移（単位：万人）

- 労働市場への参加が進むケース
- 労働市場への参加が進まないケース

年	労働力人口
1990	6,384万人
1995	6,666万人
2000	6,766万人
2006	6,657万人
2012	6,628万人 / 6,426万人
2030	6,180万人 / 5,584万人
2050	4,228万人

← 実績値　推定値 →

人口減少がこのまま進むと、2050年に労働力人口が3分の2になり、経済規模が縮小

出所：内閣府『子ども・子育て白書 平成23年版』より筆者作成。原資料：実績値は総務省「労働力調査」、2030年までの推計値は独立行政法人労働政策研究・研修機構による推計（2008年2月「平成19年労働力需給の推計——労働力需給モデルによる将来推計の結果」）、2050年の労働力人口は、2030年以降の性・年齢階級別の労働力率が変わらないと仮定して、「日本の将来推計人口（平成18年12月推計）」の中位推計に基づき、厚生労働省社会保障担当参事官室において推計。「労働市場への参加が進むケース」とは、各種の雇用政策を講じることで、高齢者やハンディキャップのあるかた、専業主婦、無職の若者が労働市場に参加する場合という意味。「労働市場への参加が進まないケース」とは、性・年齢別の比率が2006年と同じ水準で推移すると仮定したケース。

されると、成長のチャンスを失う）。

④希望をもてない人が増え、社会が不安定化する（格差が固定化して希望格差社会に向かうとともに、超高齢化や人口減少の影響で、かつてのニュータウンでゴーストタウン化するものが出てくる）。

とりわけ、人口減少は非常に問題が大きいといわれています。経済成長率とは、国民1人当たりのGDP増加率×人口増加率で近似できます。ゆえに、人口が減少すると経済も成長しなくなるといわれているのです。図4-21は日本の人口推移を表わしたグラフですが、2005年をピークに日本は人口が

第 I 部　日本経済の基本構造

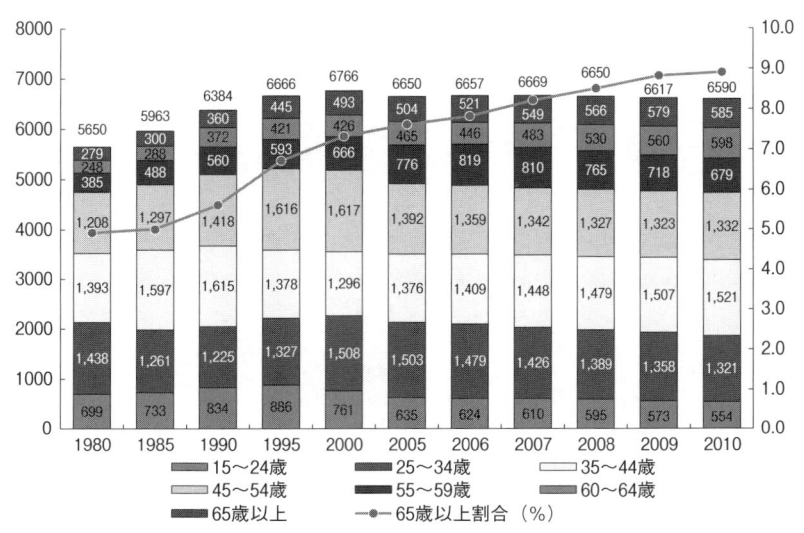

図 4-23　労働力人口の年代別構成と 65 歳以上の労働者が労働力人口に占める割合
（単位：万人）
出所：内閣府『高齢社会白書平成 23 年版』より筆者作成。

減少しています。このまま、人口が減少していけば、国の経済規模は縮小の一途をたどるのです。とくに労働人口（実際に働くことができる人口）の減少が問題です。**図 4-22** をみてください。2006 年と 2030 年を比べると、労働者人口が 1000 万人も減少する予測となっています。5584 万人 ÷ 6657 万人をすればわかりますが、過度に単純に考えると、経済規模が 2006 年よりも 84％程度に落ち込みます。働ける人数が減るということは、一国の経済力に大きく影響するのです。中国やインドはこの労働力が豊富であるといえます。日本の高度経済成長も農村からの豊富な労働力供給によって達成され、逆にこの労働力の供給がストップしたことにより終焉を迎えたといえます。そのため、日本政府は子どもを産みやすい環境を構築することで、少子高齢化に歯止めをかけようとしています。また、高齢者やハンディキャップのあるかた、専業主婦、職に就いていない若者に働いてもらうことで、労働力人口の減少の程度を少なくしようとする政策もとっています。もし、このようなかたたちが労働市場に参加したならば、2030 年には 6180 万人の労働人口

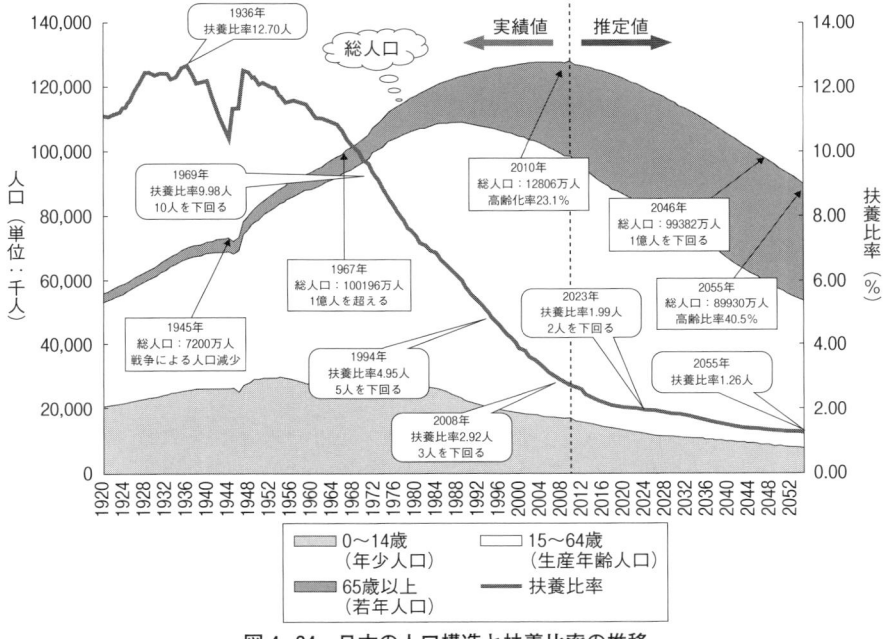

第4章 データでみる日本経済の現状と未来

図 4-24 日本の人口構造と扶養比率の推移

出所：内閣府『子ども・子育て白書平成 23 年版』より筆者作成。原資料：実績値（1920～2010年）は総務省「国勢調査」、「人口推計」、「昭和 20 年人口調査」、推計値（2011～2055 年）は国立社会保障・人口問題研究所「日本の将来推計人口（平成 18 年 12 月推計）」の中位推計による。1941～1943 年は、1940 年と 1944 年の年齢 3 区分別人口を中間補間した。1945～1971 年は沖縄県を含まない。また、国勢調査年については、年齢不詳分を案分している。扶養比率とは、65 歳以上の高齢者を生産年齢人口何人で支えているか。高齢化率とは、65 歳以上の高齢者人口が総人口に占める割合。

となり、約 600 万人もカバーされます。現に、労働人口に占める 65 歳以上の高齢者の割合は、年々増加しています（**図 4-23**）。

人口（労働力人口）の減少は、ほかにも問題を引き起こします。**図 4-24** をみてください。これは、各年代別の人口構成の推移を示したものですが、2055 年に生産年齢人口（15 歳～64 歳）と老年人口（65 歳以上）の割合が 1.26：1 になります。これが意味することは、基本的に働くことのできない 65 歳以上の高齢者を、働くことができる労働者 1.26 人で支える（**扶養比率**）ということです。具体的には、1 人の高齢者の年金を 1.26 人の労働者

第Ⅰ部　日本経済の基本構造

表4-9　2030年経済成長率の展望（年率）

	2006年～2012年度	2013年～2020年度		2021年～2030年度	
		歳出抑制ケース	歳出維持・国民負担増ケース	歳出抑制ケース	歳出維持・国民負担増ケース
実質成長率	1％台半ば	2％程度		1％台半ば	
名目成長率	3％台半ば	4％強	4％台半ば	3％台半ば	4％程度

出所：内閣府（2005）p.82より筆者作成。

表4-10　2030年日本のGDPと世界シェア

	2004年GDP（兆ドル）	シェア（％）	2030年GDP（兆ドル程度）	シェア（％程度）
世界	30.0	100.0	117	100
アメリカ	11.7	39.2	44	37
ユーロ圏（12カ国）	9.4	31.3	28	24
日本	4.7	15.6	4	4
中国	1.6	5.5	30	25
韓国	0.7	2.3	2	2
インド	0.6	2.1	4	4
ブラジル	0.6	2.1	1	1
ロシア	0.6	1.9	3	3

出所：同前、p.263より筆者作成。世界は上記8カ国・地域の合計。

表4-11　1人当たり名目GDPの展望（千ドル）

	2004年	2030年
アメリカ	39.7	121
ユーロ圏（12カ国）	30.3	90
日本	36.5	35
中国	1.3	21
韓国	14.3	48
インド	0.6	3
ブラジル	3.5	4
ロシア	4.0	28

出所：同前、p.263より筆者作成。

で払うということになります。2010年には2.76人で支えているわけですが、これが半分以下となり労働者1人にかかる負担が増大します。加えて、生産年齢世代には子育てがありますから負担は非常に大きく、子どもをもうけないという選択肢がとられる可能性がおおいにあります。つまり、年金の問題が、少子化を加速させるのです。これは、日本経済の未来にとって大きな問題であるといえますね。

　このように日本は人口減少が予想され、GDPの減少も予想されます。政府としては、労働者1人当たりの生産性（モノ・サービスを生み出す能力）が上昇すれば、GDPの減少が食い止められると考えています。表4-9は政府の予想です。政府の歳出が抑制されるケース、歳出が維持され、そして国民負担が増加するケースが書かれています。表4-10は2030年日本の世界での状況です。GDPは増加していますが世界でのシェアが低下し、代わりに中国のシェアが増加しているのがわかります。また、表4-11は2030年の1人当たり名目GDPの推定値です。日本は現在よりもさらに1人当たりGDPが低下し、韓国に抜かれると考えられています。このままではわれわれの生活水準は低下しますので、「日本の産業を巡る現状と課題」にあったようなさまざまな問題を克服し、加えて、少子高齢化をともなう人口減少に歯止めをかけ、そして、日本経済が成長できるような戦略の策定が急がれます。

【本章の理解をさらに深めるための参考図書】

浅子和美・篠原総一編（2011）『入門・日本経済』有斐閣。
内田茂男・三橋規宏・池田吉紀（2010）『ゼミナール日本経済入門』日本経済新聞出版社。
河合正弘・武蔵武彦・八代尚宏（1995）『経済政策の考え方』有斐閣アルマ。
経済産業省（2010）「日本の産業を巡る現状と課題」経済産業省ホームページ。
─────（2011）「大震災後の日本経済を巡る現状と課題」経済産業省ホームページ。
内閣府編（2005）『日本21世紀ビジョン』独立行政法人国立印刷局。
橋本寿朗・長谷川信・宮島英昭・齊藤直（2011）『現代日本経済』第3版、有斐閣アルマ。
吉川洋（1992）『日本経済とマクロ経済学』東洋経済新報社。

第Ⅱ部
日本経済の変化

第5章
日本経済の変化を理解するために
——制度変化から経済をみる

【本章で学ぶポイント】
① 伝統的経済学と制度経済学のちがいを学ぶ。
② 制度が経済システムにどのように働きかけるのかを理解する。
③ 制度経済学の立場から、戦後の高度経済成長を理解する。

5-1　市場メカニズムはいついかなるときも万能であるべきなのか？

　第Ⅰ部では、経済学の基本的な道具を学びつつ、現代の日本経済を取り巻く諸問題を歴史的事実にしたがって学んできました。通常の入門書ですと、たいていここで説明が終わります。ですが、本書ではもう一歩進んだ説明を行ないます。それは通常、「社会システム」と呼ばれるものを経済学の分析装置のなかに組み入れて、日本経済をその歴史的「制度変化」という観点から説明するというものです。

　ところで、そもそもこうした説明がなぜ必要となるのでしょうか？　これにこたえるために本書があるので、ここだけで説明するのはなかなか難しいのですが、いまひとつの例を挙げて考えてみましょう。

　2012年3月11日、日本史上類をみない大地震が東北・関東地方を襲いました。この想像を絶する大震災のなかで生じた非常に微笑ましい事象が外国メディアでさかんに喧伝されました。それは「日本人はこのような状況でもパニックを起こさず、略奪や火事場泥棒的な行為もいっさいなく、なおかつ配給所では整然とならび、あまつさえ1つのおにぎりを分けあって食べてい

る」というものでした。事態が明らかになるにつれ、すべての人々がつねにそうではなかったことも明らかになりましたが、それでも整然として行動するほとんどの日本人の姿に外国メディアは最大限の賛辞を送りました。

これに対して、2005年8月末にアメリカを襲った大型ハリケーン・カトリーナの震災においては、さまざまな問題が起こりました。略奪などのさまざまな犯罪だけではなく、まさに火事場泥棒的な「商人」が全米から集まったというのです。

こうした現象をとらえて、日本でも『ハーバード白熱教室』がNHKで放映され、一躍時の人となった政治哲学者マイケル・サンデルは、著書のなかでつぎのように述べています。

サンデルによれば、全米から集まった商人は、水や食料を高値で売りつけ、住居を失った人たちに対しては、家主が相場よりもはるかに高い家賃を要求したというのです。これに義憤を感じたある新聞記者は、こうした行為を非難する記事を掲載しました。すると、たちまちその批判への反論がある経済学者からなされたというのです。その反論によれば、「市場原理に基づいて、需要のあるところに供給が行なわれ、その結果価格が上がっているだけのことである、政府の指示を待っていては商品の調達に時間がかかるが、市場メカニズムがスムースに作用したことによって、彼らの欲求に迅速に応えることができたのであって、これは悪いことではない」というものでした。

サンデルはここから「社会における正義とは何か」という議論を進めるのですが、それは本書の範囲を超えることですので、ここではひとまず脇に置いておきましょう。ここにおいて重要なのは、この日米比較から市場経済は万能か否かについての考察を行なうことなのです。

もちろん、日本のケースでも報道されないだけで、じつは便乗商法があったのかもしれません。その可能性は否定しません。しかしながら少なくとも報道された事実のみに照らして精査してみると、ほとんどの場合、商売を行なっていたかたがたは、ハリケーン・カトリーナの事例とは逆に「無料」で商品を提供したり、値引きをして売ったりしました。被災地のかたがたに温かいものを食べてもらいたいとの気持ちから、ラーメンを1杯100円で販売

するために東京から駆けつけた飲食店主もいました。また企業もほかの地方への供給を制限し、集中的に商品を被災地に回しました。彼らにも利潤獲得の欲求があったことは事実ですが、一部の商品を無償提供こそすれ、便乗値上げなどはまったく行ないませんでした。ここでは市場メカニズムは機能していないも同然です。これはたんに未曾有の危機のときだから、こうなったのでしょうか？　しかしよく考えてみれば、アメリカでも事情は同じであったはずです。

　それでは、これはたんに国民性のちがいが表われただけのこと、つまり個人主義と自由な意思決定が尊重されるアメリカと、集団主義的でお上を頼る傾向が強い日本人とのちがいが明らかになっただけのことなのでしょうか？　私たちは、そうした、いわゆる価値観に関わる要素も重要な働きをしたことを認めますが、基本的にはそれだけではないと考えています。

　これは本書の中心的なテーマとなりますので、よく理解していただきたいのですが、第Ⅰ部で学んだ「経済の仕組み」、とくに市場経済はたしかに社会のなかに存在していますし、その機能が私たちの生活のなかできわめて重要なものであることも明らかです。私たちはそれを否定するわけではけっしてありません。しかしながら、ここで重要なのは、**「経済の仕組み」は、「社会の仕組み」の基礎をなしているがあくまでもその一部であり、全部を占めているわけではない**ことを見逃してはならないということです。市場メカニズムに全幅の信頼を置いているようにみえる、前述のアメリカの経済学者はこの点を見過ごしています。というよりもむしろ意図的に無視している感すらあります。これは私たち経済学者がともすれば、経済のことばかり考えているがゆえに、何か問題が起こったときにもその観点からしか物事をとらえられない（あるいはそうとしかみない）、という一種の視野狭窄に陥ることがままあることを如実に表わしている事例なのです。

　余談ですが、こうした発想が行き着くところまでいくと、「麻薬問題を解決するにはその販売を自由化すべき、なぜなら市場原理が働き高所得者しか購入できなくなり、麻薬のために犯罪を起こすような貧困者は買えなくなる、したがって麻薬がらみの犯罪は激減する」といった極論が登場するのです。

これは冗談ではなくて、ノーベル経済学賞を受賞したゲイリー・ベッカーという経済学者が本当に著書のなかで述べていることなのです。もちろん、彼の名誉のために申し添えれば、これがたんなる思考実験であるのは明らかです、ただしそれでもいいすぎでしょうが……。

繰り返しになりますが、「経済の仕組み」は、突きつめて考えれば、たしかに「市場」を基本として動いています。しかしながら、だからといって、「社会的な問題」のすべてが市場メカニズムによって解決されるわけではけっしてありません。実際、私たちの社会には、**経済的な問題であっても経済の仕組みだけでは解決できない問題**が数多く存在しています。先に述べた大震災の発生はそうした事実がわかりやすいかたちで現われた好例ですが、通常の社会生活においてもそうしたことが妥当する事例が多々あります。のちの諸章でくわしく論じますが、たとえば医療保険制度や年金問題などの国家財政に関わる問題においては、経済の仕組みが有効に機能することが重要であると同時に、その仕組みそのものは経済的な論理だけではけっして形成できません。また企業というもっとも経済的な主体であっても、純粋に市場的な論理だけで行動しているのではありません。そこにはつねに国民の総意、政治的決断、企業の構成員たちの意思決定を支えている社会的・文化的に形成されてきた制度的要因、といった**「経済以外の論理」や仕組み**の構築が必要となるのです。

こうしてみると、みずからが信奉する原理原則だけで物事を考え、そうした知見にのみ依拠して社会的問題が解決できる（できるはずだ）と豪語した前述のアメリカの経済学者よりも、よほど日本の一般大衆のほうが社会の仕組みを理解していると思いませんか？　なぜならこれらの人々は、欲得ずくの利己的行為に走るよりも、連帯と分かちあいのほうが結局はよい結果を生むケースが確実に存在することを、理屈ではなく感覚で理解できていることを、行動で示したのですから……。

じつは、こうした議論は、いまにはじまったわけではありません。すでに**カール・ポランニー**という経済学者が『大転換』という著書のなかで述べていることに依拠して、いま起こっている問題に即して考えてみただけのこと

なのです。

　彼によれば、「経済の仕組み」は市場経済が発展する以前は、「社会の仕組み」のなかに埋め込まれていたが、市場経済の発展とともに、経済そのものが自律性を獲得（みずからの力で勝手に動き出）した。このことが物質的繁栄ともたらすと同時に、皮肉なことにさまざまな社会的問題をも生み出してしまった。だから「経済を社会のなかにふたたび埋め込む」べく、経済の仕組みを社会的に調整する「制度」をつくり上げねばならない、と主張しました。そして私たち本書の執筆者は、このポランニーの姿勢を基本的に承認しています。本書が類書と決定的に異なる点はまさにこのような社会と経済のとらえ方にこそあるのです。ここで重要なのは、**「市場経済を調整する」**という視点であり、その調整を担う**諸制度**がどのようにして形成され、どのように機能するのかを、特定の歴史的文脈のなかで明らかにすることなのです。

　また、社会主義国の崩壊以降顧られることが少なくなった、カール・マルクスの経済学ですが、その資本主義崩壊論的な主張は別として、彼の考え方は、経済システムの再生産が本来的に矛盾を抱えたものであり、その再生産を構造レベルで支えるために、社会における経済以外の諸要因が密接に関わっていることを指摘していた点で、ポランニーに先行する社会経済システム分析の唱道者であるといえるでしょう。彼のシステム分析は、事実、のちに多くの経済学者や社会学者たちに影響を与えてきました。

　このように考えれば、一見すると私たちを束縛してばかりいるように思える、さまざまな**社会のルール**や公私を問わず存在するさまざまな**制度**は、特定の歴史的状況のなかでそれなりの意味をもって生み出されてきたものであり、それが形成された特定の経済や社会から必要に応じて要求され、形成されることになったものであるはずです。しかしながら、それらはいつかその有効性を失ってしまいます。実際、経済や社会の仕組みそのものが大きく変化することを、私たちはいままでに何度も経験してきました。21世紀を迎えた日本はまさにそのような事態に直面しているのです。とはいえ、そうした諸制度のすべてがすべて、破棄されたり、改正されたりするべきものではないことも経験的におわかりいただけるのではないでしょうか？　ちなみに、

20世紀末日本で一時期興隆した「構造改革」路線は、日本経済が抱えている問題点を指摘・改善することには一部成功していたかもしれませんが、そこから提示された処方箋は、先のアメリカの経済学者のものと大差はなかったように、私たちは思います。

いまや有効性を失っているかにみえる諸制度とその調整のあり方を、歴史的に回顧し、その有効性と限界を根本的に理解すること、そしてこれから必要とされる制度とその調整のあり方を、市場経済の機能にのみ求めるのではなく、さまざまな人々や集団がみずからの利害を乗り越えて到達した一定の合意のもとで形成する、新たな諸制度の構築に求めること、最後にそこから日本経済の「新たな常識」を支える処方箋を考察すること、これらが第Ⅱ部の主要なテーマです。より抽象的ないい方をすれば、**国民国家を枠組みとする「経済システム」は、特定の時代のなかで、「1つの構造」を形成しており、この構造が歴史的時間軸のなかで変化してゆく**、ということです。

伝統的経済学とは対照的に制度を重視する、制度派経済学のリーダーの1人であるロベール・ボワイエは、ヴィスコンティの映画『山猫』のなかに出てくる、つぎのような台詞を引用して、構造変化と制度変化の関係を比喩的に表現しています。すなわち「変わらずに生き残るためには、みずからが変わらねばならない」という台詞がそれです。このような考え方をするならば、構造が変化しているがゆえに、かつては有効であった制度や経済政策は新しい構造に適合しえず、そこから、現在の危機から脱出するためには、変化後の構造のあり方を考察するだけでなく、その構造に適合的な制度や政策を生み出さねばならない、ということになるのです。そのかぎりで私たちの立場からすれば、**時間と空間を超えた「普遍的な経済システム」や「経済制度」、どのような経済にも当てはまる経済政策は存在しません**。そして世界政府と世界通貨が存在しない以上、**経済システムの最大の枠組みは国民国家と、その協同的関係である国際経済（EUはそのローカル型です）**です。この考え方は、第Ⅱ部の以下の諸章を貫く基本的な考え方となりますので、よく理解しておいてください。

5-2　第Ⅱ部の構成と制度をめぐる基本的概念

　21世紀に入り、日本経済はこれまで経験したことのないようなさまざまな試練に直面しています。第Ⅰ部でデータに基づいて指摘したように、中国をはじめとする新興国経済の台頭、これまで日本経済を支えてきた基幹的製造業の疲弊と海外流出、若者を中心とした雇用状況の悪化、少子高齢化がもたらす社会保障財源の問題などなど、列挙し出すときりがないほどです。

　当然このような状況に対して、さまざまな人々がさまざまな対処法を述べています。そうした処方箋を題名とした書籍は書店に行けばいくらでもすぐにみつかるにちがいありません。しかしながら、個々の問題についての対処法を述べているものは多くても、日本経済の大転換そのものを、歴史的・制度的変化という観点から振り返って詳細に検討している書物は意外と少ないのです。

　すでに述べたように、本書は、この日本経済の大転換の歴史的・制度的変化を、とくに第2次世界大戦後を中心として、解説することを目的としています。経済学は、200年以上の伝統をもつ、社会科学のきわめて優れた一領域ですが、私たち執筆陣は、すでに述べたように、現在の経済学のあり方に完全には満足していません。私たちがもっとも不満に思うのは、伝統的経済学が「市場」という経済制度の分析にもっぱら特化して、議論を組み立てている点にあります。私たちの生きている社会は、すべてが経済的事象に還元されうるわけではありません。人間的な生活を行なううえで必要なさまざまな知は、経済の**論理**（ある行為からもたらされるものが行為者にとって損か得かという判断の根拠）だけに還元できるものでもありません。たとえば、家族関係は経済の**論理**だけで説明できるでしょうか？　あるいはまた国会での論争は、議員個人の損得勘定だけで成り立っているでしょうか？　そこはかならず、経済以外の**論理**が介入しているはずです。

　これらの例から簡単にわかるように、私たちが生きている経済社会は**社会的な知**や**政治的な知**のあり方にもおおいに依存していることを誰も否定し

第Ⅱ部　日本経済の変化

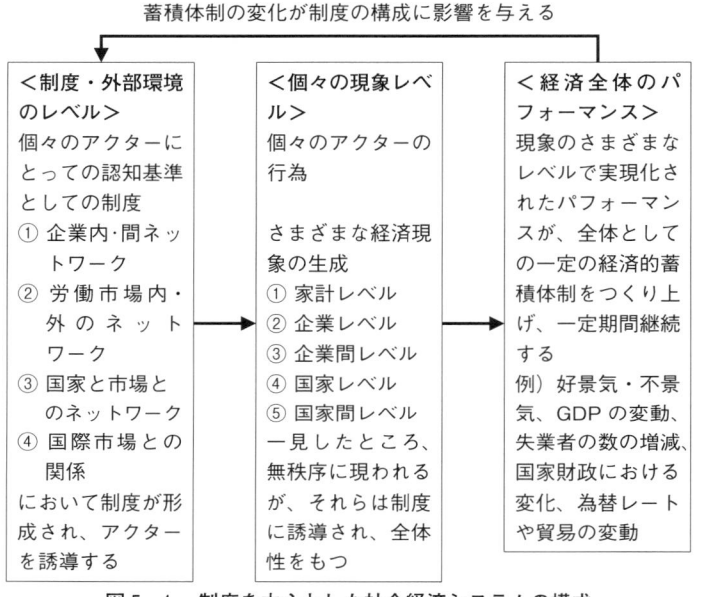

蓄積体制の変化が制度の構成に影響を与える

| ＜制度・外部環境のレベル＞ 個々のアクターにとっての認知基準としての制度 ① 企業内・間ネットワーク ② 労働市場内・外のネットワーク ③ 国家と市場とのネットワーク ④ 国際市場との関係 において制度が形成され、アクターを誘導する | ＜個々の現象レベル＞ 個々のアクターの行為 さまざまな経済現象の生成 ① 家計レベル ② 企業レベル ③ 企業間レベル ④ 国家レベル ⑤ 国家間レベル 一見したところ、無秩序に現われるが、それらは制度に誘導され、全体性をもつ | ＜経済全体のパフォーマンス＞ 現象のさまざまなレベルで実現化されたパフォーマンスが、全体としての一定の経済的蓄積体制をつくり上げ、一定期間継続する 例）好景気・不景気、GDPの変動、失業者の数の増減、国家財政における変化、為替レートや貿易の変動 |

図5-1　制度を中心とした社会経済システムの構成

いでしょう。こうした事実を前提とすれば、経済の問題を論じるときには、その仕組みをより大きな観点からとらえることが必要となります。その際、重要となるのはその経済が経験してきた歴史的事実がどのような因果関係で構成されてきたのかを知ることであり、またその経済の仕組みを支えていたさまざまな制度のあり方やその変化のタイミングを知ることであり、要するにその全体的なメカニズムの解明なのです。

　とはいえ、本書は、既存の経済学を全否定して、まったく新しい経済学をつくり上げることを目的とするものではありません。むしろ、既存の経済学に欠けている諸要素を1つ1つその枠内にはめ込んでいくことをめざしています。そのはめ込みの際に重要となるのが、「制度」という要素なのです。

5-2-1　制度と経済体制

　第Ⅱ部では、つぎの2つのシステムの存在を前提として議論を進めます。

① 社会経済システムは各国民国家ごとにその形態が異なっており、そのシステムを構造化しているのは、当該国民国家に固有な「諸制度」の総体である。
② こうした諸制度の総体が、一定の「経済体制（レジーム regime）」を支え、安定化させると同時に、その諸制度が当該の経済体制と不適合を起こした場合、その経済は危機に陥る。

このような視点が第Ⅱ部での大きな特徴になります。現時点ではよくわからないかもしれませんが、順を追って説明していきますので、頑張ってフォローしてください。

5-2-2　制度を中心として「経済の変化」を考えるために必要なこと

さて、一般的に理解されている制度とは、法律、政府機関、何かのルール等々であることが普通です。本書では、こうした考え方を、いったん括弧に入れて、制度の経済学者の学説を中心に考察を行ない、「制度とは何か」を根本的に見直し、以下の諸節で一定の定義を与えます。

ついで、こうした制度概念を中心にして経済の変化を考えるためには、どうしても「社会経済システム論」における認識論的転換が必要となります。そこで重要となるのが、経済システムを広く「社会的なもの」の一部としてとらえる視点です。これも以下の諸節で簡単に定義をします。

これらの整理を行なった後、各章で日本経済の歴史的制度的変化を、一定の歴史的時間の流れに沿うかたちで、説明します。基本となるのは、

① 日本のマクロ経済のあり方の変容（経済成長とその危機）
② 日本経済の成長を支えた労使関係の分析
③ 企業社会の制度的分析
④ 金融システムと貨幣制度の関係
⑤ 国家を中心とした、経済政策や社会政策の制度的分析
⑥ 国際経済関係の変容とその制度的枠組み

などが中心になります。

5-3　制度と経済学

　現代の経済学は、何よりも「市場」という制度の機能を、人間行動の仮説にしたがって徹底的に追及してきました。その目的は、普遍的かつ構造的な社会経済のシステムやルールがどのように形成され、機能しているのかを探求することにあり、**いわば時代や場所を越えて通用する理論**を構築することに全精力を傾けてきました。

　たとえば、ミクロ経済学といわれる学問は、個人の経済活動は**合理性**および**効率性**の観点からみればどのように理解されるのかを、きわめて緻密な理論を組み立てて説明しようとしてきました。また、マクロ経済学は、市場の機能作用と政府の経済政策の混合から生み出される**マクロ経済の状態の計量的叙述**に精力を注いできました。

　どちらの経済学も現在では、正当な地位を占めており、現実の政策運営において有効であると考えられており、実際に一定の有効性をもっていると考えられています。

　しかしながら、私たちの考えでは、それぞれの理論は、それぞれに難問を抱えています。たとえばミクロ経済学は、かなり以前からつぎのような批判を受けてきました。すなわちその学問は、**還元主義的で現実離れした仮定に基づいている**というのがそれです。また、マクロ経済学は、**変数間の因果関係の説明に固執し、歴史的・制度的変化の説明が弱い**、という批判も受けています。

　さらにいえば、人間行動の仮説における難点、つまり合理的経済人の仮説については数多くの批判が存在していますし、現実経済の分析を行なう際に、経済学者が好んで用いる**その他の条件はすでに与えられている**という方法論上の難点も長きにわたって批判を受けてきました。いまこうした点に深く立ち入る余裕はないのですが、私たちの分析にとって重要なのは、つぎのような疑問です。すなわち真に経済学が対象とすべきモノは「市場」という制度

だけなのだろうか？　あるいはまた現実の市場は、理論上の市場とはまったく別物ではないだろうか？　という疑問がそれなのです。

5-3-1　「制度」とは何か？——歴史的存在としての「制度」

　実際、伝統的経済学（「標準的である」と一般にみなされている経済学をこう呼んでおきましょう）のなかで「所与の条件」とされてきたさまざまな制度や組織、これらが**歴史的過程のなかで変化するもの**であることに異を唱える人はあまりいないでしょう。

　たとえば、独占禁止法は、19世紀に存在していたでしょうか？　あるいは現代のような高度に発達した企業組織は、19世紀に存在していたでしょうか？　さらにいえば、現代のような高度に発達した金融制度（市場）は過去に存在していたでしょうか？　はたまた国家という組織（制度）は、19世紀のそれと20世紀のそれとではまったく同じであるといえるでしょうか？

　こうした事実から、私たちは、つぎのような結論を引き出します。すなわち**時間や空間を超えて普遍的な経済組織・社会経済制度は存在しない**、というのがそれです。もしこれが一定の真理だとするならば、普遍的な仮説・原理・本質のみで社会経済を還元主義的にとらえることには、きわめて慎重にならざるをえないでしょう。

　とはいえ、そうだとしても、そもそも「制度」とはいったい何であるのかを問わねばなりません。じつはこれがかなりの難問なのです。

　通常、制度といえば、何らかの**ルールやシステム**といった**諸個人のさまざまな行為を方向づける仕組み**を指します。たとえば、国が定めた租税制度にしたがうなら、私たちはかならず自身の所得のなかから一定の割合を国庫に納付しなければなりませんし、企業で働いている人なら、「何時から何時まで働きなさい」「この仕事をしなさい」といった会社や上司の命令にしたがわねばならないでしょう。後者は、具体的には就業規則というかたちでかならず企業内部で定められねばならないものですし、そもそも「就業規則を定めねばならない」というルールそのものが、国家から強制されたルールでも

あるはずです。

　ところが、経済学における「制度」認識の問題は、もっと複雑です。過去さまざまな経済学者たちが、制度をめぐり議論を戦わせてきましたが、残念ながらその定義に関しては収束をみていません。たとえば、その定義にはつぎのようなものが挙げられます。

　①制度とはゲームのルールである（ダグラス・ノース）。
　②制度とは縮約された均衡である（青木昌彦）。
　③制度とは思考習慣である（ソースティン・ヴェブレン）。
　④制度とは自生的秩序である（フリードリッヒ・フォン・ハイエク）。
　⑤制度とは個々の活動を統御する集団的活動であり、集団的活動は**諸個人の活動を、統御すると同時に解放する**（ジョン・ロジャーズ・コモンズ）。

　このように制度をめぐる議論はまさに多様です。そしてこれは強調しておかねばならないのですが、伝統的経済学においても、制度をみずからの理論仮説に取り組む動きがありますし、むしろ80年代以降この傾向は、制度経済学のそれとは異なった方向ではありますが、加速しています。

　本来であれば、こうした制度をめぐる議論を整理したうえで議論を進めるべきなのですが、本書では、さまざまな理由から、先に挙げた⑤のコモンズの制度認識を、さしあたり**基本的な制度認識の定義**として用いることにします[(1)]。その理由は、コモンズの定義が、現代の制度経済学派において、多くの成果を生み出している「現代制度派」「レギュラシオン理論」「コンヴァンシオン理論」などと通底するものを多く含んでおり、またそれらとの親和性がきわめて高いからです。

　コモンズにつらなるアメリカ制度学派は、伝統的経済学の興隆により一時低迷していましたが、90年代にはその主著『制度経済学』がアメリカで再版され、またフランスや日本でその翻訳が企画されるほどに、コモンズの理論に対する関心は高まりつつあります。ただし、本書の執筆者全員がこうした理論の系譜につながるわけではありません。残念ながら、本章の議論は、

現時点では、あくまでも1つの仮説にすぎないのであって、これが制度学派と呼ばれる潮流のなかで主たる地位を占めているわけではありません。また本章以外の諸章がすべてこの定義に基づいて記述されているわけでもないことに留意してください。しかしながら、じつのところこれまで、こうした定義に基づく教科書はほとんど書かれていません。したがって、本章の試みは、まずは日本の制度経済学にとっての第一歩であるといえるでしょう。

5-3-2 制度と活動組織の多様性

近年「**制度が重要である**」と考える経済学者たちの諸理論を取りまとめた著作が出版されました[2]。この本の著者、ベルナール・シャヴァンスによると、伝統的経済学（彼の表現では新古典派経済学）は、諸個人の「**主観的合理性**」と市場という制度がもつ「**効率性**」を重視していますが、伝統的経済学の基幹的概念である「限界概念」（経済の変化を物量の連続的・追加的変化によって説明しようとする概念）をつくり上げたカール・メンガーでさえ、じつは組織＝制度が経済システムではたす役割を無視してはいなかったといいます。つまり経済学者たちは、かなり以前から「制度」が経済システムに果たす役割を重視してきたのであり、現代はその関心が経済学のなかでふたたび高まってきている時代であるといえるでしょう。

伝統的経済学と制度経済学の対立をきわめて単純化して構図的にみるならば、それは「**制度を所与としてもっぱら市場の観点からのみ経済をみる**」のか、それとも「**さまざまな諸制度が重層的に存在し、それらの相互作用が社会経済を構成している**」とみるのか、という点にあります。

実際、人間を、合理的に欲望を計算する機械とみなすこと、ただそれだけで、社会経済システムに生きる人間をとらえることはできません。むしろ、**人間は、みずからが置かれた状況に依存してさまざまな決定を行なう**存在なのです。そして、ここでいう状況とは、われわれの**社会のさまざまなレベル**において、私たちを拘束したり、誘導したりする「**制度**」のあり方に依存しているのです。

たとえば、学校という場に存在する制度、企業という場において存在する

制度、政治という場に存在する、**制度・組織・慣習はそれぞれまったく異なっているはずです**[(3)]（もちろん共通するモノもあるでしょうが……）。

　要するに、**制度が異なれば、行動様式もおおいに異なるのであり、行動が異なれば、そこからもたらされる結果も異なるのは自明である**といえるでしょう。さらにいうなら、個人は社会のなかで完全に独立した存在であるというよりも、むしろさまざまな関係性のなかで生きています。また、**個人そのものは社会経済のなかで「すでに制度化された存在」**です。なぜなら、諸個人が、「**過去、現在、未来のどの時点においても**」、ある社会的全体性のなかで認知し、したがってきた（場合によってはあらがってきた）制度は、みずからの生存過程のなかで、多種多様であった（ある）はずであり、その制度からの影響を受けてみずからが状況に応じて習得し、知識として取り入れた**行動パターンや認知システム**もまた多種多様であった（ある）はずだからです。たとえば、生まれ育った環境が異なる2人の人間は、消費行為においてまったくちがった行為を行なうことがあるかもしれません。貯蓄を善と考える家庭で育ち、自身もその考えを正しいと認める人は、消費に対して控えになるでしょう。あるいはその人物と同じ家庭で育っても、その考えに反発する人は、浪費してしまうかもしれません。こうしたことからすれば、「個人はつねに普遍的な原理にしたがって意思決定を行ない、他者と同じような合理性にしたがって行為する」という伝統的経済学における仮説は、きわめて機械論的かつ原子論的な人間観であるといえるでしょう。

　そしてさらに重要なのは、こうした多種多様な諸個人が構築するさまざまな関係性は、さまざまな**集団的活動（とそれを秩序づける組織：家族、企業、国家等々）**に結実し、現実にはこの活動が個人を取りまとめながら、なおかつおのおのの活動がみずからを**制度的媒介**として相互に影響を与えあいながら、社会経済を動かしているという点です。ここでいう「**媒介**」とは、**ある集団的活動において決定された行為やそのパフォーマンスが、その集団的活動そのものを通じて、他の集団的活動と関係性を取り結ぶ契機（たとえば商取引など）をつくり出すと同時に、他の集団的活動に一定の影響を与える様態**のことを意味します。たとえば、企業は多様な人々の活動の場であると同

第5章 日本経済の変化を理解するために

```
┌─────────────────┐ ┌─────────────────┐ ┌─────────────────┐
│ 集団的活動:      │ │ 集団的活動:      │ │ 集団的活動:      │
│ 媒介レベル1      │ │ 媒介レベル2      │ │ 媒介レベル3      │
└─────────────────┘ └─────────────────┘ └─────────────────┘
```

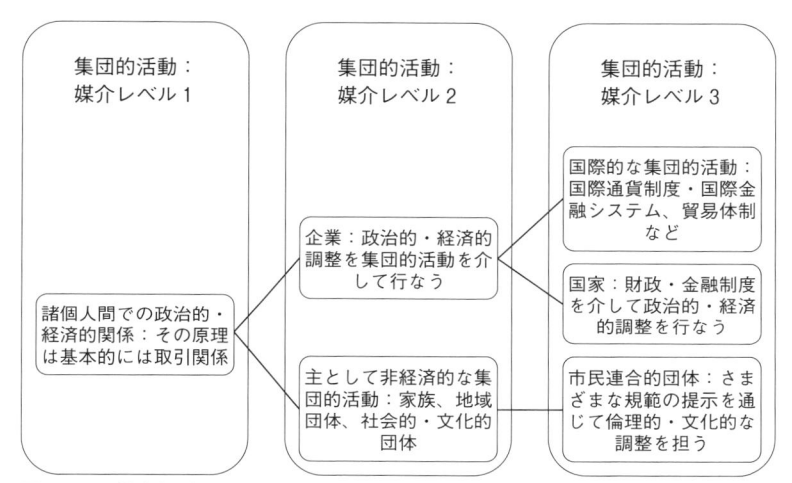

- 国際的な集団的活動:国際通貨制度・国際金融システム、貿易体制など
- 企業:政治的・経済的調整を集団的活動を介して行なう
- 国家:財政・金融制度を介して政治的・経済的調整を行なう
- 諸個人間での政治的・経済的関係:その原理は基本的には取引関係
- 主として非経済的な集団的活動:家族、地域団体、社会的・文化的団体
- 市民連合的団体:さまざまな規範の提示を通じて倫理的・文化的な調整を担う

図5-2 社会経済における集団的活動（およびそれを秩序づける組織）の有機的連関

時に、その企業の活動そのものによって企業自身もまた変化してゆきます。その変化の過程は、企業内部での活動だけでなく、その企業が取引をしている他の企業との関係にも影響を受けているはずです。

　この活動はたんなるミクロ的なものでもなければ、マクロ的なものでもありません。ましてやミクロからマクロへ、マクロからミクロへという、一方向的な連関の中間に位置するものでもありません。むしろ、先に述べた**コモンズによる制度の定義**にしたがうならば、社会経済的連関の出発点は、何よりも**集団的活動（とそれを秩序づける組織）**であり、これを起点として**個人と社会的全体性が有機的に連関づけられるという意味において、集団的活動こそが制度であり、「社会的全体を媒介し、秩序立てるもの」**であると規定したほうが正しいでしょう[4]。より具体的にいうならば、人は企業なしに存続できませんし、企業もまた人や国家なしでは存立しえません。あるいは国家もまた人や企業があってこそはじめてみずからの力を振るうことができます。そのかぎりで、私たちの社会は組織＝制度を中心として構築されているのであり、さまざまな組織があってはじめて社会は社会たりえる、ということなのです。コモンズが提示したこの概念を、現代的に敷衍して、図式化す

199

ると**図5−2**のようになります。

　この図において、集団的活動は3つの媒介レベルからなっており、個々の集団的活動はそれぞれのレベル内部で、またレベル間で有機的に連接されています。注意すべきは、このレベルの区分がミクロやマクロといった行為の水準やパフォーマンスの状態のみを意味するものではなく、自身の集団的活動そのものが、他の集団的活動に与える影響の（および他の集団的活動から影響をこうむる）度合いの過多によって決定されている点です。図では、右にいけばいくほど、その度合は高まり、左にいけばいくほど、その度合は低くなります。たとえば、国家は、複数の集団的活動からなる巨大な組織ですが、この組織がレベル2やレベル1の集団的活動に与える影響はきわめて大きいのは明白でしょう。したがって、このレベルとは、その影響の度合を意味するものと理解してください。

　さて、基底となる媒介レベルは、人間活動におけるさまざまな「**取引**」（伝統的経済学では「**交換**」）を実現します。ここで「取引」という言葉を用いるのは、コモンズにしたがえば、あらゆる集団的活動において、財の受け渡しは、純粋に政治的に対等な個人間での経済的交換ではなく、**当事者間でのさまざまな交渉に基づく取引**であるからです。伝統的経済学はこれを「見えざる手」としての市場の調整機能に還元しますが、コモンズはこれを、「見える手」として**法的次元**での「**所有権の移転**」としてとらえ、**財の取引が当事者間の交渉によって決定される**点を重視します。

　しかも、先に述べたように集団的活動を階層的なものとしてとらえるならば、取引は個々人間のものにのみ還元できません。企業内部、企業間、国家と企業のあいだ、国家の内部でさえも、つねにさまざまな取引が行なわれているのです。コモンズは、この集団的活動におけるさまざまな行為とパフォーマンスを、「**交渉取引**」「**管理取引**」「**割当取引**」という3つの基本的事象にモデル化して説明しています。

　これは、つぎのように簡単に説明できます。まずレベル1の段階で、諸個人は集団的活動として、形式的には法的に対等な「**交渉取引**」を行ないます。たとえば、売り手と買い手との財をめぐる取引がそれです。

しかしながら、レベル2の段階においては、企業は、生産において、労働力を現場で用いる際に、もう1つ別の取引を行ないます。これが「**管理取引**」です。そこには生産実行における明確な指揮命令の関係が、すなわち政治的階層性が存在します。この管理取引は企業間関係でも明白に現われます。上位企業と下請け企業の関係を想像してもらえば、よくわかると思います。

　さらに、レベル3の段階においては、国家はその政治的権威のもと、国富の再分配や貿易体制の形態を、政治的当事者たちの政治的取引を介して決定します。これが「**割当取引**」です。ここで割当というのは、それが交渉取引とは異なり、政治的当事者たちの裁量によって決定され、その数量が割り当てられるからです。とくに重要なのは、その実施に際しては、経済的現実のみならず「倫理的規範」も重視されるという点です。課税制度や貿易体制の形態をめぐる問題は、消費増税やTPP（包括的経済連携協定）が議論されている現代日本で、もっとも熱いテーマですが、そこではしばしば市場の論理よりも、**政治的取引**（消費増税のために数々の妥協をする）や**倫理的規範**（弱者保護か経済成長か、といった倫理的判断がそれです）が重視されているのはご存知のとおりです。とりわけ、このレベルでは、単純な利害対立とその政治的力関係だけでなく、その主張を倫理的に裏づける**政治的言説**（たとえば民主主義か独裁主義か）がどのように受け入れられるかが、重要になります。

　伝統的経済学は、このような状態が市場の円滑な働きを妨げていると考えるので、政治の経済への不介入をしばしば主張します。しかしながら、課税や貿易体制といったきわめて政治的な問題をすべて市場に任せてしまおうという提言は、政治の経済への従属を主張しているにほかならず、非現実的であることは明らかです。むしろ、経済的な問題であっても、集団的活動のレベルのちがいは、集団的活動における政治的なものや倫理的ものの関与のちがいを生み出すと考えて、政治的裁量や倫理的基準が重視されるレベルとそうでないレベルをしっかりと認識し、そのレベルの現実に即した理論構成を探求すべきなのです。

　かくして、このレベルそのものが「社会的全体における制度的な媒介物」

であり、これらの多面的な連関（経済的・政治的・倫理的な調整過程の連続）が社会的全体を形成します。図では一方向にしかその因果連関が描かれていませんが、実際には、それぞれのレベル内部で、またレベル間で双方向的かつ多層的な因果連関が存在します（たとえば、個人と企業の、企業と企業の、企業と国家の、国家内での、取引など）。したがって、この区分が単純で機械論的なミクロの合成からなるマクロの図式でもなければ、その逆を意味するものでもないことは明らかでしょう。経済社会はそのように単純なものではないのです。経済学がこれまで理論から排除してきた、**政治的なもの、倫理的なもの、これらはつねに同時に、あらゆる経済行為において作用している**のであり、それを統合的かつ理論的に説明することこそが重要なのです。

　そしてもっとも重要なのは、それぞれのレベルで発生する経済的利害対立や政治的対立は、その集団的活動をできるかぎりスムーズに実践するために、つねに一定の妥協へ到達するということです。この妥協の具体的形態こそが一般に制度と認識されているものなのです。したがって、集団的活動そのものが、自身を維持してゆくために、**一定の調整過程＝妥協**を介して、**特定の具体的な諸制度（さまざまなシステム・ルール・法律）を生み出す**、と考えることができるでしょう。

　要するに、私たちの経済社会を実態に即して観察する際に重要なことは、普遍的な個人と普遍的な経済メカニズムという構図ではなく、さまざまな社会的レベルで一定の階層性をもちながら存在している集団的活動＝諸制度からなる経済社会を、さまざまな集団とその集団が形成する諸活動およびその諸活動の連鎖がもたらす社会的全体性の構図と見なして、経済学的な分析を行なうことなのです。

5-3-3　「制度経済学」のほうへ

　このように考えるならば、**社会経済の最小単位は「個人」ではなく、「諸個人の関係」**（≒集団的活動）**から構築される**ことになります。これまたコモンズにしたがうなら、この諸個人の関係ないしその関係から成り立つ集団

的活動を、つなぎあわせると同時に、「**制約し、解放する**」ものこそが「制度」なのです。本章では、以下この**つながり・制約・解放**のことを、「**調整**」と呼ぶことにします。ここでは制度は当該社会の全体性を維持・継承するための、いい換えれば個々の関係性（以下では集団的活動で統一します）を調整して意思疎通ないし合意形成を可能にする、いわば「媒介的なもの」でもあります。

ただし、ここでいう制度は「二重の機能」を有しています。すなわち、**制度**は一方で、その集団的活動内部で、諸個人がどのように合意形成し、その集団的活動を運営するのかを規定すると同時に、他方で、その活動以外の活動との調整がどのような形態で行なわれ、またどのような機能的連関をもつのかをも決定します。この調整を、「集団的活動内部での、およびそれらの外部との意思疎通ないし合意形成」と表現できるならば、この調整は、機械論的・還元主義的に決定されるものでありません。むしろ、前節で述べたように、有機的かつ複雑な仕方で決定されるはずです。つまり、ある集団的活動内部での、あるいは他の活動とのあいだで構築される、より大きな単位での集団的活動のあり方は、その活動を取り巻く制度的環境の、活動内外での力関係の、またその制度的環境を認知する諸個人の意識形態のありように（同じ制度であっても諸個人によってはちがう解釈をして行為する可能性があります）大きく左右されるからです。

すでに述べたように、コモンズはこうした考え方に加えて、その関係性ないし集団的活動が、それぞれの社会的レベルにおいて、経済的なものであるだけでなく、政治的で、倫理的な側面をも有していることを強調しました。ここで重要なのは、この３つの側面は、つねに同時にその関係ないし集団的活動において機能している、という点です。これは、集団的活動の歴史的変化の過程が、つねに、「経済的・政治的・倫理的」な側面から変化をこうむっているということを意味します。「経済以外のこと」を所与の条件にするのではなく、むしろそれら３要素の重層的決定こそが、社会経済を安定に導くこともあれば、不安定にしたりするととらえるべきなのです。

そしてもっとも重要なことは、この３要素の重層的決定が、集団的活動に

おけるおのおのの**利害関係**（経済的な損得勘定）のみならず、人に対する人の**政治的関係**（政治的な権威や指揮命令）およびそれぞれの集団的活動内部で認知・共有されている**倫理的関係**（何をすべきで何をすべきでないかというある種の規範）のあり方に大きく規定されている点にあります。つまり**集団的活動を調整する次元には、経済的次元だけではなく、政治的・倫理的次元も含まれねばならない**、ということです。

たとえば、企業で働いて、財を生産し、販売している仕事に就いている人がいる、としましょう。

伝統的経済学の世界では、企業は、個人のたんなる集合体にすぎません。そこでの個人は、もっぱらみずからの経済合理性を追求すべく、依頼人・代理人（プリンシパル・エージェーンシー）の原理にしたがって、他の労働者と個別契約を結んでいる、と仮定されています[5]。これは理論的には可能な説明ですが、現実的にはかなり無理のある仮説です。なぜなら、そうした個別契約が日々変化する経済情勢にあわせて、頻繁に更新される状態よりも、集団的活動組織であるその企業が過去から受け継いで実践しているさまざまなルールや取り決め・慣習にしたがって、また企業内の指揮命令という政治的階層性に基づいて、労働を行なう状態のほうがはるかに効率的であるのはいうまでもないからです。また、こうした経済理論に基づくと、集団的活動主体としての企業の多様性は、考察の対象とはなりません。というのも、その普遍的・一般的原理は経済的合理性の観点からすれば、唯一・最良のものしかないはずだからです。

つぎに、これまでに述べてきた制度経済学の理論を、同じ状況に当てはめて考えてみましょう。その個人は、一定の契約に基づいて雇用され、労働を行ないます。しかしこの個人がどのような仕事をするのかを、網羅的に契約で縛ることは、ほぼ不可能です。むしろ、その個人に対して、その企業が積み上げてきた仕事のやり方やルール・慣習（これこそまさに**過去の妥協に基づいた制度**そのものです）を、組織としての政治的権威を用いて強制することのほうがかなり一般的です。またおのおのの企業には、一定の共有された理念のようなものが存在します。こうした理念は、たんなるお題目となって

しまうこともあるでしょうが、共同体としての**企業の組織的凝集性**に、大なり小なり影響を与えることは否めません。これらの制度は、労働者がみずからの労働においてさまざまな問題に直面したとき、それを解決する方法として力を発揮すると同時に、その労働者を大きく制約するものでもあります。

　さらにこの事例で重要な点があります。こうした諸制度（ルール、政治的権威、倫理的規範）は、**つねに一定ではありません**。というのも、その企業が直面する経済情勢の変化、つまり**他の集団的活動（ないしそれらとの有機的連関の全体）が生み出した経済的条件や制度的環境の変化**に対応しなければ、その企業は倒産の危機に直面するかもしれないからです。これは個々の集団的活動が、社会経済システムにおいて完全に自律していないことの証左でもあり、その他の集団的意思疎通および相互依存のあり方こそが、その企業の繁栄をもたらすことの証左でもあります。

　その場合、従来の秩序をもたらしていた制度は、変更を余儀なくされます。これは企業でも国家でも、事情は同じです。先に述べた「何も変わらないためには、みずからが変わる必要がある」（以前と変わらぬ成長を遂げるためにはそれまでの妥協＝制度を変更しなければならない）という比喩はここでもまさに妥当します。

　その際、その制度変化を主導するのは、基本的には**労使関係**のあり方です。民主主義的な倫理的規範が浸透しているなら、労働組合と経営者との**団体交渉**によって、その変化に対応するでしょうし、トップダウン型の（つまり独裁的な倫理規範が支配している）企業であれば、経営者主導型の改革が一気に進むでしょう。そのいずれのケースでも、集団的活動としての企業の変化を方向づけるのは、その経済的関係だけではなく、その集団的活動において、組織が過去から継承し、現在所有している、政治的・倫理的関係であり、これらからなる諸制度がその変化に大きく影響していることはまちがいないでしょう。

　このように考えるならば、企業や国家が危機に直面してそれに対応するなかで、集団的活動としての、社会的全体性の媒介的存在としての、企業や国家が選択する道は**多種多様**であるはずです。そのかぎりで、つまり歴史的に

変化してきた存在としての企業や国家が多様であるかぎりにおいて、社会的全体性もまた多様な制度的構図を帯びます。したがって、**諸経済の多様性の源泉は、集団的活動からもたらされる諸制度の生成・発展・衰退の過程のなかにこそ存在する**のです。各国民国家の成長のあり方を分析して、真にそのちがいを、またその要因を比較分析したいと思うならば、当該経済が生み出すパフォーマンスの量的差異や制度の形態上・機能上の差異に着目するだけでなく、この諸制度の動態的な過程そのものを歴史的・実証的に分析しなければならないといえるでしょう。そこで得られた、当該経済に固有の諸制度の機能やそのパフォーマンスについての知見は、別の国民国家経済に当然埋め込み可能ですが、たとえそうした埋め込みが成功裏に終わったとしても、それはもともとの制度を生み出した経済の社会的全体的構図と同一になるとはかぎりません。むしろ新しい諸制度を埋め込まれた経済においては、「混合的なもの」（ハイブリッド型）が、つまりモデルとした経済とは別の様態がもたらされるはずです。ここまで読み進めてきた読者ならば、5-1 で「唯一最良の経済成長の道などない」という主張がなぜなされたのか、理解していただけるはずです。

　ここで、これまでの議論を簡単にまとめておきましょう。

①**社会的全体性＝継続的な秩序の状態は、さまざまな集団的活動の動態的な過程から構成される。**
②**集団的活動＝制度であり、制度は集団的活動がみずからを秩序づけるために、みずから生み出したさまざまな妥協の結果でもある。**
③**集団的活動という社会経済単位は、つねに同時に政治的・倫理的次元を有しており、経済的次元にのみ還元されない。**
④**集団的活動のレベルのちがいは、上記3つの次元の機能作用における多様性と差異をもたらす。**

　ところで、こうした社会経済システムのとらえ方をベースにして、現実の社会経済を分析することにどのようなメリットがあるのでしょうか？

実際、こうした社会経済の仕組みについての新しい認識は、社会経済の全体性がどのように構築・維持されているのかを理解するうえで、これまでにない有用な知見を与えてくれます。とくに、経済学において、すべての経済現象を、個人の行為から合理的に積み上げて説明しようとする研究や、マクロ経済的数量体系の構築とその観測データから一定の法則性を見出そうとする研究が主流となっている昨今、こうした認識論はきわめて斬新な分析視角を与えてくれます。

　しかしながら、制度経済学が当該社会にとって最大の有用性を発揮するには、その新しい社会認識論に基づいて、過去、現在、そして可能であるならば未来の経済の状態を叙述できる、ある程度の一貫性をもった分析装置を新たにつくり上げることが必要です。そのかぎりで、残念なことですが、制度経済学は、少なくとも現時点では、伝統的経済学に対抗できるような一貫性をもった総合理論の構築にまでは至っていません。実際、制度経済学という枠組みにくくられる理論であっても、その理論の幅はかなり広く、そのちがいも際立っています[6]。したがって、「制度経済学」という共通の理論が存在しているわけではないのです。

　ただし、これまで述べてきたように、コモンズの制度経済学や、レギュラシオン理論、コンヴァンシオン理論といった、いくつかの有力な理論が台頭していることも事実ですので、制度経済学の総合という課題は今後の研究の展開を待つほかありません。もっとも、今後実践しなければならない課題やテーマははっきりしています。制度経済学による、社会経済システム分析を実り多いものにするためには、つぎのような分析過程が不可欠です。

①現実の制度生成・発展・衰退の過程やその媒介的機能の作用のあり方を、現実の経済動態の事実に則して、さまざまな集団的活動レベルにおける、経済的・政治的・倫理的次元の変化に焦点を当てて、歴史的・実証的に分析すること。

②当該経済が一定の秩序立てられた状態（調整が良好な状態）から、その秩序に問題が生じるという状態へ移行するのはなぜかを、制度変化とそ

の全体的秩序の危機という観点から、理論的に説明すること。
③おのおのの集団的活動の行為の結果として生み出される、マクロ経済的パフォーマンスを量的に叙述可能な統計的・計量的モデルを構築すること。
④このモデルに制度的首尾一貫性と多様性をもたらす、当該経済に固有な「制度的配置」を明らかにすること。

　こうした課題にこたえるためには、さまざまな新しい分析装置が必要となります。さしあたり、この課題にこたえるために、現在比較的説得力のある理論モデルを提示しているのは、**レギュラシオン理論**と**コンヴァンシオン理論**です[7]。前者は主として伝統的経済学のマクロ経済学、後者はミクロ経済学に対応しますが、単純にこのようには分けられない面があるので、注意してください。また現時点では、これらの理論はそれぞれに独立したものとして発展を遂げており、その理論的相互補完性の是非については一定の議論がつづいています。

　ここで、それぞれの理論を簡単に説明しておきましょう。

　レギュラシオン（調整）理論は、主としてマクロ経済の状態と制度のあり方を議論するのに対し、コンヴァンシオン（慣行）理論は、諸個人の経済行為のあり方を、その意識的形態とその機能作用に焦点を当てて説明します。ここでいう「慣行」とは、コモンズのいう倫理的次元すなわち行為における「ある規範」を誘導し、方向づけるものとして解釈されています。ここで注意すべきは、調整にしても、慣行にしても、それは、つねに同じようなものとして機能しないという点です。のちに述べますが、調整様式は、時代や国が異なれば、異なった機能様式として出現しますし、慣行は、同一の時間と空間においても、集団的活動のレベル（たとえば、企業と国家など）が異なれば、別様のあり方で出現します。要するに、レギュラシオン理論にしても、コンヴァンシオン理論にしても、共通しているのは、**社会経済システムに埋め込まれた「諸制度」全体**（その全体的機能が調整、部分的機能が慣行と呼ばれます）**が、経済社会ステムを一定期間および一定の空間内部で秩序立て**

るということ、そしてそうした**諸制度は社会経済システムにおける、さまざまなレベル・形態における関係性のなかから生み出される**ということを、強調している点です。

　これらは、何でもかんでも「市場」に還元して、それこそがすべての「調整」を担っていると考える経済学とは対極にある諸理論です。当然ながら、レギュラシオン理論もコンヴァンシオン理論も市場の機能をけっして無視しているわけではありません。その市場の調整が完璧でないがゆえに、社会経済システムは、複数のさまざまな調整装置を有していると考えているのです。

　このように、これらの理論は一見、マクロ的・ミクロ的という差異があるようにみえます。しかしながらコモンズの理論は、これらの理論の特徴をともに有しているように思われます。なぜなら、コモンズは「秩序」という調整された状態を強調すると同時に、集団的活動における「倫理的次元」の機能、つまりその集団的活動の構成員が共有する規範の役割をも重視するからです。とはいえ、いずれにしてもこうした解釈はいまだ広く認知されておらず、詳細な検討が必要な問題でもあります。そこでここではそれらの理論がコモンズを介して接合可能であるかもしれない、という前提に立って議論を進めてゆくことにします。

　なお、本書は、主として日本のマクロ経済的分析に焦点を当てていますので、コンヴァンシオン理論による分析よりも、レギュラシオン理論を仮説に用いた説明のほうが理解しやすいでしょう。そこで、以下ではレギュラシオン理論を中心に説明を行ないたいと思います。

　レギュラシオン理論では、ある経済でのある期間に成立していたマクロ経済の状態を、「**蓄積体制（レジーム）**」という用語で表現します。その蓄積体制は、もっぱら供給に関わるものである「**生産性レジーム**」と、もっぱら需要に関わるものである「**需要レジーム**」からなっています。これらの用語のくわしい説明は、つぎの第6章で行なわれますので、そちらを参照してください。ここではその概要を理解していただくだけでけっこうです。

　ついで、そのマクロ経済的状態を制度的に秩序立て、一定の期間維持するもののことを、「**レギュラシオン（調整）様式**」という用語で表現します。

このレギュラシオン様式は、以下のような5つの関係からなる、**制度諸形態**と呼ばれるものから構成されています。

① 賃労働の諸形態（いわゆる労使関係）：労働者の働かせ方における創意・工夫を通じた生産性上昇益の確保のあり方、またその力関係に依存した、企業収益の利潤と賃金への分配のあり方。
② 競争の諸形態：市場における企業間競争のあり方、たとえば独占、寡占、市場競争のグローバル化など。
③ 国家の諸形態：財政政策・金融政策・社会政策などを通じた国家による国民国家経済の調整のあり方。
④ 貨幣制度の諸形態：金本位制度や管理通貨制度といった貨幣制度のちがいが生み出す、いわゆる「貨幣制約」のあり方。
⑤ 国際経済の諸形態：国際通貨制度や国際金融システムが国民国家経済を秩序立てるあり方。

これらの制度諸形態の詳細な説明は次章以降に譲りますが、何よりも理解すべきは、つぎの点です。

① これら5つの制度諸形態がそれぞれに複層的にからみあって、国民国家経済という大きな枠組みのなかで相互に影響を与えあっているということ。
② 制度諸形態は、企業や国家といった、それ自身集団的活動であるものが、他の集団的活動との関係性のなかで、一連の経済的・政治的行為から生み出されたものであるということ。

本章ではこれ以降、以上の観点に立脚して、日本経済の制度的構図とその構造変化について説明を行ないます。なお、以下では、こうした理論的考察を、さまざまな具体的事例を挙げて考えてみたいと思います。

5-4　過去の経済体制を振り返る──第2次大戦以降の経済成長の制度的構図

　これまでに述べたような経済観にしたがって、以下では、過去の経済システムがどのような諸制度によって構築されていたのかを振り返ってみましょう。一見すると遠回りなことのように思われますが、近視眼的にいまだけをみていると、見落としてしまう重要な問題があります。とくに注意すべきは、世界の経済システムとそれを構造化する各国民国家経済は、自由と規制のあいだを揺れ動きながら、国内指向の経済体制と海外志向の経済体制とのあいだで、また実物経済主導型の体制と金融経済主導型の体制とのあいだで変遷するものとしてとらえることができるということにあります。その際重要なのは、以下の点です。

①言葉の完全な意味で「グローバル化した経済」なるものは、過去一度も存在していません。ただし「グローバル化した市場」はつねに存在していました。近現代にかぎり「経済≒システム」として存在していた最大の枠組みは「国民国家経済」です。そのかぎりで現実的な意味でのグローバル化した経済とは、各国民国家を単位として相互に結びつけられている経済のことであり、それは市場をはじめとする、さまざまな諸制度を媒介として構成されてきたのであり、そこから生じる問題はしばしば直接・間接に「暴力的に」解決されてきました。
②前節の繰り返しになりますが、国民国家経済は5つの制度によって支えられていました。賃労働の諸形態、競争形態、貨幣・金融形態、国家による経済への介入形態、国際体制への各経済の編入形態、がそれです。
③とくに、グローバルな視点から重要なのは、国際関係を支えている「国際通貨制度」です。近現代の国際通貨制度は、つぎのような図式でとらえると理解しやすいでしょう。

金本位制→金本位制からの離脱→第2次世界大戦の勃発と終焉→金・ド

ル本位制（固定為替制）と IMF・GATT 体制→ニクソンショック→変動為替レート制への移行→金融の自由化

　この図式は、国際関係におけるさまざまな変化をもたらした重要な金融制度の変化を表わしています。とくに近年続発している金融危機を考えるうえで、こうした制度の変遷を考えることは重要です。

5-4-1　資本主義の大転換——新しい生産システムと需要の誕生

　本節では、主として第2次世界大戦後の高度経済成長をもたらした、経済の再生産メカニズムについての説明を行ないます。なお、以下で述べる経済の再生産メカニズムの説明図式は、特定の国民国家を対象としたものではなく、おおまかに欧米諸国などの先進経済諸国を念頭に置いたものです。また厳密には、すべての先進経済諸国が、以下で述べるような経済的再生産メカニズムのもとで機能していたかどうかという点については、意見がわかれるところです。しかしながら、さしあたり本節では、そうした差異はいったん括弧に入れ、構造的枠組みとしての経済的再生産メカニズムの動態について解説します。こうした準備段階を経ることで、次章以降の、日本の成長レジームと諸制度の関係を理解することが容易になると思います。

　私たちの経済社会は、歴史的に振り返ってみると、第2次世界大戦以前と以降では大きく変化しました。これは、日本だけにかぎられるものではなく、いわゆる欧米の先進経済諸国にもみられました。こうした変化を、先に述べたポランニーの言葉を拝借して「資本主義の大転換」と呼びましょう。これにともなう制度的変化の詳細については後節で説明しますが、まずここでは、この大転換を通じて経済的再生産のあり方が変わったことを説明しましょう。

　マルクスが『資本論』のなかで描いていた、産業革命以後のイギリスの資本主義は、労働者にとって悲惨なものでした。羊毛を生産するために土地を囲い込まれ、農村から放逐された労働者は生存ぎりぎり、あるいはそれ以下の賃金のもとで、貧窮にあえいでいました。当時のイギリスの企業はこうした労働者の賃金を極限まで切り下げることで生産物を国内で生産し、植民地

貿易を通じて国外で販売し、利益を得ていたのです。つまり企業にとって、**国内の労働者は生産者**ではあっても、**消費者ではなかった**のであり、さまざまな生産物は一部の人々にとっての奢侈品、外需でしかありませんでした。

20世紀に入り、資本主義の中心地がイギリスからアメリカに移行するなかで、アメリカは新しい資本主義経済のモデル国へと変貌しはじめます。1929年の世界大恐慌が発生するまで、アメリカは世界経済の中心地となっていました。とりわけ、アメリカで生まれた生産システム、**テーラー主義**と**フォード主義（フォーディズム）**は、高い生産性を実現する画期的なモデルとなりました。つまり**大量生産**を**安定的に実現するシステム**が生まれたのです。

テーラー主義とは、フレデリック・ウインスロー・テーラーが生み出した生産システムで、それまで熟練労働者の技能に頼りきっていた生産現場を、誰もが参加可能な生産現場に一新するシステムでした。具体的には、生産に関するさまざまな作業を細かく分割し、それぞれの仕事に必要な作業時間（**標準時間**と呼ばれます）を設定して、それを労働者に遵守させる（そしてそのために出来高賃金制度を導入して労働のインセンティブを与える）、というシステムがそれです。アダム・スミスが『国富論』のなかで**分業による生産性の向上**について言及したことはあまりにも有名ですが、テーラーはこの分業システムをさらに精緻化させました。このシステムの導入で、ある鉄鋼会社では、労働者の生産性が50％以上も増大したといいます。しかしながら、こうした生産性の上昇は同時に、労働者の熟練の陳腐化と、失業の脅威（生産性が上がった分だけ労働者が不必要になる）とをもたらすことになりました。

しかしながら、テーラー主義は、当時のアメリカにおいて大きな評価を受けながらも、実際に急速に普及するにはかなりの時間がかかりました。その理由の一部には、労働者の団体である同業組合が強烈な反対をしたこともあります。実際、テーラーは何度も労働組合からの襲撃を受けたといいます。まさに**労使の対立**がこのシステムの導入を遅らせたといえるでしょう。

ただし、こうした生産システムの進化は、テーラー1人の業績によるもの

ではありません。当時アメリカで勃興しつつあった自動車産業の雄であるヘンリー・フォードもまた、そうしたシステムを生み出した1人でした。ちなみに、フォードの自伝によると、テーラーと会ったことはなく、みずからの生産システムは自分の発明であるとのことです。ただし、テーラーが当時みずからの生産システムを全米の企業に売り込んでいたこともまた事実ですし、そうしたことを間接的にフォードが知っていたとも考えられますが、ここはフォードの言にしたがい、フォードの生産システムがオリジナルなものであるということで話を進めましょう。

フォードは、テーラーとほぼ同じ生産システムの革新を行ない、T型フォードという自動車の大量生産を実現しました。とくにフォードのそれが優れていた点は、テーラー的な生産システムに加えて、生産現場に**ベルトコンベアシステム**を導入したことです。これによりそれぞれの作業場からの製造物の移動が連結され、移動の際のタイムロスが軽減され、飛躍的に生産性が向上したのです。

ところで、こうした生産システムの革新が何ゆえ資本主義の大転換につながるのか、理解しにくいかたもいるのではないかと思います。たしかに、こうした生産システムの革新だけであれば、それは経営学において常識的な事実であり、あえて経済学において取り上げる必要のないことです。しかしながら私たちは、その生産システムの革新に、「**制度としての賃労働関係**」の変容を、「**集団的活動の場としての企業組織**」の変容に見出すのです。これこそ前節で取り上げたコモンズの制度経済学の核心にほかなりません。19世紀と同じように財を生産し消費するのではなく、その生産の中心である企業がみずからその生産のあり方を変更し、新しい賃労働関係を確立することに制度変化の起点があるのです。いい換えれば、**労働者と経営者の関係が生産システムの変化を媒介として変化する**、まさにそのことによって、集団的活動としての企業組織を支える「**制度的妥協**」が確立されてゆくのです。

他方で、こうした**大量生産**の実現は、経済的再生産の原則からいえば、必然的にその**大量消費**の実現を必要とします。なぜならいくら大量にその生産物が生産できたとしても、その販路を確保できなければ、企業は大量の在庫

第5章 日本経済の変化を理解するために

を抱えて、利潤を確保することすらままならなくなるからです。そのことに直感的に気づいていたと思われるフォードは、マルクスの時代の経営者には考えられなかった行動に出ます。それは、**生産性の上昇分を反映した高賃金の実現**です。マルクスの時代、賃金はコストと見なされていました。コストであるかぎり、それは低ければ低いほど経営者に利益をもたらします。実際、彼の時代の経営者たちは、労働者を生存水準ぎりぎりないしそれ以下の賃金で雇用し、利潤を確保していました。これをマルクスが「搾取」と呼んだのも無理からぬ話です[8]。しかも労働者たちは、みずから生産したものをみずから消費することなどとうていできず、貧困にあえいでいました。

ところが、こうした慣行を打破して、フォードは、みずからの会社の労働者たちに、一生懸命働くならば（**生産性の上昇に寄与することに同意して職務に励むならば**）1日5ドルという、当時の平均賃金の2倍以上の高賃金を支払う（**生産性上昇によって得られた利潤を賃金部分に分配する**）ことを約束しました。そして労働者に貯蓄を奨励し、労働者の妻に浪費を避け倹約することを説きました。現代からみるとなんともお節介で家父長主義的な経営者ですが、そうしたことは別にして、彼は、みずからの労働者を生産者としてのみならず、**新たな需要を生み出す消費者**としても見なしていたのです。つまり労働者たちは、わが社の車を買ってもらえる未来の消費者であり、賃金は生産コストではなく、**消費需要の原資**に、いい換えれば**利潤の源泉**になる、と考えたのです。

このフォードの企業内政策が成功したかどうかについては、意見がわかれており、ここでは詳細に立ち入りません。ですが、私たちにとって重要なのは、20世紀の新たな資本主義が、その拡張のための新たな市場を、海外市場ではなく国内市場に、さらにいえば労働者それ自身のうちに見出しうるという契機を、フォードの実験から垣間みることができるという点です。

実際、第2次世界大戦後、先進経済諸国は、植民地縮小による海外市場における需要の減退を受け、もっぱら自国内の労働者をその消費需要のアクターとして認めはじめます。事実、オールド・フィフティズ＝古き良きアメリカを象徴する、大型の自動車、冷蔵庫、テレビ、エアコン、庭付きの一戸

215

第Ⅱ部　日本経済の変化

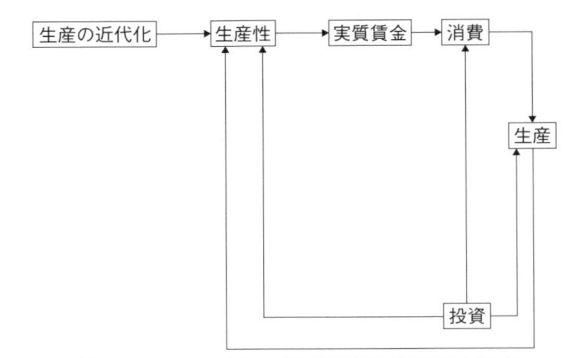

```
生産の近代化 → 生産性 → 実質賃金 → 消費
                 ↑                    ↓
                 │                   生産
                 │                    ↑
                 └──────── 投資 ──────┘
```

図5-3　フォーディズム的蓄積体制の基本図式

建て住宅での家族の団らん、といったアメリカンドリームの実現は、先進経済諸国の労働者のあこがれとなりました。こうした**耐久消費財の大量生産・大量消費**による国内経済の成長、それらの財の国民＝労働者＝消費者への浸透は、まさにフォードが思い描いていた成長パターンと軌を一にしています。日本でも、第Ⅰ部でみたように、1960年代に高度経済成長時代を迎えますが、そのときの成長体制の基軸は、耐久消費財の諸国民への普及にありました。映画『ALWAYS　三丁目の夕日』が描く昭和30年代東京の原風景は、こうした成長のパターンが当時の国民にとって浸透していたことをうかがわせます。

これらの事実、すなわち第2次世界大戦後、先進経済諸国が耐久消費財の対内的需要拡大によって一定期間経験した成長の好循環の様態を、私たちはレギュラシオン理論にならって「**フォーディズム的蓄積体制**」と呼びます。

ここで、**図5-3**をみてください。この図は、国民国家におけるフォーディズム的蓄積体制をもっともシンプルに説明するもので、レギュラシオン学派のロベール・ボワイエによって提唱されました。蓄積体制（成長レジーム）の詳細な説明は第6章に譲りますが、この図の要諦は、つぎのことにあります。

①生産性の向上のために導入される新たな生産システムによる労働強化を、

216

労働者が受け入れること（新しい労使妥協の成立）。
②その生産性上昇から得られる利潤を賃金と利潤に分配するという賃金制度の具体的実現（収益の増大→臨時所得の分配ないし定期的な賃金上昇の協約）。
③企業はその増大した利潤の一部をさらなる投資へ振り向け、労働者はその増大部分を消費ないし貯蓄に振り向ける。
④成長の天井に到達するまで（耐久消費財の一巡まで）、このサイクルが国内経済を中心にして再生産されること。
⑤もっとも重要なことは、たんに賃労働関係の変容だけではなく、その変化に適合するそのほかの制度諸形態が存在し、機能していること。

とくに、⑤についていうならば、このフォーディズム的蓄積体制においては、この成長パターンに適合したいくつかの諸制度が存在していました。この点を次節で説明しましょう。

5-4-2　フォーディズムの成功と挫折

前節で述べたフォーディズム的蓄積体制を支えたのは、戦後の先進国経済において、新たな制度として登場したさまざまな諸制度ですが、その第一のものは、①**「労働組合と団体交渉の制度化」**です。

世界大恐慌の発生と戦争の勃発という悲惨な経験を通じて、じつのところ、従来型の経済のあり方が再検討されたることになりました。その代表的な事例である「ニューディール政策」は、その政策の革新性にもかかわらず、アメリカにおいては、世界恐慌からの脱却という実質的成果を生み出すことなく、第2次世界大戦への参戦へと行き着き、結果的にその戦争が戦後のアメリカ経済の繁栄を決定づけることになりました。

しかしながら、事実上戦争が世界恐慌からの脱却をもたらしたとしても、先進経済のあり方は、戦後決定的に変化しました。第2次世界大戦後、先進経済諸国では「民主主義」の気運が高まり、労働者の権利保護がさまざまな側面で見直されはじめました。とくに、ニューディール政策はその原型と

なったものであり、そこでは労働者の団結権、団体交渉権、争議権の承認が法的に承認されることとなり、労働組合の結成が法的に承認されたのです。こうした、変革の時代に生み出された社会関係総体の革新に関わる諸制度は、先に述べた、**フォーディズム的妥協（新しい生産システムの受容とその果実の賃金への分配）の成立を法的に支える制度的土台**となりました。

　ついで重要な制度変化は、②「**通貨・金融システムの安定化**」です。

　第２次世界大戦後、先進国は金本位制を放棄し、国際通貨制度においては金＝ドル本位制を採用します。アメリカの経済的繁栄を背景とした国際通貨制度安定のもと、各国は、みずからの裁量で自国通貨を発行する「管理通貨制度」を導入しました。これは、金保有量に縛られない、各国中央銀行による貨幣供給量のコントロールを理論的には可能にする制度であり、景気変動に則したマネー・サプライを可能にする制度でした。また世界大恐慌が、金融資本による自由な投機により引き起こされたことを反省し、各国政府は、金融資本の自由な国際移動や過大な金融市場の発展、証券業務と銀行業務の兼任などについて、厳格な統制を行なうため、それを制度として制定しました。こうした金融市場の変容のなかで、企業は資金調達のため、銀行との結びつきを強めます。企業は「投資」を介して銀行と密接に結びつくことになり、これがのちに間接金融および銀行による企業統治という制度の発展をもたらします。また、管理通貨制度の導入により、中央銀行による金利操作や公開市場操作が可能となり、そのかぎりで各国「独自の」金融政策の余地が生まれることになりました。

　さらに、③「**国家の経済的役割の拡張**」が生じます。

　世界大恐慌の際、ある意味で政府は無力でした。というよりも、その当時支配的であった経済理論にしたがって、「市場による調整」を期待して故意に何もしなかった時期があったというのが実情だったのでしょう。しかし、ニューディール政策において新たに生まれた「政府による経済への積極的介入」という経済思想、さらには**ケインズによる不況期における積極的財政政策の実施という提言**は、戦後広く受け入れられ、各国政府はマクロ経済の不安定性を「政策」で緩和することをめざしました。これは、市場で調整でき

ない部分を政府が「徴税・支出すること」でカバーするという課税・財政政策によって、また貨幣の価値を政府の保証のもとで安定化させる、中央銀行による通貨需給の調整政策によって実現されました。また先に述べたフォーディズム的妥協の法的支えとして、たとえば失業保険の創設や解雇規制法制などが制度化され、これが雇用の安定化へとつながる結果となりました。

加えて、④**「国際通貨システムと国際貿易システムの安定化」**が、各国民国家の対内的経済成長を、外部から支える役割を果たしました。

1944年の「ブレトン・ウッズ協定」の成立によって、金ドル本位制が確立され、ドルと他の諸国の通貨との交換比率が「固定化」されました。その結果各国は、為替レートの変動に悩まされることなく「国内経済」の発展にいそしむことができるようになったのです。また、先にも少しふれたように、こうした為替レートの固定化とともに、戦前国際的な資本移動が急激な国内経済環境悪化を招いたことの反省から、国際的な資本移動は厳しく制限されました。こうした国際通貨・金融制度の制度化とともに、GATT（現在のWTOの前身）が成立し、国際貿易のルールづくりおよび関税の引き下げなどに寄与し、現在につづく自由貿易体制の基礎をつくりました。

しかしながら、こうしたフォーディズム的蓄積体制の反映は長くつづきませんでした。早くも60年代後半には、先進経済諸国は、新たな問題に直面しはじめます。なお、しばしば一般的には、1970年代初頭の2回にわたるオイルショックおよび71年のニクソンショック（アメリカによる金・ドル交換停止の宣言）が、世界経済の変調のはじまりであると理解されていますが、私たちの考えでは、こうしたことがフォーディズム的蓄積体制の変容に影響を与えたことは否定しませんが、そうした外生的要因よりもむしろ、**フォーディズム的蓄積体制はみずからの内部要因から崩壊しはじめた**と考えています。

たしかに、金・ドル本位制から事実上の変動相場制への移行を契機に、70年代初頭から各国の経済体制に変調が生じました。しかしながらその危機の萌芽形態は、すでに60年代末に発生していました。とりわけ、それは**フォーディズム的労使妥協がもたらしていた「生産システムの革新→生産性**

の上昇→賃金の上昇」というサイクルがほころびはじめたことにあります。この労使妥協では、生産性の上昇がきわめて重要な役割を果たしますが、テーラー主義・フォーディズム的な生産システムは、一面で労働の単純化をもたらし、労働者の現場における創意工夫の余地を剥奪してしまいました。その結果欧米で生じたのが、賃上げのストライキのみならず、労働を拒否するためのストライキ・サボタージュという現象です。

　これは労働生産性を低める効果をもたらし、また制度化された賃金上昇の圧力は、賃金上昇→消費需要の増大をともなわない物価高騰（悪いインフレのスパイラル＝スタグフレーション）をもたらしました。企業は賃金上昇分を価格に転嫁しましたが、それに見合った需要の増大を享受できなくなったのです。またそれにともなう輸出品の価格上昇は、国際競争力の低下につながり、国内における生産量、雇用量の低下を、そして最終的には大量失業を生み出す要因となりました。

　なぜ賃金が上昇しても消費需要が増大しなかったのかについては、さまざまな要因が存在していて、一概にいえないのですが、少なくとも「国内需要の飽和」がその一因であったことはたしかでしょう。フォーディズム的蓄積体制の両輪の1つであった需要の拡大が、ここに至って天井に達したのです。こうした変容を受けて、企業はその販路を、ふたたび海外市場に求めてゆくことになりました。これはある意味で、現在のグローバリゼーションのきざしであったともいえるでしょう。こうしたマクロ経済の変調を受け、国内の労働市場における需給バランスは変容し、とくにヨーロッパにおいては、大量失業とその長期化が問題となりはじめました。

　さらにいえば、同時に、**ケインズ主義的財政政策におけるその効果の低下**がみえはじめました。ケインズ主義的財政政策とは、有効需要の不足を政府の財政支出で補うことですが、これは、財政均衡主義を否定し、景気の波に逆らうよう（カウンター・サイクリカル）な財政支出行動を行ない、景気を刺激することで経済成長を図るというものでした。この不況期の財政赤字は好況期の税収増により相殺されるはずでした。しかしながら、スタグフレーションの進行は、この循環の妥当性をもののみごとに否定してしまうことに

なりました。その結果、財政赤字の膨張と累積がはじまりました。この時期に、多くの先進経済諸国においてはじまったこの現象は、現代の金融危機へとつながる一連の出来事の象徴かもしれません。

5-4-3 フォーディズム以降の成長のあり方──金融中心の経済システムの台頭

こうしたマクロ経済の変調は、徐々にではありますが、フォーディズム的妥協を支えていた諸制度の構図を変容させていきます。ここで、その制度変化のうち最初に現われるのが、**国際金融システムの変容**です。

まず、**金ドル本位制が1971年に放棄されたこと**が挙げられます。

アメリカの貿易赤字は60年代以降急速に拡大し、いわゆる国際的な債権国から債務国へと転落していきます。その結果、万が一、世界経済において膨大な流通量に膨れあがったドルを、その所有者から「金と交換せよ」といわれても、事実上交換できなくなったために、変動相場制へ移行せざるをえなくなりました。

そして、このころから、ふたたび「**自由主義的な（市場志向の）制度改革**」が注目されはじめます。このことは、管理された経済体制から自由な経済体制への移行を意味しており、それまで一定の比率で固定されていた為替レートは、ドルとそのほかの国の通貨の交換比率を決定する国際通貨市場の需給関係により、決定されるようになったのです。しかしながら、アメリカは著しい貿易赤字国であるにもかかわらず、自国通貨が事実上の国際「基軸通貨」であるため、その赤字を解消するためにアメリカ国債を発行しつづけました。

また、これがもっとも重要な制度変化ですが、アメリカは70年代以降、自国の不況脱出の源泉を**金融市場制度の革新（イノベーション）＝規制緩和**に見出します。これによってアメリカは、実物経済中心の経済成長体制から金融経済中心の経済成長体制への転換を図ろうとしたのです。

具体的には、たとえば世界大恐慌の教訓から、1933年に締結された銀行と証券業務の兼務を禁止していたグラス＝スティーガル法はその制度的制約

を緩められ、同じように禁止されていた金融持株会社なども、徐々に緩和されていきます。実際、90年代には、金融持株会社ないしは銀行持株会社のもとで幅広い金融業務の遂行を認めたグラム゠リーチ゠ブライリー法が制定されました（ただし2008年に起きたサブ・プライムショックにより、現在では、規制色の強いドッド゠フランク法が制定されています）。また、公定歩合の恣意的操作による金融市場の調整は、金利の自由化（市場による金利の決定）へと変化しました。

こうしたアメリカ国内における金融制度改革は、IMFや世銀などを通じて徐々に国際的に拡大していきました。ラテンアメリカ諸国などは、累積した債務返済の原資をIMFから融資してもらうため、自由主義的な制度改革を受け入れてつぎつぎに実施してゆきました。このようなアメリカ政府とIMF、世界銀行などが協力して推し進めた、一連の金融制度緩和政策と自由主義的市場改革の推進政策をめぐる世界的な合意のことを、その中心がアメリカの政治的・経済的中心地ワシントンで何ごとも決定されたことから、「**ワシントン・コンセンサス**」と呼んでいます。

したがって、70年代以降に進行した国際的な金融自由化の構図を図式化するなら、**銀行や資本市場における金利自由化→銀行・証券業務分離規制の緩和→国際資本移動の自由化**というように表現することができます。

しかしながら、こうした金融中心の蓄積体制は、一定の成長をもたらしつつも、世界大恐慌の悪夢を想起させる「連続する金融危機」をいく度となくもたらしました。第Ⅰ部でみたように、主要なものだけでもつぎのものが挙げられます。

　1987年のブラックマンデー
　1992年のイギリス・ポンド危機
　1997年のアジア通貨危機
　1998年のロシアの財政危機
　2001年のITバブル崩壊
　2008年のリーマンショック

2010 年のギリシャ債務危機

　これらの危機は、多くの場合、大量の資金をバックにさまざまな仕掛けを行なった「ヘッジファンド」と呼ばれる集団によって引き起こされたといわれています。その危機の大きな要因は、こうした集団が自由に国境を越えて資金を動かせるようになった、「資本移動の自由化」という国際金融システムの制度的変容に求めることができるのです。

　こうして、90 年代には、市場に滞留する膨大なマネーは、一国の経済を一瞬にして破壊しました。そして、そうした国々に対して IMF や世界銀行は融資の実行と引き替えに、当該国の緊縮財政政策やさまざまな規制撤廃を、ワシントン・コンセンサスに基づいて要請したのです[9]。

　したがって、70〜90 年代にかけてのさまざまな経済危機の発生は、フォーディズム的蓄積体制の崩壊を受けて、先進経済諸国が金融主導型の成長体制をめざしたことにより引き起こされたものであると考えることができます。次節では、この金融主導型蓄積体制とは何であったのか、またそこからの脱却は可能かどうかを、レギュラシオン理論を中心にしてみていきましょう。

5-5　90 年代以降、世界経済はなぜ金融化したのか？

5-5-1　金融危機に対するレギュラシオン理論の理解

　世界経済の金融化については多くの研究がありますが、ここでは、制度の経済学の1つであるレギュラシオン理論による最新の研究（宇仁・山田・磯谷・植村 2011）を取り上げて、簡単に説明してみましょう。

　その研究は、「はじめに」（同上書, pp. i - x）において、現在の世界的な金融危機が 20 世紀初頭の経済危機と類似していることを認めています。たとえば、大失業、国際通貨本位制の崩壊、それに引きつづく通貨切り下げ競争、ブロック経済化などがそれです。そしてまた 21 世紀初頭の危機から脱出すべく各国経済がとろうとしている諸方策が、20 世紀初頭の経済危機におけ

るそれと不気味なほどの類似性を有していると指摘しています。ただし、世界経済を構造化する国際的諸関係は、「産業化された先進国 vs 未発達の植民地」から「金融化された先進諸国 vs 産業化された旧植民地諸国」へと根本的な国際的位相が変化している点で、20世紀初頭の経済危機の世界的構図と現在の金融危機のそれとは大きな差異を有しています。そのかぎりで、**現在の危機は過去の危機と共通性をもちつつも、異質な危機なのです**。

　この研究では、こうした観点から、前節で述べたフォーディズム的成長を歴史的に回顧して、「20世紀前半の危機の底流にあるのは、賃金上昇が労働生産性上昇を下回ったことからくる先進諸国の内需不足である」(同上書, p. ii) という、フォーディズム的蓄積体制成立の起源が提示され、制度化された妥協に支えられた労働生産性上昇と需要成長との好循環メカニズムの成立がフォーディズム的蓄積体制の要であったと結論されています。

　しかし、80年代から強まった金融自由化の波のなかで、いまや「フォーディズム的妥協」(社会的妥協) は崩壊し、フォーディズム的蓄積体制のもとで、経済不安定化を抑えるために存在していた諸制度がつぎつぎに撤廃され、その機能の縮小を余儀なくされました。したがって「20世紀の1930～40年代に行われた一連の諸制度の刷新とならぶほどの、他領域の諸制度の刷新が、21世紀初めの日本において必要」(同上書, p. iv) となる、というのです[10]。

　このようにして、以上のような分析から、現在の危機はフォーディズム的蓄積体制の後継者として現われた、「金融資本主義」あるいは「金融主導型」の成長体制ないし発展様式の危機ととらえられるのです (同上書, pp. 11-15)。

5-5-2　蓄積体制の変容はどのようにして生じたのか？

　では、こうしたフォーディズム的蓄積体制から金融主導型成長体制への転換は、具体的にどのような制度的歴史的変化のなかで生起したのでしょうか？

　レギュラシオン理論による最新の研究では、「なにゆえグローバル経済は金融化したのか」をめぐるさまざまな実証的検証が行なわれています。それ

第 5 章　日本経済の変化を理解するために

は、以下のように要約できます（同上書、第 1 章第 3 節）。

① 1990 年代アメリカにおいて、金融商品による収益の増大（家計所得における金融所得の割合の増加）が生じた。アメリカはその典型だが、それは世界にも飛び火した。
② その進展の仕方は、金融の自由化（預金金利の上限撤廃など）→証券化商品の登場→国際過剰流動性の発生であり、その国際流動性は「強いドル政策」ともあいまってアメリカに還流し、最終的には IT バブルの崩壊や住宅バブルの崩壊へと至った（同上書, p. 36、図 1 - 3 を参照）。
③「世界全体の成長が、基軸国アメリカの過剰消費と過剰債務に立脚して初めて達成」され、「アメリカ経済は対外債務の増大なしには成長できなくな」り、「日中経済は対外輸出の増大なしには成長できなくなった」。その結果、世界経済の構造の収斂ではなく「非対称化」が進展した（同上書, p. 37）。

　ここで問われるべきは、こうした情勢の変化によって、フォーディズムから新しい蓄積体制への移行はなぜ生じたのかです。レギュラシオン学派のフレデリック・ロルドンは、1970 年代初頭のフランス経済の状況を回顧しつつ、国内市場の飽和に直面した産業資本が、フォーディズム期の厳しい対内制約を回避すべく、国外市場へのそのロジックの拡大（内包的蓄積から外延対蓄積へ）に求めたことで、**フォーディズムの瓦解**がはじまったと指摘し、つぎのように述べています。

　　自動的に（相対的にではあるが）中心を占めていたフォード主義的な成長モデルはまさしく、みずからを生きながらえさせようとした結果、じつのところ自分自身を不安定化させはじめた。なぜなら「国内市場を目的とした大量生産・賃金の強力な再分配・生産物の流通を可能にする動態的な消費における支払い能力の高まり」がきわめて強力な首尾一貫性を与えていた、成長回路は国内に固定されていたからであり、その成長

回路の開放は、その回路を徐々に打ち壊すこととなったからである[11]。

こうした成長回路の開放は、必然的に諸企業の国際競争におけるコスト引き下げ合戦を引き起こし、「企業の脱ローカル化」、すなわち生産拠点の海外移転を促進しました。このような国際関係のもとでは、成長の回路の内的完結を前提とする、フォーディズム的妥協は、もはや維持されえないのです。なぜなら、70年代から80年代にかけて成長体制は、生産性の上昇益による総利潤の増大とその内的再分配という構図から、総利潤の相対的低下のなかでの総コストの削減と、利潤の対外的再投資とその資産化という構図にシフトしていったからです[12]。したがって**新興工業国との国際競争は、企業をして、利潤の分配のあり方を賃金部分へ振り分けることから、持続的な海外直接投資への振り分けや内部留保の増大へと変更せしめた**のです。さらにいえば、こうした利潤分配のあり方の根本的変化は、この「金融的剰余」の新たな投資先としての、新しい金融市場や金融商品の発展を促しました。そしてついには、産業資本の物づくりによる収益拡大よりも、産業資本においては株価の上昇益の確保が、金融資本においては、金融仲介による産業の育成からの収益よりも金融商品そのものによる収益拡大が、優先されるようになったのです。

ここで重要なのは、フォーディズム的妥協の瓦解のなかで、労使の対立はどのような経緯をたどったのかについて考察することです。端的にいえば、それは**賃労働関係における力関係の逆転**です。事実上、雇用の喪失可能性を前にした労働者の賃上げの要求は、たとえば日本における春闘の形骸化からも明らかなように、労働者の広範な連帯を引き出すことができませんでした。これは日本にかぎったことではなく、いくつかの先進経済諸国にほぼ共通の事象であるといえるでしょう。このような情勢のなかで、諸企業は、80年代以降、金融の自由化・規制緩和をテコに、主たる収益の源泉を金融に求めてゆくようになるのです。

要するに、この時期のアメリカをはじめとする先進諸経済は、耐久消費財普及の限界に直面し、耐久消費財産業は海外市場に活路を求めつつ、さらに

は新たな産業基盤（たとえば IT 産業）を求めつつ、金融資本の発展に活路を見出したのであり、その発展のための命題を、（ある意味で迂回的な利潤獲得形態であるところの）産業資本における収益の増大という至上命題から、金融資本における直接的な利潤獲得形態という至上命題へと根本的にシフトしたのです[13]。

5-5-3 「株主主権型」調整様式の様態とその機能不全

しかしながら、こうした成長体制の登場は、金融が新たな産業として出現し、その産業構造において主役におどり出たことだけを意味するのではありません。その変化は、フォーディズム的蓄積体制を支えてきた制度諸形態にきわめて大きな変化をもたらすこととなったのです。

実際、本来、産業構造において資金の供与という仲介的機能を有していたはずの金融資本は、「間接金融から直接金融へ」という仲介機能の様態変化のなかで、産業資本への統制力をますます強めていきました。つまり、株主こそが企業の真の所有者であり、その株主に利潤を供することこそが企業の責務であるという考え方が、経済的アクターたちのあいだに徐々に浸透していったのです。

こうした企業経営における株主価値優先の力学は、必然的に賃労働関係の変容をもたらしました。生産性上昇とその労使での分配を基礎的マクロ変数としていた、フォーディズム的蓄積体制は、いまや「株式あたり利潤（株主資本収益率）の上昇とその分配」を基礎的マクロ変数とする、金融主導型蓄積体制に変容したのです[14]。そこにおいては、「賃金は金融収益確保後の残滓ないし従属変数と化」し（宇仁・山田・磯谷・植村 2011, p. 38）、それは必然的に雇用の柔軟化を随伴しました。その結果生まれたのが、**「金融事業者と大企業経営者との事実上の同盟」という新たな社会的妥協**です（ボワイエ 2011, p. 310）。

しかしながら、この蓄積体制においては、労働者もまた、みずからの貯蓄や年金資産の形成を通して、株式・債券市場から金融所得を得ることが可能となります。これはいわば、労働者の金利生活者（レンティエ）化です。フォーディズム的

蓄積体制においては、生産者であり消費者でありえた労働者は、雇用という場を通しての生産（さらには賃金）との結びつきを弱められる一方で、今度は消費者・債権者として金融市場のなかに組み込まれてゆくのです(15)。

ついで、競争・企業間関係もまた「金融市場」での抗争に巻き込まれたのであり、国民国家を枠組みとした、ケインズ主義的財政・金融政策も、その効力を失うこととなりました。国家債務の累積的増大は、国家財政における国民国家単位での財政・金融政策の余地をますます狭め、国家は金融市場からの財政の規律づけを強要されることになりました。このことにより、国家財政はその政策の目標を、財政・金融によるマクロ経済の「**裁量的調整**」という方向から、金融市場における規律付けにしたがうという「**市場的調整**」の方向へと転換せざるをえなくなったのです。また金融の自由化および緩和に基づく国内外での過剰流動性の発生は、マクロ経済の低インフレ化ないしデフレ化の進行を促進することとなり、各国中央銀行の金融政策によるマクロ経済の調整余地とその有効性の幅は著しく狭められることとなりました。

これらの変化に対するレギュラシオン理論の蓄積体制の変化に関する理解は、つぎのように要約することができます。すなわち、フォーディズム的蓄積体制の後を襲ったのは、「**資産資本主義**」、「**資産形成型成長体制**」（アグリエッタ）、「**金融主導型成長体制**」（ボワイエ）であり、その「**マクロ経済の起動力は〔……〕「資産価格」にある**」のです(16)。また「金融主導型経済は同時に消費主導型経済」であり、「金融界が企業に要求する高い金融収益あるいは金融ノルムは〔……〕利潤と投資のデカップリング」をもたらしました（宇仁・山田・磯谷・植村 2011, p. 40）。

では、以上述べたような、金融主導型成長体制を支えた発展様式（制度諸形態の総体）とはどのようなものなのでしょうか？

すでに述べたように、金融主導型成長体制は、「金融事業者と大企業経営者の事実上の同盟」という社会的妥協に依拠していました。その妥協に基づく新たな調整様式は、「資産価格上昇をすぐれて金融収益上昇に連動させていくための制度的調整装置」の総体からなっており、いわばそれは、国家主権よりも金融権力に依拠した調整、すなわち「**株主主権型調整**」様式とでも

呼べるようなものであったのです（同上書, pp. 41-42）。これは新しい「コーポレート・ガバナンス」の誕生であり、新たなヘゲモニー・ブロックの誕生でもあります。こうした**経営 – 金融妥協**の成立は「かつてのフォーディズム時代における労使妥協にとってかわり、また株主主権型はかつての労使連合型にとってかわった」のです。

　しかしながら、こうした調整様式がもたらした金融危機の弊害はいまや明白であり、こうした現状は新たな妥協の形成を諸経済に要求しているといえるでしょう。レギュラシオン理論による最新の研究は、そのためには、新しい成長体制に向けて、つぎの2つの問題をクリアしなければならない、と述べています。すなわち、「**新たな国際通貨体制の模索**」と「**金融主導型成長体制に代わる新たな成長体制ならびに発展様式の探求**」がそれです。そのためには「金融をグローバルな法的制度の中に囲い込」み、「金融という名の資本のロジックを実体経済のうちに埋め込」まねばならないのです（同上書, pp. 51-52）。

　また、こうした過程では、「社会」が再定義されねばなりません。「社会とは、単に国民国家レベルのそれにとどまらず、グローバルとローカルの両レベルを含めて表象されねばならないし、金融の上からの国家規制のみならず、市民によるいわば下からの金融囲い込みについても検討されねばならない」のです（同上書, p. 52）。もはや国民国家の枠組みだけでは金融権力は統御できないのであり、国民国家を超えた合意形成が必要になる、というのです。ボワイエのいうように、危機脱出の方策の探求は「応用マクロ経済学の適用問題ではない」のであり、そのためには世界的な政治的調整こそが重要なのです。つまり長期の時間をかけて、各国民国家に共通の経済政策の策定をめざして、政治的妥協を図らねばならないのです（ボワイエ 2011, p. 363）。

　そのためには、金融自由化という趨勢を「どのような国家間合意とそこにおいて実効可能な制度形成」でもって阻止できるのかという**世界規模での政策転換・制度形成の問題**、および現実に危機に陥っている各国民国家経済の立て直しに必要な、**ローカルな（国民国家）規模での政策転換と制度形成の問題**、という二重の問題に対して、具体的な政策提言をもって対処しなけれ

ばなりません。

　じつのところ、こうした前者の問題に対する縮小版と見なせる事例が、現下のEUが直面しているソブリン危機（ギリシア危機にみられたような国家債務の累積的増加がもたらす財政・金融危機）の問題であり、それに対してレギュラシオン理論においても、現在議論されている政策提言があります。ついで、後者の問題は、金融化した国民国家のマクロ経済を、勤労者社会の維持に供するために改変するという問題であり、これについてもレギュラシオン理論において一定の経済政策の提言があります。そこで、以下では、これらの問題それぞれについてのレギュラシオン理論による諸提言を考察してみましょう。とくに、伝統的経済学のような、金融政策や財政政策を社会工学の一種と見なし、その数量的把握とマクロモデルとの接合から実践的な提言を行なうという方法は、とかく政治に関わる点を所与とみなすことが多いのですが、レギュラシオン理論は、そうした「経済と政治の分離」を前提とする理論ではないことを以下において検討しましょう。

5-6　金融主導型成長体制変革のために——税制を通じた金融市場の改革に向けて

5-6-1　制度構造変容下での経済政策——社会経済システムの政策提言のための方法論

　これまでレギュラシオン理論がこうむってきたさまざまな批判のなかに、「伝統的経済学のような具体的経済政策の提言がない」というものがあります。こうした批判の要諦は、

① フォーディズム論にみられるようなレジーム分析は中間理論であり、現状の後づけ的説明にすぎない。
② 原理論が不在であるために、財政・金融政策などの実践をもっぱら政治的にその場かぎりでしか提言できていない。
③ 社会的妥協の重要性やその再構築の必要性を強調するが、その生成過程や諸原理を提示できていない。

など、がそれです。しかしながら、こうした諸批判の多くは、レギュラシオン理論と伝統的経済学との理論上・方法論上の決定的なちがいを認識していません。

　そもそも、レギュラシオン理論は、社会的・政治的・経済的な制度変化を中心に**社会経済システム**を分析する理論であり、伝統的経済学のように、現実の抽象→原理論の構成→原理論の現実への応用といった方法論を一般的には受け入れていません。

　たとえば、伝統的経済学は、社会的なものに内包されているさまざまな要素を捨象し、経済現象に特化して抽象された「経済原理」を金科玉条として、その原理から論理的に導出される結論が、現実の観察される事象と乖離していたとしても、それは現実が誤っている（たとえば、市場が円滑に機能しないのは政府の介入のせいである、失業は低賃金を受け入れない労働者の存在がもたらしている、など）のだと主張します。事実、80年代以降、世界経済において「市場原理主義」「金融自由化」という「**言説**」が圧倒的な力をもちえたのですが、これはある意味で、伝統的経済学が抽象した諸原理であるところの、「市場」の概念に基づいて、社会経済を再構成しようとした試みであったのです。なるほど、さまざまな制約下において純粋市場の機能は論理的に演繹され、それはその過程の枠内では形式的に論理整合的であるかもしれません。しかし、それはあくまで仮説であって、現実ではありません。しかもその仮説は形成過程において、社会的なものが包含していたさまざまな要素をそぎ落としたものであり、現実にはその仮説的原理だけが社会的なものを構成しているわけではないにもかかわらず、そうしたことをいっさい考慮せず、現実へその仮説を適用し、そこから政策を提言しようとするのです。

　とりわけ、この方法論が誤っているのは、この経済学がみずから「社会科学における自然科学の申し子である」ことを標榜しながら、自然科学においては当然の責務であるところの、仮説の提示→現実との突き合わせ→仮説の見直し、といった側面を軽視している点にあります。もちろん、こうした推論は伝統的経済学においても行なわれていますが、この経済学は、その過程

において、仮に市場の概念に根本的な修正の必要性が生じたとしても、それをラディカルに革新しようとはしていません。この経済学はあくまで市場による調整こそが重要なのだと、信じているのです。これはあたかも預言者の聖言をただひたすら信じ抜く信徒の行為のようであり、その信心の結果が金融危機の発生であったのであれば、それは歴史の皮肉というほかありません。

かつて、デカルト主義に反旗を翻したプラグマティズムの祖であるC・パースは、科学にとって必要な論理とは、帰納と演繹だけではなく、それに加えて「**アブダクション（発見的推論・仮説形成法）**」が必要であると述べました[17]。ちなみに一般的に、帰納法とは個々の具体的事実から一般的な命題ないし法則を導き出す方法のことを意味し、対して演繹法とは、一定の前提から論理規則に基づいて必然的に結論を導き出す方法のことを意味します。伝統的経済学が後者にもっぱら依拠してみずからの理論を構築しているのはよく知られています。誤解を恐れずにいうなら、パースのこうした提言は、現在の経済学理論に対して、新たな発見的推論を行なうことを要請しているように思えてなりません。かくして、レギュラシオン理論は、市場だけでなく、市場をも制度の一部にすぎないととらえ、さまざまな制度の総体としての社会経済システムの構造を理論的にとらえるという仮説を提示したかぎりにおいて、パースのいうアブダクションを行ない、その仮説の検証をいまなおつづけているといえるのです。

たしかにレギュラシオン理論には伝統的経済学の主要な分析装置と比肩する分析概念は、いまのところ「レギュラシオン」概念しかないようにみえますが、この理論は、つねにかつ主として制度に着目し、その変化が社会経済システムをどのように変えたのかを叙述することに何よりも力点を置きます。伝統的経済学はつねに市場にしか目を向けていないため、それを中心とした、たんなる**市場の高質化**に資する政策提言しか行ないえないのですが、そのようなくびきから解放されているレギュラシオン理論は、市場にかぎらない**諸制度の高質化**に資する政策提言を行ないうるのです。したがって、市場という言説にとどまることなく、広く政治的なことも視野に含めるがゆえに、レギュラシオン理論の提示する経済政策は、単純で普遍的な市場経済モデルに

縮減することはできないのです。

5-6-2 制度の高質化のための政策的アクター――政治的正統性を有した共同体の必要性

前節でも述べたように、レギュラシオン理論が目的とする「制度の高質化」に逆行するような、いわば**制度の低質化・薄弱化**が進行したのが、80年代以降の先進諸経済の現状でした。ロルドンは、その著書 *La crise de trop*（『過剰な危機』）の結論部の「さらば！　グローバリゼーション」と題された節で、この過程をつぎのように叙述しています。

彼によれば、J・スティグリッツもまた、「資本主義は、諸傾向に枠組みを与え調整することとなる制度的諸装置なくして持続しえないのであり、さもなければ市場の「自発的」機能は不安定化する」と主張しており、この考えはレギュラシオン理論とほとんど同じであると述べています[18]。そして、「グローバル化がまさしく結果として、市場を世界規模で、つまり**制度的な密度**の濃さが薄められた新しい環境のなかで、再編成することをもたらした」のであり、「**十分な制度化**がなかったので、世界市場は、その内在的に不安定な動態へと戻ってしまい、したがってあらゆる類いの不均衡を増殖させてしまった」のです[19]。

したがって、ロルドンは、「もし市場が、みずからの調整的諸制度を欠いている、一定の領土的規模で再編成されているならば、そのとき、市場には諸制度が与えられねばならないし、それはこうした規模そのもので与えられねばならない」と結論づけます[20]。ただしこれはつぎのような考えを支持するものではありません。すなわち、「一方で「市場」のようなモノが何か存在し、他方で制度的構築物が存在するのであれば、制度的構築物は、市場を「矯正する」べく、市場に接合されることとなる」という考え方がそれです。しかしながら、「こうした考え方は時として、通常「市場」と呼ばれているモノがそれ自身としてすでにすぐれて社会的な対象であり、つねに必然的に制度化されているということを、みていないということになるであろう。別言すれば、**先天的に制度的次元をもたない市場は存在しない**」のです[21]。

しかしながら、いま問題となっている経済の金融化は世界規模の問題です。そのような制度の付与ないし政策的実践はどのような規模で実行可能なのでしょうか。この問題に対して、ロルドンは「グローバリゼーションから**地域際化（inter-regionalization）へ**」という命題を設定します[22]。

彼によれば、「歴史的に資本主義ないしむしろ諸々の資本主義が国民的枠組みの内部でそれぞれみずからの制度化を経験してきたこと」を前提にするならば、「制度が現実にみずからの規範を政治的に強制することができる能力」をもつ「**政治的共同体の存在**」なくして、「重要な制度化の過程は存在」しえないというのです[23]。グローバル経済と呼ばれるモノにはこれが決定的に欠落しているのです。こうした共同体はこれまで「国家」という用語でいい表わされてきましたが、それを従来型の国民国家だけでなく、EUのような地域共同体にまで拡大することは許されるでしょう。ただし、このEUという「国家」が、現在までのところ、「政治的・経済的一貫性」をもつまでには至っていないことは、ロルドンも率直に認めています。とはいえ、EUは、とにもかくにも政治的共同体の1つであり、今後その制度的な構造化が進むであろう地域の1つであることにはまちがいないのではないでしょうか。したがって真の政治的共同体をもたない幻想的なグローバル経済ではなく、**諸国民国家や地域際化された政治共同体からなる世界経済**を制度化に関する議論の土台にすることが重要なのです。

こうした、「国家的なるもの」の分析について、レギュラシオン理論にはすでに多くの分析が存在しています[24]。じつのところ、そうした研究のなかで明らかになったのは、「国家」においてもっとも重要な政治的・経済的制度の1つは「租税制度」であり、その政策的変更が成長体制を構造的に変容させるということなのです。この点については、第12章で詳細に検討したいと思います。

以上、戦後の世界が経験した、いくつかの経済成長の過程を1つの「体制の変容過程」としてとらえ、その体制の出現・発展・衰退を、制度経済学の観点から簡単にまとめました。これらの前提に立って、以下の諸章では、「日本経済」においては、こうした経済成長体制がどのような諸制度に支え

第 5 章　日本経済の変化を理解するために

られていたのかを、よりくわしくみてゆくことにします。

注
(1)　こうしたさまざまな制度をめぐる議論の詳細については、代表的なものとして、ベルナール・シャヴァンス『入門制度経済学』（ナカニシヤ出版、2007 年）、ジェフリー・ホジソン『現代制度経済学宣言』（ミネルヴァ書房、2002 年）、磯谷明徳『制度経済学のフロンティア』（ミネルヴァ書房、2007 年）などがあります。
(2)　シャヴァンス前掲書。
(3)　くわしくはシャヴァンス前掲書、pp. 145-147 を参照してください。
(4)　以下の制度についての説明は、主として、J・R・コモンズ『制度経済学』第 1 分冊、中原隆幸訳（ナカニシヤ出版、近刊）第 2 章「方法」の議論に則して行ないます。ただし、本章での制度の説明に関する論理構造は、コモンズの主張そのものの忠実な再現ではありません。むしろ、コモンズの理論を、現代の制度学派との融合のなかで再解釈しようとする、さまざまな理論の総合という試みに基づいて記述されています。したがって、すでに前節でも述べたことですが、本書で主張されている制度の定義や概念が、制度学派を代表するものではないことに留意ください。その意味で、制度経済学はいまだ発展途上の学問なのです。コモンズ自身の研究を概観するのに適した日本語文献は、伊藤文雄『コモンズ研究』（同文館、1975 年）です。
　　　また、コモンズの経済学には、デカルト以来の哲学的認識論に異議を唱える、19 世紀末のアメリカを発祥とするプラグマティズムの哲学が大きな影響を与えています。この詳細はここで説明することはできませんが、簡潔に述べるならば、伝統的経済学が機械論的・原子論的・還元主義的哲学に依拠しているのに対して、制度経済学は、有機体論的・全体論的・実在論的哲学に依拠しているといえます。プラグマティズム、とくに C・S・パースの科学論については、米盛祐二『アブダクション』（勁草書房、2007 年）その哲学については、岡本祐一朗『ネオ・プラグマティズムについて』（ナカニシヤ出版、2012 年）を参照してください。
(5)　ここでは、伝統的経済学における制度派経済学者である、ロナルド・コースによる「取引費用」の理論は想定していません。
(6)　この点の詳細に関しては、シャヴァンス前掲書を参照してください。
(7)　レギュラシオン理論のレギュラシオンとは、フランス語で「調整」という意味です、そのもっともわかりやすい解説としては、山田鋭夫『レギュラシオン理論——21 世紀の経済学』増補新版（藤原書店、1995 年）があります。コンヴァンシオン理論のコンヴァンシオンとは、同じくフランス語で「慣行」という意味です。その理論の集大成が、フィリップ・バティフリエ編『コンヴァンシオン理論の射程——政治経済学の復権』海老塚明・須田文明監訳（昭和堂、2007 年）です。
(8)　ただし実際には、マルクスは搾取の問題を、理論的には「剰余価値」の問題としてとらえており、労働者が実際に受けとる貨幣的な意味での賃金のレベルで論じてはいません。搾取の問題も正確には、この「剰余価値の次元」で構成されています。そのかぎりで、本論での議論は直感的印象的なものにすぎません。

第Ⅱ部　日本経済の変化

(9) この点については、ジョセフ・スティグリッツ『世界を不幸にしたグローバリズムの正体』（徳間書店、2002年）が詳細な分析を行なっています。
(10) また、ここでは、地球温暖化問題を経済学の観点から解決するために必要な理論の提唱も行なわれています。その主張によれば、環境は重要であるが、しかしそれはエコロジーの観点からだけでなく、経済成長を視野に入れたものでなければなりません。これは「成長マニア」との決別宣言であり、実証研究から「経済成長率が高いほど温室効果ガスは減少するという関係が見いだされる」（p. vii）という見地から、「経済成長→設備投資→新技術による省エネルギーの実現や再生可能エネルギーへの転換」という成長プロセスが提示されています。このために必要な、新たな社会的妥協とは、「労働生産性上昇益の一部を使って地球温暖化対策を推進するという社会的妥協」（p. ix）であると結論されているのです。
(11) Frederic Lordon, *La crise de trop*, fayard, 2009, p. 164. なお、本書は未邦訳です。
(12) 同様の指摘は、ボワイエ（2011）pp. 311-313 においてもみられます。そこではこうした成長体制は「外延的不平等拡大体制」と定義され、その後継者が「金融主導型」成長体制であると述べられています。
(13) なお、こうした金融中心の経済システムへの転換を論じているものとして、たとえば、アンドレア・フマッガリ／サンドロ・メッザードラ編『金融危機をめぐる10のテーゼ』朝比奈佳尉・長谷川若枝訳（以文社、2010年）があります。その研究においてクリスチャン・マラッツィは、この新しい成長体制の出現を、従来の産業資本主義とは異なった、新たな「普遍的」金融資本主義の誕生ととらえて、この変化を「剰余価値実現の時間的・空間的次元の変容」およびその多層化・拡大化として理解しています。つまり住宅ローンから膨大な利潤を獲得するサブプライム・ローンなどの証券化商品による金融化の拡大は、大衆からの直接的な労働の収奪という形態から、社会生活を営んでいる生活者としての大衆そのものからも利潤を収奪するための手法への移行を意味するのです。マラッツィは、これを「クラウド・ソーシング」と呼び、この傾向は普遍性を帯びていることを強調します。こうした論点について、本章において詳細に検討することはさし控えますが、これまでに述べてきた資本主義経済の変化は、フォーディズム的蓄積体制において主要な地位を占める賃労働関係が、フォーディズムにおいては賃労働関係よりも従属的な制度諸形態と見なされてきた、通貨・金融関係に取って代わられたことを意味しています。これはレギュラシオン理論においては、もっぱら「制度階層性」の問題として理解されており、マラッツィの議論とは見解を異にするものです。いずれにせよ、のちに述べるように、いくつかの異端派経済学のあいだにおいて、制度階層性の問題をどうとらえるかという問題とは別に、こうした変化が「不可逆的なもの」であるという認識は、大筋では一致していることを、ひとまず指摘しておきましょう。
(14) M・アグリエッタ／B・ジェソップほか『金融資本主義を超えて──金融優位から賃金生活者社会の再建へ』若森章孝・斉藤日出雄訳（晃洋書房、2009年）p. 180。
(15) 若森章孝は、アグリエッタ／ジェソップほか前掲書の「解説」において、アグリエッタの以下のような見解を紹介しています。すなわち勤労者の社会的債権が原資である年金ファンドなどによる金融市場への影響力の高まりは、金融資本主義の社会的

⒃　詳細は、宇仁・山田・磯谷・植村（2011）p. 39、図1-4、アグリエッタ／ジェソップほか前掲書、p. 181 の図1・図2を参照してください。

⒄　アブダクションについては、たとえば米盛前掲書を参照してください。形式論理のみを重視して事実をみない「演繹」と、事実だけをみてその事象の蓋然性しか推論できない「帰納」だけでは、真に科学的な発見はなしえないというパースの主張は、じつは、アメリカ制度学派の祖であるJ・R・コモンズの「制度経済学」理論に導入されています。詳細は、Bazzoli, Laura, *L'Economie politique de John R. Commons*, L'Harmattan, pp. 57-67 を参照ください。なお、すでに述べたように、私たちは、コモンズの経済学とレギュラシオン理論がきわめて親和的な関係にあると考えています。

⒅　Lordon, *op. cit*., p. 245.

⒆　*Ibid*., p. 246. 強調引用者。

⒇　*Ibid*., p. 247.

㉑　*Ibid*., p. 246. 強調原文。

㉒　*Ibid*., pp. 251-253.

㉓　*Ibid*., p. 247. 強調原文。

㉔　たとえば、ブルーノ・テレ『租税国家のレギュラシオン』神田修悦・中原隆幸・宇仁宏幸・須田文明訳（世界書院、2001年）や、中原（2010）を参照してください。

【本章の理解をさらに深めるための参考図書】

アグリエッタ、ミッシェル（1989）『資本主義のレギュラシオン理論――政治経済学の革新』若森章孝・山田鋭夫・大田一廣・海老塚明訳、大村書店。

植村博恭・磯谷明徳・海老塚明（2007）『社会経済システムの制度分析――マルクスとケインズを超えて』新版、名古屋大学出版会。

宇仁宏幸（2009）『制度と調整の経済学』ナカニシヤ出版。

宇仁宏幸・坂口明義・遠山弘徳・鍋島直樹（2010）『入門社会経済学――資本主義を理解する』第2版、ナカニシヤ出版。

宇仁宏幸・山田鋭夫・磯谷明徳・植村博恭（2011）『金融危機のレギュラシオン理論――日本経済の課題』昭和堂。

コモンズ、ジョン・ロジャーズ（2014）『制度経済学』中原隆幸訳、ナカニシヤ出版（近刊）。

中原隆幸（2010）『対立と調整の政治経済学』ナカニシヤ出版。

ボルタンスキー、リュック／エヴ・シャペロ（2013）『資本主義の新たな精神』上・下、三浦直希・海老塚明・川野英二・白鳥義彦・須田文明・立見淳哉訳、ナカニシヤ出版。

ボワイエ、ロベール（2011）『金融資本主義の崩壊――市場絶対主義を超えて』山田鋭夫・坂口明義・原田裕治監訳、藤原書店。

第Ⅱ部　日本経済の変化

第6章
経済成長の仕組み（1）
―― 高度経済成長はどのようになし遂げられたか

【本章で学ぶポイント】
① 制度経済学の観点から経済成長の過程を分析するための理論的枠組みを理解する。
② 日本の高度成長期に成立していたマクロ経済循環を理解する。
③ 当時の経済循環を支えていた諸制度の存在とその役割を理解する。

　第3章では、戦後の日本経済の歴史を振り返りながら、諸制度が経済の動きにどのような影響を与えてきたかについて検討しました。この章とつぎの章では、もう少し理論的な観点から、諸制度がマクロ経済の動態に与える影響について検討してみたいと思います。その際具体的な事例として、日本経済がもっとも高いパフォーマンスをみせた高度成長期、1970年代後半から1980年代にかけての安定成長期、そして1990年代以降の低成長期を取り上げ、それぞれの期間に機能していたマクロ経済循環を明らかにする一方で、そのような循環を成立させていた諸制度の機能について解説していきます。以下の説明は、第Ⅰ部で説明した標準的な経済学とは異なる考え方に基づいて行ないますから、ここでの考え方を1つずつ導入しながら、話を進めていきたいと思います。そのため説明が少々冗長にはなりますから、この章では高度成長期について説明し、つづく第7章で残りの2つの期間についての経済循環について考えましょう。

6-1 成長レジーム

　まずはじめに、すでに第5章でも言及されていますが、マクロ経済循環をとらえるための枠組みについてあらためて考えてみましょう。すでに第1章で説明したように、経済は需要と供給の2つの面から成り立っています。この両面でバランスがとれていることが、経済の安定を生み出すことになります。ただし、ここで展開するような経済成長の――経済規模が拡大する――局面では、話が少々複雑になります。経済が安定しつつ成長するには、需要と供給の両方が同じような速度で増加する必要があるからです。仮に、需要と供給の双方がそれぞれ独立したメカニズムで成長していたとすると、需要の成長と供給の成長がうまくバランスがとれるという保証はありません[1]。逆に需要と供給が相互に影響しあうとすれば、両者の拡大がうまく両立する可能性があります。逆にいえば、経済が順調に成長しているときには、このような**需要と供給の相互規定関係**が成立していると考えることができます。このような見方に立って、経済成長のメカニズムを明らかにしようとするのが、「**成長レジーム**」の枠組みです。

　形式的な定義を与えておけば、「ある社会が、相当程度の期間にわたってその経済成長を遂げるあり方」であり、より具体的には、需要の拡大と生産性上昇（供給の拡大）との相互連関を成立させるメカニズムといえます（図6-1参照）。ここで、供給の拡大が生産性上昇――より正確には労働生産性の上昇――となっているのは以下のような理由からです。供給（アウトプット）の拡大がたんに働く人の増加（インプットの拡大）によって支えられるのでは、その国で暮らす人々は豊かになっていきません。人々の所得が上がるかたちで経済が成長するには、1人当たりの生産額≒労働生産性が上昇する必要があります。

　以下では、生産性上昇→需要拡大（需要レジーム）と需要拡大→生産性上昇（生産性レジーム）に分けて考えてみましょう。

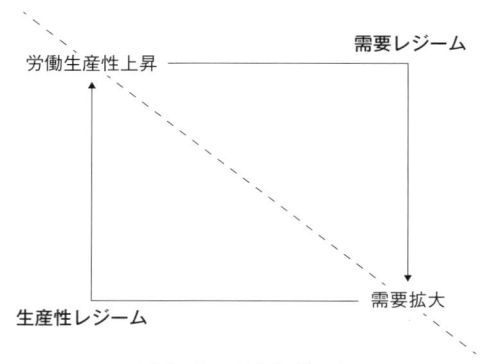

図6-1　成長レジーム

（図中のラベル：労働生産性上昇、需要レジーム、生産性レジーム、需要拡大）

6-1-1　需要レジーム

　まず、生産性上昇が需要拡大を実現するメカニズム、需要レジームについて話をしましょう。需要といっても、誰が支出するかによってさまざまな種類があることは第1章で確認しました。そのなかで、経済成長を推し進めるもっとも重要なものは、企業が行なう投資にあるとされます。それは経済の中心的な需要項目のうちでもっとも躍動的であると同時に、つぎの性格をもつからです。投資は、それ自体が有効需要の1項目である（**有効需要創出効果**）と同時に、購入された機械が据えつけられたり、新たな工場が建設されたりして、次期以降の生産能力を形成します（**生産力効果**）。つまり、投資は需要と供給の両方を拡大させるという二面性をもつのです。これを「**投資の二重性**」といいます。したがって、経済が躍動的なものとなるかの1つの条件は、いかに投資を引き出すことができるかにあるといえます。

　このことを考慮すると、需要レジームを考えるのに重要な点は、生産性上昇と投資の拡大がどのようにしてつながるのかということになります。以下では、（1）生産性上昇の成果がどのように分配されるのか、（2）投資がどのような要因によって決定されるのか、に分けて考えてみます。

（1）生産性上昇の成果の分配

　生産性が上昇すると、それを実現した企業や経済において余力が生じることになります。このことを数値例を使って考えましょう。

　ある企業が特定の商品を原材料と労働のみで生産しているとします[(2)]。この企業の売り上げ（＝価格×生産数量）は、原材料を仕入れたり労働者を雇ったりするのにかかる費用に企業の儲け（利潤）を加えたものに対応することになります（6.1）。

$$売り上げ = 価格 \times 生産数量$$
$$= 原材料費 + 賃金費用 + 利潤額 \qquad (6.1)$$

　たとえば、この企業が1個100円の商品を100個生産して1万円の売り上げがあったとします。一方で、原材料費として4000円、賃金費用として5000円がかかり、利潤額1000円が得られたとすれば、(6.1) 式にならって

$$1万（円） = 100 （円／個） \times 100 （個）$$
$$= 4000（円） + 5000（円） + 1000（円）$$

となります。このとき、式の両辺が一致することが重要です。もし売り上げが少なければ、原材料費、賃金、利潤のいずれか（またはいずれも）が減ることになります。

　(6.1) 式の両辺を生産数量で割ると (6.2) 式が得られます。

$$価格 = \frac{原材料費}{生産数量} + \frac{賃金率 \times 雇用者数}{生産数量} + \frac{利潤額}{生産数量} \qquad (6.2)$$

　ただし、賃金費用は、1人当たりの賃金（＝賃金率）と雇用者数を掛け合わせたものです。たとえば、総額5000円の賃金費用は、賃金率1000円×5人の雇用者から成り立っているといった具合です。さらに、雇用者数と生産量の関係は、生産効率として考えることができます。すなわち、生産量を雇用者数で割れば、雇用者1人当たりの生産量＝労働生産性を算出することができます[(3)]。

第Ⅱ部　日本経済の変化

$$労働生産性 = \frac{生産量}{雇用者数}$$

　現在の数値例では、100個の生産を5人の労働者で行なっているため、労働生産性は 100／5 = 20（個／人）ということになります。また、(6.2)式右辺第1項、第3項についても、40円の単位当たり原材料費と10円の単位当たり利潤が得られることになります。

　(6.2)式に労働生産性の定義式を代入すると、

$$価格 = 単位当り原材料費 + \frac{賃金率}{労働生産性} + 単位当り利潤$$
(6.3)

と書くことができます。さきほどの数値例は、生産数量が100個であったので、(6.3)式にしたがえば、つぎのように書くことができます。

$$\begin{aligned}
100（円／個） &= 40（円／個） + 1000（円／人）／20（個／人） \\
&\quad + 10（円／個） \\
&= 40（円／個） + 50（円／個） + 10（円／個）
\end{aligned}$$
(6.4)

ご覧のとおり、両辺はバランスがとれています。

　ここで他の条件に変化がなく、労働生産性のみが上昇して、20（個／人）から40（個／人）となったとしましょう。このとき、(6.4)式の右辺はつぎのようになります。

$$\begin{aligned}
&40（円／個） + 1000（円／人）／\mathbf{40}（個／人） + 10（円／個） \\
&= 40（円／個） + \mathbf{25}（円／個） + 10（円／個） \\
&= 75（円／個）
\end{aligned}$$

労働生産性が上昇したことで、費用と利潤の総計はもはや当初価格（100円）とバランスがとれなくなっており、製品1個当たり25円の「余力」が

第 6 章　経済成長の仕組み（1）

発生しているのがわかります。この「余力」はどのように分配されるのでしょうか。単純に3つの可能性が考えられます。第1の可能性は、企業が、利潤としてその成果を吸収するというものです。なぜなら、企業は生産効率の上昇を真っ先に知ることができるうえに、企業のなかでの出来事を基本的にコントロールすることができるだろうと考えられるからです。実際、「余力」の 25 円／個が企業の利潤になったとすると、

$$100（円／個）= 40（円／個）+ 25（円／個） \\ +（10 + 25）（円／個） \quad (6.5)$$

となって価格と費用・所得のバランスが保たれます（6.5）。第2の可能性は、労働生産性上昇に直接の貢献を行なった労働者にその成果を還元するというものです。この場合は、2倍になった労働生産性に対応して賃金率も2倍になることで、両辺のバランスが確保されます[4]。

$$100（円／個）= 40（円／個）+ 2000（円／人）／40（個／人） \\ + 10（円／個） \\ = 40（円／個）+ 50（円／個）+ 10（円／個） \\ \quad (6.6)$$

第3の可能性は、価格を引き下げて当該製品の購入者（消費者）に利益を分配するというものです[5]。すなわち、

$$75（円／個）= 40（円／個）+ 25（円／個）+ 10（円／個） \\ \quad (6.7)$$

このように生産性上昇の成果は、利潤として企業に、賃金として労働者に、そして価格低下として消費者に分配されることになります。もちろん現実には、3要素への分配が組み合わさっていると考えるのが自然でしょう。そして、いずれへの分配が大きくなるかは、時代や国によって異なると考えられます。

（2）投資決定の理論

　一方で、投資はどのように決定されるのでしょうか。投資決定の理論については、経済学においてさまざまなタイプのものが提起されてきました。第2章では、そのうちの「投資の限界効率」について学びました。ここでは**利潤原理**という考え方を紹介しておきましょう。

　第2章でみたように、投資を行なうのは企業です。企業はなぜ多額の支出をして投資を行なうのかは、将来そうした支出以上の収入を得る、つまり利潤を獲得できると期待するからです（**期待収益、期待利潤**）。ここで重要なのは将来の利潤は期待されたものにすぎず、それは保証されたものではないということです。投資を行なうか否か、どの程度行なうかは、この期待利潤に基づいていると考えられます。期待利潤はどのように計算できるのでしょうか。第2章で学んだ「投資の限界効率」の考え方に基づけば、投資量を決定する主要な要因は利子率とされました。それに対して、利潤原理は利潤に基づいて投資決定を説明します。もう少し正確にいえば、企業は利潤に関する過去の実績を参照して投資を決定すると考えます[6]。

　ここで注意を要するのは、投資や利潤を測る基準です。多額の利潤を得る会社が大規模な投資をすることは自然ですが、より重要なのは投資や利潤の効率です。少ない投下資本（設備などにつぎ込んだお金）でできるだけ多くの利潤を獲得するほうが効率的ですし、既存の資本規模に比べてより大きな割合の投資を行なう企業は大きな変化を生み出すことになります。そのような意味で、投資額および利潤額をそれぞれ投下資本額で割った投資率（資本蓄積率）と利潤率の関係が重要となります。

　具体的に、利潤原理はどのような投資決定メカニズムを想定するのでしょうか。それは**図6-2**のようになります。

　すなわち、蓄積率を規定するのはすでに実現した利潤率ですが、この利潤率は（6.8）式のように3つの要素に分解できます。

第6章 経済成長の仕組み（1）

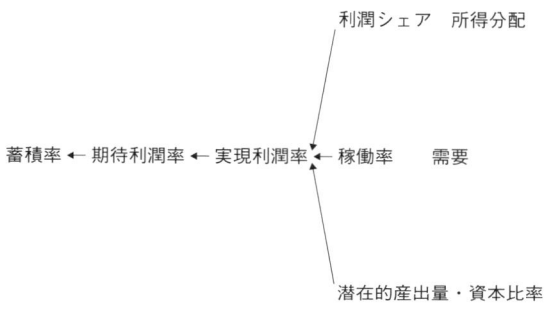

```
                               利潤シェア　所得分配
                                    ↕

蓄積率 ← 期待利潤率 ← 実現利潤率 ← 稼働率　　需要
                                    ↕
                              潜在的産出量・資本比率
```
図6-2　利潤原理に基づく投資決定メカニズム

$$利潤率 = \frac{利潤額}{実質資本ストック}$$

$$= \frac{利潤額}{産出量} \times \frac{産出量}{潜在的産出量} \times \frac{潜在的産出量}{実質資本ストック}$$

$$= 利潤シェア \times 稼働率 \times 潜在的産出量・資本比率$$

(6.8)

　このうち**利潤シェア**は所得分配の様態を示しているといえます。すなわち企業（経営者）と労働者とのあいだで経済全体の所得がどのように分けあわれるかがここに反映されます。また、**稼働率**は国内の工場や生産設備がどの程度動いているかを示しています。各企業が自社製品の売れ行きをみながら生産している（工場を稼働させている）と考えると、稼働率は経済全体の需要の状況を反映しているといえます。**潜在的産出量・資本比率**は、技術や労働組織、さらに生産関連の諸制度に影響を受けることになるでしょう。この影響は少々複雑であるため、ここではひとまず置いておきます。

　そうすると、利潤率は利潤シェアと稼働率によって規定されることになります。いい換えれば、企業（経営者）と労働者の所得分配をめぐる**力関係**と経済における需要の大きさが、企業の投資活動を規定することになります。これら2つの要因のいずれがより大きな影響をもつかは、時代や国によって異なると考えられます。あとでみるように、日本の高度経済成長期は、利潤シェアに関して企業に有利な分配状況が投資を押し上げたとされます。他方、

表6-1　所得分配と投資行動の多様性から生まれる需要レジームの4つのパターン

		投資行動の決定要因	
		利潤シェア	稼働率
所得分配の状況	賃金	A	B
	利潤	C	D

　第5章でみたように、同じ時期のアメリカでは、「生産性インデックス賃金」と呼ばれる賃金制度により、企業・労働者間の所得分配は安定していました。このことは労働者の所得（賃金）上昇が安定することを意味します。それにより、消費が拡大して工場の稼働率が上昇したといわれています。企業はこれに反応するかたちで投資を拡大し経済成長が遂げられたとされます。このように、投資決定のあり方は、国や時代によって多様なのです。

　以上、生産性上昇の成果の分配と投資決定という2つの点で、経済の動きに多様性がみられる可能性があることをみました。これらの条件のもとで需要レジームには全体としてどのようなパターンが現われると考えられるでしょうか。中間的なケースを除くと、所得分配に関して2つのパターン、企業の投資行動についても2つのパターンが存在するので、単純にみれば2×2で4つのパターンが現われるはずです（表6-1）。そのうちいずれの組み合わせでも経済がうまく成長するかといえば、そうではありません。それぞれのパターンでどのような経済過程がみられるかを確認していきましょう。

パターンA：所得分配が労働者に有利で、投資行動は利潤感応的

　このパターンでは、まず生産性が上昇すると、その成果はおもに労働者に与えられることになります。つまり賃金が相対的に上昇します。このことは、賃金シェアが維持されるか、場合によっては上昇する[7]ことを意味し、その対概念である利潤シェアは低下してしまうかもしれません。このような状況を前にして企業はどのような行動をとるでしょうか。このパターンでは企業の投資行動は利潤シェアに敏感に反応するとされるため、低下する（かもしれない）利潤シェアに反応して、投資を控えることになるでしょう。投資が

行なわれなければ当然経済の成長は望めないことになります。

パターンB：所得分配が労働者に有利で、投資行動は需要感応的

このケースでは、**パターンA**と同様に所得分配の状況が労働者に有利であるため、生産性が上昇すると賃金が上昇します。追加的な所得を手にした労働者は消費を拡大することになります。これは企業からみれば売り上げの上昇、各種商品を製造する工場の稼働率の上昇を意味するでしょう。**パターンA**と異なり、企業の投資行動は稼働率の状況に反応します。稼働率の上昇をみた企業は投資を増加させることになるでしょう。それにより経済は成長を達成することになります。

このパターンは賃金上昇がきっかけとなって経済成長が引き起こされるので、「**賃金主導型成長**」と呼ばれます。上でふれた1950〜60年代のアメリカはこのパターンで成長したといわれ、それはフォード主義的成長レジームと呼ばれています（第5章参照）。

パターンC：所得分配が企業に有利で、投資行動は利潤感応的

上記2パターンとは異なり、このパターンでは所得分配の状況が企業に有利です。生産性上昇を前提にすると、その成果は労働者の所得である賃金よりも企業の所得となる利潤に厚く分配されることになります。つまり、利潤シェアが上昇するか維持されることになります[8]。企業の投資行動は利潤シェアに反応するので、このパターンでは、企業は積極的に投資を行なうことになると考えられます。このように投資が増えることで、経済は成長するでしょう。**パターンB**とは反対に、利潤の増大が経済成長を引き起こすこのパターンは、「**利潤主導型成長**」と称されます。のちに説明するように、日本の高度成長期はこのパターンでした。

パターンD：所得分配が企業に有利で、投資行動は需要感応的

このパターンでは、上記**パターンC**と同様に、生産性が上昇すると利潤が相対的に上昇します。これにより利潤シェアが上昇する可能性が高く、裏

を返すと賃金シェアは低下することになりそうです。そうすると、消費の伸びは小さなものになる（場合によってはマイナスになる）でしょう。つまり企業にとっては売り上げが伸びず、工場の稼働率も上昇しないことになります。企業が稼働率を基準に投資を行なうとすれば、この状況で投資が増える可能性は低くなります。すなわち経済成長も望めないことになります。

　所得分配に関する社会的な状況と企業の投資活動を規定する要因の組み合わせについて、きわめてかぎられた数のケースを検討しただけですが、それでも経済が（投資が拡大するという意味で）成長を遂げるケースが2つ存在することが明らかになりました。すなわち経済が成長する「道」は複数存在するのです[9]。

6-1-2　生産性レジーム

　これまでは、労働生産性が上昇することを前提にして、その成果が社会においてどのように分配され、需要の拡大につながっていくかについて考えてきました。つぎにこれまで前提とされてきた労働生産性の上昇がどのようにして生じるのかについて考えてみましょう。これは、成長レジームの枠組みでは、「生産性レジーム」に当たります。

　すでにみたように、労働生産性の定義は、産出量／労働投入量です。この生産効率を引き上げるには、単純化していえば、2つの方法があります。すなわち分母（労働投入量）が一定のなかで分子（産出量）を大きくするか、反対に分子が一定のなかで分母を小さくするかです。もちろん、分母や分子を固定するのは現実的ではなく、産出量が増加する速度が労働投入量を増加させる速度を上回る場合に、労働生産性の上昇が生じることになります。このような状況をつくり出す要因として、つぎのようなものが考えられます。

(1) イノベーション、とりわけ技術革新

　これまでよりも部品点数が少ない製品が開発されたり、これまでよりも製造が容易で効率的な部品の加工方法が導入されたり、あるいは加工の容易な原材料が利用されたりするようになって、従来よりも人手がかからない効率

的な生産が可能になることが考えられます[10]。

（２）資本深化効果

　たいていの製品の生産には機械が用いられます。安価に導入できる機械は少ないので、企業にとって機械を導入する設備投資は、そう頻繁に行なえるものではありません。ただし、設備投資によって新しい機械を導入したり、既存の機械を置き換えたりすることで、生産効率の上昇を期待することができます。たとえば、ある工場で部品を加工する機械を利用しているとしましょう。その機械は1分間に10個の部品を加工できる能力がありますが、導入後10年が経過しており、かなりくたびれています。そこで工場は新たな機械を購入することにしました。導入された新しい機械は、従来の機械と同じ価格ですが、性能は2倍となっており、1分間に20個の部品加工が可能となっていました。これは、当該機械を製造する工作機械メーカーでイノベーションが起こった結果です。こうした例は現実の経済おいて頻繁にみられるものです。

　このように、新たな機械が新しい技術を体化していて、それを導入することで生産効率が高まることを「**資本深化効果**」と呼びます。

（３）雇用調整

　労働生産性の変動は、技術的な要因のみによって生じるとはかぎりません。生産量が増える局面で労働者数を増やさなければ、1人当たりの労働生産性は上昇することになります。逆に、生産量が減る局面で労働者数を減らさなければ、生産性は低下することになるでしょう。また生産の増加や減少にあわせて労働者数を増やしたり減らしたりすれば、労働生産性は一定に保たれるか、その変化は生産の動きに比べて小さくなるでしょう。このように生産量の動きに対して労働者数（雇用者数）を変動させるか、あるいはどの程度変動させるかは、技術的な要因だけで決まるわけではありません。それは、各国の雇用制度にも影響を受けます。たとえば、従来の日本のような長期雇用制度を採用する国では、景気の良し悪し、すなわち生産量の短期的な上下

動に対して、雇用は敏感に反応しません（非弾力的）。したがって、不景気で生産量が減少する局面でも簡単には解雇を行なわず、労働生産性は低下することになります[11]。これに対して、柔軟な雇用制度を採用するアメリカでは、生産量の上昇や減少に応じて、労働者数をフレキシブルに変化させます。もっとも典型的なのは「レイオフ」という制度です[12]。この制度のおかげで、アメリカでは生産量の変動に応じて比較的迅速に雇用量が調整されるため、生産量が低下しても労働生産性はさほど低下しないことになります。

（4）収穫逓増

　上述のとおり、生産性を上昇させるには、さまざまな手段があります。しかし、成長レジームにおいて好循環が成立するには、生産性の上昇が需要の拡大によって生じることが必要です。すなわち経済学の一般的な用語でいう「**規模に関する収穫逓増**」が成立することが、生産性レジームの回路に求められるのです。

　この「規模に関する収穫逓増（以下では収穫逓増とします）」は通常の経済学の常識とは矛盾します。通常は「規模に関する収穫一定」が仮定され、生産規模を拡大して、生産要素を多く投入してもできあがってくる生産物の量は、投入量に比例するだけと考えられています。しかし経済学の仮定が正しいとしたら、企業はどうして工場を大きくしたり、店舗を増やしたり、他社と合併したりしようとするのでしょうか？

　じつは「収穫逓増」は、現実の世の中ではよく観察される現象なのです。どのようなメカニズムでこれが発生するか考えてみましょう。ただし、収穫逓増か否かという「収穫法則」は、もともと投入と産出の関係を表わすものですが、それよりも費用と産出の関係で考えるほうがわかりやすいので、そちらの関係に置き換えて考えてみます。

　費用には2種類あります。直接費用と間接費用です。直接費用は、商品を1単位生産するごとに必要となる費用で、原材料費などがこれに当たります。たとえば、パンを1個つくるのに100gの小麦粉が必要で、その価格が50円／100gならば、パン1個当たり50円の直接費用が発生します。これに

対して間接費用は、実際に生産するしないにかかわらずこの事業（パン製造）を立ち上げた時点で発生する費用です。パンを焼くオーブンの購入費用などがそうです。たとえば、パン屋を開くにあたって100万円のオーブンを導入したとすると、100万円がここでの間接費用となります。この直接費用と間接費用を足し合わせたものが費用総額となります。

$$（費用）=（直接費用）+（間接費用）$$

こうした費用が生産量の増加によってどのようになるかみてみましょう。上式の両辺を生産量で割ると、

$$\frac{（費用）}{（生産量）}=\frac{（直接費用）}{（生産量）}+\frac{（間接費用）}{（生産量）}$$

$$（1個当たり費用）=（1個当たり直接費用）+（1個当たり間接費用）$$

製品1個当たりの費用＝平均費用は、上式のように表現できます。このうち直接費用については、パン1個をつくるのに必要な小麦粉の量は変わらず、そのために必要な費用は一定です。これに対して1個当たりの間接費用は、生産量が増加すると低下します。100万円のオーブンで1万個のパンを焼けば、1個当たり100円のオーブン代がかかることになりますが、10万個のパンをつくれば、1個当たり10円のコストになります。全体として、平均費用は、生産量が増えることで低下します。このかぎりで、収穫は逓増するといえます。

以上は、オーブンという設備が一定の場合の話で、その意味では「短期的」な現象です。しかし、収穫逓増は短期にかぎったことではありません。たとえばこの事業が軌道に乗り、毎日の売り上げが伸びたとしましょう。オーブン1台では間に合わなくなってきます。追加でもう1台のオーブンを買う場合、おそらく同じ価格でより多くのパンを焼ける機械や、同じ容量や性能でも価格が安くなった機械を買うことができるでしょう。なぜなら、あとから買う機械は性能がよくなっているか、価格が安くなっているかしているのが一般的だからです。そうであれば、ある程度の生産量を確保できれば、

費用はさらに安くなる可能性があります（**資本深化効果**）。

　また、上記例では原材料費と設備費用のみを考慮しましたが、企業にとってもっとも重要な費用は人件費です。労働者（正規雇用）は一度雇うと簡単にはやめさせることができないため、ここでは人件費を間接費用と考えましょう。ここでも収穫逓増は起こりえます。上と同じメカニズムで、短期的には収穫逓増がみられるでしょう。しかし、他の面でも収穫逓増は起こりえます。たとえば生産量が増えなくても、日々の生産活動を繰り返すうちに労働者は生産工程に「慣れて」、1つ1つの作業を早くこなすことができたり、作業を行なうのに余裕が出てきて、「もう少し早くできないか、楽にできないか」と工夫してみたりして、しだいに生産効率が高まるということが考えられるでしょう。これも一種の収穫逓増で「**学習効果**」と呼ばれたりします[13]。

　ここまでの話では、収穫逓増はどのような経済にでも成立しそうにみえますが、実際にはもっと複雑です。なぜなら、現代の経済において企業はどんどん巨大化し、生産過程には多くの人々が関わるようになっています。このようななかで規模の拡大に応じて生産効率を上昇させるには、生産に関わる人々がいかに協力しあえるかにかかってきます。すなわち、**生産組織あるいは労働組織のあり方**が収穫逓増の実現とその程度を決定します。そしてそのような組織のあり方は、それぞれの国や時代におけるルール（制度）に依存するのです。

　これまでみてきた成長レジームを構成する2つの回路、需要レジームと生産性レジームは、つねに成立するわけではありません。それぞれの回路がうまくつながるかどうかは、国や時代によって異なるそれぞれの制度的な状況に依存します。したがって、**どのような制度（ルール）があれば、各レジームは成立するのか、それぞれのレジームを成り立たせている制度どうしはどのような関係にあるのか**をみていくことで、**制度と経済の動態的関係**を考察することができます。これが成長レジームという概念の最大の特徴です。

第6章　経済成長の仕組み（1）

図6-3　生産性上昇の成果の分配

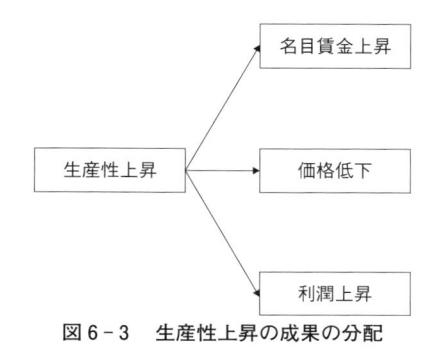

6-2　高度成長期

　この節では、前節で解説した枠組みを使って、日本の高度成長期（1950年代後半〜1970年頃まで）の成長レジームがどのようなものであったかを明らかにしていきましょう。その際、利潤や投資といったマクロ変数間の連関を明らかにするだけでなく、そうした連関を可能にした諸制度の機能についても言及して、日本の高度成長期が、さまざまな制度に支えられた経済循環であったことを明らかにします[14]。

6-2-1　高度成長期の需要レジーム
　まず、需要レジームからみていきましょう。当時の日本経済では、高い労働生産性上昇がみられましたが、それがどうして起こったかはひとまず脇に置いて、達成された生産性上昇の成果が誰に分配されて、どのように需要の拡大につながっていったのでしょうか。

（1）生産性上昇の成果の分配
　前節でみたように、労働生産性上昇の成果の分配先は、単純にいって3つあります。利潤として企業にわたすか、賃金として労働者にわたすか、価格低下として購買者にわたすかのいずれかです。

253

第Ⅱ部　日本経済の変化

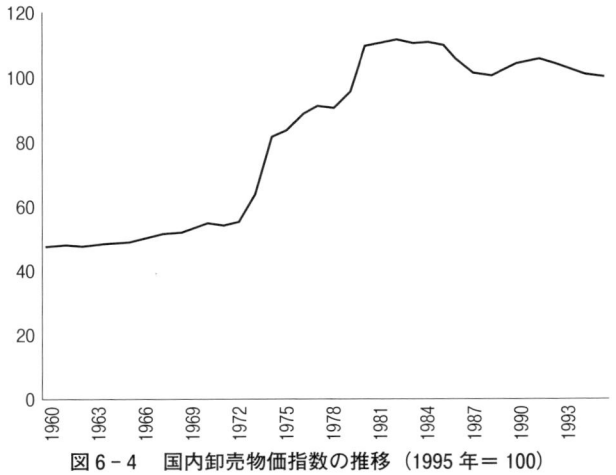

図6-4　国内卸売物価指数の推移（1995年＝100）
出所：総務省『日本の長期統計系列』より筆者作成。

　ここで、価格の変化は無視して、利潤（企業）と賃金（労働者）の分配に議論の焦点を絞ります。なぜなら、この期間において**企業物価**（旧卸売物価）は比較的安定していて、あまり変動がなかったからです（**図6-4**の1970年頃までの期間に注目）。

　では生産性上昇の成果は、賃金と利潤あるいは労働者と企業とでは、どちらに手厚く分配されたのでしょうか。このことを明らかにするために、**図6-5**をみてください。これは**賃金シェア**（**労働分配率**）の推移を表わしたものです。賃金シェアは、国民所得に占める賃金（雇用者所得）の割合を表わします[15]。すでにみたように、国民所得は、賃金と利潤を足し合わせたものですから、賃金シェアと対概念である利潤シェアは反比例の関係にあります（1-9参照）。

$$国民所得 = 賃金 + 利潤$$
$$賃金シェア = \frac{賃金}{国民所得} = \frac{(国民所得 - 利潤)}{国民所得}$$
$$= 1 - 利潤シェア \qquad (1-9)$$

第 6 章　経済成長の仕組み（1）

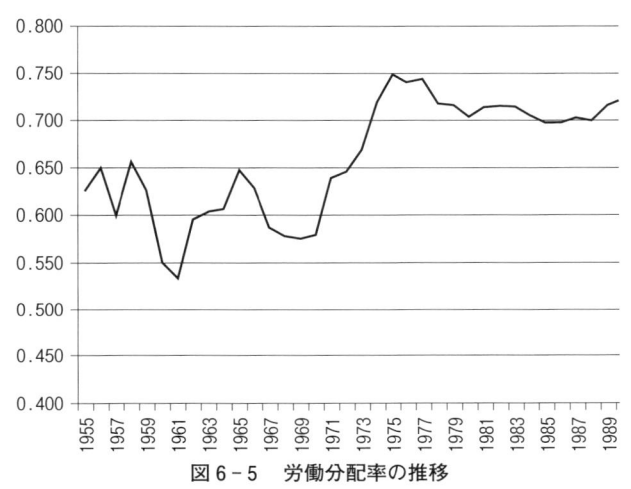

図 6-5　労働分配率の推移
出所：内閣府『国民経済計算』ほかより筆者作成。算出方法については吉川洋「労働分配率と日本経済の成長・循環」石川経夫編『日本の所得と富の分配』（東京大学出版会、1994 年）参照。

　ですから、グラフが上昇していれば、労働者に有利で企業に不利な分配、グラフが下降していれば、労働者に不利で企業に有利な分配が行なわれているとみることができます。実際に**図 6-5** をみると、1950 年代後半から 1970 年頃にかけてグラフは、上下に変動しつつも全体的には右下がりの状態にあります。ここから、当時は企業が積極的に利潤を獲得した時期であったと考えることができます。その理由としては、旺盛な国内需要があって企業の売り上げが急速に伸びたこと、1950 年代初頭にみられた激しい労働争議以降、労使関係は協調的になると同時に企業別労働組合が労使交渉の主体となって、労働者側から過激な賃上げ要求が出なくなったことなどが考えられます。

　注意しなければならないのは、**賃金シェアの低下は、賃金水準の低下を意味するわけではない**ということです。賃金は、労働市場の需給逼迫（とりわけ高度成長期後半）や**春闘**といった要因で、この期間にそれなりに上昇していました。それでも賃金シェアが低下したということは、賃金上昇のスピードを上回る速度で利潤が増加していったことを表わしています。

255

第Ⅱ部　日本経済の変化

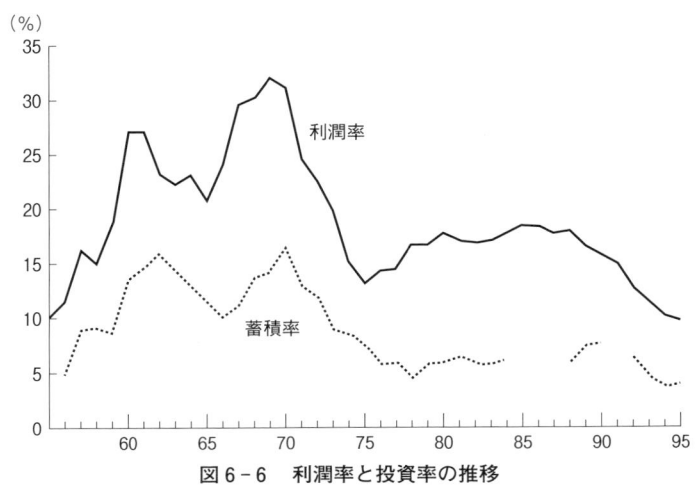

図6-6　利潤率と投資率の推移

出所：宇仁（1998）p. 105、図6-1。

（2）企業の投資決定

　前項のとおり、日本経済において発生した労働生産性上昇の成果は、企業に対して手厚く分配されていました。これが投資の拡大につながる否かは、投資に関する企業の意思決定のあり方に影響を受けます。当時各企業が何を考えていたかを直接確認する手段はありませんが、それを類推することはできます。図6-6をみてください。これは、利潤率と資本蓄積率（投資率）の動きをプロットしたものです。これによると、利潤率と投資率は同じような動きをしていることがわかります。そのうえ、利潤率がもっとも高くなるのは1969年ですが、投資率は1970年にピークを迎えます。同じように、それ以前の期間においても2つのグラフの山や谷を見比べると、利潤率の動きに1年ほど遅れて投資率が変動していることがわかります。ここから類推すると、当時企業の投資は利潤率（収益性）に反応して行なわれていた考えることができます。こうして、**生産性上昇→利潤→投資**という連関が存在していたと考えることができます。

　急いで付け加えると、いくら企業が多くの収益を獲得できたとはいえ、不

確実な将来に向けて多額の支出を行なうには、何らかの後押しが必要でした。また、多額の投資資金をみずからの事業から上げた利益のみで賄うのは不可能でした。このような状況にもかかわらず、積極的に投資が行なわれたのは、第3章でみたつぎのような背景があったからだと考えられます。第1に、政府が税制上の優遇を図ったりして、企業の資本蓄積を促すためのさまざまな産業政策を行なっていました。第2に、企業の積極的な設備投資を後押しするべく、銀行が企業の資金要請に積極的にこたえていました。多くの銀行は、預金総額を貸付総額が上回る「**オーバーローン**」状態にあったといわれます。さらに不足する資金は日本銀行から借りている状態でした（オーバーボローイング）。これは各銀行の判断というよりは、政府当局からの要請にこたえるものでした（くわしくは第11章でみます）。こうした政策は、戦後復興期から展開する企業による資本蓄積促進政策の一環ととらえることができます。

（3）利潤主導型成長

　以上のように、日本の高度成長期における需要レジームは、生産性上昇の成果が企業に手厚く分配され、それが設備投資につながり、経済全体の需要拡大を牽引するというかたちになっていました。その意味で、当時の成長レジームは、「**利潤・投資主導型**」成長と名づけることができます。これは、6-1-1「需要レジーム」で説明した**パターンB**に当てはまる成長パターンです。興味深いのは、このようにして実現する投資の拡大が、当初はある特定の部門だけだったとしても、それが経済循環のなかで他の部門に波及するということです。1960年の『経済白書』で「**投資が投資を呼ぶ**」と呼ばれたこのようなメカニズムは、つぎのように説明可能です。経済は、私たち消費者が買う商品、自動車や家電製品などを製造する消費財産業と、各種財産業で利用する機械類を生産する資本財産業に分類することができます。たとえば消費財産業で投資拡大が起きたとすると、当然機械の発注先は資本財産業ですから、当該産業の収益が高まることになります。それにより、資本財産業でも投資が行なわれます。そうすると、この産業に機械を納める資本財産業の収益が高まって……、とつぎつぎに投資が波及していくことになり

ます。このような過程で、購入される機械の性能も上がっていくでしょう。あるいは価格が低下するかもしれません。このことは回りめぐって、ふたたび消費財産業の投資を刺激することになるかもしれません。

　以上のように、投資活動は産業間で互いに影響を与えながら拡大していくことになります。

　しかし、注意しなければならないのは、投資拡大だけでは持続的な経済成長は実現できないということです。なぜなら、投資によって能力が拡大したり性能が充実したりした生産設備は、それを動かしてはじめて意味があるわけで、そのためにはそこでつくられる製品がきちんと売れる必要があるわけです。つまり、最終的な製品の買い手がいなければ、投資は不良在庫をつくり出す無駄な生産力となってしまいます。したがってつぎに、私たちは消費に目を向けなければなりません。

（4）消費需要の拡大

　消費需要はこの時期の成長レジームが持続的なものであるための重要な要因でした。ところが、すでに述べたように、消費需要の多くを支える労働者の所得＝賃金は、企業の利潤と比較してみると、十分な上昇があったわけではありません。そうしたなかで消費需要はどのように増加したのでしょうか。2つの点が指摘できます。

　耐久消費財の普及：第1に、第3章でもみたように、消費者が何としても買いたいと思うような商品が存在したということです。高度成長期の前半においてそれは、白黒テレビ、電気洗濯機、電気冷蔵庫といった耐久消費財でした。これらの家電製品は俗に「**三種の神器**」と呼ばれました。高成長期後半は、3Cと呼ばれるカラーテレビ、乗用車、クーラーが代わって普及していきました（吉川 2012 参照）。

　世帯数の増加：各種家電製品への需要は強力でしたし、そうした需要はただ1つの製品に向けられたというよりは、さまざまな家電製品一式を導入して、新しいライフスタイルを確立したいという欲求に基づくものだったので、大きな需要が生まれたことはまちがいありません。しかし、マクロ経済的に

第6章 経済成長の仕組み（1）

みた場合、消費者の所得が飛躍的に伸びていたわけではないという事実と整合する説明も必要となります。これについては、以下のような説明が可能です。

（消費需要総額）＝（1世帯あたりの消費額）×（世帯数）

消費需要は上式のように分解できます。賃金上昇が顕著でないという事実は、右辺の（1世帯当たりの消費額）の伸びが比較的小さいことを表わします。それにもかかわらず左辺が上昇した要因は、世帯数の変化にあるといえます。第3章でみたように、生産拡大に起因して、この時期は中小企業を中心に慢性的な労働力不足が発生していました。この問題に対処すべく、「**集団就職**」が行なわれたわけです。これにより、地方から都市部への人口移動が起きました（この移動は、同時に農業から工業への労働力移動でもありました）。都市部へ出てきた若者は、やがて結婚し家庭を構えます。彼らの多くは地方の農村で大家族の一員として暮らしていましたから、独立して世帯を形成することで、購入される家電製品の数は飛躍的に伸びることになります。

このようにして、有効需要の2大要素である消費と投資の拡大が実現し、需要面からみた持続的な経済成長が確認されることになります。これまでの話を図示すると、**図6-7**右上部のようになります。

6-2-2　高度成長期の生産性レジーム

つぎに図6-7左下の回路、生産性レジームについてみてみましょう。成長レジームの議論に基づけば、収穫逓増が生産レジームのおもな要素となりますが、「外部」的な要因も機能しました。当時行なわれた、海外からの積極的な技術導入がそれです。具体的には、機械や設備の輸入はもちろん、欧米企業との技術協定、日本からの技術者派遣、さらに場合によっては実用化以前の技術を実験ノートのかたちで買いとり、実用化させたといった例までありました（後藤 2000）。

また、図中の投資から生産性への矢印にあるように、企業による設備投資

第Ⅱ部　日本経済の変化

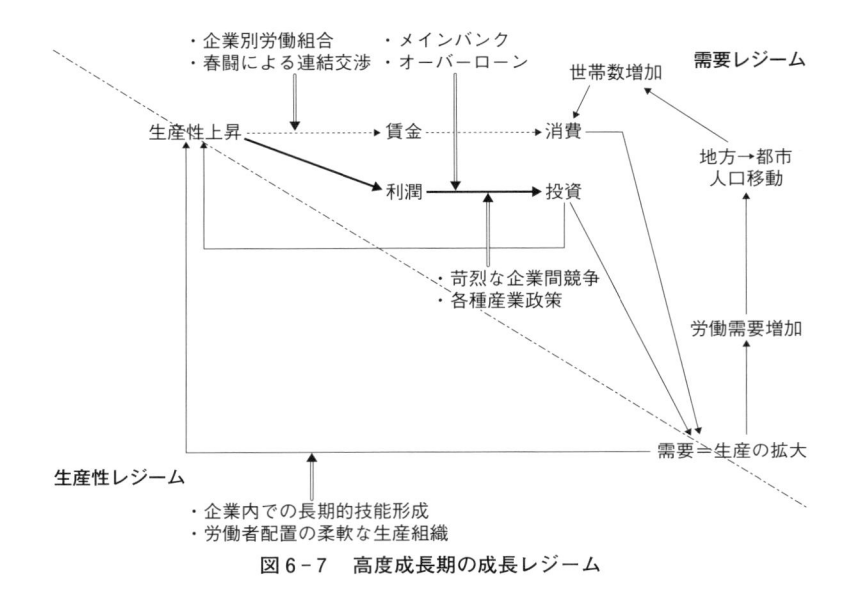

図6-7　高度成長期の成長レジーム

が生産性上昇に貢献したと考えられます。これはすでに説明した「資本深化効果」によるものです。需要レジームで説明した生産性上昇→利潤→投資の連関を想起すると、生産性上昇と投資の相互連関が成立することを確認できます。

しかし、これらの要因は需要全体の拡大と結びつくわけではないので、成長レジームの循環の輪を閉じることはできません。日本の高度成長期が15年ほども長い期間にわたって持続的に成長できたのは、**生産性上昇と需要成長の好循環**が成立したと考えるほうが自然でしょう。つまり、収穫逓増が当時の日本経済において支配的であったと考えられます。

先に述べたように、収穫逓増はマクロ経済のレベルで自動的に成り立つとはかぎりません。その成否は、経済変動に対する雇用調整のあり方や生産組織の形態など、さまざまな領域における制度のあり方に依存します。日本の諸制度は収穫逓増を可能にするものでした。その特徴は、日本企業の労働組織とそれに関連する雇用システムに求められます。当時の日本企業の多くは、幅広い職務概念のもと、**非常に柔軟な労働組織**を採用していたといわれます。

幅広い職務とは、企業における1人1人の従業員の仕事が多岐にわたることを意味します。さまざまな仕事をこなすことのできる労働者（**多能工**）が集まれば、状況に応じて役割分担を変化させることができるため、非常に柔軟な組織ができるというわけです。サッカーに関心のある人であれば、複数のポジションをこなせる選手がいれば、フォーメーションを柔軟に組み替えられることを想起すればいいでしょう。

　ところで日本企業の労働者は何の訓練もなしに、多能工になるわけではありません。どのように育成されるのでしょうか。訓練の場所は企業の実際の職場です。労働者たちは、学校や職場外の研修で技能を身につけるわけではありません。具体的には新入社員は、ある部署に配属されると、特定の仕事を行なう「持ち場」を与えられます。そこで先輩社員に教わりながら、あるいは先輩社員の仕事ぶりをまねしながら、技能を身につけます。1つの持ち場の仕事をある程度こなせるようになると、持ち場を変わり、同じように訓練を繰り返しながら、さまざまな持ち場＝職務をこなせるようになっていきます。このような実地経験による技能訓練を **OJT（オン・ザ・ジョブ・トレーニング）** と呼びます。

　しかし、さまざまな仕事を覚えるのは楽なことではありません。それだけの苦労をしてまで技能を身につけるメリットは労働者にあるのでしょうか。その答えは日本企業の給与体系と人事評価制度にあります。1950年代の大規模な労働争議以降、日本の労使関係は協調的なものになったといわれますが、その裏で**年功賃金体系**をベースにした**職能資格制度**が導入され普及していくことになりました。そのくわしい内容は第9章「雇用の仕組み」で解説します。ここではその意義だけを確認しておきましょう。年功制で同程度の経験をもつ労働者間の公正が図られる一方で、職能給制で微妙な格差がつけられます。この微妙な格差は、優位に立つ労働者に優越感を感じさせる一方で、遅れをとっている労働者には挽回しようと感じさせることで、新しい技能の獲得を継続させるインセンティブを与えつづけているといわれています[16]。

　さらに、こうした仕組みは企業ごとに機能させる必要があるため、労使交渉も企業ごとに行なうのが合理的です。日本で**企業別労働組合**が労使交渉の

中心となるのはそのためだと考えることができます（日本における労使交渉の詳細も第9章を参照のこと）。

このように構成される柔軟な労働組織と労働者の多能性がとくに強みを発揮するのは、通常とは異なる業務が発生したときです。そのときこの組織は臨機応変に対応することができます。たとえば、設備機械のトラブルがそうです。硬直的な役割分担が行なわれていれば、通常の生産活動に従事する作業員のほかに、修繕担当の従業員が配置されています。作業中に使用している機械設備にトラブルが起これば、機械を止めて修繕担当者を呼ぶことになります。修繕が完了するまではすっかり作業は停止ししてしまうわけです。これに対して日本企業では、もちろん修繕担当者は配置されますが、作業員はさまざまな職務を経験することによって、職場の設備に対する体系的な知識と、職場全体における仕事の流れに対する配慮をもつようになっています。そのようななかで使用する設備にトラブルが生じた場合、それが深刻なものでなければ、作業員はわざわざ修繕担当者を呼ぶことなく、みずから機械を調整・修理して職場全体の仕事を止めてしまわないという対応が可能となります。このように日本企業の柔軟な組織は、修繕で発生する作業時間のロスを少なくすることで生産効率を高める効果ももっています。

6-2-3　高度成長期を支えた諸制度

以上、日本の高度成長期における成長レジームを解説してきましたが、図6-8に示されるマクロ経済の回路は、さまざまな制度によって支えられています。そのもっとも基本的なものは、上でみたように、**長期雇用、職能給を組み込んだ年功賃金、企業特殊的技能を形成するシステムの労使関係に関わる諸制度**です。これらの制度は、特定の人々や組織が恣意的に設定したものというよりは、当該制度に関わる人々が合意や妥協によってつくり出したものと考えられます。もしそうでなければ、制度が存続するのが難しいからです。長期雇用や年功賃金は、雇用や賃金が保証される労働者にとって有利なものです。しかし、企業にとっても何らかのメリットがなければ、これらの制度は維持されないでしょう。実際には、企業にも以下のようなメリット

があると考えられます。労働者たちは簡単に首を切られず給与も年を追うごとにある程度上昇するかわりに、企業への貢献を誓いどのような職務でもこなすというものです。欧米では、労働者が企業と雇用契約を結ぶ場合は、企業でどのような仕事を行なうかを明確にするのが常です。日本では、職務の限定をして労働者を雇うことはまれで、入社後に本人の希望に関係なく(ある程度は尊重されますが)配属が決まります。よく日本では「就職」ではなく「就社」だなどといわれますが、まさにこのことをいい表わしています[17]。

　日本の高度成長期を支えた制度はほかにもありました。いくつかいつまんで説明しましょう。

　まず企業どうしの競争と協力という側面からみると、当時からさまざまな議論が行なわれてきました。特徴的な2つの概念を紹介しておきましょう。ひとつは、過当競争です。第3章でみたように、日本経済は戦後復興の過程で、強力な独占禁止政策を行ないました。これにより全般的に企業規模は縮小しました。つまりいわゆる大企業が少なく、小規模企業が切磋琢磨する環境が形成されました。日本企業は、激しい競争を展開しました。企業は本来利潤を追求する存在といわれますが、日本企業は利潤よりも売上高を高め、市場シェアを拡大することを目的したとされます。極端ないい方をすれば、利潤を犠牲にしてもシェアを拡大しようとするため、企業はみずからの首を絞めるような行動さえとることがあったのです。こうした行動は、特定の企業のみにとどまらず、同じ分野や産業で活動する多くの企業によってとられました。この現象を指して、いきすぎた競争、「過当競争」の概念が用いられました。

　もう1つの概念は、前出の概念と対照的で企業間協力に関するものです。いわゆる「**企業集団**」「**系列**」と呼ばれるものです。上に述べたように、日本経済の戦後復興期には、強力な独占禁止政策が実施されました。「財閥解体」がその最たるものです。しかし、解体された財閥傘下の企業は、そのつながりを失いませんでした。解体後に、財閥関連企業は企業集団を形成していきます。三菱、三井、住友を中心に6大企業集団が形成されました。集団

内では株式持合を行ない、協力関係を築いています。またメインバンク制に代表されるように金融的な関係も築いています（第11章参照）。

あるいは、トヨタなどの大企業の生産システムには、その企業を頂点にして、部品などを収める下請け企業が連なる構造がみられます。下請け企業は、第1次下請け、第2次、……と階層的に展開しています。たとえばトヨタの下請け企業には、デンソーやアイシンなどがあり、これらの下請け企業に対しても、さらに2次下請け、さらにその下に3次下請けといった感じで企業が連なっています。このような企業どうしの競争や協力が高度成長期における日本経済の活力を生み出したといわれています。

一方で、政府が経済成長の過程で果たした役割が大きかったとの指摘もあります。戦後復興期における企業の資本蓄積振興策などがそれに当たります。たとえば、企業の設備投資を促進する減価償却の優遇などがあります。さらに、金融面で政府が企業を支援するといったことも行なわれました。戦後におけるその端緒は、**復興金融金庫制度**だったといえます。復興金融金庫は、資金を必要とする産業・企業に直接融資を行ないました。これはドッジ・ラインで表向きは廃止されますが、その後も開発銀行や日本輸出入銀行が直接・間接に企業へ資金を提供しました。

またこうした政策金融というかたちをとらなくても、政府の意向を反映した資金が企業に供給されました。具体的には、需要レジームの項でみたように、市中銀行の**オーバーローン**を介してです。このような状態は、通常の経済状態からは逸脱しています。当時日本銀行による市中銀行への貸し付けは低金利で行なわれ、それは政策として実現されたといわれます。さらに、資金を借り入れる企業と貸し付けを行なう銀行との関係は、しだいに密接で長期的なものになっていきます。いわゆる**メインバンク制度**の成立です。

このように国内的な制度環境が、企業の活動を支援することで、企業の活動はますます積極的なものとなり、多額の投資が行なわれました。もちろん、企業が投資を行なって工場や設備を増やしても、生産される製品が売れていかなければ意味がありません。先述したように、生活スタイルの変化や世帯数の増加といった要因によって、国内の消費需要が高まることで、そうした

第 6 章　経済成長の仕組み（1）

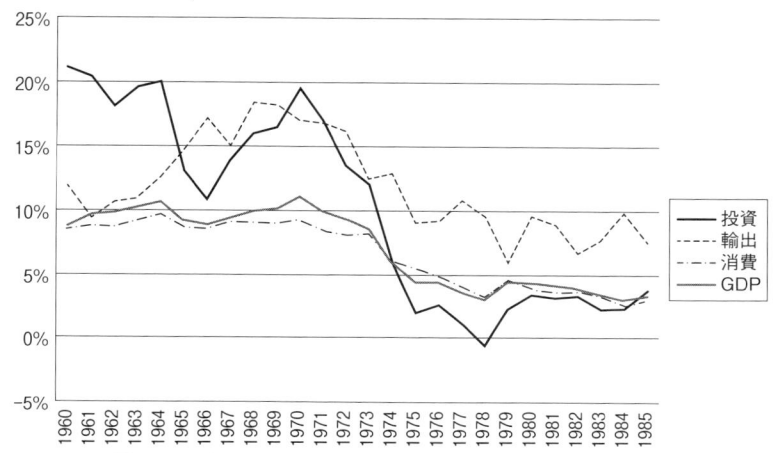

図 6-8　各需要項目の実質成長率の推移（5 カ年移動平均）
出所：内閣府「国民経済計算」より筆者作成。

懸念は払拭されたわけですが、同時に高度成長期の中盤から後半にかけては、しだいに工業製品の輸出が増加していきました（図 6-8）。よくいわれるように、日本の貿易は、外国から原材料を輸入し、それを用いて生産した製品を輸出する「加工貿易」のスタイルをとりました。このように、海外への販路が企業の生産能力拡大によって生み出されてくる製品を一部引き受けました。そしてそのようなことが可能であったのは、日本が 1951 年のサンフランシスコ講和条約以降、いわゆる西側諸国に編入され、同グループに所属する国々との平和的な交易が可能になったという**国際的な制度的条件**のおかげであることを忘れてはいけません。

6-2-4　高度成長期の終焉

　繁栄の時代は永遠に続くわけではありません。年率平均 10％ の経済成長率を誇った日本の高度成長期も 1970 年代に終焉を迎えました。一般的には、1973 年に発生した第 1 次石油危機（オイルショック）がそのきっかけだったとされますが、第 5 章でも指摘したように、ここで議論してきた成長レジームという観点からみると、石油価格の上昇という外部の要因よりも、日

第Ⅱ部　日本経済の変化

本経済内部の問題が高度成長期を終焉に向かわせたとみることができます。さらにいえば、高度成長期に日本経済が成功したがゆえに、その行きづまりの要因が発生したといえそうです。具体的にみていきましょう。

　先述したように、高度成長期の日本経済は利潤主導型成長と特徴づけられました。つまり利潤率が上昇する、あるいは高い値をとるのに反応して、企業投資（蓄積率）が上昇するパターンがみられたわけです。1960年代後半以降の利潤率と蓄積率の推移をみてみると、利潤率が1969年、蓄積率が1970年にそれぞれピークを迎えており、それ以降は1970年代前半まで変動を含みつつも低下しています（図6-6）。このことは1970年以降に利潤主導型成長の原動力が枯渇したことを意味すると解釈できます。つまり、1973年の第1次石油危機、あるいは1971年のニクソンショックといった大きな外的ショックが日本経済に加わる前に、好循環の成長レジームは終焉を迎えていたということができそうです。

　では、どうして利潤率は低下してしまったのでしょうか。6-1-1の式（1-8）で示したように、利潤率は、利潤シェア、稼働率、潜在的産出量・資本比率に分解できます。とりわけ前2者の動きに注目してみましょう。

　まず1970年以降、利潤シェアは低下（労働分配率は上昇）しています（図6-5）。利潤シェアは所得に占める企業の取り分を意味しますから、この低下は対概念である賃金シェアの上昇を意味します。実際、この時期において賃金率は上昇していました。賃金率の上昇を引き起こしたのは、経済成長がつづいたことによる労働者不足の深刻化です。当時の失業率は1％台で推移していました。

　一方稼働率も、1969年をピークに低下しました（図6-9）。稼働率は需要の状態を表わしますから、その低下は需要拡大が減速したことを意味します。これを成長レジームと関連づければ、消費拡大を牽引してきた耐久消費財が各家庭に一通り普及したと考えることができるでしょう。実際、1960年代後半には、電気洗濯機、電気冷蔵庫、カラーテレビといった製品の普及率が100％近くに達していたことがみて取れます（第3章図3-4参照）。

　このように所得分配と需要における変化が、高度成長期の成長レジームを、

第6章　経済成長の仕組み（1）

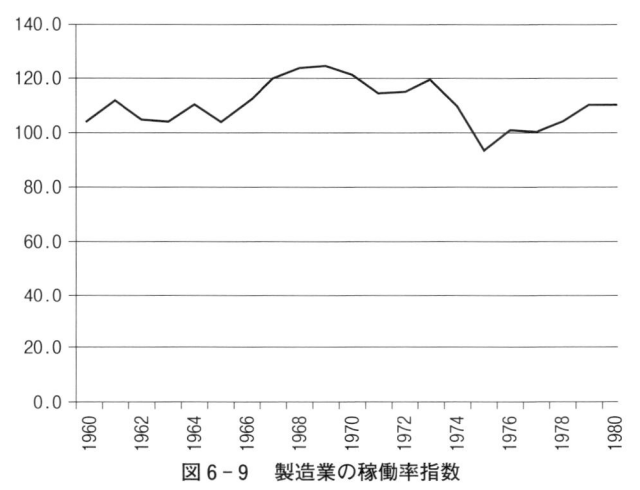

図6-9　製造業の稼働率指数
出所：総務省『日本の長期統計系列』より筆者作成。

とりわけその需要レジームを変容させ、日本経済の好循環構造を終わらせたとみることができます。これについて、2つのことを指摘しなければなりません。1つは、利潤率を低下させた2つの要因——利潤シェアと稼働率の動き——のいずれも、高度成長が達成されたゆえに生じた変化だということです。利潤シェアの低下を引き起こした賃金率の上昇は、経済成長が持続したゆえに人手不足となって生じました。また、稼働率の低下を引き起こした耐久消費財の需要低下も、テレビや冷蔵庫が家庭に急速に普及した結果として生じたものです。

　もう1つは、成長レジームのもう1つの側面である生産性レジームについてです。それは、先に説明した生産性を高める労働組織としての日本企業システムは、この時期にあって構築されている段階であり、それが行きづまったというわけではないということです。むしろ生産性レジームの限界は、以下の2点にありました。第1に、キャッチアップの完了です。戦後の日本経済は、第2次世界大戦中に広がってしまった欧米諸国（とりわけアメリカ）との科学技術力の差を埋めるために、懸命に努力してきました。それが1960年代後半以降、輸出も安定的に拡大するようになり、日本企業の技術

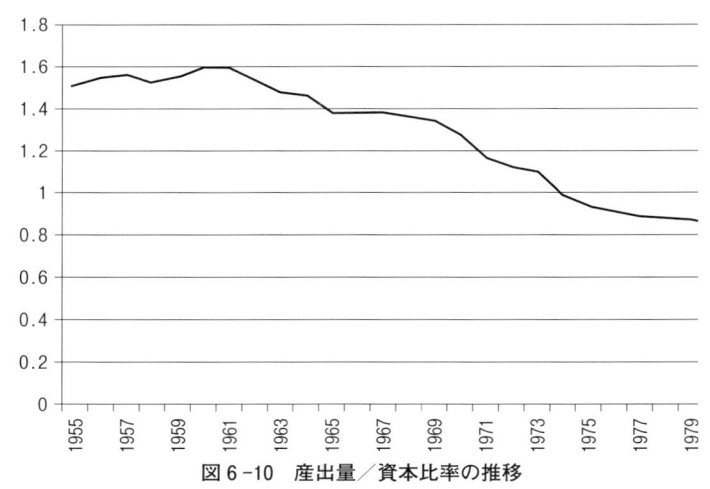

図6-10 産出量／資本比率の推移
出所：内閣府『国民経済計算』および『民間企業資本ストック年報』より筆者作成。

力が他国にも認められる状況ができあがってきた、すなわち欧米諸国のそれに追いついてきたと推測されます。このことは、日本企業が模倣する対象がなくなってしまったことを意味し、模倣によって生産性を高めることが困難になったことを意味しています。

　第2に、過剰投資が挙げられるでしょう。高度成長期の期間は、「投資が投資を呼ぶ」状況で巨大な設備投資計画がつぎつぎと実行されてきました。その多くは、能力増強型で、既存設備の規模を拡大するタイプのものでした。しかし、高度成長にかげりがみえて、需要拡大が減速していくと、積極的に拡大した設備が工場で必要なくなる事態が発生します。つまり需要の拡大を見越して増強した設備が使われずに遊休状態となってしまいます。図6-10をみてください。産出量／資本比率は、単純化していえば、1工場当たりでどのぐらい生産が行なわれているかを示しています。グラフは1960年をピークに低下していますが、1969年ごろから低下のスピードが大きくなっています。このことは機械が増えるほどには産出が増えず、機械の効率が低下していることを意味しています。

6-2-5 危機への対応

　以上のような要因から減速してしまった日本経済ですが、他の先進欧米諸国も似たような状況にありました。つまり危機は、日本経済固有のものというよりも、大量生産大量消費体制の1つの区切りがこの時期にやってきたと考えることができます。

　欧米諸国はこうした危機におおいに振り回されることになるのですが、日本経済は、比較的短期間でこの不調を脱することになりました。なぜ日本は短期間に危機を脱することができたのでしょうか。危機の期間にどのようなことが行なわれたのでしょうか。以下では経済指標の動きと日本企業の行動を関連づけて説明していきましょう。

　第1にこの時期に賃金シェアが上昇しましたが、企業の収益性を回復させるために、いかに賃金コストを削減するかが問題になります。賃金コストは単純に（時間当たりの賃金・給与＝賃金率）×（1人当たりの労働時間）×（雇用者数）で表わされるとしましょう。先に述べたように、日本企業は長期雇用制度を採用しているため、いわゆる人減らし（リストラ）を通じた雇用調整によるコスト削減という選択は困難です。実際に行なわれた対応は、新卒採用の抑制・停止でした。それよりも効果が大きかったのは、労働時間の削減や賃金上昇率の抑制です（図6-11参照）。ここで重要なのは、その削減や抑制を実行するためには、既存の労働者が同意する必要があるということです。既存の労働者にとってはきわめて抵抗のある選択肢のはずですが、日本の労働組合はこれを受け入れます。これは日本企業における「**協調的労使関係**」が生み出した1つの成果でした。これは、労働組合の立場からつぎのように説明することが可能です。仮に労働時間短縮や賃上げ抑制に抵抗していれば、企業業績は悪化して、結局企業は解雇をしなければならなくなり、仲間である一部の労働者が犠牲になることが予想されます。そうしたことは自分たちの利益にならないと判断し、成員全員が応分の負担をする選択をしました。また、こうした選択には歴史的な背景もあります。1950年代初頭に労働組合運動がさかんだった頃、組合は企業と全面対決を行ない、大きく消耗しました。それがその後の協調的労使関係の契機になったといわれています。

第Ⅱ部　日本経済の変化

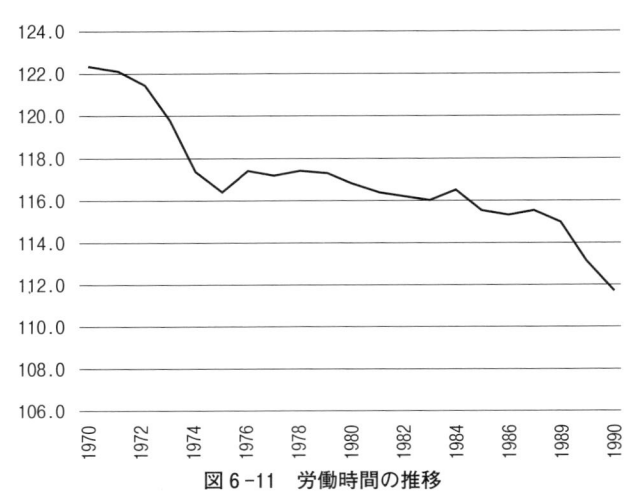

図6-11　労働時間の推移

（注）30人以上の事業所規模、産業計。
出所：「毎月勤労統計調査」より筆者作成。

　このように、日本の労使関係は危機の期間においても（既存）雇用の維持を最優先に対応してきました。そのおかげで、中核労働者の長期雇用は維持され、労働者の技能形成、さらには企業の生産力向上も中断されることなく、1980年代にかけて継続されていくことになります。このことが80年代後半に"Japan as No.1"（E・ヴォーゲル）と日本企業がもてはやされる基礎を提供したといえるかもしれません。

　第2に、企業の投資行動にも変化がみられました。すでに述べたとおり、高度成長期は、急激に拡大する需要にあわせて、企業は設備を拡張したり新しい工場を建てたりと、いわゆる**能力増強投資**を積極的に行なってきました。しかし耐久消費財の普及は一巡して、同じような需要の波を期待することはできなくなりました。一方、高度成長期に設置された巨大な設備は多くのエネルギーを消費するものでした。しかし、いわゆる石油危機が起きて、エネルギーのコストが高まったことに対応して、省エネルギー・タイプの設備が求められるようになりました。こうした事情を背景に、企業の投資行動は大きく変化しました。**図6-12**をみてください。この図は、企業投資を動機ご

第6章　経済成長の仕組み（1）

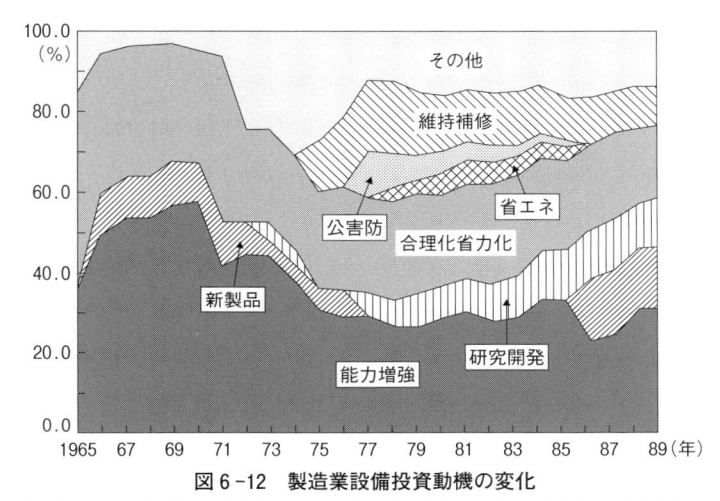

図6-12　製造業設備投資動機の変化
出所：宇沢弘文編『日本企業のダイナミズム』（東京大学出版会、1991年）p. 238、図1。

とに分類してその割合をグラフ化したものです。上述のとおり、1960年代末以降能力増強型投資の割合が低下しています。また1970年代後半以降は**省エネルギー**のための投資が出現したことも指摘できます。

　以上のように、日本企業は労使関係および投資行動において、当時の状況に対して適応行動をとりました。こうした対応が、日本経済の低迷を短期間で収束させ、つぎなる成長レジームへの移行を促したと考えられます。次章では、この調整期間を脱したあとに日本経済で確立した安定成長期の成長レジーム、さらにはその後の経済循環についてみていきましょう。

注
(1) 経済成長の過程における需要と供給のバランスの難しさについては、ハロッドの成長理論に端的に現われています。ハロッドの成長理論については、各種マクロ経済学の教科書をご覧ください。なお、ハロッドにはじまる経済成長理論の展開については、岩井克人「経済成長論」岩井克人・伊藤元重編『現代の経済理論』（東京大学出版会、1994年）第12章が参考になります。
(2) 実際には機械などの固定資本を用いますが、ここでは捨象します。

(3) 雇用者数を労働時間に置き換えれば、1時間当たりの生産量として労働生産性を定義することも可能です。事実、パートタイム労働や派遣・請負といった多様な労働形態がみられる現代では、単位労働時間当たりの生産効率をみる必要があるでしょう。

(4) 第5章でみたように、こうした分配は1950～60年代のアメリカで観察されたといわれています（生産性インデックス賃金）。

(5) ここでは、企業が価格決定力をもつ寡占的競争が想定されています。企業が価格設定の力をもつなかで、あえて価格引き下げを行なうのは、それによってさらなる需要を喚起して利潤拡大を望むからと考えられますが、ここでは、そうした動態的議論にまで発展させるのは控えておきます。

(6) 利潤原理については、たとえばM・カレツキ『資本主義経済の動態理論』浅田統一郎・間宮陽介訳（日本経済評論社、1984年）を参照してください。

(7) 賃金シェアが上昇するか否かは、賃金上昇率と国民所得（賃金＋利潤）≒生産量の上昇率の相対比で決まります。前者が後者を上回る場合には、賃金シェアは上昇します。両者が同程度であれば、シェアは一定になります。なお、賃金の絶対額が上昇しても、その上昇率が国民所得の上昇率を下回る場合は、賃金シェアは低下します。このようなケースは、相対的にみて企業に有利な所得分配の状況であるため、Aパターンに当てはまらないことになります。

(8) 仮に利潤シェアが維持されていても、十分な額の利潤の上昇があれば以下の説明は成り立つと考えられます。

(9) 経済の不振がつづく日本では、企業の業績回復、利益確保が第一であり、そのために労働者には、昇給の見送りあるいは給与の切り下げといった忍耐が求められることがしばしばあります。しかし、こうしたやり方はまちがいではないものの、唯一の選択肢ではないことは、上の議論から明らかでしょう。

(10) 技術革新には、ここで説明したような既存の製品やその製造方法を改良する「漸進的な（incremental）」技術革新に加えて、新しい製品をつくり出す「急進的な（radical）」技術革新があります。後者についてはここでは扱いませんが、経済成長が持続可能であるための重要な要素の1つです。この問題に関心のある人は、吉川洋『現代マクロ経済学』（創文社、2000年）第4章を読んでみてください。

(11) ただし、日本企業が絶対に解雇を行なわないというわけではありません。景気後退の期間や度合に応じて、労働時間の削減や、配置転換・出向などといった対応策がとられ、それでも対応できないほど深刻な事態に対しては、強制的な人員整理が行なわれる場合があります。くわしくは第9章をみてください。

(12) レイオフはたんなる解雇を意味しません。一般的には「一時帰休」と訳されます。アメリカでは、景気悪化にともなう人員削減は、経営者の裁量で行なうことができます。ただし、経営者は誰を解雇するかを恣意的に決めることはできません。解雇は当該企業において経験年数が短い労働者から、というルールに従って行なわれます。また仮に解雇されても、景気が回復して企業が労働者を採用する段になれば、これまでの経験年数の長さに応じて優先的に採用されることになります（先任権ルール）。

(13) 収穫逓増についての解説は、塩沢由典『複雑系経済学入門』（生産性出版、1997年）第11章でくわしく行なわれています。

⑭　以下の説明は、H. Uemura, "Growth, Distribution and Structural Change in the Postwar Japanese Economy", in R. Boyer and T. Yamada eds., *Japanese Capitalism in Crisis*, Routledge, 2000, 吉川洋『日本経済とマクロ経済学』(東洋経済新報社、1992年)、吉川洋(2012)に依拠しています。

⑮　具体的に、どのような指標で賃金シェアを計測するかは難しい問題です。たとえば、当時は多くの自営業者がいました。彼らは一商店の主であったりしますから、表面上は企業と同じ扱いでいいように思えますが、稼ぎは企業で働くサラリーマンとさほど変わらないといわれます。彼ら自営業主を労働者ととらえるのか、企業ととらえるのかで、賃金シェアの値はかなり変わってきます。

⑯　ある程度の時期まで、職能給の格差は挽回可能にみえる程度だといわれています。

⑰　厳密にいえば、ここで説明した日本的雇用制度は高度成長期にすで確立していたというわけではありません。むしろ形成途上であったといえます。このあたりのくわしい議論は、磯谷明徳・植村博恭・海老塚明「戦後日本経済の制度分析――『「階層的市場‐企業ネクサス」』論の視点から」山田鋭夫／R・ボワイエ編『戦後日本資本主義』(藤原書店、1999年) 第2章を参照してください。

【本章の理解をさらに深めるための参考図書】

浅子和美・篠原総一編 (2011)『入門・日本経済』第4版、有斐閣。
植村博恭・磯谷明徳・海老塚明 (2007)『社会経済システムの制度分析――マルクスとケインズを超えて』新版、名古屋大学出版会。
宇仁宏幸 (1998)『構造変化と資本蓄積』有斐閣。
宇仁宏幸・坂口明義・遠山弘徳・鍋島直樹 (2010)『入門 社会経済学』第2版、ナカニシヤ出版。
小池和男 (2005)『仕事の経済学』第3版、東洋経済新報社。
後藤晃 (2000)『イノベーションと日本経済』岩波新書。
橋本寿朗・長谷川信・宮島英昭・齊藤直 (2011)『現代日本経済』第3版、有斐閣。
山田鋭夫 (2008)『さまざまな資本主義――比較資本主義分析』藤原書店。
吉川洋 (1992)『日本経済とマクロ経済学』東洋経済新報社。
―――― (2012)『高度成長』中公文庫。

第Ⅱ部　日本経済の変化

第7章
経済成長の仕組み（2）
――日本経済はなぜ停滞に陥ったのか

【本章で学ぶポイント】
① 安定成長期の成長レジームおよびそれを支えた諸制度の機能を理解する。
② 低成長期の経済循環を安定成長期のそれと比較して、どのようなちがいがあるのかを理解する。

7-1　安定成長期

　この節では、高度成長が終焉して調整期間を経たのちの期間、具体的には1975年から約10年間のあいだに成立していたと考えられる成長レジームについて説明していきましょう。

　まず、この期間のマクロ経済指標に関する特徴を確認してみましょう。**図7-1**から明らかなように、経済成長率は高度成長期が平均で約10％であるのに比較して、平均約4％とかなり低下しているのが見て取れます。もう1つ明らかなのは、期間内の変動がきわめて小さいということです。高度成長期の動きをみると、6％から13％ほどのあいだを大きく変動しています。この7％の幅はいわゆる景気の波の大きさを表わしているといえます。これに対して、75年から90年の期間は、下が2％、上が6％とかなり狭い幅で変動しているにすぎません。似たような特徴は、利潤率や労働分配率の動きにもみられます（第6章**図6-4**、**図6-5**参照）。いずれも変動が小さくなり安定して推移しています。これらのことから、この期間を「**安定成長期**」と呼ぶことができそうです。

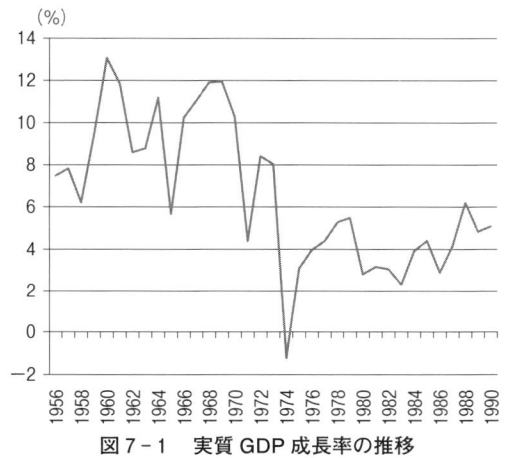

第7章　経済成長の仕組み（2）

図7-1　実質GDP成長率の推移
出所：内閣府『国民経済計算』より筆者作成。

　この安定成長期のもう1つの特徴は輸出です。高度成長期末期あたりから、日本企業は国際競争力を高めて輸出を増やし、いわゆる「国際収支の天井」を解消するまでになりました（第3章参照）。高度成長期の成長レジームはそこで途絶えてしまいますが、前章でみたように、日本企業の生産システムはしだいにその完成度を高めて、国際競争力の向上は継続しました。国際競争力の向上に並行して、日本企業の輸出額は拡大していきました。そしてこの期間においては、輸出の成長率が唯一、GDPの成長率を上回るまでになりました（第6章図6-8参照）。つまり輸出の成長が経済成長を牽引する状態になったといえます。これを指して、この時期の日本経済は「**輸出主導型成長**」であったと特徴づけることができそうです。しかし成長レジームの観点からは、具体的にどのようなメカニズムに支えられて輸出主導型成長が実現したのかが明らかにされなければなりません。以下ではそれについて考えていきましょう。

7-1-1　生産性上昇とその成果の分配

　まず、成長レジームの枠組みを思い出してください（第6章図6-1）。そ

れは、生産性上昇と需要拡大がどのような相互連関をもつかを問うものでした。もう少しくわしくいえば、生産性上昇の成果がどのように分配されて、消費や投資といった需要項目を増加させるかを考察する需要レジームと、需要拡大に応じて生まれる生産量の増加が、いかにして生産性上昇を生み出すかを検討する生産性レジームの2つの回路からなっています。以下では、安定成長期の需要レジーム、生産性レジームの順に解説していきます。その際、高度成長期の各レジームとどのようにちがうかに着目しながら考えていくことにしましょう。

安定成長期の需要レジームでは、生産性上昇を前提としたときに、どのような回路を通じて需要拡大が実現していたのでしょうか。高度成長期の需要レジームで説明をしたように、一般に生産性上昇の成果が分配される先には3つの可能性があります（第6章図6-3）。すなわち、賃金として労働者に、利潤として企業（経営者）に、価格低下として購入者に分配される可能性があります。もちろん現実にはこれら3者への分配が組み合わされていると考えるのが自然でしょう。

高度成長期においては、このうち利潤の上昇が顕著にみられたと説明しました。すなわち生産性上昇の成果が、おもに企業の手にわたったわけです。安定成長期ではどうだったのでしょうか。

先ほど説明したように、利潤率はこの期間は低位安定していました。したがって、利潤を源泉として投資が拡大することが経済成長を牽引するという高度成長期の成長パターンが成立したわけではなさそうです。また、賃金率も1970年代前半の調整期以降、協調的な労使関係を反映して上昇を抑制する傾向にありました。よって、賃金所得の上昇が消費を増加させて経済を拡大させるというフォーディズム的なパターンでもありませんでした。

残りは価格の変化ということになります。実際、相対的にみて価格の低下がこの時期のめだった変化だったといえそうです（第6章図6-4の1970年代後半以降を参照）。ただし、注意しなければならないのは、こうした変化が明確に観察されるのは一部の産業においてということです。それは機械産業を中心とする輸出産業で観察されました。他の産業についてはどうだったので

表7-1 労働生産性上昇率の産業間格差（年率）

	1970s	1980s	1990-98
機械産業	9.30%	6.49%	2.69%
その他の製造業	2.44%	0.36%	0.31%
サービス	2.96%	1.86%	0.06%

出所：内閣府『国民経済計算』より筆者作成。

しょうか。貿易財であるこれら機械産業とその他の産業には大きなちがいがあります。生産性上昇率のちがいです（表7-1）。機械産業では積極的なイノベーションが行なわれることで生産効率が改善されたのに対して、他の産業における生産効率の向上はゆるやかであることが確認できます。またこのような生産性上昇のかたよりは、高度成長期を通じてしだいに形成されたもので、こんにちまでつづいています。こうした現象は他国ではみられない特徴的なものです。

このように**輸出（機械）産業にかたよった生産性上昇**によって生じる同産業の価格低下は、どのような人々にその成果が分配されたのでしょうか。これらの産業で生産される機械類は、もちろん日本国内の企業や人々によっても購入されるので、そうした人々が成果を享受したこともたしかです。一方で、輸出産業であるこれらの産業の製品は海外でも多く購入されました。それはまさにこれらの産業で生産効率と製品品質が高められた結果でもありました。さらに、日本国内と同様に国外でも価格が低下するならば、国外からの需要はいっそう高まることになるでしょう。しかし、実際に国外での価格低下が生じるかどうかは自明ではありません。なぜなら、国内と国外では使用される通貨が異なるため、2つの通貨の交換比率（為替レート）がどのように調整されるのかを考えなければならないからです。この為替レートの調整については、項を改めて説明することにしましょう。

7-1-2 為替レートの決定

現代の変動相場制のもとでの為替レートの決定については、いろいろな議論がありますが、ここでは第2章ですでに説明した**購買力平価（PPP）**説

に基づいて考えてみたいと思います。それは、一物一価の国際版ともいえるものです。つまり場所がどこであろうと、同一商品は同じ価値をもつと想定することで、為替レートの理論値が計算されます。たとえばつぎのような例を考えてみましょう。ある商品が日本では1万円で売られており、アメリカでは50ドルで売られている場合、

$$1万円 = (為替レート) \times 50ドル$$

が成り立ち、1ドル = 200円が購買力平価説に基づく為替レートということになります。

ではこの理論に基づいた場合、為替レートの変化はどのような要因によって引き起こされるでしょうか。答えはきわめて単純です。国内または国外における価格の変化がその要因です。たとえば、国外での価格が50ドルから100ドルに値上がりした場合、

$$1万円 = (為替レート) \times 100ドル$$

となり、いまや1ドル = 100円が新しい為替レートとなるわけです。

価格変化の原因はさまざまです。各国のインフレやデフレといった全般的な価格の動向に左右される一方で、国内企業が生産性上昇を実現しその成果の分配として価格を引き下げることも考えられます。たとえば、最初の例における国内価格1万円が、生産性上昇により5000円に値下がりした場合、

$$5000円 = (為替レート) \times 50ドル$$

となり、為替レートは第2の例と同じ1ドル = 100円となります。

ここで興味深いのは、最初の数値例と3つ目の数値例との比較です。当該商品を生産する企業や産業の努力により、国内価格は低下しています。一方、国外価格は何ら変化していません。両者のギャップはどのようになってしまったのでしょうか。そう、為替レートが1ドル = 200円から100円へと円高方向へ変化することで、国内価格の変化はすべて吸収されてしまい、国外価格は何ら変化することがないままとなっています。

第7章　経済成長の仕組み（2）

　こうした現象の特徴は、固定為替相場制のもとでの変化と比較することで明確になります。固定為替相場制は、通貨の需給変動に対して、たとえば政府が介入することで、為替レートが一定の範囲内にとどめられる制度をいいます。第3章でみたように、1971年のニクソンショック以前に機能していた、いわゆるブレトンウッズ体制では、1ドル＝360円という固定の為替レートが採用されていました。たとえば、最初の数値例における為替レートが固定されていたとしたら、第3の数値例にみられる国内価格の変化（1万円から5000円へ）によって、国外価格はどのようになるでしょうか。国内価格が変化しても為替レートは変化しないので、5000円÷200円／ドル＝25ドルとなり、最初の数値例と比較して、国外価格も国内価格と同様に半額となります。

　こうした比較からも明確なように、購買力平価説に基づく為替レートは、いずれかの国における価格の変化を吸収するように変化するのです。

7-1-3　安定成長期の需要レジーム

　このことを考慮すると、日本の安定成長期の需要レジームはつぎのように説明することができます[1]。

　7-1-1で、安定成長期において日本の輸出産業における生産性上昇の成果は、価格低下として分配されたことを指摘しました。この価格低下はもちろん生産地である日本国内で発生するわけです。それが輸出される場合、国外での価格はどのようになるでしょうか。購買力平価説に基づけば、国内での価格低下は、為替レートの変化（ここでは円高化）によって吸収され、国外での価格に影響を与えないことになります。このことは理論のうえでは、この期間において価格低下が生産性上昇の成果のおもな分配先であったことを考えると、分配された成果が輸出増加というかたちでは需要に結びつかない可能性があることを意味します。

　しかし現実には、この期間は輸出主導型成長であることは先にふれました。このような理論と現実の食いちがいはどのように解決されるでしょうか。1つの可能性としては、国外における価格の低下がなくても、日本製品の品質

第Ⅱ部　日本経済の変化

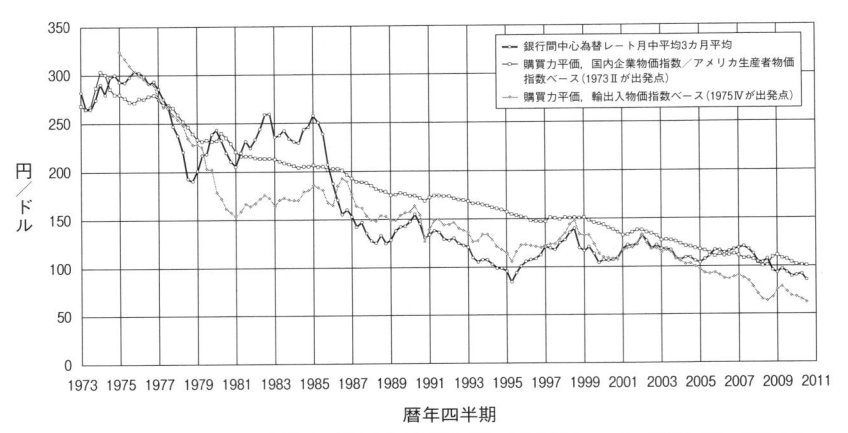

図7-2　為替レートの推移と購買力平価説に基づく為替レート（理論値）の推移
出所：幸村千佳良・井上智夫「円レートの購買力平価」『成蹊大学経済学部論集』第42巻第1号（2011年）p.120, 図1。

に対する信頼などから、輸出が増加したということが考えられます。もう1つの可能性としては、実際の為替レートが理論どおりに変化していなかったということが考えられます。ここでは後者の可能性に絞って事実を確認しましょう。

　図7-2は購買力平価説に基づく理論上の為替レートと、実際の為替レートの推移を示したものです[2]。これをみると明らかなように、1970年代末から1980年代前半にかけて、つまり安定成長期の主要な期間において、為替レートは理論値から大きくズレていました。さらに、そのズレは理論的には円高方向へ調整されるはずが、現実にはそうした調整が行なわれず円通貨は低く評価されつづけていました（ドルは逆に高く評価されていました）。これによって、国内価格の低下は為替レートの調整によって吸収されることなく、国外でも同製品の価格は低下することになります[3]。こうした価格低下は輸出の拡大を促すことになるでしょう。

　なぜ70年代末から80年代前半にかけて、為替レートの動きは理論値から外れてしまったのでしょうか。1つ確認しておかねばならないのは、それ以外の期間において理論と現実のズレはみられず、購買力平価説は為替レート

の変化を説明する理論として妥当にみえるということです。つまり問題は、なぜこの期間のみ現実を説明することができないのかにあります。

現実を観察すると、経済的論理とは離れたところにその理由がみえてきます。それはアメリカ政府によって採用された**ドル高政策**です。とりわけ1980年に当選した第40代アメリカ合衆国大統領ロナルド・レーガンは、経済的・軍事的に「強いアメリカ」を標榜して、通貨政策においてもきわめて強気な政策を貫きます。こうした背景を考慮すると、図7-2からわかることが2つあります。1つは、レーガンによるこうした政策（**レーガノミクス**と呼ばれます）は、購買力平価説が示す経済の「実態」とはかけ離れていたということ。もう1つは、為替レートの決定は純粋に経済的な論理によって決まるのではなく、政治的圧力などによっても大きく左右されるということです。

以上のような事情により、1970年代末から80年代前半の期間において、為替レートは仮想的に固定相場制をとっていたと理解することができるかもしれません。これにより、下の図7-3のような需要レジームの回路が成り立ちます。図7-3から明らかなように、生産性上昇の成果が分配され、それが特定の需要項目を増大させるという連関が存在することは、高度成長期と共通しています。しかし、生産性上昇の成果が誰に分配され、どのような需要項目が経済成長を牽引するかは、高度成長期と安定成長期では大きく異なります。安定成長期では、生産性上昇の成果は価格低下に反映され、それが輸出拡大につながっています。さらに輸出の拡大は、投資の拡大を誘発することで、総需要を増加させています。

消費についてはどうだったのでしょうか。高度成長期の需要レジームについて説明した際には、投資ばかりが増えても最終製品の買い手が存在しなければ、いずれ投資された設備が過剰になり成長は行きづまることを指摘しました。安定成長期において同じ問題は生じなかったようです。それは第1に、需要項目が輸出であり、出荷される機械類は海外に設置され外国の生産能力になるため、国内で生産能力の過剰が発生するリスクは低くなりました。また第2に消費は、この時期の主役とはなりませんでしたが、経済成長が比較

第Ⅱ部　日本経済の変化

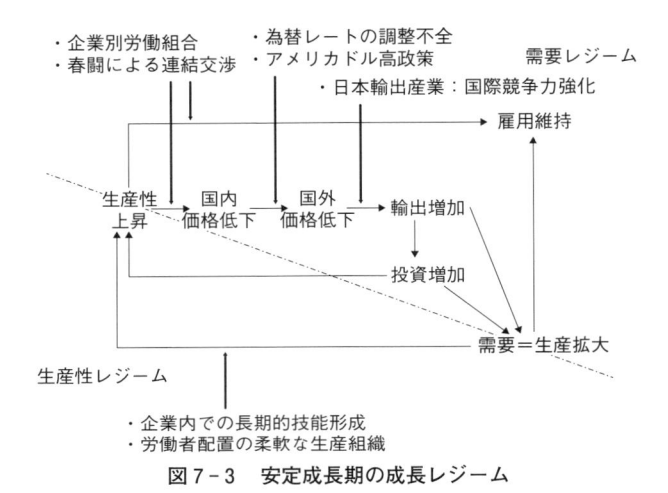

図7-3　安定成長期の成長レジーム

的順調であったため堅調に推移しました。消費の堅調さを支えたのは、賃金の伸びでした。もちろん高度成長期の終焉後、賃金の伸び具合は慎ましいものとなりましたが、着実に成長をつづけました（図7-5参照）。また付け加えておかねばならないのは、賃金率の上昇は、輸出産業以外においても観察されたということです。当時、「**春闘**」と呼ばれる賃金交渉制度が確立し、各企業の労働組合は互いに連携して賃金引き上げを経営陣から引き出していました。

7-1-4　安定成長期の生産性レジーム

　一方、この期間の生産性レジームはどうだったのでしょうか。すでにふれたように、生産性レジームについては高度成長期との連続性が確認できます。ただし、こうしたメカニズムが成立する産業は、高度成長期に比べて数が絞られると同時に、主要産業も高度成長期とは異なっていることに注意しなければなりません。そのようなちがいはあるものの、成立していた回路はほぼ同じもので、生産性上昇を規定するのは、投資による資本深化効果であり、生産量の拡大による収穫逓増効果だったわけです。

　以上で、需要レジームと生産性レジームからなる安定成長期の成長レジー

ムが一通り描き出されました。ただ、もう少しだけ付け加えておくべき点があります。高度成長期は需要拡大にあわせて生産が増加すると、それにあわせて雇用が増え、農村部から都市部への人口移動が起きたことは先に説明しました。このような雇用の側面は、安定成長期においてどうだったのでしょうか。雇用と生産量、労働生産性の関係を書き表わすと以下の（7.1）式のようになります。これを変化率の式に書き換えて、雇用変化率を左辺にもってくると、（7.2）式のようになります[4]。

$$労働生産性 = \frac{生産量}{労働投入量（雇用）} \tag{7.1}$$

$$雇用変化率 = 生産量変化率 - 労働生産性変化率 \tag{7.2}$$

　ここからわかるように、雇用が増えるか否かは生産量と生産性のどちらが大きく伸びるかによっています。高度成長期の雇用増加は、生産性上昇を上回る生産量増大によって説明できるでしょう。これに対して安定成長期は、生産量も生産性もそれなりに伸びたのですが、雇用量は機械産業においてさほど増えませんでした。いい方を変えれば、生産性上昇はそれ単独では雇用に対してマイナスの効果をもちますが、プラスの効果をもつ生産量の増大が機械産業のそれを打ち消して、トータルとして雇用が維持されたといえるでしょう。

7-1-5　安定成長期の成長レジームの特徴と限界

　安定成長期の成長レジームについてまとめましょう（図7-3）。生産性上昇から需要拡大へと結びつく需要レジームの回路については、とりわけ輸出財産業の生産性上昇が、「価格低下[5]」に結びつき、それは為替レートの調整不全をとおして、国外価格の低下を引き起こすことで輸出需要を拡大させました。また輸出が勢いをもったことで関連する企業は投資を増やしました。もちろん価格低下だけが輸出増大の原因ではないでしょう。当時の日本企業は、高度成長期を通じて形成してきた柔軟な生産組織とそれを構成する労働者の技能形成システムがさらに進化することで、きわめて効率的な生産シス

テムをつくり上げました。それによって価格面以外でも、高い国際競争力を獲得したと考えられます。また、高度成長期終焉の一因となった国内需要の飽和は、日本企業を積極的な海外需要開拓に向かわせました。これらの要素も輸出拡大を後押ししたと考えられます。

このようにしてつくり出される需要の拡大（および生産の拡大）は、生産性レジームの回路を通じて生産性上昇を実現しますが、このレジームについては、上述した日本的企業の生産組織の進化が、高度成長期の生産性レジームにおいて説明した回路を強化したと考えられます。

最後に、この成長レジームの限界に言及しておきましょう。すでに明らかなように、このレジームは**輸出主導型**です。一方で輸出を拡大するために国内需要の拡大を招く賃金率や利潤といった所得の伸びは抑制されていますので、輸入が急速に拡大することは考えられません。つまり貿易黒字が累積していく仕組みになっています。これは裏を返せば、貿易相手国の貿易赤字が累積することを意味し、それによってこのレジームの成長は限界に達することが想像できます。実際日本とアメリカとのあいだで貿易摩擦問題が繰り返し起きていました。高度成長が行きづまり、内需の拡大が望めないなかで成立した新しいレジームは、外部（貿易相手国）の状況に左右される脆弱なものだったといえます。

またこのレジームは為替レート調整の機能不全が生んだ偶然の産物でもありました。したがって、為替レート調整が正常になると成長は一気に減速することが予期できます。実際、1985年の**プラザ合意**でドル高の改訂が合意され、為替レートが円高に進むと輸出が収縮して経済成長は減速し、このレジームは終焉を迎えました。

7-2　低成長期

前節でみた安定成長期の成長レジームは、1985年秋のプラザ合意によって、為替レートは購買力平価を反映する「正常値」に復帰しました。そのため、輸出が一気に減速し、輸出に主導されたこの成長レジームは終焉しまし

第7章 経済成長の仕組み（2）

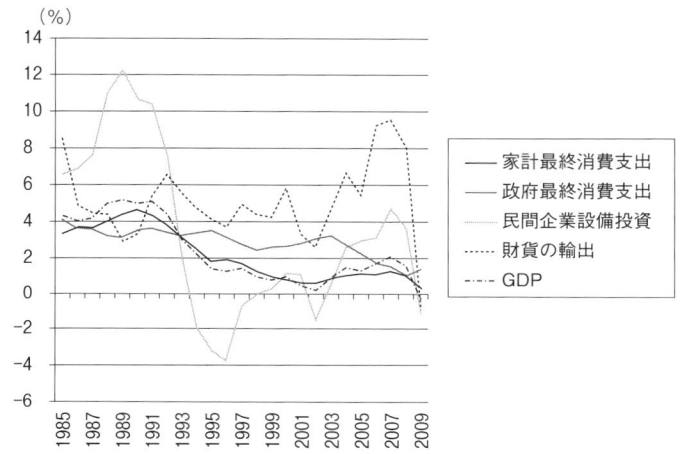

図7-4 実質GDPおよび主要需要項目の実施成長率推移（5カ年移動平均）
出所：内閣府『国民経済計算』より筆者作成。

た。その後については、第3章でみたように、円高不況後の景気回復過程でバブルが発生し、80年代末ないし90年代初頭にバブルが崩壊します。それからいくつかの局面を経つつ、経済停滞は長期化しました。とりわけ97年に大手金融機関の破綻を含めた銀行危機が発生し、日本経済は大きな混乱に陥りました。

2000年代に入り、ITバブルとその崩壊の影響を受けたりもしましたが、2002年初頭から景気拡張過程に入ったとされます。この拡張過程は持続的で2007年秋までつづきました。その長さは高度成長期のいざなぎ景気を上回ったとされます。それだけ長期間景気が拡大しつづけたにもかかわらず、経済成長の実感は希薄でした。この期間にはどのようなメカニズムが機能し、これまでの期間とは何が異なっていたのでしょうか。検討してみましょう[6]。

7-2-1 低成長期の概要

図7-4をみてください。この図は、GDPおよび有効需要の各種構成要素の実質成長率推移を示しています。ただしそれぞれの系列は、中長期的な変化を見分けるために（景気循環の影響を取り除くために）、5カ年の移動平

285

均値を示しています。まずはじめに確認したいことは、2002年以降の景気拡張期にあっては、GDP成長率が低い水準にとどまっているということです。つまりこの期間は「相当程度の期間にわたってその経済成長を遂げる」という成長レジームの定義に沿っていないことが指摘できます。一方、2008年のリーマンショック、あるいは2011年の東日本大震災後やタイでの大洪水の影響から、成長率の落ち込みを経験しますが、現在のところはそれらのショックに対して比較的早い立ち直りをみせているようにみえます。さらに2000年代はじめまでにいくつかの制度領域で明確な制度変化がみられました。これらのことを考慮すると、2000年代の経済循環は、今後新たな成長レジームと規定される可能性があるかもしれません。ここではそのような想定のもとで議論してみましょう。ただし、現時点ではきわめて低い成長率にとどまっているのでこの期間を「低成長期」と名づけておきます。

7-2-2 輸出主導型成長!?――輸出構成の変化と生産性上昇の低迷

前節で説明した安定成長期において、GDP成長率を大きく上回っているのは輸出成長率であることが確認できます。図7-4によると、同じことは問題としている2002年以降の期間についてもいえます。つまり、この期間は大きくは「輸出主導型成長」であったと特徴づけることができそうです。しかしその内実は安定成長期のそれと大きく異なります。

まず、輸出の内容が大きく異なります。後の第14章でくわしくみるように、安定成長期における輸出先はおもにアメリカで、輸出品は完成品でした。また輸出をめぐる競争について日本は、きわめて優位な位置を獲得できていました。**日米貿易摩擦**は、ある意味で日本製品の重要性を指し示していたといえます。これに対して、低成長期の輸出はおもにアジア諸国向けです。またおもに輸出されるのは完成品に加えて、部品（中間製品）の割合が増えています。これらはアジア諸国に進出した日系企業の工場に運ばれて組み立てが行なわれ、現地または欧米諸国で販売されます。80年代と比較すると、明らかに国や産業・企業の勢力図が塗り替えられて、国際分業の構造が変化しています。具体的には、NIEs（韓国、台湾、香港、シンガポール）、

ASEAN諸国（インドネシア、タイ、マレーシア、フィリピンなど）、さらには中国といった国が生産拠点として発展してきました。このうちのいくつかの国の企業は、かつて優位性を得ていた日本企業の地位に取って代わるまでになっています。このように厳しい国際競争が展開されるなかで、日本企業がどのように勝ち抜いていくかはきわめて重要なテーマですし、実際おおいに議論されてきました。これに関連して、事実としておおまかに確認できることは以下のことです。（1）堅調な産業（自動車）とそうでない産業（家電）といった具合に産業間の格差が拡大している。（2）同じ産業のなかでも、企業によって業績に格差が出ている。（3）大企業は海外進出によって生き残りを図る一方、中小企業は体力不足から国内に取り残されてじり貧となる、といった具合に企業規模間での格差が拡大している。

　以上の話は、成長レジームの議論でいえば生産性レジームに対応します。つまり、コストをめぐる厳しい国際競争のなかで生産性上昇を実現できる産業や企業が少なくなり、経済全体として生産性上昇が低迷しているのが現状です。

7-2-3　需要レジームの脆弱性──所得の伸び悩みと不平等の拡大

　問題は供給側（生産性レジーム）ばかりにあるのではありません。需要レジームをつかさどる各種制度の変化にも着目しなければなりません。需要レジームの構成要素を順にみていきましょう。まず生産性上昇ですが、上述したように、マクロでみればその水準は低かったといえます。また、産業間の格差が顕著でした。

　この特徴は、安定成長期にもみられました。問題は特定産業の生産性上昇の成果が経済全体にどのように分配されるかです。安定成長期には、機械産業を中心とする輸出産業における生産性上昇の成果が価格低下につながったことを指摘しました。しかし、すべての成果が価格低下となったわけではありません。所得分配は安定しており、賃金も利潤もそれなりに増加しました。さらに重要なことは、それが生産性が上昇した特定の産業にかぎらず、他の産業にも普及したことです。これを可能にしたのが「**春闘**」です。日本では、

賃金交渉が基本的に企業別に行なわれますが、交渉の時期を毎年2〜3月に集中させることで、賃上げ率の相場形成と社会全体へ波及を図るものです（**連結交渉**）。具体的には、時代ごとに業績のよい産業に属する企業が「パターン・セッター」となって交渉を先行し、賃上げ率の相場をつくり出します。他の企業は相場にあわせて交渉を展開し成果を得ます（くわしくは第3章および第9章をみてください）。

こうした仕組みは、1990年代以降経済停滞がつづくなかでしだいに瓦解していきます。とりわけ1995年の阪神淡路大震災が1つのきっかけとなって、私鉄総連やNTT労組といった公益企業の労働組合が譲歩するようになり、賃金交渉の流れが変わったとされます。一方、経営者側は日本経済団体連合（日経連）による報告書『新時代の日本的経営』（1995年）で企業別労使関係重視の方向性を打ち出し、各企業の行動もしだいにそうした方向性に沿ったものとなっていきました。つまり、賃金交渉は個別企業のなかで完結することになりました。このことは、**労働者側の交渉力低下**を意味し、実際に賃金率の伸びは止まり、2000年以降は低下さえしています（図7-5）。同時に、個別企業の体力にあわせた賃金水準となることで、産業間あるいは企業間（とりわけ企業規模間）の**賃金率格差**は拡大していきました（図7-6）。

このように低成長期において、特定産業の生産性上昇が国内の所得基盤を広く高めるメカニズムは存在しませんでした。では特定要素への所得分配についてはどうだったのでしょうか。80年代にみられたような貿易財の価格低下は、電気機械や精密機械といったいくつかの産業ではみられますが、為替レートの調整が「正常に」行なわれているため、安定成長期のようなかたちで需要拡大は望めません（図7-2）。もう1つの要素である利潤への分配は、2000年代において上昇（労働分配率の低下：2007年まで）がみられます（第3章図3-28を参照）。こうした動きに反応して投資も増えていますが、総需要の持続的拡大にはつながっていません。その理由は賃金上昇の抑制（あるいは低下）に影響を受けた消費需要の脆弱さにあると考えられます（吉川 2013）。また、所得上昇をはばむもう1つの要因があります。非正規雇用の拡大です。上で議論した賃金交渉は正規雇用者についていえることで

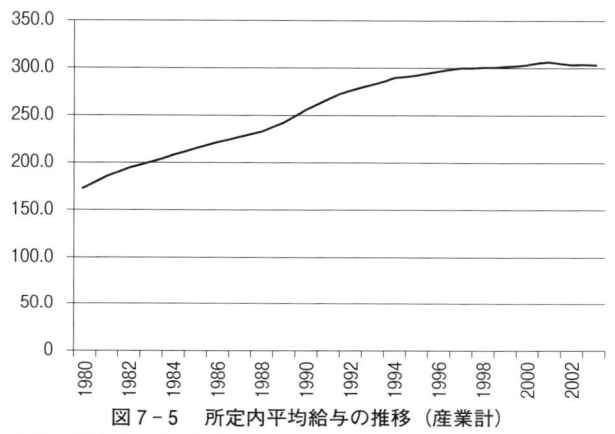

第7章　経済成長の仕組み（2）

図7-5　所定内平均給与の推移（産業計）
出所：『賃金構造基本統計調査』より筆者作成。

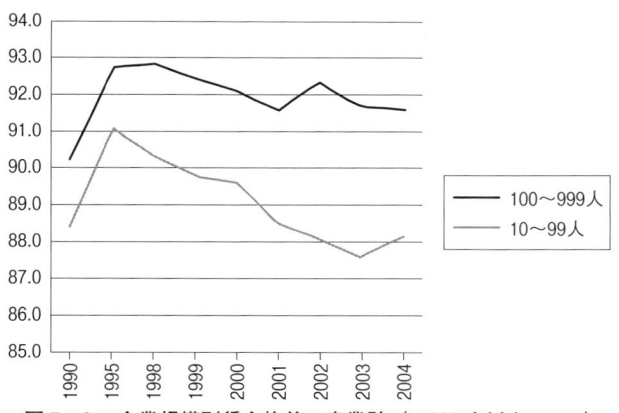

図7-6　企業規模別賃金格差：産業計（1,000人以上＝100）
出所：総務省『日本の長期統計系列』第19章。

す。正規労働者の賃金上昇を抑制する一方で、日本企業は90年代後半以降にパート・アルバイト、契約社員、派遣労働者といった非正規雇用の増加を積極的に推し進めました（第9章図9-4を参照）。ご存知のように、非正規雇用労働者の賃金は正規雇用労働者のそれに比べて低くなるため、日本経済の所得基盤はますます脆弱さを増すことになりました。

289

非正規雇用の増大は、所得を抑制して需要に負の影響を与えるばかりではありません。生産性レジームにも影響を及ぼすことが予測できます。すでにみた高度成長期および安定成長期2つの成長レジームにおいて、日本企業の生産組織は、現場での経験を通じた技能形成（OJT）と長期雇用、さらに職能給化された年功賃金制度によって労働者の企業特殊的技能を養成することで生産力を高めてきました。このような組織に大量の非正規雇用労働者が加わることで、技能形成システムが機能不全となる可能性があります。加えて、正規雇用の労働者についても、賃上げが抑制されるばかりでなく、90年代後半に多くの大企業で成果主義的賃金制度が導入されました。この制度も日本企業の技能形成システムと矛盾する可能性があります。後者は長期的な展望のもとに労働者の技能形成を促すのに対して、前者は毎年の成果を短期的に評価するシステムだからです。こうした制度の変更が、従来の制度と整合性（補完性）を得られずに、日本企業の競争力を侵食した可能性があるわけです。

賃金率の抑制、企業レベルの賃金交渉の徹底、報酬制度の改革、非正規雇用の積極的活用といった一連の企業行動は、これを決定する仕組みの変化、すなわちコーポレート・ガバナンスの変化によってもたらされたと考えることができます。具体的には「ステイクホルダー型企業」から「シェアホルダー型企業」への変貌です（両者の詳細は、のちの第8章をみてください）。これにより企業は株主に利益をもたらすべく短期的な利益を重視した行動をとるようになったわけです。また、コーポレート・ガバナンスの変化を促したのは、1970年代から進められてきた**金融の自由化**だと考えられます。その過程については第11章でくわしくみますが、一方では経済発展の帰結として、他方ではアメリカを中心とする諸外国からの圧力を受けて、とりわけ大企業を取り巻く金融的環境が変化していくことになりました。

7-2-4　低成長期の成長レジーム――制度間の整合性の欠如

以上の説明を、成長レジームの枠組みに当てはめて図式化すると、**図7-7**のように描くことができます。高度成長期および安定成長期の成長レジー

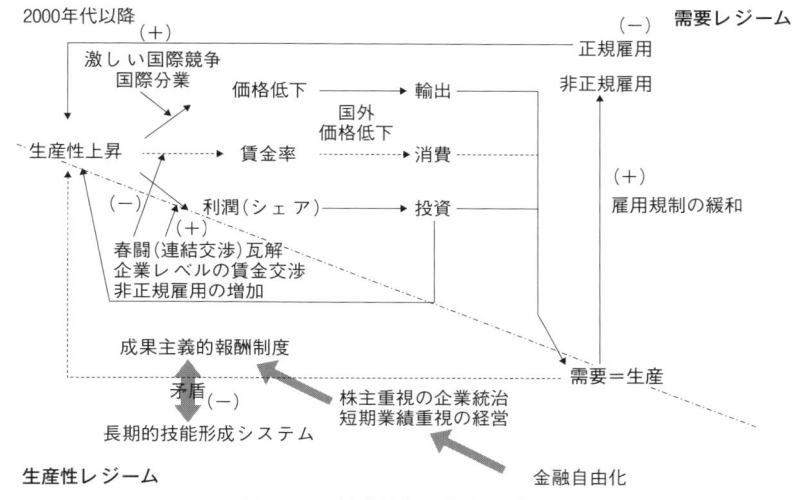

図7-7 低成長期の成長レジーム

ムと比較可能なように、形式的には生産性上昇と需要＝生産拡大の相互連関の図式としていますが、前の2つのように好循環の構図でないことには注意が必要です。図から明らかなように、成長レジームの各種部分には制度が影響を及ぼしています。需要レジームにおいては、生産性上昇の成果の分配において、とりわけ家電産業などをみれば、海外企業との厳しい競争が製品の価格決定に影響を与えることが想像できます。他方で、春闘制度の瓦解により連結交渉が機能しなくなったことで、企業と労働者の分配関係が変化しました。それだけでなく、個別の報酬制度の変更や非正規雇用に関する規制緩和も賃金交渉に影響を与えたと考えられます。

　生産性レジームについては、旧来の制度、長期雇用に基づく企業内での技能形成と、新たに導入された成果主義的報酬制度（基本的に1年ごとの成果と報酬とが関連づけられます）や短期契約の非正規雇用を積極的に活用することとのあいだには、両者が基準とする期間の長さが異なるために、**制度的補完性**が発揮されず企業の生産性上昇に負の効果が出る可能性が指摘されました。

　こうした制度の変化を引き起こしている力の源泉は、**コーポレート・ガバ**

ナンスの形態が株主価値（株価）を重視するそれに変化したことにあること、さらにこのような変化は、**一連の金融自由化の流れ**（第11章参照）から生まれてきたと考えられます。

注
(1) 以下ではおもに宇仁（1998）に依拠しながら議論を展開します。
(2) 図7-2には2つの理論値に基づくグラフが示されています。価格といっても、それをどのように表現するかについてはさまざまな方法があるからです。同図では、日米の企業物価指数を用いたものと日本の輸出入物価指数を用いたものが示されています。グラフをみるかぎりでは、後者が実際の為替レートの変動をうまく説明できそうです。ちなみに、第2章で示された図2-30も購買力平価に基づく為替レートが示されていますが、図7-2とはずいぶん異なります。これは価格の指標として、消費者物価指数を用いているためです。
(3) このような現象は、日本国内の産業が努力して得た生産性上昇の成果を、国外の消費者や企業に享受することを意味します。このことは、見方によれば、成果の国外漏出ともいえ、問題視されるケースもあります。くわしくは、宇仁（1998）を参照してください。
(4) 変化率の式への書き換えは以下のように行ないます。
まず（7.1）式両辺の対数をとります。
$$\log(労働生産性) = \log\left(\frac{生産量}{雇用}\right)$$
$$\log(労働生産性) = \log(生産量) - \log(雇用) \tag{7.1'}$$
ここで、対数の微分はもとの関数の逆数になるので、
$$(\log x)' = \frac{d(\log x)}{dx} = \frac{1}{x}$$
となります。
したがって、（2-1）'の両辺を微分すると、
$$\frac{(労働生産性)'}{労働生産性} = \frac{(生産量)'}{生産量} - \frac{(雇用)'}{雇用} \tag{7.1''}$$
$\frac{x'}{x}$ は x の変化率を表わすため、上式は（2-2）に書き換えることができます。
(5) これまでに繰り返し用いられている「価格低下」には若干の留保が必要です。当時は、石油価格の高騰などの影響を受けて、どの国でもインフレーションが基調でした。したがって、話の筋を明確にするために「価格低下」を強調しましたが、産業や期間によっては価格上昇が他の産業や製品に比べて小さかったというのがより正確でしょう。
(6) 以下の議論は、宇仁・山田・磯谷・植村（2011）に依拠しつつ進めます。また、低成長期の大きな特徴であるデフレーションの解明については、吉川（2013）が出色です。

第 7 章　経済成長の仕組み（2）

【本章の理解をさらに深めるための参考図書】
浅子和美・篠原総一編（2011）『入門・日本経済』第 4 版、有斐閣。
植村博恭・磯谷明徳・海老塚明（2007）『社会経済システムの制度分析——マルクスとケインズを超えて』新版、名古屋大学出版会。
宇仁宏幸（1998）『構造変化と資本蓄積』有斐閣。
宇仁宏幸・山田鋭夫・磯谷明徳・植村博恭（2011）『金融危機のレギュラシオン理論——日本経済の課題』昭和堂。
橋本寿朗・長谷川信・宮島英昭・齊藤直（2011）『現代日本経済』第 3 版、有斐閣。
吉川洋（1992）『日本経済とマクロ経済学』東洋経済新報社。
———（2013）『デフレーション』日本経済新聞社。

第Ⅱ部　日本経済の変化

第8章
企業組織の仕組み
——制度的構造：その進化と現状

【本章で学ぶポイント】
① 株式会社の制度的仕組みについて学ぶ。
② これまでの日本の企業システムの制度的仕組みについて学ぶ。
③ 日本の企業システムの変化について理解する。

　この章では、日本の企業システムがこれまでどういう仕組みをもっていたのか、またそれらがなぜ、どのように変化してきているのかを学びます。日本経済を理解するうえで、日本の企業システムを理解することはとても大切なことです。当然のことですが、私たちが消費する財・サービスを生み出すのも企業ですし、働いて所得を得る場所を生み出すのも企業だからです。こんにち、日本の企業システムは大きく変化してきていますが、このことは、人々に大きな影響を及ぼしています。それはたとえば、「就職活動」をする大学生にとっても無縁ではありません。

　とくに、制度経済学の観点からすれば、企業という存在は、単独の経済主体に還元して論じるのではなく、さまざまな人々からなる組織そのものとして論じる必要があります。つまり、企業が組織的・集団活動から成り立っていることに、そしてそれを束ねる企業内部でのさまざまな仕組み＝制度のあり方やその変化に目配りをすることが重要になります。このことは、第5章で取り上げたJ・R・コモンズも『制度経済学』において指摘しているとおりです。また、経営者と労働者といった、企業内部でのアクター間での関係、および諸企業間での関係は、さまざまな利害対立と妥協の形態をともなって、日々進化しています。こうしたことに留意して、以下において日本の企業組

第8章　企業組織の仕組み

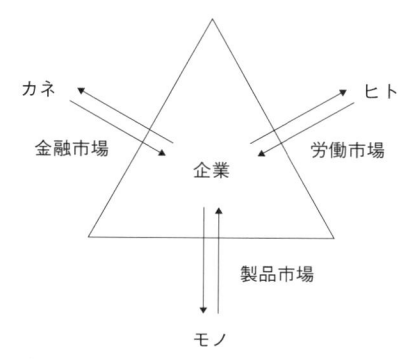

図8-1　企業と金融・労働・製品市場

織の仕組みを検討しましょう。

8-1　株式会社と企業統治（コーポレート・ガバナンス）

　仮にここに、パンをつくって販売している会社があるとしましょう。この会社は、小麦などの材料（＝**モノ**）を調達して、工場でパンをつくります。工場を動かしたり販売したりするのに、従業員（＝**ヒト**）が必要になることはもちろんです。そのうえ、モノやヒトを調達するためには資金（＝**カネ**）が必要になりますね。このように、ひとまず会社とは「**カネ・ヒト・モノを結びつけて製品・サービスを生み出す存在**」だと理解してください。

　ここで肝心なのは、どういう**仕組み**でカネ・ヒト・モノを結びつけて会社の運営がされているかということです。たとえば、小さな個人商店も会社にはちがいありませんが、大規模なスーパーマーケットに比べて、会社の外からカネ・ヒトを調達しないといけない必要性ははるかに小さいでしょう。こうしたちがいは、個人商店とスーパーの経営に大きなちがいをもたらすはずです。よく耳にするように、実際には日本の大多数の企業は**株式会社**という仕組みで運営されています。日本の企業システムを理解するために、やや回り道ですが、株式会社の理解からはじめましょう。「急がば回れ」ですね。

　図8-1をみてください。企業はカネを**金融市場**から、ヒトを**労働市場**か

295

第Ⅱ部　日本経済の変化

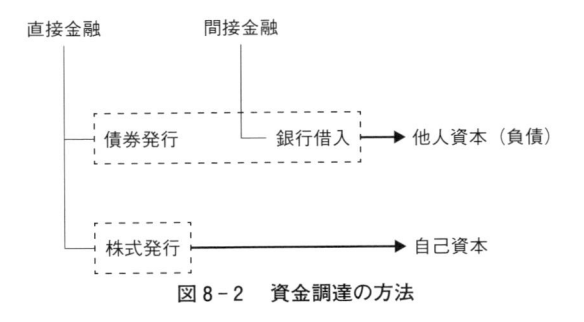

```
直接金融          間接金融
  ┌──────┴──────┐
┌─────────┐  ┌─────────┐
│ 債券発行 │──│ 銀行借入 │──→ 他人資本（負債）
└─────────┘  └─────────┘
┌─────────┐
│ 株式発行 │─────────────→ 自己資本
└─────────┘
```

図8-2　資金調達の方法

ら、モノを**製品市場**からそれぞれ調達します。だから企業は3つの別の市場に接していることになります。ここで注目するのは、**企業が金融市場からどのようにカネを調達しているのか**ということです。

　企業が必要なカネを調達することを**資金調達**といいます。企業外部からの資金調達の仕方は、**図8-2**のように分けて考えると整理がしやすいでしょう。カネの出し手（例：家計）から直接企業が資金調達する方法を**直接金融**、カネの出し手と企業のあいだを銀行などの機関が媒介している資金調達方法を**間接金融**といいます。実際、銀行は家計などから集めた預金を元手にしてカネを貸し、利子収入を得ているわけです。もちろん、事業に必要となるカネを全額外部調達に依存するということは通常ありません。事業から得られた利益を企業内部に蓄えておくこと（**内部留保**といいます）も、重要な資金源です。さらに、会社が手にする資金は、返済する必要の有無によって、**自己資本**と**他人資本**（＝負債）に分かれます。他人資本も負債も同じ意味で、平たくいえば「借金」のことですね。もちろん、内部留保は自己資本です。企業が他人資本を調達する方法は、大きく分けて2通りあります。第1に、企業が発行する**債券**を買ってもらうという方法と、第2に、銀行から借り入れる（「**融資**を受ける」といいます）方法です。もちろん、前者は直接金融で、後者は間接金融だというちがいはありますが、いずれにしても借金にちがいないのですから、企業は利子を付けてカネを返す必要があります。

　株式会社が自己資本を外部から調達する際には、**株式**を発行して買ってもらう必要があります。株式発行によって自己資本を調達する会社なので「株

式会社」というわけです。そして、株式の持ち主が**株主**です。株主は会社の所有者ですから、最高機関である**株主総会**での意思決定に加われます。また株主は、利益の一部を配分してもらう権利があります。株主に配分される利益のことを**配当**といいます。株式会社の大きな特徴はつぎの2つです。第1に、株主が会社の所有者ですが、株式は他者に譲渡可能ですから、その会社の株主をやめることは容易です。第2に、株主は所有者だからといっても、会社が負っている**債務**（＝負債）に対して、自分が出資している範囲内でのみ責任を負えばよいということです。これを**有限責任**といいます。この2つの特徴があるからこそ、株主は、経営不振によって財産を失うという巨大なリスクを感じることなく、資金を提供できるわけです。

　以上述べたことから、「株主は株式会社の所有者」とはいっても、株主が会社経営から何となく「離れた」存在だという感じがしませんか。実際、多くの株主にとって株式を保有する動機は、会社経営に影響を及ぼすためというよりも、むしろたんに収益を得るためであることがしばしばなのです。このことを少し説明しましょう。株式をもっていると、つぎの2種類の収益を得ることができます。第1に、上に書いた配当です。第2に、安く買った株式を高く売ることによって得られる**キャピタルゲイン**（＝値上がり益）です。現金をそのままの状態でもっていてもカネは増えませんが、銀行に預金したり債券を買ったりすれば**利子**というかたちで収益が得られますし、その現金で株式を買えば配当・キャピタルゲインという収益が得られるわけです。だからこそ、純粋に収益目的で株式を保有するという株主は、頻繁にみられるわけです。じつは20世紀前半のアメリカでは、企業が巨大化し、株式が多数の株主に分散した結果、株主総会で株主の影響力がなくなり、株主は収益にしか関心をもたなくなり、その結果、経営者の自律性・独立性が高まりました。こうした事態を**所有と経営の分離**とか**経営者支配**と呼んでいます。

　要するに、株式会社の所有者は、法律的には株主なのですが、実際には上のように、企業経営において経営者の力が強くなったのが20世紀中盤までの動きだったのです。のちにみるように、この経営者支配に対して株主が盛り返してきたというのが、20世紀後半からこんにちまでの動きです。いず

第Ⅱ部　日本経済の変化

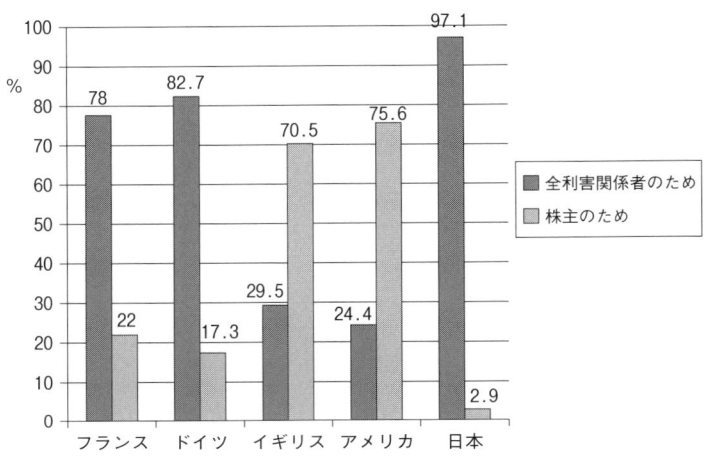

図8-3　会社は誰のために存在するか（経営者による回答）
出所：吉森賢『日米欧の企業経営——企業統治と経営者』（放送大学教育振興会、2001年）。

れにしても、現実の株式会社は、「株主の所有物だから株主のために運営されるべき」だという、法律上の建前とは食いちがっていることに注意する必要があります。このことから、「**会社は誰のものか**」「**誰のために運営されるべきか**」という問題が、株式会社にはつきまとってくるといえます。

　ところで、適切な経営を行なうように経営者を方向づける仕組みを**企業統治**（＝コーポレート・ガバナンス）といいますが、法律上の建前と実態とがずれている以上、あるべき企業統治に関する考え方は、大別するとつぎの2つが存在します。第1に、企業は所有者である株主の利益になるように運営すべきだとする考え方です。こうした企業を「**ストックホルダー型企業**」といいます。ストックホルダーとは株主という意味です。第2に、従業員や取引先など、株主以外の**利害関係者**（＝ステイクホルダー）の利益も考慮して企業を運営すべきだという考え方です。こうした企業のことを「**ステイクホルダー型企業**」といいます。単純化していえば、前者をとる典型はイギリス企業、アメリカ企業であり、後者の典型は日本企業、および大陸ヨーロッパ諸国（ドイツ、フランス）の企業です。そのことは、会社が誰のために存在

すると考えるかについて経営者にたずねた図8-3からわかります。日本企業については、以下でくわしく説明しますが、1990年代以降、ストックホルダー型企業のほうに向かって変質してきていることにも注意する必要があります。ちなみに、第5章で述べた金融主導型成長体制は、このような企業統治をめぐる各国の体制のちがいを念頭に置くとよく理解できるでしょう。

8-2　これまでの日本の企業システム

　ここまで、株式会社というのは、株主こそが所有者だという法律上の建前と、実際の運営とがずれた、不思議な存在だということをみてきました。また、日本企業はステイクホルダー企業の性質をもっていることも述べました。のちに述べるように、じつは日本企業も近年変化してきていますが、変化を理解するためには、そもそもいままでどういう特徴をもっていたかをまず理解する必要があります。そこでまずは、これまでの日本企業の特質について、よりくわしくみていくことにしましょう。

8-2-1　ステイクホルダー型企業の1つとしての日本企業
　先に挙げた図8-1より、企業がカネ・ヒト・モノをどう調達しているかをみることが、企業の特徴をつかむうえで重要です。そのなかでもカネの調達、とくに株主と会社の関係がどうなっているかが大事です。そこでこれらを順番にみていくことにしましょう。以下にみるように、日本企業はステイクホルダーと長期的関係をもつことが一般的です。彼らと利害を共有しているという意味で、典型的なステイクホルダー型企業だといえます。

（1）カネの調達：株式持ち合いとメインバンク制
　これまでの日本企業の大きな特徴は、**株式持ち合い**が幅広く行なわれていることでした。株式持ち合いとは、文字どおり、複数の企業どうしがお互いの株式の一部を持ち合うことです。図8-4をみてください。1985年以降こんにちまで一貫して、日本企業の株式の過半数は「事業法人等」と「金融機

第Ⅱ部　日本経済の変化

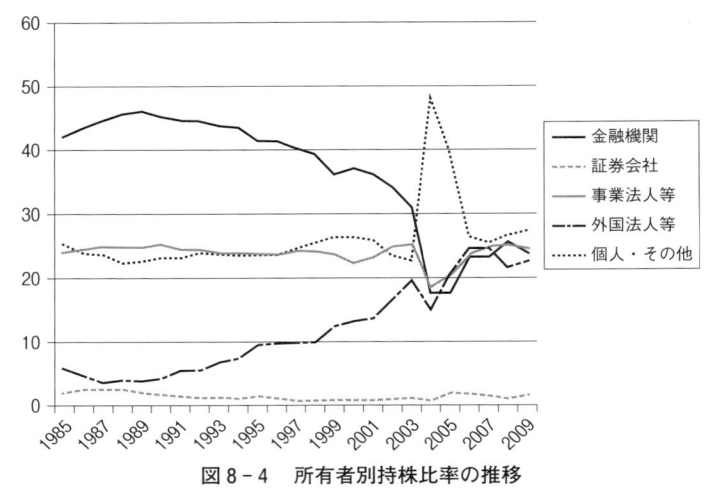

図8-4　所有者別持株比率の推移
出所：東京証券取引所データより筆者作成。

関」によって保有されていることがわかります。事業法人は「企業」といい換えてもさしつかえありませんし、金融機関は「銀行」のことだと考えてください。要するに、企業や銀行が他社の株式を保有しており、なおかつ株式を持ち合っているというわけです。具体的には、つぎにみる**メインバンク**や取引先企業が、典型的な株式持ち合いの相手です。

　株式持ち合いをしている相手は**安定株主**となってくれます。安定株主というのは、自社の業績や株価などの短期的な変動に左右されずに、長期的視野から株式を保有しつづけてくれる株主のことです。もし仮に自社の株主が、配当やキャピタルゲインといった短期的な株主利益だけを追求する株主ばかりだったとしたら、企業経営はそれに追随して、短期的な利益追求が支配的とならざるをえないでしょう。株主の要求に応えられなかったら、多くの株主が自社の株式を売却することになり、株価が下落する可能性が大きいです。株価が下落すると、自社が**企業買収**される可能性が大きくなります。そこで企業は、短期的視野での経営や企業買収の脅威を回避するために、安定株主をつくりたいと考えるのです。

　そもそもなぜ、株式を持ち合うことが、安定株主をつくることになるので

表8-1 株主の要求（もっとも重要として選んだ企業の比率：％）

	アメリカ企業	日本企業
配当の増加	3.8	6.0
株価の上昇	79.2	12.1
事業の成長	14.8	56.4
事業の安定	3.8	24.0
社会的責任の遂行	0	2.0
合計	100.0	100.0

出所：企業行動に関する調査研究委員会『日米企業行動比較調査報告書』（1988年）。

しょうか。その理由は簡単です。たとえば、A社とB社とが株式を持ち合っているとしましょう。仮にB社が、A社の株式を売却してしまったとしましょう。するとA社は「仕返し」で、B社の株式を売却するでしょう。そうなると困るのはB社自身です。だからこそ、状況が大きく変わらないかぎり、B社がA社の株を売却することは起きにくいわけです。この理屈から、持ち合いは安定株主を生み出すといえます。

実際、1988年の調査に基づく**表8-1**をみてみると、日本企業の株主は「事業の成長」「事業の安定」といった、かならずしも短期的な株主利益に結びつかないような、長期的な企業成長への要求が強かったことがわかります。このことからも、日本企業には、長期的視野を重視した安定株主が支配的だったことがわかるでしょう。

では、持ち合いによって安定株主を確保し、長期的成長を追求できる条件を備えることができた日本企業は、それに必要な資金をどのように獲得したのでしょうか。**図8-5**にみられるとおり、1990年代前半に至るまで、主要な資金調達は銀行からの借り入れでした。企業に長期資金を貸し出す銀行のことを、その企業の**メインバンク**といいます。企業とメインバンクとは長期的な関係をもちます。メインバンクは、企業経営に特別な問題がみられないときには、経営に助言を与え支援を行なう**モニタリング**機能を果たすとされ、反面、業績悪化時には経営に介入し、経営者の交代を促すものとされました。このように、メインバンクこそが企業統治の担い手と見なされ、経営状況に

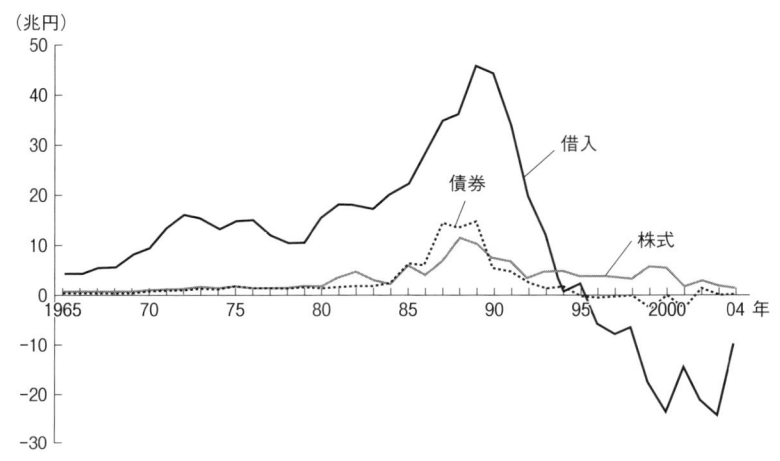

図 8-5　資金調達手段の推移

出所：伊丹敬之『日米企業の利益率格差』（有斐閣、2006 年）。原資料：日本銀行『資金循環統計』。

よってガバナンスの仕方が異なるので、これを**状況依存型ガバナンス**と呼ぶことがあります[1]。

　ところが現実には、メインバンクが長期資金を提供するという仕組みである**メインバンクシステム**は、1980 年代中盤以降徐々に衰退していきました。その一因は、大企業の銀行離れが進んだことです。具体的には、過去の利益が蓄積された結果である内部資金が豊富になってきたため、大きな設備投資をするために銀行から資金を借り入れる必要性が薄れてきたという背景があります。また、**規制緩和**によって、とくに大企業で、株式や債券などの**直接金融**による資金調達がさかんになってきたということもあります[2]。

（2）ヒトの調達：長期雇用慣行

　コア従業員である男子正社員に関しては長期雇用を維持するというのが、とくに大企業の特徴です。もちろん、「定年退職までかならず雇いつづけます」というような約束が存在するわけではありませんし、解雇というものもれっきとして存在しますが、よほどのことがないかぎり解雇は行なわないと

いうことが現実につづいてきました。形式的な約束はないものの、事実上現実に定着した約束のようなものなので、**長期雇用慣行**と呼ばれているわけです。

　そのうえ経営者は、従業員のなかから選抜されますから、いわば「生え抜き経営者」だといえます。従業員から内部昇進した経営者が従業員の利害に配慮した経営を行なうことは、自然な結果でしょう。こうしたことから、日本企業の特徴を「従業員主権」と呼ぶ人もいます。株主の意に沿った経営を行なうスペシャリスト経営者を外部から採用する企業が多いアメリカとは、明らかにちがいがあることに留意してください。雇用に関しては第9章でくわしく説明しますので、そちらに譲りたいと思います。

(3) モノの調達：長期継続的取引

　原材料や部品をどのように調達するかということは、企業にとってたいへん重要なことです。たとえば、パン屋さんが原材料の小麦粉を仕入れる場合、そのつどもっとも安い値段で売っている業者を選んで、毎回異なる業者から仕入れる場合と、毎回決まった業者から仕入れる場合とがありえますね。後者のように、特定の企業と長期間にわたって継続する取引のことを**長期継続的取引**といいます。長期継続的取引における取引契約は、要求内容が非常にあいまいであり、売り手は非常に大きな努力を注入せざるをえないといわれています。しかしその反面、買い手企業は通常、売り手企業の経営が存続可能なように注意を払い、過度な買い叩きや過剰な要求は控えるとともに、売り手企業が品質向上、生産性向上に向けた努力を払うように動機づけを行ないます。それに対し売り手企業の側も、特定の買い手企業向けの要求を満たすために、設備や技術・技能に投資を行ないます。したがってここでも、買い手企業と売り手企業とは長期的に利害を共有していると理解されてきたわけです。その意味では、「カネ」「ヒト」の調達の場合と、構図は一緒なわけです。

8-2-2　運営の実態

　これまでの日本企業は、以上のように、ステイクホルダー型の企業システムだったといえます。では、ステイクホルダー型の企業システムだったために、どのような経営を実際に行なっていたのでしょうか。データをみながら考えてみましょう。結論を前もっていえば、安定株主を組織することによって、長期的な成長を志向した経営が可能であったということです。

　まず、日本企業がどのような経営目標を重視していたのかをみてみましょう。**表8-2**は、日本企業とアメリカ企業が、1980年代初頭の時点でどのような経営目標を重視していたかを示しています。アメリカ企業は投資収益率[3]や株価の上昇など、株主利益に直結する項目をより重視していたことがわかります。投資収益率も株価も、それらの値が高いほど、株主は高配当やキャピタルゲインを期待できます。要するにアメリカ企業は、より株主利益を重視した経営を行なっていたといえます。それに対して日本企業では、たしかにアメリカ企業と同様に、投資収益率を重視してはいますが、市場占有率や新製品比率など、企業の長期的成長に結びつく項目を重視している点がアメリカ企業との顕著な相違です。これには、短期的な株主利益に左右されなかったから長期成長志向の経営が可能になったという面と、従業員の長期雇用などステイクホルダーの利益を重視するかぎり、長期成長志向を追求せざるをえなかったという両面があると考えられます。

　つぎに、業績が悪くなったときに、自社の経営者が雇用と配当のどちらを維持すると考えられるかを、管理職にたずねた結果が**表8-3**です。業績が悪くなった場合、企業は何らかの手段でコストを削減し、経営を立て直そうとするはずですが、その際に、「この項目のコスト削減だけは是非とも避けたい！」という方針を、各企業はもっているはずです。従業員の雇用を重要視する企業は、雇用削減は避けたいはずですし、株主利益を重視する企業は、配当の削減は避けたいはずです。それをふまえて表をみてみましょう。すると、日本企業は**雇用維持**の割合の高さが顕著であり、英米企業では**配当維持**の高さが顕著だということが明らかです。したがって、日本企業は従業員の利害重視、英米企業は株主利益重視の経営を行なうことがここからも見て取

第 8 章　企業組織の仕組み

表 8-2　経営目標の比較

	アメリカ	日本
投資収益率（ROI）[3]	2.43	1.24
株価の上昇 [3]	1.14	0.02
市場占有率 [3]	0.73	1.43
製品ポートフォリオの改善	0.50	0.68
生産・物流システムの合理化 [2]	0.46	0.71
自己資本比率	0.38	0.59
新製品比率 [3]	0.21	1.06
会社の社会的イメージの上昇 [2]	0.05	0.20
作業条件の改善 [2]	0.04	0.09

（注1）　5％水準で有意。
（注2）　1％水準で有意。
（注3）　0.1％水準で有意。
出所：加護野忠男ほか『日米企業の経営比較――戦略的環境適応の理論』（日本経済新聞社、1983年）p. 25。

表 8-3　経営者は雇用と配当のどちらを維持すると考えられるか（％）

	雇用維持	配当維持
イギリス	10.7	89.3
フランス	60.4	39.6
ドイツ	59.1	40.9
アメリカ	10.8	89.2
日本	97.1	2.9

（注）管理職へのアンケート。
出所：図 8-3 と同じ。

れます。

8-3　日本の企業システムはどう変わってきたのか

　ここまででみてきたように、これまでの日本企業の特徴を簡単にまとめると、「株式持ち合いにより安定株主を確保し、メインバンクやコア従業員、取引先との長期的関係を重視し、長期的成長を志向するステイクホルダー型企業」ということになるでしょう。その根本にある理屈は、「安定株主を確

表 8-4　投資主体別の持株比率および売買シェア（%）

年	金融機関		投信・年金		事業法人ほか		証券会社		個人		外国人	
	持株比率	売買シェア	持株比率	売買シェア	持株比率	売買シェア	持株比率	売買シェア	持株比率	売買シェア	持株比率	売買シェア
1975	35.5	8.2	2.2	—	27.0	7.8	1.4	21.4	32.1	58.0	3.6	4.7
1980	38.2	11.4	1.9	0.4	26.2	8.4	1.5	29.2	27.9	43.6	5.8	7.4
1990	43.0	28.3	3.7	0.9	30.1	10.0	1.7	27.4	20.4	23.6	4.7	10.7
1995	41.1	20.5	2.2	1.8	27.2	4.9	1.4	34.4	19.5	17.4	10.5	22.8
2000	39.1	16.8	2.8	5.5	21.8	2.6	0.7	32.0	19.4	16.0	18.8	32.5
2005	31.6	9.6	4.4	3.6	21.1	2.0	1.4	29.2	19.1	23.8	26.7	35.4

出所：伊東光晴『日本経済を問う――誤った理論は誤った政策を導く』（岩波書店、2006年）。

保したおかげで、株主の短期的利益を考慮する必要がなくなり、経営者が長期的視野をとることができた」ということです。ところが以下にみるように、この特徴も徐々に変わってきています。もちろん、これまでの特質も残しながらの「まだら模様の変化」ですが、基本的な変化の方向性は**ストックホルダー型企業**の方向への変化です。

8-3-1　安定株主の減少

　これまでの日本の企業システムの前提条件は、株式持ち合いによって安定株主を確保できていたことでした。そこで、株式保有がどのように変化したのかをみてみましょう。そこでまず、**表8-4**をみてください。この表の左側の数値は、日本で取引されている株式（つまり、おもに日本企業の株式です）が誰によってどの程度保有されているかを示す数値で、右側の数値は、誰がどの程度、株式をさかんに売買しているかを示す数値です。ここからわかることは、（1）近年になるにしたがって「金融機関」「事業法人他」の株式保有が1990年をピークに減ってきていること、（2）「外国人」の株式保有の増大が顕著であること、および（3）株式保有を減らしている「金融機関」「事業法人ほか」は、1975、80年の数値から判断して、高い持株比率の割には株式の売買をさかんに行なわない安定株主であったのに対して、株式保有を増やしている「外国人」は、株式の売買を非常にさかんに行なってい

る、という3点でしょう。つまり、銀行や企業が持ち合いを行なっていた株式を売却し、株式持ち合いが解消されはじめたため、安定株主が減少し、売却されたそれら株式が、おもに**機関投資家**などの海外の機関・個人の手にわたったわけです。機関投資家とはそもそも、利殖目的で個人や企業から委託された遊休資金を使って、株式などの資産に投資を行ない、収益を獲得することを目的とする組織です。こうした機関がより多くの利益を求めて株式の売買を繰り返すことは、この目的からいって自然のことですね。したがってごく単純にいえば、**安定株主が減少し、その代わりに「不安定」株主が増加**したというのが、1990年以降の大きな流れです。

8-3-2 株式持ち合いが解消され出した背景

こうした変化はなぜ起こったのか、その原因をみてみましょう。

銀行・企業が株式持ち合いを解消しはじめた理由は3つあります。

第1に、**不良債権処理**の過程で、保有していた株式を処分せざるをえなくなったためです。1980年代後半の**バブル経済**の時期に、銀行は、本来ならば安全ではない借り手にまで貸し付けを行ないましたが、**バブル崩壊**により景気が悪化すると、こうした借り手の多くは経営悪化・倒産し、返済が困難になりました。このように、回収することが困難とみられる貸し付けのことを**不良債権**といいます。くわしい説明はここでは省きますが、不良債権は損失をもたらしますから、銀行はそれを埋めあわせるため、保有する持ち合い株を売却することで利益を確保しようとしたのです。

第2に、**会計ルールの変更**が行なわれたことも重要な原因での1つです。銀行も企業も、売上高や利益を明らかにするための計算を行なわなくてはなりません。これを**会計**といいますが、大きな問題は、会計のルール（制度）によって利益額が左右されてしまうということです。たとえばA社が保有しているB社の株式の株価総計が10万円から15万円に上がったとしましょう。このとき、つぎのどちらの考え方を採用するかによって、利益の額がちがってくることはいうまでもありません。

①株式を実際に売却していない以上、利益額には影響しないと考える。
②たとえ株式を実際に売却していなくても、利益は5万円上積みされると考える。

　前者のような考え方を**取得原価主義**、後者を**時価主義**といいますが、日本政府は2001年9月に、持ち合い株式に対して時価主義という会計ルール（制度）を適用しました。その結果、持ち合い株の株価が上がれば利益が増えることになりますが、株価が下がった場合には、利益を押し下げられてしまう危険が生じたわけです。当然、こうしたリスクを避けるために、銀行・企業は持ち合い株を売却しはじめ、株式持ち合いを解消しはじめたというわけです。
　第3に、銀行に対する複数の新たな**規制**が持ち合い解消に拍車をかけました。ここでは、1993年から日本でも適用された**BIS規制**についてだけみることにしましょう。国際業務を行なう銀行に対して課せられた国際的な規制であるBIS規制は、銀行が過大なリスクを負うことを回避させるために、ごく簡単化していえば、貸出総額の8％以上、**自己資本**を準備しておかなくてはならないという規制です。自己資本とは単純にいえば「返済する必要がない資金」のことです。したがってBIS規制によれば、自己資本が小さくなれば貸し出しを減らす必要があります。ところがたとえば、X銀行がもっているY社の株式の株価が10万円から5万円に下落した場合、上でみたのと同様に「5万円の損失」ということになるので、この損失分5万円を自己資本から差し引かなくてはならないのです。つまり、銀行の保有株の株価が下落すると、自己資本が目減りし、その分貸し出しを減らさなくてはならないわけです。ですから銀行は、こうした株価変動のリスクを回避したいと考え、持ち合い株を売却しはじめたわけです。

8-3-3　株主利益重視を促す制度変更
　こうして安定株主が徐々に減少していき、短期的な利益を追求する株主が増えていくにつれて、企業が株主のプレッシャーを感じて経営を行なうよう

になることは自然なことです。ところがそれに加えて、**株主利益を重視した経営を行なうように促す**制度変更がなされたこともまた、企業経営を変質させる大きな力となったのです。2つだけ具体的にみておきたいと思います。

　第1に、1994年に**自社株買い入れ**の解禁が行なわれました。そもそも株式は資金を調達する手段なので、自社の株式を自分で買うというのは不思議な感じがしますね。自社株買い入れは、つぎの2つのルートで、株主により多くの利益を還元することになります。（1）まずは、社会に出回っている株数を減らすことになりますから、1株当たりの**配当**が増えることになり、株主への利益還元が増加します。（2）つぎに、基本的に株価は株式への需給で決まりますが、出回っている株数が減るということは、株式の供給が減り、需給がタイトになることを意味しますから、株価が高水準に維持される可能性が高いです。株価上昇によって株主は**キャピタルゲイン**を得られることになり、やはり株主への利益還元が増加します。このように自社株買い入れ解禁は、企業に対して、株主への重要な利益還元手段を新たに与え、株主利益重視を後押しすることになりました。

　第2に、1997年に行なわれた**ストックオプション**の解禁も重要です。ストックオプションとは、経営者や従業員が、ある期間内に自社株式を、定められた価格で購入することができるという権利のことです。この権利を行使し、1株100円で自社株式を買ったとしましょう。仮に株価が1株1000円になっていたとすると、この時点で株式を売却すれば1株当たり900円のキャピタルゲインを獲得することができます。つまりストックオプションは、**株価が上昇しているかぎり**において、経営者や従業員に対する報酬となるわけですね。そのことを逆にみれば、経営者や従業員に対して、**株主利益を重視した経営を行なうように動機づける**ことになっているわけです。なぜならば、株主利益を軽視し、配当やキャピタルゲインによる利益還元を軽視したとしたら、株式は売却され、株価は下落するはずですが、ストックオプションを得ている経営者や従業員にとって、株価下落は報酬の削減もしくは消滅を意味しますから、是非とも回避したいはずだからです。

8-3-4　雇用慣行の変化と不変

　以上のように、安定株主が減少していき、株主利益重視が促されるような環境になっていくと、従業員の利益を重視していたとされる日本企業の経営も変容していくだろうと考えられます。それにともない、コア従業員の長期雇用慣行にも変化があったのではないかと想像できますが、実際にはどうだったのでしょうか。くわしくは第9章でふれたいと思いますが、ごく簡潔にいえば、実際にみられた変化はおよそつぎのようなものでした。

　第1に、多くの日本企業で、コア従業員の長期雇用という方針は変化してはいないようです。企業としても、コア従業員を長期雇用することによって得られる利益を失いたくはないということでしょう。ところが第2に、全従業員に占めるコア従業員の比率は絞られてきています。つまり、非正規従業員を増やすことによって、人件費を削減することと、雇用（人数・時間）を柔軟に調整しやすい状況をつくりたいということです。第3に、長期雇用が維持されているコア従業員についても、賃金の年功的な性質がますます薄れ、業績・成果に連動して賃金が決まる度合が強まっています。業績・成果との連動性を強めたこうした賃金制度は、一般に**成果主義賃金**と呼ばれています。

　したがって、**コア従業員に関する長期雇用**という特質は不変だといえますが、**コア従業員の絞り込み**や、コア従業員への**成果主義賃金の導入**という大きな変化も生じており、その意味で、変化する部分と不変な部分がモザイク状に入り交じっているというのが現状です。

8-3-5　企業経営の実態の変化

　それでは、以上のように企業システムが**ストックホルダー型企業**の方向に変化した結果、企業経営の実態はどのように変わったのでしょうか。

　図8-6は、東京証券取引所に上場している企業の**株式時価総額**です。時価総額とは、株式数に株価を掛け合わせたものです。1985年以降、時価総額の変動が急に激しくなっていることがわかります。株式数が激しく変動しているわけではないので、1985年以降の総額の変動は**株価の変動**によるものだと考えられます。したがって、そもそも現在の企業経営は、ステイクホ

第 8 章　企業組織の仕組み

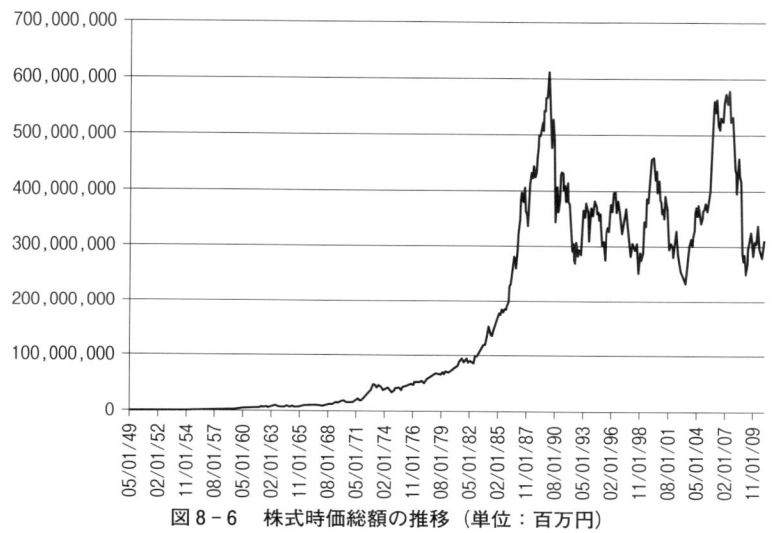

図 8-6　株式時価総額の推移（単位：百万円）
出所：東京証券取引所データより筆者作成。

ルダー型企業だった時代に比べて、著しく変動が激しい株式市場を前提としなくてはならないわけです。こうした環境のもとではますます、自社株主の動向に注意を払う必要があることは明らかです。

　つぎに図 8-7 をみてください。ここでは 2002 年から 2007 年のあいだに、日本企業が現実に、従業員と株主とのいずれを重視しているかを調査した結果です。具体的には、(A) 利益最大化を部分的に放棄してでも、従業員の給与・賃金を確保することを優先するか、あるいは、(B) 人件費を抑制してでも利益最大化に努め、株主への配当を優先させるかを問うています。その結果、(A) のように、従業員重視型企業の比率は減っている反面、(B) のように株主重視型企業の比率は増加しています。またいずれの時点でも、株主重視型企業の数は従業員重視型企業の数を上回っています。つまり、企業システムが変わったのと並行して、たしかに経営の中身も変わってきているということがわかります。

　外国人株主の増加というのが現在までの重要な変化であるということは、すでに上で述べたとおりですが、それでは、外国人株主が増えると従業員の

311

第Ⅱ部　日本経済の変化

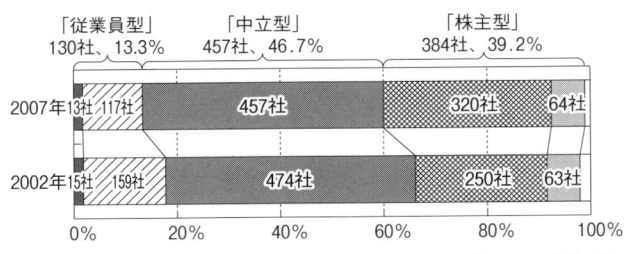

```
        「従業員型」     「中立型」        「株主型」
       130社、13.3%  457社、46.7%    384社、39.2%

2007年 13社 117社    457社          320社      64社

2002年 15社 159社    474社          250社      63社

       0%    20%    40%    60%    80%    100%
```

■Aに近い　╱╱ややAに近い　■どちらともいえない　▨ややBに近い　▥Bに近い　□無回答

A. 最大の利益を計上するよりも従業員の給与・賃金を確保することを優先する経営。
B. 人件費も他の経費と同様にできるだけ抑え、なるべく利益を計上し、株主への配当を優先させる経営。

図 8-7　従業員重視か株主重視か

出所：経済産業省『通商白書』2008 年版。原資料：内閣府「企業の新しい成長戦略に関するアンケート」(2007 年)。

$y = -0.475x + 8.576$
$R^2 = 0.358$

縦軸：実質賃金ギャップ
横軸：外国人持株比率

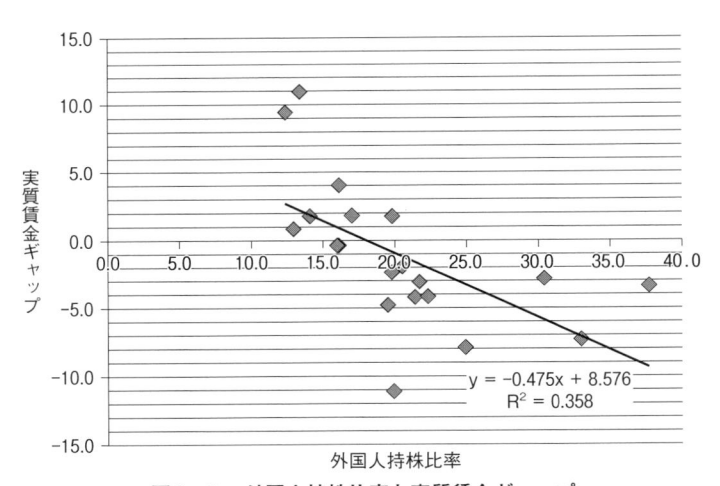

図 8-8　外国人持株比率と実質賃金ギャップ

出所：日本銀行「近年の我が国の輸出入動向と企業行動」(2007 年) より筆者作成。ただし、外国人持株比率は 2005 年の値、実質賃金ギャップは 2004 年 Q1 から 2006 年 Q4 の平均。

人件費にどのような影響が出るのでしょうか。業種ごとにそれを調べたものが**図 8-8** です。ごく単純化すると、企業の売上高から原材料費を差し引いた金額を**付加価値**といいます。従業員への給料は付加価値から支払われます

第 8 章　企業組織の仕組み

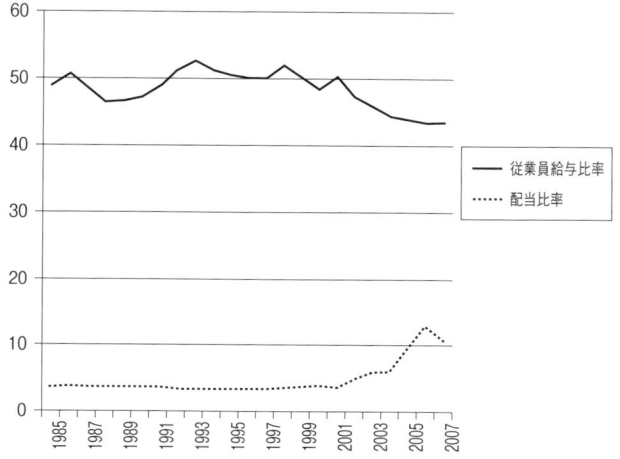

図 8-9　付加価値に占める従業員給与・配当の比率（％）：資本金 10 億円以上
出所：財務省『法人企業統計』より筆者作成。

が、単純化していうと、付加価値のうち従業員の人件費として支払われる額の比率を**労働分配率**といいます。つまり、「労働分配率＝人件費／付加価値」だと考えてください。この図の見方ですが、縦軸の「実質賃金ギャップ」がマイナスになっているということは、2004 年から 2006 年にかけて労働分配率が低下したことを意味します。すると、**外国人持株比率が高い業種ほど、労働分配率が低下している**ことがわかりますね。つまり、外国人持株比率が高い企業は、株主を重視した経営に取り組まざるをえませんが、そうした企業ではたしかに、人件費にはマイナスに作用する傾向があることが確認できます[4]。

最後に、大企業で付加価値の分配がどのように変わってきているかをみてみます。付加価値のうち、従業員（給与）と株主（配当）とに分配されている割合の推移を示しているのが**図 8-9** です。容易にわかるように、2000 年代に入ってから従業員へ分配される割合が減っているのと軌を一にして、株主へ分配される割合が増加していることがわかります。つまり付加価値の分配という点からみても、少なくとも大企業に関しては、平均していうならば、

株主利益重視型経営に変質してきていることが確認できます。

8-4　日本企業のこれから

　これまでに述べてきたことから、日本企業はおよそ、企業統治の面では**株主重視**に変化してきていますが、コア従業員の**長期雇用**は変わらず維持しようとしています。つまりかつての「**ステイクホルダー重視＋長期雇用**」から「**株主重視＋長期雇用**」への変化だといえます。アメリカ企業が「**株主重視＋流動的雇用**」で特徴づけられる以上、日本企業の上記のような変化は、アメリカ型企業システムの方向へと収斂する変化だとはいえません。むしろ、かつてからの**長期雇用**自体は維持しつつ、アメリカ企業と同じ方向の**株主重視**という変化がみられるという意味で、**ハイブリッド化**と特徴づけるのが適当でしょう。

　ハイブリッド化というこの変化をどう特徴づけるべきかは定かではありません。ストックホルダー型企業への変容に対しては、それが経営の規律づけ・効率化に役立つという肯定的な意見がある反面、マネーゲームのなかに企業経営が巻き込まれる恐れがあるという批判や、社会的格差をますます広げるという批判があります。いずれにせよ、株式会社の変質は社会全体に深い影響を及ぼすため、適切な制度からなる仕組みの構築が求められているということはまちがいないでしょう。

注
(1) ただし、メインバンクによるガバナンスは有効に機能しなかったという議論も根強くあります。たとえば、銀行間の貸し出し競争があまりに激しかったため、貸出先企業に対する態度が甘くなったのが現実だと論じる人もいます。コーポレート・ガバナンスと銀行の関係に関心がある読者は、参考文献にある伊丹・岡崎・沼上・藤本 (2005) の第2巻に収められた論文を参照してください。
(2) ちなみに、資金の出し手が受け手に対して、直接に資金を出す方法が「直接金融」で、資金の出し手と受け手のあいだを金融機関が媒介している方法が「間接金融」です。銀行による融資はまさに間接金融です。
(3) 収益目的でおカネを投入することを「投資」といいます。投資収益率 (ROI) とは、

行なった投資が効率よく利益を生み出しているかどうかをチェックするための指標で、ROI ＝利益／投資額、で計算できます。
(4) 外国人株主比率が高いと、労働分配率にマイナスに作用するというこの関係は、たとえば川本卓司・篠崎公昭「賃金はなぜ上がらなかったのか？——2002-07 年の景気拡大期における大企業人件費の抑制要因に関する一考察」(『日本銀行ワーキングペーパーシリーズ』No. 09-J-5) でも、大企業に関して確認されています。

【本章の理解をさらに深めるための参考図書】
青木昌彦／ロナルド・ドーア編 (1995)『システムとしての日本企業』NTT 出版。
伊丹敬之・岡崎哲二・沼上幹・藤本隆宏 (2005-6)『リーディングス日本の企業システム (第 2 期)』全 5 巻、有斐閣。
奥村宏 (2005)『最新版　法人資本主義の構造』岩波書店。
小田切宏之 (2010)『企業経済学』第 2 版、東洋経済新報社。
下谷政弘 (2009)『持株会社と日本経済』岩波書店。
ジャコービィ、サンフォード・M (2005)『日本の人事部・アメリカの人事部——日本企業のコーポレート・ガバナンスと雇用関係』鈴木良始・伊藤健市・堀龍二訳、東洋経済新報社。
宮本光晴 (2004)『企業システムの経済学』新世社。
――― (2013)『日本の企業統治と雇用制度のゆくえ』ナカニシヤ出版。

第Ⅱ部　日本経済の変化

第9章
雇用の仕組み
——「働くということ」とその問題点

【本章で学ぶポイント】
① 労働市場・雇用システムの制度的仕組みについて学ぶ。
② これまでの日本の労働市場・雇用システムの制度的仕組みについて学ぶ。
③ 日本の労働市場・雇用システムの変化について理解する。

　現在の大学生にとって、「就職」というのは入学時から強く意識せざるをえないことの1つにちがいありません。また、「リストラ」「貧困」「派遣切り」「格差社会」など、労働にまつわるニュースがここ10年ほどで格段に多くなったので、「働くということ」について考えさせられる機会は皆さんにとって少なくないと思います。この章では、日本における働く環境がどういう仕組みで動いているのか、また近年どのように変化しているのかについて扱います。皆さんにとって身近な「働くということ」について、じっくり考えるための材料にしてみてください。

9-1　「働くということ」に関わる仕組み

　大学生Aさんがアルバイトを探しています。Aさんは求人票の時給と労働条件をみて、納得すれば応募します。その後晴れて採用となれば、指定された仕事への対価として賃金を受け取ります。働いたというサービスの対価として企業から賃金を受け取っているのだから、これも財・サービスの取引と何ら変わりないようにみえます。

9-1-1　雇用

　ところで、たとえば時給800円で6時間、AさんとB君を雇ったとしても、実際の2人の仕事ぶり（=**労働**の質・量）がちがっているというのはふつうのことでしょう。つまり、企業は2人から**労働**そのものを買っているのではなく、労働する能力=**労働力**を買っているにすぎないのだと考えられます。企業は**労働力**を買うことができても、買った労働力から現実に**労働**を有効に抽出できるかどうかはまた別問題なのです。そうした懸念に対しては、企業が最初から、仕事内容をくわしく契約に書いておいて、それを満たした場合にのみ賃金を支払えばいいではないかという提案がありえます。ところが現実には、仕事というのは通常、変化する状況のなかで行なうものですから、そうした予期できない変化もふまえて、仕事内容を完璧に記述した契約を作成することは不可能です。とはいえ、現代では奴隷制は許容されませんから、働く人の自由意思に反してまで企業側が労働を強要することはできません。こう考えると、「労働力から労働を抽出する」ということは、じつは見かけ以上に困難なことですし、それゆえに、財・サービスの取引にはない困難さがつきまとうのです。

　じつは、この困難さを解決するのが**雇用**という仕組みです。つまり、事前に仕事内容を確定することは難しい以上、そうすることはあきらめる代わりに、一定の指揮命令権を雇用者側（=企業側）に与えるのが、雇用という仕組みの根本なのです。第5章で述べたコモンズの**管理取引**がまさにこの仕組みの中心にあります。もちろん、雇用契約を結ぶも結ばないも、当事者の自由意思によります。とはいえ、これだけでは一方的に企業側に権限が与えられただけになってしまい、労働者側は企業側の好きなように使われるだけになってしまいます。それゆえに典型的には、いわゆる労働三法（労働基準法、労働組合法、労働関係調整法）が定めるルールがそれに当たりますが、労働者側を保護したり、企業側の権限を制限したりするようなさまざまな仕組みが、現実には発展しています。これは、国家と企業とが織りなすさまざまな関係性からもたらされる仕組みであり、コモンズはこれを**割当取引**と呼んでいましたね。逆にいえば、雇用という仕組みは、単純な財・サービスの取引

の場合以上に、さまざまな仕組み・ルール＝制度が存在してこそはじめて成り立つ取引なのだということなのです。

9-1-2　労働市場

　さて、大学生のAさんがアルバイトを選ぶ場合、時給や労働条件をみて、できるだけ望ましい仕事を選ぼうとします。世間一般の水準からみて時給があまりに低かったり、また労働条件があまりに悪い仕事は選ばないでしょう。またアルバイトを雇いたい企業、たとえばコンビニの側も、世間相場からみて時給があまりに低すぎるようなら、希望者を集めることができませんし、また世間相場よりも高すぎる時給を出しては損になりますから、時給を決める際には世間相場を強く意識しているはずですね。こうして社会全体として、「時給いくらでどういう内容の仕事をしてもらうか」「時給いくらでどういう内容の仕事を引き受けるか」が決まってきます。

　ここで、仕事をすることを**労働給付**といい、賃金を支払うことを**反対給付**といいます。そして、労働給付と反対給付をマッチングさせる仕組みのことを**労働市場**といいます。**財市場**では財が取引されるのと同様に、上で述べたように、労働市場では**労働力**が取引されるわけです。ところがよく考えてみれば、労働力は一般の財とはちがって、「生産されたもの」（＝生産物）ではないものを、あえて無理をして商品として取引をしていることは明らかです。取引しているのは生身の人間の能力ですから、「買われない」状態が持続することは、生活困難に陥ることを意味します。それでは社会を維持することができませんから、**生活保障・社会保障**のさまざまな仕組みが必要になるわけです。つまりは、労働市場という仕組みもまた、雇用の場合と同じように、さまざまな仕組み・ルールが存在してはじめて安定的に成り立ちます。

　ところで、あとで述べるように、かつては、おもに大企業の男子正社員は長期にわたって同一企業で働くことがふつうでした。この場合、社員の労働給付も反対給付も、会社内の**人事管理**のルールによって決まります。このように、労働給付と反対給付が企業内部のルールによって決まる場合を、労働市場が個々の企業のなかにあると考えて、（１）「**企業別労働市場**」と呼びま

す。また、資格を要する医療関係の職がそうであるように、入職のルールが資格化されて社会的に決められており、また職業の定義も資格によって明確に定められている場合、労働給付と反対給付が職業別のルールによって決まります。この場合を（2）「**職業別労働市場**」といいます。最後に、アルバイトの場合のように、労働給付と反対給付がおもにルールではなく市場メカニズムによって決まる場合を（3）「**競争的労働市場**」といいます。これらのうち（1）と（2）は一括して「**内部労働市場**」と呼ばれ、（3）は「**外部労働市場**」とも呼ばれます。つまり、労働市場といっても大きくは、内部労働市場と外部労働市場の2つに分かれるということなのです。

9-2　これまでの日本の労働市場と雇用システム

　私たちはしばしば、「現代社会は変化のさなかにある」といわれます。たしかにそのとおりなのですが、どう変化しているのかを理解するためには、もともとの「社会」がどうなっていたのかを正確に理解する必要があります。そうすれば逆に、何が本当に大事な変化なのか、また変わらない特徴は何なのかがよくみえてくるはずです。この心構えは、労働市場や雇用システムを理解する際にも、とても重要になります。

9-2-1　労働市場の特徴
　日本の労働市場の第1の特徴は、おもに男子正社員に関しては**企業別労働市場**が中心で、非正社員については**競争的労働市場**が支配的だということです。**職業別労働市場**は、医師、弁護士、建設業など少数の分野にかぎられており、日本ではマイナーな存在です。こうした特徴は、何も世界共通というわけではありません。たとえば皆さんが就職活動をするとしばしば聞かされることの1つは、資格というのは「ないよりあったほうがマシ」という程度のものだよ、というアドバイスでしょう。このことからわかるように、日本では、一部の職業を除いては、ある職業に就いたり従事したりするうえで、職業資格があまり意味をもちません。ところがたとえばドイツでは、そもそ

表9-1　従業員規模別賃金格差（1,000人以上＝100）

国	企業規模（人）					
	計(5〜)	5〜29	30〜99	100〜499	500〜999	1,000〜
日本 （製造業）	65.5 (69.9)	53.2 (51.2)	63.6 (58.2)	76.9 (75.3)	87.2 (88.1)	100.0 (100.0)
	1〜9	10〜49	50〜249	250〜499	500〜999	1,000〜
アメリカ （製造業）	56.6 (55.3)	70.4 (64.5)	76.2 (69.7)	80.0 (74.7)	84.7 (80.2)	100.0 (100.0)
イギリス	84.3	93.0	102.0	104.8	109.0	100.0
ドイツ	64.2	68.8	75.9	82.8	91.1	100.0
フランス	—	85.2	89.4	96.8	98.4	100.0
イタリア	—	72.5	83.3	89.5	96.7	100.0
スウェーデン	—	100.6	102.8	106.7	104.7	100.0

（注1）規模区分は日本とアメリカは事業所規模で、EUは企業規模。
（注2）日本は常用労働者の現金給与総額（total cash earnings）、EU各国は月間平均賃金総額（mean monthly earnings）、アメリカは年間給与総額（annual payroll）を雇用者数で除したものからそれぞれ指数を作成。
（注3）日本の産業計は、調査産業計（非農林漁業）。アメリカの産業計の値は、入手可能な産業（鉱業、原油・ガス・天然資源、建設業、製造業）の数値を集計して作成。
（注4）日本は2009年、アメリカは2007年、その他は2006年の数値。
出所：日本労働政策研究・研修機構『データブック国際労働比較2011』。原資料：日本＝厚生労働省「平成21年12月毎月勤労統計調査月報」（2010年）、アメリカ＝U.S. Census Bureau, *2007 Economic Census*, 2010、その他＝EU *Structure of Earnings Statistics 2006*, 2009。

も職を得るためには、350職種をカバーしている職業資格のうち適切なものを取得していることが前提になるのです。そこでは9歳で終わる基礎学校ののち、おおまかにいって、職業訓練コースに進む生徒と、大学などの高等教育コースに進む生徒に分かれます。前者のコースに進んだ生徒は、職業学校での職業訓練ののち、商工会議所や手工業会議所などが実施する修了試験に合格すれば、技能労働者としての職業資格が得られるのです。のちに述べるように、賃金もおおよそ資格によって決まり、同じ資格をもっているかぎり企業間での差は小さいです。このように、日本とは異なりドイツでは職業別労働市場が中心となっており、労働市場の「つくり」「なりたち」が大きく異なっているのです。

つぎに、日本の労働市場の第2の特徴としては、つぎのような意味での**格**

表 9-2 賃金・勤続年数の性別格差

国	賃金格差	勤続年数		
		男	女	格差
	(男=100)	(年)	(年)	(男=100)
日本	69.8	12.8	8.6	67.2
アメリカ	80.2	4.6	4.2	91.3
イギリス	80.2	9.0	8.1	90.5
ドイツ	82.2	11.8	10.4	88.2
フランス	82.5	11.7	11.6	99.6
スウェーデン	73.2	10.2	10.6	103.8
韓国	67.7	7.1	4.4	62.0

(注) 原則、全産業の賃金額。労働者の範囲は国により異なる場合がある。日本は一般労働者の1カ月当たり所定内給与額。イギリスは 2008 年値、フランスは 2007 年値の時間当たり賃金。

出所：同前。原資料：日本＝厚生労働省「平成 21 年賃金構造基本統計調査」（2010 年 2 月）、アメリカ＝U.S.Department of Labor *The Current Population Survey Jan 2010*, 同（2010.9）*Emoloyee Tennure in 2010*, 2010、ドイツ＝連邦統計局 *Statistisches Jahrbuch 2010*, 2010.9、スウェーデン＝統計局（http://www.scb.se/）, 2010.11、韓国＝雇用労働部（http://www.moel.go.kr/）, 2010.11、欧州（勤続年数）＝OECD Database（http://stats.oecd.org/）, 2010.10、イギリス、フランス（賃金）＝ILO LABORSTA（http://laborsta.ilo.org/）, 2010.10。

差を内包しているということです。格差は仕事の質から福利厚生まで幅広く現われますが、ここではおもに**賃金**の格差に着目しましょう。1 番目の格差は、賃金の**企業規模別格差**です。会社の規模が小さくなると賃金が低くなるということを、私たちは疑うことなく「常識」だと思っています。ところが、企業規模によって賃金がどの程度差がつくのかを国際比較した**表 9-1**をみてください。従業員 1000 人以上の企業の賃金を 100 としたときに、それ以下の規模の企業で賃金がどの程度の大きさになるかを示しています。たしかに諸外国でも規模別賃金格差があることがわかりますが、格差がもっとも厳しい印象があるアメリカですら、日本よりも規模別賃金格差の度合は低いことに注目しましょう。またスウェーデンでは規模別賃金格差が平均としては存在しないこともまたわかりますね。つまり先進諸国のなかでも日本は、規模別賃金格差がもっとも著しい国なのです。

2 番目の格差は、賃金と勤続年数の**性別格差**です。男女で賃金水準と勤続

表9-3 フルタイム労働者に対するパートタイム労働者の賃金水準

国	%	(年)
日本	56.1	(2009)
アメリカ	30.6	(2009)
イギリス	71.3	(2009)
ドイツ	82.1	(2006)
フランス	88.2	(2006)
オランダ	85.3	(2006)
スウェーデン	83.4	(2006)

(注) パートタイム・時間当たり賃金のフルタイム・時間当たり賃金(所定内給与)に対する割合。
出所：同書。原資料：日本＝厚生労働省「平成21年賃金構造基本統計調査」(2010年2月)、アメリカ ＝ BLS *Labor Force Statistics from the Current Population Survey*, 2010.1、イギリス ＝ Office for National Statistics *2009 Annual Survey of Hours and Earnings*, 2009.11、その他 ＝ Eurostat Database "Structure of earnings survey 2006", 2010.11。

年数にどの程度ちがいがあるかを国際比較した**表9-2**をみてみましょう。ここから日本は韓国とならんで、男女の賃金格差も、勤続年数の格差も大きい国だということがわかります。もちろん、性別によって就く職業がちがうために賃金が異なってしまうなどの事情があるため、こうした格差を労働市場の性質だけから説明することは難しいですが、とはいっても、たとえば、女性が結婚や出産を理由に退職せざるをえないことが多いことも事実ですから、この性別格差はたしかに労働市場の性質を反映していると考えられます。

最後に3番目の格差は、近年とくに注目されるようになった、賃金の**雇用形態別格差**です。簡単にいえば、正社員と非正社員のあいだの格差のことです。正社員とは、期間の定めがない雇用契約を結んでおり、なおかつパートタイム労働者を除いた者という意味です。つまりたとえば、期限つきの雇用契約を結んでいる人は正社員ではない、ということになります。**表9-3**は、フルタイム労働者の賃金に比してパートタイム労働者の賃金がどれくらいの割合なのかを示した表です。パートタイム労働者は非正社員のすべてではな

いという問題はあるものの、おおよそ、正社員と非正社員の賃金格差を国際比較している表だと考えてください。この数値が小さいほど、正社員と非正社員の賃金格差が著しいわけですが、この表からは日本はアメリカについで格差が大きい国だということがわかります。

このように、日本の労働市場は、おおまかにいえば企業別の内部労働市場の世界と外部労働市場の世界とに分かれていること、また重要な格差を内包していることが大きな特徴です。

9-2-2　正社員の雇用システムの特徴

つぎに、企業別内部労働市場の「内側」に展開されている正社員の世界についてみていきましょう。日本の雇用慣行の特徴は「**終身雇用・年功賃金・企業別組合**」の3点だとしばしばいわれますので、以下ではこれら3つをくわしくみていきましょう。とはいえ正確にいえば、この3点は日本の雇用全部にあてはまる特徴ではなく、あくまでも企業別内部労働市場のなかにいる正社員にかぎっての特徴です。

(1)「終身雇用」

まずは「**終身雇用**」についてです。もちろん、文字どおり終身にわたって雇用されると考えることは、定年制が一般に存在することからもわかるように現実的ではないので、しばしば現実に即して**長期雇用**とも呼ばれます。いずれにしてもここでは、「学校卒業以降定年まで、同じ企業に勤めつづける**慣行のこと**」だと定義しておきましょう。もちろん雇用契約にそうした約束が明文化されて書かれているわけではなく、また終身雇用が社会的に制度化されているわけでもありません。実際には、労働者側と企業側が守ろう・維持しようと努力している**慣行**にすぎないといえます。だから、終身雇用の制度的・政策的・法的な根拠は乏しいのですが、とはいえ、終身雇用が根強い社会的な規範になっていることは、終身雇用慣行を反故にした企業が非難の目を集めることからも容易にわかります。また、のちにくわしく説明するように、正社員の雇用は**解雇権濫用の法理**で保護されていることも事実なので、

表 9-4 勤続年数別雇用者割合（%）

国	1年未満	1年以上3年未満	3年以上5年未満	5年以上10年未満	10年以上15年未満	15年以上20年未満	20年以上
日本[1]	8.4	17.3	12.6	18.6	12.1	10.9	20.2
アメリカ[2]	19.0	12.8	18.9	20.5	12.2	6.1	10.5
	<1	1〜<6	6〜<12 (月)	1〜<3	3〜<5	5〜<10	10〜 (年)
カナダ	0.0	10.8	9.1	22.6	12.5	17.5	27.5
イギリス	2.0	4.4	8.8	16.9	15.7	23.2	29.0
ドイツ	2.5	4.6	7.6	13.7	11.3	18.9	41.4
フランス	4.1	4.9	5.2	10.6	12.0	20.5	42.6
イタリア	2.3	3.8	4.6	12.6	11.7	21.7	43.3
オランダ	1.3	2.7	5.6	15.3	13.4	22.7	39.0
ベルギー	2.5	4.0	6.0	14.3	11.7	19.0	42.4
デンマーク	4.3	7.7	9.9	23.0	14.3	15.4	25.4
スウェーデン	5.0	4.8	3.3	20.6	10.8	13.5	40.6
フィンランド	6.8	5.5	7.8	14.5	11.2	17.0	37.3
ノルウェー	2.8	5.2	9.3	18.8	13.2	17.4	33.3
オーストリア	2.5	6.2	7.0	11.8	13.7	20.3	38.5
韓国	7.7	18.4	11.1	21.5	10.9	14.0	16.5
オーストラリア	4.1	7.6	9.0	25.4	15.6	17.7	20.7

（注 1） 2009 年 6 月末現在。1 年以上 2 年未満の欄は 1 年以上 3 年未満の数値、2 年以上 5 年未満の欄は 3 年以上 5 年未満の数値。
（注 2） 2010 年 1 月現在。平均勤続年数は中位数。男性は 16〜64 歳、女性は 16〜59 歳が対象。年齢階級別 15〜24 歳の欄は 16〜24 歳、65〜69 歳の欄は 65 歳以上が対象。
出所：同前。原資料：日本＝厚生労働省「平成 21 年賃金構造基本統計調査」（2010 年 2 月）、アメリカ＝ U. S. Department of Labor *Employee Tenure in 2010*, 2010. 9、その他＝ OECD Database, "Employment by job tenure intervals", 2010. 10（http://stats.oecd.org/）。

　終身雇用はたんなるフィクション（虚構）でしかなく無根拠であるといい切ることもできません。つまり、終身雇用はたしかに制度化されたルールではないのですが、**終身雇用慣行は「正当な慣行」だと多くの人々が認識した結果、事実上の社会的ルールとして根深く定着している**わけです。

　勤続年数を国際比較したのが**表 9-4** です。10 年以上の勤続者の割合は、日本では 43.2%にのぼり、先進諸国のなかでももっとも高い部類に属します。反対に、アメリカ、イギリス、オーストラリアなどの英語圏諸国の低さもまた顕著です。

勤続年数が長いことは、ただちに終身雇用「慣行」があることを意味するわけではありません。というのは、仮に、終身雇用が労働者側でも企業側でも社会的規範になっていない国であっても、単純に**結果として**勤続年数が長くなることは十分ありうるからです。しかし日本企業はこれまで、以下のように、正社員の雇用をできるかぎり維持するための特徴的な慣行を発展させてきましたので、勤続年数が長いことは、たんなる「結果」以上の意味があるといえます。その典型例は**雇用調整**の仕組みにみることができます。たとえば製造企業の場合、企業業績が悪化すると、しばしば生産量を減らす必要に迫られます。その際企業は、総労働時間（＝従業員数×労働時間）を削減する必要があります。さまざまな手段によって削減は達成できますが、それを総称して雇用調整と呼びます。日本企業では、できるかぎり解雇を回避するため、残業規制や労働時間の短縮などの手段でもちこたえるように努め、それでは対策として不十分だと認識されてはじめて非正社員の削減に手をつけます。非正社員が行なっていた仕事は、しばしば正社員が行ないます。そこに至っても正社員の削減には手をつけず、職場を変えさせる（＝配置転換）などの手段でもちこたえようとします。ところがそれでも赤字がつづく場合、はじめて**正社員の削減**という手段に踏み切ります。しばしばニュースで聞く「希望退職者の募集」は、そのための典型的な手段です[1]。

　図9-1をみてください。影がかかった時期は景気が後退した時期ですから、雇用調整が行なわれる時期でもあります。いずれの時期も、非正社員の削減（＝「臨時・季節、パートタイム労働者の再契約停止・解雇」）が、正社員の削減（＝「希望退職者の募集解雇」）に先立って行なわれていることがわかります。とはいえ、景気後退が著しいときには正社員の削減も大幅に行なわれるということは、2002年前後、希望退職募集による正社員の削減を実施した企業の割合が、非正社員の削減を実施した企業を上回ったことからわかります。

　たしかに景気循環があるかぎり、雇用調整を避けることはできませんが、雇用調整の速度を推計して、1994年までの速度と1995年以降の速度を国際比較したのが**図9-2**です。その速度が相当程度速くなったことは図が示す

第Ⅱ部　日本経済の変化

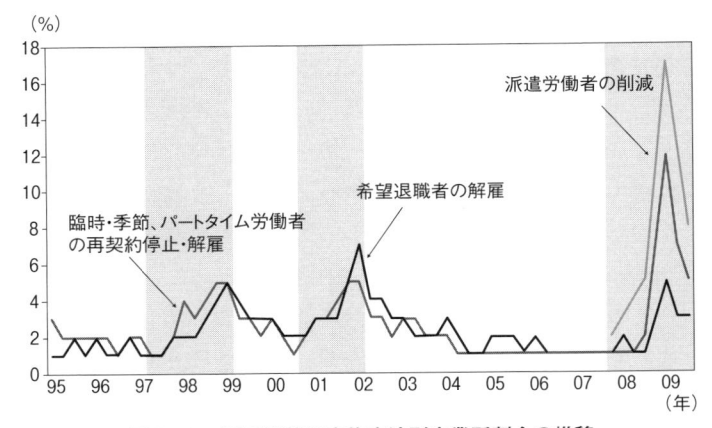

図9-1　雇用調整の実施方法別事業所割合の推移
備考：（1）事業所の割合は、不明を除いた事業所数に対応する比率。
　　　（2）数値は四半期。グラフは2009年第3四半期まで。
　　　（3）シャドーは景気後退期を示す。
　　　（4）「派遣労働者の削減」は2007年第4四半期から集計。
出所：厚生労働省「労働経済動向調査」より筆者作成（http://www.mhlw.go.jp/shingi/2009/12/dl/s1216-11f04.pdf）。

とおりですが、とはいえたしかにこれまでの説明が示唆するように、日本の雇用調整速度はOECD諸国のなかでも遅い部類に属します。このことは、依然として日本企業が正社員の雇用維持を重視した雇用調整を行なっていることを示唆しています。

上のように、正社員の雇用維持が積極的に図られているのは、ただたんに上記のように「慣行」として成り立っているためだけではありません。労働基準法で規定されているように、「合理的かつ論理的な理由が存在しなければ解雇できない」という**解雇権濫用の法理**が典型ですが、企業側が従業員を意のままに解雇できないように、法的ルールによって制約がなされています。たとえば、事業を継続することが困難であるということを理由にして解雇を行なうことを**整理解雇**といいますが、（1）人員削減の必要性、（2）解雇回避努力、（3）解雇される人の選定理由の合理性、および（4）解雇の実施手続きの妥当性という**整理解雇の4要件**を満たしていないかぎり、企業が解

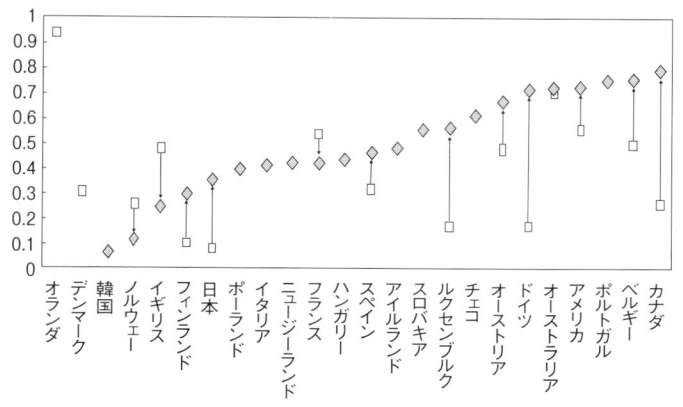

図 9-2 雇用調整速度とその推移

備考：（1）*OECD Stat.*（OECD）より作成。
　　　（2）正方形の点は 1980-94 年の平均値、ひし形の点は 1995-2007 年の平均値。
　　　（3）数値が大きいほど雇用調整速度が大きいことを意味する。
出所：内閣府『平成 21 年度年次経済財政報告』。

雇権を濫用したと見なされます。

　終身雇用のもとにある正社員には、雇用保障と引き換えに企業へのコミットメント（＝「深い関与」）が求められます。事実、以下でみるように、日本企業は正社員のコミットメントをいざなうような**人材マネジメント**を行ないますし、正社員もまた、そうすることを強制されながらも、ある程度は自発的にコミットメントを行なっている面があるのです[2]。その典型例は、転勤をともなう配置転換に応じることや長時間労働でしょう。**表 9-5** は、雇用されている者に占める長時間労働者の割合を国際比較したものです。長時間労働者とは、ここでは週 49 ないし 50 時間以上労働する労働者のことですが、男女合計でも男性のみでも、日本の長時間労働者の割合は韓国についで高いことがわかります。また、男女の格差も大きいこともわかります。

　そのうえで、なぜ人々が長時間労働をせざるをえないのか、その理由をみておきましょう。正社員を対象とした、2004 年の調査に基づいた**表 9-6** がそれです。ただちにわかるのは、仕事量が多すぎるというのが最大の理由だ

第Ⅱ部　日本経済の変化

表9-5　長時間労働者の割合（％）

国名	時間区分	対象年齢	性別	全労働者			雇用者		
				1995	2000	2004～2005	1995	2000	2004～2005
日本	49+	15+	計	34.3	28.9	29.3	31.8	28.1	28.5
			男性	41.0	38.7	39.6	38.9	38.3	39.2
			女性	21.9	14.7	14.7	17.7	12.6	13.0
アメリカ	49+	16+	計	19.9	19.9	18.1	18.6	18.9	17.3
			男性	27.1	26.7	24.3	25.7	25.7	23.5
			女性	11.2	11.8	10.8	10.4	11.2	10.2
カナダ	49+	25+	計	14.7	11.3	10.6	9.6	5.6	5.0
			男性	21.0	16.5	15.7	14.1	8.7	8.0
			女性	6.9	5.0	4.6	4.6	2.3	2.0
イギリス	49+	25+	計	—	25.9	25.7[1]	—	25.0	24.9[1]
			男性	—	35.4	34.5[1]	—	34.3	33.5[1]
			女性	—	12.4	13.5[1]	—	12.1	13.1[1]
フランス	49+	25+	計	11.9	10.5	14.7	6.7	6.1	8.6
			男性	16.7	14.8	20.4	9.6	8.5	11.9
			女性	6.4	5.7	7.9	3.4	3.4	4.9
オランダ	49+	15+	計	8.5[2]	8.1	7.0	1.9[2]	2.0	1.4
			男性	12.5[2]	12.3	11.0	2.8[2]	3.1	2.2
			女性	2.5[2]	2.3	1.7	0.5[2]	0.5	0.3
フィンランド	49+	25+	計	10.5	11.4	9.7	3.4	5.1	4.5
			男性	15.0	16.2	13.7	5.1	7.5	6.6
			女性	5.7	6.1	5.3	1.9	2.7	2.4
ノルウェー	49+	16+	計	7.2[2]	6.0	5.3	4.5[2]	3.6	3.3
			男性	11.5[2]	9.5	8.4	7.4[2]	5.9	5.4
			女性	2.2[2]	1.9	1.8	1.3[2]	1.2	1.2
韓国	49+	25+	計	—	56.3	49.5	—	54.0	45.7
			男性	—	61.1	54.0	—	60.0	51.6
			女性	—	48.8	42.6	—	43.8	36.4
オーストラリア	50+	25+	計	22.0	21.0	20.4	17.6	18.4	17.7
			男性	29.3	29.6	29.1	25.4	26.6	26.1
			女性	9.4	9.7	9.2	7.5	8.3	7.8
ニュージーランド	49+	25+	計	22.6	23.6	23.6	16.6	17.8	16.4
			男性	32.9	34.0	34.0	25.5	26.8	24.9
			女性	9.4	10.8	10.8	6.7	8.5	7.8

（注1）2003年の数値。
（注2）1996年の数値。
出所：表9-1と同じ。原資料：ILO, *Working Time Around the World: Trends in Working Hours, Laws, and Policies in a Global Comparative Perspective*, 2007.6。

表9-6 所定労働時間を超えて働く理由・上位5項目（複数回答）

項目	回答者の比率（%）
所定労働時間内では片づかない仕事量だから。	61.3
自分の仕事をきちんと仕上げたいから。	38.9
最近の人員削減により人手不足だから。	33.7
仕事の性格上、所定外でないとできない仕事があるから。	30.4
納期を間に合わせないといけないから。	19.5

備考：3,000人の雇用者へのアンケート調査、回収率85.2%。
出所：労働政策研究・研修機構『日本の長時間労働・不払い労働時間の実態と実証分析』（2005年）。

ということです。ついで、自分の仕事をきちんと仕上げたいというのが第2の理由です。前者は長時間労働を「強制された」という側面で、後者は「自発性」をもって長時間労働に臨むという側面をそれぞれ表わしていると考えることができるでしょう。また、残業するのは手当てを余分に稼げるからだとしばしばいわれますが、現実には、「残業手当や休日手当を増やしたいから」（4.9%）、「業績手当などを増やしたいから」（1.2%）というように、それらが残業の主要な理由だとはいえません。他方、「上司や仲間が残業しているので先に帰りづらいから」（13.5%）のように、職場の人間関係が残業を強いている面があることは、容易に想像がつくでしょう。

最後に、終身雇用慣行をもつ多くの企業では、**企業内教育**によって従業員の職業能力を育成します。たとえば、これまでのところ多くの日本企業は、新卒で採用する正社員に対して、ごく一般的な適応能力だけを要求し、職務内容に直結するような職業能力を要求してきませんでした。いわば「まっさら」な状態の新入社員を自社にあうように自前で教育するのが一般的だったのです。就業前の教育のなかに職業教育を深く組み込んでしまっているドイツの場合、新卒者を「即戦力」として採用するといわれていますから、大きなちがいがあります。ともかく、**終身雇用とは企業内教育の仕組みを組み込んでいる**といえます。

（2）「年功賃金」

「**年功賃金**」とはここでは、勤続年数を基準として賃金を上げていく制度のことだと定義しましょう。**定期昇給制度**（＝年齢や勤続年数によって、毎年自動的に基本給を上げていく仕組み）があれば、その企業の賃金は年功賃金だといえますし、また、賃金のなかに**年齢給**部分があれば、同様に年功賃金だということができます。まずは実際に勤続年数によってどのように賃金が上がっているのかを国際比較したのが**表9-7**です。たしかに他国でも勤続年数が長いほど賃金が高いことがわかりますが、その度合は日本がもっとも著しいですね。逆にスウェーデンでは勤続年数が増えてもほとんど賃金が増えず、日本と著しく対照的です。

ただし、**表9-7**でみられるように、日本を含む多くの国で勤続年数が長いほど賃金が現実に高くなっているからといって、これらの国がすべて年功賃金を採用していると考えるのは正しくありません。賃金の「**上がり方**」が勤続年数に沿って上がっているとしても、賃金の「**決め方**」の原理は年功賃金ではなく、別の原理で決めている可能性があるためです。「決め方」の原理からいって、賃金は大きくは2つのグループにわかれます。1つは「**仕事給**」で、もう1つが「**属人給**」です。**仕事給**のほうは、それぞれの職務の価値を決めたうえで（そのための作業は**職務分析**と呼ばれます）、それぞれの仕事を担当する者の賃金を決めるという考え方です。したがって原理的にいえば、労働者の個人的な属性（性別、雇用形態、年齢、能力など）に関わりなく、ある仕事を担当するかぎり同じ賃金を得ることになります。それに対して**属人給**は、仕事給とは反対に、労働者の個人的な属性によって賃金を決めるという考え方です。もちろん年功賃金は、属人給の典型例の1つだということになります。またじつは、欧米での賃金の基本は**職務給**といって、こちらは仕事給の典型例です。したがって、欧米でも勤続年数によって賃金が上がっているといっても、それは従事する仕事が変わり、その仕事の価値が高いために賃金が変わっているのであって、年功賃金で上がっているのではないのです。

しかし、年功賃金といっても、ありうる多くの誤解とは異なり、誰しも同

表9-7 勤続年数別賃金格差

(勤続年数1～5年〔日本は1～4年〕の賃金＝100)

国名 (年)	性別	勤続年数（年）						
		計	1年未満	1～4	5～9	10～14	15～19	20～29	30～
日本(2006)	計	134.3	90.7	100.0	108.6	125.9	144.5	173.4	193.0
	男性	135.8	90.0	100.0	110.1	126.4	144.8	172.2	182.4
	女性	114.0	94.7	100.0	105.4	117.3	126.2	135.2	158.5
		計	1年未満	1～5	6～9	10～14	15～19	20～29	30～
イギリス	計	109.7	88.4	100.0	111.8	118.5	122.7	132.5	—
	男性	109.3	85.9	100.0	111.7	116.7	123.2	129.4	—
	女性	105.7	97.9	100.0	110.1	116.2	111.5	120.2	—
ドイツ	計	118.5	77.7	100.0	119.3	125.5	135.3	146.0	153.8
	男性	118.1	—	100.0	—	124.8	132.7	140.8	—
	女性	113.8	—	100.0	—	122.7	133.2	145.2	—
フランス	計	112.3	92.6	100.0	108.9	114.2	124.5	124.8	124.5
	男性	113.9	90.4	100.0	108.5	114.6	126.7	129.2	128.1
	女性	106.8	98.8	100.0	108.1	111.3	114.2	108.9	112.6
イタリア	計	108.3	82.8	100.0	106.3	112.1	119.5	125.7	124.6
	男性	109.6	83.2	100.0	107.6	113.4	120.5	127.9	129.6
	女性	105.3	85.1	100.0	103.9	108.0	115.4	117.3	117.9
デンマーク	計	99.0	85.6	100.0	107.1	107.6	111.6	112.7	113.7
	男性	99.2	85.4	100.0	108.1	107.7	112.7	112.8	113.8
	女性	98.5	86.1	100.0	105.7	107.5	108.7	110.4	109.7
スウェーデン	計	101.7	92.4	100.0	103.9	105.1	104.7	104.5	—
	男性	101.7	91.7	100.0	103.0	104.8	105.4	105.1	—
	女性	100.9	94.5	100.0	106.1	103.4	100.0	98.2	—

出所：表9-1と同じ。

等に賃金が上がっていくわけではありません。図9-3は、同年齢の労働者のなかでどの程度賃金格差が生じているかを示しています。数値が大きくなるほど同年齢層内部での賃金格差が大きいことを意味します。年齢が大きくなるにしたがって賃金格差が大きくなっていることは明らかです。したがって年功賃金とはいっても、定期昇給制度や年齢給によって単純に勤続年数だけから賃金が決まるわけではなく、**人事査定**によって決まってくる部分が大きいことを意味しています。じつは日本企業の大きな特徴は、人事査定が適

第Ⅱ部　日本経済の変化

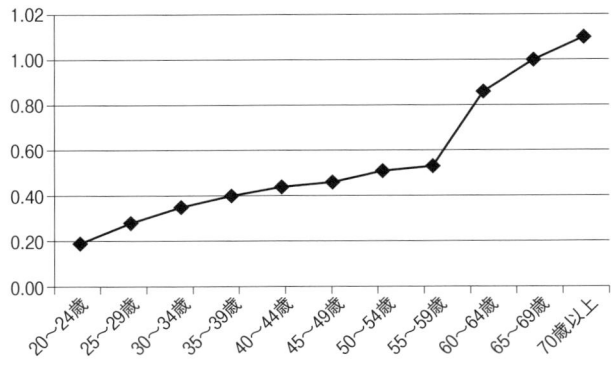

図9-3　年齢階級内賃金格差（大学・大学院卒男子の十分位分散係数）：2009年

備考：（1）分位数とは、分布の形を示す値。具体的には、労働者の賃金を低い者から高い者へと一列に並べて、低いほうから全体の10分の1番目（4分の1番目）に該当する者の賃金額が第1・十分位数（第1・四分位数）、高いほうから数えて全体の10分の1番目（4分の1番目）に該当する者の賃金額が第9・十分位数（第3・四分位数）、低いほう（あるいは高いほう）から数えて全体の2分の1番目（真ん中）に該当する者の賃金額が中位数である。
（2）分散係数とは、分布の広がりを示す指標の1つであり、つぎの算式により計算された数値。一般に、その値が小さいほど分布の広がりの程度が小さい。

$$十分位分散係数 = \frac{第9・十分位数 - 第1・十分位数}{2 \times 中位数}$$

出所：厚生労働省『労働統計要覧　平成22年度版』。

用される労働者の範囲が欧米企業に比べて広いということです。具体的にはたとえば、日本企業ではブルーカラー労働者が人事査定の対象であるのは当然視されますが、欧米企業では基本的には人事査定の対象とはならないのです。

　日本企業の人事査定には「**業績考課**」「**能力考課**」「**情意考課**」の3要素があるといわれます。業績考課は文字どおり、個人や組織の業績を評価するものです。能力考課はやや複雑で、実際に発揮された能力のみならず潜在能力をも評価するものです。情意考課は、規律や責任感などの、「能力」という言葉では表わし切れないような個人の性質を評価します。査定の結果によっ

て従業員の社内での等級が決まり、その等級によって賃金が決まります。日本企業が従業員を格付けする際に用いている仕組みを**職能資格制度**といい、従業員にはそのなかで資格等級が与えられます。「職能」とは職務遂行能力の略なので、職能資格制度とは、おおよそ、**能力によって従業員を等級付けする制度**という意味ですね。注意が必要なのは、職能資格制度による資格等級は、課長・部長といった**職位**の等級とは別だということです。賃金はおもに資格等級によって決まるのであって、職位によって決まるのではありません。つまり、資格等級が上がることを**昇格**、職位が上がることを**昇進**といって区別しますが、昇格によって賃金が上がるのです[3]。このように、職能＝職務遂行能力の向上にともなって賃金が決まると考えられるので、この賃金の決め方を**職能給**といいます。つまり、日本企業の賃金は年功賃金だといっても、正確にいえば、定期昇給制度や年齢給部分によって**文字どおり年功制になっている部分**と、査定によって資格等級が決まり賃金＝職能給が決まる**能力主義の部分**との両方を含んでいるということです。

　しかしながら、たとえ査定があるとはいえ、「勤続年数が長い人のほうが能力が高くて当然だ」と考えられることは自然ですから、職能資格制度による従業員の等級付けは結局、年功による等級付けになる傾向が根強かったのが現実です（＝「**年功的運用**」）。だから上で述べた「年功制の部分」と「能力主義の部分」はかならずしも相対立していたわけではなく、むしろ現実には融合していたとみることができます。

　単純化していえば、賃金が年功賃金になることはしばしば、勤続年数が長くなるほど技能が高くなり、その人の生産性も上がるはずだということから説明されます。つまり、勤続年数が長い人ほど企業に対して多くの価値を生んでいるはずだから、賃金もその分多く支払われるのだということですね。この説の主張者はしばしば同時に、若年期の賃金はその人の生産性の割には低く抑えられている反面、勤続年数が多くなるとその人の生産性の割には賃金が高くなると理解します。それゆえに、若い頃に低く抑えられていた賃金をあとで取り戻しているというわけです。そこで、こういう賃金の支払い方だと、長期勤続したほうが労働者にとっても得になるため、終身雇用が成立

するのだと説明されます。ところがこの見解には批判もあります。つまりこの説だと、不況のときのリストラが、技能が高いはずの高年齢層に集中する理由が説明できないというのです。むしろ、年齢が上がるにつれて上昇する生計費を賄う**生活保障給**として理解したほうが、戦後に年功賃金が成立した歴史的経緯からいっても適切でしょう。

(3)「企業別労働組合」

　労働組合とは、労働条件の改善などをおもな目的に設立された団体のことです。労働組合の組織には、職業別に組織された**職業別組合**、自動車、鉄鋼などの産業別に組織された産業別組合などがありますが、日本の場合は企業別に組織された**企業別組合**が中心です。労働組合に組織されている労働者の比率（**組織率**といいます）は1975年以降持続的に低下しており、2008年で16.5％となっています。大企業ほど組織率は高く、企業規模が小さくなるほど組織率は低いです。ただし、近年「ユニオン」という名称でよく耳にするようになった、産業・雇用形態を問わず個人加盟が可能な労働組合（**合同労働組合**と呼ばれるものです）も存在し、非正社員が増加するこんにち、重要な意味をもちつつあります。ただしあくまで本節では、正社員の雇用システムの特徴を説明するのが趣旨ですから、企業別労働組合に話を絞りましょう。

　企業別労働組合がもっとも重要な役割を果たしてきたことの1つは、**賃金交渉**です。労働組合が組合員の賃金について企業側と交渉するのは世界共通のことですが、交渉のかたちがいくつかに分かれます。たとえばドイツをはじめ多くのヨーロッパ諸国では、賃金交渉は**産業別**に行なわれます。たとえば、自動車産業に企業が複数あったとしても、自動車産業の労働組合と自動車産業の経営者団体が1対1で交渉を行ないます。ここで決定された賃金がおおよそ各自の賃金水準を決めます。もちろん、業績によって企業ごとに賃金が上乗せされたりするので、企業間でばらつきは出ますが、企業がちがっても同じ職種に就いている労働者の賃金は大きくは変わりません。ところが日本での賃金交渉は**企業別**に行なわれます。つまり、企業別の労働組合とその企業の経営者側が1対1で交渉を行なうわけです。したがって、企業に

第9章 雇用の仕組み

表9-8 賃金改定時にもっとも重視した要素：回答企業の割合（％）

	企業業績	世間相場	労働力の確保・定着	物価の動向	労使関係の安定	その他
1970	41.2	32.5	15.6	6.3	3.8	0.4
1975	52.9	23.2	4.3	14.6	3.6	1.4
1980	57.3	22.2	5.2	8.8	4.9	1.5
1985	63.7	25.7	3.0	2.1	4.1	1.3
1990	44.7	35.3	15.3	1.1	2.8	0.8
1995	71.3	18.6	4.1	1.3	3.5	1.2
2000	70.6	19.0	3.2	0.5	2.2	4.5
2005	75.2	8.4	4.2	0.3	1.9	5.6
2010	60.4	2.9	4.3	0.0	2.4	4.3

備考：調査項目に途中で追加された要素は、時系列比較ができないため省略した。
出所：同前。

よって賃金水準がばらついて自然なわけですね。

　企業別に分散して行なわれる交渉を同時期に集中させれば、多くの企業で高水準の賃上げを得られると予想できます。なぜなら、「高い賃上げを達成したA社の成果はB社での交渉に影響し、それがまたC社の交渉にも反映され……」というような連鎖反応が期待できるからです。実際にそうした連鎖反応を実現していたのが日本の**春闘**という仕組みです。企業別交渉を春の早い時期に集中して行なうのですが、まずは比較的業績がいい企業が先導して交渉を行ないます。好業績のその企業では高い賃上げが達成できるでしょうが、そこでの賃上げ率は、他の企業別交渉にとっての一種の「世間相場」となります。こうして春闘は、規模別・企業別の賃金格差を減らし、社会全体で高水準の賃金上昇をもたらすのに貢献してきたのです。

　ところが1990年代中盤には、春闘の形骸化がいわれるようになりました。たとえば、先導して交渉を行なう企業（「パターン・セッター」と呼ばれます）が賃上げ要求を実現できなかったり、賃上げ要求を産業単位で統一できなかったりという事態がそのことを示しています。表9-8をみると、春闘

が形骸化するにつれて、賃金はこれまで以上に、個々の企業の業績によって決められるようになってきていることがわかります。また、賃金を決めるうえで「世間相場」がどのくらいなのかを考慮しないようになっていることも示されています。これらのことから、規模別・企業別の賃金格差に対する「歯止め」だった春闘の効果が失われてきていることがわかります。

9-3　近年の変化

これまでにみてきた日本の労働市場・雇用システムは、現在大きく変化しているといわれています。経営者団体である日経連（日本経営者団体連盟：現在は日本経済団体連合会〔経団連〕に統合されていて存在しない）が1995年に出した報告書『**新時代の日本的経営**』は、この変化を理解するうえでたいへん重要な文書です。この文書では、雇用者を（1）管理職、総合職、技能部門の基幹職が対象の「長期蓄積能力型グループ」、（2）企画、営業、研究開発などが対象の「高度専門能力活用型グループ」、および（3）一般職、技能部門、販売部門などが対象の「雇用柔軟型グループ」に階層化させることで、労働力を柔軟に利用できるようにするとともに、第1のグループの人数をより少人数に絞って、非正社員である第2・第3グループの人数を増やすべきだと提言しています。第1のグループは、雇用契約の期間の定めがなく、職能給・昇給制度があるという特徴ですから、前節でみた「正社員」に該当しますが、第2・第3のグループは有期雇用契約の「非正社員」ということになります。以下にみるように、この提言内容は実際に実現してきているとみることができます。

9-3-1　労働市場の変化

まずは図9-4をみてください。1984年時点からみると、正社員の割合は約20％減少してきていることがわかります。たしかに非正社員の増加は最近にはじまったことではなく、より長期的な現象だと見て取れますが、その減少度合がとくに大きいのは1990年代後半からであることがわかります。

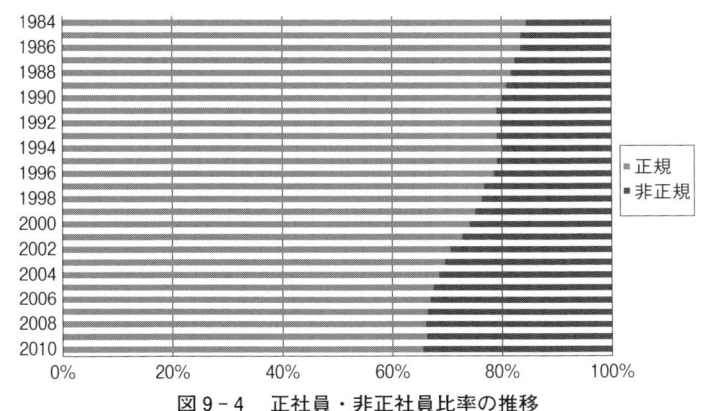

第 9 章　雇用の仕組み

図 9 - 4　正社員・非正社員比率の推移
備考：2001 年までは年平均、2002 年からは 2 月時点の数値。
出所：労働力調査長期時系列データより筆者作成。

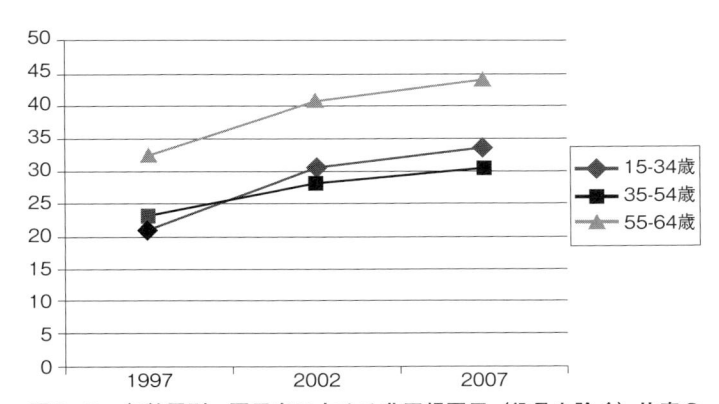

図 9 - 5　年齢層別　雇用者に占める非正規雇用（役員を除く）比率の推移（%）
出所：総務省統計局『就業構造基本調査』。

　年齢層別に非正規雇用の比率をみた図 9 - 5 からは、1990 年代中盤以降、とくに 15〜34 歳で非正規雇用の比率が急増しています。図 9 - 5 と同じデータからよりくわしくみると、学校卒業後間もない若年層で、非正規雇用比率は 1997 年から 2007 年の 10 年間で、15〜19 歳で 54.2%→71.8%、20〜24 歳で 25.3%→43.2%、25〜29 歳で 14.8%→28.2%へと急増していること

337

がわかります。日本の場合は多くの人が、学校を卒業して終身雇用の正社員になり年功賃金を受け取ることによりはじめて、家族の生活を安定的に支えることができたのですが、これらの数値は、こうした男子正社員のコースに乗ることができない若年層が急増していることを示しています。加えて**表9-3**でみたように、雇用形態による賃金格差が大きいうえ、非正社員の場合勤続による昇給もありません。この事実に加えて、公的な生活保障の仕組みが弱い日本では、少なくない数の若年層が男子正社員のコースに乗れないということは、最近のニュースが報じるとおり、所得格差や貧困といった問題の大きな原因の1つなのです。

　ではなぜ、企業は非正社員の雇用を増やしたのでしょうか。**表9-9**からわかることは、もっとも大きな理由は、賃金を節約したいということです。ついで、仕事量の変化に柔軟に対応するためという理由がつづきます。つまり、仕事が暇なときに正社員を雇っておくことは無駄になるから、仕事が忙しいときにかぎって雇うことができる非正社員に依存しているというわけです。要するに、いずれの理由も煎じつめれば、コスト削減というのが非正社員を雇う最大の理由だということができるでしょう。

9-3-2　正社員の雇用システムの変化

　正社員はただ数が絞られただけではなく、雇用システムにも大きな変化がみられました。もっとも注目されたのは**成果主義賃金**の導入です。成果主義賃金には正式な定義があるわけではなく、また論者によって使われ方もまちまちなのですが、ここでは「仕事成果への評価によって賃金が決まる仕組み」のことだと理解しておきましょう。バブル崩壊以降の長期不況のなかで低収益に悩んでいた1990年代中盤以降の日本企業は、人件費削減に着手しますが、その代表的な手段の1つが**賃金制度**の変更でした。2-2-2で論じたとおり、それまでの日本企業は、少なくとも制度上は能力主義に基づいた資格等級制度と賃金制度をもっていましたが、実際にそれら制度を動かす段になるとしばしば**年功的運用**になってしまっており、それがコストを押し上げる要因になっていると経営側はみていました。企業業績が良好なうちはそ

第9章　雇用の仕組み

表9-9　企業が非正社員を採用する理由・複数回答（％）

就業形態	正社員以外の労働者がいる事業所	正社員を確保できないため	正社員を重要業務に特化させるため	専門的業務に対応するため	即戦力・能力のある人材を確保するため	景気変動に応じて雇用量を調整するため	長い営業（操業）時間に対応するため	1日、週の中の仕事の繁閑に対応するため	臨時・季節的業務量の変化に対応するため	賃金の節約のため	賃金以外の労務コストの節約のため	高年齢者の再雇用対策のため	正社員の育児・介護休業対策の代替のため	その他
平成22年 正社員以外の労働者がいる	100.0	17.8	17.3	23.9	24.4	22.9	20.2	33.9	19.1	43.8	27.4	22.9	6.7	8.1
契約社員	100.0	17.1	15.1	41.7	37.3	15.0	7.3	9.1	7.5	30.2	13.0	14.6	5.1	4.6
嘱託社員	100.0	7.8	3.9	28.5	31.9	3.5	3.2	2.2	2.4	17.8	4.9	75.9	0.9	2.1
出向社員	100.0	16.1	4.2	46.7	46.8	2.5	0.5	3.5	1.9	4.6	2.7	4.2	0.3	21.6
派遣労働者	100.0	20.6	16.1	27.0	30.6	24.7	6.3	9.5	17.4	18.7	16.2	3.4	15.1	2.1
臨時的雇用者	100.0	13.4	2.2	10.9	16.7	38.0	5.9	24.2	48.6	28.4	20.2	6.1	5.5	1.6
パートタイム労働者	100.0	16.0	17.5	13.3	11.9	23.2	23.8	41.2	18.8	47.2	30.8	9.7	5.2	6.8
その他	100.0	14.9	16.1	13.8	20.3	15.3	17.6	22.0	15.8	41.4	21.0	7.9	6.1	9.1
平成19年 正社員以外の労働者がいる	100.0	22.0	16.8	24.3	25.9	21.1	18.9	31.8	16.6	40.8	21.1	18.9	2.6	14.1
契約社員	100.0	18.2	10.6	43.6	38.3	15.6	6.4	4.5	5.0	28.3	8.1	11.0	2.4	13.2
嘱託社員	100.0	10.9	5.1	35.4	41.9	2.2	1.2	3.4	1.6	20.5	5.2	67.3	0.4	6.4
出向社員	100.0	23.5	2.6	47.9	48.8	2.6	0.6	1.5	1.9	8.9	4.5	3.2	0.1	34.9
派遣労働者	100.0	26.0	20.4	20.2	35.2	25.7	3.4	13.1	20.3	18.8	16.6	2.0	6.5	7.0
臨時的雇用者	100.0	14.7	2.4	22.9	21.9	23.5	12.0	29.2	35.1	27.2	15.4	9.5	2.8	0.7
パートタイム労働者	100.0	17.6	15.3	12.7	11.8	20.1	21.7	37.2	14.5	41.1	21.3	7.9	1.6	10.6
その他	100.0	20.8	14.5	15.9	13.1	23.6	16.1	16.9	16.7	36.2	14.8	8.9	1.7	14.2

（注1）正社員以外のそれぞれの就業形態の労働者がいる事業所のうち、その就業形態の労働者を活用する理由を回答した事業所について集計した。
（注2）ここでいう「賃金」とは、基本給のほか、通勤手当、時間外手当などの諸手当を含めたものをいう。
（注3）「賃金以外の労務コスト」とは、健康保険などの事業主負担額、教育訓練・福利厚生関係などの費用をいう。
（注4）平成19年の数値は、複数回答3つまでの回答を集計した割合である。
出所：厚生労働省『平成22年　就業形態の多様化に関する総合実態調査』。

うしたコストは気になりませんが、業績が悪化するとこうした高コスト要因は顕在化します。とくに経営側は、生み出される仕事成果と支払われている賃金が対応していないことを問題視します。そうして導入されたのが成果主義賃金だったわけです。その結果、図9-6が明瞭に示すように、加齢による賃金の上がり方は年々ゆるやかになってきています。細かくみれば、たし

第Ⅱ部　日本経済の変化

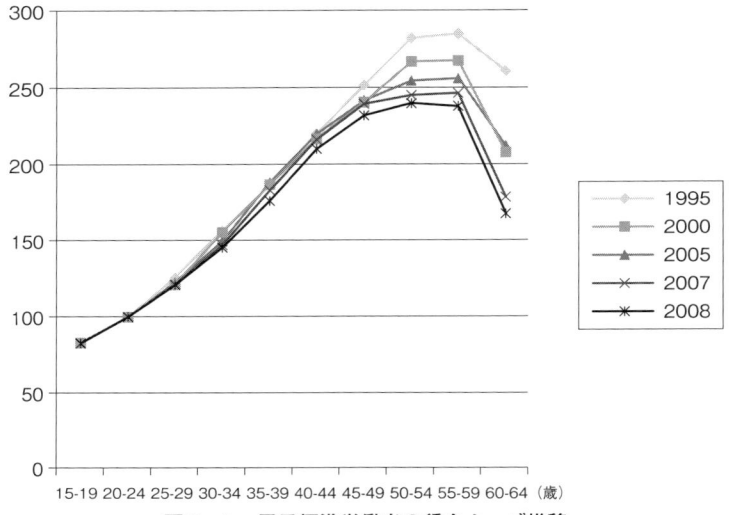

図9-6　男子標準労働者の賃金カーブ推移

備考：（1）標準労働者とは、同一企業に継続して勤務する者を意味する。
　　　（2）20〜24歳の賃金を100としたときの、各年齢層の賃金水準を表わす。
　　　（3）学歴ごとにウェイトづけして平均している。
出所：厚生労働省『労働経済白書　平成21年版』より筆者作成。

かに若年時の賃金上昇ペースはあまり時点によって変わらないものの、40歳代以降の賃金の上がり方はかなりゆるやかになっていることがわかります。その結果、人件費が節約されたことはいうまでもありません。

　成果主義賃金が導入されるようになって、基本給を決める際に現実にどのような要因を重視するようになったかを示しているのが**図9-7**です。図をみると第1に、一般社員に対しても管理職に対しても、年齢・学歴・勤続年数を以前よりも重視しないようになってきていることがわかります。とくに一般社員と比べて管理職にその度合が強いです。逆にいえば「成果主義」とはいっても、とくに一般社員に対しては、現実には年功賃金的な要素が根強く存続しているということなのです。第2に、業績・成果が以前より明確に重視されるようになってきていることがわかります。その度合は一般社員に比べて管理職で強いです。このことから、管理職に対しては成果主義がより

(一般社員)

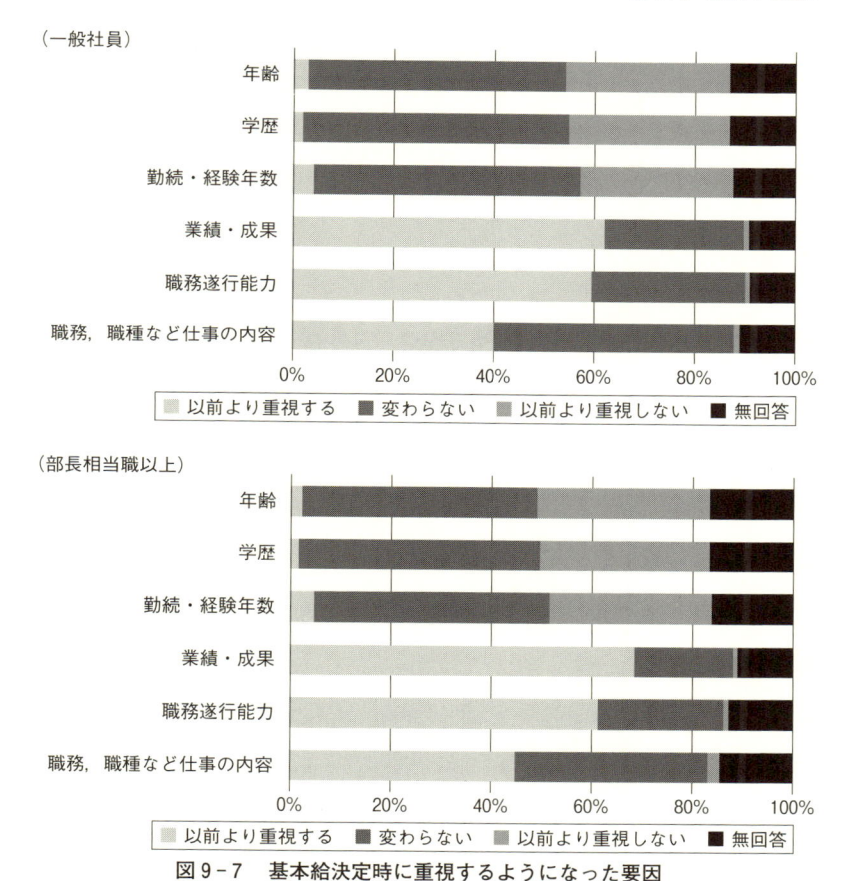

図9-7 基本給決定時に重視するようになった要因
出所：労働政策研究・研修機構『多様化する就業形態の下での人事戦略と労働者の意識に関する調査』（2006年）。

深く導入されているのに対して、一般社員に対しては成果主義の導入が抑制されているといえます。したがってこれらのことから、成果主義賃金の導入度合は、一般社員なのか管理職なのかによってちがうということがわかりますね。

2000年代に入って以降、「モチベーションを落とす」「チームワークを乱す」「長期的人材育成にマイナス」などの批判が成果主義賃金に対してさか

んになされ、成果主義賃金を導入した多くの企業でも試行錯誤が行なわれました。その結果、とくに一般社員の場合に顕著なように、これまでの年功賃金的・能力主義的な要素に成果主義的な要素を「接ぎ木」したものが、現実の成果主義賃金だといえるでしょう。

9-4　おわりに

　以上のように、日本における雇用の世界は急速に変化しています。この変化はじつは、**企業システム**の変化と密接に結びついています。また、生活不安を抱える非正社員が増大したことで、**社会保障システム**の刷新が重要な政策課題になって久しいわけです。このように、日本経済全体の動きのなかで雇用・労働の諸問題をどうとらえたらいいのか、広い視野から理解するうえで、この章と本書の他の章が皆さんの役に立てば幸いです。

注
(1) 厚生労働省「労働経済動向調査」に登場する雇用調整手段は、残業規制、休日の増加、臨時・パートタイム労働者の再契約停止・解雇、中途採用の削減・停止、配置転換、出向、一時帰休、希望退職者の募集、操業時間の短縮、下請け・外注の削減、派遣労働者の削減などと多岐にわたっています。企業はじつに多様な雇用調整手段をもっていることがわかりますね。
(2) 熊沢誠『新版　日本の労働者像』（ちくま学芸文庫、1993年）は、完全に強制されたともいえず、また完全に自発的ともいえないこうした状況を「強制された自発性」と呼びました。
(3) いうまでもなく、課長職などの職位の数はおのずとかぎられているため、昇進できる人数はかぎられています。そのため、ある職位で昇進が止まってしまう従業員はかならず存在します。しかし、資格等級には定員は必要ありませんから、昇進しなくても昇格・昇給させることが可能になります。つまり、「昇進頭打ち」による動機づけの低下という問題を、一定程度は解消することが可能になるのです。

【本章の理解をさらに深めるための参考図書】
石水喜夫（2012）『現代日本の労働経済――分析・理論・政策』岩波書店。
伊丹敬之・岡崎哲二・沼上幹・藤本隆宏編（2005-6）『リーディングス日本の企業システム（第2期）』全5巻、有斐閣。

熊沢誠（2007）『格差社会ニッポンで働くということ』岩波書店。
小池和男（2005）『仕事の経済学』第3版、東洋経済新報社。
仁田道夫・久本憲夫編（2008）『日本的雇用システム』ナカニシヤ出版。
久本憲夫（2010）『日本の社会政策』ナカニシヤ出版。
マースデン、D（2007）『雇用システムの理論——社会的多様性の比較制度分析』宮本光晴・久保克行訳、NTT出版。

第Ⅱ部　日本経済の変化

第10章
日本企業の盛衰と電機産業

【本章で学ぶポイント】
① 1990年のバブル崩壊以降、日本企業はどう変貌していったかを学ぶ。
② 半導体産業を代表とするハイテク分野の熾烈な競争動向を学ぶ。

10-1　日本企業の盛衰

10-1-1　産業全体の動向

　日本企業は第2次大戦後高成長をとげ、1990年にはその売上高は1500兆円に達しました。こうした企業の売り上げ伸長にともない、GDP規模も同年にほぼ500兆円に達しました。あとからみるとこの1500兆円、500兆円の両レベルが日本の史上最高レベルであったようです。というのは、1990年のバブル崩壊以降は、企業売り上げ・GDPともに現在までの20数年間、一貫して横ばい・停滞に陥ってしまったからです。2013年現在もその停滞のトンネルからは抜け出せていません。すなわち日本企業も経済も1990年を境に盛・衰がくっきり分かれるわけです。その様子は**図10-1**をみても明らかです。

　物価要因を除いた実力売上高は**表10-1**のとおりで、1990以降若干増えているようにみえますが、物価などの要因を除く実力売上高では、1990年の1550兆円の最高実績に現在も戻っていないのが実情です。

第10章　日本企業の盛衰と電機産業

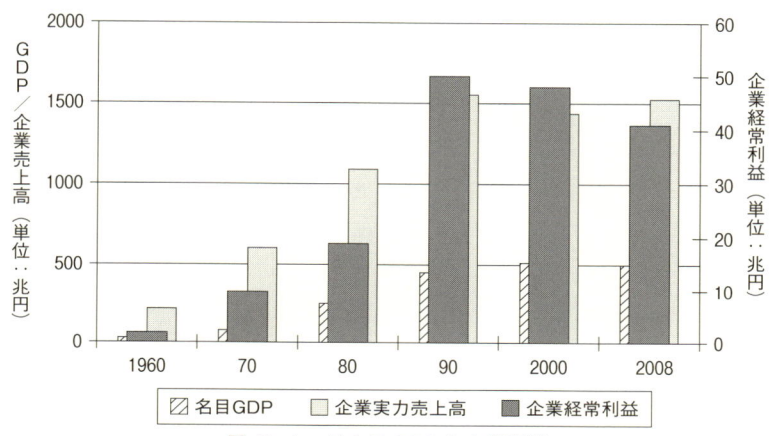

図10-1　日本のGDPと企業利益
出所：財務省「法人企業統計年次調査」より筆者作成。

表10-1　日本企業売上高推移

	1960年	1970年	1980年	1990年	2000年	2008年
売上高（兆円）	46	214	820	1428	1435	1508
実力売上高（兆円）	215	601	1090	1550	1435	1523

出所：同前。

10-1-2　産業別の動向

つぎに、産業別の動向を確認してみましょう。売上高推移の産業別構成は図10-2にみられます。

この図から以下のことを指摘することができます。

（1）製造業の後退

グラフ凡例のいちばん下から「他製造」までが製造業です。製造業が全体に占める比率は1960年の40％弱から2008年の30％へと年々減少しています。その原因をたどるとつぎの要素が考えられます。

① 1990年以降のバブル崩壊・長期不況で日本市場向け売り上げが停滞。

第Ⅱ部　日本経済の変化

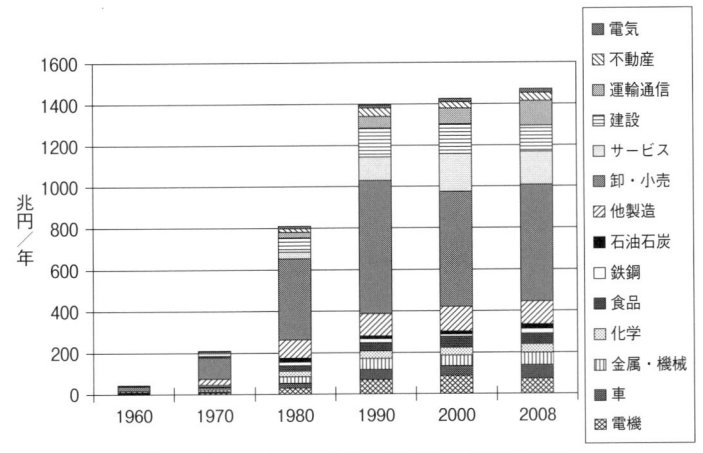

図10-2　日本企業の売上高推移：産業別構成

(注) 資本金200万円以上、1990年以降は1000万以上。
出所：同前。

②為替レートが、1960年360円、1980年210円、1990年140円、2013年100円と徐々に円高へと変化した結果、輸出が停滞。
③韓国、中国企業などの台頭による国際市場での日本企業の後退。
④家電・自動車などの耐久消費財の先進国全般での普及率が100％近くに達し売上増加を阻害。
⑤ドイツ・日本・ロシア・東欧などですでに人口減少・市場縮小がはじまっている。

これらほとんどの要因は先進国に共通です。各国の状況により、その現われ方が時期的に異なるにすぎません。とくに④⑤は先進国経済を停滞に追い込む基本的要因ともなっています。また、こうした5大要因によって、先進各国の巨大企業を中心に、製造をコストの安い中国や東欧に移してゆく傾向も顕著です。こうして現在の「**先進国の空洞化**」（とくに製造業）は企業の問題にとどまらず、先進国勤労者を中心とする民需の押し下げ要因として働き、先進国市場全体を停滞させる深刻な要因となっています。

なお日本企業の製品は、昔のようにどんどん輸出されて世界標準になるというより、現在ではむしろ日本独自の技術性を生かして高性能・高価格製品の市場を形成する方向にあります。これが日本の生きてゆく道のようにもみえますが、一方でこうした傾向により、日本市場が**ガラパゴス化**（絶海の孤島のごとくなる）して停滞するのではないかとの懸念も出てきています。

（2）卸小売業の過当競争と売り上げ減少

　日本市場全体のうち、とくに民需が1990年以降冷え込み、卸小売業の売上も減少しています。それと同時に、企業売上高全体に占める卸・小売業比率も、1960年の50%強から2008年の40%弱へと減っています。なかでも百貨店の売り上げは1990年の12兆円から2010年の7兆円に激減し、スーパーは2000年以来横ばいで、代わってコンビニだけが90年3兆円から2010年8兆円へと増えています。

　ヤマダ電機・ヨドバシカメラ・エディオンなどの家電量販店は、旧来の複雑な流通ルートを省略した直販体制をしいて売り上げを伸ばしたため、旧来の大企業系列販売店（いわゆる町の電気屋さん）はほとんど姿を消しました。インターネット・ショッピングも拡大しています。また、卸小売業全体としてみると、競争は過激となり大規模店舗が拡大し、中小・零細企業は縮小・撤退を余儀なくされています。

（3）サービス・運輸通信業の拡大

　不況にともない、夫婦共稼ぎや夜勤・不規則労働なども増加した結果、手軽に安く食べられるファミリーレストラン、宅配便、インターネットやITサービス、高齢者増加にともなう老人施設などサービス・運輸通信分野が、不況下の日本で増加傾向にあります。この分野は第3次・第4次産業といわれる分野です。ただし全体の企業売上高を増加させるほどのインパクトをもっているわけではありません。

第Ⅱ部　日本経済の変化

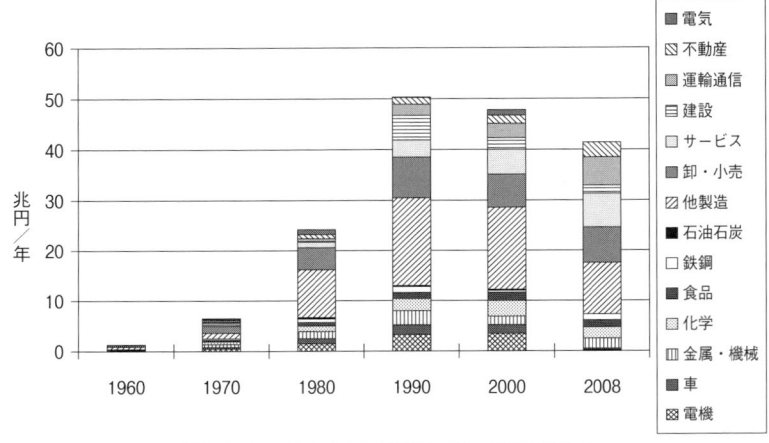

図10-3　日本企業の経常利益：産業別構成

出所：同前。

10-1-3　日本企業の利益動向：全体の傾向

　売上動向につづいて、日本企業の利益推移をみてみましょう。こちらも1990年を境に「盛」と「衰」がくっきり分かれ、90年以降の利益額の減少傾向は際立っています。なかでも製造業は1990年に約30兆円の利益をあげていたにもかかわらず、現在は約半分に減っています。従来、製造業の利益の3割を担っていた車や電機がまったく振るわないためです。結局これが日本企業の利益低落の主因の1つとなっているのです。一方そのなかでもサービス・運輸通信などの第3次・第4次産業の利益は、**図10-3**もわかるように上がっています。

　さらに、近年の日本企業利益の約半分は、海外の子会社からの配当といった、海外からのいわば「仕送り」に頼っています。肝心の日本国内企業の利益は、図中グラフの減り方よりも激しい減り方をみせています。こうして日本企業、とりわけ国内企業は苦境に立たされた末に、リストラや非正規社員増加、海外逃避といった後ろ向きの施策を推進するようになっているのです。

　つぎに日本企業の利益を企業規模別にみてみましょう。財務省「法人企業

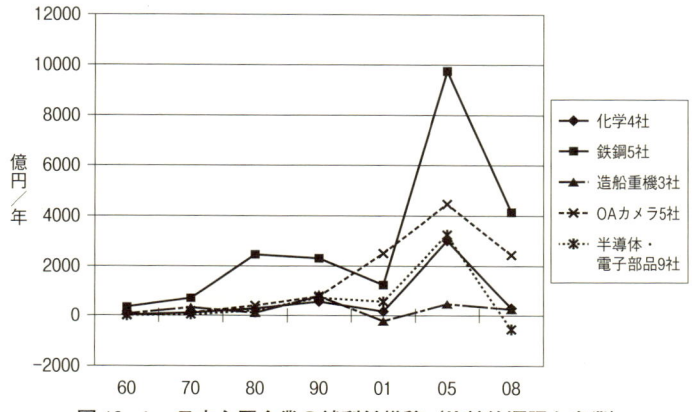

第 10 章　日本企業の盛衰と電機産業

図 10- 4　日本主要企業の純利益推移（比較的順調な産業）
＊化学 4 社：三菱・住友・昭和電工・信越
＊鉄鋼 5 社：新日鉄・川鉄・日本鋼管・住友金属・神戸製鋼
＊造船重機 3 社：三菱重工・川崎重工・石川島播磨
＊OA カメラ 5 社：キヤノン・リコー・ミノルタ・ニコン・オリンパス
＊半導体・電子部品 9 社：アドバンテスト・東京エレクトロン・ローム・三井ハイテック・京セラ・日東電工・太陽誘電・村田製作所・日本ケミコン
出所：『会社四季報』など諸データより筆者作成。

統計年報」によれば、大企業（資本金 10 億円以上約 5000 社）の売上高経常利益率は 4 〜 5 ％と近年増えており、中小企業は 1 〜 3 ％と停滞傾向がつづいています。大企業は政府からの技術開発や輸出など各種奨励金収入も多く、実質的な法人税率は 20〜30％と中小企業より低い企業も少なからずあります。

　こうしたことを背景に、大企業の内部留保は 1990 年 112 兆円、2000 年 172 兆円、2011 年 267 兆円と、2000 年代に入って 95 兆円も増えています。この深刻な不況下でも大企業を中心に利益を確保している構図が垣間みえるわけです。

　さらに、JETRO「日本の直接投資残高」によれば、日本の海外直接投資残額は 1996 年 26 兆円、2000 年 28 兆円、2011 年 97 兆円と、2000 年代に 69 兆円も増えており、大企業を中心とする海外への逃避傾向も顕著です。

第Ⅱ部　日本経済の変化

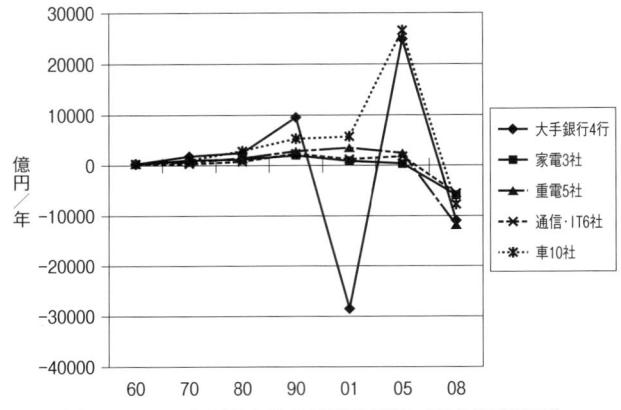

図10-5　日本主要企業の純利益推移（赤字転落産業）
＊大手銀行4行：みずほ・東京三菱UFJ・三井住友・りそな
＊家電3社：パナソニック・シャープ・サンヨー
＊重電5社：日立・東芝・三菱・富士電機・安川電機
＊通信・IT6社：ソニー・NEC・富士通・沖・VICTOR・松下通信工
＊車10社：トヨタ・日産・いすゞ・日野自動車・三菱自動車・マツダ・ダイハツ・ホンダ・すずき・富士重工
出所：同前。

10-1-4　黒字業種の利益動向

　戦後から現在に至るまで図10-4に記された業種の企業は、日本企業の技術優位が比較的保たれている分野で、2008年のサブプライム危機（リーマンショック）後にあってもかろうじて赤字転落は回避できた業種でもあります。鉄鋼や造船重機は、戦後すぐに世界のトップになりましたが、のちに韓国や中国などの追い上げで利益確保は厳しくなりました。近年は、世界的な需要の高まりや高性能・高品質な製品による競争力の回復もあり、2008年の危機以後もなんとかもちこたえています。OAや半導体電子部品メーカーは日本が誇るハイテクメーカーであり、世界シェアナンバー1企業が名を連ねており、不況でも強さを発揮して利益を確保しています。

10-1-5　赤字転落業種の利益動向

つぎに、業績がかんばしくない業種に属する企業の収益についてみてみましょう。銀行は1980年代、世界のトップ10の銀行に日本の銀行が7行名を連ねるほどにまで大きく成長し、その結果日本の銀行は世界でもトップシェアを占めるようになりました。しかしながら日本の銀行は1990年のバブル崩壊後、90兆円もの不良債権を抱え10年以上苦しんだ末、20数行から現在の4メガバンクに統合されることで、やっと再生をはたせました。しかし、2008年に欧米で発生した世界的な金融危機の影響を受け、経営は不安定に推移しています。一方家電などの耐久消費財産業は、需要が飽和に達しているにもかかわらず企業数が多すぎるうえに、韓国・中国など新興勢力の台頭が著しく、パナソニック・シャープ・ソニー・NECなど7社だけで13万人のリストラを推進し、苦しい経営状態です。

またこうした大企業傘下の中小・零細企業になっていくと状況はさらに厳しくなっています。

なお、自動車産業は2008年一時的に赤字転落したものの、その後ハイブリッド化・電気自動車化で世界に先行しました。また、多国籍企業戦略が成功して、為替変動にも強い企業体制を構築しました。なかでもトヨタ・日産・ホンダの3社は世界に誇る日本のBIG3として利益を拡大中です。

10-1-6　21世紀型ビジネスモデル

20世紀に膨張拡大をとげた先進国経済は、近年大きな困難に直面しています。1990年代初頭のバブル崩壊で一足先に日本が長期不況に突入しました。21世紀に入っては、2008年のアメリカ・サブプライム危機（リーマンショック）を機に先進国全体が長期不況に突入しています。日本でもデフレが進行し、人々の不安は増しました。上昇・拡大の時代から停滞・下降の時代に入ったのです。

1989年のベルリンの壁崩壊を契機に、28億人もの人口が2001年までに市場経済に参入し、市場経済圏の人口は一挙に3倍近くに増えました。こうしたなかで世界はただ1つの自由経済圏を形成しようとして、世界的競争がよ

り激しくなりました。そのなかで巨大世界企業が率先して、安価なコストを求めて中国・東欧などの新興国地域に進出しました。先進国の市場は飽和し、原発危機の発生や地球温暖化の進行などにともない、人々の健康・環境志向はますます強まりました。こうした状況のなかで、**表10-2**にみられるような21世紀型のビジネスモデルが確立しつつあります。

表10-2　21世紀型ビジネスモデル

ビジネスモデル	推進するおもな企業
（1）半導体・液晶装置・素材メーカー型モデル 　半導体・液晶の微細加工をめざす競争は熾烈で、日本の半導体メーカーにかぎらずアメリカ・韓国・台湾の半導体メーカーも、こぞって高い技術を誇る日系装置・素材メーカーに頼って開発が進められました。日系半導体メーカーが沈んだあとも日系装置・素材メーカーのNO.1の地位は揺るいでいません。日本製メーカーのシェアは約40％で圧倒的な技術力を背景に勝ち組といわれるインテルや三星向けでも高く「半導体敗れて装置あり」（2006年2月日経ビジネス）といわれるほどです。	信越化学（半導体ウェハー）、 東京エレクトロン（半導体前工程）、 ニコン・キャノン（半導体露光装置）、 大日本スクリーン（半導体洗浄）、 アドバンテスト（テスター）、 DISCO（半導体研磨・切断装置）、 日東電工（液晶用偏向フィルム）
（2）ハイテク技術主導型モデル 　日亜化学は中村修二による青色LED開発が基で、LED照明の世界を切り開きました。白色LEDでも世界のトップです。堀場の計測器世界シェアは80％です。ダイキンは2012年8月米社を買収し、空調売り上げ1.2兆円と世界NO.1の地位を固めています。村田製作所はカラーTV用セラミックフィルター・セラミックス発振子世界シェア80％、チップ積層コンデンサー50％など売り上げの7割が世界シェアトップであり世界一の電子部品メーカーです。オリンパス内視鏡の世界シェアは70％で利益率は3割です。日本セラミック70％、日本電産70％、マブチモーター50％も断然世界一です。これらの会社は特定の技術や市場に徹したことによって事業を成功に導きました。	日亜化学（LED）、 堀場製作所（エンジン計測器）、 ダイキン（空調）、 京セラ（セラミックス）、 村田製作所（電子部品）、 日本セラミック（赤外線センサー）、 ヒロセ電機（携帯電話用コネクタ）、 オリンパス（内視鏡）、 日本電産（HDD用スピンドルモータ）、 マブチモーター OA機器用小型モーター）

（3）世界の工場中国などを活用するモデル 　アパレルでは海外と合わせ1000店舗にも拡大したユニクロがダントツに大きく成長しました。商品生産から一貫して手がけ、円高を追い風にして付加価値をどんどん拡大しました。100円ショップはデフレ不況下で、庶民の味方として業績をあげました。これら企業の成功の背景には、世界の工場として品質も向上させてきた中国企業の力があります。	ユニクロ、100円ショップ、IKEA
（4）流通中抜き・家電量販店中心・内需志向中心型モデル 　日本は消費市場規模からみると、世界で第2番目に大きい市場です。全メーカーの品揃えと安さを強みに、大手家電量販店はいまや大手メーカー単位の流通ルートを駆逐しました。都会では500メーターごとにコンビニがあり、簡便で安価な弁当やおにぎり・パンなどから郵便局や銀行の機能まで取り込むなど、現代人の生活になくてはならない存在となっています。また、コンビニ最大手のセブン・イレブンは高齢者向け食事宅配サービスを強化するなど新たな市場開拓に余念がありません。主婦の店として一世を風靡したかつての流通の旗手ダイエーは2003年イオングループの傘下に入っています。	ヤマダ電機、コンビニ、イオン
（5）グローバル市場志向型モデル 　欧米・アジア・中南米など地域別のグローバル販売・生産・調達戦略を展開。スズキはインド市場で50％のシェア。	トヨタ、ホンダなど巨大企業
（6）資源・エネルギー型モデル 　逼迫してきた資源の開発・調達・販売を戦略的に推進。	大手商社

10-1-7　拡大する海外生産

　上でみたビジネスモデルのいくつかは、事業のグローバルな展開で収益を確保しています。一方、為替レートは1988年以降、1ドル120〜140円で推移し、1995年には1ドル100円を切りました。さらに2011年には80円前後まで円高は進みました。

こうした状況で国内製造を前提としたコストダウンはもはや限界に達しているといってよいでしょう。そのため、日本企業の生産拠点の海外移転がどんどん進んでいます。経済産業省の海外事業活動基本調査によると、国内製造業全体の海外生産比率は、1980年の8％から1995年の17％へと倍増しました。業種別にみると、電機産業では14％から23％に、輸送機械産業では17％から37％に増えています。図10-6と図10-7をみてください。それによると、日本メーカーのお家芸であるカラーテレビの生産において、日系メーカーは1995年までに大半の生産を海外に転換していますし、それが中国ほかのアジアのカラーテレビ生産拡大に貢献していることは明白です。

近年では、パソコン・カメラ・携帯電話を含めたデジタル製品のアジア生産がコモディティ化や価格破壊ももたらしました。ちなみにコモディティ化とは、かつては差別的競争力をもっていた高機能商品が多数の同業他社によって製造されるようになった結果、その相対的優位を失い、価格やブランド力でのみ判断されるようになることを意味します。上で挙げた商品群はまさにその典型です。また、生産がグローバル化し、韓国企業がこれらの商品生産に巨額投資を行なうなど、激しい競争が展開されるなかで、日本の電機産業は試練にさらされています。

日本企業による海外直接投資は1986年以降、貿易摩擦や円高への対応、現地市場確保のための金融機関・商社の海外進出などにともなって、多分野にわたって急増しました。その総額は、1997年ごろまで毎年400〜500億ドル（4〜5兆円）もの規模で推移しました。その結果、日本企業の海外生産比率も1995年の8％から2005年には17％へ急激に高まりました。ただし、海外生産の歴史の古いアメリカ企業およびドイツ企業の海外生産比率はそれぞれ36％、20％以上であり、それらの国々の企業と比較すれば、日本企業はまだ後発です。

日本企業の海外進出による重要な目的は、利益拡大です。2000年代に入りこの利益は顕著に増大し、上場企業の経常利益の3分の1以上を海外に頼るまでになりました。2008年度に至っては、上場企業の営業利益は、国内で得た2.3兆円（48％）に対し海外で得た利益が2.5兆円（52％）と、はじ

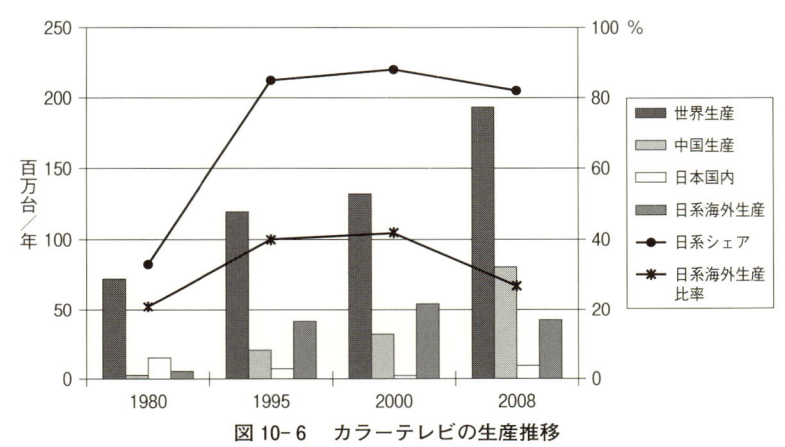

第10章　日本企業の盛衰と電機産業

図10-6　カラーテレビの生産推移
出所:「世界統計年鑑」「世界国勢図会」2009/10 データより筆者作成。

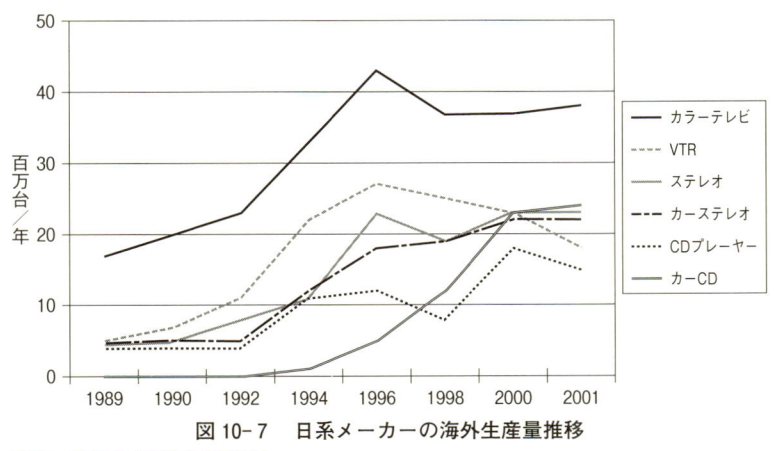

図10-7　日系メーカーの海外生産量推移
出所:内閣府「消費動向調査」。

めて海外利益が上回る結果さえ出ています。また海外利益の7割はアジア市場で稼ぎ出されており、世界同時不況のなかでもアジアの需要は比較的底堅く、アジア依存は今後とも強まると考えられるでしょう。

図10-8は、日本の3000社あまりの上場企業について、経済産業省が調査した海外現地法人の利益推移です。近年それらが飛躍的に増加しているこ

第Ⅱ部　日本経済の変化

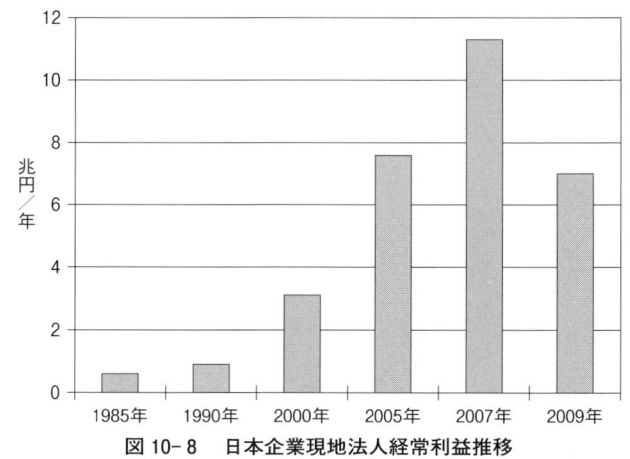

図 10-8　日本企業現地法人経常利益推移
出所：経済産業省「わが国企業の海外事業活動」より筆者作成。

とは明白であり、「利益の約半分は海外依存」というのが最近の特徴といえます。

　海外生産のメリットは安い労賃だけではありません。ある電子部品の製造コストは**図 10-9**のような構成になっています。つぎの 5 つのメリットが重なって安くてよい製品ができあがっているのです。

①製造経費では日本は設備投資のコストが高い（減価償却費がその主因）。
②アジアは動力費・水道代・諸経費などが日本の半分以下。
③工場の稼働日数がアジアでは 27〜29 日と長い。日本では 24 日程度。1 個あたり固定費用は稼働日数が長いほど安くなる。
④アジアは賃金が安い。ただし労働生産性が悪いため実質賃金コストは賃金／労働生産性で構成されているが、この点を考慮しても徐々に訓練されはじめている労働者が大量に揃う中国は優位に立っている。
⑤アジアでは材料費が安い（ただし高度な技術を要する基幹材料は日本に頼る）。

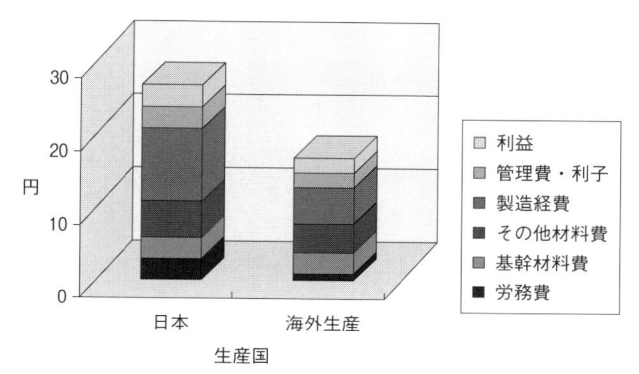

第 10 章　日本企業の盛衰と電機産業

図 10-9　なぜ海外生産コストは安いのか
出所：ある電子部品会社の実例より筆者作成。

　要するに図 10-9 は、同じ製品をつくる場合、海外生産のほうが約 40％安いことを示しています。理論的にはアジアでつくって日本にもち帰って売れば 40％近くがそっくり利益になるわけです。またこの利益は円が高くなればなるほど多くなるため、デフレ下の日本では、この方式を活用したユニクロ・100 円ショップ・ニトリ・西松屋などが好調な業績をあげています。
　こうして 1980 年代以降日系企業は、労働集約産業のみならず、資本集約型の装置産業もインフラストラクチャー（電機・水道・ガスやアクセスのよさなど工場環境）が整ってきた NIEs・ASEAN・中国へ、続々と進出していくことになりました。長期的には、所得の上がってきた現地市場での販売拡大も期待できます。

10-2　半導体産業と世界的競争

10-2-1　半導体産業の概要とシリコンサイクル

　ここまで、国際競争の激しさとそのなかで日本企業がどのように苦闘しているのかを概観してきました。以下では、もっとも国際競争が激しい産業の 1 つである半導体産業に着目してみましょう。
　一口に半導体といっても、電子機器に利用される機能のちがいによって、

357

第Ⅱ部　日本経済の変化

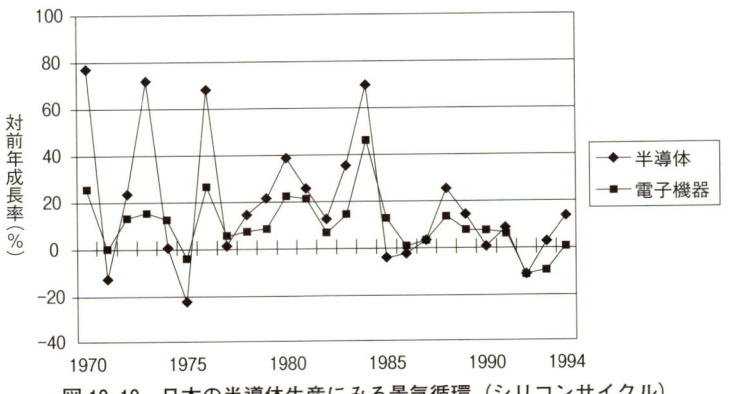

図10-10　日本の半導体生産にみる景気循環（シリコンサイクル）
出所：通産省「生産動態統計」より筆者作成。

以下のようなものがあります。

- **個別半導体**：トランジスタ（電圧増幅など）、LED（照明）、CCD（カメラ機能）。
- **リニアIC**：テレビ／オーディオ用。
- **メモリー**：DRAM（パソコンなどの情報記憶）、フラッシュメモリー（単独で記憶保持）。
- **マイコン**：（パソコンの頭脳としての演算機能）。
- **システムLSI**：各種機能のLSIをワンチップに格納したLSI。

各国の半導体企業は、こうした各種製品をめぐって競争を行なっているわけです。

半導体産業は、日本メーカーが戦後世界をリードした、トランジスターラジオ、電卓、時計・テレビ、パソコンなど電子機器の心臓部に当たる電子回路を構成するIC／LSI／メモリーの開発・製造を担っています。半導体は電子機器の中核部品であるため、電子機器の需要動向に連動して需要が変動します。半導体の生産は図10-10から明らかなように、3～4年ごとの景気変

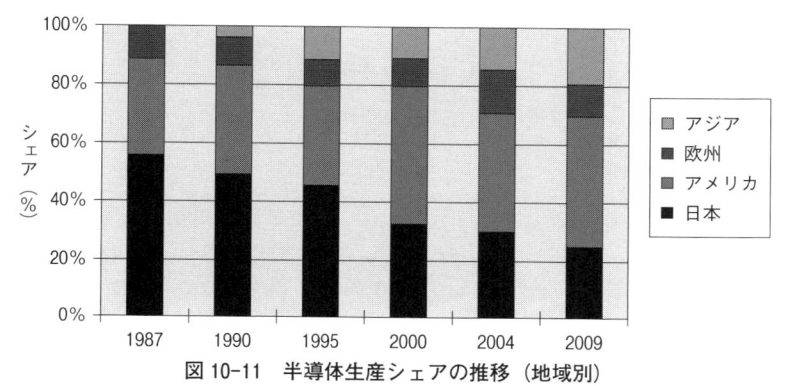

第10章　日本企業の盛衰と電機産業

図 10-11　半導体生産シェアの推移（地域別）
出所：「半導体出荷統計」より筆者作成。

動を繰り広げながら伸張してきました。それは俗に**シリコンサイクル**といわれるものです。過去のシリコンサイクルの山は、1970年のいざなぎ景気、1973年の国内景気回復、1976年のトランシーバーブーム・カラーテレビ輸出増、1980年 VTR 成長・輸出市場活況、1984年の OA ブーム・VTR 急増、1988年のメモリー好調時、1994年のパソコンブーム・メモリー好調時などでみられました。

このことから、高度成長期末期から1990年代に至る日本の景気は電子機器の需要拡大にともなう各種半導体の開発と生産の循環に支えられていたといっても過言ではないのです。

半導体と電子機器の生産において1980年代まで中心的な位置にあった日本ですが、1990年代以降は状況が変わってきました。**図 10-11** は、80年代後半から2009年にかけて半導体生産における世界各地域のシェアを示しています。この図からは、1995年まで日本の企業が圧倒的なシェアを誇っていた半導体生産は、それ以降にアメリカの企業に主導権が移ったことがわかります。それに加えて、近年はアジアの企業のシェアが急速に拡大していることが見て取れます。

こうした動きをもう少し細かくみてみましょう。**表 10-3** は半導体メーカーの生産額ランキングの推移を示しています。1986年度には、トップ10

359

表10-3 世界の半導体メーカートップ10の変遷

	1986年度	2000年度	2010年度
1	NEC	INTEL（米）	INTEL（米）
2	東芝	東芝	サムスン（韓）
3	日立	NEC	東芝
4	MOTOROLA（米）	サムスン（韓）	TEXAS INST.（米）
5	TEXAS INST.（米）	TEXAS INST.（米）	ST MICRO（伊）
6	NS（米）	ST MICRO（伊）	LUNESUSS（日本）
7	富士通	MOTOROLA（米）	HINIX（韓）
8	PHILIPS（蘭）	日立	MICRON（米）
9	松下	INFINION	クアルコム
10	三菱	MICRON（米）	ブロードコム

出所：ガートナー調査資料による。

のうち6社が日本企業によって占められていましたが、2010年度にはわずか2社がランク入りするだけです。それに対して86年度にはみられなかった韓国のメーカーが、2000年度以降着実に数を増やしています。ここからも世界的な競争が急速に展開していることが見て取れます。

10-2-2 半導体産業における覇権争いの構図

これまでは、データで半導体産業の競争を概観しました。以下では、データだけではとらえきれない半導体の覇権をめぐる競争の構図を明らかにしてゆきましょう。

パソコンの心臓部であるマイコン（インテル社）と基本ソフトWINDOWS（マイクロソフト社）のウィンテル連合による世界的独占状態は、現在もつづいています。これらの企業はともにアメリカの企業です。パソコン事業ではHP、DELLのアメリカ企業が世界のトップに立っています[1]。コンピューターの巨人といわれたIBMは、パソコンが特別な価値をもつものではなくなり、コモディティ化するとの見通しのもとに、パソコン事業に見切りをつけ、事業を中国のレノボ社に売却し撤退しました。IBMは現在サーバーとITコンサルテイングの分野に活路を見出し利益を上げています。また近年は、スマートフォンやタブレットといった新しい端末の出現により、

電子機器生産の動向においても半導体開発の方向性においても変化の兆しがみられます。

このような状況のなかで、各国企業はどのような対応をしいているのでしょうか。

まず韓国企業が大きな勢いをもって台頭してきていることが挙げられます。サムスン電子やLG電子（金星グループ）は、DRAM、液晶薄型テレビ、携帯電話といった各種製品において、インテルなどからの支援も受けて1990年代以降急速に台頭しました。現在においてはこれらハイテク商品群の世界トップメーカーとして君臨するほどになっています。

なかでもサムスン電子は韓国の国策企業で、ハイテクの世界市場制覇をめざして破竹の勢いで伸張しています。コストは安く、アジアはもとより中南米や東欧など、世界中のテレビや家電商品において世界シェアナンバー1を占めています。液晶パネル、DRAM、フラッシュメモリー、携帯電話など、ハイテク商品の開発競争においても、日本の電機メーカーが束になって戦っても負けるほどの莫大な資金と人材をつぎ込み、世界的に優位に立っています。**図10-12**をみてください。

この図をみると、日系家電各社はみる影もなく、現状では苦戦を余儀なくされていることはまちがいありません。しかしながらここに至る経緯は少々複雑です。

日本メーカーは、得意とする微細加工技術によって国際的にも認められ、1970～1990年には世界の約半分の市場シェアを獲得し、半導体産業における日本ブームを巻き起こしました。当時の状況を少し振り返ってみましょう。当時、もともと半導体産業の本家であったアメリカは、この状況を黙って見過ごしてはいませんでした。アメリカ系半導体メーカーは、1980年代に日本メーカーに対してダンピング輸出容疑をかけ、当局に提訴したのです。いわゆる**日米半導体貿易摩擦**です。その結果、日本側はアメリカなど**外国製半導体の日本市場でのシェア20％を約束する**など、アメリカ側に譲歩せざるをえませんでした。

デジタル家電は2005年頃まで薄型テレビ・デジタルカメラ・DVDレコー

第Ⅱ部　日本経済の変化

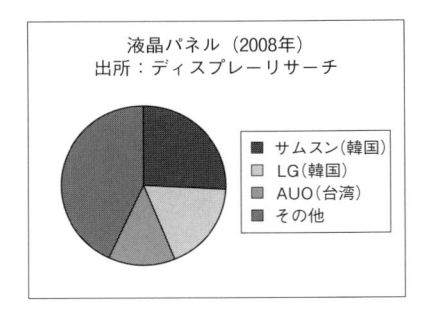

　　　　a　液晶パネル　　　　　　　　　　b　DRAM

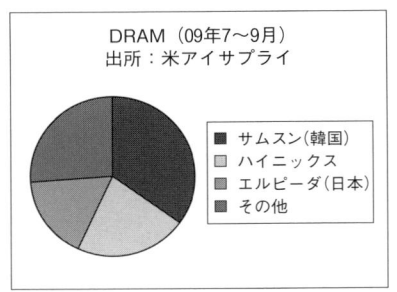

液晶パネル（2008年）
出所：ディスプレーリサーチ
- サムスン（韓国）
- LG（韓国）
- AUO（台湾）
- その他

DRAM（09年7～9月）
出所：米アイサプライ
- サムスン（韓国）
- ハイニックス
- エルピーダ（日本）
- その他

　　　c　NANDフラッシュメモリー　　　　　　d　携帯電話

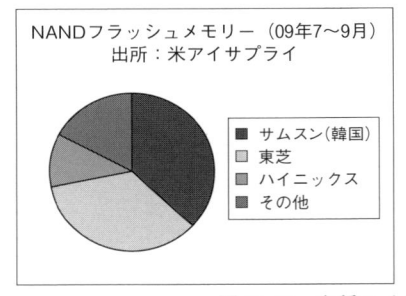

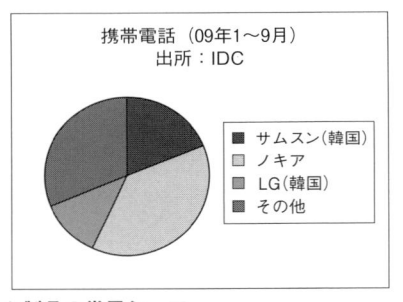

NANDフラッシュメモリー（09年7～9月）
出所：米アイサプライ
- サムスン（韓国）
- 東芝
- ハイニックス
- その他

携帯電話（09年1～9月）
出所：IDC
- サムスン（韓国）
- ノキア
- LG（韓国）
- その他

図 10-12　各種ハイテク製品の世界シェア

ダーが新三種の神器といわれ、それなりににぎわっていました。しかし2007年頃より状況が変化します。その頃からパソコン・携帯電話も振るわなくなり、液晶テレビにつづくデジタル家電のつぎのヒット商品も見当たらず、こうした状況からデジタル不況とさえいわれました。その後にぎわったのはアップルのスマートフォン関連の商品でしたが、日系メーカーはそれにつづくヒット商品を飛ばすことはできませんでした。結果としてデジタル家電の両雄ソニー・パナソニックでさえ大規模な赤字に見舞われる事態に至りました。2012年3月期度にはソニー5200億円、パナソニック7650億円、シャープ3800億円の大幅赤字を計上したのです。まさにデジタル家電総崩れの瞬間です。

とりわけシャープの凋落は象徴的です。2000年代中盤までは、液晶テレビ世界一の称号を手にして栄華を手に入れたにみえましたが、その後に液晶の大型化戦略に失敗しました。その理由は消費者は30インチレベルで満足し、50〜60インチの需要が振るわなかったためといわれています。また太陽光パネルでは、海外勢の安値に押されて苦しんでいます。現在、倒産の危機にあえいでおり、台湾企業フォンハイから630億円9.9％の出資を得る計画でしたが、シャープ株価が予想以上に落ちたため支援も立ち消えとなりました。同社は、現在従業員96万人で、売り上げ9.6兆円、そのうちの4割がアップルスマートフォン向けOEM生産に依存しています。

日米半導体摩擦の原因となったDRAMの場合、日立・三菱・NECの3社は単独での事業をあきらめ、3社が一体になった新しい合弁会社、エルピーダ社をつくり、これを日本政府も支援するというビジネスモデルができました。当初はサムスン、ハイニックスにつぐ世界第3位の14％のシェアを確保して健闘していましたが、円高による日本生産のコスト高・DRAM商品の陳腐化・価格競争激化・市場の縮小など各種要因がエルピーダ社を襲い、ついに2012年2月、会社更生法申請に追い込まれました。負債総額は4500億円と製造業としては最大規模でした。従業員は6000人。2013年2月にアメリカのマイクロン社の完全子会社になることで決着がつきました。マイクロンはこれにともない2000億円の出資をすることになりました。

一方東芝は、DRAM事業に早くから見切りをつけ、**フラッシュメモリー**（メモリーカードなど）や不揮発性メモリーという新分野に活路を見出しました。しかし、この分野もDRAMと同様、サムスンとの激しい投資・技術開発・価格競争の世界であることには変わりありません。

またシステムLSIについても似たような状況にあります。たとえば**日立・三菱・NECの3社統合によって生まれたルネサス・エレクトロニクス**の事例がそれです。同社は世界第6位の半導体会社で、売上高は年間1兆円を超えます。2012年売り上げは7770億円で、最終損益は1760億円の赤字でした。これは2011年の567億円につづき、2期連続の赤字でした。計画の誤算は、自動車や産業用のマイコンの需要減と任天堂などの生産減が中心でし

た。このため、2012年と2013年1月にあわせて1万人の希望退職を募り、リストラを実施しました。また2013年9月には、官制ファンドである産業革新機構が1383億円を出資して、同社の筆頭株主となり、さらに500億円の追加出資が予定されています。まさに泥沼状態といえます。

合併統合はこれにとどまらず、富士通とパナソニックは2013年にシステムLSI統合会社設立で合意しました。富士通はこの機会に国内外で5000人のリストラを予定しています。ルネサスはこの統合会社に加わるのも難しいとされています。ルネサスのリストラがまだ一段落していないためです。

こうしてハイテク王国を誇った日本企業もパソコン、薄型テレビ、半導体など、試練が連続する局面を迎えています。

注
(1) ただしそれらの製造は、もっぱら中国で行なわれていることに注意しなければなりません。

【本章の理解をさらに深めるための参考図書】
石川善一（2003）『世界産業地図』かんき出版。
長島修（1996）『日本経済入門』法律文化社。
矢野恒太記念会（2013）『日本国勢図会 2013/14』。

第11章
金融の仕組み
―― 銀行システムとその変化

【本章で学ぶポイント】
① 金融とは何か、それはどのような組織によって行なわれているかを学ぶ。
② 銀行システムと貨幣供給の仕組みについて学ぶ。
③ 日本における金融システムの変遷について学ぶ。

　昨今金融が経済において占める重さがしだいに増してきています。株式投資やFX取引を行なう人が増え、金融取引がずいぶん身近なものになってきました。他方、そうした投資・投機活動をしない人にとっても、2008年に起きたリーマンショックにはじまる世界的な金融危機について見聞きした人も多いことでしょう。この章では、このような金融的活動の仕組みがどうなっているのか、あるいは日本において金融活動はどのように展開してきたのかについて考えます。

11-1　金融の仕組み

11-1-1　金融とは

　「金融」と聞くと、皆さんは銀行やら株式取引やら、いろんなことをイメージすることと思いますが、そもそも金融とは何でしょうか。それは読んで字の如く、資「金」を「融」通することです。世の中では、かならずしもお金を使いたい人がお金をもっているとはかぎりません。すぐには使わないお金を手元にもっている人もいれば、お金を使って事業を行なうアイディアをもってはいても、手元に資金がないためにアイディアを行動に移せない人

もいます。このとき、お金が手元に余っている人（**資金余剰主体**）からお金が手元に不足している人（**資金不足主体**）にお「金」を「融」通することができれば、お金は効率的に使われることになります。こうしたことは個人のレベルでみられます。たとえば、学生が親からお金を借りて車を買うといった具合です。しかし、そうした資金の融通が近親者にかぎらず社会全体において行なわれるのであれば、お金は世の中に効率的に配分されて、経済活動が活性化すると期待できます。たとえれば金融は、経済の血液であるお金の流れを促進して、必要な場所に送り届ける役目を果たします。

11-1-2　資金循環

　現実の経済においても、各所で資金の融通が行なわれることで経済活動が支えられています。こうした金融活動を記録したものが**資金循環統計**です。実際の金融活動は、個々の企業や個々の人々が資金を融通したり融通してもらったりしているわけですが、すべての主体の活動を記録することはたいへんな作業ですから、主体をいくつかの種類に分類して表現してあります。具体的には、家計、企業、政府、金融機関がそのおもな登場人物となります。図11-1は2012年の日本における資金循環を示しています。ここでは2つのことを指摘しておきましょう。1つは、経済全体として資金が大きく循環していること、もう1つは循環の方向がある程度定まっていることです。これは、家計や企業（民間非金融法人）、政府といった分類でみると、経済主体が資金余剰主体と資金不足主体に明確に分かれることを示しています。具体的には、家計はこの期間に現金・預金を中心に19兆円の資産を増加させ（図中右列）、負債は1兆円減りました（図中左列）。トータルでみると、資産が負債を大幅に上回っています。よって、家計は資金余剰主体です。一般政府は、同じ期間に資産が1兆円増加したのに対して、負債が40兆円増加しました。それが資金不足主体であることがはっきりとわかります。

　このような資金のかたよりは一時的なものではありません。かといって、時代を通じて不変というわけでもありません。図11-2をみてください。グラフの上方に位置するのが資金余剰主体で、下方に位置するのが資金不足主

第11章 金融の仕組み

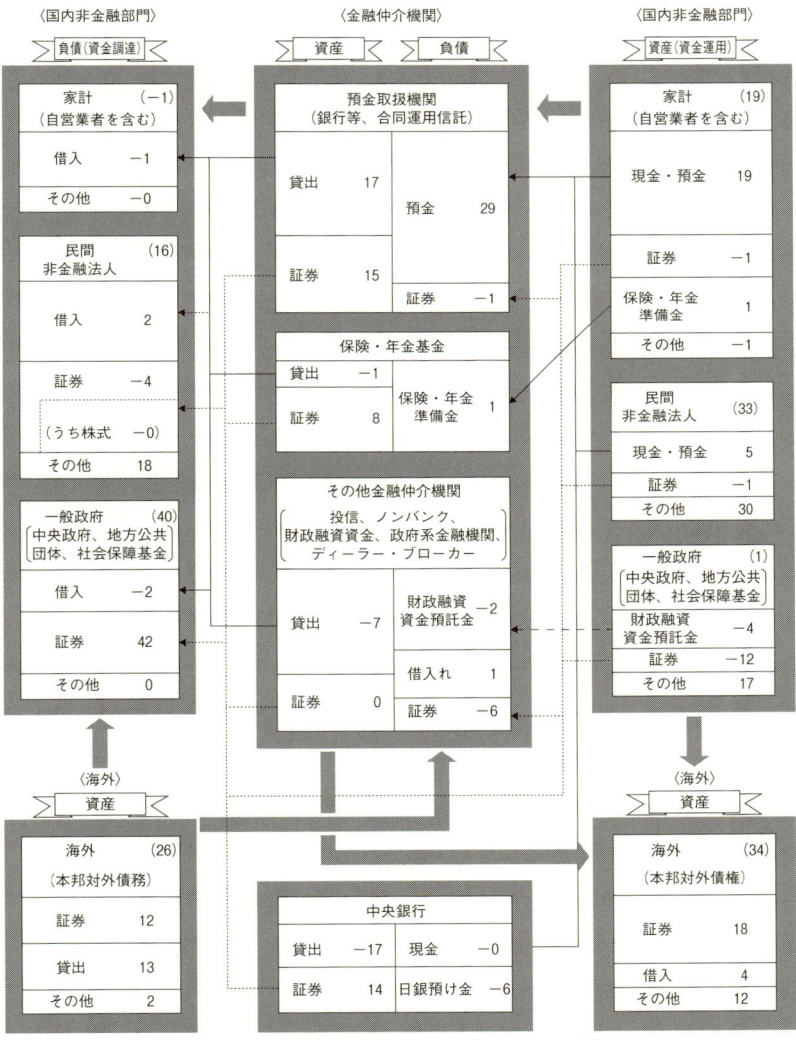

〈国内非金融部門〉　　　〈金融仲介機関〉　　　〈国内非金融部門〉
負債（資金調達）　　　資産　　負債　　　資産（資金運用）

家計　　　　（-1）	預金取扱機関	家計　　　　（19）
（自営業者を含む）	（銀行等、合同運用信託）	（自営業者を含む）
借入　　-1	貸出　17／預金　29	現金・預金　19
その他　-0	証券　15／証券　-1	証券　-1

民間　　　（16）	保険・年金基金	保険・年金準備金　1
非金融法人	貸出　-1	その他　-1
借入　2	証券　8／保険・年金準備金　1	
証券　-4		民間　　　（33）
（うち株式　-0）		非金融法人
その他　18		現金・預金　5
		証券　-1
一般政府　　（40）	その他金融仲介機関	その他　30
（中央政府、地方公共団体、社会保障基金）	投信、ノンバンク、財政融資資金、政府系金融機関、ディーラー・ブローカー	一般政府　　（1）
借入　-2	貸出　-7／財政融資資金預託金　-2	（中央政府、地方公共団体、社会保障基金）
証券　42	／借入れ　1	財政融資資金預託金　-4
その他　0	証券　0／証券　-6	証券　-12
		その他　17

〈海外〉　　　　　　　　　　　　　　　　〈海外〉
資産　　　　　　　　　　　　　　　　　　資産

海外　　　　（26）	中央銀行	海外　　　　（34）
（本邦対外債務）	貸出　-17／現金　-0	（本邦対外債権）
証券　12	証券　14／日銀預け金　-6	証券　18
貸出　13		借入　4
その他　2		その他　12

図11-1　資金循環（フロー）のイメージ

出所：日本銀行「資金循環統計」参考図表。

第Ⅱ部　日本経済の変化

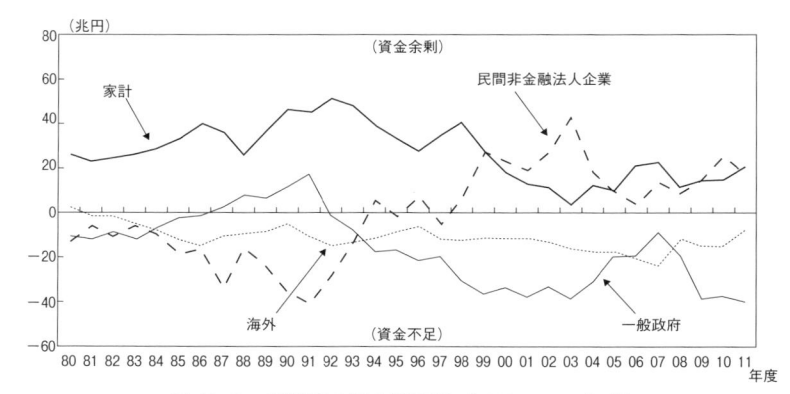

図 11-2　部門別の資金過不足（1980～2011 年度）

出所：同前。

体です。90年代以降、政府が大きく資金不足となっています。このことは昨今問題になっている累積財政赤字の拡大を表わしています。くわしくは第12章をご覧ください。これに対して企業は、1990年代後半以前において資金不足主体でした。つまり資金を借りる側だったわけです。第3章で説明したように、あるいは以下の節で説明するように、それまでの日本企業は銀行から資金を借りて日頃の活動を展開していたことを示しています。それが90年代後半に資金余剰主体へと変化します。こうした変化にはつぎのような事情があります。90年代初頭にバブルが崩壊して以来、多くの企業は低収益に苦しみます。そんななかで何とかコストを削減しようと借入金を削減する動きが活発化しました。また、融資する銀行も体力を失い、企業から融資を引き上げたり（貸し剥がし）、企業が中小企業を中心に融資を断ったり（貸し渋り）しました。一方、家計は長期にわたって資金余剰主体でありつづけています。一般家計の貯蓄が1000兆円といったニュースを目にする機会もあるでしょう。

　ところで図11-1に出てきて、図11-2に出てこない主体があります。**金融機関**です。金融機関はまさにこうした資金循環をつかさどっています。

第 11 章　金融の仕組み

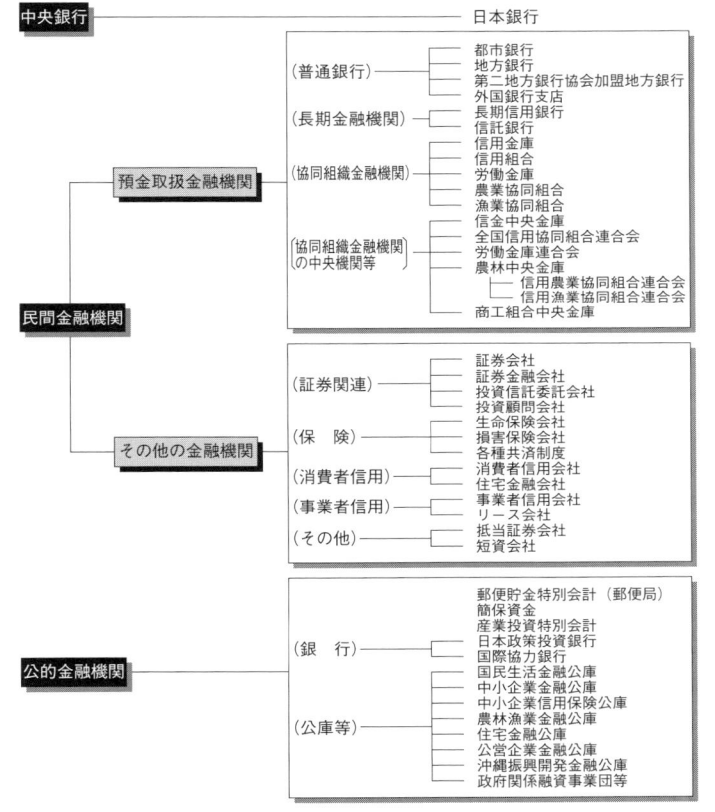

```
中央銀行 ─────────────────── 日本銀行

民間金融機関
  ├─ 預金取扱金融機関
  │    ├─(普通銀行)─┬─ 都市銀行
  │    │            ├─ 地方銀行
  │    │            ├─ 第二地方銀行協会加盟地方銀行
  │    │            └─ 外国銀行支店
  │    ├─(長期金融機関)─┬─ 長期信用銀行
  │    │                └─ 信託銀行
  │    ├─(協同組織金融機関)─┬─ 信用金庫
  │    │                    ├─ 信用組合
  │    │                    ├─ 労働金庫
  │    │                    ├─ 農業協同組合
  │    │                    └─ 漁業協同組合
  │    └─(協同組織金融機関 ─┬─ 信金中央金庫
  │       の中央機関等)     ├─ 全国信用協同組合連合会
  │                         ├─ 労働金庫連合会
  │                         ├─ 農林中央金庫
  │                         │    ├─ 信用農業協同組合連合会
  │                         │    └─ 信用漁業協同組合連合会
  │                         └─ 商工組合中央金庫
  └─ その他の金融機関
       ├─(証券関連)─┬─ 証券会社
       │            ├─ 証券金融会社
       │            ├─ 投資信託委託会社
       │            └─ 投資顧問会社
       ├─(保　険)─┬─ 生命保険会社
       │          ├─ 損害保険会社
       │          └─ 各種共済制度
       ├─(消費者信用)─┬─ 消費者信用会社
       │              └─ 住宅金融会社
       ├─(事業者信用)─┬─ 事業者信用会社
       │              └─ リース会社
       └─(その他)─┬─ 抵当証券会社
                   └─ 短資会社

公的金融機関
  ├─(銀　行)─┬─ 郵便貯金特別会計（郵便局）
  │          ├─ 簡保資金
  │          ├─ 産業投資特別会計
  │          ├─ 日本政策投資銀行
  │          └─ 国際協力銀行
  └─(公庫等)─┬─ 国民生活金融公庫
             ├─ 中小企業金融公庫
             ├─ 中小企業信用保険公庫
             ├─ 農林漁業金融公庫
             ├─ 住宅金融公庫
             ├─ 公営企業金融公庫
             ├─ 沖縄振興開発金融公庫
             └─ 政府関係融資事業団等
```

図 11-3　日本の金融機関

出所：鹿野嘉昭『日本の金融制度』第 2 版（東洋経済新報社、2006 年）p. 13。

11-1-3　金融システム

　金融機関にはさまざまな種類があります。またそれら金融機関をはじめとする参加者が活動する「場」が**金融市場**です。この金融市場も市場参加者や取引される商品の種類によって、さまざまな種類があります。以下ではこれら 2 つについて、概要を説明しておきましょう。

第Ⅱ部　日本経済の変化

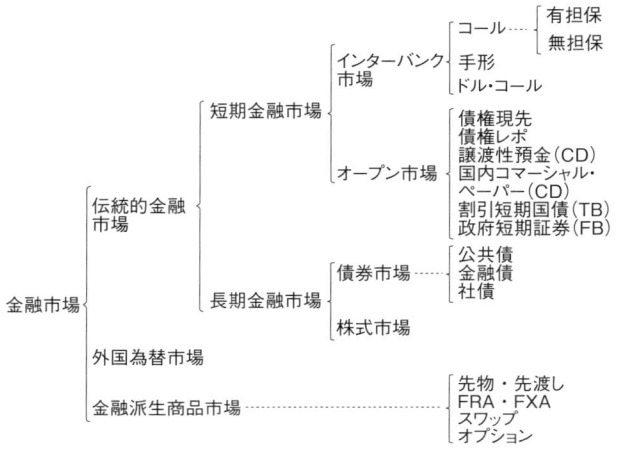

```
                              ┌─コール┬─有担保
                   ┌インターバンク│   └─無担保
                   │市場      ├─手形
           ┌短期金融市場─┤       └─ドル・コール
           │          │          ┌債権現先
           │          │          │債権レポ
           │          │          │譲渡性預金（CD）
           │          └オープン市場──┤国内コマーシャル・
   ┌伝統的金融│                     │ペーパー（CD）
   │市場    │                     │割引短期国債（TB）
   │      │                     └政府短期証券（FB）
金融市場─┤      │          ┌債券市場────┬公共債
   │      │          │            │金融債
   │      └長期金融市場─┤            └社債
   │                 └株式市場
   ├外国為替市場
   │                           ┌先物・先渡し
   └金融派生商品市場 ────────────┤FRA・FXA
                                │スワップ
                                └オプション
```

図11-4　日本の金融市場

出所：同前，p. 181。

（1）金融機関

　その概要は図11-3に示されます。大きくは、中央銀行である**日本銀行**、**民間金融機関**、および**公的金融機関**に分けることができます[1]。民間金融機関はさらに、**預金取扱金融機関**とその他の金融機関に分けられます。預金取扱金融機関が区別されるのは、それがいわゆる「銀行」的なサービスを提供するからです。「銀行」的サービスとは、自動引き落としや口座振替といった預金口座を利用した決済サービスです。こうしたサービスは他の金融機関では提供されません。その意味で「銀行は特別な存在」とされます。銀行はもう1つの意味でも特別です。それは銀行システムの仕組みを使って、お金（貨幣）をつくり出すことができるからです。このことはのちほどじっくりとみていくことにしましょう。

（2）金融市場

　現代においては、金融市場もかなり複雑に展開しているのですが、取引の形態、取引の期間、参加者の範囲、取引される金融商品の内容によって分類

でき、図11-4のようにまとめられます。大別すると、①**伝統的金融市場**、②**外国為替市場**、③**金融派生商品市場**に分けられます。①では資金を調達したり、運用したりするのに関連する金融商品が取引されます。②では通貨同士の取引が行なわれ、③では、①②などでの取引によって生じるリスクに対応するべくつくり出された**金融派生商品（デリバティブ）**が取引されます。近年は③での取引が日本においても着実に拡大しているのが確認されます。

ここで挙げられた分類は、不特定多数の取引者が参加して、価格や取引量が決定される「**市場取引**」が行なわれる金融市場についてです。もう一方では、企業や家計といった個々別々の経済主体が銀行や証券会社といった特定の金融機関と1対1で行なわれる取引もあります。銀行から企業への資金貸出も家計や企業が行なう金融機関への預金もそうです。そうした取引は**相対取引**と呼ばれますが、これも市場における取引行為と見なすことができます。むしろそうした貸し出しや預金の取引は、日本の金融市場において最大規模を誇るとともに、企業や家計にとって重要な役割をはたしています。

したがってこの章では、日本の金融市場の特徴である相対取引におもに注目しながら、日本の金融システムの変化について考えていきたいと思います。

11-1-4　企業の資金調達

上でみたように、さまざまな主体がそれぞれの金融的な状況に応じて資金を貸し借りしています。そのなかでも私たちが暮らすこの社会では、企業の活動がきわめて重要ですから、その企業がどのように資金を調達するのかも大事な問題となります。この問題は、すでに第8章でみました。企業は内部留保などをもとにした内部資金以外に、外部から資金を調達して事業を行ないます。資金の外部調達の方法は2つありました。株や債券を発行して行なう**直接金融**と、銀行をはじめとする金融機関から資金を借り入れる**間接金融**です。第8章の図8-5をもう一度みてください。日本企業を全体としてみると、その外部資金調達は、1990年代半ばごろまで間接金融が中心であったことがわかります。より具体的にいえば、戦後の日本企業の資金調達は「**メインバンク・システム**」というかたちで機能していました。そのくわし

第Ⅱ部　日本経済の変化

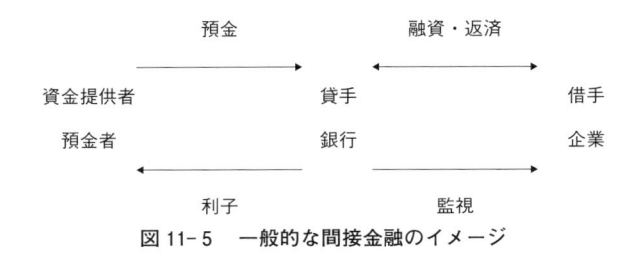

```
            預金              融資・返済
資金提供者  ────→  貸手  ←────  借手
預金者              銀行              企業
            ←────            ────→
            利子              監視
```

図11-5　一般的な間接金融のイメージ

い説明については、銀行システムとそれに基づく貨幣の循環メカニズムを解説したあとで行ないたいと思います。

11-1-5　銀行システム

　間接金融において、企業は銀行から資金を借り入れます。では銀行はどのように貸出資金を得ているのでしょうか。一般的には**図11-5**のようなかたちで説明されます。

　すなわち、銀行には預金者という資金提供者がいて、その資金が銀行を介して借り手である企業に貸し付けられるというわけです。資金提供者と資金の貸手が一致せず、提供者の資金が貸し手（別の経済主体）の手によって間接的に借り手にわたされるという意味において、こうした資金調達が**間接金融**と呼ばれます[2]。しかし現実はもっと複雑です。銀行は単独で動いているわけではありません。多くの銀行がネットワークを組むかたちで、世の中に資金を循環させています。この「**銀行システム**」がどのような構成になっているのか、そしてこのシステムによってどのように貨幣が供給されているのかについて、以下でみていきたいと思います。

(1) 企業 – 銀行

　銀行システムは2層の関係から構成されます。第1の階層は、企業と銀行の関係です。この階層では、**図11-5**のように、1つの企業が1つの銀行とのみ取引を行なうわけでありません。1つの企業は複数の銀行と取引関係を結んでいます。また反対に、1つの銀行もまた、多くの企業に対して貸し出

しを行なっています。そうすると、市中銀行どうしの関係や企業どうしの関係についても問われることになります。

（2）市中銀行 – 中央銀行

　第2の階層は、銀行と銀行の関係です。もう少し正確にいえば、銀行には2種類あって、1つは一般の民間銀行で、**市中銀行**と呼ばれます。もう1つは、市中銀行を統括する銀行です。それは**中央銀行**と呼ばれ、日本では日本銀行がその役割を担います。中央銀行は一般に、世の中を流通している紙幣を発券する「**発券銀行**」としての役割、国債の売買や政府への資金提供など「**政府の銀行**」としての役割、そして市中銀行に対して、**最後の貸し手**として資金を提供する「**銀行の銀行**」としての役割をそれぞれもっているといわれます。ここではそのうちの第3の機能「銀行の銀行」に焦点を当てて、貨幣供給メカニズムを明らかにしていきます。

（3）預金準備制度

　日本をはじめ多くの国の銀行制度では、**準備預金制度**が採用されています。この制度では、民間銀行は「銀行の銀行」である中央銀行と関係をもたなければなりません。どのような関係かといいますと、民間銀行が中央銀行に口座を開設し、そこに一定の金額を預金します。この預金を**準備預金**と呼びます。民間銀行はこうした準備預金をもつことで、預金者から預金の引き出しを要求されて、自行にそのための資金がなかった場合、中央銀行から貸し出しを受けたり、準備預金を引き出したりして、預金者の要求に応じることができます。つまり準備預金は、銀行業をスムーズに運営するための保証金のようなものだといえるでしょう。準備預金の金額は、当該銀行の規模（預金量）と中央銀行が定める**預金準備率**の水準に依存します。たとえば、ある銀行が1兆円の預金を集めていて、中央銀行が預金準備率を1％に設定していれば、この銀行は中央銀行に100億円を準備預金として預けなければなりません。

　この制度は、銀行による貸出を安全で安定的なものにすることができます

第Ⅱ部　日本経済の変化

借方		貸方	
現金	10	預金	10

図11-6　**市中銀行のバランス・シート（初期状態）**

が、一方でこの仕組みを利用することで、銀行はお金（貨幣）を新しくつくり出すことができます。と、ちょっと待ってください。一民間企業にすぎない銀行がお金をつくり出すことができるのでしょうか。第2章で述べたように、お金は当局（中央銀行または政府）が発行するものだったはずです（皆さんの手元にある紙幣や硬貨をみてみてください。誰が発行したと記されているでしょうか）。

以下では簡単な図式を用いて、上記のことがどのように実現するのかをみていきましょう。

11-1-6　信用創造

ストーリーの出発点は、とある市中銀行です。この銀行が10の預金を集めたとしましょう（単位は何でもかまいません）。銀行が預金を受け入れるということは、銀行に現金が入ると同時に、銀行はのちのち預金者に預かったお金を返さなければなりません。会計学の用語では、前者の状態に**借方（資産）**、後者を**貸方（負債）**という名称が与えられています。以下では、この名称にしたがって説明を進めていきます。以上の状態を表記すると、図11-6のようになります。1点だけ追加しておくと、この表は会計学においてバランス・シートと呼ばれるものです。その特徴は、借方と貸方の値がつねに一致している（バランスがとれている）ということです。

さて預金を受け入れた銀行は、中央銀行に準備預金を行ないます。ここでは、全額を準備預金に回したとしましょう（図11-7a）。また、中央銀行が設定する預金準備率が10%であるとしましょう。とすると、反対に10の準備預金があれば、その10倍である100の預金をもつことができます（図11-7b）。銀行が預金をもつには、預金者をさらに集めてくる必要はありません。銀行からお金を借りてくれる企業や人を見つければよいのです。たとえば、

第11章　金融の仕組み

借方		貸方	
現金	10	準備預金	10

図11-7a　中央銀行のバランス・シート

借方		貸方	
準備預金	10	預金	110
貸出	100		

図11-7b　市中銀行のバランス・シート：企業に貸付時

借方		貸方	
預金	100	借入	100

図11-7c　借入企業のバランス・シート

借入を希望する企業が見つかったとしましょう。銀行はその企業の返済能力を査定して融資可能かどうかを決定します。融資が決定すると、企業に対して自行に口座をつくらせて、そこに融資金額を振り込みます。ここでは100が振り込まれたとしましょう（**図11-7c**）。振り込むといっても、現金が動くわけではありません。操作は銀行の帳簿上で行なわれるだけで、新たな預金として数値のみが貸方欄に加算されます。反対にそれは貸し出しでもあるので、借方欄にも数値が記入されます（**図11-7b**）。

ここで重要なのは、新たにできた預金100、は貸出を通じて銀行がつくり出したものであるということです。これを「**信用創造**」といいます。このことは、民間銀行が信用（＝貸し出し）というかたちで新しくお金をつくり出したことを意味します。「お金をつくり出した」というのは、違和感のあるいい方ですね。お金をつくり出す（発行する）ことができるのは、政府や中央銀行であるはずです。実際、第2章ではそのように説明しました。しかし、上でみたように、民間銀行はみずからお金をつくり出すことができますし、現実に多くの銀行でそのような行為が行なわれています。そのときのお金＝

375

貨幣は、銀行の帳簿上で記録される数字です。つまり、民間銀行は紙幣を刷ってそれを利用してもらうという意味で貨幣をつくり出すことはできませんが、みずからが管理する口座において数値を操作することで貨幣をつくり出すことはできるわけです。現実には、紙幣などの「現金」は経済全体で流通する貨幣のうちの数％を占めるにすぎません。他の大部分は上でみたような**預金貨幣**によって占められています（第2章図2-7参照）。このことからも、民間銀行による信用創造の重要性がわかることでしょう。

さらにいえば、上記ストーリーの冒頭に出てくる銀行が獲得した預金。これはなくても話は成立します。では民間銀行はどのようにして準備預金をつくるのでしょうか。中央銀行も「銀行」であることを思い出すと答えがみえます。そう、中央銀行から貸し付けを受けることによって、中央銀行内に預金をつくればよいわけです。「銀行」であることは、中央銀行とそうした取引を行なうことができる権利ももつことです。つまり極端にいえば、銀行業の認可を得ることさえできれば、元手がなくても、中央銀行からの貸し付けを受けて準備預金をつくり、それをもとに預金をつくり出すことができるわけです。その意味では、銀行はきわめて特異な事業であるといえます。

11-1-7　貨幣供給の内生性と金融政策の役割

以上のように考えると、世の中で貨幣がどのように流通しているのかについての見方が大きく変わることになります。

第2章では、貨幣供給（マネーサプライ）、すなわち世の中に出回るお金の量は、完全にとはいわないまでも、中央銀行（日本銀行）が**ハイパワードマネー**をコントロールするという意味で、外生的に与えられるという説明を行ないました。いい換えると、貨幣供給を決定するのは中央銀行で、それは経済活動が行なわれる前に決定されていると考えました。これを「**貨幣供給の外生説**」と呼びます。この考え方にしたがえば、中央銀行が貨幣供給をコントロールできるので、貨幣の流通と裏表の関係にある生産活動もコントロールできることになります。中央銀行は、経済活動が停滞しているときには貨幣供給量を増やして活動を活性化し、反対に経済活動が過熱していると

きには貨幣供給量を減らして経済活動を抑制します。政府当局のこうした操作を**金融政策**と呼びます⁽³⁾。こうした政策が有効であるためには、貨幣供給が外生的であるという前提に立つ必要があるのです。

　しかし前項の説明にしたがうと、貨幣供給を決定するのは民間の銀行です。とはいえ、民間銀行も好き勝手に信用創造を行なって貨幣をつくり出しているわけではありません。民間銀行が預金を生み出すために貸し付けを行なうのは、原則企業からの要請があってからのことです。つまり、一般企業が経済活動の意欲をもち、銀行がそれに反応して貨幣がつくり出されるわけで、貨幣は経済活動（の意図）の結果として内生的に生み出されます。このような考え方を「**貨幣供給の内生説**」と呼びます。

　この説にしたがうと、第2章での説明は危うくなります。つまり、民間銀行が個々の企業の資金需要に応じて預金をつくり出していくため、中央銀行が経済内の貨幣供給量をコントロールすることは容易ではなくなります。では、当局は何もすることができないのでしょうか。そういうわけではありません。民間銀行の貸し出し（信用創造）に影響を与える政策手段があります。それは**金利**です。民間銀行が日本銀行から資金を借り入れて貸し出しを行なっているとしましょう。その際の貸出金利を**公定歩合**⁽⁴⁾と呼びます。この公定歩合を決定するのは当局（日本では日本銀行）です。公定歩合を高めれば、民間銀行は中央銀行から資金を借りるのが難しくなります。あるいは、民間銀行から一般企業への貸出金利も高まり、企業は銀行からの貸し付けを受けにくくなります。こうして信用創造の規模は小さくなると考えられます。一方、公定歩合が低い場合には、企業への貸し出しが増える傾向にあります。このように、公定歩合を上下させることで、貨幣供給量に影響を与えることが可能になります⁽⁵⁾。

　しかし、1990年代末以降の日本では、金利はほぼゼロの状態がつづいています。つまり**金融政策**として金利をコントロールすることができない状態です。あるいは金利が十分に下がった状態では、それ以上金利を引き下げても信用創造に影響を与えることができないと考えられています（**流動性の罠**）。このように不況下における金融政策の効果は限定される傾向にありま

377

す。これに対して、経済活動が活発（好況下）でそれを抑制するために金利を引き上げるときには、金融政策の効果が現われやすいとされます。このように金融政策の効果は、経済が置かれている状態によって非対称的となる傾向にあります。

金利のコントロールが金融政策として有効でない状況において、日本銀行はこれまでにない、いわゆる「非伝統的」金融政策を実施しました。**量的金融緩和政策**がそれです。量的緩和政策は、日本銀行が銀行などから国債や手形を買う公開市場操作を通じて、金融機関が日銀にもつ当座預金に資金を供給する額を政策目標に設定します。日本では 2001 年 3 月から 06 年 3 月までの約 5 年にわたってこの政策が実施されました。さらに 2008 年の世界金融危機後には、アメリカやスイスなどにおいても同種の政策が採用されました。

また日本における経済停滞は、**デフレーション**（経済全般における物価下落）をともなっていました。この問題に対処すべく 2 年間で消費者物価の 2 ％上昇というインフレ目標を明示した「**量的・質的金融緩和政策**」が 2013 年 4 月に採用されました。

しかし、貨幣供給の内生説に立てば、どのような政策をとろうとも、一般企業からの資金貸し出し需要がなければ、経済全体にまわる貨幣供給量を増やすことはできません。金利が十分に下がっている日本の現状では、金融政策によって企業行動を操縦することはきわめて困難であるといわざるをえません。

11-2　日本的金融システムの確立

前節では、金融システムの基本的な仕組みについて説明してきました。ここからは日本における現実の金融システムがどのように変容してきたのかを概観してみましょう。

日本では近年、株式市場をはじめとする金融市場において、じつに多くの人が活発に取引を行なうようになっています。こうした現象は、ほんの 20 年ほど前までは考えられなかったことです。というのも、日本の金融システ

ムは「**メインバンク・システム**」に象徴されるように、銀行中心の仕組みだったからです。この節では、そのシステムがどのような過程を経て確立したのかを確認したいと思います。

11-2-1　戦後復興期

　どこまで歴史をさかのぼるのか難しいところではありますが、ここでは第2次世界大戦後の状況からたどっていきましょう。ただしその前に戦前および戦中の状況も簡単に確認しておきたいと思います。

　戦前の企業の資金調達において、直接金融および間接金融がともに機能していました。直接金融については、いわゆる公開市場を通じて多くの投資家が参加するかたちではなく、少数の資産保有者による出資に基づいていました。さらにこうした資金調達が可能であったのは、財閥関連企業をはじめとする大企業だけでした。間接金融については、中小企業・個人部門がこれを利用しましたが、銀行から資金調達を行なうのではなく、商業部門を経由するという特殊な形態でした。付け加えておかねばならないのは、当時の銀行システムは十分発達しておらず、かなり脆弱だったということです。1927年に起きた**昭和金融恐慌**がその証拠です。中小の銀行を中心に取り付け騒ぎが発生し、多くの銀行が休業に追い込まれ、銀行システムが危機に瀕しました。のちにふれる戦後の「**護送船団方式**」の形成は、この危機が教訓となったといわれています。

　戦時期には大きな変化がありました[6]。当時の日本はいわゆる軍国主義へ突き進むなかで、産業および金融システムもまた軍事化の波にのまれていきました。産業では軍需産業が台頭し、その資金は不足しがちでした。軍需産業で利益は期待できませんので、資金調達は市場メカニズムに任せておくわけにはいきません。何らかの仕組みをつくって強制的に資金を集める必要があります。実際、日本興業銀行などの公的金融機関を利用したり、国債を発行して政府が直接資金を調達・配分したりして、産業に資金が供給される仕組みが整えられました。

　第3章ですでに述べたように、敗戦後の日本統治を担当した連合国軍総司

令部（GHQ）は、軍事体制を問題視してさまざまな改革を行ないました。金融面では、民主的な株式市場の創設と発展をめざしたわけです。しかしこの改革は成功しませんでした。戦時期には経済の多くの部分が軍事化しましたが、敗戦によりすべての軍需産業が停止されたうえに、国土の3分の1が焼失したことで、軍需産業以外の諸産業も大きなダメージを負ってしまいました。このようななかで、株式投資に回せる資金的な余裕をもつ人はまれでした。そのため、株式市場に資金を供給する主体が不足していたと考えられます。

一方、敗戦により大きな改革が行なわれたとはいえ、占領統治は間接的に行なわれました。つまり、旧政府の官僚などが引きつづき任務にあたったわけです。焼土化し生産力が大きく失われた日本経済をどのように復興させるかと考えたとき、日本政府は戦時体制での施策と類似の方法を採用しました。**傾斜生産方式**の採用と**復興金融金庫**の創設という政府による経済への積極介入です。第3章でみたように、復興金融金庫は、物資と生産力が不足する経済において、政府の資金を必要な部門に重点的に投入するための機関でした。

こうした資金は財政赤字によって捻出されていましたから、当時の政府の借金は戦時中に引きつづき拡大していました。これに待ったをかけたのが**ドッジ・ライン**だったわけです。しかし、公的金融機関による企業への資金供給はかたちを変えて残りました[7]。また、実在の金融機関をとおしてでなくても、日本銀行から民間銀行へ積極的に資金を貸し付けて企業への融資を増加させる手だて（オーバーローン）もとられました。

11-2-2　高度成長期

金融面における政府や日本銀行の表向きの役割は、ドッジ・ラインを機に後退していきました。企業は民間銀行から資金を調達するようになっていきました。このような過程のなかで、日本の金融システムにおける1つの大きな特徴である**メインバンク・システム**が出現し、発展していきました[8]。この項では、高度成長期に確立したこのメインバンク・システムに着目しつつ、当時の金融システムについて説明します（図11-8参照）。

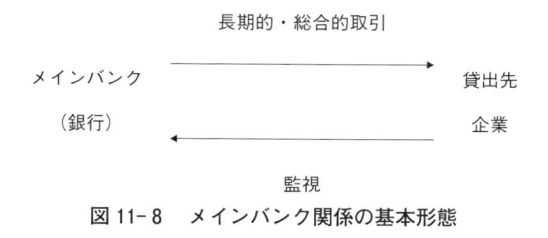

```
                    長期的・総合的取引
            メインバンク  ───────→   貸出先
             （銀行）   ←───────    企業
                         監視
```
図11-8　メインバンク関係の基本形態

　そもそもメインバンクあるいはメインバンク関係とは何でしょうか。これについてはさまざまな説明がありますが、ここでは単純化してつぎのように考えます。すなわち、ある特定の企業が、特定の銀行と長期的かつ総合的な取引関係を結び、銀行は企業の経営状況や信用度を常時監視する関係です。注意しなければならないのは、この関係が1つの企業と1つの銀行の関係で完結するものではないということです。この関係は他の多くの経済主体や諸制度を巻き込んで成立しています。そのため、これは「関係」と呼ぶよりも1つの仕組み、あるいはシステムと呼ぶ方がふさわしいでしょう。以下では、この「システム」の輪郭を少しずつ明らかにしていきましょう。

（1）メインバンクと協調融資

　まず、企業は1つの銀行のみから資金を調達するわけではありません。複数の銀行から融資を受けます。このことは、銀行の立場に立って考えれば自然なことでしょう。ある銀行が、1つの企業が必要とする資金をすべて提供することはリスクの高いことです。その企業の事業が失敗して倒産すれば、それに資金を提供した銀行も大きな痛手を受けることになるからです。したがって、銀行はできるだけ多くの企業に融資を行なうことでリスクを分散しようとします。

　先にふれたように、戦後復興期には復興金融金庫をはじめとする政府系の金融機関が多くの企業への融資責任を負っていましたが、ドッジライン以降、そうした責任が民間金融機関に卸されることになりました。そのなかで、リスクが高くなりすぎないように、各企業に対して銀行たちが**協調融資**[9]を行なうのは自然なことでした。しかし、各銀行が貸出先を増やすということは、

第Ⅱ部　日本経済の変化

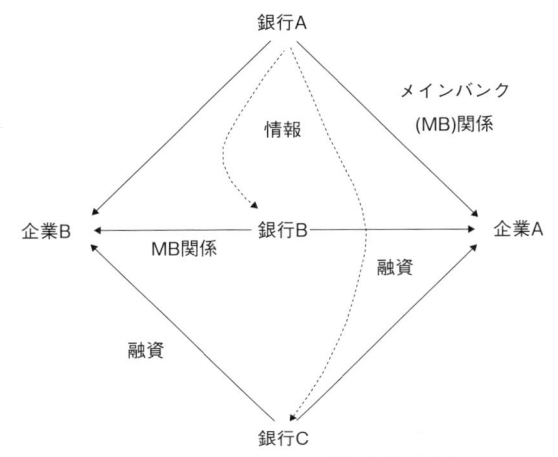

図11-9　メインバンク関係と協調融資

貸出先企業の経営状況を監視する手間が増えることも意味します。

　メインバンク・システムはこの点において効率的なシステムです。つまり、協調融資を行なう銀行のなかでもっとも貸出金額が大きな銀行がメインバンクとなって、貸出先企業の信用度について監視します。そこで得られた情報を、メインバンク以外の銀行が利用することを容認するわけです。そうすると、メインバンク以外の銀行は当該企業への貸出をしやすくなります。それだけでは、当該企業のメインバンクは、みずからが生産した情報を「ただ乗り」されて損するようにみえます。しかし、他の企業に対して別の銀行がメインバンクとなって、経営状況を監視する際に得られる情報を同じように他の銀行に提供すれば、銀行間ではお互いさまということになるわけです（図11-9参照）。

　このようにして、銀行は融資先をさまざまにすることでリスクを分散できるうえに、監視に必要な情報を銀行間で共有することで、全体として監視費用を削減することができます。もちろん、貸し出しを受ける企業にとっては、メインバンクと長期的な関係を築くことで、資金調達が安定するだけでなく、メインバンクの行動が呼び水となって他の金融機関からも資金調達が可能になるというメリットがあります。

第 11 章　金融の仕組み

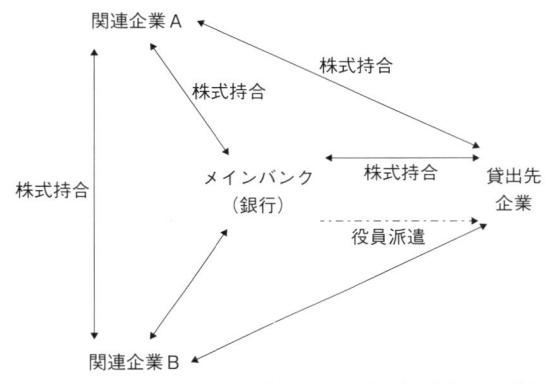

図 11-10　メインバンク関係における資本関係および人的関係

（2）メインバンクと株式持合

　つぎに、メインバンク関係における企業と銀行の長期的関係は、資本関係においても裏づけられています。メインバンクは、その企業の株主となっているだけでなく、仮に複数の銀行がその企業に出資していたとして、そのなかでもっとも多くの株式を所有しているといわれます。そうした関係は**長期的取引**のためにあるわけですから、メインバンクはその企業の安定株主となります。安定株主は、その企業の経営がうまくいっている場合は口出しをしないという意味です。ただし、何もしないわけではありません。たいていメインバンクは貸出先企業に役員を派遣して、企業の動向に目を光らせています。そして、ひとたび企業の経営が危うくなった場合は、経営に介入して再建を図ります。もし潰れてしまえば、その銀行を信用して融資する他の銀行との関係を悪化させることになるからです（図 11-10 参照）。

　このようにメインバンクが企業の存続に関わる重要な決定に関与するということは、裏を返せば他の出資者、一般株主には力がないことを意味します。つまり企業の経営者は、一般株主に気を使う必要がなく自律しているわけです（経営者のオートノミー）。

　また当時の日本の多くの企業において、株式を保有するのは個人よりもメ

383

第Ⅱ部　日本経済の変化

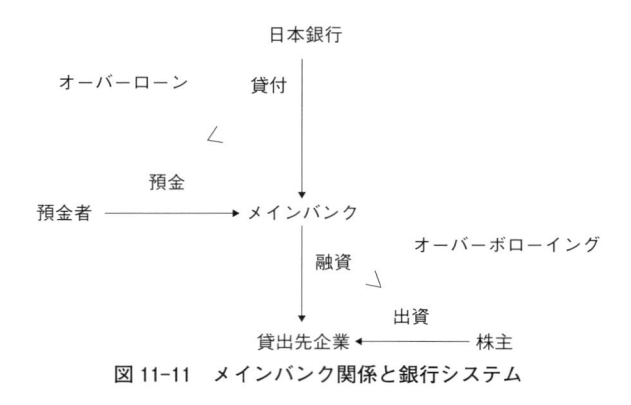

図11-11　メインバンク関係と銀行システム

インバンクを含めて法人企業の割合が大きいことが特徴です。またその企業もまた他の企業の株式を保有しています。いわゆる「**株式持ち合い**」です。メインバンク・システムは株式持ち合いという企業の株式の特定の所有形態に依存しており、そのことは企業の意思決定のあり方、いわゆる企業統治（コーポレート・ガバナンス）のあり方とも対応していることがわかります（第9章参照）。

（3）メインバンク・システムと銀行システム

さらに、このメインバンク・システムは日本経済全体の貨幣供給システムと2つの点で関連しています。第1に、間接金融の優位という現象です。**図11-2**でみたように、当時の企業は「**オーバーボローイング**」と呼ばれる状態でした。これは企業が資金調達する際に、銀行からの借り入れにきわめて強く依存している状態を指します。この現象の背景には、上で説明した企業とメインバンクとの緊密な関係があると同時に、その他の資金調達手段、とりわけ直接金融の手段が、厳しく規制されていたという事実があります。まず企業が増資（株式発行の増額）する場合は、市場に向けて広く売り出すのではなく、既存の株主に対して、それぞれの持株に比例して増資分の株式を割り当てるのが一般的でした。また公社債市場においてもさまざまな規制が存在していて、債券はあまり魅力のない商品にされ、債券を発行する企業と

関連のある金融機関に債券が割り当てられていました。このように直接金融はうま味のない資金調達手段であったため、企業は自然と間接金融への依存を強めることになりました（**図11-11** 参照）。

以上のように資金需要は銀行に集中するわけですが、当時の銀行は潤沢な資金をもっていたわけではありません。これが日本の貨幣供給システムの特徴に関わる2つ目の点です。「**オーバーローン**」と呼ばれる状態です。これは市中銀行が、一時的にではなく、恒常的に預金と資本金以上に貸し出しや有価証券投資を行なっている状態（**与信超過**）であることを意味します。さらにそこで不足してしまう資金は、日本銀行が政策的に引き下げた金利で民間銀行に貸し付けることで賄われていました[10]。

以上のように、**メインバンク・システムはたんに銀行と企業との関係を超えて、各種領域のさまざまな制度や規制に支えられて機能していた**ことがわかります。またこのような仕組み全体が、第3章や第6章で説明した、高度成長期における企業の旺盛な設備投資需要に対して資金を供給し、生産能力の拡大あるいは生産性の上昇を実現させる重要な一因となったわけです。

このようなシステムは、人々の所得が低く経済全体として資金が不足している時代においては、きわめて有効に機能しました。しかし、これを使って日本経済が急成長をとげる過程において、あるいは成長をとげたがゆえに、さまざま点で問題が発生することになりました。そうした問題に対処する1つのあり方が金融自由化であったといえます。次節では、この金融自由化がなぜ生じたのか、どのような過程をたどったのか、そして結果として日本経済に何をもたらしたのかについて考えていきましょう。

11-3　日本における金融自由化

11-3-1　金融自由化の類型

日本における金融自由化がどのようなかたちで進んだかは次節にみることにして、ここでは金融自由化がどのような領域で行なわれたのかを簡単に分類しておきましょう[11]。

（1） 金利の自由化

1つ目の領域は、資金の貸し借りにおける価格を示す**金利の自由化**です。戦前は、大蔵省や日銀の指導に基づいて民間銀行どうしが金利協定を結んでいました。しかし協定は、1947年に制定された独占禁止法に違反する恐れがあるとして破棄される一方、戦後の混乱に対応するために、臨時金利調整法が制定されました。つまり、やり方は変わらなかったわけです。このような仕組みは、結果的に高度成長期を通じて継続したうえ、先にみたように政策的に金利の水準は低く保たれました（**低金利政策**）。金利の自由化が実際に進みはじめたのは、1975年以降国債が大量発行されるようになったのちとされます。国債を大量に売りさばくために、金利が低い（債券価格が高い）ままでは都合が悪かったわけです。預金金利についていえば、79年に**譲渡性預金（CD）**が、85年に**市場連動型金利預金（MMC）**が導入されたのを契機に自由化が進んでいきます。金利の自由化が完了するのが94年です。この年には、城南信用金庫から懸賞金つき定期預金が発売され大きな話題を生みました[12]。金利の自由化が行なわれる以前は、どの金融機関で預金しても金利は同じでした。つまり人々が預金・貯金を行なう場合、価格（金利）は金融機関を選択する基準にはなっていなかったわけです。金利が自由化された現在ではどうでしょうか。インターネットなどを利用して、各種金融機関の預金金利を調べてみてください。

（2） 業務の自由化

2つ目の領域は**業務の自由化**です。戦後日本では、金融機関の業務は細かく分類され、それぞれが、証券、長期信用、信託、外国為替などの特定業務に特化し分業していました。こうした分業は、民主的な経済をめざした戦後復興期の改革と整合的ですし、敗戦後、極端に資金が不足したなかでは、かぎられた資金を各分野が互いに分けあうという意味において、合理的な仕組みだったといえます。しかし経済が発展して資金に余裕が出たあとでは、協調的な体制をとらなくても、資金は各分野に回っていきます。つまり、業種別の垣根をつくる規制の必要性がなくなったと考えられています。実際そう

した議論は 1985 年に開始され、92 年に金融制度改革法が制定されますが、当時はバブル経済の影響が残っていて、業態ごとの縄張争いの様相を呈しました。結局は 96 年以降に進められた日本版ビッグバンで進展し、自由化が完了しました。このときには、バブル期と逆に金融業界が危機的状況に陥っていたために既得権益を主張する争いが生じることなく、自由化が進められました。

（3）参入・退出の自由化

3つ目の領域は、**参入・退出の自由**です。戦後日本の金融体制は、**護送船団方式**と呼ばれました。昭和はじめの銀行危機後に金融システムの安定性を重視して、破綻する金融機関を出さないように、当局（大蔵省〔現・財務省〕・日本銀行）は諸金融機関を管理・保護しました。しかし、バブル崩壊でこうした体制が立ち行かなくなりました。1994 年以降かなり多くの金融機関が破綻しました。とくに 97、98 年には、都市銀行や大手証券会社といった大型金融機関が倒産し、日本金融システムの崩壊が懸念された時期もあったほどです。こうした事態を受けて、破綻処理のルール整備が進められました。護送船団方式においては、いったん金融機関として認められれば、当局の庇護のもとに活動することができ、仮に経営危機に陥っても、破綻を免れるような措置を当局に期待することができました。一方、90 年代後半の金融危機以後は、破綻後の処理手続きが整えられ、破綻が許容されることになりました。

バブル崩壊以前にまったく退出ルールがなかったかといえば、そうではありません。**預金保険制度**は 1971 年に発足しています。預金保険制度は、金融機関が破綻した場合に、そこに預けられていた預金を保護し、破綻の影響が預金者に及ばないようにするための保険制度です。それは同時に金融システム全体を保護する仕組みでもあります。なぜなら、預金保険がなければ、取り付け[13]騒ぎが起きる可能性があるからです。預金保険制度の本格的な運用が議論されるのは、1990 年代にいくつかの金融機関が破綻したあとでした。実際に預金保険を適用したケースは、2010 年の日本振興銀行の経営

第Ⅱ部　日本経済の変化

破綻がはじめてでした。

（4）為替・資本移動の自由化

　最後の領域は、**為替・資本移動の自由化**です。これは金融ばかりでなく、対外取引における自由化、つまりグローバル化にも関わります。こうした動きは比較的早く、1983年頃までに制度的な完成をみます。その背景には、IMFやGATTといった自由経済を推進する国際機関に加盟したばかりでなく、ある程度の経済発展ののちに、63年にはGATT 11条国（国際収支上の理由で輸入制限できない国）に、翌64年にはIMF 8条国（国際収支を理由として為替管理を行なえない国）に、そして同年には「先進国クラブ」と呼ばれたOECDに加盟して、資本自由化義務がそれぞれ課されたということがあります。

　こうした背景に対して生み出された1つの変化が、1979年に決定された**「外国為替及び外国貿易管理法」**（外為法）の一部改正です（施行は1980年）。改正前の外為法では、対外取引を原則禁止としており、必要に応じて政省令を出して禁止を解除する方式がとられていました。しかし、改正後は取引を原則自由として何か問題が生じたときに問題を防止する仕組み（有事規制）を取り入れることになりました。

　もう1つの変化は、1984年から実行された**円転換規制**の撤廃です。外為法改正後に、対外取引は原則自由化されましたが、それは実需、すなわち実際のモノやサービスの取引によって生じる為替取引のみが認められていました。裏を返すと、実物の取引をともなわない金融取引に基づく為替取引は制限されていたわけです。これが緩和されたのが、円転換規制の撤廃です。これにより、対外的な金融取引が急拡大することになりました（第3章表3-8参照）。

11-3-2　金融自由化と日本的金融システムの変質：諸主体の行動変化
（1）メインバンク・システムにおける主体間の協調関係

　すでにみたように、高度成長期の金融システムは、メインバンク・システ

ムとして特徴づけられます。このシステムは、金融の日本的システムと位置づけることができ、企業と複数の市中銀行、さらに中央銀行（日本銀行）と政府による相互妥協の産物と理解することができます。すなわちこのシステムは、3者のそれぞれの関係において持続的となる仕組みが存在したといえます。まず企業と市中銀行間においては、企業に対する長期的で安定的な資金供給の一方で、銀行は、協調融資によって貸し倒れのリスクを軽減でき、メインバンクが監視の役割を負って、メインバンクの役割を企業ごとに異なる銀行が担うことで、全体として監視のコストを軽減することが可能となります。市中銀行と中央銀行の関係は、低い政策金利で市中銀行に積極的な貸し出しが奨励される一方で、オーバーローン状態で貸し出しをつづける市中銀行は、当局によって保護されました（護送船団方式）。企業と当局の関係はどうでしょうか。当局が低金利に誘導する一方で、企業はこれにこたえて、あるいは低金利の恩恵を受けて積極的な投資を行ない、両者の関係は整合的なものとなりました。そして両者を媒介したのは市中銀行だったのです。

　以上のような安定的な関係が永続したわけではありません。先にみたように、高度成長期の終焉後、金融自由化が徐々に進みました。このような制度変化は、それぞれの主体を取り巻く環境の変化に対して、各主体がとった行動の変化、そして主体間の関係の変化によって引き起こされたと考えられます。以下では、実際にどのような変化がみられたのかをみていきましょう。

（2）高度成長の達成と「国際」化

　高度成長を通じて、企業、とりわけ大企業は多くの富を企業内部に蓄積すると同時に、競争力を身につけて、国内ばかりでなく海外でも活躍できる存在になってきていました。このことは、企業が、株式や社債を発行するといったかたちで、みずからの力で資金調達を行なえるようになることを意味します。いわゆる直接金融による資金調達であれば、銀行から融資を受ける間接金融よりも有利な条件で資金を集められる可能性があります。

　このように大企業は、高度成長期終盤以降、メインバンク・システムからしだいに離脱する傾向をみせはじめます。たんにメインバンク・システムか

ら離れるばかりでなく、新しく資金を調達する資本市場が整備され、効率的な取引が実現するよう要請することになります[14]。

こうした要請は、他の先進諸国、とりわけアメリカからも行なわれました。いわゆる「**国際化**」の流れです。日本の経済力が先進国なみとなったことを受けて、1970年代半ば以降に、金融市場の整備（金融自由化）とその国際開放（国際化）が求められるようになりました。

このように、内部（大企業）と外部（諸外国）の変化から、その後20年ほどつづく金融自由化の動きがつくり出されていきました。こうした流れを象徴する1つの変化が、先述した外為法の改正です。

（3）高度成長の終焉と「国債」化：当局の行動変化

高度成長を通じて日本企業は国際競争力を高めていきましたが、高度成長終焉後は、政府がマクロ経済を支えるべく財政支出を拡大させる一方で、税収は伸び悩んだため財政赤字が拡大し、大量の国債が発行されるようになりました。発行された国債を売りさばく（消化する）ためには、これまでとられていた政策的な低金利を継続しておくわけにはいきませんでした。つまり経済発展のために設定した低金利が功を奏し、経済発展が一定の限界まで遂げられたがゆえに、同じ政策の継続が困難になったわけです。上記（1）に加えて、政府・中央銀行といった当局もみずからの利害から、メインバンク・システムを支える行動から逸脱することになったわけです。当局の政策変更によって、しだいに「**金利の自由化**」が進んでいくことになります[15]。そしてその先駆けとなったのが、先にも少し述べた譲渡性預金（CD）の導入です。CDとは、基本的に定期性預金なのですが、預金証書が売買可能で、市場で流通するものです。その価格設定（預金金利）を自由化することからはじまって、しだいにその他の預金金利も自由化されていくことになりました。

（4）市中銀行の対応：銀行間の利害対立

メインバンク・システムのもう1つの主体である市中銀行については何か

変化があったのでしょうか。市中銀行は、メインバンク・システムにおいて中心的な役割を担っていましたが、見方を変えると、受動的な役回りにあったともいえそうです。というのも、企業への貸し出しは、成長と低金利に裏づけられた企業の旺盛な資金需要によって実現していましたし、貸出資金は日本銀行からの借り入れ（日銀による積極的な資金供給）によって賄われていました。すなわち企業や当局の行動パターンが変化した場合、それに積極的に対応する独自の行動基準は埋め込まれていなかったように思われます。しかしその要因を市中銀行のみに求めるのは正確ではなさそうです。銀行は護送船団方式によって守られた存在であるとされますが、それは裏を返せば、守られているがゆえに自由な行動が制約されていたともいえるからです。たとえば、預金金利は銀行間で競争的に決定することが禁じられていましたし、銀行は銀行業以外の金融業務に手を広げることも制限されていました。

　すでに述べたように、実際企業と当局の行動に変化がみられ、それに対応するかたちでさまざまな制約（規制）が徐々に緩められていくなかで、市中銀行は生き残りをかけてさまざまなアクションをとります。たとえば都市銀行は、大企業に限定してきた取引先を中小企業にも広げていきました。もちろんそれによって影響を受けたのは、おもに地方の中小金融機関でした。それまでは企業−銀行の関係がある程度固定され、市場が仕切られていたわけですが、それが崩れてしまったわけです。

　以上のように、高度成長期に確立したメインバンク・システムでは、企業−市中銀行−当局（中央銀行）の3者は非常に整合的で補完的な関係にあったわけですが、日本における経済発展の達成ゆえに、新たな問題が発生して、整合性・補完性が崩れはじめてしまったことが見て取れます。

　こうした動きは、1980年代後半以降に加速していきます。アメリカとの貿易摩擦が激化するなかで、金融の自由化、とりわけ金利の自由化に対する「外圧」が高まる一方で、欧米諸国よりも高い経済成長率を背景に、大企業の銀行依存脱却がさらに進みました。そのため、新しい融資先を探していた市中銀行は、土地や株式といった資産への投資を後押しするような融資を積

極的に展開しました。こうして80年代後半に、土地価格、株価においてバブルが形成されました（第3章）。このようにみてくると、日本のバブルは金融自由化にともなって生じた日本の金融システムの緩みが生み出した現象だったといえそうです。

　金融システムの緩みは、裏を返せば個々の主体の自由度が高まることを意味します。具体的には、金利の自由化です。1985年に市場連動型金利預金（MMC）が導入されたのを皮切りに、つぎつぎに預金金利が自由化され、金利をめぐって金融機関どうしの競争が行なわれるようになりました。また、1992年には金融制度改革法が制定され、金融機関が異分野に参入（たとえば銀行が証券業務に携わることができる）することができるようになりました。

　ただし、いずれの変化も徹底したものだったわけではありません。つまりメインバンク・システムを構成していた諸主体間の関係が完全に解体されるほどではありませんでした。しかし、以前のような緊密な関係はしだいに維持されなくなっていきました。

（5）バブル崩壊と日本的金融システムの解体

　1980年代にメインバンク・システム内の主体間のつながりは緩んでいき、企業も銀行もしだいに別の方向を向いて行動するようになったわけですが、日本経済全体が上昇基調にあったため、システムが壊れて立ち行かなくなるという事態は発生せず、それなりにうまくいっていたようにみえました。しかし実際は、金融機関がたいした審査もせずに融資をし、企業はそうした資金を用いて、当時「**財テク**」と呼ばれた投資を行ないました。この「投資」は企業の本業に関するものではなく、証券や土地を購入しキャピタルゲインをねらう投資でした。こうした企業の行動とそれへの銀行の融資がバブルを生みました。また当局も当時低金利を継続することで、企業や市中銀行の動きを下支えしました（第3章図3-22の80年代後半の動きに注目）。

　バブルはかならずはじけます。当時の日本では、1990年年初に株式、1991年に土地のバブルが崩壊して大量の**不良債権**が発生しました（第3章図

3-21)。不良債権とは、融資した資金で買われた土地や株の価格が購入時よりも下がってキャピタルロスが発生してしまい、仮に担保を得ても融資額を回収することができないことを指します。そのような場合、銀行はさっさと損失額を確定して処理することもできますが、実際には処理にずいぶんと時間がかかりました。それは資産価格がふたたび値上がりして損失が解消するか減額することを期待して、銀行が処理を先送りしたことが大きな原因です。しかし一方で、個々の銀行に処理を任せるのでなく、当局も参加して金融システム全体として対応するという可能性もありました。たとえば護送船団の仕組みを利用することもできたはずでした。しかしすでにみてきたように、これまでの金融自由化の過程で築かれていたはずの関係はかなり緩んでいたといえます。システム全体として不良債権の問題に対応することは十分なされませんでした。結局、多くの金融機関が破綻することになりました。1990年代中葉には中小の金融機関が破綻しましたが、それにとどまらず1997年には、北海道拓殖銀行といった都市銀行や山一証券といった大手証券会社までもが市場から退出しました。これほどの損失が生じてようやく、これ以上破綻の連鎖が広がって金融システム全体が崩壊しないように、**公的資金の投入**が行なわれました[16]。一方で、破綻したり公的資金を投入したりした金融機関を再生する枠組み（スキーム）が制定されました。これは金融業における退出ルールを定めたものといえます。つまり、これまでは金融機関のいっさいの破綻を起こさせないシステム（護送船団方式）が組まれていたわけですが、これが破綻・退出を許容するシステムに切り替えられたわけです。日本の金融システムが大きく転換した証左といえるでしょう。

11-4　金融化と日本経済

　前節でみたように、日本の金融システムはしだいに自由化され、市場メカニズムが機能する仕組みへとつくり変えられてきました。このようなシステムの変化がみられるのは日本ばかりではありません。先進諸国はどこも似たような状況にあります。なかでもアメリカやイギリスといったアングロ・サ

クソン諸国では、金融業で自由化が進むだけでなく、経済全体においてその比率が拡大してきました。さらに、経済のグローバル化の影響を受けて、他の国々でも似たような変化がみられるようになりました。

近年のこうした動きは「**金融化**」（Financialization）と呼ばれます。それは具体的には「国内経済の動きにとっても、国際経済の動きにとっても、金融的利益を得ようとする意思や、金融市場、金融業者、および金融機関の役割がしだいに増大すること[17]」とされます。あるいはロナルド・ドーアは、さらに具体的につぎの4点を挙げています（ドーア 2011, p. 9参照）。

①先進国の総所得において、金融業に携わっている人たちの取り分が拡大する。
②金融デリバティブなどの新技術の導入によって、金融業者の仲介活動が、ますます複雑、怪奇、投機的になっていく。
③企業統治（コーポレート・ガバナンス）の法的制度や経営者の意識・目標が徐々に変わり、重視されるものが、利害関係者（ステイクホルダー）全体から株主のみに絞られてきている。
④各国政府にとって、「国際的競争力強化策」が政策の優先順位のなかでますます上昇する。国民に対しては「貯蓄から投資へ」の標語が提唱され、株式売買など「証券文化」が奨励される。

さらには、第6章で解説した成長レジームの概念を提起したのはフランス・レギュラシオン学派ですが、その主要論者の1人であるロベール・ボワイエは、おもにアメリカ経済を想定しつつ、金融化が進んだ経済の成長レジームを「**金融主導型成長体制**」と命名し、第5章でも簡単に述べましたが、つぎのような特徴づけを行なっています。（1）金融資産の証券化（貯蓄形態の株式化）、（2）機関投資家（年金基金）の躍進、（3）家計所得の金融化：可処分所得に占めるキャピタルゲインの割合が1990年代のアメリカで35％にものぼる、（4）国際な投資において、実物投資に比べて証券投資が拡大。これらの特徴の動態的な関係は、「株価と需要の累積的な好循環」と

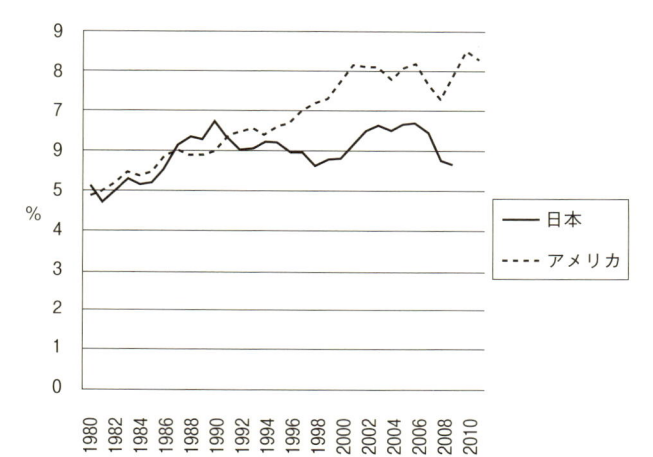

図 11-12　金融保険産業の比率（対 GDP）：日米比較
出所：アメリカ = US Department of Commerce "GDP by industry data", 日本 = 内閣府「国民経済計算」より筆者作成。ただし日本については 2009 年まで。

して描くことができます。またこうした循環を構成する主要な制度は企業統治（コーポレート・ガバナンス）で、それを駆動する原理は株主価値最大化とされます（山田 2008）。

　こうした議論を参考にすると、日本経済はどの程度金融化しているといえるでしょうか。あるいは、日本も金融主導型成長体制の下にあるのでしょうか。上記で挙げられた特徴を示すいくつかの指標に注目して、日本経済の金融化の度合を検証してみましょう。

　まず、金融・保険業が GDP に占める割合について、日本とアメリカを比較してみましょう（図 11-12）。この図によると、1980 年代後半までは、金融保険業が経済全体において占める位置が日米間で大差ないことが見て取れます。その後、日本はバブルの影響から比率を高める一方、アメリカは 87 年に発生したブラックマンデーの影響からか比率は停滞します。90 年代に入ると、日本ではバブルが崩壊して、同比率は 90 年代末にかけて低下をつづけます。他方でアメリカは 90 年代に徐々に金融保険業の比率が高まっていき、90 年代後半以降はその上昇速度が増し、日本と大きな開きができま

第Ⅱ部　日本経済の変化

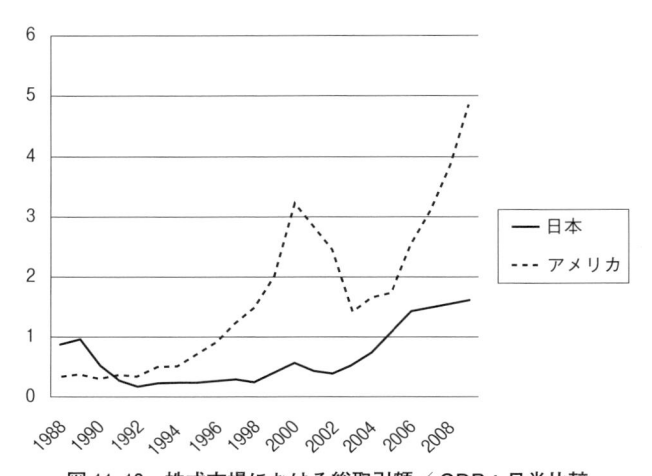

図 11-13　株式市場における総取引額／GDP：日米比較
出所：World Bank, *Financial Development and Structure Dataset*, 2012.

す。2000年代以降は、日本が不良債権問題の処理を終えて金融自由化が完了したことで比率を上昇させる一方で、アメリカにおける比率はさほど変化しませんが、その差はさほど縮まっていません。2008年に起きたリーマンショックで両国の比率は下がりますが、アメリカにおいては、すぐに回復しているのが見て取れます。

2つめに、株式市場の取引状況を概観しましょう（図 11-13）。世界銀行が提供する株式市場で取引される株価総額の GDP に対する比率について比較してみます。ここでも 90 年代における日米の動きがきわめて対照的です。2000 年代に入って日本の上昇がみられますが、アメリカではそれを超えるスピードで比率を上昇させています。また興味深いことに、リーマンショック以降もその比率は下がっていません。

以上の図から推測できることは、実体経済としても金融市場の規模としても、日本はアメリカほど金融化が進んでいるわけではなさそうだということです。一方で、ドーアの基準②でいう金融商品の複雑化や証券文化の奨励は、日本でも進んでいるように思います。その影響から株式市場での取引額は2000 年代以降それなりに上昇しています。

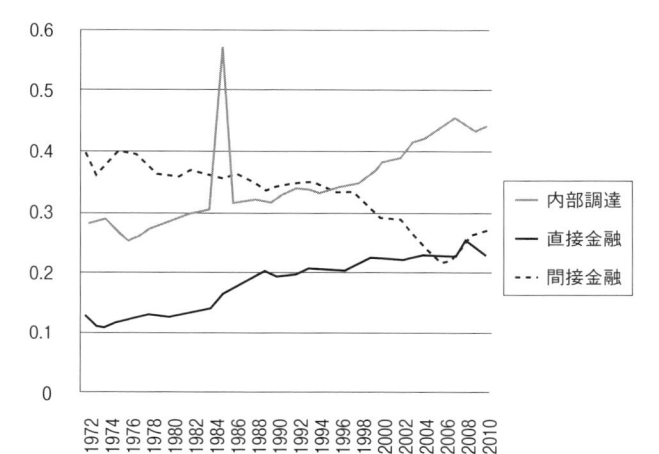

図 11-14a　日本企業の資金調達源の変遷：大企業（資本金1億円以上）

出所：財務省「法人企業統計」より筆者作成。

　つづいて、企業の資金調達と企業統治に視点を移してみましょう。資金調達については、すでにみたように、日本企業が外部資金を調達する場合は間接金融による調達が主でした。しかし、それが大企業を中心に直接金融に変化してきたとされます。このことを確認してみましょう。**図 11-14** は、資本金を基準に企業規模別にみた資金調達の推移を示しています。共通しているのは、自己資金による企業内部での調達についてです。1990 年代末の金融危機以降は、企業規模を問わず内部調達が上昇しています。とりわけ中小企業については、当時「貸し渋り」や「貸し剥がし」といった行為により外部資金に頼れなくなったという事情があるでしょう。内部調達の上昇に呼応して、間接金融の比率が低下しています。ただしその前の時期まではほぼ一貫して上昇していることも指摘できます。中小企業にとっては間接金融が重要な手段でありつづけています（**図 11-14b**）。大企業ではずいぶん状況が異なります。間接金融の比率は 1970 年代以降、ほぼ一貫して低下しています。なかでも 98 年以降に、低下のテンポが早まっているのが見て取れますが、2005 年ごろに変化の兆しがみられます。これに対して直接金融の比率は、

第Ⅱ部　日本経済の変化

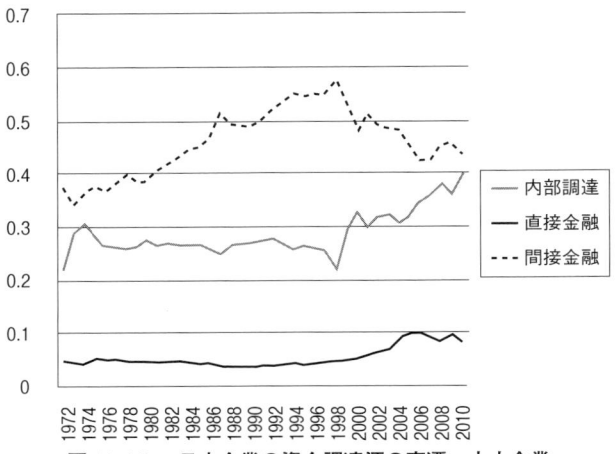

図11-14b　日本企業の資金調達源の変遷：中小企業
出所：同前。

70年代以降上昇トレンドを描きますが、上昇のスピードが速まるのは、80年代のバブル期および2000年代後半であることは興味深い事実です。さらに2000年代後半には、大企業において直接金融と間接金融の比率が逆転している時期があることにも注目しなければならないでしょう（図11-14a）。

以上のことから、大企業および中小企業とも**自己金融化**が進んだといえるのかもしれません。

最後に、これが重要な点ですが、上でみてきた金融をめぐる環境の変化に対して、企業の意思決定がどのように変化しているのか、企業統治の問題を確認しておきましょう。これについては、すでに第9章で検討を行ないました。そこから指摘できるのは以下の3点でした。（1）1980年代に株式時価総額が急増し、その後株価の変動が経営に影響を与えていることが推測できる（図9-6）。（2）2000年代に株主重視の企業の割合が増えていること（図9-7）、（3）**図9-8と図9-9**は、株主重視の企業では株主に有利な所得分配となる可能性があること。

以上の変化を考慮すると、日本における金融化は以下のように評価できそうです。金融が経済全体に占める割合はアメリカほど伸びていませんが、企

第 11 章　金融の仕組み

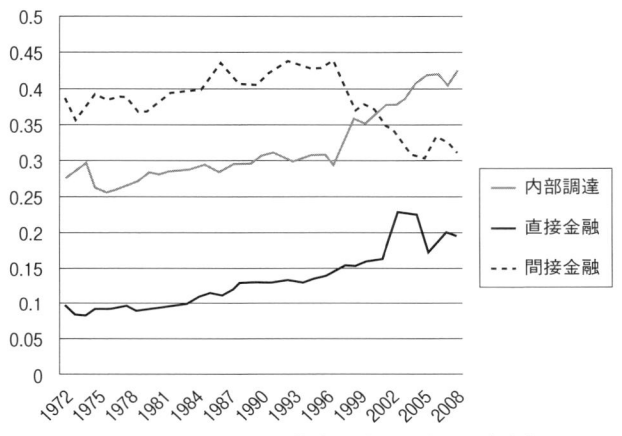

図 11-14c　日本企業の資金調達源の変遷：全企業
出所：同前。

業レベルでは金融構造に変化がみられます。とりわけ大企業では直接金融が間接金融を上回るほどまでになっています。上に示した第 9 章の分析はこうした動きと整合的です。しかし経済全体でみると、大きな変化は内部調達の急増です（**図 11-14c**）。それは金融危機が起こった 1998 年頃に急増して、その後も同じ傾向がつづいています。こうした動きは中小企業の苦境を反映していそうです（第 3 章図 3-31 参照）。とはいえ、企業統治において株主の利益を重視する社会的雰囲気は広がっており、企業がそうした変化を敏感にとらえて意思決定のあり方を変えていることはたしかなようです。その意味では、金融化の影響は日本経済にもあるといえそうです。

注
(1) 図の詳細な説明については、鹿野（2006）を参照してください。
(2) 反対に直接金融では、資金提供者と借手（資金調達者）が直接的に資金をやりとりします。
(3) 第 2 章の議論に戻って考えると、貨幣供給を増やすと、**図 2-21** で貨幣供給曲線が右へ移動するため、利子率は低下することになります。このことは、**図 2-22** にみられる LM 曲線を右へ移動させることになり、**図 2-23** で考えれば、均衡 GDP を増加

させ、均衡利子率を低下させることになります。したがって、貨幣供給の増加という金融政策（金融緩和）は、GDPの上昇と利子率の低下という効果をもつことが期待されます。
(4) 正確にいえば、この名称は現在使われていません。日本銀行は2006年8月に名称変更を行ない、現在は「基準割引率および基準貸付利率」と呼ばれています。名称変更の理由は、日本銀行が金融政策を行なうときに操作対象とする金利が、無担保コール翌日物という**短期金融市場**の金利に変更されたためです。
(5) 注(3)との説明のちがいに注目してください。貨幣供給の外生説にたつと、貨幣供給量を決定すると利子率が決まるという関係でした。これに対して貨幣供給の内生説では、利子率を決定すると貨幣供給量が定まるといった関係になります。
(6) 以下の記述は植田和夫「金融システム・規制」岡崎哲二・奥野正寛編『現代日本経済システムの源流』（日本経済新聞社、1993年）によっています。
(7) 復興金融金庫は何度もかたちを変えつつ、現在は日本政策投資銀行として存続しています。
(8) メインバンク・システムの原型は、第2次世界大戦中の時期までさかのぼることができるとの見解もあります（寺西重郎「メインバンク」岡崎・奥野編前掲書、第3章）。しかし、ここでは戦後のシステムのみに焦点を当てて議論を展開することにします。
(9) 戦中および戦後直後においては、このような協調融資の中心にあったのは、日本銀行でした（橋本・長谷川・宮島・齊藤 2011, p. 90）。
(10) さらにいえば、銀行はこうして得られる資金をたんに企業に貸し付けたわけではありません。高度成長期初期に設立された長期信用銀行が発行する金融債への投資に積極的に使われました。なぜなら、大手製造業が設備投資資金として借り入れる資金の平均期間は5〜7年であるのに対して、家計の平均預金期間は1年とされます。つまり預金と貸付金とのあいだに期間のミスマッチがあったわけです。これを解消するために、みずからが貸出先にしようとしている企業に融資することを条件に、準公的機関ともいえる長銀に資金提供をすることで、企業への安定資金提供と、預金者への対応を両立しようとしたわけです。実際、長銀の金融債利回りは、預金金利を1％ほど上回っていたといわれます。
(11) 以下の議論は、西村（2003）に依拠しています。
(12) いまでは、各種金融機関が類似の商品を取り扱っていますが、当時は預金者に金利をサービスしたり、金利以外のメリットを付加したりすることは考えられませんでした。同商品の発売にあたっての行政当局とのやりとりなどが、城南信金のホームページで振り返られています。http://www.jsbank.co.jp/8/1-8-3.html （2012年7月20日アクセス）。
(13) 取り付けとは、一定数以上の預金者が1つの銀行から預金を引き出そうとすることです。銀行は基本的に手元に資金を置いておきません。資金があるなら貸し出しを行なわないと効率が悪いからです。そこへ預金者が大勢預金を引き出しに来れば銀行は対応することができません。たとえ銀行の経営がおかしくなくても、取り付けが起きてしまうと銀行はつぶれてしまう恐れがあります。さらに怖いのは、「こっちの銀行

が危ないのなら、隣の銀行も危ないのではないか」という噂が広がると、取り付けがつぎつぎに波及して金融システム全体が麻痺してしまうことです。実際、このような現象は 1920 年代の金融恐慌時に日本で発生しました。

⒁　とはいえ、すぐに銀行との関係を解消したわけではありません。のちにみるように、メインバンク・システムは 1990 年代以降も、あるいは現状においても存続しています。

⒂　ただし、それまで金融システムが政策的にコントロールされた金利を基準に組み立てられていたので、単純に自由化して市場原理に任せればよいというわけではありませんでした。そのあたりの経緯については、西村（2003）を参照してください。

⒃　それ以前の 1995 年には、住宅金融専門会社（いわゆる住専）への公的資金投入が行なわれていましたが、大規模な投入は 1999 年まで先送りされました。公的資金が投入されることは、市中銀行にとってみずからの資金力に疑問符をつけることになるため、どの銀行も公的資金受け入れを躊躇していたためです。

⒄　G. Epstein ed., *Financialization and the World Economy*, E. Elgar, 2005, p.3.

【本章の理解をさらに深めるための参考図書】

宇仁宏幸・坂口明義・遠山弘徳・鍋島直樹（2010）『入門社会経済学――資本主義を理解する』第 2 版、ナカニシヤ出版。

宇仁宏幸・山田鋭夫・磯谷明徳・植村博恭（2011）『金融危機のレギュラシオン理論――日本経済の課題』昭和堂。

翁邦雄（2013）『日本銀行』ちくま新書。

鹿野嘉昭（2006）『日本の金融制度』第 2 版、東洋経済新報社（第 3 版、2013 年）。

ドーア、ロナルド（2011）『金融が乗っ取る世界経済』中公新書。

西村吉正（2003）『日本の金融制度改革』東洋経済新報社。

橋本寿朗・長谷川信・宮島英昭・齊藤直（2011）『現代日本経済』第 3 版、有斐閣。

服部茂幸（2008）『金融政策の誤算』NTT 出版。

山田鋭夫（2008）『さまざまな資本主義』藤原書店。

第Ⅱ部　日本経済の変化

第12章
財政の仕組み
──政治と経済の交点としての財政

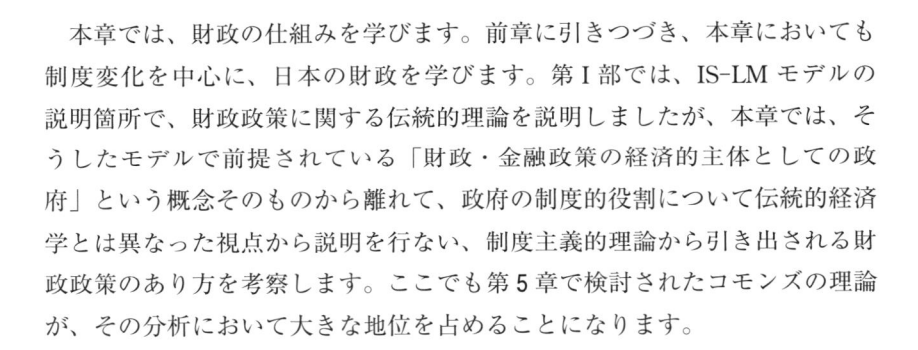

　本章では、財政の仕組みを学びます。前章に引きつづき、本章においても制度変化を中心に、日本の財政を学びます。第Ⅰ部では、IS-LM モデルの説明箇所で、財政政策に関する伝統的理論を説明しましたが、本章では、そうしたモデルで前提されている「財政・金融政策の経済的主体としての政府」という概念そのものから離れて、政府の制度的役割について伝統的経済学とは異なった視点から説明を行ない、制度主義的理論から引き出される財政政策のあり方を考察します。ここでも第5章で検討されたコモンズの理論が、その分析において大きな地位を占めることになります。

【本章で学ぶポイント】
① 政府の政治的・経済的機能を学ぶ。
② 日本の租税制度と国家予算制度の概要を学ぶ。
③ 制度経済学理論からみた財政理論を学ぶ。

12-1　政府とはそもそも何なのか

　皆さんにとって政府とは、いったいどのような存在でしょうか？　マスメディアを通じて、垣間みることができる政府の実相は、たとえば、「法律をつくる（正確には、これは国会の役割です）」「法律に基づいてさまざまな政策を実行する」「災害などが起きたときに率先してその回復に当たる」などが代表的なものでしょう。こうしたことからもわかるように、政府とは、民間企業などとは異なり、基本的に私益を追求しない唯一の社会的・経済的組

織です。

　たとえば、民間の経済組織（企業）が、法律を守り、市場のルールを守るかぎりで、好き勝手に商品をつくり、自分の所得から支出して商品を購入したり、みずからの商品を販売したりして利潤を確保することを、誰もとがめません。ですが、もし政府が民間企業とまったく同じような行動をしたら、皆さんがたは驚くはずです。つまり政府は、私益よりも公益（公共性）を第一に考えて行動する組織であり、そこでは利潤獲得という動機は基本的に優先されません。**「公共性」**という用語は難しい言葉ですが、平たくいうなら、それは社会というものを維持するために、社会で生じるさまざまな利害対立をできるだけ皆が納得できるようなレベルに収めようとする、一定の社会的規範のことです。政府の行動基準はつねにここにあります。

　とはいえ、日々マスメディアでは、政党間での嫌らしい政治的駆け引き（利害調整）、贈収賄、官僚の不祥事など、政治に関わる人々（政府に関わる人々）の事件が喧伝されています。それらのニュースを聞いて「政府のやることはだめだ」「官僚は自分たちのことしか考えてない」などと、よく批判されています。しかしながら、これも、なぜ彼らが批判されるかというと、「公共性」を担保すべき人々が、「私的利害」を追求したがゆえであるわけで、こうしたことからも、私たちがつねに、政府に対して「公共の、社会全体を代表する存在であること」を求めているのは明らかです。

　さらに、政府は、こうした公共性を追求するために、民間企業などとは異なる社会的機能を有しています。それは強力な**「政治的強制力」**です。もちろん、第5章でも述べたように、民間企業においても、政治的強制力は存在します。企業内部において、さまざまなレベルで指揮命令を行なうこと（コモンズのいう管理取引）には、明確な強制関係が存在します。しかし、この強制力は、企業の外に一歩出ればまったく通用しません。政府はこうした個々の強制力を凌駕する**「全体的強制力」**を有しています。これは警察や裁判所などの決定を何人たりとも無視できないことからも明らかです。とりわけ本章において重要なのは、**政府が国民から税を徴収する権限を有している**点です。政府以外に税を強制的に徴収する権限を誰ももっていません。これ

はどうしてなのでしょうか？

　理論的な説明は 12-3 で取り扱いますが、少し難しいいい方をするならば、どのような政府でも、かならずある「**正当性**」を有しています。それは政府の行為が正当なものであることを社会の構成員が多かれ少なかれ認めているということであり、これを担保するのは政府の行為が一定の公共性にかなうかどうかにかかっています。したがって、公共性を維持すべく、正当性を有する政府が自身の**政治的権威**に基づいて税を徴収し、なおかつその税を公共性という合目的性にしたがってふたたび支出するからこそ、社会の構成員は政府の権威を認めつつ税の支払いを行ない、政府がさまざまな社会的領域に税を支出することを容認しているはずなのです。もちろん、一部には、税を納めることを拒否したり、「国家とは泥棒だ」と考えたりして、租税制度自体の廃止を訴える人もいますが、これは現代日本ではごく少数の意見でしょう。しかし、脱税や節税を行なう人々が多く存在することもまた事実ではあります。

　ほとんどの国民がおそらく異議を唱えることなく受け入れるであろう、こうした政府についての常識的な見解を、伝統的経済学は、残念なことに自身の分析においてすべて「所与の条件」として理論的対象から除外し、その分析を政府の経済的機能に特化させてしまっています。第Ⅰ部でみたように、マクロ経済学の教科書的見解によれば、政府は、家計、企業といった代表的経済主体の一部であり、政府が税を徴収し、再分配することは当たり前のこととして考察されています。このことは、極端な考え方をすれば、家計・企業がマクロ経済の生産と消費を担うのと同様の次元で、政府もマクロ経済循環の一部を、税の徴収と支出をもって担っている、と考えていることにほかなりません。ここでは、あたかも家計・企業・政府が同列であるかのように仮定されています。つまり政府が「**政治的主権**」をもつ、他の経済主体とは異なった存在であることは、暗黙のうちに想定されているにすぎず、その政治的権力行使の問題は除外されているのです。

　政府は、たんなる行政主体でもなければ、税の徴収・再分配を担う単純な経済主体でもありません。むしろ、それは、**政治的であると同時に経済的な**

機能を担いつつ、広く社会的な調整を行なう組織なのです。そのかぎりで、政府は他の経済主体とは異なる組織であり、その組織は**政治的主権**という特別な権限を有しています。そしてその政府が課す**税**とは、**社会における政治の領域と経済の領域をつなぎあわせる「制度的媒介」**であり、この制度的媒介の政治的・経済的機能についての具体的表現が「**租税制度**」であり、また税の財政的支出の具体的形態が「**国家予算制度**」なのです。

したがって、これまでの諸章の議論をふまえるなら、**租税制度および財政的支出の現実的様態は、政治的・経済的妥協を具体化した課税・財政体制（レジーム）**であり、税の徴収の仕方、税の再分配の仕方は、各国民国家の政治的・経済的情勢と政府と社会との妥協の様態に大きく依存します。租税制度や国家予算制度が各国民国家ごとに多様性を有しているのは、こうしたことに理由を求めることができるでしょう。本章では、こうした定義に基づき、日本の財政について考察します。

12-1-2 政府の政治的・経済的機能──課税・財政／通貨・金融体制（レジーム）

ここからは、まず政府を中心として構成される課税・財政的制度を制度経済学的観点から整理してみましょう。それは以下の3つです。

①**政府が国民や企業から税を徴収する。**

これを、第5章の主張にしたがって、**課税レジーム**と呼びましょう。なぜレジームというのかというと、課税制度が、たんなる税の徴収についてのメカニズムではなく、納税者たちと徴収者たちとによって築かれる1つの関係性であると同時に、その関係を一定の租税制度が結びつけており、この関係性とそこから導かれる一定の帰結は、歴史的時間のなかで可変性を有するためです。またその税制は、納税者たちと徴収者たちとの集団的利害対立により、変化する可能性をもっています[1]。

この仕組みをいま簡単に図示すれば、以下のようになります。

```
〈伝統的経済学の考え方〉
徴収者→租税制度(所与の条件)の強制→納税者の受容→納税

〈制度経済学的考え方〉
徴収者の意思→＜政治的過程＞→租税制度(可変性)←＜政治的
過程＞←納税者の意思
                            ↓
(歴史的時間性のなかでの変化) それらの妥協の制度化1→制度化
2→……
```

つまり本書が依拠する制度経済学的考え方では、徴収者たちと納税者たちとのあいだに基本的にコンフリクトが存在し、そのコンフリクトからもたらされた一定の妥協が「租税制度」に結実すると考えます。このような動態的な過程（制度的過程）と、そこから生み出される一定の財政的帰結（租税収入の過多などの貨幣量的変化過程）との接合から立ち現われるマクロ経済的状態を、「レジーム」と呼びましょう。このマクロ経済的状態は、制度変化と租税収入額の変化が相互に連関しながら生み出されることになります。以下で述べるレジームも、こうした構図のもとで理解してください。

②**政府が徴収した税を社会的事業に対して支出する（財政レジーム）。**

　財政レジームにおいても、先の課税レジームと同じ制度的構図が存在します。ただし、財政レジームにおいては、課税レジームと比べて、そのアクター間での利害対立の激しさがいっそう際立っています。というのも、課税レジームの場合、納税者と徴収者とのあいだでは、租税制度に大きな変更を及ぼすような社会的コンフリクト（往々にしてこれはマクロ経済的情勢の悪化を原因とします）が発生しないかぎり、あるいは政府を中心とした政治的主権における慣行と意思の大きな変更（たとえば政権交代など）がないかぎり、そのレジームの動態の変容はさほど急激なものではないからです。他方

で、のちにくわしくみるように、財政レジームの場合、そのレジームが「１年ごとの国家予算の編成」を主たるアリーナ（闘技場）とすることから、おのおののアクターの利害対立とその調整様式は、場合によっては、１年単位で大きく変動することもありえます。その意味で、「国家予算編成」そのものは、**政治的・経済的妥協の社会的凝集性**をみごとに反映したものと見なせるでしょう。

「政府は公共投資と社会保障費にいくらいくらの税を投じる」と仮定して、モデルを構築することも当然重要ですが、その前に、その税投入のあり方を決定する制度的プロセスを論じることによって、財政支出の制度的配置を構造化して分析することも同時に重要であるはずです。

③通貨を発行し、その流通を管理する（通貨・金融レジーム）。

ちなみに、実際の通貨発行に関する権限は、銀行の銀行である「日本銀行」という中央銀行が取り仕切っており、現在の日本では、「中央銀行の中立性」がうたわれています。したがって、中央銀行＝日銀は、その他の政治的勢力（たとえば政府）からの影響を排して、金融政策を行なわねばなりません[2]。つまり、政府の一機関であるはずの日銀が、場合によっては、政府の意向を無視してでも、経済情勢から客観的に判断して、自身の政策を決定すべきであるとされているのです[3]。ただし、第11章でみたように、近年の日銀は、政治的勢力からの影響を排除することに成功しているとはいえません。

このレジームでは、マネーサプライのコントロール[4]、市場金利のコントロールなどが、レジームの再生産をもたらす主要な変数となります。そしてここでのアクターは、中央銀行と金融市場への市場参加者であり、彼らのあいだで取り結ばれる関係性においては、中央銀行が実施する諸政策とそれらに対する市場参加者との**金融的妥協**が重要になります。つまり、日銀の政策がもたらすであろう期待効果に対する、市場参加者たちの信認、不信認という、アクターたちの行為にとっての準拠枠組みの構成が大きな影響を及ぼすのです。この枠組みを、コンヴァンシオン理論にならって、「共有信念＝

慣行（convention）」と呼びましょう。この共有信念の概念は、制度経済学においては、しばしば金融市場の分析において用いられます[5]。一般に、さまざまな金融取引において個々の経済主体は自身の経済合理性に基づいて行動する、と考えられています。ところが、自分がいかに儲けるか、ということを突きつめてゆくと、自身の合理的な判断が正しいかどうかは、他の参加者たちの判断にも大きく依存します。個々のアクターは自身の合理的な判断に基づきながらも、最終的には他者の判断を模倣しつつ、参加者たちが共通に信じている参照基準を、たとえ場合によってはそれが経済合理性の原則から外れるものであっても、受け入れざるをえません。これはケインズが「美人投票の原理」で述べたことの、制度論的な再解釈と見なせるでしょう。また、この共有信念は、量的関係に還元不可能な「**価値**」という側面をもっています。ここでいう価値とは、アクターたちが取り結ぶ、**社会諸関係から導かれる行為のための自己参照基準＝みずからの行為のための認識的補助装置**のことであり、伝統的経済学で用いられる、効用や労働時間などの測定可能な実体的・量的価値のことではありません。いかなるアクターも、この価値を考慮の外に置いて、自身の行為を行なうことはできないのです。そのかぎりで、この価値が一定の歴史的持続性をもつならば、それは制度の1つと見なすことができるでしょう。

＜コラム1＞　IS-LM分析と経済政策

　第Ⅰ部でみたIS-LMモデルは、財市場と金融市場の複雑な相互依存関係を簡便なモデルで表現でき、なおかつそれを財政政策と金融政策の双方に同時に適用できることから、各国の中央銀行が、フォーディズムの頃より、おおいにそのモデルを利用してきたことはよく知られています。しかしながら、1990年代から2000年代にかけての、日本経済では、市場金利が0％近傍に張り付いても、民間投資はまったく増えませんでした。いわゆる「流動性の罠」（金利が0％に近づくと、金融政策が無効になる）の状態では、もっぱら公共投資に頼って（その結果国債発行額が膨張しました）、有効需要をわずかに高めることしかできませんでした。このことは、IS-LM分析が理論上いかに整合性に富んだものであっても、その前提となる蓄積レジームとレギュラシオン様式との適合性に矛盾が生じた場合、現実には思ったほどの効果をもたらさないこ

とを歴史的事実として示しています。IS-LM 分析は、閉鎖経済と一定の景気変動が循環的に生じることを前提とする経済構造のもとでのみ有効であり、対外開放度の高まりと、国民国家内部での蓄積レジームと調整様式の不適合からもたらされる構造的危機の時代には、その有効性に疑問符がつけられるのです。

失われた20年を経て、いわゆるアベノミクスの登場により、**非伝統的金融政策**、つまり「異次元の金融緩和」政策、「日銀による市場を介した国債の買取り」政策などが現在もつづけられています。これによって大幅な円安傾向がつづき、輸入物価の上昇などから、デフレが解消されつつあるかのようにみえます。しかしながらこの政策の実行は長期的には、のちに述べるように、日本国債の信認を毀損する可能性もあり、おそらく一時的なカンフル剤にすぎないと思われます。これはアベノミクスの政策立案者たちも認めるところで、彼らはこの間に規制緩和などを推し進めることが肝要との認識に立っています。

余談ながら、日本が現在直面しているデフレは、財政・金融政策を総動員したとしても、容易に脱却できるものではないように思われます。なぜなら、第6章で論じたように、現在の日本では、生産性レジームと需要レジームを媒介する制度諸形態そのものが機能不全に陥っているからです。さらにいえば、第6章で述べたような、日本の**輸出主導型成長体制**が抱えている構造的欠陥にこそ最大の問題があります。むしろ、デフレからの脱却には、アベノミクスにみられるリフレーション政策（貨幣数量を増大させることで景気浮揚をめざす政策）よりも、名目賃金の増加をもたらす諸政策こそが求められるべきです。

たとえば、吉川洋は、デフレの原因が名目賃金の低下にあることを積極的に例証しています（吉川洋『デフレーション』岩波書店、2013年）。また、アベノミクスの側でも、賃金の引き上げを政府が主導して、産業界と労働界に呼びかける、という異例の政策を実行しました。その結果、産業界もようやく重い腰を上げ、2014年12月末に春闘でのベア（基本給を一律に引き上げること。ベースアップの略）を容認する方向へ舵を切りはじめました。これは、基本的に労使の話しあいによって賃金水準が決定されるというこれまでの制度的慣行に対して、政府がそこに介入するという、賃労働関係における新しいかたちでの制度形態を生み出すことになりそうです。いずれにしても、現代日本の調整様式の危機を克服するためには、多くの制度諸形態においてさまざまな変革が求められることになるでしょう。

さて、これで、課税・財政制度に関わる制度経済学的分析の枠組みは整いました。以下では、まず現代日本の租税制度・国家予算制度の概要をみてみましょう。

12-2　日本の租税制度・国家予算制度の概要を学ぶ

　日本の租税制度は、他国のそれと同様、長年にわたる制度運営と社会的妥協の変化にともなう、そのあいつぐ改変によって、きわめて複雑です。本章でそれらすべてを網羅的に説明することはとうていできません[6]。しかしながら、基本的な構造は確認する必要があります。以下では、本書の理解に必要な最低限度の説明を行ないましょう。

12-2-1　税はどのようにして徴収されてきたのか

　税の徴収と支出は、基本的に1年を単位として行なわれ、毎年国会において予算案が審議され、12月末にはだいたいの骨格が決まり、翌年4月から予算が執行されます。政府の税金などを含めた収入の総額を**歳入**、税金の支出などを含めた支出の総額を**歳出**といいます。

　まず、税の徴収の仕方ですが、それには国に直接納める**国税**と、地方自治体に納められる**地方税**とがあります。**表12-1**をみてください。

　直接税とは、税の納付者と徴収者が直接的な関係で結ばれている税のことで、代表的なものは**所得税**です。サラリーマンであれば、毎月の給与から一定の税率で徴収されています（勤労者が形式的には直接国に税を納めていると考えます）。また自営業者などは年に1度確定申告を行なって、税を納付しています。所得税などの直接税の特徴は、その所得（資産であればその価格）に比例して乗じられる「税率」が異なっており、基本的にはその額が多ければ多いほど、たくさん税を納付しなければなりません。これを**累進課税制度**といいます。

　他方、間接税とは、税の納付者と徴収者のあいだに第三者が介在する（間接的な関係にある）税のことで、代表的なものは**消費税**です。消費税は、支払われた税がいったん販売業者の手にわたり、その後、税として国庫に納付される仕組みになっています。2013年末、消費税が紆余曲折を経て、5％から8％に引き上げられることが決まったのは、記憶に新しいと思います。

表12-1　国税・地方税の税目・内訳

	国　税	地　方　税		国　税	地　方　税
所得課税	所得税 法人税 地方法人特別税 復興特別所得税 復興特別法人税	個人住民税 個人事業税 法人住民税 法人事業税 道府県民税利子割 道府県民税配当割 道府県民税株式等 譲渡所得割	消費課税	消費税 酒税 たばこ税 たばこ特別税 揮発油税 地方揮発油税 石油ガス税	地方消費税 地方たばこ税 軽油引取税 自動車取得税 ゴルフ場利用税 入湯税 自動車税
資産課税等	相続税・贈与税 登録免許税 印紙税	不動産取得税 固定資産税 都市計画税 事業所税 特別土地保有税 法定外普通税 法定外目的税		自動車重量税 航空機燃料税 石油石炭税 電源開発促進税 関税 とん税 特別とん税	軽自動車税 鉱産税 狩猟税 鉱区税

出所：財務省ホームページ「我が国税制・財政の全般的情勢：国税地方税の税目・内訳」（平成25年）。

　また、表における税目の多さからもわかるように、きわめて広範囲に課税対象が存在します。あくまで冗談にすぎませんが、いまやIT関連事業は、産業の中核になりつつありますので、今後「携帯所有税」「スマートフォン所有税」などが創設されるかもしれません。
　さて、直接税であれ、間接税であれ、**税制が社会的妥協の課税的形態である**ならば、その形態における制度的争点は、まず**歳入の規模とその形態**です。ついで**歳入規模**を決定するその**税率とその配分様式**です。また**税目の変更**も社会的妥協の構成上の変化を表わします。これらすべてが**課税レジーム**を規定します。
　歳出の規模とその形態については、次節の国家予算のところで述べるとして、まず歳入の問題について検討しましょう。一般に、日本人は重税感が強いといわれています。私たちは財務省の代弁者ではありませんが、できるかぎり客観的にそうしたことを確認してゆくために、いまや誰でもインターネットで簡単に入手できる財務省の資料からそのことを確認してゆきましょ

第Ⅱ部　日本経済の変化

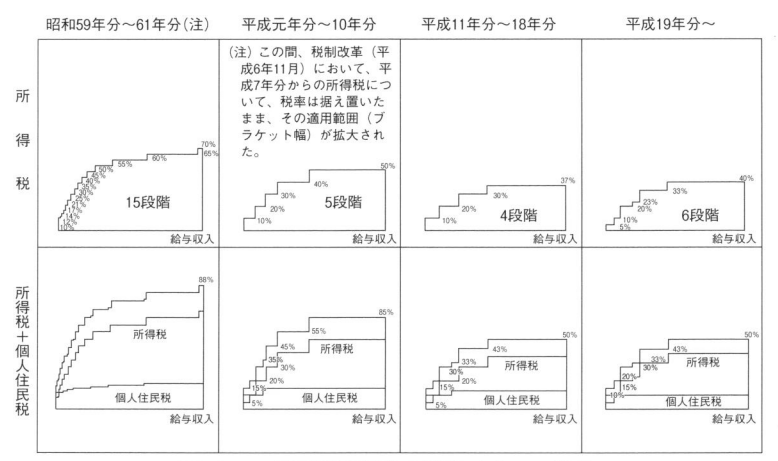

図12-1　所得税の税率の推移（イメージ図）

（注）昭和62年分の所得税の税率は、10.5、12、16、20、25、30、35、40、45、50、55、60%の12段階（住民税〔63年度〕の最高税率は16%、住民税と合わせた最高税率は76%）。
出所：同前。

う。具体的には、諸外国と比べて、日本の税制、とくに税率がどのように歴史的に変化してきたのか、またそうした税率が諸外国と比較してどれほど過重であるのか否かを、明らかにする必要があるでしょう。まず図12-1をみてください。

最高税率が60%を超える時期があったことに、皆さんがたは驚きを禁じえないのではないでしょうか。余談ですが、かつては、「長者番付」というものが毎年発表され、高額納税者が世間の注目を浴びていました。その頃と比べると、現在はずいぶんと税率は低くなっていることが、この図表からわかるはずです。

さて、この表から明らかなのは、日本は1985年以降一貫して「**課税段階を簡素化し、なおかつ最高税率を引き下げてきた**」ということです。なぜこのようになったのでしょうか？　多くの財政史研究が示しているのは、**そのときどきの政権が、選挙対策のために大衆迎合的に、徴税による歳入の確保よりも、短期的にはその問題がみえにくい国債の発行で、歳出の増大に対応**

412

表 12-2　個人所得課税の税率構造

所得税		個人住民税	
課税所得	税率	課税所得	税率
〜　195万円	5%	一律　　　　　　　　　※減額措置　全世帯において人的控除の差を考慮した減額措置を実施	10%
195万円〜　330万円	10%		
330万円〜　695万円	20%		
695万円〜　900万円	23%		
900万円〜1,800万円	33%		
1,800万円〜	40%		

出所：同前。

してきた、ということです。財政を所管する大蔵省（現在は財務省）もまた、自身がコントロールしやすい特別会計における支出項目を死守するために、政権と**政治的妥協**を重ねてきました[7]。さらにバブル経済崩壊以降、景気対策の名目で、**所得税減税**政策が行なわれ、ますます日本の歳入は国債に依存するようになっていったのです。「減税は消費の拡大につながり、法人税の引き下げは企業活動を活性化する」という一部の経済理論の主張は、こうした政策を後押ししました。現在の国債発行残高膨張の原因の一部は、この時期に増大した、こうした景気対策にも求めることができます。

　表 12-2は、2013年12月時点での個人所得課税における税率構造です。この図表からわかるのは、課税所得（これは総所得から社会保険料や基礎控除などを除いたものです）1800万円以上は、たとえそれが1億円以上であったとしても同じ税率である、ということです。皆さんがたは、直感的に、「きわめて大きな所得を得ている人はもう少し税率を上げてもいいのでは？」と思われるかもしれません。実際、すでに確認したように、1980年代までは、こうした高額所得者には高い税率が適用されていました。しかしながら、一部の経済理論は、高額所得者への課税強化はその勤労意欲をそぎかねないし、下手をすると彼らが海外に逃避してしまいかねないと主張し、その考えが政策に反映されてきたのです。

　図 12-2は個人所得課税の税率構造の国際比較を示したものです。これによれば、多少のちがいはあっても、それらの諸国間での税率構造にはあまり

第Ⅱ部　日本経済の変化

(2013年1月現在)

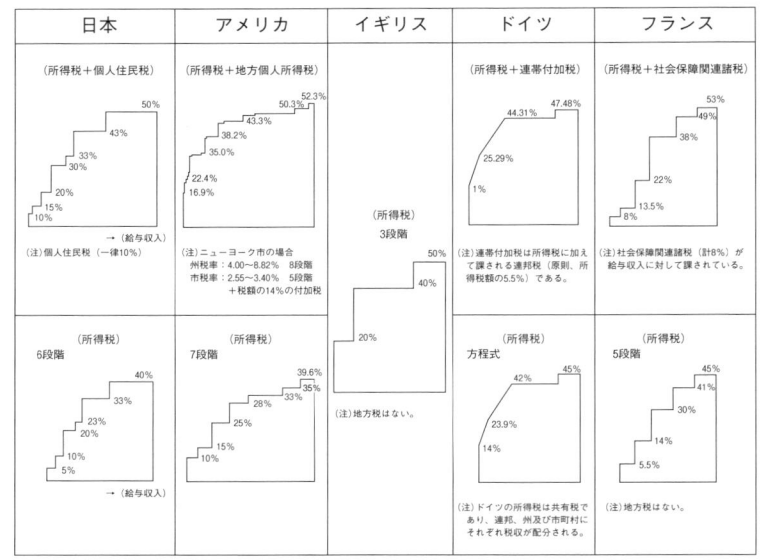

図12-2　個人所得課税の税率構造の国際比較（イメージ）
出所：同前。

ちがいはみられません。ただし、これらの諸国もかつては、かなり累進性の高い所得税制を有していたこと、またそうした税率が1970年代以降の経済停滞にともなって、徐々に変更されて現在に至っていることを、見逃してはなりません。

また税率の問題とは別に、注意すべき問題があります。それは**所得補足率**の問題です。これは税の公平性を維持するためにも重要な問題で、じつのところ、所得税はすべての国民から確実に徴収されていません。「9：6：4」（クロヨン）、「10：5：3」（トーゴーサン）という言葉で表現される、職業ごとに異なる所得税補足率の問題の改善は、きわめて重要です。これはサラリーマンでは100％所得税を納めているのに対して、自営業者では50％、農林水産業者では30％しか税を納めていない現象を指しています。2013年現在で導入が決定しているマイ・ナンバー制度は、こうした所得補足率を高め

414

第12章　財政の仕組み

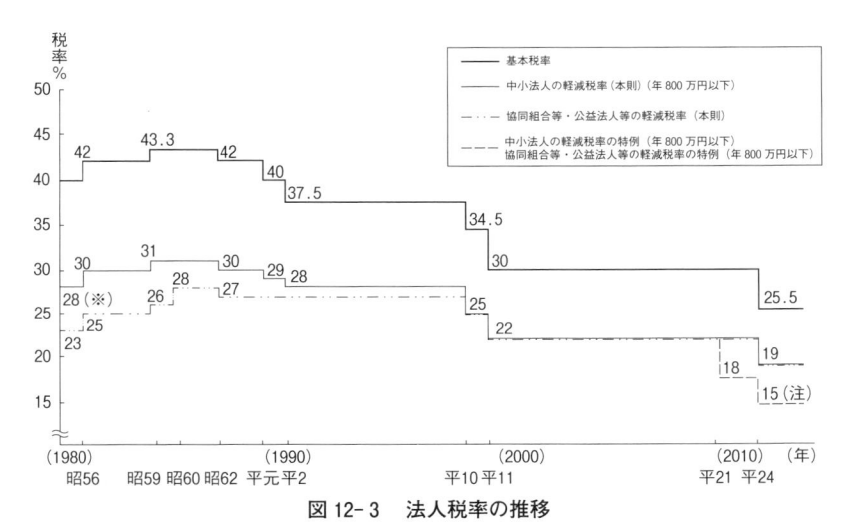

図12-3　法人税率の推移

(注) 平成24年4月1日から平成27年3月31日のあいだに開始する各事業年度に適用される税率。
(※) 昭和56年4月1日前に終了する事業年度については年700万円以下の所得に適用。
出所：同前。

ることを目的とした制度の1つです。

では、所得税制のもう1つの柱である法人税はどうでしょうか。ちなみに法人税は、基本的に企業の利益に対してのみ課せられます。つまり当該企業が赤字の場合、税は発生しません。**図12-3**をみてください。

明らかに、日本の法人税は、1980年代から一貫して引き下げられてきています。これも、先の所得税のところで述べたように、バブル経済崩壊後の景気対策として、そのような税制改革が選択されたことに原因を求めることができます。では、諸外国はどうでしょうか。**図12-4**をみてください。

各国の税制が正確には対応していないため、おおよそでしか検討できないのですが、この図からわかることは、たしかに日本の法人税は、諸外国と比べて相対的に高いということです。しかしながら、注意すべきは、法人税が相対的に低い諸国は、基本的に新興工業国がほとんどであるということです。つまり、これらの国々は、経済発展の途上にある、相対的に経済成長をつづ

第Ⅱ部　日本経済の変化

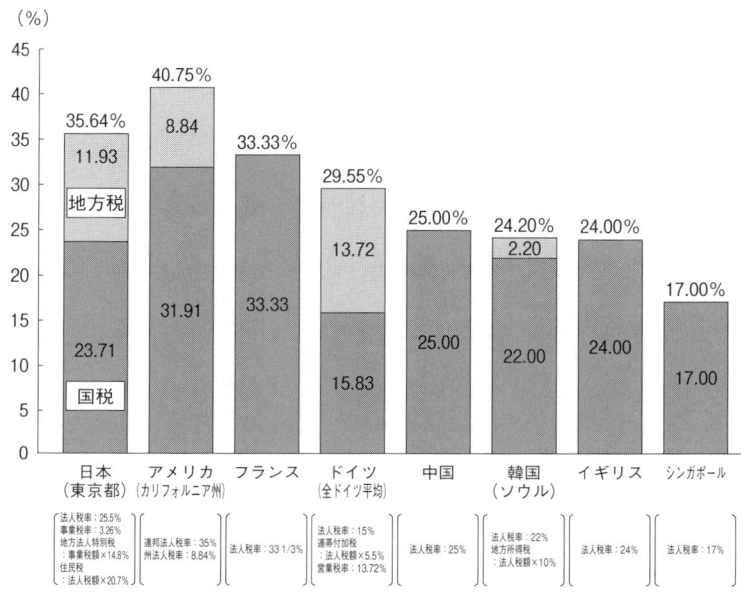

図12-4　法人所得課税の実効税率の国際比較

出所：同前。

けている国々であり、そのかぎりで低い税率でも一定の税収を確保することができ、企業の成長をそれらの政策によって後押しし、場合によっては諸外国からの企業の誘致を望んでいる国々であるといえます。またそれらの国々は、税の支出に必要な社会保障費などの問題に、いまのところ悩まされていない国でもあり、**租税制度や税率などがまだ社会的妥協の争点として浮上していない国々**であるといえます。日本も法人税を引き下げて、企業の国際競争力を高め、外国企業を誘致しなければならない、という主張は、こうした事実を根拠に述べられています。

ちなみに、企業間の国際競争の激しさから、また外国資本を呼び込むために、法人税率を引き下げようというこの議論は、税制による「近隣貧窮化政策」にほかなりません。というのも、現在でもタックス・ヘイブン（租税回避地）の問題が取りざたされていますが、どこかで法人税の引き下げが行な

第12章　財政の仕組み

われると、企業が所在地を変更し、またどこかで引き下げられると……、というように、それらが延々と繰り返される可能性が高いためです。なにか日本の牛丼の値下げ合戦に似ていると感じるのは本章の筆者だけでしょうか。その結果、各国民国家の歳入はどんどん減少してゆくことになりかねないのです。

　では、こうした税負担は、各国と比べて、それほど高いものなのでしょうか。図 12-5 と図 12-6 をみてください。

　これらの図は、私たちが獲得した所得に対して、どれくらいの税を支払ったのかを示すものです。租税負担率でみた場合、日本は明らかに諸外国に比べて低いといえます。つまり、たくさん稼いだわりには税を支払っていないということになります。図 12-6 では、社会保障負担がそれに加算されています。これを加算すると、租税負担率では、もっとも高かったスウェーデンを超えて、フランスの国民がもっとも多く税を負担しています。日本はここでも、アメリカについで、下から２番目の低さになります。

　まとめるならば、日本の重税感は、どうやら徴税額の問題にあるのではなく、政府によるその支出が、その課税金額に見合うだけの社会的事業に向けられていない、と国民が感じていることにあるように思えます。そのことを次節で確認しましょう。

12-2-2　徴収された税はどのようにして支出されているのか

　さて、こうして徴収された税はどの程度の規模で、どのようにして配分され、またどのような項目に支出されているのでしょうか。まず確認すべきは、日本の会計構造は、**一般会計**と**特別会計**に大別されるということです。図 12-7 〜図 12-9 をみてください。

　まず、日本の会計の原則から説明しましょう。すでに述べたように、国家の予算編成は１年単位が原則です。この期間に徴収され、支出された金額をできるかぎりバランスのとれたものにしなければなりません。これがバランスのとれた状態にあるとき、つまり歳入と歳出が一致するとき、**財政が均衡している**といいます。会計の目的はこれを達成することにあります。これと

第Ⅱ部　日本経済の変化

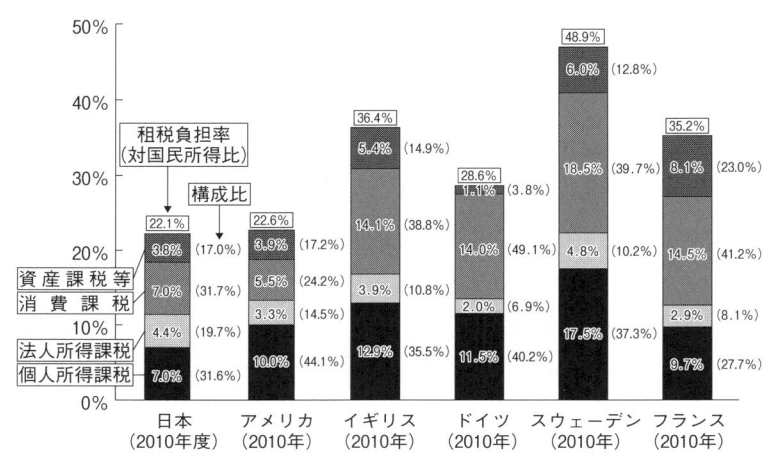

図12-5　租税負担率の内訳の国際比較

出所：同前。

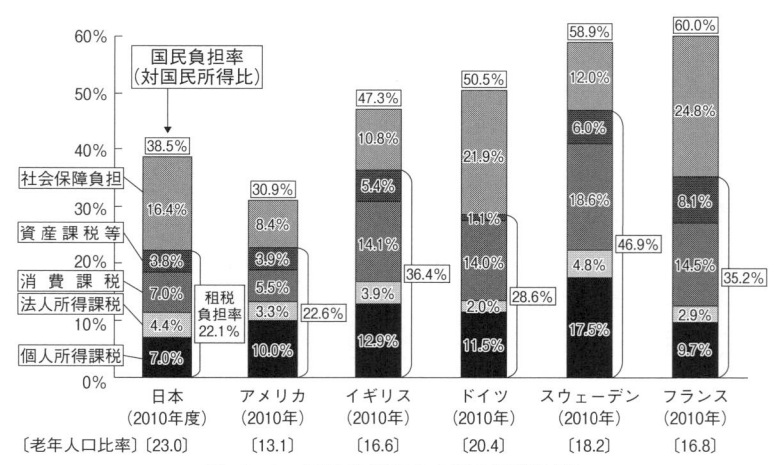

図12-6　国民負担率の内訳の国際比較

出所：同前。

は異なり、歳入が歳出を超えている場合、それは**財政黒字**といわれます。反対に歳入が歳出を下回った場合、それは**財政赤字**といわれます。ちなみに、政府は「**財政法**」第6条によって、**剰余金**を蓄えることを原則として禁じら

```
・交付税及び譲与税配付金特別会計〈2〉      ・森林保険特別会計
      （内閣府、総務省及び財務省）                （農林水産省）
・地震再保険特別会計                        ・国有林野事業特別会計
                  （財務省）                      （農林水産省）
・国債整理基金特別会計                      ・漁船再保険及び漁業共済保険特別会計〈5〉
                  （財務省）                      （農林水産省）
・外国為替資金特別会計                      ・貿易再保険特別会計
                  （財務省）                      （経済産業省）
・財政投融資特別会計〈3〉                   ・特許特別会計
      （財務省及び国土交通省）                    （経済産業省）
・エネルギー対策特別会計〈3〉               ・社会資本整備事業特別会計〈5〉
 （文部科学省、経済産業省及び環境省）            （国土交通省）
・労働保険特別会計〈3〉                     ・自動車安全特別会計〈3〉
                  （厚生労働省）                  （国土交通省）
・年金特別会計〈7〉                         ・東日本大震災復興特別会計
                  （厚生労働省）             （国会、裁判所、会計検査院、内閣、内
・食料安定供給特別会計〈7〉                  閣府、復興庁、総務省、法務省、外務省、
                  （農林水産省）             財務省、文部科学省、厚生労働省、農
・農業共済再保険特別会計〈6〉                林水産省、経済産業省、国土交通省、
                  （農林水産省）             環境省及び防衛省）
```

図12-7　特別会計の内訳（平成24年度）

出所：財務省『特別会計ハンドブック』（平成24年度版）第1章「特別会計制度」p. 3 より抜粋。

れています。これが企業会計とまったく異なる点です。ではもし財政黒字が生じたならばどうするのでしょうか。その場合一定の期間内のうちに、過去に借り入れた国債の償還などにその剰余金を当てることによって、当該年度の予算を均衡させなければなりません。反対に財政赤字が生じた場合はどうするのでしょうか。その場合、国債などを発行して、民間経済組織から資金を集めることで、予算を均衡させねばならないのです。つまり**貯蓄はできないが借金はできる**、というのが国の会計における大原則なのです。このような原則が日本の**財政レジーム**における基本的ルール（制度）です。

　しかし同時に、財政法は、第13条第1項で「国の会計を分つて一般会計及び特別会計とする」と規定したあとに、第2項において、つぎのように述べています。「国が特定の事業を行う場合、特定の資金を保有してその運用を行う場合その他特定の歳入を以て特定の歳出に充て一般の歳入歳出と区分して経理する必要がある場合に限り、法律を以て、特別会計を設置するもの

第Ⅱ部　日本経済の変化

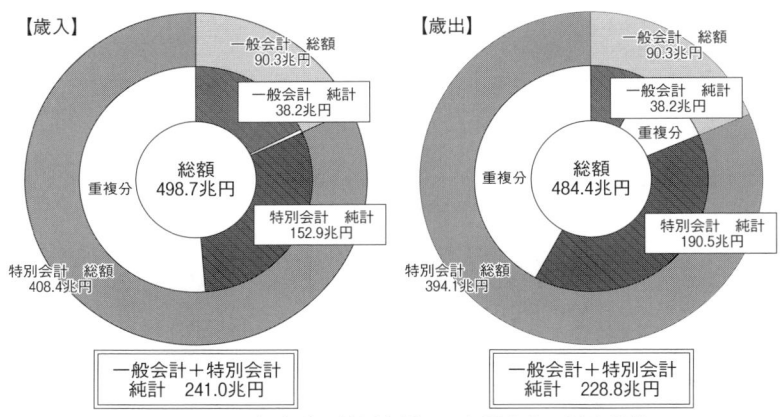

【歳入】
総額 498.7兆円
一般会計 総額 90.3兆円
一般会計 純計 38.2兆円
重複分
特別会計 総額 408.4兆円
特別会計 純計 152.9兆円
一般会計＋特別会計 純計　241.0兆円

【歳出】
総額 484.4兆円
一般会計 総額 90.3兆円
一般会計 純計 38.2兆円
重複分
特別会計 総額 394.1兆円
特別会計 純計 190.5兆円
一般会計＋特別会計 純計　228.8兆円

図12-8　一般会計＋特別会計でみた国全体の財政規模

出所：財務省ホームページ資料「国の財政規模の見方について」図2-4より抜粋。

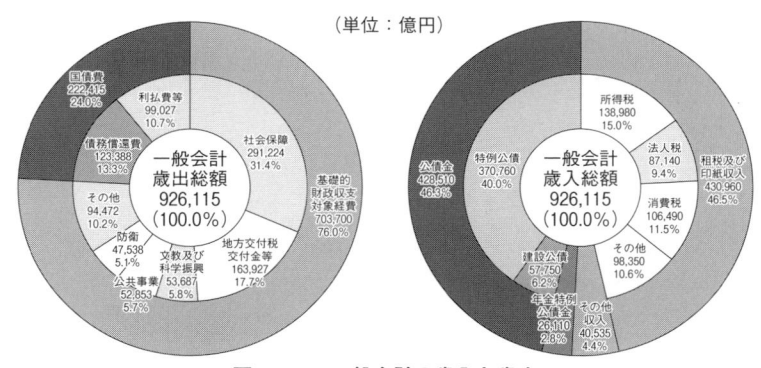

（単位：億円）

一般会計歳出総額 926,115（100.0%）
国債費 222,415 24.0%
利払費等 99,027 10.7%
債務償還費 123,388 13.3%
社会保障 291,224 31.4%
基礎的財政収支対象経費 703,700 76.0%
地方交付税交付金等 163,927 17.7%
文教及び科学振興 53,687 5.8%
公共事業 52,853 5.7%
防衛 47,538 5.1%
その他 94,472 10.2%

一般会計歳入総額 926,115（100.0%）
所得税 138,980 15.0%
法人税 87,140 9.4%
租税及び印紙収入 430,960 46.5%
消費税 106,490 11.5%
その他 98,350 10.6%
公債金 428,510 46.3%
特例公債 370,760 40.0%
建設公債 57,750 6.2%
年金特例公債 26,110 2.8%
その他収入 40,535 4.4%

図12-9　一般会計の歳入と歳出

出所：財務省ホームページ「平成25年度一般会計予算（平成25年5月15日成立）の概要」。

とする」。

　いかにも法律の条文らしい、もって回ったいい回しですが、要するに、これは国が特定の事業を行なう場合、特定の資金を保有すること、また特定の歳入があった場合は、特定の歳出に当てることができることを述べています。これが特別会計設置の法的根拠です。特別会計のポイントは、国が「一定の資金」をもち、それを運用することを認めている点にあります。つまり特別

会計制度によって、一般会計とは別の「財布」をつくり、そこに資金を集めて運用することが法的に認められているわけです。そこでも、単年度決算主義の原則は有効ですが、こうした別の財布をたくさんつくっておけば、そこに資金をプール・運用し、その財布のあいだでお金を融通しあうことは可能です。ちなみに、この別の財布＝特別会計は、政府が関与すべき特定の事業を長期に継続して行なう場合などに創設されます。**図 12-7** にある「東日本大震災復興特別会計」は、近年新たに創設された特別会計の代表的な事例です。

　特別会計制度は、その制度上の不透明さからしばしば批判の俎上に挙げられますが、そのすべてに問題があるわけではありません。問題はその運営の仕方にあります。実際、**図 12-7** からもわかるように、外国為替特別会計や社会資本事業特別会計など、社会的事業のために公的機関でしかなしえない事業もあるのです。ただし、その同じ図表からわかるように、こうした特別会計の各費目を利用することができる所轄官庁があらかじめ定められていて、そこでしかこの費目は使用できません。したがって、その事業の継続自体が目的になってしまう（既得権益になってしまう）という弊害があることは否めません。官僚が特別会計制度にふれられることを極端に嫌う理由はここにあります。もちろん、特別会計も国会による議決を必要としますが、たいていの場合、予算総額だけが決定され、その使用細目は所轄官庁にゆだねられるのが一般的です。ここにも大きな問題があります。

　ここで、**図 12-8** をみてください。この図は、国の財政規模を確認するのにおおいに役立ちます。まず驚かされることは、ここにある一般会計＋特別会計で計上されている**総額**での財政規模の大きさです。一般会計については、**図 12-9** をみてください。

　私たちが日々マスメディアなどで目にするのは、ほとんどの場合一般会計の総額であり、特別会計をも含めた総額ではありません。総額レベルで比べれば、一般会計は特別会計の22％ほどにすぎません。もっともこの「総額」レベルでは、一般会計と特別会計とのあいだで二重に計上されている費目が存在するため、単年度での正確な増減が把握できません。そのために、**図**

12-8 ではそれらを控除した「純計」が記載されています。しかしそのレベルでも、特別会計は一般会計をはるかに上回る歳入・歳出となっています。

ある研究は、財務省の予算書を精査して、一般会計の歳出においては社会保障関連支出が29％と大きな割合を占めているのに対し、特別会計との連結ベースでみた純計の場合、歳出では国債費が約40％、歳入ではじつに50％が国債発行（借換を含む）に頼っている現状を明らかにして、日本の借金依存体質を鋭く批判しています（田中 2013, pp. 136-138）。

この国債の問題については、のちに検討しますが、いずれにせよ、こうした分析からつぎのことがいえるでしょう。

①日々喧伝される予算の内容は、ほとんど一般会計に関するものであること。
②それにもかかわらず、一部の専門家を除いて、マスメディアや政府において、特別会計における膨大な額の国債依存の問題はほとんど取り上げられず、新規国債発行の問題では、一般会計における社会保障費の増大に対応するためという点だけが強調されつづけていること。
③ただし、一般会計と特別会計からなる純計ベースでも、もはや国債の発行に頼らねば、予算を立てることができないこと。

これでは、まるで少子高齢化が原因で、借金が増えた（あるいはこれから増える）ということを、政府・財務省が国民に納得させようとしているとしか思えませんね。もう少し丁寧な説明がほしいところです。図 12-10 と図 12-11 をみてください。

たしかに、図 12-10 からは、建設国債（公共事業への支出のみに特化した国債）と特例公債（財政法で特例として認められている国債、発行には国会の承認が必要）が 1975 年ぐらいから徐々に増大し、80 年代後半から急速にそれらが増大していることが読みとれます。とくに 2000 年代前半からは、特例公債の残高のほうが建設国債を上回るようになっています。しかしこの特例公債が、社会保障費だけでなく、さまざまな社会的事業にも流用されて

図 12-10 公債残高の累積

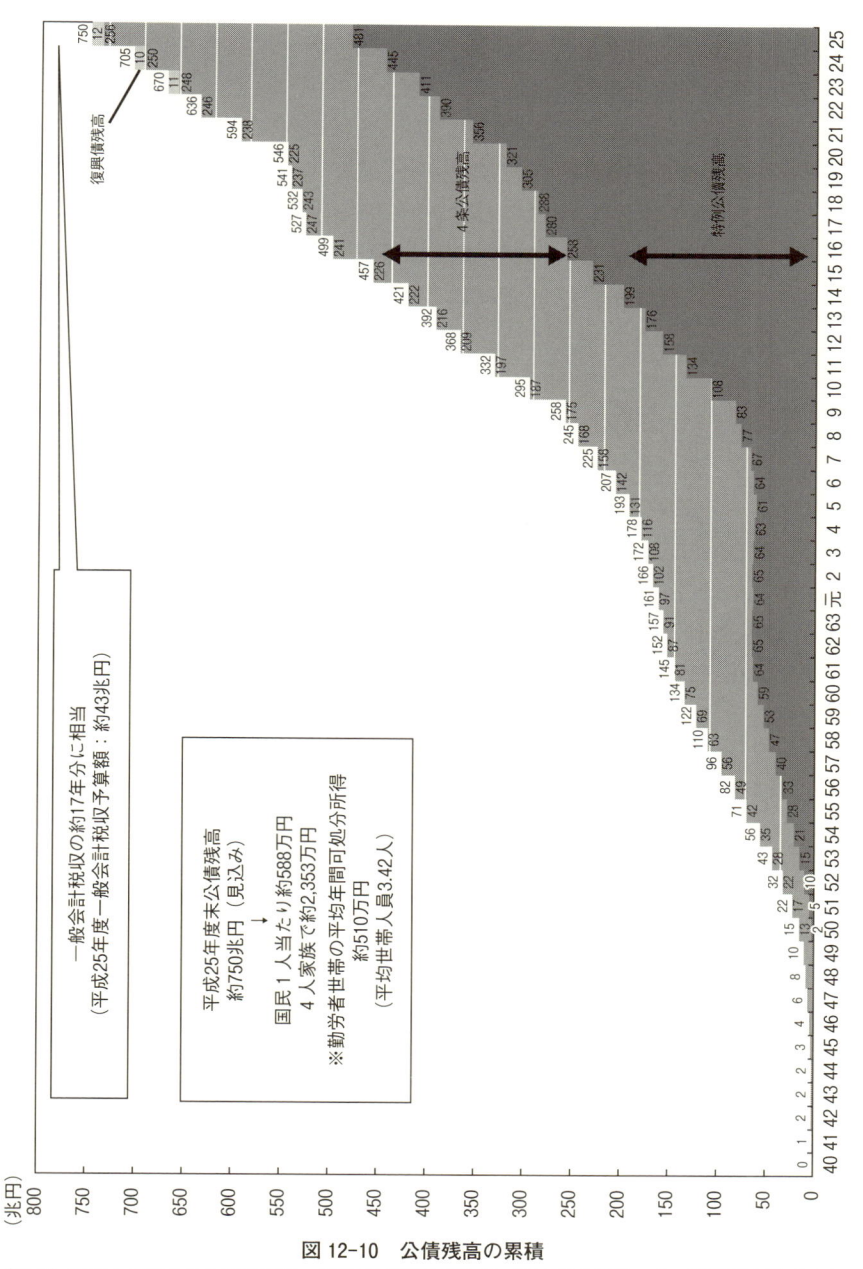

(注1) 国民1人当たり公債残高は、平成25年度の総人口(国立社会保障・人口問題研究所「日本の将来推計人口」(平成25年1月推計)で公債残高を除した数値)。
(注2) 可処分所得、世帯人員は、総務省「平成24年家計調査年報」による。
出所:財務省ホームページ「平成25年度財政関係資料」p. 13。

いるのは明らかです。また、**図 12-11** は、日本の対 GDP 比での公債残高が諸外国のそれと比べてきわめて大きいことを示しています。そして諸外国の公債残高が、2008 年のリーマンショックまではわずかながらも漸減していたにもかかわらず、日本のそれは一貫して上昇しつづけています。しかしながら、こうした日本の特徴は、グラフの時期区分をみれば明らかなように、バブル経済の崩壊とその後の長期停滞の影響が大であることは明らかです。なお、公債の累積問題については次節でその対策を述べます。

　この時代、バブル経済からの脱却は財政支出の拡大によって可能で、一時的な財政支出の増大は、たとえ国債発行額が増大しても、やむをえないという雰囲気が日本には蔓延していました。これは、日本経済が明らかに、**フォーディズム的蓄積レジーム**の再来を期待していたことの現われです。後づけの説明にすぎませんが、欧米諸国に遅れて日本経済のレジームが転換しつつあることに、当時ほとんどの人は気がつかなかったか、あるいはその事実を認めようしなかったのです。そのかぎりで、財政の問題を考える際には、国民もレジーム転換を前提にした財政運営について、いま一度考えるべきであるといえるでしょう。いずれにせよ、この期間における公債残高の増大の原因は、**社会保障費の増大**ではなく、**積極的財政政策による公共事業費の増大**に求めることができます。

　しかし、なぜこのようになってしまったのでしょうか。前節でもふれたように、まず日本の予算決定プロセス全体、すなわち**財政レジーム**が、基本的には政権政党と官僚によってコントロールされており、国会での審議は事実上、その予算案の確認事項にすぎない、ということにあります。皆さんは、テレビで国会の「予算委員会」をご覧になったことがあるでしょうか。正確には、この予算委員会までに、有識者の専門会議→財務省内部での立案、というプロセスが存在します。そしてそれらの段階すべてで入念な打ち合わせ（そこでは各省庁の予算争奪戦が、またときには政治家の介入も）が行なわれ、最終的に国会に予算案が提出されます。そこでは、本来歳出項目の精査が行なわれるべきですが、予算の成立を人質にとり、まったく別のことで激論を交わしていることがよくみられます。つまり国会の審議が形骸化してい

第 12 章　財政の仕組み

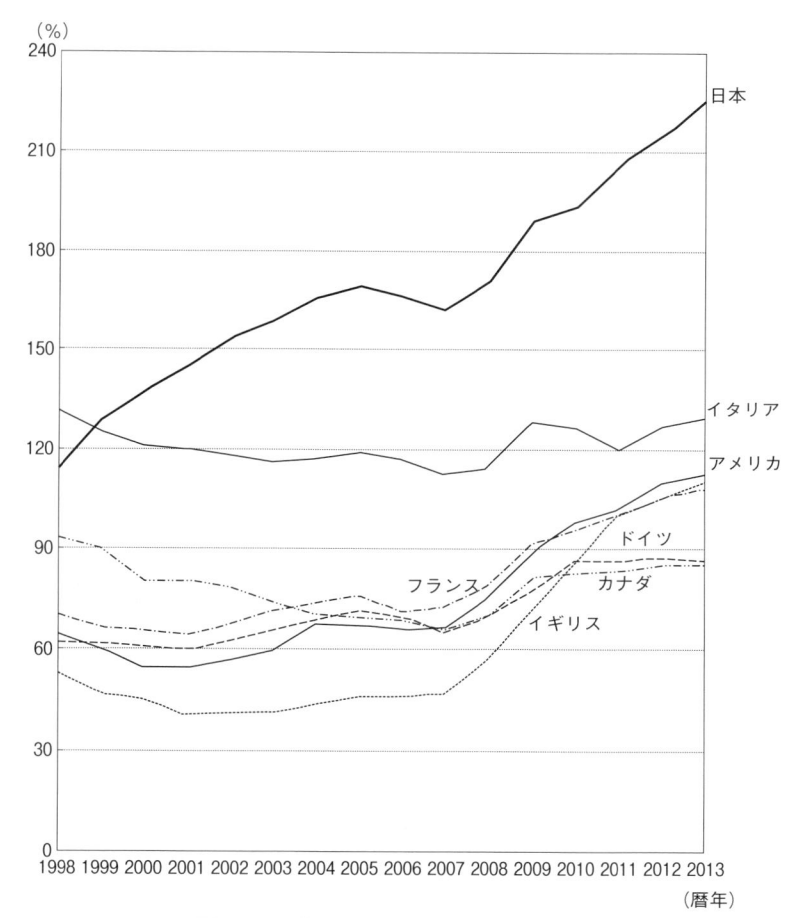

図 12-11　債務残高の国際比較（対 GDP 比）

出所：同前 p. 18。

るのです。

　したがって、政治家は選挙のために、増税をいい出せない（または公共事業を地元に誘致したい）、しかし歳入は歳出を下回っている、それならば国債でその分を補ってしまおう、その代わり官僚にとって便利な特別会計には手をつけない、という「**政治的妥協**」が、日本の**財政レジーム**において一貫

してつづいてきたのです。とはいえ、国民がこれと関係ないのかといえば、そうではありません。国民もまた、選挙を介して、税をとられることを忌避しつつ、選挙のたびに自身にとって利益のある社会的事業への支出を要求してきたからです。

　ちなみに、1998年には、こうした大衆迎合的な財政政策の最たるものが登場しました。小渕内閣による「商品券」の配布による景気刺激対策がそれです。これは15歳以下の子どもと低所得高齢者に対して一律2万円の商品券を配るというものでした。

　また、民主党政権時代に、特別会計の剰余金が「埋蔵金」であると指摘され、一時話題になりましたが、その剰余金も1度費消してしまえばもう使えません。そのうち政権交代が起こり、いまでは特別会計の問題がマスコミに取り上げられることもなくなったように思います。

　いずれにしても、国家予算制度を「社会的妥協の財政的形態」と考えるならば、そこに国民の意思が介在する余地はほとんどありません。それは**政・官主導型の調整様式に基づく財政レジーム**にほかなりません。こうした制度上の問題を解決するには、予算編成過程をもっと目にみえるかたちで情報公開し、財政ルールの厳格化を制度化するプロセスが必要です。そして政・官・民による、財政そのものの**ガバナンス（統治）様式**をつくり上げることが今後必要となるでしょう。このことを検討するためにも、より理論的な観点から、次節で**課税・財政レジーム**の問題をみてみましょう。

12-3　課税・財政レジーム分析のための制度経済学理論

12-3-1　国家と国民を結びつける「紐帯としての税」

　すでに述べたように、現代の財政危機の問題を経済理論の観点から分析しようとする際に、私たちが往々にして直面する困難は、純粋に経済学的論理から導かれる処方箋がいかに正当なものであっても、その処方箋の政治的実施主体である政府が、民主主義の原理を遵守するかぎりにおいて、国民大衆の要請にこたえるものでなければその処方箋を実施できない、というジレン

マです。

　もちろん、こうしたジレンマを解明しようとして、政治学と経済学を融合しようとした試みはすでに多数存在しています。シュンペーターの『租税国家の危機』をはじめとする、こうした研究の代表的なものとしてよく知られているのは、伝統的経済学においては「民主主義の赤字」理論で知られているブキャナンの研究、また異端派経済学においては財政危機を国家による資本蓄積作用と労働力再生産のための支出拡大との矛盾にみたオコンナーの研究です(8)。

　こうした諸研究は、それらがベースにしている理論上の大きな相違をいったん括弧に入れて検討するならば、総じて「社会経済システムの構成において政治の領域と経済の領域が税を基軸として交差している」ことを指摘しているように思われます。たとえば、神野直彦は、「社会経済システムにおける媒介項を税制が形成している」と述べています(9)。このようなとらえ方は私たちがこれから述べる「制度の政治経済学」の系譜にも連なるものでもあります。

　しかし、この「媒介項としての税制」とはいったい何を意味するのでしょうか？　この問題には順次段階をふんで答えることとして、まずは税とはそもそも何であるかを、本章12-1の見解をふまえながら、さらに深く考えてゆきましょう。

　いうまでもなく、国家(10)は強制的に税を徴収することができる唯一の社会的当事者（アクター）です。しかしその行為は、伝統的経済学が仮定しているような、功利主義的に計算し尽くされた対価としてのサービスを与えるといった、平等な（水平的）商品交換のロジックにはそもそも依拠していません。国家は、みずからの政治的正当性に基づいて（ごくごく単純化すれば選挙によって信任されたという意味で）、みずからだけが取得可能な**特別利潤（レント）**、つまり税を、政治的主権を用いて上から（垂直的に）国民に要求することができる唯一のアクターです。ただしその税の対価は個々のアクターにとって課税時点では明らかではありません。

　この課税という行為は、国家がみずからの活動に必要な経済的資源として

税を徴収し、その他の社会的アクター（企業や家計）と同様に「**経済的に蓄積する**」ことを意味します。国家がその他のアクターと決定的にちがうのは、その蓄積から私益を引き出さないこと、すなわち国家は国民を保護するという「**政治的債務**」を負っている点にあります。もしこの保護をおこたるならば、原理的には国家はその正当性を喪失するはずです。この保護の形態は歴史的観点からすれば多様であり、それはたんなる生命の危機に対する保護や領土の保全といった形態をとることもあれば、勤労者の国民的再生産に対する政治的・社会的保障という形態をとることもあるでしょう。

とりわけ現代の民主主義的「国民国家」においては、この政治的債務は「法」という諸形態を媒体としながら、社会においてはさまざまな領域における具体的諸制度として明示的に示されています。より具体的にいえば、政治的債務の形態とは、「**国家による国民への諸権利の付与・承認**」です。国家が国民に対して、法という媒介によって私たちの前に示される、社会的市民権を基軸とした諸権利を与えるということは、国家がそれらの諸権利に基づいて国民を保護するという義務を負うことにほかなりません。したがって、このような原理にしたがえば、「**課税の正当性**」は政治的債務の返済が行なわれているかぎりにおいて有効なのです。課税・財政諸制度の構築と実際的な運用はまさしく、こうした政治的債務の「国民への返済」の現実的形態であるといえるでしょう。このために国民の総意を問うことは、課税の正当性を維持するうえで重要となり、その総意の表われである選挙において、往々にして国民の意に反する増税などの政策を提示できなくなるという矛盾が生じるのです。

したがって、このような意味において、**税とは「国家と国民をつなぐ紐帯」**です。また、主として経済的なことに関わる税の徴収と支出が、純粋な経済の論理のみにしたがうことなく、政治的論理によっても大きく左右されるという意味において、課税・財政レジームとは、政治に関わること一般（以下「政治的なもの」と呼びましょう）と経済に関わること一般（同じく「経済的なもの」と呼びましょう）という異質な領域を結びつける政治・経済的レジームの1つなのです。

12-3-2　政治的合目的性と経済的合理性の拮抗と調整

　上で述べた**経済的なもの**とは、レギュラシオン学派の定義にしたがえば、一定の経済合理性にしたがって行動する諸集団内部で、また諸個人と諸集団とのあいだで取り結ばれる、**人とモノとの関係的構造**全体を表象する概念です。他方**政治的なもの**とは、相異なる合目的性にしたがって行動する諸個人のあいだで、また諸集団の内部で、さらには諸集団相互のあいだで取り結ばれる**人と人との関係的構造**全体を表象する概念です。**貨幣、法、言説**といった制度は、これら2つの領域を象徴的に媒介し、**社会的なもの**の全体的レベルにおける調整（レギュラシオン）を実現する、と考えられています（テレ2001）。

　ただし、こうした見方は、人間や諸集団が政治的なレベルでは感情の虜であり、合理的存在などではないのだ、などという主張に直結するものではありません。そうではなく私たちは、社会的なものにおいては、経済的なものと政治的なもののそれぞれにレベルにおいて、二重の合理性が対立しつつも共存している、と考えるのです。

　こうした説明では少し抽象的に過ぎるきらいがありますので、これら諸概念を少しくわしく整理しておきましょう。

　政治的なものにおける「合目的性」とは、人と人の関係からなる一定の秩序における、ある特定の政治的ポジションの再生産に必要な合理性のことであり、具体的には、自身の政治的ポジションの維持や正当化に必要なさまざまな合理性全般を含みます。たとえば経営者にとっては、企業組織の維持・発展のために他者と競争することや、組織内部を階層的ネットワーク化するという論理は、自身の政治的目的にかなった正当な論理ですが、勤労者にとっては、そのような論理は企業間および企業内部のそれに基づく**効率性の論理**にすぎず、みずからが営む他の社会生活においては、組織の論理とは異なる別の**協同的論理**が支配的となります。

　それに対して経済的なものにおける「合理性」とは、人とモノとの関係からなる一定の秩序における経済的再生産に必要な論理のことです。具体的には、経済的秩序において、企業者にとっては**節約と蓄積の論理**が、生活者に

429

とっては**所得と消費の拡大という論理**が不可欠となります。これもまたそれぞれの論理は差異をともなっており、往々にしてそれらは対立します。

　要するに、私たちが理論的にとらえようとしているのは、社会的なもののさまざまなレベルにおいて、「**二重の合理性**」が同時に作用しており、それらがその秩序内部で相互に連関および対立していること、そしてときにそれらの秩序間での政治的で経済的な対立を経て、一定の妥協が制度的なかたちをとって出現する、ということなのです。

　したがって、社会的なものの全体性というレベルでは、政治的なもの、すなわち組織や集団がもつ特定の合目的性（これはそれらの対立や妥協から往々にして生じます）から構成される**秩序**と、経済的なもの、すなわち経済合理性にしたがって構成される**秩序**とが、あらゆる社会的アクターの存在レベルにおいて、そのヘゲモニーをめぐって同時的に作用・対立しているのであり、その結果生じるヘゲモニーは、ときに**政治的秩序**の側に、また別のときには**経済的秩序**の側に、偏在することとなります。このどちらの極に振れるのかは、社会的アクターが関与する社会的位相、および彼らが直面している政治的・経済的情勢におおいに依存しますが、いずれの場合においても、どちらか一方の秩序が支配的となり、そこにおいて支配的な合理性のみが貫徹することはありえません。さまざまな構造変化の局面において、つねに経済合理性が政治的合目的性に優ることを、またつねにその逆のケースを保証するものは何もありません。そこにおいて存在するのは、それぞれの秩序内部での諸アクターの、また同時にそれらの秩序間での、**つねなる対立と妥協からなる動態的な過程**であり、このかぎりで社会的なものの動態は経済的であると同時に政治的なものであるといえます。そしてこのダイナミズムは、象徴的媒介としての**諸制度の非機能的（レギュラシオン）作用**を通じて、社会的調整様式の位相を変化させるのです。

12-3-3　財政をめぐる政治の論理と経済の論理との現実的対立と妥協

　こうした合理性の対立が、もっとも典型的に現われる社会的アリーナは「行政」という場でしょう。たとえばある自治体がトップの交代を契機に、

累積的な財政赤字の立て直しをめざし、「歳出削減と増税」を第一目標に掲げたとしましょう。いうまでもなく、これは組織体としての自治体の経済合理性に即した決定です。他方、市民にとって増税や市民サービスの低下は、みずからの経済合理性からすれば受け入れがたいものであるはずです。同時に、自治体の政治的合目的性、すなわち市民の社会生活の充実やさらなるインフラ整備といった目的は、この場合、相対的にその重要性を失うことになります。つまり経済合理性が政治的合目的性に優ることとなるのです。他方、市民にとって課税という経済行為からもたらされるはずの政治的パフォーマンス、すなわち市民サービスの共同体的拡充という目的は、この場合著しく損なわれることになるでしょう。つまり、このような情況においては、純粋に経済的レベルでみれば、自治体の経済的合理性は充足されるが、市民のそれは充足されず、政治的レベルでみれば、その合目的性はともに満たされなくなるのです。このような対立は、自治体の政治的合目的性の変化を、また同時に、市民による納税意識の変化や共同体的なるものをめぐる認知レベルの変化を、もたらす可能性があります。

したがって、ここで生じているのは、自治体や市民といったおのおのの社会的アクターレベルにおける、経済合理性と政治的合目的性の対立ですが、この対立は最終的に「経済性」のみならず「政治性」を反映した妥協に結実します。なぜならこのような対立は永遠には継続しえないからであり、それぞれの社会的アクターの必要性が要求する歴史的時間の範囲内で、一定の妥協的構図に到達すべく調整されねばならないからです。ここで重要なのは、この調整過程がいかにして成立するか、ということにほかなりません。

現実的レベルにおいて、こうした調整過程のなかにしばしば見て取れるのは、行政府における経済行為が、財政的支出の可否というモノとモノ（たとえばインフラと税）の関係からなる、もっぱら「経済的なもの」であるとしても、その決定過程においては、「人と人の関係」からなる「政治的なもの」がきわめて重要な役割を果たす、ということです。

実際、行政府における財政支出のありようは、基本的には、支出対象となる事業の経済的必要性に依存しています。しかしながら、それらの事業の優

先順位とその規模の決定過程はきわめて政治的なものです。たとえばいま、実物的な社会的・経済的インフラ整備の支出と、社会保障関連の支出という2つの支出対象があるとしましょう。生産的企業の観点からすれば、当然優先されるべきは前者であり、逆に生活者の観点からすれば、優先されるべきは後者となるでしょう。かぎられた財源のなかから、この2つの相異なる社会的アクターへの支出を行なわねばならないとき、その優先順位と規模は、当該行政府が直面しているマクロ経済の状態のみならず、これら2つの社会的アクター間の力関係のありようにもまた決定的に依存するはずです。

これらのアクター間の力関係は、それぞれのアクターが有する「勢力としての経済的な力」における差異に裏打ちされているので、実質的には非対称ですが、形式的には対称的です。なぜなら生活者は、「法」という媒介的制度のおかげで、行政への関与に関しては、法人格としての生産的企業とまったく同格ですが、生産的企業などとはちがい、特定の政治的目的をもった市民団体などは別として、ロビー活動などを通じて強力に議会や行政に働きかけることは困難だからです。議会は、生活者をはじめとする社会的アクターのこうした利害を調整する場であり、そこにおいてしばしば用いられるのは、それぞれの利害集団の代表者である議員間での、行政官僚と議員たちとの駆け引きであり、妥協なのです。したがって、ここでは、財源がかぎられているという「基礎的経済条件」は存在するものの、その支出形態の様態は、厳密な経済合理性のみならず、政治的妥協にも基づいて決定されます。また場合によっては、その経済的合理性はしばしば、政治的妥協に大きく従属するのです。

たとえば、のちの第13章でもみるように、国民国家レベルの事例を挙げれば、2004年の年金制度改正は、こうした妥協が典型的にみられた事例です。この改正においては、年金財源の国庫負担分の3分の1から2分の1への変更が決定されましたが、「その財源を何に求めるのか」というきわめて経済的な問題は先送りにされました。これはまさしく、与党が主張する年金制度改革に反対する野党との「政治的妥協」の産物であった、といえるでしょう。

財政という問題が真に経済合理性だけで解決可能であり、かつそうすべきものであるならば、そのもっとも簡単な解決手段は、何よりも保険料率の大幅な引き上げや増税のはずです。しかしこのとき現実には、保険料率の引き上げも段階的かつ小幅なものにとどまったうえ、「国庫負担の増大部分を消費税で賄うべきである」との見解が示されていたにもかかわらず、それらは実現されませんでした。実際、経済学者の側からは、こうした年金改正に関する不可解な解決法に少なからぬ疑問が発せられました。しかしながら、私たちの分析枠組みからすれば、こうしたケースはまさしく、経済的なものと政治的なものが、税制というモノを介して、コミュニケートされ、ときにその動態のあり方が、政治的妥協に依存することの典型例なのです。

　繰り返しになりますが、先に述べたような、財政危機という不可避の経済情勢をどのように解消するのかという諸方策を最終的に方向づけるのは、さまざまなアクター間の利害調整を経たうえで私たちの前に示される、「**ヘゲモニックな妥協に基づく政治的諸決定**」であり、純粋な経済合理性から引き出される諸決定ではありません。ただし、こうした妥協そのものの政策に対する影響の度合は、むろん、当該組織や社会におけるそれぞれのアクターの関与の度合や政治的意思決定メカニズムの構図のちがいによって、さまざまであることには注意すべきであることはいうまでもありません。

　このようなことからすれば、政治的なものは一方が他方を支配するといった単純な関係の総体ではなく、**つねにアクター間での対立や妥協を繰り返してヘゲモニーの形成に至る関係の総体**です。そしてその関係（のアクターの認知レベルで）の変化を契機として、それらの関係の束である集合的アクターの合目的性は変化するのです。またこの合目的性の変化から結果する政治的妥協の変化は、歴史具体的な「媒介物としての制度」の具体的様態を変容させ、経済的なものに対して実際に影響を与えるようになります。したがって、これらの社会的アクター間で取り結ばれる関係は、いかなる社会的位相においても、経済合理性だけでは構築されないのであり、それらの関係のなかで生じるさまざまな政治的・経済的対立や妥協を経て、はじめて維持されうるといえます。たとえば、もし先の事例において、経済合理性に基づ

く政策を強く主張する集団がヘゲモニーを握り、行政府において増税や財政削減の手続きが承認されたとしても、それは純粋な経済合理性のみに基づく決定ではなく、それらの相異なる社会的アクター間での政治的妥協に基づく、その社会に独自な政治的合目的性にしたがった結果なのです。そしてこのような妥協の変化は、つぎに現存の「制度」への疑義を喚起し、その改変を促すこととなるでしょう。

　先の事例にしたがえば、選挙による行政機関のトップの変更は、「行政機関の合目的性」の変容にさらに正当性を与え、その正当性に基づく権力の行使に必要な諸制度の変更を喚起します。たとえば、2009年4月から完全施行された自治体財政健全化法に基づいて、多くの自治体で増加している「財政健全化へ向けての積極的な制度変更」はその典型例です。こうした制度の成立は、税を通じたあらゆる経済的アクターに対する以前のパフォーマンスの変更を余儀なくさせるのです。課税・財政レジームが経済的なものと政治的なものの両方に架橋する＝コミュニケート可能にする「媒体」である、というのはまさしくこのような意味においてです。

12-3-4　財政問題解決の糸口を探る──「交渉に基づく強制と説得」および「国民連帯の視点」

　以上、財政政策における基本的諸矛盾をきわめて原理的なレベルで検証しました。しかし、このような原理が明らかになったからといって、日本の財政赤字の問題が解消されるわけではありません。実際には、租税制度と国家予算制度を基軸とした課税・財政レジームが「法」という制度を媒介とする以上、その法の成立過程に、さまざまな社会的アクターたちの意思をどの程度反映させることができるのか、あるいはまたどのようにして納税者を納得させることができるのかを考察することが、財政の問題を考えるうえで必要となります。

　繰り返しになりますが、いくら洗練されたモデルで増税（ないし減税）および所得再分配における構成の変更についての経済学的必要性を訴えたところで、そのモデルでは政治的合目的性と経済合理性の根本矛盾は考慮されて

第12章　財政の仕組み

おらず、現実的にはそれらの妥協的形態でしか政策運営できないことを、私たちは認識すべきです。重要なのは、社会的妥協の変容にともなう制度の変更なのです。伝統的経済学は、一部の理論を除き、この問題は政治学の領域に属するものとして考え、自身は経済的合理性のみに特化したモデルで考えるしかないと、あきらめてきた感があります。とりわけ財政の問題については、往々にして「**均衡財政主義**」と「**積極財政主義**」という2大経済思想が理論を根本で支えていて、その選択に関する政治的判断はモデルの外部にあると仮定されています。

しかしながら、第5章でも検討したコモンズの制度経済学は、こうした問題を解決するためのヒントを与えてくれます。というのも、コモンズの経済学の特徴の1つは、彼が「**強制と説得の折衝心理学**」を重視したことにあり、その基礎にあるのが、社会的なものを構築するのは、国家による法を媒介とした「**強制と説得**」であるという考え方だからです[11]。実際、私たちが生きる社会は、絶対的な政治的主権に支配される独裁体制でもなければ、経済合理性が貫徹するきわめてシビアな経済競争しか存在しない社会でもありません。単純化するならば、前者の社会では、さまざまな経済活動において法的な「強制」のみが重要です。つまり財政赤字が問題ならば、税制を専制的に改変して、どんどん増税すればよいだけです。他方、後者の社会であれば、弱肉強食の、完全に自由な戦略的「交渉」だけが存在します。この場合、法や国家は最低限しか必要ではありません。この世界では、下手をすると、財政赤字の問題は問題にすらならず、「市場栄えて国家滅ぶ」というような事態に陥るでしょう。

現実の社会には、これら両極端の社会経済モデルを和解させる「**民主主義**」という原理が介在します。これは、中世や近代初期の政治と異なり、現代においては、国民の大多数を占める人々の意見を、国家はけっして無視できないことからも明らかです。この原理が機能している時代においては、いかなる政治的合目的性や経済合理性も、それ単体では社会を十全に調整しえません。先に確認したように、これら2つはつねに拮抗しつつも、最終的には一定の妥協的形態へと至り、具体的な制度をつくり出したうえで、その対

立を調停するのです。

　コモンズは、民主主義が主要な原理となる社会経済において、国家は、みずからの**政治的主権による強制（法的枠組み）**に加えて、**その法的媒介による取引参加者たちの「説得」（倫理的・道徳的枠組み）**をも、自身の行動原理にしなければならないことを明らかにしました。したがって、国家が法を介した政治主権を用いて、個々の取引者たちにその妥協をどのように強制ないし説得するのかを考察することは、経済的富の再分配過程における政治的決定過程のありようを考察することに等しいのです。そのために、コモンズが提案した具体的な制度とは、「**委員会制度**」でした。アメリカでは、現在も、さまざまな問題が起こると議会とは別に「委員会」が設けられ、そこで利害代表者たちが意見を戦わしています。これは**説得のための制度的装置**なのです。そしてそこにおいて成立した妥協は、法制度へと具体化され、ふたたび**強制のための制度的装置**へと転換されます。こうした**民主主義的討議の場**の設定が、国家における国民の「説得」という役割を担っていることは明らかでしょう。

　ひるがえって、現代日本における財政に関わる立法プロセスは、官僚によるその立案と国会によるその審議が中心を占めています。もちろん、その前段においてさまざまな委員会が設定されていますが、そこではもっぱら官僚による有識者の選抜段階でかなり恣意的な選別が行なわれており、官僚の政治的合目的性が強く作用するようになっています。小泉政権以降、タウン・ミーティングや公聴会が数多く開かれるようになりましたが、そこでの議論がおおいに政策に反映されたことはきわめて少ないといえます。つまり日本の事例において問題なのは、社会的妥協の課税・財政的諸形態である租税制度と国家予算制度が、政権政党とそれを支える官僚制度の「政治的合目的性」（たとえば国家財政を健全化する）にもっぱら依拠するかたちで形成されていることなのです。そこには、国勢選挙を除いて、国民の「政治的合目的性」が反映される機会はほとんどありません。したがって、いまのところ形式的なものにすぎないタウン・ミーティングや公聴会の議論で導かれた一定の妥結を、**法的強制性をもつ実質的な国民的妥協の反映物として**、制度化

するプロセスの導入が望まれます。

＜コラム２＞　政権交代が日本の財政問題にもたらしたもの

「失われた20年」とも称される日本経済の長期停滞は、世界経済のなかでもきわめて特異な歴史的経験でした。欧米諸国がリーマンショックにより経済危機に陥る以前から、日本は不況をいっこうに克服できず、他方でBRICsなどの新興諸国に、グローバル経済におけるみずからの地位を脅かされつづけています。こうした市場経済の不調のみならず、バブル経済崩壊後の景気低迷を支えてきた政府による積極的な財政政策による公的介入は、先進国で最悪と喧伝されるほどの国債発行残高の累積的増加をもたらしました。政府の借金問題がいまや最大の国民的関心事の1つとなって久しい、といえるでしょう。

このような経済危機に呼応するかのごとく、2009年夏の劇的な政権交代によって与党となった民主党政権は、子ども手当に代表されるさまざまな景気浮揚政策を、紆余曲折を経ながらも、とにもかくにも実施する方向へと舵を切りました。当時喧伝された「コンクリートから人へ」というスローガンは、土建国家からの脱却をめざすはじめての試みとして、人々の耳目を集めました。

ところが、政権交代後の政策実現過程で明らかになったのは、当時高らかに宣言されていた「徹底的に無駄を省けばわれわれの政策実現に必要な財源はかならず見つかる」という主張が希望的観測にすぎない、という厳しい財政的現実でした。事実、子ども手当の支給額は当初予定されていたものより減額され、その他の手当についても、当初の政策目標を達成するには多くの困難をともないました。また、当時脚光を浴びた事業仕分けによっても、年金をはじめとする社会保障財源の不足分を補って余るほどの原資はまったく確保されなかったのです。結果として2010年度の予算は、税収を上回る国債の発行をもってかろうじて成立しました。

こうした現実が明らかになるにつれ、政策の前面に躍り出てきたのは、税制改革の議論でした。誤解を避けるために付言しておきますが、税制改革の議論は、長期的な日本経済の成長と安定を考えるうえで、自民党であれ民主党であれ政権政党になれば、いまも昔も看過できない問題でありつづけていることは周知の事実です。つまり政権交代以前から、直間比率の是正や課税の不公平性を回避するための納税者番号制度（マイ・ナンバー制）の導入等々は、経済学者や政治家たちのあいだで延々と議論されてきた問題なのです。本章で述べたように、とくに日本の国民による租税負担率は諸外国と比べた場合、むしろ低い部類に入ることは、OECDなどの国際機関の統計資料などからも明らかにされています。

実際、民主党政権の政策ブレーンの1人であった神野直彦氏（東京大学名誉

教授)が座長を務める政府の税制調査会は、菅直人総理大臣が、2010年夏の参議院選挙直前に、突然消費税増税の構想を明らかにした直後の報告会で、税制の根本的刷新を提言しました(12)。

その内容は、フラット化されてきた所得税率の漸次的再引き上げにはじまり、納税者番号制の導入、消費税率の引き上げの必要性への言及へと至る、「課税の公平性」を重視する経済学者からすればしごく当然な提言で構成されていました。実際、2012年の再度の政権交代によっても、こうした増税路線は堅持され、消費増税やマイ・ナンバー制が現実に導入されることが決まったのです。民主党政権の時代、その政策ブレーンがたんなる財政バラマキ派で占められている、と批判されましたが、その批判は、こうしたことからも一面的に過ぎるきらいがあるといえるでしょう。むしろ増税については、民主党政権が地ならしを行ない、自民党政権がそこに建物を建てたといえるほどです。

しかしながら、2010年夏に参議院選挙前に唐突に打ち出された政治的メッセージ、すなわち「税制の抜本的見直しを含む、消費税率の検討」という政策目標の宣揚は、その後の激しい選挙戦のなかで、徐々にトーンダウンしたとはいえ、結局そのマイナスの影響を払拭できないまま、参議院選挙における民主党の大幅な議席減をもたらしました。本来的には、「税制の抜本的見直しを含む」という前文こそが議論されてしかるべきであったにもかかわらず、消費増税のみが政争の的となったことは記憶に新しいことと思います。オコンナーの議論を前面に出すまでもなく、「増税を打ち出した政党はかならずや敗北する」という日本の財政制度改革における伝説は、ここでもあらためて確認されることとなったのです。

結局、国民にとって必要な社会保障政策を充実させるための潤沢な埋蔵金（＝新しい財源）はどこにも存在しませんでした。あったとしても、それは一度流用すれば枯渇することが明らかな特別会計における剰余金だけでした。わずかに湿ったタオルをさらに絞るがごとくの事業仕分けによって、さまざまな支出項目を徹底的に削減しても、それはさらなる全体的所得の減少と消費の縮小につながるだけで、景気低迷の進行を押しとどめることすらできませんでした。だが国民にとってさらに悲惨であったのは、政策実現のための財源を確保するうえで本当に必要な、税制改革を中心としたさまざまな施策さえも、民主党がマニフェストに拘泥するかぎり、一歩も前には進められないし、事実進む気配すらないという暗澹たる現実だったのです。

このまさに八方ふさがりの状況のなかで、批判的勢力からつぎつぎに繰り出された政策提言は、消費増税論、構造改革のさらなる推進、消費増税の一方での法人税減税、緊縮財政と財政拡大との折衷的な解決方法など、もっぱら供給サイドの環境整備に関わるものばかりになり、あたかも構造改革路線が復活しそうな勢いでした。こうした事態のなかで、政治家も国民もその重要性を認知

> しながらも、あえて「聖域化」して取り上げようとしない問題、すなわち「現行の課税のあり方は本当にこのままでよいのか否か」というきわめて重要な問題は、完全に後景に退いてしまったのです。それにもかかわらず、再度の政権交代を経て、2013年現在でつぎつぎと繰り出されている税制改革論議は一転して、消費増税はもちろんのこと、個人所得税における最高税率の引き上げ（42.5％）、1000万円以上の所得を得ているサラリーマンの課税率の引き上げと、増税政策のオンパレードです。その一方で、法人税減税が提案され、社会保障給付の削減が検討課題に挙げられています。
> 　このわずか4年ほどあいだでの2回の政権交代劇は、日本の政治史においても異例な出来事です。もしその政権交代が国民の意思を代弁しているとするならば、国民が望んでいたものは何だったのでしょうか。国民が本能的に嫌悪する税制をめぐる問題を、できるかぎり取り上げずに、政権奪取後に問題にするというやり方は、あまりほめられたものではないように思います。税制の問題が国民の深い関心を呼び起こし、冷静に議論できるようになるためには、いま一度「税」という制度の存立根拠を、経済理論にかぎらず、広く社会科学的な視点から根本的に考えることが必要になるように思えてなりません。

　選挙でしか、租税制度と国家予算制度に関与できない国民にとって、**コラム2**で述べたような政権政党の変節ぶりは、率直にいって「税の話は主要な争点ではなかったはずだ」といいたくなることでしょう。しかし私たちの側にも問題があります。それは、税制や所得分配の問題を、自分たち自身の利害を超えて、「**国民連帯**」の視点から考察することができていない、という点です。

　とかく私たちは、みずからの税負担の増大はどのような理由であれ忌避しがちです。しかしそうした私益の追求が、最終的にはもっとも徴収が簡単な（負担の増大がみえにくい）消費増税という国家の経済合理性に基づく施策を、また消費税だけでは賄いきれない社会的サービスの相対的低下を、導くことになるのです。さまざまな論者が指摘しているように、消費税が低所得者にとっては**逆進性**の高いものであることは明らかですし、消費税先進国のEUでさえ、最適な課税品目の範囲や課税上限についてはいまだ模索中であることを忘れるべきではありません。税の問題を安易に「消費税」の問題のみに還元する愚は、今後増大が予想される社会保障財源の長期的保証という

観点からも避けられねばならないと思われます。

　一方繰り返し述べてきたように、日本の対GDP比率での租税負担率（消費税を含む）はEU諸国などと比べてそれほど高くはありません。ここからわかるのは、消費税のみならず、所得税にも増税の余地があるということです。先進国でも低い部類にまで低下している日本の累進課税制度見直しの余地はおおいにありますし、また課税の公平性を担保するためにもマイ・ナンバー制度の効率的運用は不可欠でしょう。一部の経済学者は、自営業者などの所得補足が困難なことを根拠に、所得税制の改正に否定的ですが、その真のねらいは、市場の高質化のみを重視して「管理された経済体制」への変容を拒否することにあるように思います。また、「増税は景気を落ち込ませる」という理論もしばしば提示されますが、その理論は経済成長の問題のみに特化した理論であり、税制が社会的なもの全体を調整する制度的媒介であることを考慮していません。消費税のさらなる引き上げの前に、いま一度、所得税制のあり方、すなわち所得再分配政策を見直すことは、格差社会が議論されている昨今、きわめて重要であると思われます[13]。

　たとえば、フランスでは、高率の消費税が限界に近づきつつあることと相まって、**一般社会保障税、社会保障債務返済税、国民連帯税**といった目的税を導入し、所得の過多や国家から受け取っている手当にかかわらず[14]、所得に対し一定の料率を乗じて課税しています。一般社会保障関連諸税は合計8％で、所得税と合わせて53％に達しています。日本の税率（所得税＋地方税）50％とあまり変わらないように思えますが、日本との決定的なちがいは、それらの**税の支出目的**が明確に区別されている点です。つまりフランスの一般社会保障税は、社会保障支出にしか充当できないわけです。

　こうした目的税の導入には、特別会計のところでも述べたように、しばしば「予算編成が硬直化してしまう」などの批判がなされます。たしかに、それはありうるでしょう。

　ところで、2013年末に成立した消費増税分から得られる租税収入は、社会保障に支出されることになりました。しかし、今後の引き上げ分（8％から10％へ）までもが、そうした目的にかならず支出されることが約束され

たわけでもありません。少子高齢化が避けて通れない現実であるかぎり、政権の都合によって恣意的にその財源を運用されるよりもむしろ、そうした社会経済情勢の変化に対応して、**国民連帯の視点から、その変化に必要な財政支出を、さまざまな目的税を創設することで捻出する**ことも必要なのではないでしょうか。

　また、日本の債務（国債発行）残高の問題も、こうした国民連帯の視点から考えることができます。これまで発行された国債のすべてを対象にして、いきなり「国家債務返済税」などを創設するなどということはばかげた議論ですが、今後社会保障財政のためにだけに特定化した国債を発行できるように（高度経済成長自体に「建設国債」を発行したように）、法制度改革を行ない、それを広く薄く継続的に（たとえばフランスの社会保障債務返済税は、所得に対して0.5％）国民に負担してもらえるよう、徹底した熟議を通して国民を説得する方向で議論すべきであると思われます。むしろ、いままで、すべての財政的支出を何の合意もなく、ただただ漫然と国債で充当してきたことじたいに大きな問題があったといえるのではないでしょうか。

　このような提言を行なうと、「では、膨れあがった累積債務はどうするのだ」という批判がただちになされることでしょう。これはたしかに難しい問題ですが、じつは財政の専門家のあいだでは、国債の問題がクローズアップされるたびに議論されている考えがいくつかあります。まず1つは、18世紀イギリスで発行された**永久債**（永久に利子だけを支払う債権の一種）に準じたものを発行するというものがそれです。ついで、「**非市場性国債**」がそれです。前者の成功には、当時のイギリスに固有の歴史的情勢が深く関与していますので、ここでは議論を差し控えましょう。実現可能性があるのは、後者のほうです[15]。

　少し古いデータですが、**図12-12**をみてください。一見してわかるように、平成14年度の国債の保有者は政府関連機関で60％を超えています。民間金融機関は30％ほどにすぎません。現在は少し変化しているでしょうが、本章で重要なことは、この国債は、国の「**債務**」であると同時に、その保有者にとっては「**資産**」でもあることです。政府関連機関は、すでに述べたよう

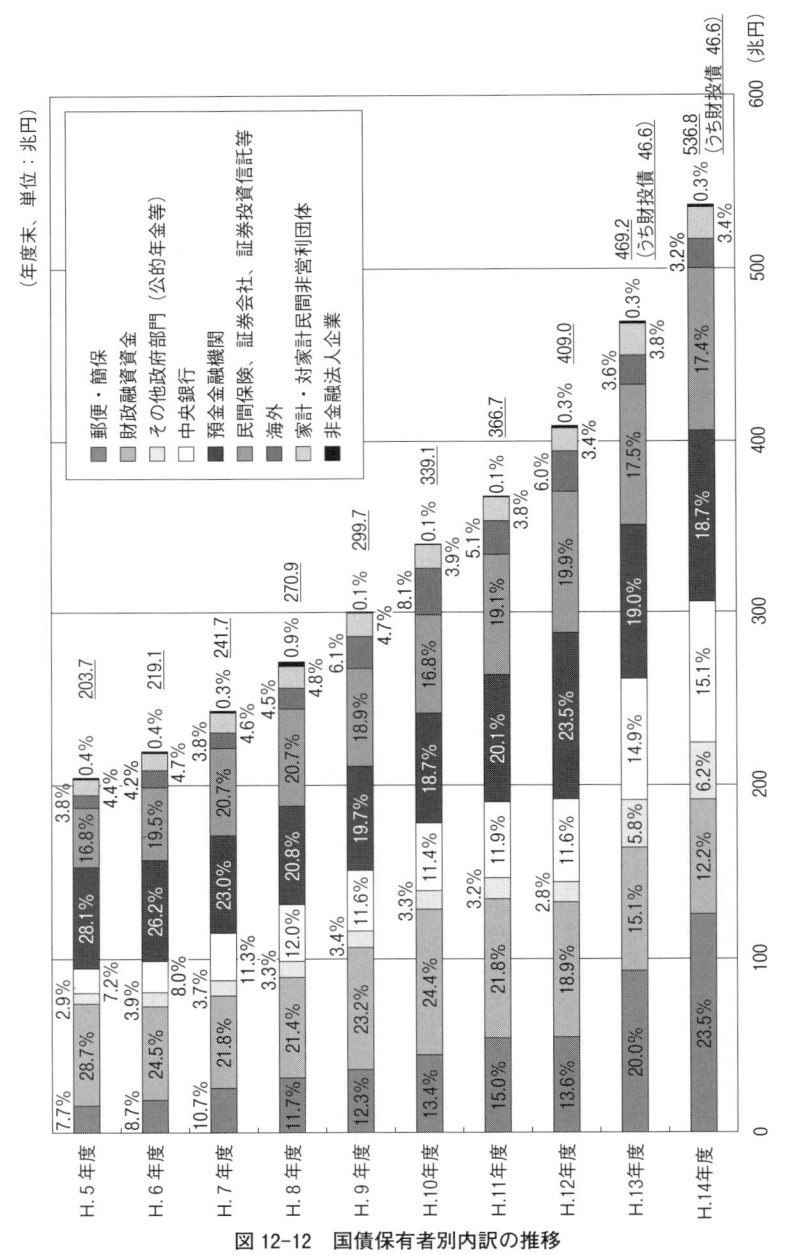

図 12-12 国債保有者別内訳の推移

出所：財務省ホームページ「公的債務管理政策に関する研究会報告書」（平成 15 年 11 月 25 日）参考資料 8 より。

に公共性に基づいて運営されます。これらの機関が国債を保有しているということは、これらの機関が、利払いを受け取る正当な権利を有しているということです。12-2で特別会計の仕組みについて述べましたが、その特別会計の歳入のうち、一部は国債の利払いから充当されています。つまり、政府が支払った国債の利払いを、政府機関が受け取り、それを再度予算に組み入れて支出しているのです。したがって、国債の利払い（すべてではありません）は、そのすべてが民間保有分への支払いでないかぎり、完全に無駄な支出ではなく、**社会的なもの内部における政治的債務の支払いを通じた、債務の経済的循環形態**の一部でもある、といえるでしょう。

　また、これらの機関が、国債を市場で売却するのは、それが償還時期に到達したか、政府による金融政策への協力要請に応じる場合ぐらいでしょう。なぜならそれ以外の目的で自分勝手に保有国債を売却することは、政府の信認を毀損する事態を招くからです。それは自分で自分の首を絞めることにほかなりません。

　この点に着目して、既発国債を**非市場性国債**、すなわち国債市場を介さずに発行・売却する国債へと漸次転換してゆく、という政策が考えられるのです。本来的に、これらの機関では、国債の売却を当面前提していない（長期保有することじたいに経済合理性と政治的合目的性がある）のですから、これがすべて非市場性国債に置き換わったとしてもほとんど問題はありません。ただし、こうした国債の発行は一種の「麻薬性」を有しています。つまり、どうせ償還せずともよいなら、どんどん発行すべきだという誘惑がつねにつきまとうのです。とはいえ、日本国債の消化が国内において、とにもかくにも消化され、利率もきわめて低い現在の情勢では、この考え方は一考に値するでしょう。

　最後に、12-2でも少しふれましたが、いま一度強調しておきたい点があります。それは国債の累積残高を、個人の借金と同列に扱うことは厳に戒めなければならない、という点です。革命や戦争などの非常事態の勃発が間近に迫っていないかぎり、主権国家としての日本の社会経済体制が長期的に存続することは誰の目にも明らかです。とするならば、近視眼的に借金を減ら

すことばかりに注力して、2008年以降のギリシャのように、経済体制が縮小均衡に陥り、長期失業者や経済構造の破壊をもたらすことになったのでは、本末転倒です。**国債は国家の社会的債務の経済的形態であること**、これを忘れるべきではありません。

　少し卑俗な例ですが、ある関西の、借金ばかりをすることで有名な漫才師が、「借金はむりやり返そうとするからしんどい」というネタで漫才をしていました。この言葉は個人には当てはまりませんが、国家の借金についての本質を、いくばくかでも突いているように思います。私たちは、一気に借金を返済することはできません。しかしそれを少しでも減らす努力は必要です。しかも国債の利率の高騰を招くようなことも避けねばなりません。そのためには、歳入の増大をもたらす租税制度の改革を行なう一方で、支出項目の変更と絞り込みを行なわばなりません。そしてこのプロセスは、国家による「強制と説得」によってなされねばなりません。そのためにも、国家と国民の双方に「国民連帯」の意識が醸成される必要があります。それには長期の時間が必要なのです。

　繰り返すならば、国民連帯の視点とは、個々人が自由であるためには「社会」という全体的なものが維持されねばならず、それゆえ個々人の利害を超えて国民が連帯しなればならない、という社会的合意が形成されることを意味します。当然こうした合意形成の道のりはきわめて困難であることは想像に難くありません。しかし、スローガンの単純さが敵・味方という対立の構図を生み出し、ある意味で社会を二極分解してしまった2000年代初頭の構造改革路線の失敗から、あるいはまた、「ない袖も振る」と公言した2000年代後半の大衆迎合的な施策が実際には不可能であったことから、何ものかを国民が学んだとするならば、私たちが検討すべきは、国民連帯を基軸として、国家と国民との政治的かつ経済的債権・債務の関係を再構築する道へと一歩踏み出すことではないでしょうか。とはいえ、こうした国債の問題は、金融市場の現状と密接に関連しています。以下では、その金融化した経済の問題を、税制の問題に焦点を当てて、フランスで議論を呼んでいる、思考実験的意味合いの強い、財政政策の提言をみてゆきましょう。

第12章 財政の仕組み

12-3-5　金融化したマクロ経済の制度的調整のために──SLAMの導入

　私たちが抱えている財政的問題は、いまや直接世界の金融市場とつながっています。日本でも、国内で国債を消化できなくなる事態を想定して、積極的に海外投資家へ売り込みをかけようとしています。その際、問題となるのは、国際金融市場に参加している人々がそこで獲得した収益に対して、どのようなかたちで主権国家は税を課すことができるのか、という問題です。国民国家の枠組みを一歩も踏み出せない一般の国民と異なり、グローバル企業やヘッジファンドなどの機関は、やすやすと国境を越えます。この絶え間なく移動する資産に対して、どのようなかたちで課税することができるのでしょうか。

　たとえば、Aというグローバル企業が日本で膨大な収益を上げたとします。しかしその企業は、日本に支社を1つも置いておらず（ネット専業企業などを考えてみてください）、あるのは物流の拠点だけであるとしましょう。さらにその企業は、本社を、税金を一銭も払う必要のない国（これをタックス・ヘイブンといいます）に置いていたとしましょう。この場合、日本の税務当局は、基本的に課税の権限を行使することができないのです[16]。なぜなら課税の権限は、基本的に本社所在地の国民国家にあると定められているからです。実際、こうしたグローバル企業は多く存在し、膨大な収益を上げているのに、税の支払額が極端に少なく、大きな問題になっています。また、EUではそうした企業への課税を考えはじめているところです。つまり、こうした取りはぐれた税を主権国家の財源にすることによって、財政の問題をいくばくかでも改善する余地が生まれるのです。

　C・シャヴァニューとR・パランは、グローバル経済を動かすシステムの1つとして、こうした「タックス・ヘイブン」（租税回避地）の存在があることを指摘しています（シャヴァニュー／パラン 2007）。彼らによれば、金融自由化はすでに1950年代のイギリスではじまっており、ケイマン諸島などのオフショアにおいて最初に創設されたわけではないといいます。また、「経済的グローバリゼーションというのは、部分的には国家の選択によるもの」（同上書、p. 51）であり、徴税権やそれに関わる諸制度を主権国家しか設

445

定しえないという事実が、逆説的ではあるが、タックス・ヘイブンの暗躍をもたらしたというのです。まずありえないことではありますが、もしイギリス・アメリカ・日本などの巨大金融市場をもつ諸国が、「みずからの国内法」に「タックス・ヘイブンに関わる一切の取引は違法であ」り（同上書、p. 123）、たとえ企業の登記先と実際の収益が確保されている所在地とが異なっていても所在地において課税をする、と書き込むことができれば、この問題は解決されるはずです。しかしながら、国際的な資本の拡大と主権国家の併存を求めることで発展をとげてきた先進経済諸国にとって、これは資本の逃避を意味するので（その法律のない他の主権国家にオフショア市場ができるだけなので）、不可能であるというのです。

　一見、本章の目的にそぐわないかにみえるこの指摘は、逆説的ではありますが、本書にとって重要な観点を提起しています。というのも、第5章で述べたロルドンのグローバリゼーション批判を前提にすれば、超国家的な徴税機関・中央銀行が、いまもこれから先も当面存在しえない以上、統御不可能な金融資本の国際的還流を国民国家に逆流させるためには、さらには金融所得の偏在を正すためには、まずは国民国家ないし地域共同体という枠組みにおいて、金融資本から得られる収益に対して**政治的正当性をもって課税する**ことが、金融化した世界経済や国民国家経済を変革する第一歩になるからです[17]。私たちは、近い将来にはけっして果たされることのない、世界的な金融的調整様式の出現をひたすら待ちつづけるわけにはいかないのです。もちろん、そのためには、その共同体内部での新しい「社会的・政治的妥協」の創設が求められることになるでしょうし、その道のりがきわめて困難なものであることもたしかでしょう。しかしながら、たとえそうではあっても、私たちが現在の状況を変革するための政策的道筋を、理論的見地から検討することは許されるはずです。

　以上のような考え方に基づいて、第5章でも取り上げたレギュラシオン学派のフレデリック・ロルドンは、金融主導型成長体制が不可逆的なものであることを前提に、金融化された世界において、国民国家ないし地域共同体によって実行可能な「税制改革」を提言しています[18]。それは、SLAM

(Shareholder Limited Authorized Margin：株主に限定してその収益から得られるマージンを認可制にすること）と呼ばれるものです。

SLAMは、株主の収益性水準の最大値を固定することからなっており、その水準を超えた場合には、残りのすべてのマージンが没収される（そして結果的にそれが政治的共同体の財源の一部をなす）ような、収益率を設定することに基づいています。その対象となる株主報酬には、ストック・オプションを含む、株式譲渡の際に実現される値上がり分や株主に対して支払われる配当金も含まれます。重要なのは、SLAMが、マージンに対して一定の比率で課税する制度などではなく、いかに多くのマージンを得ようとも、そこから得られるマージンはつねに一定の水準で固定されるという、ある種の懲罰的課税制度であることです。

いま、仮に、ある株式を一定期間所有することによって得られた総報酬が100であったとしましょう。SLAMにおいては、総株主報酬から得られる株主の収益率を10％に固定するならば、株主報酬は10であり、残余90はすべて税として徴収されます。しかしながら、SLAMによって制限される総株主報酬を算出するための利率は、どのようにして算定されるのでしょうか。それは、無リスク資産の利子率との対比によって、つまりリスク・プレミアム（リスクの高い資産に対して上乗せされる金利）によって決定されます。それを基準点としてリスク・プレミアムの上限だけを認可し、これを総株主報酬に適応するのです。ちなみに、ロルドンは、いまのところ6〜7％の総株主報酬が妥当であろうとしています。

当然のことながら、この水準がどのようなものであるべきかについては、議論の余地があるでしょう。しかし無リスク資産が低水準の利率であるのに、株主報酬だけが突出して高い水準がままみられた金融危機以前の株式市場の状態は、たしかに異常であったといわざるをえないでしょうし、CEOなどに支払われる役員報酬が天井知らずに上昇しつづけたこと（そしてそれはいまもあまり変わっていません）もまた等しく異常であったといえるでしょう。こうした金融主導型成長体制のもとで醸成された、不均等な剰余の再分配メカニズムを正す、1つの契機がSLAMなのです。

このような課税制度のもとでは、当然のごとく、株式を所有しようというインセンティブが著しく低下するのですが、同時に直接金融によって資本を調達しようとする中小企業は、苦境に陥る可能性があります。そこでロルドンは、こうした税制を大企業のみに特定すべきであると主張します。またこうした税制の実施からは、いきすぎた直接金融を間接金融へと振り替える効果（金融の「市場的調整」から「制度的調整」へ）も期待されるし、株主報酬を増大させようとして、さまざまな金融権力が繰り返すM&Aや、株主が短期の金融収益の確保のみをねらった、さまざまの安易な「構造改革」の経営陣への押しつけも抑制しうるのです。また、SLAMによって得られる税収は、それがうまく作用すれば逓減していく類いのものでありますが、それをもって、諸国民国家や政治的共同体内部で行なわれるTOB（敵対的買収）に対する被買収企業の対抗資金として投入することも可能でしょう。

こうしたことが実現可能かどうかを別にして、こうしたかなり過激な税制の創設は、金融化された経済にどのような変化をもたらすのでしょうか。少々長くはなりますが、ロルドン自身の説明を、以下に引用してみましょう。

> **SLAMは株主金融の諸構造を転換する**という提案である。その主たる目的は、諸企業に重くのしかかっている、収益性についての諸制約を修正することにあり、また諸企業が、勤労者たちにツケを回しつつ、つまり労働者の解雇や他の生産的努力のはてしない強化を通じて、賃金コストをむりやり切りつめつつ、それに適応しているということを修正することにある。したがってSLAMは、何よりも財源の確保をめざしているのではなく、使い尽くされてしまった、生産力の動員に関わる諸制約を緩和することをめざしている。この諸制約が際限のない株主要求を生み出し、企業の経営陣経由で、また経営陣が指揮権を有しているヒエラルキー組織を通じて、オンライン上での無駄のない、株式の譲渡を生み出している。つまりSLAMは、現代資本主義の諸構造に、とりわけ株主－経営者－勤労者の関係における今日的な構図を規定しているものに、影響を及ぼすのである。これ〔SLAM〕は、耐えがたい緊張から勤労者

第 12 章　財政の仕組み

を解放したいのであれば、収益性を際限なく高めつづけるという株主要求を抑え込む以外に方法はないという前提から出発している。

　SLAM は、それじたいとしては不平等に抗するための闘争の道具ではなく、それが場合によっては間接的にもちうるかもしれない効果である。いっさいの躊躇なく勤労者大衆の削減——解雇、外注化、労働者の権利要求の徹底的な拒絶——へと、あるいは、「柔軟な調節」のおおいなる促進——臨時雇いに頼り切ってしまうこと、不安的な雇用契約の増殖、労働時間の細切れ化、作業スピードの強化、活動拠点の強権的な移動、労働条件の全般的な悪化、等々——へと、企業を駆り立てるメカニズムを阻止すること、これは不平等の削減という、また、よりましな労働条件を取り戻す、というあらゆる重大な行為のはじまりなのである[19]。

　しかしながら、たとえ SLAM の実施によって、諸国民国家ないし地域共同体における金融主導型成長体制が方向転換を余儀なくされたとしても、私たちが生きている経済はもう 1 つの難題を抱えています。すなわち「国際通貨制度」の問題がそれです。これについては、第 14 章で議論することにしましょう。

注
(1)　なおレジーム論の詳細については、第 6 章のマクロ経済レジームの項を参照してください。
(2)　詳細は第 6 章を参照してください。
(3)　たとえば、2013 年 3 月で退任した白川日銀総裁は、こうした中央銀行の独立性を維持しようとして、政府からの「いっそうの金融緩和」要請を積極的には受け入れようとしませんでした。その後に就任した黒田総裁は、前任者とは逆に、政府の要請を受け入れ、「異次元の金融緩和」にふみきりました。
(4)　ただし、第 11 章ですでにみたように、日銀がマネーサプライを完全にコントロールできるか否かについては、経済理論において鋭い対立があります。本書では基本的に外生的貨幣供給説の立場をとらず、内生的貨幣供給説の立場をとりますが、ここでは簡略化のため、その点には立ち入りません。また、そうした理論上のちがいが金融政策にもたらす差異についても、その詳細は第 11 章を参照ください。
(5)　本章では、詳細に論じることができませんが、このコンヴァンシオンについては、

アンドレ・オルレアン『金融の権力』坂口明義・清水和巳訳（藤原書店、2001 年）、同『価値の帝国——経済学を再生する』坂口明義訳（藤原書店、2013 年）を参照してください。
(6) 日本の財政の仕組みについて、もっとくわしく知りたいかたは、湯本（2008）を参照ください。
(7) この点については、たとえば、馬淵（1994）を参照してください。その説明によれば、とくに 1970 年代以降、財政の問題が急速に政治化され、その過程が時の政権と大蔵官僚との利害対立とその妥協の産物であったことが示されています。またより長期の財政制度分析としては、たとえば昭和 27〜48 年の高度経済成長期の財政制度を包括的に説明した、大蔵省財政史室編『昭和財政史』第 2 巻（東洋経済新報社、1998 年）を参照ください。なお、このシリーズには、昭和 49 年〜63 年までを取り扱ったものもあり、長大ですが、貴重な財政関連資料が多く含まれています。
(8) 詳細は、J・M・ブキャナン／R・E・ワグナー『赤字財政の政治経済学——ケインズの政治的遺産』深沢実・菊池威訳（文眞堂、1979 年）、およびジェイムズ・オコンナー『現代国家の財政危機』池上惇・横尾邦夫訳（御茶の水書房、1981 年）を参照してください。
(9) 神野直彦『システム改革の政治経済学』（岩波書店、1998 年）を参照してください。
(10) 政府という言葉は人格的意味合いを、つまりミクロ的主体を連想する言葉ですので、以下では社会的妥協の凝集体としての意味を込めて、国家という言葉を使います。
(11) コモンズ『制度経済学』第 8 章「効率性と希少性」第 6 節「能力と機会」第 3 項「機会」（6）「強制の限界」では、このことが、市場取引を例にして説得的に例示されています。
(12) 内閣府ホームページ（http://www.cao.go.jp/zei-cho/gijiroku/zentai22.html）を参照ください。会議の日付は 6 月 22 日です。
(13) 他方で、生産的企業内部での賃金・利潤シェアの、すなわち内部留保の見直しも、当然検討されるべき問題でしょう。
(14) 当然それらが免除されている層もありますし、受け取っている手当の如何によっては課税対象から除外されているものも、あるいは除外されないものもあります。このかぎりで、こうした税制を実行すると国庫内での所得移転そのものがきわめて複雑になる可能性があります。詳細は、たとえばジャン＝クロード・バルビエ／ブルーノ・テレ『フランスの社会保障システム——社会保護の生成と発展』中原隆幸・宇仁宏幸・神田修悦・須田文明訳（ナカニシヤ出版、2006 年）を参照してください。
(15) この点については、たとえば、湯本（2008）第 3 章を参照ください。
(16) 実際に日本で起きた事件では、アマゾンドットコムへの課税問題が有名です。アマゾンは、日本の物流拠点は「倉庫」であり、支社ではないと主張し、日本の課税当局の要請を拒否しました。
(17) こうした主張と類似した有名な「トービン税」（国際資本取引で得られた所得に対する課税を提案した経済学者ジェームズ・トービンに由来する税制）が、なぜ実現しなかったのかといえば、それは、その課税に必要な政治的正当性を担保できなかったからです。

(18) Frederic Lordon, *La crise de trop,* fayard, 2009, pp. 183-216.
(19) *Ibid.*, pp. 205-206. 強調部分は引用者による。

【本章の理解をさらに深めるための参考図書】
シャヴァニュー、クリスチアン／ロナン・パラン編（2007）『タックス・ヘイブン——グローバル経済を動かす闇のシステム』杉村昌昭訳、作品社。
中原隆幸（2010）『対立と調整の政治経済学——社会的なるもののレギュラシオン』ナカニシヤ出版。
馬淵勝（1994）『大蔵省統制の政治経済学』中公叢書。
田中秀明（2013）『日本の財政——再建の道筋と予算制度』中公新書。
テレ、ブルーノ（2001）『租税国家のレギュラシオン』神田修悦・中原隆幸・宇仁宏幸・須田文明訳、世界書院。
湯本雅士（2008）『日本の財政——何が問題か』岩波書店。

第Ⅱ部　日本経済の変化

第13章
社会保障の仕組み

　本章では、高度経済成長時代に整えられ、その後急速に変化しつつある制度の1つである「社会保障」に関わる事柄を説明します。この社会保障制度が、日本の高度経済成長に対して果たした役割についての議論は、いまだ定説となる確たる説明はありませんが、ここではひとまず、これまでの章で行なわれた議論を前提に、それらが経済成長に対して一定の役割を果たしたと仮定して議論を進めましょう。

【本章で学ぶポイント】
① 日本における社会保障制度の概要を学ぶ。
② 社会保障制度が社会的妥協と密接な関わりがあることを学ぶ。
③ 社会保障制度のあり方が今後の日本の経済状態を大きく決定することを学ぶ。

13-1　まずは社会の現状を認識しよう

　2013年現在、日本経済は「社会保障」という観点からみれば、たいへん厳しい社会に変貌しつつあります。とくに2008年に発生した世界同時金融危機に加えて、それ以前から急速に進行していた少子高齢化という現象は、労働力の減少のみならず、社会保障のために必要な財源の枯渇や制度の運営そのものが困難になりうるという状況をもたらしはじめています。
　このような問題から大きな影響を受けているのは、いわゆる年金受給者や障害を抱えている人々、またさまざまな事情から失業を余儀なくされ、生活

に困窮している人々です。いわゆる市場経済社会の競争からはじき出された、これらの人たちは、一部の論者がいうように、自己責任を問われるべき存在なのでしょうか？　あるいはこの「社会的弱者」と呼ばれる人たちは、たんに努力をしてこなかっただけの人たちなのでしょうか？　それともたまたま運が悪かっただけなのでしょうか？　皆さんはどう思いますか？　じつはこうした人々の出現はいまにはじまったわけではありません。私たちの経済システムでは、この問題は幾度となくクローズアップされてきた問題であり、過去を振り返るならば、かたちを変えて何度も重要な問題として浮かび上がってきています。いや、むしろこうした問題があらわになればなるほど、私たちの社会では大きな制度的変容がもたらされてきたのです。そこで以下では簡単に社会保障の歴史を振り返ってみましょう。

13-1-2　社会福祉の起源としての救貧法

　産業革命以降のイギリスにおいては、貧困は事実上罪に等しいものでした。歴史の教科書で述べられているように、産業革命以降のイギリスでは、土地を羊に奪われ、しかたなく都市へ流入した元農民たちが大量に存在していました（これを「エンクロージャー運動」といいます）。彼らのうち働けるものは低賃金の工場労働者になり、働けないものは浮浪者や物乞いになりました。この状況の詳細については、カール・マルクスによる『資本論』の記述がきわめて秀逸です。

　当時の為政者たちは、この状況にかんがみ救貧法という法律を制定しました。ですがこれはいまでは考えられないほど乱暴な法律で、浮浪者となった者は烙印を押され、救貧院へ強制収容されました。治安の悪化という問題に直面したその時代の政権は、要するに彼らを隔離・排除することを選択したわけです。しかしながら、こうした制度は、長期にわたる制度の改変をともないながら、事実上その後のイギリス社会における社会福祉の原点となり、第２次世界大戦後のイギリスにおける福祉国家体制の源流となったのです。

13-1-3　社会保障政策の現状とその多様性

　現代の日本では、もちろん上に述べたような制度は存在していません。後節でくわしくみてゆきますが、当然のごとくさまざまな社会保障制度がきっちりと整備されています。たとえば、もし体を壊して働けなくなったら、雇用保険制度に加入していたならば失業手当が出るし、最後の最後には地方自治体がその権限でもって「生活保護」を支給することになっています。また病気になったら、健康保険証さえもっていれば、一定の値段で病院にみてもらえますし、親が何らかの事情で働けず、子どもが学校に行けなかった場合、義務教育ならばかなりの費用が無料になります。もっとも、これまでの章で何度も述べてきたように、こうした制度の運営そのものが困難になる経済状況が現われはじめており、いまの制度がこのまま存続するか否かはわかりません。

　ただし、このように社会保障制度と一口でいっても、その制度の内容は国ごとに大きく異なっています。つまり社会的弱者を救う方法は、国民国家レベルで多様性をもっているのです。

　典型的な事例としては、アメリカと日本の医療保険制度を比較するとわかりやすいでしょう。

　アメリカでは、基本的に健康保険証は働いていないともてません。当然日本でもそうなのですが、日本の場合、無業者や被扶養者にも保険加入の義務があり、政府が一括して管理する「国民皆保険」制度が曲がりなりにも機能しています。患者は自由に診療機関を選べますし、よほどの先進医療行為でないかぎり、ほとんどの国民がその時点で最良の医療を自己負担付きではありますが受けることができます。その意味で日本では医療保険制度は公的制度が主体であり、私的制度（いわゆる民間の保険業）はその補完物にすぎません。

　これに対してアメリカの場合、健康保険制度については、連邦政府によるメディケア（高齢者および障害者が対象）・メディケイド（低所得者向け、日本の生活保護に近い）などの公的制度があるものの、その他の国民（労働者）は基本的に **HMO**（Health Maintenance Organization）などが管理する

保険法人に加入しており、その運営は実質上民間の保険会社に任されています。個々の企業は、保険法人を介して民間の保険会社と契約を結び、「どの病気に対してはいくらを支払う」、「どの病気に対しては支払えない」などといったことを、細かく定めています。このような制度は、医療費の削減を目標においた医療費管理制度をベースにしており、かねてからその矛盾が指摘されてきました。マイケル・ムーア監督の映画『シッコ』やデンゼル・ワシントン主演の映画『ジョンQ』は、この医療制度の矛盾を鋭く告発するものでした。その意味でアメリカの医療保険制度は、私的制度が主体であり、公的制度はその補完物にすぎません。

　しかしオバマ大統領は、2010年3月に、こうした矛盾を解消しようとする「医療保険制度改革」に関する法律を議会に認めさせました。それは今後10年間で3000万人以上いるといわれる無保険者を国民健康保険に加入させるというものでした。とはいえ、2013年現在でも、その執行に対して反対派がさまざまな策略をめぐらして、その完全実現は道なかばといえます。なかなか興味深いことなのですが、こうした反対派の策略に対して抗議の声が上がると同時に、だんだんとアメリカ国民による大統領支持率が落ちているという現象が現われはじめています。これは政策への失望と同時に、もしかすると自主自立を旨とするアメリカの「社会的妥協」が、公的援助を拒否しているということの現われかもしれません。

　いずれにせよ、このような比較からわかることは、**「社会政策は当該国に固有の政治的・経済的・社会的妥協の産物である」**ということです。日本にせよアメリカにせよ長い歳月をかけて、社会的弱者に権利を与え、それらの人々を救う政策が実施されてきたことに変わりはありません。どのような国家であれ、いまや、社会的弱者の保護をないがしろにすることはできないのです。ただその制度の内容そのものは、ときどきの社会的妥協のあり方に大きく左右されてきたのです。

　たとえば日本国憲法第25条では、「国民は最低限文化的な生活を営む権利を有する」とされています。この条文の成立を後押ししたのは、日本の敗戦であり、その後普及することとなった民主主義の思想です。戦前の日本では

貧困はどちらかといえば自己責任と見なされる傾向にあったのですが、戦後のこの条文の成立は、貧困の問題は公的な問題であるということが強く意識される事態を生み出したのです。

13-1-4　社会政策とは？——その起源と原理

　ここで、社会政策（狭い意味での社会保障制度を含む）を定義しておきましょう。社会政策とは、失業、病気、老齢化といった、個人では解決できないさまざまな社会的問題を、さまざまな制度の制定と運用を通じて、できるかぎり解消しようとする政策を総称したもののことを指します。要するに社会政策とは、生（働ける）・老（働けない）・病死（健康）といった社会生活を営むうえで誰もが回避できないリスクを、私的・公的な諸制度を通じてカバーする社会的装置を構築・運営するための政策のことであり、具体的には、国民が安心して暮らせるような「**社会的セーフティーネット（安全網）**」の構築に資する政策のことなのです。

　たとえば、現代の日本では、失業のリスクに対応すべく、労使折半であらかじめ保険料を納めて、万が一のときには、失業給付を受け取ることができます。また、いつ病気になるかわからないという疾病リスクに対応すべく、これも労使折半による保険料の拠出に基づく健康保険制度があります。また、近年その問題がクローズアップされている老齢人口の増加というリスク（年をとると、いつ病気になるかわからないし、若いときのように満足に働けなくなるかもしれないというリスク）に対して、公的年金制度や介護保険制度などがあります。

　つまり、市場経済の拡大とともに生じるさまざまな問題を解決すべく、社会保険＋公的扶助・社会サービス＋雇用の創出・拡大のための雇用政策という枠組みに対応して制定されたのが社会保障制度であり、それらの制度の構築・運営に関わる事柄全般を総称して社会政策と呼んでいます。

　次節以降で、この社会政策の日本における具体的制度の歴史的展開と現状を検討しますが、その前にまず簡単に社会保障制度の起源を振り返り、それを運営する場合の基本原則を確認しておきましょう。

まず、社会政策の起源は、1860年代のプロイセン（現在のドイツに相当）に求めることができます。その帝国の初代首相O・V・ビスマルク（1815〜1898、鉄血宰相との異名をとりました）は、貧困者の増大に対して2つの方策を実施しました。1つは、貧困者を扇動する、いわゆる社会主義者たちに対して、厳しい態度で臨むというもので、それは「ムチ」の政策と表わされました。他方で、貧困者＝失業者を懐柔し、戦争に動員するために、失業保護の制度や兵役の後に受け取れる年金制度の創設などに積極的に関与しました。これは先の政策に対して「アメ」の政策と表わされました。

　本節にとってさしあたり重要なのは、こうした制度が制定された歴史的背景ではなく、この「アメ」の政策から生み出された具体的諸制度が**どのような経済原理に基づいて運営されることになったのか**、という点です。

　ビスマルク的社会保障原理に特徴的なことは、たんに政府が制度をつくり上げて、その運用に必要な資金（財源）を政府がすべて賄うのではなく、社会保障制度に関わる人々（その恩恵を受ける人々）もまたそのコストを負担しなければならない、という原則を採用したことにあります。これは、いわゆる「**保険原理**」に依拠したものであるといえます。

　保険原理とは、その保険に加入することから将来便益を得られるであろう人々が保険料を支払い、その支払いを原資として、各人のリスク発生時に備える仕組みのことです。その原資を純粋に保険加入者にもっぱら求める場合、それは私的社会保障制度であり、反対にその原資をその制度の受益者たちが支払う税にもっぱら求める場合、それは公的社会保障制度であるといえるでしょう。またこうした原理に則った社会保障制度は、その支払われた保険料とその受給金額は正比例の関係になる傾向にあります。

　したがって、先ほど述べたアメリカの例はどちらかというと前者に近く、日本の例は後者に近いといえます。

　こうしたビスマルク的社会保障原理に加えて、第2次世界大戦後のイギリスで、もう1つの原理が確立されました。それは、W・H・ベヴァレッジ（1879〜1963）が、有名な「ベヴァレッジ報告」において打ち立てた普遍主義的で平等主義的な社会保障制度です。**ベヴァレッジ的原理**とは、国家の財源

を用いて、国民全員に平等に保障を与える（現金給付の場合もあれば、現物給付の場合もある）というものです。均一拠出・均一支出の原則に則ったこの原理によれば、国民は、税の支払いの過多にかかわらず、すべて等しく給付を受けます。1970年代までのイギリスを称して、「ゆりかごから墓場まで」面倒をみる「福祉国家」とするのは、この時期のイギリスの社会政策がこの原理に依拠していたことによります。つまり社会的リスクを税によって公的にカバーしようとする原理が「ベヴァレッジ的原理」です。

ただし、この給付が個々人のニーズにあったものになるとはかぎりません。たとえば、医者にかかろうとする場合、平等の原則が尊重されますから、基本的に受診は順番制になります。また、税からの支出は最小限に抑えようとする力が働きますので、薬物の投与などもまた最小限に抑えられます。加えて、失業保険なども充実しているがゆえに、労働者の勤労意欲が減退するといったネガティブな効果も現われかねません。実際、1980年代のサッチャー首相による構造改革は、こうした問題に対処すべく社会保障費の膨張に歯止めをかけるという意味合いもありました。

ここでこれまでの議論をまとめておきましょう。

社会政策を具体化した国はドイツとイギリスであり、社会政策とは、生（働ける）・老（働けない）・病死（健康）をカバーするもので、具体的には、国民が安心して暮らせるような「**社会的セーフティーネット**」の構築に資する政策のことを指します。

ただし、留意すべきは、そのやり方には国ごとにちがいがあったということです。つまりそれらの諸制度を貫徹する原理は、**ビスマルク的原理（保険方式）**か、それとも**ベヴァレッジ的原理（税方式）**か、あるいはその両者を兼ね備えたもの（これを「**ハイブリッド的原理**」と呼びましょう）のいずれかであるはずです。**表13-1**以下にこれらの原理をまとめましたので、参照してください。

これらの原理のいずれを採用するのかは、それぞれの国に固有な歴史的・社会的・文化的ちがいに依存します。たとえば、アメリカで長らく公的保険制度がなかった事態は、フロンティア精神に基づき自主自立を重んじ、すべ

表 13-1　社会保障制度の原理：ベヴァレッジ原理的かそれともビスマルク的原理か

	ビスマルク的論理	ベヴァレッジ的論理
資格者・受益者	保険料を支払う労働者および権利を有する労働者	市民
保険料の特色	保険料および所得比例	定額（定率）で最小
財政様式	社会保険システム（保険料）	税による資金調達（租税および公的支援）
運営様式	利益代表たちによる運営	国家による運営

出所：バルビエ／テレ（2006）p.28 に筆者加筆。

てのリスクを個人が受け止めるべし、という歴史的・文化的文脈が大きく作用していることはいうまでもないでしょう。また、イギリスにおいては、福祉国家といわれた時代から構造化改革の時代を経て、いままた第3の道という、ある意味でハイブリッド型の社会政策を推し進めている、というように大きく変化してきました。こうした事例から明らかなように、社会政策は純粋に経済的要請から生まれたものではなく、当該国の社会的・歴史的・文化的要請から生まれたものであるといえます。要するに、社会保障制度の構築に際しては、経済的要因のみならず、その他の社会的要因をも考慮に入れねばならないのです。第5章で検討したコモンズの定義を借りれば、社会政策の価値をもっぱら構成するのは、「主権」・「慣行」・「未来志向性」の原理であり、本来的に「効率性」・「希少性」の原理の機能作用は弱いものであるはずといえます。またその主たる活動体（GC）は国家であり、国家はみずからの正当性に依拠して、みずからの権威を用いて、社会政策を実行する政治的・経済的活動体です。

13-2　日本の社会保障制度

それでは、以下で具体的な日本の社会保障制度の仕組みとその問題点をくわしくみてゆきましょう。現状の社会保障制度が抱えている大きな問題点については、第4章のデータをみて再確認してください。

第Ⅱ部　日本経済の変化

（平成21年10月1日現在）

職業等	加入制度と保険料	
	加入制度	保険料
自営業者、農業者、学生等（20歳以上60歳未満で下記以外の人）	国民年金【第1号被保険者】	14,660円（月額）※毎年4月に280円ずつ引き上げ、最終的に16,900円に固定。
被用者／厚生年金適用事業所に雇用される70歳未満の人（民間サラリーマン等）	国民年金【第2号被保険者】＋厚生年金	月収の15.704%（労使で折半。本人負担は月収の7.498%）※毎年9月に0.354%ずつ引き上げ、最終的に18.30%に固定。
被用者／公務員　私立学校教職員	国民年金【第2号被保険者】＋共済年金	加入共済制度により総報酬の12.23%～15.154%（労使折半）
専業主婦等（被用者の配偶者であって主として被用者の収入により生計を維持する人）	国民年金【第3号被保険者】	保険料負担は要しない。（配偶者の所属する被用者年金制度（厚生年金または共済年金）が負担。）

図 13-1　年金制度の概要

出所：厚生労働省ホームページ「公的年金制度の概要」（平成21年度）より抜粋。

　2000年代に入るまでは、日本の社会保障制度は、北欧などの社会保障制度先進国と比較すれば、その規模は小さいものの、社会的セーフティーネットとしてそれ相応の役割を果たしてきました。

　しかしながら、国民皆保険制度に基づき、すべての国民が医療保険・年金制度に加入しえていた状態は、日本経済の長期停滞のみならず、国家財政の悪化、少子高齢化によって、大きな壁にぶち当たりつつあります。こうした状況のなかで社会保障財源をいかにして確保するのかは、喫緊の課題ですが、その解決にはほど遠いのが実情です。しかしそれはたんに政治が悪いからなのでしょうか？　それだけではありません。むしろ、社会保障制度の「構造」とそれを支える社会的合意の形成のあり方にこそ大きな問題が隠されているのです。以下ではこのことを明らかにしてゆきましょう。

13-2-1　日本の社会保障制度の特徴[1]

　まず、図13-1と図13-2をみてください。これは日本の年金・医療制度の大まかな仕組みをわかりやすく分類したものです。

第 13 章　社会保障の仕組み

	市町村国保	国保組合	健保組合	協会けんぽ	後期高齢者医療制度
被保険者	自営業者・無職等	自営業者等	主として大企業のサラリーマン	主として中小企業のサラリーマン	75 歳以上の高齢者
保険者数 (21 年 3 月末)	1,788	165	1,497	1	47
加入者数 (21 年 3 月末)	3,597 万人	352 万人	3,034 万人 (被保険者 1,591 万人) (被扶養者 1,443 万人)	3,471 万人 (被保険者 1,950 万人) (被扶養者 1,521 万人)	1,346 万人
加入者平均年齢 (20 年度)	49.2 歳	38.8 歳	33.8 歳	36.0 歳	81.8 歳
平均所得 (総報酬) (20 年度) (注 4)	加入者 1 人当たり旧但し書所得 79 万円	加入者 1 人当たり市町村民税課税標準額 298 万円 (注 5)	加入者 1 人当たり総報酬 293 万円	加入者 1 人当たり総報酬 218 万円	加入者 1 人当たり旧但し書所得 73.7 万円
加入者 1 人当たり医療費 (20 年度)	28.2 万円	16.7 万円	12.6 万円	14.5 万円	86.3 万円
加入者 1 人当たり保険料 (20 年度)	8.3 万円	12.5 万円	9.1 万円 (事業主負担含め 20.3 万円)	8.9 万円 (事業主負担含め 17.7 万円)	6.5 万円
公費負担割合	給付費等の 55%(注 6)	給付費等の 39%(注 7)	定額 (予算補助)	給付費等の 16.4%(注 8)	給付費等の約 50%
国の予算 (22 年度) (注 9)	3 兆 274 億円	2,936 億円	24 億円	1 兆 447 億円	3 兆 7340 億円
積立金額 (積立比率) (注 10)	2,741 億円 (4%)	2,774 億円 (39%)	42,171 億円 (69%)	0　(―)	1,408 億円 (1%)

図 13-2　医療保険制度の概要

出所：厚生労働省ホームページ「医療保険制度の概要」(平成 21 年度) より抜粋。

　この図表からわかるように、日本の年金制度は、公務員などが加入するいくつかの共済組合があるものの、民間被用者(保険料を支払う人々)が加入する**厚生年金保険**と、自営業者などが加入する**国民年金**が 2 大基礎的単位となっています。また各大企業独自の上乗せ給付を担う厚生年金基金が 2000

近く存在しています⁽²⁾。そして日本の医療保険は、公務員などが加入する共済組合、自営業者などが加入する国民健康保険、中小企業被用者が加入する政府管掌健康保険、大企業被用者が加入する組合管掌健康保険（約1500の組合があり、法定給付以外に各大企業独自の附加給付も行なっています）に大別できます。

　要するに、日本の医療・年金制度はその加入資格が**職域**ごとに異なっているのです。日本が前節で述べた「ベヴァレッジ的原理」と「ビスマルク的原理」のどちらに依拠しているかといえば、それはおおむね後者の原理に依拠しているといえます[3]。こうした加入区分は、国によってもおおいに異なっていますが、とくに本章の議論で重要なのは、**個々の制度の運営方法におけるちがい**です。このちがいを明確にするために、制度の運営方法について、年金制度を例にとり、簡単に図式化してみましょう。

＜厚生年金の運用方法＞
労使双方からの保険料の徴収→政府（厚生労働省および政府全額出資の年金資金運用基金）による拠出金の管理→政府による給付条件の審査や支給決定→受給権者への支給

　日本では、国民年金と厚生年金の運営主体は政府であり、労使代表は社会保障審議会などの1メンバーとしてその運営に参加するだけです[4]（社会保障審議会の場合、委員25名中、労働組合代表1名、経営者団体代表1名）。公務員などの年金の場合は共済組合による運営ですが、その運営を担当する役員の大部分は高級官僚OBなどが占めています。また、制度設計そのものについても、日本では、議会による法制度の改正が優先されてきました。ところが、たとえばフランスでは、まったくその運営方法が異なります。むしろ、各制度に運営そのものが任されているのです。これは拠出だけではなく、支出についてもそうです。そこには、日本のような中央集権的な一元的管理はみられません。つまり、**社会保障制度への社会的合意の反映のされ方は国ごとに根本的に異なっている**のです。

こうしたちがいの理由は、日本では、戦争末期の恩給制度に端を発する年金制度は、一貫して中央集権的な制度運営が行なわれてきたという、**制度の歴史的発展経路**のちがいに求めることができるでしょう。反対にフランスでは、同業組合の長きにわたる歴史が制度構築のあり方に色濃く反映されているのです。したがって、こうした制度の運営方法におけるちがいは、社会保障制度に関する社会的合意に決定的な影響を与えるといえるでしょう。

　また、職域ごとに異なる制度であっても、通常、社会保障制度では、制度横断的な財政移転が行なわれます。つまりそれぞれの制度間でお金のやりくりを行なうことがふつうです。少しデータが古いですが、**表13-2**をみてください。それによれば、日本でも、社会保険制度間の財源移転は社会保険総財源の3割近くをしめています。とくに厚生年金保険から国民年金への移転額が大きいといえます。また忘れてはいけないのは、国庫負担の総額です。国庫負担とは、税金による補填のことです。これは社会保険制度全体の3分の1をしめています。これは法律でそのような負担が決められているからです。

　しかし、日本では、このような財源移転は主として政府主導で決定されるために、国民の多くは、この移転を国民連帯の表現として認識していないのが実情です。国民年金における保険料未納者の問題についても、厚生年金加入者の多くにとっては「対岸の火事」でしかありません。むしろ、「私たちのお金を国民年金に使うとは何事だ」という、批判の声のほうがよく聞かれています。

　こうした見解が生じるのは、国民が社会保障制度をよく理解していないことにあるだけでなく、**社会保障制度の運営に関わる原理がビスマルク型とベヴァレッジ型の混合型になっている点**に求めることができます。加えて、社会保障制度が「相互扶助」に基づく制度であることを無視して、個人の貯蓄の一種にすぎないかのような錯覚を覚えさせる、社会全体の社会保障制度に対する認識上のズレの問題もあるでしょう。

13-2-2　社会保障財政の規模と財源

　つぎに**図13-3**をみてください。日本では、社会保障給付費が国民所得に

表 13-2　日本における社会保障制度別の会計収支（2003年度　単位：兆円）

	事業主保険料	被保険者保険料	公庫負担	資産収入	その他	他制度からの移転	収入合計	現金給付	現物給付	管理費等	他制度への移転	支出合計	収支差
健康保険	6.7	6.0	0.9	0.1	0.4	0.0	14.1	0.6	6.3	0.8	6.0	13.7	0.5
国民健康保険	0.0	3.9	5.4	0.0	0.5	1.6	11.4	0.1	6.6	0.7	3.7	11.2	0.2
老人保健	0.0	0.0	3.6	0.0	0.0	7.5	11.1	0.0	10.6	0.1	0.0	10.7	0.4
介護保険	0.0	0.9	2.8	0.0	0.1	1.6	5.5	0.1	5.0	0.3	0.0	5.4	0.1
厚生年金保険	9.6	9.6	4.1	6.4	0.0	5.5	35.3	20.8	0.0	0.3	10.4	31.5	3.8
厚生年金基金等	2.6	0.6	0.0	6.8	0.0	0.1	10.1	2.3	0.0	0.2	0.0	2.5	7.6
国民年金	0.0	2.0	1.6	0.3	1.4	11.9	17.3	13.3	0.0	0.2	2.0	15.5	1.8
私学共済等	0.3	0.4	0.2	0.4	0.8	0.0	2.1	0.5	0.1	0.7	0.3	1.7	0.5
公務員共済	5.3	2.9	0.5	1.0	0.1	0.6	10.3	6.3	0.0	0.9	2.8	10.1	0.2
雇用保険	1.5	1.0	0.5	0.0	0.0	0.0	3.0	2.0	0.0	0.5	0.0	2.5	0.6
労働者災害補償保険	1.0	0.0	0.0	0.1	0.2	0.0	1.4	0.7	0.2	0.3	0.0	1.2	0.3
児童手当	0.2	0.0	0.3	0.0	0.0	0.0	0.5	0.4	0.1	0.0	0.0	0.5	0.0
公衆衛生	0.0	0.0	0.9	0.0	0.0	0.0	0.9	0.1	0.6	0.2	0.0	0.9	0.0
生活保護	0.0	0.0	2.4	0.0	0.0	0.0	2.4	1.1	1.3	0.0	0.0	2.4	0.0
社会福祉	0.0	0.0	3.3	0.0	0.0	0.0	3.3	0.5	2.4	0.4	0.0	3.3	0.0
戦争犠牲者	0.0	0.0	1.3	0.0	0.0	0.0	1.3	1.3	0.0	0.0	0.0	1.3	0.0
総　計	27.3	27.4	27.8	15.2	3.6	28.8	130.1	50.2	34.1	4.7	25.2	114.2	15.9

出所：宇仁宏幸「訳者による補遺」バルビエ／テレ（2006）p. 141。

占める比率は、1980年で約12％、2003年で約22％、2010年で29.63％です。この比率は、2000年代以降、とくに年金給付の増大によって急増しています。しかしながら図13-4より明らかなように、対GDPおよび国民所得比での社会支出の大きさは、諸外国と比較すれば、相対的に小さいといわねばなりません。いわゆる福祉先進国と呼ばれる国々と比較した場合、日本は中

第13章 社会保障の仕組み

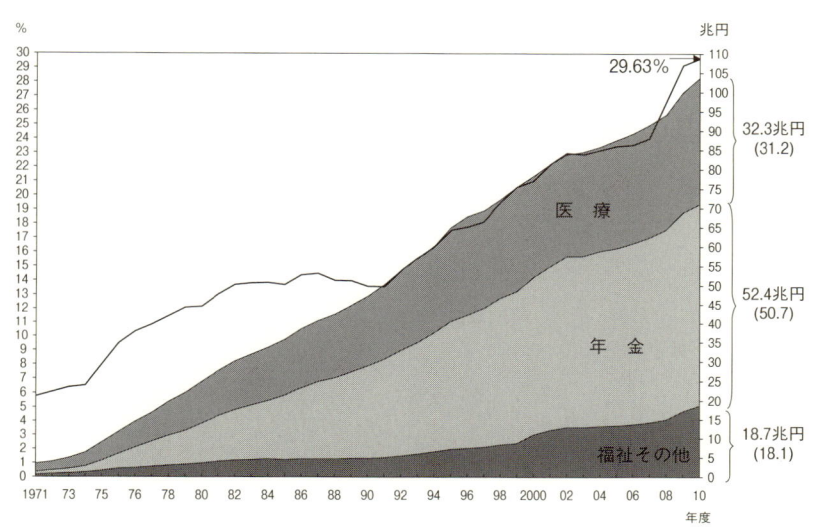

図13-3 社会保障給付費の対国民所得比

出所：国立社会保障・人口問題研究所『社会保障統計年報データベース』（平成22年）第Ⅲ部「社会保障関係統計資料編」第1節「人口統計社会保障給付費等の推移 第17表」。

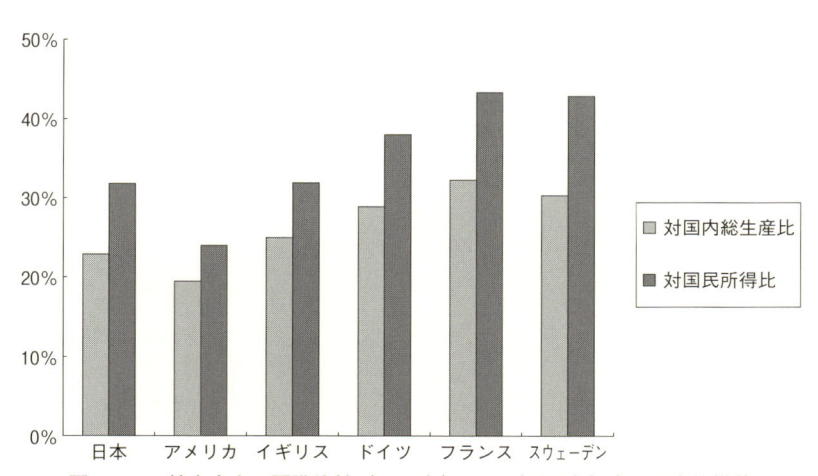

図13-4 社会支出の国際比較（2009年）および国民負担率の歴史的推移

出所：国立社会保障・人口問題研究所『社会保障費用統計』（平成22年）「2．社会支出と国際比較 表2」。

表 13-3　国民負担率（租税負担率および社会保障負担率）の対国民所得比の推移

(単位：%)

区　分	国民負担率	租税負担率	社会保障負担率
昭和30年度（1955）	22.2	18.9	3.3
35（1960）	22.4	18.9	3.6
40（1965）	23.0	18.0	5.0
45（1970）	24.3	18.9	5.4
50（1975）	25.7	18.3	7.5
55（1980）	31.3	22.2	9.1
60（1985）	34.4	24.0	10.4
平成2年度（1990）	38.2	27.6	10.6
3（1991）	37.1	26.5	10.6
4（1992）	36.0	24.9	11.1
5（1993）	35.9	24.6	11.3
6（1994）	34.8	23.1	11.6
7（1995）	36.2	23.7	12.5
8（1996）	36.4	23.7	12.7
9（1997）	37.1	24.0	13.1
10（1998）	37.2	23.6	13.5
11（1999）	36.7	23.1	13.6
12（2000）	37.3	23.7	13.6
13（2001）	38.0	23.7	14.3
14（2002）	36.8	22.3	14.5
15（2003）	36.3	21.8	14.5
16（2004）	36.8	22.4	14.3
17（2005）	38.4	23.8	14.6
18（2006）	39.1	24.3	14.8
19（2007）	40.0	24.8	15.2
20（2008）	39.4	23.7	15.7
21（2009）	38.9	23.0	15.9

出所：国立社会保障・人口問題研究所『社会保障費用統計』（平成22年）第31表。

福祉の国であり、むしろアメリカなどの自由主義諸国に近いといえます。とりわけ、日本の場合、**表13-3**からも明らかなように、**国民負担率**（租税負担率＋社会保障負担率）は戦後ほぼ30％から40％のあいだで推移しており、たしかに上昇しているとはいえ、私たちが感じている重い国民負担という実感ほどには相対的に高いものではありません[5]。たとえば、フランスなどで

第13章 社会保障の仕組み

は、国民負担率は60％を超えているのです。日仏ともに、財政赤字の問題は予断を許さない問題ですが、フランスでは、**租税負担率**（一般福祉税の導入など）の引き上げをもってそうした問題に対処しているのに対して、日本ではまだそのような制度的措置は講じられていません。つまり日本の財政的余力（税収増によるその補塡可能性）は、社会福祉財政赤字先進国に比べていくぶん高いのであり、そのかぎりで、国民連帯による税制改革の実行を通じて、社会保障支出の補塡率を高めることによって、財政赤字を減少させつつ、社会保障財源を確保することは可能であるとも考えられるでしょう。

　財政を論じた前章でも述べましたが、現在の日本の財政赤字の問題は、社会保障に関する支出が元凶であるというよりも、1960年代から一貫してつづく国債発行残高の累積とバブル崩壊以後の景気対策による公共事業投資の肥大化が主たる原因であり、社会保障支出の増大によるものは近年とくに高まっただけであるともいえます。したがって、社会保障に関わる社会的支出の削減をもって、財源赤字の問題を解決しようとすることは、その歴史的経緯からみて、ややおかしなものであるといわざるをえません。たしかに、このままのペースでいきますと、日本の財政赤字の問題は看過できないものになるでしょう。しかしながら、財政均衡主義だけが、その問題解決のための措置とはかぎりません。金融危機に見舞われたギリシャをみてもわかるように、均衡財政主義は、激しい景気の後退をもたらします。高齢化社会に到達しつつある日本の場合、社会保障支出の削減は、高齢者の貧困化をもたらしかねません。必要なことは、債務の返済ばかりに力点を置くのではなく、経済成長を下支えする効果をももつ社会的支出を維持ないし増大しつつ、その問題を解決する方策を考案することではないでしょうか？　そしてこれには、税制改革とその改革を下支えする新しい社会的妥協の出現が必要になるのです。

　また、**表13-4**から以下のことがいえます。まず日本では、1970年代以降、社会保障財源の構成に大きな変化はない（保険金運用益である資産収入については金融市場の状況によって変動していますが）ということがそれです。保険料率の引き上げは繰り返されましたが、保険料労使折半の原則および給

467

第Ⅱ部　日本経済の変化

表13-4　日本における社会保障の財源構成比の推移　（単位：％）

年度	1951	1960	1970	1980	1990	2000	2002	2003	2005	2010
事業主拠出	28.6	41.7	31.2	29.1	31.7	31.4	32.2	25.9	22.4	24.5
被保険者拠出	28.1	26.2	28.5	26.5	27.9	29.6	31.1	26.0	24.1	27.0
公費負担	36.5	24.7	30.0	32.9	24.3	27.8	30.2	26.3	25.3	35.7
資産収入	1.1	4.9	8.8	9.7	12.6	7.2	1.7	14.5	16.0	0.7
その他	5.8	2.4	1.6	1.8	3.5	4.0	4.7	7.3	12.1	11.9

出所：同前、第14表より筆者作成。

付額の3分の1の国庫負担原則が一貫して維持されたために、労・使と国の3者の拠出がほぼ等しい状態がつづいているのです。諸外国と比較しますと、日本では雇用主の負担割合が低く、国と被雇用者の負担割合が高いのが特徴です。

こうした政・労・使による社会保障財源の負担割合は、たしかに高度経済成長時代にはうまく機能していました。なぜならその時代に大枠が形成された社会保障財源の負担割合は、将来の急激な少子・高齢化を見越したものではなかったからです。具体的には、その制度が構築された当初、保険料の拠出者は多数存在するのに対して、その受益者（病人や高齢者）の数は相対的に少なかったからです。つまり、将来の人口動態の変化や経済環境の変化を考慮することなく構築された日本の社会保障制度は、かなりの程度その場しのぎのものであった可能性があります。実際、NHKスペシャルというテレビ番組では、当時の政策立案者の発言をひもときながら、それらの人々が後世の財源の問題よりも制度の構築そのものに精力を傾けていたことが明らかにされ、話題を呼びました。また当時の国民も、右肩上がりの経済成長と、相対的に若年層が多かった時代の社会的価値観や雰囲気を反映して、そうした問題を直視していなかったといえるかもしれません。いずれにしても、日本における社会保障財源の問題は、ベヴァレッジ原理に依拠しようとも、ビスマルク原理に依拠しようとも、新しい社会的妥協の成立を必要としているのです。

13-2-3　人口構成の動態と社会保障制度の関係

　現在の日本をみれば明らかなように、人口動態は社会保障制度に大きな影響を及ぼします。第4章で述べたように、賦課方式（現役世代が受給世代を支える仕組み）をとる社会保障制度において、社会保険料を負担する現役世代（拠出者）と、給付を受け取る引退世代（受給者）との人口差の存在は、けっして無視することはできません。しかしながら、人口変化の一部は「過去の」社会保障制度の産物でもあるのです。つまり**現在の社会保障制度の充実（ないし劣化）は、一定程度将来の人口の動態に影響を与える**のです。雇用・失業に関する社会保護システム、家族のリスクを排除するシステム、性別就業格差を緩和する何らかの措置、といった制度の有無は、きわめて長期的にですが、人口の動態に影響を及ぼすといえるでしょう。

　日本では、**表 13-5** に示すように、少子化に歯止めがかかっていません。長期的に人口を維持するのに必要な合計特殊出生率（女性の年齢別出生率を15〜49歳にわたって合計した数値）は、2.07 であると推定されていますが、2003年度の日本の値は、1.29 です。また厳しい移民制限政策をとっている日本では、移民を通じた人口増加はまず考えられません。

　加えて、高度経済成長期にソフト・ハード両面で整備された医療制度は、いまとなっては皮肉なことに、先進国においても希有の長寿国をつくり出しました。日本の高齢者の平均寿命は先進国でもぬきんでて高いといえます。しかしながら、人口構成比における特定世代の突出が、高齢化を急速に進行させつつあります。65歳以上人口の割合は 2020年には、人口のほぼ3人に1人が65歳以上になっていると推定されています。こうした高齢化の急速な進行は、のちにみるように、年金や医療といった社会保障財政の赤字拡大をもたらす可能性がきわめて高いのです。

　こうしたことを回避するために、ヨーロッパ、たとえばフランスでは、手厚い制度的支援策が講じられ、その結果先進国でも異例の若年人口の増加を経験しました。対して日本では、家族手当は社会扶助の対象であり、おもに低所得の母子家庭にのみ支給されてきました。その点で、この手当は厳密な意味での出産奨励政策の1つとは見なすことはできません。しかしながら日

表 13-5　人口の年齢構造に関する指標：1884～2011 年

年次	人口割合（％）			平均年齢（歳）	中位数年齢（歳）	従属人口指数			老年化指数
	0～14歳	15～64歳	65歳以上			総　数	年少人口	老年人口	
1884	31.6	62.6	5.7	28.9	21.0	59.6	50.5	9.1	18.1
1888	33.7	60.8	5.5	28.2	24.5	64.5	55.5	9.0	16.3
1898	32.8	61.7	5.5	28.0	23.9	62.1	53.2	8.9	16.7
1908	34.2	60.5	5.3	27.7	24.1	65.2	56.5	8.7	15.3
1920	36.5	58.3	5.3	26.7	22.2	71.6	62.6	9.0	14.4
1930	36.6	58.7	4.8	26.3	21.8	70.5	62.4	8.1	13.0
1940	36.7	58.5	4.8	26.6	21.9	70.9	62.7	8.2	13.1
1947	35.3	59.9	4.8	26.6	22.1	66.9	58.9	8.0	13.6
1950	35.4	59.7	4.9	26.6	22.3	67.5	59.3	8.3	14.0
1955	33.4	61.3	5.3	27.6	23.7	63.1	54.4	8.7	15.9
1960	30.0	64.2	5.7	29.1	25.6	55.7	46.8	8.9	19.1
1965	25.6	68.1	6.3	30.4	27.5	46.8	37.6	9.2	24.6
1970	23.9	69.0	7.1	31.5	29.1	44.9	34.7	10.2	29.5
1975	24.3	67.7	7.9	32.5	30.6	47.6	35.9	11.7	32.6
1980	23.5	67.4	9.1	33.9	32.5	48.4	34.9	13.5	38.7
1985	21.5	68.2	10.3	35.7	35.2	46.7	31.6	15.1	47.9
1990	18.2	69.7	12.1	37.6	37.7	43.5	26.2	17.3	66.2
1995	16.0	69.5	14.6	39.6	39.7	43.9	23.0	20.9	91.2
2000	14.6	68.1	17.4	41.4	41.5	46.9	21.4	25.5	119.1
2005	13.8	66.1	20.2	43.3	43.3	51.3	20.8	30.5	146.5
2010	13.1	63.8	23.0	45.0	45.0	56.7	20.6	36.1	175.1
2011	13.1	63.6	23.3	45.3	45.3	57.1	20.5	36.6	178.1

出所：国立社会保障・人口問題研究所『一般人口統計―人口統計資料集』（2013 年版）表 2 - 6。

本でも 2000 年以降、所得制限が大幅に緩和され、約 9 割の児童に手当が給付されるようになりました。また、2008 年の政権交代以降、新たにすべての子どもに支給される「子ども手当」の制度が創設されました。しかし当初大きな期待をもって登場したこの手当をめぐっては、財源の問題をめぐって政治的駆け引きと妥協が行なわれ、2012 年には、手当の支給には所得制限をつけるという制度改革の方向に向かうかにみえました。しかし、現実には 2013 年の政権交代により、従来の児童手当という名称にふたたび変更され、所得制限をつけたものに大きく変更されました。このように、政治的妥協のあり方は、人口動態に大きな影響を及ぼす諸政策のあり方に決定的な作用をもたらします。政権交代によって、政治的主導権を握った政党は、みずからの価値観に基づいて政策の変更を行なうことができるのであり、そのかぎりで、こうした政策の変更は、コモンズのいう「**社会的慣行**」の影響を回避することはできません。

　たとえばいま、「女性は結婚して家庭にいるほうがよい」という考えに賛同する人々と、「労働力としての女性を積極的に雇用するほうがよい」という人々がいたとしましょう。こうした考えはその人が過去から受け継いだ社会的慣行の具体的現われでもあります。ついでそれぞれの集団を代表する政党がそれぞれ存在するとするならば、これらの集団のあいだでは、利害対立が生じます。その利害対立は、相異なる社会的慣行という構造の対立でもあり、そこではその時代の価値にしたがった「**適正な価値**」が求められます。この場合、適正な価値は議会における勢力の過多ではなく、そうした社会的価値の評価を国民がどのように理解するのか、またその理解をどのように促進するのかによって大きく異なることでしょう。これは、ひとえに人口動態に関わることだけではなく、年金や医療においても事情は同じです。制度変化を引き起こす「適正な価値」のあり方は、こうした対立と妥協からつくり上げられるのであり、その変化の媒介としての「言説」のあり方が決定的に重要になります。

　要するに、日本の児童手当政策が、フランスなどに比べて規模が小さなものであることの理由の 1 つには、こうした社会的慣行におけるちがいに求め

第Ⅱ部　日本経済の変化

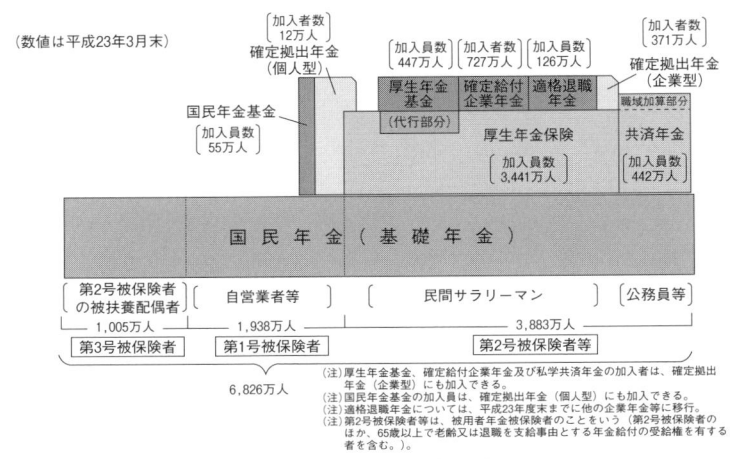

図 13-5　日本の年金制度の概要

出所：厚生労働省ホームページ。

ることができるのです。

13-2-4　年金制度

　図 13-5 をみてください。民間被用者（保険給付を受け取る者）が加入する厚生年金保険、公務員などが加入する共済組合、自営業者などが加入する国民年金が、日本の主要な年金制度であることがわかるでしょう。日本の年金制度の特徴の１つは、厚生年金保険と共済年金が**所得比例の負担と給付**を採用しているのに対し、国民年金は**定額負担**と**最低保障給付**を採用している点にあります。つまり二重の基準に基づく制度設計を採用しているのです。要するに、これは職域ごとに２階建てで制度設計されているのです。またもっとも重要なことは、日本では、国民年金にのみ国庫から支出されている点です。ここにこそ先に述べた**２つの社会保障原理の混合**が如実に表われているのであり、各制度の帰属集団の諸利害が、政治的にも経済的にもなかなか調整しづらいことの原因があります。また財政の基礎となる論理は、名目上積み立て方式ですが、実質上は賦課方式です。これもまた先に述べたように、多くの誤解と混乱を生んでいます。

第 13 章　社会保障の仕組み

　どうしてこのようになったのかについては、制度の設立順序をみればある程度わかります。まず恩給制度という国の一元的管理にあった制度が原型となって、国家公務員共済組合などが戦後スタートしました。その後、サラリーマンを対象にした厚生年金制度が整備されてゆきます。しかしこの段階では、自営業者たちには確固たる年金制度はありませんでした。そこで1961年に全国民が加入する国民年金制度が創設されることとなったのです。

　こうした制度の発展からわかるのは、年金制度そのものがその対象者の追加的拡大から結果的に国民皆年金制度へとたどり着いたということであり、当初から一括した国民皆保険制度の確立をめざしていたわけではないことです。

　具体的には、経済成長と企業社会の拡大にともないサラリーマンが増えてゆき、そのなかから大企業などは、独自な企業年金を創設しはじめました。じつのところ、ヨーロッパの国々、たとえばフランスのような国では、同様の過程のなかで、企業とその構成員がそのような動向に対応して、国に依存しない独自な制度をつくり上げました。

　しかしながら、日本では、そうした**労使間での制度構築と運営**という手法は退けられ、その制度に対する国家の管理と介入を労使ともに容認したのです。ここにこそ、「**妥協としての社会保障制度**」構築における日本的特徴があります。

　さて、高度経済成長時代には隠されていた矛盾は、日本経済の長期停滞と人口動態の変化により、徐々に顕在化してゆきました。そして当然、政府も社会保障財政における赤字の問題に対処すべく、幾度かの制度改革を行なったのです。

　少子化がより急速に進んでいる日本では、社会保障財源の赤字という問題が制度改革に与えた影響は、かなり大きいといわざるをえません。2004年度に行なわれた年金制度改革では、保険料率の上限（2025年度に18.3％で固定）を決定すると同時に、そのうえで、少子化によって急速に減少する保険料収入をどう確保するのかが焦点となりました。これに対する政府の答えはつぎの2つでした。まず、将来の給付額を抑制する新たな算定方式（マク

473

ロ経済スライド方式)を導入したこと、ついで、当時260兆円ほどあった積立金を、2100年までに徐々に取り崩して財政均衡を図る(有限均衡方式)ようにしたこと、がそれです。

また年金財源については、2008年までに国の負担割合3分の1を、2分の1に高めることが、この制度改革において決定されました。しかしながら2008年の政権交代以降も、新たに必要となる財源を何に求めるのかという問題は先送りされ、特別会計の洗い出し(いわゆる埋蔵金の発掘)による補填や予算の付け替えなどによってさしあたり充当されました。2013年のさらなる政権交代では、何よりも景気対策が重視され、この問題はほとんど議論されていませんでしたが、消費増税法案が可決されたことにより、この補填が消費増税分をもって行なわれることが決定しています。

さらに、厚生年金から国民年金への資金移転が超過している状態を解消するために、比較的良好な状態にある公務員などの共済組合を、厚生年金に統合することが、2013年6月に決定しました。「被用者年金一元化法案」がそれです。これは、ある意味で国民連帯による年金制度維持のための法改正であるといえるでしょう。

13-2-5　医療保険制度

ここでもう一度図13-1と図13-2をみてください。日本においては、年金同様、医療保険においても政府による運営が中心です。つまり基本的に、かなりの国庫負担が行なわれているのです。

年金同様、高齢化の進展によって、社会保障財政の赤字が進み、医療保険制度も改革を余儀なくされています。

日本が選択した医療制度改革の道は、「普遍的」医療保険制度の個別化です。つまり人口構成の変化に対応して、国民皆保険制度を個別化する、という方法がそれです。これまでも、高齢者の医療費を抑えるために、個別負担の金額を引き上げたり、個別負担が無料となる対象年齢を引き上げたりすることで、高齢者医療費の増大に対応してきましたが、予想以上の少子高齢化に対応すべく、抜本的な医療制度改革が構想されました。

とくに、高齢者医療制度の抜本的な改革案として、2つの考え方が提案され論争が行なわれました。1つは医師会などが提唱した「独立方式」と呼ばれるものであり、各医療保険制度から財政的にも独立した高齢者向けの単独の医療制度をつくるという考え方でした。その収入は、高齢者からの保険料の徴収に加え、大部分を国庫負担に依存するというものです。もう1つの考え方は「突き抜け方式」と呼ばれるものでした。それは高齢者になっても、現役期に加入していたのと同じ制度に加入しつづけるという案でした。

2005年に厚生労働省は「医療制度構造改革試案」を発表しましたが、高齢者医療制度に関するその内容は、上記の2つの考え方を折衷したものになっています。つまり、75歳以上の後期高齢者の医療のあり方に配慮した独立保険を創設するのですが、65歳から74歳の前期高齢者については、予防を重視して国保・被用者保険といった従来の制度に加入しつつ、負担の不均衡を調整する新たな財政調整の制度を創設する、というものがそれです。そして新たな高齢者医療制度が2008年度に施行されましたが、これもまた政権交代により、実施したばかりの後期高齢者制度を廃止するという方向に一時傾きました。しかし結局、後期高齢諸制度は、75歳以上を対象とした、従来の健康保険制度から独立した方式として実施されることになったのです。これほど政治的な要因の変化が制度のあり方に大きな影響を与えた社会保障制度はないといえるほどです。

現時点でいえるのは、つぎのことです。日本は、保険料に基づく国民連帯を維持しつつも、普遍的医療保険制度から高齢者医療保険制度を分離する、あるいは新しい保険料の徴収をもって高齢者医療の問題に対応するという道を模索中であること、がそれです。

13-2-6 雇用・失業対策

図13-6で示されているとおり、日本では、90年に2.1％であった失業率が、いわゆる「失われた10年」において上昇し、2003年には5.3％に達しています。また、バブル経済崩壊以降、中・高年労働者の失業率が高まっており、さらに、90年には4.3％であった若年者失業率は、2000年には9.2％

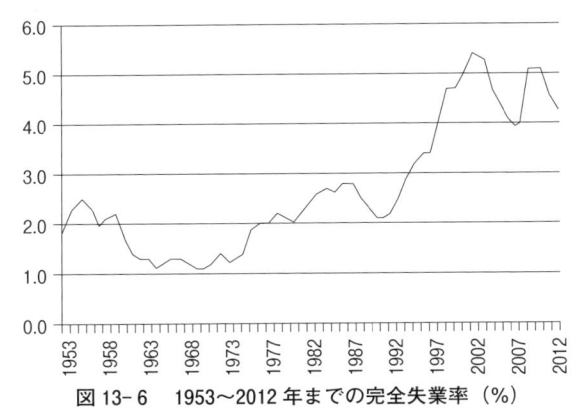

図 13-6 1953〜2012 年までの完全失業率（％）
出所：総務省統計局『労働力調査　長期時系列データ』（2012年）表1（10）より筆者作成。

にまで上昇しています。

　これらの失業率増大の要因として、失われた10年における労働需要の縮小に加え、すでに第9章で述べたように、企業の雇用に対する考え方、つまり**雇用慣行**が大きく変容したことを挙げることができるでしょう。この問題を論じる際に、1999年の労働者派遣法の改正がしばしば取りざたされます。とはいえ、こうした法律改正が企業の雇用に対する姿勢の変化を後押ししたのはまちがいないでしょうが、こうした法改正以前から、バブル経済崩壊以後、大企業を中心として、いままで企業内部で配置転換などを通じて行なっていた雇用調整のあり方が、いわゆるリストラという人員整理による構造的雇用調整へとシフトしたことが、失業者増大の大きな要因であったといえるでしょう。実際、**図 13-6** が示すように、1992年以降失業率は急速に上昇しています。

　第9章でみたように、日本企業は、バブル崩壊以降の急速な業績悪化に対応する方策として、従来の雇用慣行、すなわち正規社員の「**雇用保障**」に重きに置く慣行を見直さざるをえなくなりました。実際、多くの企業は労働者の賃金を企業経営における固定費の項目から変動費の項目に移動させ、賃金をコストと見なす方向性に舵を切りました。これはフォーディズム的蓄積レ

ジームではみられなかったことです。その後 2000 年代に入って、大手電機メーカーなどがあいついで大胆なリストラを断行したことは記憶に新しいと思います。企業が正規社員の人数を絞り込んだ（「減量経営」といわれます）結果、新卒就職者も必然的に厳しく絞り込まれることになりました。

バブル世代の新卒者では考えられないほどの厳しい就職戦線の出現は、若年労働者の失業率を引き上げ、「ポスト・バブル世代」という言葉まで生み出しました。現在 30 代後半にさしかかるこの世代の人々には、一度も正規社員の職に就いたことがない人々も多く、その生涯賃金は、正規社員になった人々のそれをはるかに下回るといわれています。

日本における失業問題は、これだけにとどまりません。先に述べたリストラされた人々の行き先が問題なのです。たとえば、**表 13-6** をみてください。

これは正規の職員・従業員、非正規の職員・従業員（パート・アルバイト、派遣社員など）の割合を、1984～2013 年まで分析したデータの一部です。このデータは、すべての労働人口の総計と年齢階層別（15～24 歳というように、65 歳まで 10 歳刻み）のデータから構成されており、上に示したデータはすべての年齢階層を総計したデータです。それによれば、1984 年には正規社員と非正規社員の割合はほぼ 85％：25％でした。しかしこれ以降、ほぼ一貫して正規社員の割合は減少しており、2002 年末には 70％を割り込んでおり、2013 年には非正規社員の割合が 40％台に迫らんとしています。とりわけ、ここではデータを省略していますが、原データの 55～64 歳の項目をみると、この年齢層では 2000 年にすでに正規社員の割合は 70％を割り込んでおり、その後一貫して低下しつづけたあと、2013 年にはほぼ 50％にまで達しています。つまりこの年齢層では、ほぼ 2 人に 1 人が非正規社員なのです。

この 55～64 歳の年齢階層のデータからは、バブル経済崩壊の影響を受けてリストラされ、正規社員の労働市場からはじき出された人々が、おもに中高年であったことを容易に推測することができるでしょう。そしてこれらの人々は、他の産業の正規社員市場に吸収されることなく、非正規社員という労働市場に吸収されることになったと考えられます。また、このデータは、

第Ⅱ部　日本経済の変化

表 13-6　正規職員と非正規職員の割合の時系列データ（総数）

	割合（％）			割合（％）	
	正規の職員・従業員	非正規の職員・従業員		正規の職員・従業員	非正規の職員・従業員
1984 年　2 月	84.7	15.3	2005 年 1〜3 月平均	67.7	32.3
1985 年　2 月	83.6	16.4	4〜6 月	67.7	32.3
1986 年　2 月	83.4	16.6	7〜9 月	67.1	32.9
1987 年　2 月	82.4	17.6	10〜12 月	67.0	33.0
1988 年　2 月	81.7	18.3	2006 年 1〜3 月平均	66.8	33.2
1989 年　2 月	80.9	19.1	4〜6 月	67.7	32.3
1990 年　2 月	79.8	20.2	7〜9 月	66.6	33.4
1991 年　2 月	80.2	19.8	10〜12 月	67.1	32.9
1992 年　2 月	79.5	20.5	2007 年 1〜3 月平均	66.3	33.7
1993 年　2 月	79.2	20.8	4〜6 月	66.8	33.2
1994 年　2 月	79.7	20.3	7〜9 月	66.7	33.3
1995 年　2 月	79.1	20.9	10〜12 月	66.3	33.7
1996 年　2 月	78.5	21.5	2008 年 1〜3 月平均	66.0	34.0
1997 年　2 月	76.8	23.2	4〜6 月	66.6	33.4
1998 年　2 月	76.4	23.6	7〜9 月	65.5	34.5
1999 年　2 月	75.1	24.9	10〜12 月	65.4	34.6
8 月	74.4	25.6	2009 年 1〜3 月平均	66.6	33.4
2000 年　2 月	74.0	26.0	4〜6 月	67.0	33.0
8 月	73.8	26.2	7〜9 月	65.9	34.1
2001 年　2 月	72.8	27.2	10〜12 月	65.5	34.5
8 月	72.3	27.7	2010 年 1〜3 月平均	66.3	33.7
2002 年 1〜3 月平均	71.3	28.7	4〜6 月	65.7	34.3
4〜6 月	71.5	28.5	7〜9 月	65.5	34.5
7〜9 月	70.2	29.8	10〜12 月	65.1	34.9
10〜12 月	69.5	30.5	2011 年 1〜3 月平均	64.6	35.4
2003 年 1〜3 月平均	69.7	30.3	4〜6 月	65.7	34.3
4〜6 月	69.9	30.1	7〜9 月	64.8	35.2
7〜9 月	69.8	30.2	10〜12 月	64.3	35.7
10〜12 月	69.0	31.0	2012 年 1〜3 月平均	64.9	35.1
2004 年 1〜3 月平均	68.5	31.5	4〜6 月	65.5	34.5
4〜6 月	68.8	31.2	7〜9 月	64.5	34.5
7〜9 月	68.5	31.5	10〜12 月	64.4	35.6
10〜12 月	68.4	31.6	2013 年 1〜3 月平均	63.7	36.3
			4〜6 月	63.8	36.2
			7〜9 月	63.3	36.7
			10〜12 月		

出所：総務省統計局ホームページ『長期時系列データ』（平成 25 年）　表 9 より筆者作成。

企業がコストのかかる正社員による採用を手控えて、景気変動に迅速に対応でき、コストとしての賃金を圧縮できる（社会保障費などの負担を軽減できる）派遣社員や臨時雇いなどの雇用形態を戦略的に選択したことをも示しています。これらの人々は、下は40代から上は60代までと幅広く、本来であれば企業の中核を担っていたはずの人々でした。こうした人々のなかから、技術職を中心として、外資系企業への転職を選択した人も少なからず存在し、そのことは、日本国内の生産現場における技術の伝承を停滞させるだけでなく、生産技術の海外移転をも促進することになりました。いまや正規社員での就職は、ますます難しくなるだけでなく、こうした就職難を逆手にとった「ブラック企業」（労働基準法を遵守しない企業）が社会問題にまでなっています。

　加えて、先進国特有の現象である「フリーター」や「ニート」を選択する若者が急増したことも問題です。2004年度の厚生労働省の試算によれば、病的引きこもりなども含めて、ニートは全国で65万人に達しているといわれています。

　こうした雇用環境の悪化に対応する、雇用のセーフティーネットとは何でしょうか？　じつのところ、日本の雇用・失業対策は、基本的に「雇用保険制度」に依存しています。これは労使の保険料拠出に基づくものですが、運営主体は政府（厚生労働省）です。また、長期失業者の存在に悩まされつづけているフランスなどの国が導入している連帯制度（雇用連帯税などの徴収を原資とする）に該当するものは、ほぼ公的扶助（生活保護など）に集約されています。従来の「給付型」失業対策からの脱却をめざして、日本においても、英米型の「ワークフェア」政策、すなわち就労支援型雇用政策が部分的に実施されていますが、それも道なかばといえるでしょう。政府によるさまざまな雇用助成の制度（退職者の再雇用に対する助成など）も行なわれており、ドイツのような職業訓練を中心にした再就職斡旋の仕組みも存在しますが、そのような職業訓練校を出ても就職先がないという状態にあるのが実情です。

　じつのところ、こうした日本の失業問題は、政府の雇用対策事業の制度的

革新だけで片づけられるほど簡単なものではなりません。また**図13-6**のように完全失業率という尺度だけで論じることも、じつはあまり意味がありません。なぜなら、すでに述べたように、失業問題を論じるためには、若者、女性、正規・非正規といった雇用形態のちがいなど、多くの**雇用制度上の差異**を考慮に入れる必要があるからです。とりわけ重要なことは、第9章でも確認したように、その問題の解決に大きく寄与するはずの雇用の仕組みや、それを取り巻く制度的環境そのものが、この間に大きく変化してしまったことです。

本章では、こうした問題を詳細に論じることができませんが、日本などの先進国経済における社会保障政策としての「雇用・失業」対策は、大きな曲がり角を迎えています。従来型の手当を与えてそのあいだに求職するという手法は、上に述べたような雇用形態の変化に明らかに対応できていません。なぜなら第Ⅰ部でも確認したように、労働市場の構造的変化にともなって、長期的な失業がいまや世代を超えて再生産され、非正規社員と正規社員との賃金格差が広がりはじめているからです。したがって、政策としての雇用・失業対策には、こうしたグローバル化の進展に基づくマクロ経済構造の変化に対応した「制度改革」が求められるのです。

このような先進国特有の失業問題を、ヨーロッパは日本よりも早く経験しました。ヨーロッパではすでに1970年代にこの種の失業問題が顕在しはじめていたのです。そのような情勢のなかで80年代以降注目を浴びはじめたのが、日本ではあまり広がっていませんが、**フレキシキュリティ**という原理に基づく制度改革です。これは**フレキシビリティ（柔軟性）**と**セキュリティ（保障）**という2つの言葉を結合してつくり出された造語です。この制度改革の要点は、フレキシビリティ、つまり硬直的な労働市場（正規社員の解雇の難しさ、労働者の技能の問題にともなう労働移動の困難さ）を、柔軟な労働市場（解雇を容易に）へと変更してフレキシビリティを高める一方で、労使市場における移動において生じるリスクを保護して（失業中は手厚い保護を行ない、職業訓練を充実させるなど）セキュリティを確保するという手法です。

この先陣を切ったのが、オランダの改革です。失業率の悪化などに直面したオランダで1982年、政府と経営者、労働組合の代表の3者が話しあい、賃金上昇の抑制などを取り決めた協定を結びました。オランダのハーグ郊外のワッセナーでこの合意が結ばれたことから、**ワッセナー合意**と呼ばれています。その内容は大きく分けて3つあります。まず労働組合は賃金上昇の抑制を受け入れる、ついで政府は社会保障給付を抑える一方で減税を実施する、最後に経営者はワークシェアリング（仕事の分かちあい）を導入して雇用を確保する、というのがそれです。こうした社会的合意には、ある意味で3者の痛み分けでもあります。このオランダにおいて失業率が低下したことから、この合意がもたらした経済的安定化は「**オランダの奇跡**」と呼ばれました。

　こうした取り組みは、その後EUにおいても積極的に取り入れられ、そこでは、オランダにつづく、フレキシキュリティ戦略の元祖である**デンマーク・モデル**が中心的なモデルとなりました。しかしながら、デンマーク・モデルでは、正確に認知されていた**柔軟性と保障性のトレードオフ**という関係（柔軟性が優先されると保障が低下する、またその逆もありうる）が、EUに移植されたときには、各国の制度的多様性にしたがいながらも、もっぱら柔軟性と保障性が両立可能で、雇用者も被雇用者もともに利益があると解釈・流布され、トレードオフの関係がややもすれば稀薄化されることになりました。このフレキシキュリティ戦略を考察する際に重要なのは、**柔軟性と保障性がトレードオフの関係にあることを正確に認識し、それが各国の歴史的制度的文脈に沿いながら社会的な妥協によって調整されるべきであるということ**、これに尽きます[6]。フレキシキュリティ戦略の安易で一方的な解釈による導入は、国内需要の停滞をもたらすだけでなく、成長戦略にも長期的には悪影響を与えます。これはわが国で2013年現在進められようとしている「保障なき雇用制度改革」をみる際に欠かすことのできない理論的視点でしょう。

　実際、日本では、第9章でみたように、労働市場の柔軟化だけが先行しており、2013年の政権交代によって、解雇規制の柔軟化（解雇要件の緩和、労使紛争の金銭的解決、ホワイトカラー・エグゼンプションなど）が議論さ

れはじめています。また社会保障給付の削減は議論されていますが、ワークシェアリングは遅々として進まず、むしろ正規雇用から非正規効用への転換が制度的に促進されるような方向性へ向かっています。また、社会保障については、財源が逼迫していることから、さまざまな分野での所得制限付きの給付政策ないし自己負担額の引き上げ政策などが、経済財政諮問会議などを中心として、続々と打ち出されています。また、本来的にはこうした柔軟性にともなう痛みを緩和するはずの保障に関わる政策的提言は、雇用政策も含めて、いまのところほとんど議論されていないように思われます。これは**保障なき柔軟性という戦略**であり、長期的には、マクロの所得分配における総利潤の増大には寄与するかもしれませんが、相対的な賃金の低下およびそれを補完する役割を果たしてきた社会保障費の削減は、国内市場における需要の減少をもたらすはずです。はたして、これはグローバル競争に日本企業が生き残るために仕方のない選択なのでしょうか？

13-3　社会的妥協としての社会保障制度

　本章で何度も繰り返し述べているように、マクロ経済の変調は同じようなかたちで現われているのに、それに対する制度的改革の具体的形態が異なっているのは、それらの国が過去から受け継いだ「社会的・政治的・文化的情勢」が大きく異なっているからです。そうした社会的諸価値の受容と形成のあり方は、日本においては、どちらかというと自由主義的で個人主義的な価値に依存しているように思えます。雇用のあり方を、新しい「社会的妥協」に基づいて改革することが日本で求められているように思えるのですが、皆さんはどのように考えるでしょうか？

　さて、本章が依拠する、各国民経済における社会保障制度の独自性や特殊性を分析するための理論とはいったい何でしょうか。それは、端的にいえば、つぎの3つの要素からなります。

　第1に、第5章でも述べたように、カール・ポランニーの理論に依拠すれば、「社会保護」は、分裂化のリスク（たとえば、市場競争）にさらされて

いる社会に一定の秩序とまとまりを与えるための「制度的装置」です。そして国民国家を枠組みとするこの装置は、歴史的文脈に依存して生起し、社会経済的対立と闘争からもたらされる「社会的妥協」の産物であります。したがって、理念的形態は別として現実的形態において、つねに唯一最良の（「グローバルな」といい換えてもよいですが）普遍的社会保護システムへと至る道は存在しません。

　第2に、これまで繰り返し述べてきたように、社会保障の基本的原理は、「ベヴァレッジ的原理」（社会保障の社会化）と「ビスマルク的原理」（社会保障の個別化）の2つです。しかし、このどちらか1つだけが存在するとはかぎりません。当然にして、その混合的な原理が支配的な場合もありうるわけです。日本やフランスはまさにその代表的事例でした。そして社会保障制度の形態はもっぱら当該経済のアクターたちの行動と選択の形態に依存しており、さらには当該経済の歴史的・制度的発展の文脈に依存しているのです（これを「制度変化の経路依存性」と呼びました）。またこれらの原理は、歴史的過程のなかでどちらか一方に収斂してしまうのではなく、既存の社会保障制度が危機に直面するたびに顕在化し、制度そのものは歴史的文脈に依存して、優勢となった原理に応じて修正されるものであります。ただし、既存の制度全体が根本的に刷新される可能性はきわめて少ないともいえます（たとえば、日本の児童手当や失業手当の制度的発達史はその典型です）。

　第3に、具体的な社会保障制度の構築過程は、相対的に「政治的な」過程であり、純粋な経済合理性にのみ依存しているのではありません。一般に、経済学的な手法に基づく「福祉国家モデル」では、ともすれば、国家、企業、家族などの制度形態は、所与の「制度的変数」とされがちです。つまり国家における歳入・歳出の規模、企業における利潤・賃金シェアの大きさ、家族における所得水準の性別格差に関連する性別分業のあり方などに効果を及ぼす一要因として、社会保障制度はとらえられる傾向にあります。そして、その効果の大きさはもっぱら経済合理性に基づくととらえられることが多いのです。これが伝統的経済学の特徴です。しかしながらこうしたモデルでは、**それぞれの制度内部での政治的な対立や妥協はすべて、経済的利害対立のみ**

に還元されてしまうのです。

　本章での議論では、こうしたとらえ方はまったく逆転されています。本章のこれまでの議論をまとめるならば、社会保障制度は、たんなる経済的効果を有するだけでなく、**社会と個人とのあいだを「媒介する」存在**です。また社会保護システムの構築においては、場合によっては**「政治的正当性」**に基づく決定が、またその正当性を支える**社会的慣行**が、経済的合理性に基づく決定を凌駕する場合もありうるのです。その具体的事例が、日本の年金制度改革における妥協の事例であり、医療制度改革の事例です。

　「制度的妥協としての社会保護システム」、社会保障制度における「ベヴァレッジ的原理とビスマルク的原理」の拮抗、ときに制度形成において優勢となる「制度的正当性」と社会的慣行の重要性。これら３つの要素を重視して、社会保障制度の改革は進められなければなりません。当然ながら、本章の結論からすれば、日本やフランスの社会保護システムは、福祉国家分析の第一人者であるエスピン＝アンデルセンが類型化した「保守主義的・コーポラティズム的」システムではなく、ベヴァレッジ的原理とビスマルク的原理の混合からなる「ハイブリッドなシステム」です。その制度の複雑さは、経済成長のありようや人口構成の変化に、構造的な遅延をともないながら逐次政策的に対応してきたことの結果として、また政治的対立や闘争が生じるたびごとに制度的妥協を繰り返してきたことの結果として、とらえられることとなるのです。

　したがって、本章の主張にしたがうかぎりにおいて、社会保障制度の考察において優先されるべきは、一国の社会保障制度をいくつかの単純化された類型のなかに押し込めることではなく、それを政治的・経済的なプロセスの動態の帰結としてとらえることです。それによってはじめて、一定の社会経済情勢のもとで、社会的合意をいかに現実の制度に反映できるか、またどの程度反映しなければならないかをめぐって、客観的判断を下すうえで有益な材料を提供することができるのではないでしょうか。ここでもコモンズの理論を援用すれば、社会政策を「希少性」や「効率性」の観点からのみ再構築するのではなく、「主権」の正当性に基づく権威に依拠しながら、日本に固

有の「慣行」を無視することなく、社会全体の共同期待としての「未来志向性」を有しつつ、社会的価値としての社会的妥協を構築することが求められているのではないでしょうか。

注
(1) 以下の説明は、バルビエ／テレ（2006）に収録されている、宇仁宏幸「訳者による補遺」に主として依拠しています。
(2) 2012年2月に大きな問題となったAIJ（企業年金の運用を委託された民間投資会社）は、こうした基金から資金を集めて運用をしていたはずでした。ところが実際にはその資金をほとんど運用せず、何らかのかたちでその資金のほとんどを（一説には9000億円！）失ってしまったのです。
(3) 正確には、日本の場合、税金も多く投入されているので、両者の混合型であることは明らかです。
(4) たとえばフランスなどでは、労使代表が制度そのものに運営主体として関わっています。
(5) この点については、第11章において詳細に検討しました。いま一度確認してください。
(6) フレキシキュリティ戦略のEUにおける導入の経緯やその政策的効果の詳細については、たとえば、若森（2013）第Ⅲ部を参照してください。

【本章の理解をさらに深めるための参考図書】
エスピン＝アンデルセン、イエスタ（2001）『福祉資本主義の三つの世界——比較福祉国家の理論と動態』岡沢憲芙・宮本太郎訳、ミネルヴァ書房。
椋野美智子・田中耕太郎（2013）『はじめての社会保障——福祉を学ぶ人へ』第10版、有斐閣アルマ。
濱口桂一郎（2009）『新しい労働社会——雇用システムの再構築へ』岩波新書。
広井良典（1999）『日本の社会保障』岩波新書。
バルビエ、ジャン＝クロード／ブルーノ・テレ（2006）『フランスの社会保障システム——社会保護の生成と発展』中原隆幸・宇仁宏幸・神田修悦・須田文明訳、ナカニシヤ出版。
若森章孝（2013）『新自由主義・国家・フレキシキュリティの最前線——グローバル化時代の政治経済学』晃洋書房。

第Ⅱ部　日本経済の変化

第14章
国際経済の中の日本

【本章で学ぶポイント】
① 戦後日本の貿易・国際関係・国際収支の変貌を学ぶ。
② TPP・国際通貨・国際金融などの国際的諸懸案事項を考える。

　すでにこれまでのいくつかの章でみてきたように、貿易をはじめとする国際取引は日本経済にとってきわめて重要な役割を果たしてきました。また日本と外国とのやりとりは、1対1の関係にとどまらず多国間の関係のなかで成り立っています。とりわけ現在は、欧米諸国と同様にアジア諸国との関係が重要です。以下では、これらのことを1つずつ説明してきましょう。

14-1　日本における国際取引の役割

14-1-1　貿易立国日本の変貌
　戦後復興して日本経済が成長軌道に乗って以来、日本の輸出額の世界シェアは一貫して上がりつづけてきました。1960年には3％だったシェアが、1990年には8.8％と最大になりました。しかし90年代以降は伸び悩み、2000年には7.6％、2010年には5.4％と減少しています。2010年時点の日本の輸出額は中国、アメリカ、ドイツにつぐ世界第4位です。
　このように90年代以降の減速があるものの、日本の製品は海外における地位を高めましたが、日本経済における貿易の重要性という意味では、少々皆さんのイメージを裏切るものかもしれません。というのも、GDPに占める輸出額比率でみれば、日本は15％前後であり、世界平均の23％や韓国の

第 14 章　国際経済の中の日本

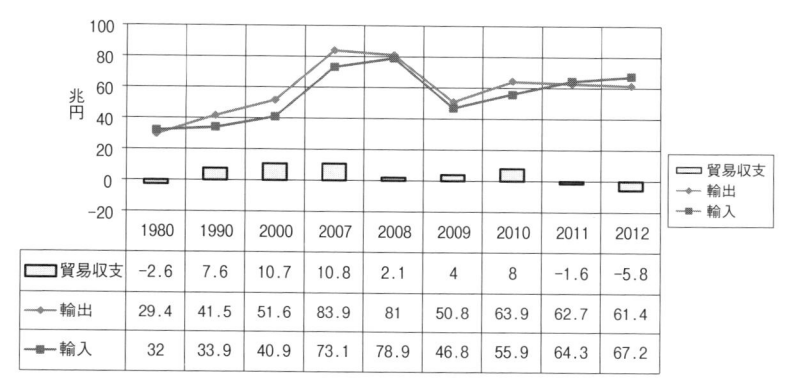

	1980	1990	2000	2007	2008	2009	2010	2011	2012
貿易収支	-2.6	7.6	10.7	10.8	2.1	4	8	-1.6	-5.8
輸出	29.4	41.5	51.6	83.9	81	50.8	63.9	62.7	61.4
輸入	32	33.9	40.9	73.1	78.9	46.8	55.9	64.3	67.2

図 14-1　日本の貿易推移

出所：日本関税協会「外国貿易概況」経済産業省。
　　　財務省「国際収支総括表」(2009 年以降)。

46％、ドイツの 39％、フランスの 20％と比べても低めとなっているからです。

　ところで、2008 年以降の欧米バブル崩壊による世界的不況によって、2009 年は日本の貿易は史上最大の落ち込みとなりました。2011 年は超円高に加え、東日本大震災・福島原発事故によるエネルギー資源の輸入増もあり、ついに 30 数年ぶりの貿易赤字に陥りました。2012 年に入っても貿易赤字傾向がつづき、石油価格の上昇を受けて貿易赤字は 5.8 兆円に膨らみました。

　日本は戦後、自動車や電機産業を中心にした輸出によって外貨を稼ぐことによって発展した輸出立国でした。貿易収支による外貨稼ぎがとりわけ顕著であった時期は、**図 14-1** からもわかるとおり、1990 年から 2007 年にかけてでした。もちろん、グラフからはわかりにくいのですが、80 年代も一貫して貿易黒字でした。2011 年の貿易赤字以降、超円高のもとで世界的な景気回復が望み薄であることから、今後も貿易黒字を期待するような時代ではなくなってきたかにみえました。ただし、2013 年以降のアベノミクスの登場は、こうした回復がありうるかのような幻想をもたせてくれています。とはいえ、若干の円安があろうと日本は従来のような貿易立国ではなくなってきていることは事実であり、こうした状況に応じた新たな内需を中心にした

第Ⅱ部　日本経済の変化

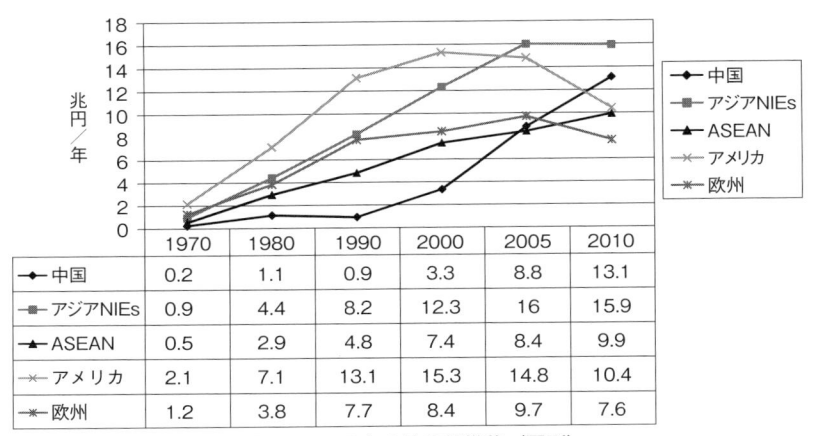

	1970	1980	1990	2000	2005	2010
中国	0.2	1.1	0.9	3.3	8.8	13.1
アジアNIEs	0.9	4.4	8.2	12.3	16	15.9
ASEAN	0.5	2.9	4.8	7.4	8.4	9.9
アメリカ	2.1	7.1	13.1	15.3	14.8	10.4
欧州	1.2	3.8	7.7	8.4	9.7	7.6

図14-2　日本の輸出額推移（国別）
出所：財務省貿易統計データより筆者作成。

パラダイムが必要な時代なのです。

14-1-2　日本の貿易構成の変遷

　日本における貿易の大きな流れと最近の動向をおさえたあとは、もう少しくわしく日本における貿易の歩みを振り返っておきましょう。
　図14-2は日本の輸出額の推移を国別にみたものです。以下ではこのグラフ読みとりつつ、その背景についても説明を加えます。
　（1）1970年以前：日本の輸出品は、戦前においては生糸・綿織物・食料・燃料が中心でした。戦後は復興・工業化が進み、1960年頃までは綿織物、ラジオ、機械・鉄鋼・船舶を中心とした輸出と、繊維原料・石油・食料からなる輸入構造でした。貿易相手もアメリカ中心でした。それでも1965年には世界に占める日本の輸出シェアは4.9％（第5位）に伸長しました。
　（2）1970年代：ハイテク技術の躍進によって輸出構造も自動車・電気機器・機械中心の構造に変化しました。1970年代日本のカラーテレビは世界一の生産・輸出を誇り、自動車生産では1980年世界一の生産を記録しました。

（3）1980年代：欧米との厳しい**貿易摩擦や円高対応の海外生産の拡大**にともないつつ、輸出は車・半導体・IT関連や、海外投資にともなうアジアを中心とする日系海外子会社向けの機械・基幹部品・金型・化学品など、ハイテク・省エネ商品中心となっています。

（4）1990年代：アジアのなかでもNIEsおよびASEAN諸国、そして1990年代後半以降は中国との関係が年々深まり、貿易も飛躍的に拡大しました。1990年にはすでに、日本の主要貿易相手国はアジア・アメリカ・EUの順となり、その傾向がしだいに強まっていきます。

（5）2000年以降：日本経済の内需不振がつづくなかで円高にもかかわらず輸出依存は高まり、2008年には対GDP比での輸出割合は16％にまで伸長しました（従来は10％程度でした）。この一因は日本企業による中国ほかのアジアへの製造拠点の進出がさらに拡大し、現地工場向けに設備機械・基幹部品の輸出が拡大したためです。それにともない、現地製工業製品の輸入が拡大したことにも注意しなければなりません。このことは日本経済のアジア依存度が増し、とくに電子機器などの生産に関わる貿易相手国として、欧米をしのぐほどに重要性をもっていることを示しているのです。図14-2からも明らかなとおり、現在日本の最大の輸出先はアジアNIEsおよび中国がナンバー1、ナンバー2の地位を占めています。このことはアジアが日本にとってこれまでになく重要なパートナーであり、アジアにとっても日本が従来以上に重要になっていることを意味します。

また、輸入についてもアジアの重要性が増していることが確認できます。図14-3は輸入額の国別推移を示していますが、これまで述べてきたように、アジアの比率はとくに2005年以降高まっていることがわかります。

14-1-3　日本の国際収支と対外純資産

第2章でみたように、外国との取引は貿易のみにかぎられません。外国に工場を建設したりする**直接投資**や、海外の金融市場で株や債権を購入する**証券投資**もあり、それらは近年重要性を増しています。貿易収支を含む経常収支と、直接投資および証券投資からなる投資収支の合計を国際収支と呼びま

第Ⅱ部　日本経済の変化

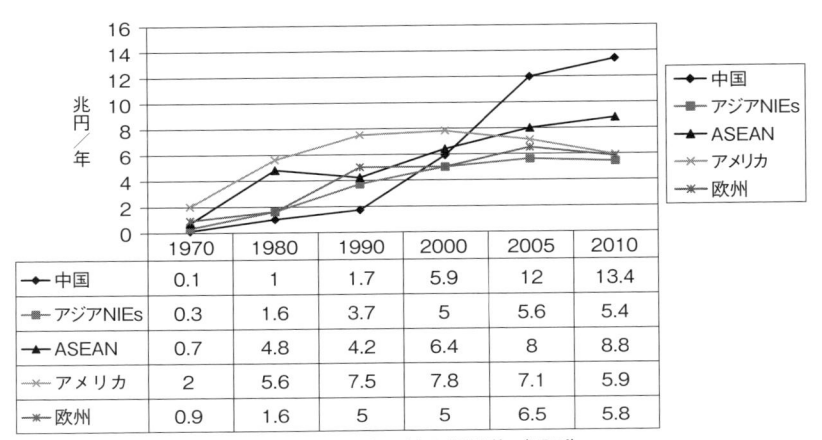

図14-3　日本の輸入額推移（国別）

	1970	1980	1990	2000	2005	2010
中国	0.1	1	1.7	5.9	12	13.4
アジアNIEs	0.3	1.6	3.7	5	5.6	5.4
ASEAN	0.7	4.8	4.2	6.4	8	8.8
アメリカ	2	5.6	7.5	7.8	7.1	5.9
欧州	0.9	1.6	5	5	6.5	5.8

出所：財務省貿易統計データより筆者作成。

す。ここではこれらの動きをみていきましょう。

　戦後すぐの日本はドルの稼ぎが少なく、ドルを自由に使うわけにいかなかったため、厳しい為替規制がしかれていました。しかし輸出が増えはじめた1970年以降ドル資金も貯まり、それ以降は為替規制が緩和され、こんにちのようにほぼ自由にドルが使えるようになりました。しかし最近は、2011・2012年の両年合計の貿易赤字額は11兆円を超え、予断を許さない状況となっています。将来の貿易赤字の具合によっては国際収支の赤字転落の恐れもなしとしないのです。

　図14-4からわかるように、2000年以降の外貨収入の主力は貿易に代わって海外からの所得収入となっています。これは日本企業が円高によって海外投資を進めた結果、海外子会社からの配当や利子収入が近年増加したためです。この海外所得は最近の急激な貿易赤字によるドル減少を防ぐ役割を果たしています。

　なお、海外投資・証券は一時的には外貨の流出を意味しますが、海外子会社の運営がうまくいくなど、そうした投資が軌道に乗れば、利益や配当といったかたちの外貨収入につながるわけです。また円高防衛のため、たとえばアメリカ国債といったかたちで外貨を購入する場合、外貨勘定上は流失に

第14章　国際経済の中の日本

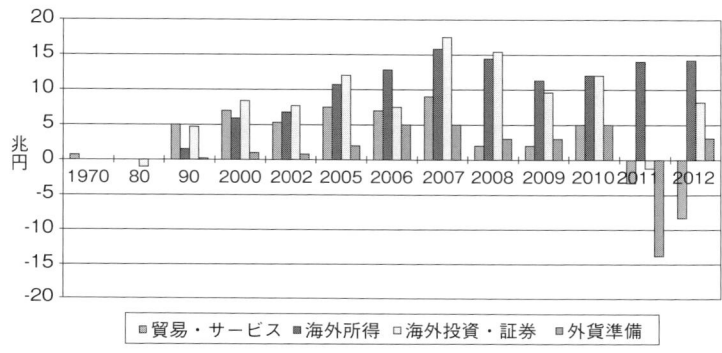

図14-4　日本の国際収支細目の推移

出所：内閣府「国民経済計算」および財務省「国際収支統括表」（2013年4月15日）より筆者作成。

はなりますが、いずれ将来配当となって戻ってくることを考慮すれば、長期的には外貨増要因ともなっているのです。

　国際収支が黒字であれば、それは外国に対して資産をもつこと意味します（**対外資産**）。年々の国際収支が黒字であれば、対外資産が蓄積されていくことになります。日本の対外純資産残高は2012年末で301兆円あります。これは世界一のレベルで、近年の超円高の原因の1つとなっていました。しかし、近年の財政赤字約40兆円／年の7〜8年分にしか当たらず、今後の国際収支の動向によっては、早晩枯渇してしまう可能性もあります。

（参考）　2008年末対外純資産残
①日本244兆円　②中国138兆円　③ドイツ82兆円　④スイス56兆円
⑤香港55兆円　⑥フランス43兆円
マイナス国（純債務国）：イタリア△25兆円、アメリカ△278兆円

　一方、当局が国際取引を円滑に進めるために外国通貨をもつことを外貨準備といいます。これを多額にもつことができるということは、その国の経済が国際取引において余裕があることを意味するとされます。日本の外貨準備高は、中国につぎ世界第2位の105兆円です。過去の好調な貿易収支の遺産

第Ⅱ部 日本経済の変化

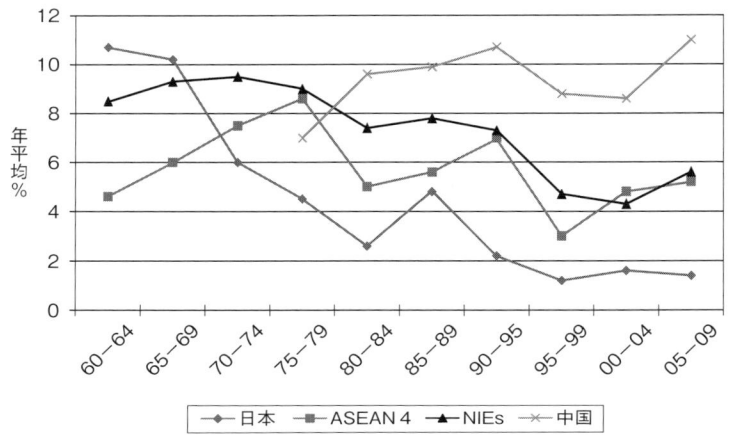

図 14-5　アジア各国の実質経済成長率推移
出所：経済企画庁『世界経済白書』より筆者作成。

がまだ残っているといえます。

14-2　日本の経済成長を引き継いだ NIEs／ASEAN／中国

　すでにみたように、1990 年代以降、日本の国際収支は変化をみせており、それは 2000 年代以降に加速しているようにみえます。そうした変化を生み出している最大の要因は、NIEs、ASEAN 諸国および中国などのアジア諸国との関係です。

　図 14-5 はアジア各国・各グループの 5 年ごとの経済成長率推移を示したものです。日本の急成長は 1960 年代までで、1970 年代以降は円高・貿易摩擦・石油ショックなどにより経済成長はトーンダウンし、1980 年代以降は貿易摩擦・円高対応のため大手企業による海外生産が進められました。海外進出はまず、戦前日本との結びつきの強かった台湾・韓国・香港・シンガポールの **NIEs 諸国の工業化** につながり、これらの国や地域は 1980 年代に急速な躍進を果たしました。

　NIEs 諸国は、地理的に日本に近いため日本との関係は深く、仏教・儒

教・漢字文化の国でもあります。戦前の日本支配時代の韓国・台湾などでは、日本による発電所などのインフラ投資はこれらの国の戦後の急速な工業化に貢献しました。また華僑や在日韓国人などが媒体となり、日本の技術が効率的に NIEs 諸国に伝播しました。こうして 1980 年代以降、NIEs 諸国が日本の工業化を受け継ぎ発展しました。

その後 NIEs 諸国では経済発展の帰結として賃金が上昇し、労働力が不足するようになり、日本から進出するメリットは減少しました。そのため、日本の海外投資は ASEAN 諸国や中国に向かい、マレーシアやタイなどの工業化に日本企業は大きく貢献しました。

日本の産業は戦後アメリカの影響下に入ることにより、アメリカの模倣から工業発展をとげ、アメリカの市場で成功を収めることができましたが、その技術はしだいに NIEs・ASEAN・中国へ伝播しました。

こうしてアジア地域は、日本がすでに成長の低下に見舞われているにもかかわらず、1970 年以来依然として世界的にもっとも経済成長の著しい地域という地位を獲得し維持しつづけています。またすでにみたように、日本の 2009 年度の輸出先の 57％はアジア（中国 19％、その他アジア 38％）向けで、輸入の 60％もアジア（中国 22％、その他アジア 38％）からのものです。経済的にはアジアとの関係が深く、アジア依存度がきわめて高くなっている現在の日本は、今後とも**発展するアジア**との共存をめざし、またアジアに貢献し尊敬される国として生きていかねばなりません。

参考までに、**図 14-6** は国別にみた製造付加価値のシェアの推移です。これによると、2000 年以降、アメリカの停滞と日本の低下が激しく、一方で中国・香港やアジア各国の比重が拡大しています。日本は、アジア 9 カ国と同等レベルにまで沈み、中国・香港を下回りました。

14-3　世界的な広がりをみせる地域統合と国際貿易

これまでの諸章で指摘したように、急速な成長を期待できなくなった日本を含む先進国にとって、貿易相手国を選ぶことは重要な選択です。近年緊密

第Ⅱ部　日本経済の変化

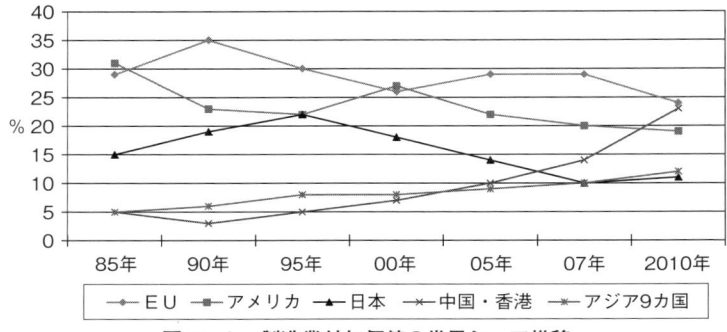

図 14-6　製造業付加価値の世界シェア推移
出所：総務省『世界の統計』、矢野恒太記念会『日本国勢図会』『世界国勢図会』などをもとに筆者作成。

　な貿易相手国と互恵を約束する**自由貿易協定（FTA）**が、さまざまな国どうしで結ばれるようになってきました。またこれを2国間ではなくもっと広い範囲で協定を結ぶことができれば、そのメリットは大きくなると考えられます。
　こうした試みをいち早く行なってきたのが**ヨーロッパ連合（EU）**だったといえます。
　ヨーロッパは、第2次世界大戦後共同で復興をなしとげた後、1953年**欧州石炭鉄鋼共同体**、1958年**欧州経済共同体**設立を皮切りに、域内における関税撤廃と経済統合を進めてきました。現在のEU（ヨーロッパ連合）は1992年に設立され、共通通貨ユーロは1999年にスタートしました。また経済的統合にとどまらず、政治的統合も視野に入れつつあります。
　こうした動きは、アメリカなど大国に対する規模の効果をねらうと同時に「ヨーロッパは1つ」という理想を実現しようとするものでした。巨大な**共同市場での域内貿易**はこれにより活発化し、1996年時点での世界貿易に占める輸出シェアは、**表14-1**にみられるように、ヨーロッパが断然トップを占めています。しかもその輸出仕向け国は65％が域内のヨーロッパ諸国でした。統合効果としての貿易拡大がいかに大きかったかがうかがい知れるわけです。ちなみに2000年から2008年までのたった8年間にドイツの輸出額

第 14 章　国際経済の中の日本

コラム　NIEs・ASEAN 諸国の概況

	人口 （百万人）	内華僑人口 （百万人）	GDP に占める華僑比	旧宗主国	宗教
台湾	23	22	95%	日本（1885～1945）	仏教・儒教
	\multicolumn{5}{l}{1950 年以来アメリカからの援助が GDP の 10％を占めていた。大陸に打ち勝つ危機意識大。コンピューター・ハイテクへのシフトを国策化。中国生産に活路。}				
韓国	48	0.03	0	日本（1910～1945）	仏教・儒教
	\multicolumn{5}{l}{アメリカとの軍事同盟国。南北融和を推進。中国投資活発。アメリカの援助。サムスンなど国策財閥企業や国策としての工業化。在日韓国人が日韓産業の架け橋として活躍。}				
香港	6.8	6	80%	イギリス（1842～1997）	仏教・儒教
	\multicolumn{5}{l}{中国からの難民。イギリス支配を受け入れ。法人税 16％と安く中継交易港として繁栄。1997 年中国への返還後華南経済圏（珠江メガロポリス）の中心として中国経済を牽引。}				
タイ	67	6	50%	なし。独立維持。	仏教
	\multicolumn{5}{l}{華僑はタイ人に同化済み。仏教と温和な国民性。等距離間外交によって一貫して独立を維持してきた。日本の皇室と関係深い。1972 年以来工業化と輸出振興を推進。日本からの投資は大きい。}				
マレーシア	27	6	60%	イギリス（1786～1957）	イスラム教
	\multicolumn{5}{l}{多民族社会。マハティール長期政権（1981 年から 2003 年まで首相）はブミプトラ政策によるマレー人優先を進めながら、一方では LOOK EAST 政策により日本を見習い工業化を推進した。日本からの投資は 35％でトップ。18 世紀は砂糖のプランテーション（インド人）、19 世紀はゴムのプランテーション（インド人）、1850 年からは中国人クーリーを活用。}				
インドネシア	230	8	50%	オランダ（1602～1950）	イスラム教
	\multicolumn{5}{l}{石油資源豊富でこれをめぐって日本の商社が活発に活動。「NEXT11」として BRICs につぐ 21 世紀の成長株として期待されている。}				
フィリピン	90	1	40%	アメリカ（1899～1946）	キリスト教
	\multicolumn{5}{l}{1980 年代以降政治・治安の不安定に悩まされてきた。財政は国外への出稼ぎ収入に依存。アメリカ系半導体・コンピューター組み立てなどの外資投資あり。}				
ベトナム	88	1	20%	フランス・アメリカ(1884～1975)	仏教・儒教
	\multicolumn{5}{l}{ベトナム戦争（1965～1975 年）で大国アメリカを打ち負かし南北ベトナムは統一された。1986 年ドイモイ（刷新）政策により対外開放と市場経済路線に転換した。1995 年にはアセアンに加盟。国民は勤勉で手先は器用、中国につぐ有力な投資先。}				
シンガポール	4.2	2.5	76%	イギリス（1819～1957）	仏教・儒教
	\multicolumn{5}{l}{東洋一の貿易港。国際的に自由な商業活動を展開。リー・クァンユー首相（1959 年から 1990 年まで首相）による開発独裁によって発展。1961 年ジュロン工業団地発足以来シンガポール政府は NEC、GE、HP など有力企業をつぎつぎに誘致、資本参加も推進した。}				

出所：各種データより筆者作成。

第Ⅱ部　日本経済の変化

表 14-1　地域単位での輸出シェアの推移

	1774年	1913年	1950年	1996年
ヨーロッパ	46%	41%	28%	62%
アジア	4%	23%	19%	17%
北米	22%	14%	14%	13%

出所：マディソン（2004）より筆者作成。

は2.6倍に増え、世界一となりました。

また、貿易だけでなく域内投資もさかんで、2004年以降EUに加盟した東欧12カ国に対するドイツなど工業国からの工場進出は顕著で、これら**東欧諸国の工業化**が急速に進んでいます。もちろん最近のギリシャ、ポルトガルなどで起きた問題は、アメリカで起こった住宅資産の投機とそのバブル崩壊に起因するものですが、EU統合がかならずしもプラス面だけではないことをも示しています。

一方アメリカはEU統合の動きに対応してカナダ・メキシコと**NAFTA（北米自由貿易協定）**を1994年設立して対抗しています。現在双方の規模はつぎのようになっています。

	加盟国家数	人口	名目GDP（2008年）
EU	27	4.97億人（09年12月現在）	18.2兆ドル（12.5兆ユーロ）
NAFTA	3	4.41億人（08年現在）	16.7兆ドル

他方でアジアに目を向けると、**ASEAN**（東南アジア諸国連合）が挙げられます。これにはタイ・マレーシア・インドネシア・フィリピン・ベトナムなどの10カ国が参加しており、人口規模は5.8億人です。日本・中国などもオブザーバーとして関与しています。

ほかには、南米を中心とする**MERCOSUR**（南米共同市場）、キューバ・ボリビア・ベネズエラほか9カ国が参加する**ALBA**（米州ボリバル同盟）があります。アフリカでも**COMESA**（東南アフリカ共同市場）、**UEMOOA**（西アフリカ共同市場）があり、世界の各地域で結成されています。

地域統合が可能であれば、世界全体で貿易協定を結べばもっと効率的な国

際取引ができると想像するのはおかしなことでしょうか。こうした試みは、実際第2次大戦後に行なわれてきました。**関税と貿易に関する一般協定（GATT）** がそれです。GATT は、自由貿易促進よる世界経済発展をめざしました。**IMF（国際通貨基金）** とともにアメリカを中心として、戦後の世界経済を円滑に発展させてゆく国際協力体制を意図したものでした。1979年の東京ラウンド、1980年代後半のウルグアイラウンドが有名で、多国間の関税引き下げを実現しました。これを引き継いだのが、**世界貿易機関（WTO）** でした。1995年に設立され、現在世界153カ国が加盟しています。現在、ドーハラウンド（**多国間通商交渉**）が進められていますが、先進国と途上国のあいだの確執もあり、なかなか進展していません。

14-4　TPP の意義と動向

　前節でみた地域統合に関連して、日本が関与しているのは、しばらく話題になっている **TPP** です。この節ではこの取り組みについて考えてみましょう。

　まず TPP とは、**環太平洋（Trans-Pacific）戦略的経済連携協定（Strategic Economic Partnership）** 協定の略です。その目的が、関税撤廃による貿易自由化と各国の諸規制改廃による外国への経済開放の両方をめざす点で、従来の自由貿易協定より重大な意味をもちます。すでにみたように、従来の WTO による貿易と関税の世界的な交渉は、153カ国もが参加する複雑な交渉で行きづまっています。近年、2国間または多国間協定が進んでいる背景にはこうした問題があるわけです。TPP もその一環で、2006年のシンガポール・ブルネイ・チリ・ニュージーランドの4カ国による自由貿易協定がもとになっています。これに2010年、アメリカ・オーストラリア・ベトナム・マレーシア・ペルーの5カ国が加わり、合計9カ国によって、今後約1年かけて協定締結をめざそうとしています。

　日本についていえば、TPP参加についての議論は、まさに世論を二分して激しく行なわれました。しかしながら、2011年11月、さまざまな議論を

通じて国内に根強く残っていた反対の声を押し切るかたちで、民主党政権下の野田首相により、TPP参加交渉開始が宣言されました。その後の政権交代を経て、関係国の承認のもと、安倍政権下の2013年7月、実際に交渉参加を開始しました。産業界は、TPP参加で関税を引き下げされて輸出を拡大し、経済成長率が高まることを期待しています。また、TPPに参加しなければ、韓国に先を越され国際競争力を失うと懸念しています。

協定では、遅くとも10年後には、すべての商品の関税ゼロをめざすこととなります。政府試算では、TPPに参加しなければ自動車・電機電子・機械の3業種で2020年に米・欧・中国市場でシェアを失い、GDPが10.5兆円（このうちアメリカ市場では1.88兆円減）、率にして1.53％減少するとのことです。現状の各国関税率（単位：％）は**表14-2**のとおりです。

この表をみると、たしかにトラックのように一部商品の関税は高いので、その産業についてはTPPのメリットがあるのですが、すでに長年貿易摩擦に苦しんだ日本の大手企業は欧米各国内で現地生産をしているため、今回TPPによる関税節減効果はさほど大きなものではないともいえます。

一方でTPP参加で被害を受けるのは明らかに第1次産業です。実際、北海道は産業界・農漁業・市民が一致してTPPに反対しています。全国組織としては、JA（農協）、医師会、全国町村会がTPPに反対です（なぜ医師会が反対しているかは後述します）。

表14-3は、主要農産物に対する日本の関税率を示しています。これによればつぎのような試算が可能です。たとえば牛肉100g当たり現在200円だとすると、関税撤廃されると150円となります。ただしBSE対策のための制限や検疫体制は、アメリカからは**非関税障壁**（関税以外に貿易を行なう際に制約となるその国独自の制度のこと）と非難されており、この緩和・撤廃もあわせて迫られそうです。

また、コメの自由化がアメリカのねらいの1つだとされています。牛肉の例でもみたように、関税撤廃によって日本国民はコメの大幅な価格低下が見込めます。しかし一方で、日本政府の残留農薬に関する500以上もの輸入検査項目も同時に緩和を余儀なくされことが予想されます。それによって食の

表 14-2　欧米における関係品目の関税率

	自動車	トラック	カラーテレビ	液晶モニター
アメリカ	2.5%	25%	5%	5%
EU			14%	

出所：JETRO 調査などによる。

表 14-3　日本の主要農産物に対する関税率

	日本の関税率（現状）
コメ	778%
小麦	252%
小豆	403%
バター	360%
牛肉	38.5%

安全が保てるのか心配は尽きません。

　小豆・トウモロコシなどについては、アメリカでは「遺伝子組換え」の表示が義務づけられていないため、日本の表示義務は現在非関税障壁として非難されており撤廃が要求されそうです。ただし、オーストラリアやニュージーランドも日本と同様の表示を義務づけており、この点では協調できそうです。

　経済的な影響についてはつぎのように考えられています。日本の農業は生産高8兆円（GDP比1.4%）ですが、これがTPP締結によって年間4.1兆円の生産が喪失すると農水省は試算しています。一方では、「わずかな第1次産業を守るために残る大多数の国民を犠牲にするわけにはいかない」（前原元国交相）ともいわれており、農業問題はTPPの焦点となっています。

　またTPPは、関税のみならず24の分野で日本の「開国」を迫るものです。具体的には、日本における各種規制緩和を進めることを意味します。議論されている分野は以下のとおりです。

第Ⅱ部　日本経済の変化

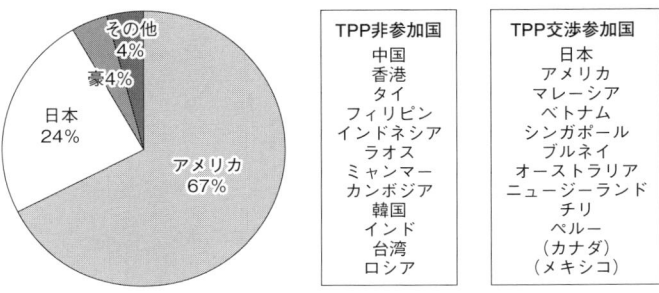

図14-7　GDP規模でみたTPP交渉参加国

円グラフ：アメリカ 67%、日本 24%、豪 4%、その他 4%

TPP非参加国：中国、香港、タイ、フィリピン、インドネシア、ラオス、ミャンマー、カンボジア、韓国、インド、台湾、ロシア

TPP交渉参加国：日本、アメリカ、マレーシア、ベトナム、シンガポール、ブルネイ、オーストラリア、ニュージーランド、チリ、ペルー、（カナダ）、（メキシコ）

①医療・介護：自由・混合診療の拡大、医薬品輸入審査の簡略化・輸入自由化、外国人医師・介護労働者の自由化、高額医療自由化などを通じて「医療の民営化」が進むと、誰でも等しく医療を受けられる現在の日本の健康保険制度の変質が懸念されます。

②金融・保険：アメリカが主要なターゲットとしているといわれている分野です。金利の自由化、規制緩和によって外国のさまざまな金融商品・保険商品が出回り、現在利益抜きの助けあい制度として普及している各種の共済制度や郵便局の簡易保険などが苦しい立場に追いやられる可能性も否定できません。

③食品衛生：輸入検疫の簡素化、遺伝子組換え食品の表示義務緩和、食品安全諸規制の緩和が行なわれ、食の安全が脅かされる恐れがあります。

④農業：外国を含めた企業への開放、規制緩和、自由競争で日本の零細な第1次産業が致命的な打撃をこうむる恐れがあります。

またTPPでは日本政府の政策変更などにより損害をこうむる外国企業は国際裁判所に提訴することが認められています。

14-5　戦後世界経済の潮流

日本経済は、こうしたさまざまな動きに影響を受けつつ、海外との取引を成立させ、経済循環を確立しています。本章の最後では、日本を含む世界経

済の動きを概観しておきたいと思います。

14-5-1　国際経済と国際通貨制度

　第Ⅰ部でもすでに述べたように、1945年の第2次世界大戦の終結を機に、資本主義列強国の植民地収奪をもとにした支配は、植民地国の独立で終止符を打ちました。しかし、先進各国の経済的優位はつづき、なかでも戦後世界工業生産の3分の1を占めたのがアメリカでした。

　アメリカは圧倒的な経済力・軍事力を背景に、世界的な自由貿易・為替・金融・資本の自由化を推進する体制をしきました。国際的取引に通用する通貨としてドルが採用され、いつでも金に交換できる**金ドル本位制**がしかれました。このもとでドルとその他の通貨は、たとえば1ドル＝360円のごとく、**固定為替相場**となりました。こうした**通貨・為替体制**は、**ブレトンウッズ体制**という戦後のアメリカによるグローバルな支配体制の一環を形成しました。

　この固定為替相場は、アメリカ経済の凋落がはじまり、アメリカが**金ドル交換停止**を宣言（1971年）し、1973年に変動相場制に移行するまでの28年間つづきました。この間、日本は経済復興を果たすと同時に、相対的に弱い円のおかげで輸出を拡大し、強い経済力をもつことができました。

　しかし、こうした日本にとって有利な諸条件も、1985年以降の急激な円高（240円→140円）によって崩れ、1990年のバブル崩壊が決定的となりました。銀行や企業の体力は大幅に低下し、日銀はゼロ金利政策で企業を支援しましたが、21世紀に入っても内需は伸長せず、政府による公共投資も焼け石に水の状態でした。2008年の欧米金融危機にともない、相対的にリスクが低いとされた円の選好も進み、2012年以降1ドル＝80円前後の超円高に見舞われました。2013年に発足した安倍政権は徹底した金融緩和と円安政策をとり、2014年2月現在1ドル＝102円前後で推移しています（**表14-4**）。

14-5-2　アメリカの金融・財政危機と世界的資金循環の危機

　前項でもみたように、戦後の世界経済においてアメリカが主導的な役割を

表14-4 円の価値からみた戦後の為替変動の歴史

年代	おもな出来事	1ドル当たり円価
1945〜71年	固定相場制。金1オンス＝US$35。	360円
1971年	ニクソン・ショック＝金ドル交換停止。	360円
1973年	第1次石油ショック。先進国経済打撃こうむる。（為替は変動相場制に移行）	260円
1978年	第2時次石油ショック。カーター大統領ドル防衛策を発表。	200円
1985年	プラザ合意。以降のドル安を容認。	200円
1987年	ルーブル合意。さらにドル安進む。	140円
1995年	これまでにない円高を記録。	90円
1998年	アジア金融危機。日本でも山一證券倒産はじめ金融危機。	150円
2008年	リーマン・ショック（欧米における金融危機）。	80円
2013年	アベノミクスによる超金融緩和。	100〜104円

果たしてきたのはまちがいありません。しかし巨大に膨れあがったアメリカの巨額貿易赤字は、ドル価を引き下げてもいっこうに止まらず（図14-8）、財政赤字とともに双子の赤字として、世界経済の大きな波乱要因となっています。

とはいえ、アメリカは世界で唯一の自国通貨で世界中からモノが買える国です。アメリカはこの**基軸通貨国**の立場を利用し、ドル紙幣を発行しつづけて、世界中にばらまき、そのドルをアメリカ国内の魅力的な高金利の投資ファンドなどに中国・中東・日本・ドイツなど外国から再投資させることでドル資金を循環させてきました。

90年代のIT革命、2000年代のグローバル化を終始リードしたまではよかったのですが、2008年の金融危機でこうした循環の構図は一挙に崩壊し、大量消費ブームも崩れ、世界的にも大不況のトンネルに入りました。こうしてアメリカの金融・財政危機とともに、世界的な資金循環が危機にさらされているのです。

第14章 国際経済の中の日本

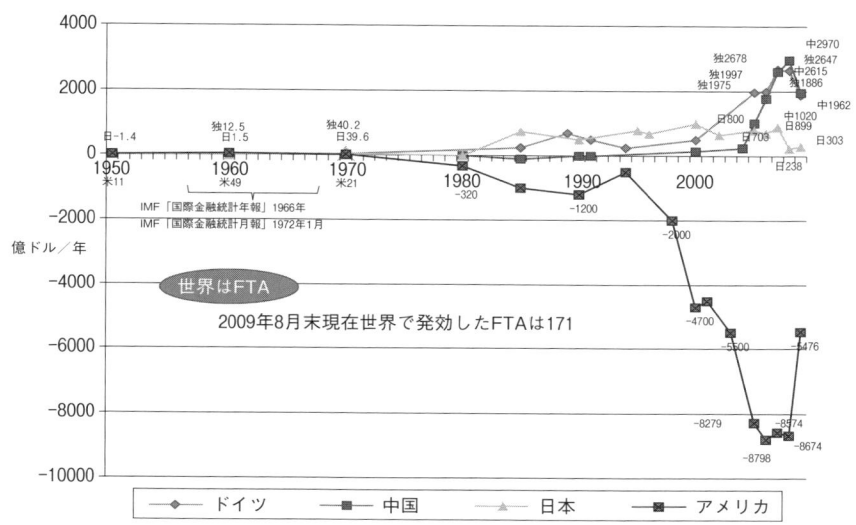

図14-8 おもな国の貿易収支

出所：矢野恒太記念会『世界国勢図会』2001〜2010年版。

14-5-3　各国為替レートの推移と21世紀の見通し

　第2章で学んだように、ある国が外国と取引を行なうためには、それぞれの国で通用する通貨を交換する仕組みが必要です。それが為替レートでした。それは本来、それぞれの国で売られている商品の価格を換算する仕組みですが、外国貿易にとどまらず、企業が外国へ進出する海外直接投資、海外の金融資産を購入する証券投資などが積極的に行なわれるようになると、為替レートの意味もしだいに変化してきます。

　いまや為替とは、各国のモノの価値のみならず、各国の「国の値段＝価値」がいくらになるかを決める仕組みになっているといってよいでしょう。1989年のベルリンの壁崩壊以降、市場経済が急速に全世界を覆った結果、全世界の「国の値段」が市場で決められ、これに基づき国そのものも取引や投機の実質的対象となっています。このことは各国が発行する国債価格・金利をみると明らかです。

したがって、こうした為替の推移をみると、各国の経済力に盛衰が読みとれます。戦後68年を経過して、ドルよりも経済実力を増やした国は、日本・NIEs・ドイツなどの数カ国程度しかありません。ASEAN は 97〜98 年の金融危機により、それまで蓄積してきた国の価値が3割以上失われましたが、21 世紀に入り回復しています。また、中国人民元の評価は現在年数％のスピードで向上をつづけ、10 年単位でみると急拡大していく見込みです。

図 14-9 をみても、21 世紀最初の 10 年間に、途上国通貨がいっせいに対ドル価値を向上させています。これは歴史上はじめてのことです。こうした途上国優位の傾向は 21 世紀全般を通して顕著となるでしょう。

ドルの価値は、金価値を基準にみると、戦後 67 年間でなんと 50 分の 1 に減価しました。現在もアメリカは超金融緩和と称してドル札をますます大増刷しています。ドル価値のさらなる劣化は、一時的な回復はあるとしても、21 世紀を通して歯止めがかからないでしょう。

なお、日本円の価値は 1970 年比対ドルで 4 倍に上昇し、その後 2013 年以来のアベノミクスによる超金融緩和措置により、2014 年 2 月現在 1 ドル＝102 円程度で、3.5 倍に後戻りしている状態にあります。

14-5-4　日本はじめ先進国を覆う停滞

まず、10 カ年単位でみた世界全体の経済成長率は、1960 年から 1970 年平均の 5.0％をピークにして、約 40 年ものあいだ一貫して低下傾向を示しています。そのなかでもとくに先進国の長期低落傾向は際立っています。

直近の 10 年間（2000〜2010 年）の詳細については下記のようになっています。

全世界平均成長率 2.6％：途上国 5.7％、先進国 1.4％

不調グループ：西欧 1.3％、日本 0.7％、アメリカ 1.6％

好調グループ：中国 10.5％、インド 7.7％、NIEs 4.2％、ASEAN 5.2％、
　　　　　　　アフリカ 5.1％など

BRICs の好調と先進国の停滞が対照的であると同時に、先進国経済の長

第 14 章　国際経済の中の日本

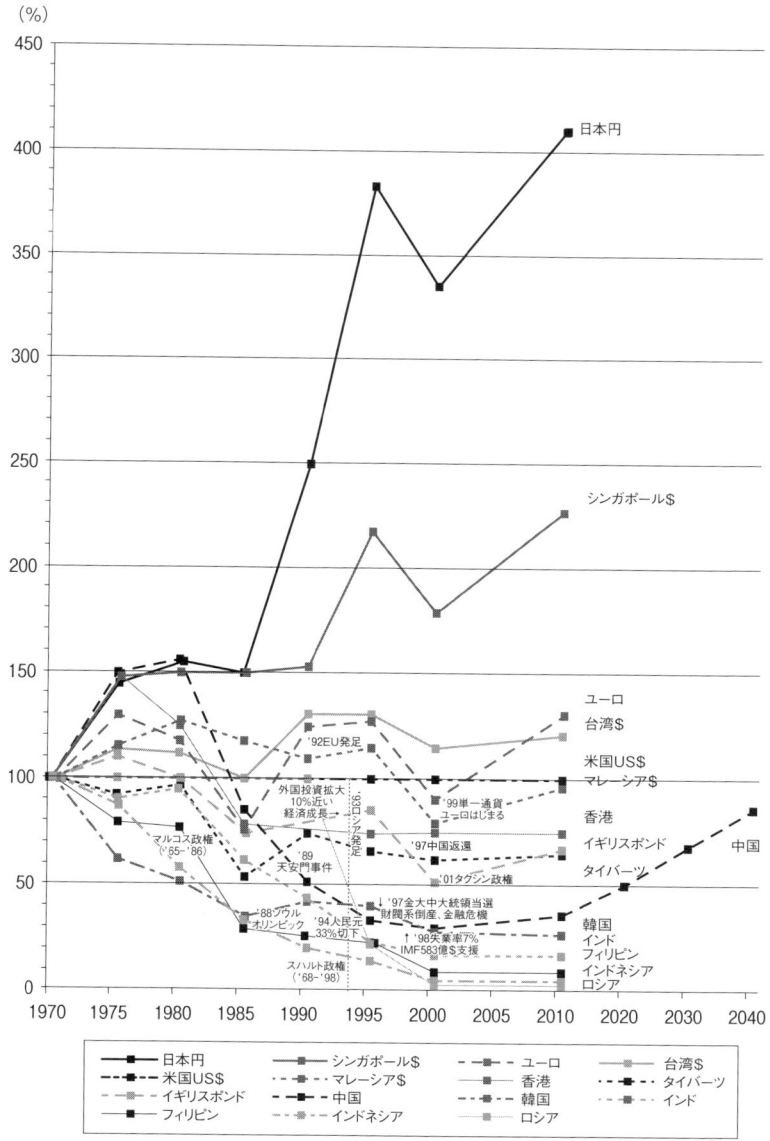

図 14-9　アメリカ・ドルに対する各国通貨の価値（1970 年＝100）
出所：各種データをもとに筆者作成。

第Ⅱ部　日本経済の変化

期にわたる不調が懸念されます。

　ついで、世界経済は2008年の金融危機以降大不況のトンネルに入っています。日本はこれに先立ち、1990年以来の経済停滞「失われた10年(または20年)」を抜け出せない状態のままで、2008年の金融危機の深刻な影響に直面しました。そのため、一時的な経済回復の望みは完全に断たれ、ふたたび超円高のもとでの深刻な不況に追い込まれました。

　こうした先進国の長期不況の基本的な要因としては、つぎの5つが考えられます。

①ベルリンの壁崩壊以来、中国や東欧などの途上国の低賃金を利用した商品が伸張。企業の海外工場化も進み、一方で余剰になった先進国の単純労働力および中小下請け企業の切り捨てが進んでいます。これは先進国全体の購買力(需要)の低下と生活不安に拍車をかけ、長期デフレはいっそう深刻化せざるをえないのです。

②自動車・電気製品などの耐久消費財商品は先進国全体に行きわたり、**先進国市場は飽和**(頭打ち)しつつあります。巨大な生産力を擁する巨大企業の販売は、行き場を失い熾烈な市場競争になっています。構造的な産業構造の変化とBRICsの台頭が同時に進んでいるのです。

③高齢化、生産年齢人口の減少にともなう産業の縮小および経済の停滞。これはとくに先進国にみられる特徴で、日本がその先頭に位置して現在進行中です。その後21世紀後半には、途上国にもこの傾向が広がる見通しです。

④2008年(日本の場合1989年以来)の金融バブルの崩壊は、成長鈍化・利潤低下に悩む工業中心の先進国経済が新たな利潤源を求めて住宅などの資産投機に向かい、その手段を、IT手法を駆使した証券化商品などの金融手法に求め、それが巨大なバブルと化して世界的に膨張し崩壊した結果にほかなりません。

⑤近年の環境破壊や資源枯渇、温暖化などにみられるごとく、資本主義経済の300年にもわたる一本調子の巨大な成長の結果、自然側からの成長

第 14 章　国際経済の中の日本

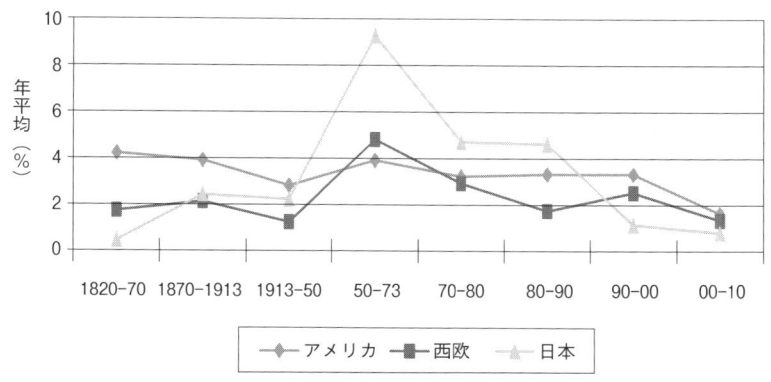

図 14-10　先進国の実質経済成長率推移
出所：マディソン（2004）、総務省『世界の統計 2012』。

制約が年々顕著に強まっています。

次章では、この環境問題を取り上げましょう。

【本章の理解をさらに深めるための参考図書】
ぜんにちアジア研究会編（1998）『アジア経済ハンドブック』全日法規株式会社。
ストレンジ、スーザン（1994）『国際政治経済学入門』西川潤・佐藤元彦訳、東洋経済新報社。
中野剛志（2011）『TPP 亡国論』集英社新書。
マディソン、アンガス（2004）『統計経済で見る世界経済 2000 年史』金森久雄監訳／政治経済研究所訳、柏書房。
アグリエッタ、ミシェル（1989）『基軸通貨の終焉』斉藤日出治訳、藤原書店。

第Ⅱ部　日本経済の変化

第15章
環境経済

【本章で学ぶポイント】
① 世界の資源・環境危機の現状と背景を学ぶ。
② 人類の生存維持を可能ならしめる世界的経済運営のあり方を考える。

15-1　エコ・エコノミー──環境制約下での経済学の役割

　1950年から2000年のわずか50年間で財貨サービスの生産総額は7倍に増え、世界経済はめざましい発展をとげましたが、その陰で経済を支える自然システムの圧迫と資源の消滅が進んでいます。1988年ワールドウォッチ研究所を立ち上げた**レスター・ブラウン**はその著書『エコ・エコノミー』（社団法人家の光協会、2002年）のなかで、温暖化や地球環境の惨状をつぎのように指摘しています。

①世界の耕地の3分の1以上が、長期的な生産力が低下する割合で表土を失いつつある。
②世界の森林は、人間が耕作をはじめて以来ほぼ半分に縮小し、いまも縮小しつづけている。
③世界の海洋漁場の3分の2は、維持可能収量またはそれを超えて漁獲されている。

　こうした危機にあって私たちは、従来の経済成長志向をコペルニクス的に

第 15 章　環境経済

転回することが必要なのです。それは**新たな世界経済観**の確立を意味します。それがレスター・ブラウン氏の主張する環境的に持続可能な経済をめざす動き、すなわち**エコ・エコノミー（環境経済学）**なのです。

　しかし自由主義市場経済にせよ社会主義経済にせよ、20 世紀後半までは地球環境や資源が世界経済の発展を制約するという認識は、現在に比べるときわめて薄かったようです。環境保護の重要性が世界に認識されはじめたのは、環境悪化が世界的に深刻になってきた 20 世紀後半以降のことなのです。

　1966 年ケネス・E・ボールデイングは「**宇宙船地球号**」という認識を示し、1972 年イタリアの**ローマ・クラブ**は「**成長の限界**」を発表し、資源枯渇や環境悪化、人口増加が、21 世紀には人類を蝕むことを予測し警告しました。同じ 1972 年には**国連環境計画（UNEP）**が発足しました。また 1980 年にはドイツで環境主義を掲げる緑の党が結成され、1998〜2005 年まで統一ドイツの連立政権に加わり、2000 年には脱原発方針を確立しました。オランダは 1989 年国家環境政策（NEPP）で CO_2 の削減政策に乗り出しました。1992 年には**国連温暖化防止条約**が採択されました。こうした過程を経て、ようやく地球環境悪化に対する全世界な対処の重要性が認識されはじめたのです。

　経済学とは本来「**世を経（おさ）め民を済（すく）う**」という意味です。物質的な利益追求が世の中をむしろ不幸にもしている現代にあっては、人類の安全・安心や真の豊かな社会を求めていこうとする環境経済学の役割はますます重要になっています。

15-2　化石燃料の枯渇

　前節で示した環境危機は、化石燃料の大量消費とおおいに関係があります。化石燃料は、石炭からはじまり、石油、天然ガスなどを指し、世界的に港湾などのインフラが整えられて、大量に生産され需要地へ効率的に運ばれており、現代人の生活に必要不可欠なエネルギー源となっています。現代世界の成長は、化石燃料の大量消費によってはじめて可能となったといっても過言

表15-1　化石燃料等の埋蔵量・消費量・可採年数（2009年末時点）（単位：石油換算億トン）

	確認埋蔵量（A）	年間消費量（B）	可採年数（A／B）
石油	2,337（2010年末）[*1]	38.8	60年
天然ガス	1,662（2010年末）[*2]	26.5	63年
石炭	4,277	32.8	130年
ウラン	479	6.1	78年
以上合計（世界）	8,755	104.2	84年

（注1）石油：2002年カナダのオイルサンド278億トン、最近では2011年アメリカのバッケンシェール油田のシェールオイル477億トンなどの新しい油井から発見される非在来型石油が注目されています。これに乗じて、1000年以上の埋蔵量があるというような楽観論も唱えられています。たとえば、石油工業連盟2007年11月のスタディによると、究極可採資源量5374億トン－累積生産量1621億トン＝3753億トンといった予測が行なわれています。

（注2）天然ガス：世界の非在来天然ガス埋蔵量はアメリカ地質調査所によると膨大です。いわゆる「シェールガス革命」なるものです。それ以外にも下記のような種類の埋蔵予測があり、それらを合計すると表の5倍の天然ガス埋蔵が存在するとの試算もあります。
　　シェールガス　　　　　4028億石油トン
　　コールベッドメタン　　2261億石油トン
　　タイトサンドガス　　　1855億石油トン
　　合計　　　　　　　　　8144億石油トン

出所：日本原子力文化振興財団「「原子力・エネルギー」図面集2011」、矢野恒太記念会『世界国勢図会2011/2012』、電気事業連合会「図表で語るエネルギーの基礎2009-2010」をもとに筆者作成。

ではありません。化石燃料の1次エネルギー源に占める割合は、原発（燃料はウラン：化石燃料ではない）を含めても全世界で約9割を占めています。

　こうした化石エネルギーは、おもに地中に眠る生物の死骸が特殊な条件のもとで化石化したものです。それは一度消費されるとふたたび使用することは不可能という意味で再生不可能なエネルギーといえます。この有限な地球資源は再生不能であり、太陽光や水力など、効率は悪いが**再生可能なエネルギー**とは異なります。

　また、化石燃料は炭化した生物の死骸を燃やすことによって炭酸ガスを空中に放出します。大量の炭酸ガスは太陽の熱を吸収し、地表を覆うため温室のように地表を暖め、いま世界中で懸念されている**地球温暖化**を引き起こす

第15章 環境経済

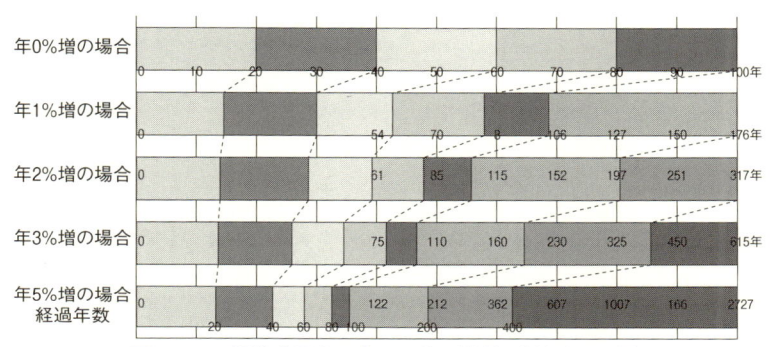

図15-1 経済成長率に応じた化石燃料可採年数の減少

出所：筆者計算による。

ということが科学的に解明されています。その意味で、化石燃料は人類にとって便利で有益な一方で、いまや人類の生存を脅かす危険な存在と認識されるに至っています。

また、化石燃料は有限であるがゆえに、埋蔵量とそれが枯渇するまでの期間が問題となります。**表15-1**は、各種天然資源の埋蔵量、消費量、および可採年数を示したものです。この表からすれば、これら資源の枯渇には多少の余裕があるようにみえます。

しかし、早とちりは禁物です。シェールオイル、シェールガスともに地中深い頁岩層から採掘されていますが、どの層も狭く生産量は急速に下降し井戸の寿命も短いことはアメリカ・エネルギー省も認めており、シェールガス類の将来は不確実であるとしています。

可採年数とは、埋蔵量／最近年の年間消費量であり、消費量が年々増加するにつれ可採年数は**図15-1**のように減っていきます。仮にある資源が84年分の埋蔵量があるとされたとしても、今後年2％の消費増を前提にすると、図の3段目の85年分が1段目0％増の場合の50年分に相当することからみて、50年後の2060年に埋蔵量はゼロになると読み取ることができます。また、昨今のシェールガスの登場や新規油田の発見などにより、全体の埋蔵量が仮に20％増える場合、埋蔵量は84 × 1.2 ＝ 101年分となります。しかし同様に図をみると、消費量が年2％増の場合、実際的な可採年数は約56年

511

(2066年枯渇)であることがわかります。

そこで**表15-1**の注で示した埋蔵量を、石油が5000億トン、天然ガスが8144億トンと大目に見込んだ場合、可採年数がどうなるかみてみましょう。この場合の化石燃料総埋蔵量はちょうど17900億トンとなります。そうすると可採年数は172年と計算することができます。そこで、消費量が年2％増加することが想定された場合、172年分消費するには、**図15-1**によれば75年（2085年）かかることがわかります。消費量増加率が年1％の場合は98年（2108年）かかることになります。これらの試算結果は、いずれのケースでも、化石燃料が100年もたずに枯渇することを意味します。もちろん化石燃料の枯渇速度は、再生エネルギーの増加によって緩和されることはまちがいなく、別途考慮してもよいわけですが、化石燃料に頼れないことは明らかです。

図によると、もし年2％の経済成長を達成したいというなら、317年分の化石燃料があってやっと今後100年間維持できるということになります。とはいえ、いずれにしてもどこかで破綻するのは目にみえているといえるでしょう。

20世紀の世界経済は年率平均3％の速度で成長し、化石燃料使用量は年率2％以上の成長率で推移してきました。こうした**幾何級数的な拡大・成長経済**が21世紀もつづくなら、2100年のエネルギー消費量はいまの7.2倍に増えます。また、大規模に膨らんだ人類のエネルギー消費量を再生可能エネルギーで100％カバーできるのか、きわめて疑問です。もしカバーできないなら、その落差に応じて人類には大きな悲劇が待ち受けていることはまちがいありません。同時に温暖化による地球環境の悪化（IPCCが2007年警告したリスク）も、エネルギーリスクより早くやってくることになりそうです。そもそも、1850年以降2050年までのわずか200年程度の期間における消費エネルギーは、人類の有史以来の歴史の全エネルギー消費の90％を占める見通しで、現代人だけが化石燃料を100％独占することはほぼまちがいなく、**地球的規模**での**世代間の不公平**は明白です。

さらにいえば、いつまでも先進国だけが化石燃料をカネにあかして独り占

めすることも、今後の世界世論が許さないでしょう。また、21世紀は先進国に変わりBRICs諸国を中心とするエネルギーの巨大な消費が待ち構えており、問題はより困難化することも目にみえています。

15-3　CO_2と地球温暖化

これまでの話をCO_2と地球温暖化問題との関連で整理してみましょう。

すでにみたように、石炭・石油・天然ガスなどの化石燃料は、もともと35億年にわたる地球上の生物活動の末、その死骸が地中に蓄積したものです。自由主義的市場経済では、化石燃料を取り出し燃やすことによって動力や電気に変え、便利な電気製品や自動車などが生産され、工業化はどんどん進んでいきました。人類は破竹の勢いで自然を変え、工場や道路、さらには大都市をつくり、先進国を中心に世界の覇権を競い、世界戦争で勝つために地球を破滅に導く核兵器までも生み出しました。

一方、こうした人間活動に必要なエネルギーとしての化石燃料はどんどん浪費され、自然の摂理どおりCO_2ほか地球温暖化ガスが大量に排出されました。温暖化ガスのうちフロンは、地球外からの紫外線を遮蔽していたオゾン層破壊の犯人として禁止されるに至りました。大気中にもっとも多く存在する炭酸ガスCO_2は温暖化ガスの主力で、温室のガラスのように地表の熱を吸収して大気の温暖化を進めます。温暖化は自然災害・深刻な食糧難・海面上昇など、人類生存そのものを脅かすことが懸念されています。

1992年発足の**IPCC（気候変動に関する政府間パネル）**やアメリカの元副大統領アル・ゴア氏は、近年の世界の温暖化がCO_2の増加によって引き起こされているという真実を科学的に立証すると同時に、この事実を世界に訴えて2007年のノーベル平和賞を受賞しました。

人類にとってこんな不都合なことが工業拡大より以前にわかっていたら、人類ははたして化石燃料のパンドラの箱を喜んで開けていたでしょうか？人類はみずからの成長のために驚くほどの知恵や力を発揮しましたが、一方でそれが人類の悲劇を招き入れていることにやっと気がついたといえましょ

第Ⅱ部　日本経済の変化

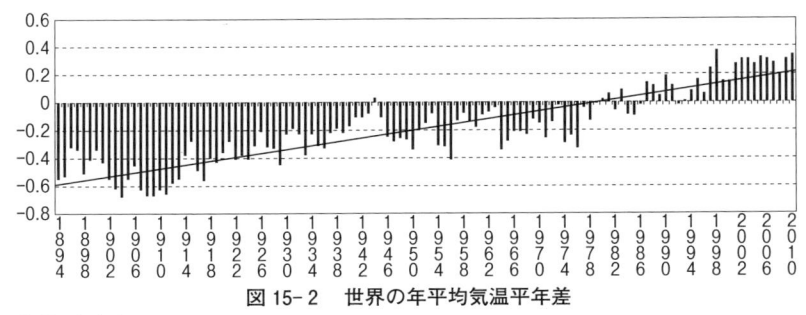

図15-2　世界の年平均気温平年差

出所：気象庁。

表15-2　温暖化最終警告

＋2.4度	サンゴ礁がほぼ絶滅。アメリカ5州で砂漠出現。世界の1／3の生物種が絶滅。
＋3.4度	アマゾン熱帯雨林が砂漠化。北極300年間ではじめて氷がなくなる。
＋4.4度	シベリア永久凍土が溶解、膨大なメタン・CO_2を放出。野生動物の半分が絶滅。オーストラリアの農業崩壊。スペイン南部・イタリア・ギリシャで砂漠化進む。
＋5.4度	南極西部の氷床崩壊。世界の食料供給が困難になる。
＋6.4度	生物のほとんどが絶滅。

出所：田中優『地球温暖化と自然環境』（岩崎書店、2008年）。

う。

　図15-3、15-4をみてください。地球の自然の循環システムはよくできていて、年間100億トン程度のCO_2排出であれば、陸地（植物や土）や海洋による自然吸収が働き温暖化には至りませんでした。したがって1960年代までの世界の温度上昇は0.1～0.2度程度に収まっていました。しかし工業化がいっそう進んだ1970年代以降、CO_2排出量は1970年150億トン、1980年192億トン、1990年224億トン、2000年241億トンと急上昇しました。これによる気温上昇は、1900年と比べると、1990年で0.4度、2000年で0.5度、2006年で0.8度と急峻でした。気象庁によると、ほぼ同時期の日本の気温上昇は1.06度で世界の約2倍であり、東京は2.7度と日本平均の2倍以上でした。

　IPCCによると、このままいけば約90年後の2100年の温度上昇は、最悪

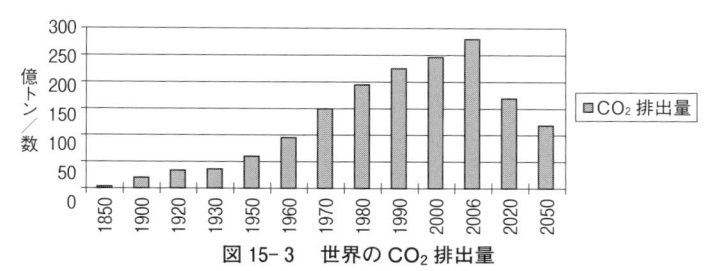

第15章　環境経済

図15-3　世界のCO_2排出量

（注）2020年は2007年気候変動会議時の議長案（1990年比先進国は25〜40％削減）。2050年は2007年ハイリゲンダムサミット基本合意（2000年比50％削減）に基づく数値。この図は2009年作成で、実績値はこの図では2006年までしか示していない。
出所：EDMC『エネルギー・経済統計要覧』（2009年）、原子力文化振興財団のデータなどをもとに筆者作成。

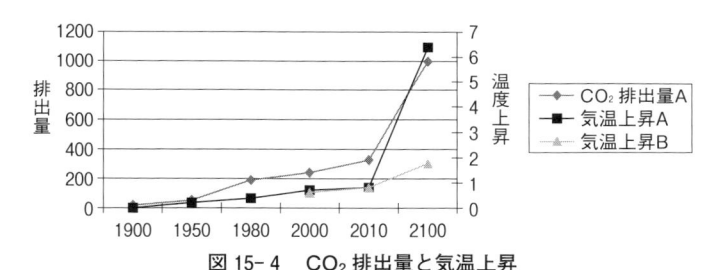

図15-4　CO_2排出量と気温上昇

（注）気温上昇単位は1900年比摂氏。気温上昇Bは2050年CO_2排出量を2000年の半減化し、2100年もそれを維持することが想定されていると思われます。
出所：CO_2排出量はアメリカエネルギー省2007年12月予想。気温上昇は2007年IPCC警告でAは上限、Bは下限。

6.4度にのぼる可能性も指摘されています。イギリスの『インディペンデント』紙による警告は**表15-2**のとおりです。

また温暖化が大都市で顕著である理由の1つは、**ヒートアイランド現象**にあります。ヒートアイランド現象は、巨大な建物・人口・エネルギー・廃熱の大都会への集中が大都会を灼熱化させるというもので、斉藤武雄はその著書『ヒートアイランド』（講談社、1997年）で「このまま行くと東京都心部は2030年には40度を超え灼熱化し、人間が住める環境ではなくなる」と警告しています。

第Ⅱ部　日本経済の変化

15-4　CO_2 排出・気温の今後の見通し

　図 15-4 をみてください。2010年の CO_2 排出量は全世界で330億トン程度であり、途上国を中心に相変わらず増加に対する歯止めはかかっていません。ちなみにここで示されている2020年以降の数値はあくまで予測にすぎません。

15-5　これまでの世界の経済成長の実像

　1990年を基準にしたドルベースの世界の経済成長は、図 15-5 のごとく、1820年以降噴水のごとく急速な発展をとげたのが実態です。この**幾何級数的拡大**は、**化石燃料の大量消費**という特殊な条件を前提にしたもので、化石燃料の枯渇はいずれ将来にやってくると同時に、化石燃料偏重の消費が進めば進むほどその代替が困難になります。そう考えると、人類の成長にも限界があることを覚悟せねばならないでしょう。

15-6　地球の収容能力の限界はどこまでか

　これまでのスピードで世界経済が今後とも幾何級数的な拡大をとげると、世界経済規模は今世紀末には現在の7倍の経済規模になります（推計の詳細については表 15-3 を参照）。7倍といっても実感がわかない人は、人口になおして考えるとわかりやすいやすいでしょう。現在人口70億人×7倍＝490億人となり、どうみても地球の収容能力をはるかに超えています。
　これまでの歴史をみると、人口は経済成長率のだいたい半分の速度で拡大していますので、人口成長率を1.1％としても2100年は2.7倍の188億人となり、これとて地球の収容能力で収まるかはおおいに疑わしいといえます。しかも成長至上主義というのは2100年で成長をストップするわけでもないので、どこかで破綻するほかないのです。

第15章　環境経済

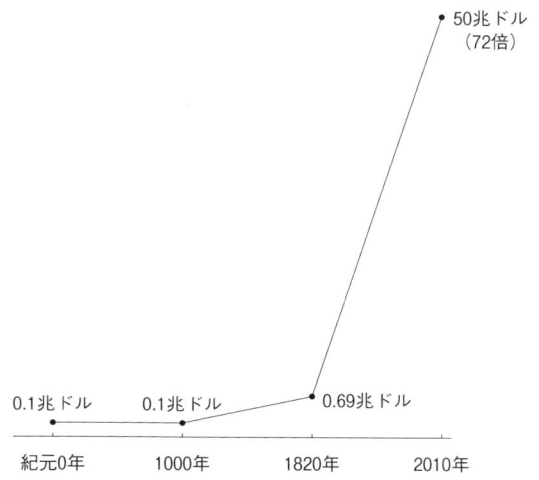

```
        50兆ドル
        (72倍)




0.1兆ドル  0.1兆ドル  0.69兆ドル
紀元0年   1000年    1820年   2010年
```

図 15-5　世界の実質 GDP の推移
　　　　　　　　（単位：1990 年ドル）

出所：アンガス・マディソン『統計経済で見る世界経済 2000 年史』金森久雄監訳／政治経済研究所訳（柏書房、2004 年）より筆者作成。

表 15-3　今後の世界経済規模見通し

	GDP (兆ドル)	成長率 (％／年)	2010 年比
2042 年	106	2.2	2 倍
2061 年	159	2.2	3 倍
2084 年	265	2.2	5 倍
2100 年	318	2.2	7 倍

　世界銀行による 2050 年までの経済成長見通しは年率 2.4％とされます。世界銀行にかぎらず世界中の権威ある機関は、これまでの成長がこれからもずっとつづくとの楽観的予測をしています。しかしそれが人類にどういう事態を引き起こすのかについては、何の責任ある説明もされません。これで化石燃料は？　食料は？　資源は？　CO_2 は？　いったいどうするのでしょうか？

15-7　ローマ・クラブの「成長の限界」と温暖化

　いまから約40年前の1972年に、地球の収容能力の限界が2020年にくると予測したのがローマ・クラブの調査報告書でした。この報告書は、2020年には地球上の化石燃料を中心とする資源が半分以上食いつぶされ、1人当たり食糧生産が**2020年をピーク**にしだいに減少して、2050年までには資源はほとんど底を尽き、人類の生存の危機が訪れるという警告を記していました。

　その後40年経って実際はどうだったでしょう。世界は**大量生産・大量消費時代**を迎え、それを支える石油を中心とする化石燃料は予測どおり半分以上を使い果たし、石油の場合これまでどおりの消費量を前提にしても、あと40年分しか残っていない状態に至っています。また、すでに述べたように、化石燃料全体では、あと100年分程度とみられています。

　しかも世界の経済成長率は、BRICsの高成長もあり、現状では年率3％程度で、これを前提に化石燃料の枯渇時期を計算すると、あと数十年先とみられます。なぜなら、たとえ3％成長でも、世界の経済規模は30年後に2.4倍、50年後には4.4倍にもなるためです。こうした幾何級数的な経済成長をつづけるかぎり、化石燃料は今後数十年でドミノ倒しのごとく枯渇せざるをえないのです。

　また、石油枯渇の将来がみえてきたので、アメリカやブラジルを中心に、トウモロコシから**石油代替のエタノール**を増産する動きが加速しています。エタノールが今後大増産されると、穀物生産の約3割を占めるトウモロコシの食料用供給が減らされることがおおいに懸念されます。国連開発計画によれば、統計的にみると1人当たり食料はまだ減少に転じているわけではありませんが、すでに10億人が1日1ドル以下の生活を余儀なくされ、同じく10億人は安全な水を飲めず、さらに8.5億人は十分な食料がないという悲惨な現状にあります。エタノール増産は、この惨状をもっと加速することになるでしょう。

第15章 環境経済

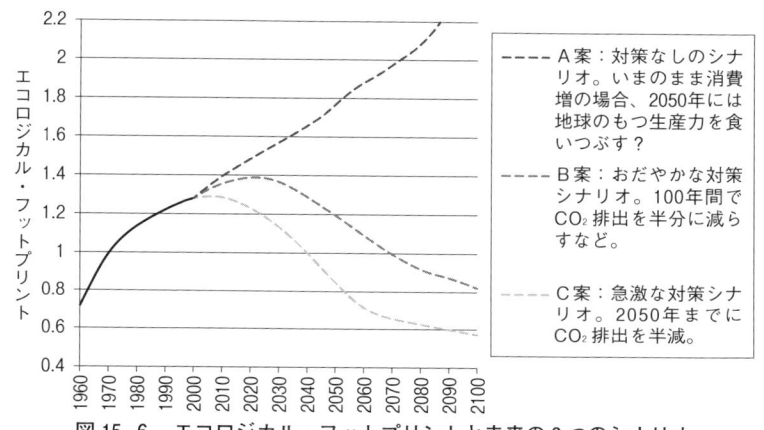

図15-6 エコロジカル・フットプリントと未来の3つのシナリオ
出所：世界自然保護基金「生きている地球レポート2006」ほかより筆者作成。

　また1972年以降、環境破壊やCO_2増加による温暖化はどんどん進行し、危機は迫っています。これはローマ・クラブが40年前には予測していなかった深刻な危機の追加を意味しています。温暖化はここ一両年でみても日本における夏の気温を40度近くに押し上げており、都会のヒートアイランド現象も深刻です。

　人間社会の加速度的な経済活動が人類の生存を危機に追いやることを、資源の枯渇や温暖化は示しています。人類の傲慢にまかせた経済のあり方そのものを根本的に転換しないかぎり、人類の生存は脅かされつづけるでしょう。

15-8　エコロジカル・フットプリント

　エコロジカル・フットプリントとは、1992年にカナダの学者が開発した生態学的指標で、**資源の消費量／自然の生産能力**で定義されます。世界的にみるとそれは、1980年代には1を超え、2002年1.25、2012年には1.5となっています（**図15-6**）。すなわちこれは、人類が生活するために、地球は現状では1.5個以上必要ということを意味するのです。

　またエコロジカル・フットプリントの中身をみていくと、最大の割合を占

めるのが**カーボンフット・プリント**、すなわち温暖化にともなう炭酸ガスで、これは 0.8 を占めます。また国別のエコロジカル・フットプリントをみると、先進国は 5 〜 8 と途上国に比べて資源に依存する姿が際立っています。また BRICs 諸国では近年急速に増え、1 〜 4 となっています。

　この指標は、世界が拡大型大量生産の道を進んでいくにつれてさらに悪化することが懸念されます。**表 15-3** でみたとおり、このままいくと控えめにみても世界の GDP は約 30 年後の 2042 年には現在の 2 倍となり、エコロジカル・フットプリントはおそらく軽く 2 を超えることでしょう。人口や経済の拡大によって、地球自然・資源の負担限度をはるかに超えることはまちがいありません。1 人 1 人、あるいは 1 つ 1 つの会社や国が便利さや生活向上をめざすことが総和としての経済拡大につながり、その結果が人類全体の危機につながりかねないというわけです。

　まさにこの問題は典型的な「**合成の誤謬**(ごびゅう)」にほかなりません。さほどに人類は傲慢になり、工業化や文明の発展をとおして自然を侵しつづけ、再生不可能なレベルに追いやってきている証左でもあります。この時点に立っても人類が悔い改めないならば、かならずや暗澹たる将来が待ち受けていることを私たちはよく認識しなければなりません。

15-9　福島原発事故と原子力発電・エネルギー問題

　2011 年 3 月の東日本大震災と**福島原発事故**は、化石燃料の枯渇や温暖化への対策のエースとして期待されていた原子力発電の安全神話を一挙に覆す深刻な事態となりました。この事故を機に、世界ではまったく異なる 2 つの流れが顕著になりました。その 1 つは、ドイツ、イタリア、オーストリア、スイス、デンマークなどのヨーロッパ諸国でみられる**脱原発**の流れです。これらの国は福島原発事故を機に、2020 年〜 30 年頃までに原発を全面停止するという脱原発の意思をあらためて固めました。またフランス、日本などの世論調査でも、脱原発は 8 割以上の国民の民意となっています。

　もう一方は、これまでどおり原発を維持・推進しようとする流れです。ア

メリカ、中国、フランスを中心とした世界の多くの国々が、民意とは別に経済成長のためには原発を必須とする考え方に立っています。この流れは第2次大戦後、アメリカを中心に経済成長を進めてきた先進国やロシア・中国中心の核兵器所有国とほぼ合致します。日本における原発推進は、原発先進国として、技術的にはいつでも原発を核兵器用に転用可能だという意味で、準核兵器所有国の地位を確保しているという軍事的な意味ももっています。

　原発に依存しようとする要因の1つとして、化石燃料の枯渇に対応する抜本的解決策が原発以外にないという各国政策当局の認識があります。太陽光発電などの**再生可能エネルギー**は、火力や原子力発電所のごとき100万キロワット級の大規模かつ集中的な発電方式と比べると1桁から2桁規模が小さいのです。いくら各家庭が太陽光パネルを設置するなどして必要なエネルギー確保ができるとしても、それは世界のエネルギー需要の2割程度をカバーするものでしかありません。また、再生エネルギーのうち風力発電は近年大規模化が進んでいるものの、まだまだエネルギー全体の1割にも満たないレベルにすぎません。

　エネルギーを大量に使用する鉄鋼・化学・自動車・電気機器産業や、タンカー用あるいはジェット機用燃料など、おもに産業・インフラ・流通を賄う全世界の8割ものエネルギーは、大規模火力発電・原発などによって賄われています。またそのエネルギー源の90％以上は、化石燃料に依存しているのが世界の現状です。

　化石燃料が数十年後に枯渇することがみえてきた現在、原発（ウラン）に大規模な代替策を見出して成長を継続させるという人類の壮大なプログラムは、福島原発事故によって閉ざされるかもしれない事態に立ち至ったのです。原発なしには18世紀以来つづいている大量生産・経済成長社会はいったいどう維持したらよいのか、まさに人類存亡の岐路です。化石燃料は遅くとも21世紀末には枯渇を余儀なくされるわけで、そのとき人類は第1の流れのごとく再生エネルギー依存社会をめざすのか、それとも第2の流れのごとく原発に引きつづき依存するのかが問われているのです。

521

15-10　脱原発・温暖化阻止に向けたドイツ国民の意思

　さて原発に依存しないことをあらためて決意したドイツは、2000年に中長期のエネルギー戦略を国民に提示しており、それを推進しようとしています。脱原発や温暖化阻止のための施策もその戦略のなかにしっかり織り込まれています。私たち日本の行き方におおいに参考になると思いますので、少しくわしく紹介しておきます。

　ドイツでは、太陽光発電が政府施策により国民参加によって進められました。2000年に制度として導入され、以来20年間にわたり発電全量を国が買い取ることが決められました。買い取り価格は、たとえば超小型屋根置きタイプで2011年31ユーロセント（一般の電力価格は25ユーロセント）です。機器の価格も日本の半分ぐらいになっています。こうしたインセンティブにより、ドイツの太陽光発電は爆発的に普及し、2010年現在1700万キロワットと日本の4倍以上となり、**世界一の太陽光発電国**になっています。また、2010年時点でドイツの再生エネルギーは総発電量の18%、全エネルギー消費の11%に増えています。これらの値は、日本の2倍以上です。さらに太陽光発電の設置時に生み出される雇用は、街の電気屋さんや工務店・運送業者に及びます。再生エネルギーの導入で生み出される地域での雇用創出効果は、原子力発電所の停止で失われる雇用1人に対して12人ときわめて大きく、全ドイツでは2010年までに37万人の雇用が生まれています。とくに失業率が25〜30%と苦しい東ドイツ地域にとっては、太陽光発電は唯一の希望の産業となっています。

　とはいえ、すでにみたように、再生エネルギーの発電量は原発の足元にも及びません。そのようななかで脱原発を推進するには、省エネが重要になります。省エネは、人々に呼びかけるだけでは実現しません。人々の行動をある程度規制することが重要です。ドイツではたとえば、住宅を新築するにあたって断熱材の厚さを20センチ以上にすることや、窓の外からの日射遮蔽も義務化されています。こうした断熱・省エネ・低燃費仕様でないと住宅建

設許可が下りないほど規制を重視しています。

　さらにドイツは2050年の目標を策定し、どんな社会をめざすのかを明確化しています。CO_2削減については、2050年に1990年比で95%減少させるとし、全エネルギーに占める再生エネルギー比率は60%をめざすとしました。これに基づく年次計画も立てており、毎年2.1%のエネルギー効率アップが目標となっています。また、電力消費量の節約も2050年で25%、交通部門でのエネルギー節減40%もめざします。その重要な柱は、自転車生活の推進だそうです。ちなみにドイツの再生エネルギーへの投資額は2010年で約4000万ドル（約3.3兆円）で、日本の約8倍です。

　化石燃料依存の成長社会から安全・安心重視の再生エネルギー社会に切り替えていこうというドイツ国民の意思は、福島原発事故を機によりいっそう強固なものとなったのです。

15-11　未来を志向して

　このように、私たちが直面している社会経済における環境問題は、想像以上に深刻です。しかしながら、大量生産・大量消費の生活に慣れきってしまった私たちにとって、エネルギーの確保は最重要事項です。脱原発にしても、再生可能エネルギーの開発にしても、一朝一夕に実現できるわけではありません。

　より現実的な方策は、悲観的になりすぎずに、少しでもましな代替案を考えることではないでしょうか。

　私たちは、そのためには、より長期の展望に立って国民が徹底的に議論しあい、一定の妥協へと到達することが必要だと考えます。第II部で述べてきた事柄のもっとも重要な点は、「制度」のあり方そのものが社会経済のあり方を方向づけるというものでした。その意味で私たちは、「環境」という制度的枠組みが、「経済的なもの」「政治的なもの」につぐ、きわめて重要な枠組みであることを再認識しなければなりません。

　未来の日本のあり方を決めるのは、いま本書を手に取っている皆さんです。

皆さんの意思と未来へのまなざしのなかに、こうした視点が含まれることを願っています。

【本章の理解をさらに深めるための参考図書】
小学館クリエイティブ編（2011）『3.11 で現実化した「成長の限界」が日本を再生する』小学館。
松久寛編（2012）『縮小社会への道』日刊工業新聞社。
メドウズ、ドネラ・H／デニス・L・メドウズ／ヨルゲン・ランダース（2005）『成長の限界──人類の選択』枝廣淳子訳、ダイヤモンド社。

索　引

あ行

IS-LM 分析　69
IMF（国際通貨基金）　497
IPCC（気候変動に関する政府間パネル）
　　515
アジア通貨危機　144
アジア NIEs　134, 492
一般会計／特別会計　417
一般社会保障税　440
インフレ　23, 124
　供給――　24
　輸入――　24
エクイティ・ファイナンス　131
エコ・エコノミー（環境経済学）　509
エコロジカル・フットプリント　519
円高／円安　77, 78, 489
　円高不況　130
オイルショック　116
OJT　261
オーバーローン　110, 257, 264, 385
オランダの奇跡　481

か行

海外直接投資　226
外貨準備高　164
会計ルール　307
外国為替市場　79, 371
解雇権濫用の法理　323, 326
外部不経済　50, 51
価格の下方硬直性　52
格差　320, 321
　性別――　320
家計　17, 144
化石燃料の大量消費　516
貸方（負債）／借方（資産）　374
貸し渋り、貸し剥がし　145

家事労働　16
課税　411, 412, 428, 446
　――・財政体制（レジーム）　405,
　　411, 426
寡占　210
ガバナンス（統治）様式　426
株価の変動　310
株式　296
　――会社　295
　――時価総額　310
　――持ち合い　102, 299, 384
株主　297, 309, 314
　――価値（株価）　292
　――金融　448
　――総会　297
　――利益　308, 309
　安定／不安定――　300, 307
貨幣　63, 429
　――供給の外生説／内生説　376, 377
　――需要　65
　――制約　210
　預金――　376
ガラパゴス化　347
為替・資本移動の自由化　388
為替レート　77
慣行　215, 323, 471, 484
関税と貿易に関する一般協定（GATT）
　　497
間接金融　89, 131, 296, 371, 372
完全雇用　9, 57
機関投資家　307
企業　17, 205, 214
　――間関係　97
　――間競争　210
　――合理化促進法　94
　――システム　342

525

索　引

　　——集団　263
　　——統治　→　コーポレート・ガバナンス
　　——特殊的技能　262
　　——内教育　329
　　——買収　300
　　——物価　254
基軸通貨　115, 502
規制緩和、撤廃　125, 131, 133, 147, 221, 302
期待収益、期待利潤　244
逆進性　439
キャピタルゲイン　297, 309
均衡　417
　　——主義　436
　　——利子率　69
銀行　222, 372, 373
　　——危機　145
金ドル交換停止　501
金ドル本位制　221, 501
金本位制　114, 211
金融化　394
　自己——　398
金融市場　30, 221, 295, 296, 369
　短期——　400
　伝統的——　371
金融システム　97
　　——安定化　147, 218
金融主導型成長体制　228, 229, 394
金融政策　24, 75, 228, 409
　財政——　147
　金融引締政策　98
金融の自由化　132, 133, 212, 290
金融派生商品（デリバティブ）　371
金融ビッグバン　151
金利　80, 377
　　——自由化　132, 222, 386, 390
　低——政策　110, 386
空洞化現象　78
経営者　214

　　——支配　297
景気循環　38
経済主体（家計、企業、政府）　40
経済的なもの　429
経済の仕組み／社会の仕組み　187, 188
傾斜生産方式　91, 380
経常収支　76
系列　102, 263
ケインズ　8, 42, 218
　　——型消費関数　42
　　——主義　124, 220
限界消費性向／限界貯蓄性向　42
コア従業員　310
交換　61, 200
公共事業費　424
恒常所得　43, 44
公正取引委員会　109
厚生年金保険　461
合成の誤謬　8, 520
公定歩合　117, 131, 133, 135, 377
公的資金の投入　393
高度経済成長　111
購買力平価（PPP）　81, 277
効率性　197, 429
国債　412, 444
　赤字——　100
　非市場性——　441, 443
国際金融システム、国際金融体制　221, 229
国際資本移動　222
国際収支の天井　98, 165
国際通貨システム　219
国際分業　76
国際貿易システム　219
国内総生産（GDP）　10, 11, 15
　均衡——　53, 69
　実質／名目——　28
　　——デフレーター　29
国内総支出（GDE）　18
国民国家　190, 210, 229, 234

国民所得　52
　　——倍増計画　99
　　均衡——　53
国民総生産（GNP）　12
国民年金　461
国民連帯　439-441
　　——税　440
国連温暖化防止条約　509
国連環境計画（UNEP）　509
護送船団方式　379, 387
国家予算　405, 407
固定為替制　212
固定為替相場　501
固定資本減耗　19
固定相場制　114
コーポレート・ガバナンス　291, 298
雇用　304, 317, 480
　　——慣行　476
　　——者所得　18
　　——調整　122, 325
　　——の非正規化　146
　　——保障　476
コンヴァンシオン理論　208

さ行

サービス　295
　　——収支　76
債券　296
最高税率　412
財・サービス　11
　　——市場　30, 40
歳出　410, 412
財政　402
　　——赤字　20, 108, 115, 125, 418
　　——支出　441
　　——削減　125
　　——投融資　108
　　——引締政策　98
　　——法　418
　　——レジーム　419, 425, 426

　　均衡——　107
　　積極——主義　435
再生可能なエネルギー　510, 521
財政政策　10, 75
　　ケインズ主義的——　220
最低保障給付　472
財テク　133, 392
歳入　410-412
財閥　84, 85
債務　297, 441, 443, 444
裁量的調整　228
産業連関表　33
参入・退出の自由　387
三位一体の改革　154
三面等価の原則　17, 52
自己資本　296, 308
　　——比率　148
資産　443
　　——価格　228
　　——の取引　17
自社株買い入れ　309
市場　40, 189, 197, 210, 233
　　——的調整　228
　　——の外部　50
　　——の高質化　232
　　——連動型金利預金（MMC）　386
実質成長率　28
失業者の定義　159
ジニ係数　163
資本深化効果　252
シャウプ勧告　93
社会経済システム　208, 231
社会資本　17, 50
社会政策　455
社会的凝集性　407
社会的合意　462
社会的セーフティーネット（安全網）
　　456, 458
社会的妥協　227, 416, 455
　　——の課税的形態　411

527

索　引

社会保障　452
　——原理の混合　472
　——債務返済税　440
　——制度、システム　105, 342, 462, 463, 469, 473
　——費　424
収穫逓増　250, 260
終身雇用　106, 323-325, 329
集団的活動　198, 199, 205-207, 214
自由貿易協定（FTA）　494
取得原価主義／時価主義　308
需要　10, 112, 215
　——インフレ（デマンド・プル・インフレ）　23
　——と供給　8, 239
　——レジーム　209
　消費——　215
純公共財　50
準通貨　63
春闘　105, 255, 282, 287, 335
準備預金　373
　——制度　373
証券投資（間接投資）　76, 489
証券取引法　90
昇進　333
乗数　59
　——効果　153
譲渡性預金　63, 386
消費者　213, 215
消費税　144, 410
情報の非対称性　50, 51
職能資格制度　261
職務給　330
所得　430
　——再分配　50
　——収支　76
　——税　410, 413
　——比例　472
　——補足率　414
所有と経営の分離　297

人口の動態　469
人事査定　331
信用創造　65, 375
数量調整　56
スタグフレーション　111
ステイクホルダー　298, 314
　——型企業　298
ストック／フロー　11
ストックオプション　309
ストックホルダー型企業　298, 306, 310
聖域なき構造改革　153
生活保障　318
　——給　334
生産システム　214, 219
生産性向上　256
生産要素　17
　——市場　30, 40
生産力効果　240
政治的・経済的妥協　405, 407
政治的妥協　413, 425, 455
政治的なもの　429
正社員の削減　325
税制　411
成長の限界　509
成長レジーム　239
制度　189, 195-199, 202-205, 214, 229, 232, 233, 463
　——的妥協　214
　——的媒介　198, 405
　——的配置　208
　——的補完性　291
　経済——　190
　国際的な——的条件　265
税の支出目的　440
セイの法則　9
政府　17
　——による介入・支援　97
　——の銀行　373
税目　411
整理解雇　326

528

──の4要件　326
税率　411, 412, 416
世界貿易機関（WTO）　497
セキュリティ　480
世代間の不公平　512
積極的経済政策　218, 424
設備投資主導型の経済成長　123
ゼロ金利政策　151
潜在的産出量・資本比率　245
先進国の空洞化　346
総需要／総供給　52, 68
　　総需要抑制政策　119
　　ケインズ主義的総需要管理政策　124
総量規制　136
租税制度　405, 416
粗付加価値額　11, 13

た行

対外資産　491
対外直接投資　130
耐久消費財　216
大量生産／大量消費　213, 214, 216, 518
多国間通商交渉　497
脱原発　520
他人資本　296
団体交渉　205, 217
小さな政府　124
地球温暖化　510
地方税　410
中央銀行　373
長期雇用　96, 106, 262, 303, 310, 314, 323
直接金融　90, 131, 296, 302, 371
直接投資　32, 76, 489
貯蓄　419
　　──超過　20
　　予備的──　45
賃金　218, 228, 321
　　──交渉　290, 334
　　──シェア（労働分配率）　254, 255
　　──主導型成長　247

──水準　255
──制度　338
──の下方硬直性　10
──率　288, 290
高──　215
成果主義──　310, 338
電産型──　89
年功──　261, 323, 330, 333
賃労働関係　214, 226
通貨・為替体制　501
通貨システム　218
定期昇給制度　330
TPP　497
テーラー主義　213
デフレ　23, 378
　　──スパイラル　25
デンマーク・モデル　481
投資　18, 45, 256
　　──主導型　257
　　──の限界効率　47
　　──の二重性　240
独占禁止法　85
特別利潤（レント）　427
土地税制改革　136
ドッジ・ライン　90, 92, 380
ドル危機　115
ドル高政策　281
トレードオフ　482

な行

内外価格差　82
内需拡大　169
「内需主導型」の成長　131
内部留保　226, 296
ニクソンショック　114, 116, 212
二重構造　105
日米半導体貿易摩擦　361
日本開発銀行　91
日本銀行　370
日本的雇用慣行　122, 159

索引

日本輸出入銀行　91
年金制度　105
能力主義　333

は行

配当　297, 304
ハイパワードマネー　66, 376
ハイブリッド化　314
ハイブリッド的原理　458
パターン・セッター　105
バブル経済　121, 307
バランス・シート　374
比較生産費説（比較優位）　76
非関税障壁　498
非自発的失業　9
ビスマルク的原理　457, 458
ヒートアイランド現象　515
BIS規制　308
比例税制度　93
フォーディズム　213, 225
　——的妥協　218
　——的蓄積体制、レジーム　216, 219, 423
　——的労使妥協　219
付加価値　312
双子の赤字　125
物価　23
　——水準　81
　狂乱——　117
プラザ合意　127, 284
ブラックマンデー　133
不良債権　147, 307, 392
フレキシキュリティ　480
ブレトンウッズ協定、体制　114, 501
ブロック経済　114
分配　215
ベヴァレッジ的原理　457, 458
ヘゲモニー　433
変動相場制、変動為替レート制　116, 212

貿易　76
　——赤字　114, 125
　——黒字　20
　——収支　76, 164
　——摩擦　125, 286
法定準備率　64
保険原理　457

ま行

マークアップ価格　39
マクロ経済　194, 208, 228
　——学　7
マネーサプライ（通貨供給量）　24, 63
マネタリーベース　66
ミクロ経済学　7
民主主義　435, 436
名目成長率　28
メインバンク　110, 131, 264, 300-302, 371, 377, 380, 385
目的税　441

や行

有限責任　297
有効需要　10, 52, 240
輸出主導型成長　123, 275, 284, 409
ヨーロッパ連合（EU）　494
預金準備率　373
預金保険制度　387

ら行

ライフサイクル仮説　43
利子　297
利潤　49, 215, 244, 245, 256
　——主導型成長　247, 257
　——の分配　226
流動性選好　65
流動性の罠　151, 377
量的・質的金融緩和政策　378
累進課税制度　51, 410
レイオフ　159

530

レーガノミクス　281
レギュラシオン理論　208
労使関係　205, 210, 262
　協調的――　97, 269
労使交渉　88
労働
　――給付　318
　――三法　88
　――政策　88
　――分配率　145, 169, 313
労働組合　88, 217, 334
　企業別――　89, 96, 261, 322, 334
　産業別――　89, 96, 334

職業別――　334
労働市場　40, 295, 319
　外部／内部――　319
　企業別――　319
　競争的――　319
　職業別――　319, 320
労働力　317
　――の供給不足　112, 113
ローマ・クラブ　509

わ行

ワシントン・コンセンサス　222
ワッセナー合意　481

執筆者紹介（執筆順、＊は編者）

吉井 哲（よしい・さとし）
1978年生まれ。北海道大学大学院経済学研究科博士課程修了。博士（経済学）。北海道大学大学院専門研究員、名古屋商科大学経済学部専任講師を経て名古屋商科大学経済学部准教授。『経済学を再建する——進化経済学と古典派価値論』（共著、中央大学出版部、2014年）、"A Study on Changes in the Composition of Output: An Alternative Consumption Theory in Terms of Multiple-self," *Evolutionary and Institutional Economics Review*, 2007, Vol. 4, No. 1, pp171-180）ほか。
［担当］第1章、第2章、第3章、第4章

原田裕治（はらだ・ゆうじ）
1970年生まれ。名古屋大学大学院経済学研究科博士後期課程単位取得退学。博士（経済学）。名古屋経済大学経済学部准教授を経て、現在、福山市立大学都市経営学部准教授。"Asian Capitalisms: Institutional Configuration and Firm Heterogeneity"（Boyer, Uemura and Isogai eds., *Diversity and Transformations of Asian Capitalisms*, Routledge, co-authored with H. Tohyama）ほか。
［担当］第3章、第6章、第7章、第11章

＊中原隆幸（なかはら・たかゆき）
1963年生まれ。名古屋市立大学大学院経済学研究科博士課程後期課程修了。博士（経済学）。四天王寺大学経営学部教授を経て、現在、阪南大学経済学部教授。『対立と調整のレギュラシオン』（ナカニシヤ出版、2010年）、ブルーノ・テレ『租税国家のレギュラシオン』（共訳、世界書院、2001年）ほか。
［担当］第5章、第12章、第13章

徳丸宜穂（とくまる・のりお）
1971年生まれ。京都大学大学院経済学研究科博士後期課程修了。博士（経済学）。名古屋商科大学経済学部准教授を経て、現在、名古屋工業大学大学院工学研究科教授。*Servitization, IT-ization and Innovation Models: Two-Stage Industrial Cluster Theory.*（共編著、Routledge, 2013）、『世界の工場から世界の開発拠点へ——製品開発と人材マネジメントの日中韓比較』（共著、東洋経済新報社、2012年）ほか。
［担当］第8章、第9章

中西 香（なかにし・かおる）
1948年生まれ。京都大学法学部卒。株式会社東芝勤務を経て、現在、四天王寺大学非常勤講師。『衰退する現代社会の危機』（日刊工業新聞社、2014年）、『縮小社会への道』（共著、日刊工業新聞社、2012年）ほか。
［担当］第10章、第14章、第15章

日本経済の常識
制度からみる経済の仕組み

2014 年 5 月 30 日　初版第 1 刷発行
2019 年 9 月 20 日　初版第 3 刷発行

（定価はカヴァーに表示してあります）

編　者　中原隆幸
発行者　中西　良
発行所　株式会社ナカニシヤ出版
〒 606-8161 京都市左京区一乗寺木ノ本町 15 番地
　　　TEL 075-723-0111　FAX 075-723-0095
　　　http://www.nakanishiya.co.jp/

装幀＝白沢　正
印刷・製本＝亜細亜印刷
© T. Nakahara et al. 2014　　Printed in Japan.
＊落丁・乱丁本はお取替え致します。
ISBN978-4-7795-0834-9　C1033

本書のコピー、スキャン、デジタル化等の無断複製は著作権法上での例外を除き禁じられています。本書を代行業者等の第三者に依頼してスキャンやデジタル化することはたとえ個人や家庭内での利用であっても著作権法上認められておりません。

入門社会経済学
資本主義を理解する【第2版】

宇仁宏幸・坂口明宏・遠山弘徳・鍋島直樹 著

非新古典派の共有する経済理論を体系的に紹介。金融危機以後の最新の経済状況に対応した、決定版テキストの改訂版。資本主義の新たな局面の本質を理解するうえで、有効な視座を提供する。　　　　　　　　　三〇〇〇円＋税

入門制度経済学

ベルナール・シャバンス 著／宇仁宏幸 他訳

シュモラーや旧制度学派、オーストリア学派などの古典的な制度経済学から、比較制度分析や新制度学派、レギュラシオン理論まで、制度をめぐる経済学の諸潮流をコンパクトに解説。　　　　　　　　　　　　二〇〇〇円＋税

対立と調整の政治経済学
――社会的なるもののレギュラシオン――

中原隆幸 著

「政治的なるもの」をいかにして経済学に組み入れるか。「社会的なるもののレギュラシオン」アプローチによる、社会経済システム全体の認識の試み。「政治」と「経済」の分析的融合のために。　　　　　　　五五〇〇円＋税

資本主義の新たな精神

ボルタンスキー／シャペロ 著／三浦直希 他訳

一九六八年を頂点に、かつてあれほどまでに燃え上がった資本主義への批判はなぜ力を失ったのか。資本主義が引き起こす破壊に立ち向かうために「批判」の再生を構想する大著の完訳。　　　　　上下巻各五五〇〇円＋税

＊表示は**本体価格**です。